连续梁桥

Prestressed Concrete Continuous Beam Bridges Design

（第三版）

徐 岳　申成岳　邵国涛　徐星辰　等 著

人民交通出版社股份有限公司

北京

内 容 提 要

本书在介绍预应力混凝土连续梁桥设计基本理论的基础上,详细阐述了满堂支架现浇施工连续梁桥、悬臂施工连续梁桥、简支-连续施工连续梁桥、移动支架逐孔现浇施工连续梁桥以及顶推施工连续梁桥的具体设计计算方法和步骤,给出了与各施工方法相应的预应力混凝土连续梁桥设计图绘制的一般方法和示例,并对设计过程中出现的关键问题进行了探讨。同时,对于各种施工方法,按2018年和2004年《公路钢筋混凝土及预应力混凝土桥涵设计规范》进行设计计算,并对结果进行了对比分析,可为新桥设计与旧桥加固改造提供借鉴。

本书可作为高等院校桥梁工程课程设计及毕业设计等教学环节的参考用书,亦可供从事桥梁工程工作的技术人员参考使用。

图书在版编目(CIP)数据

连续梁桥 / 徐岳等著. — 3版. — 北京：人民交通出版社股份有限公司,2022.3
ISBN 978-7-114-17827-6

Ⅰ.①连… Ⅱ.①徐… Ⅲ.①连续梁桥—桥梁设计 Ⅳ.①U448.21

中国版本图书馆 CIP 数据核字(2021)第 276989 号

Lianxu Liangqiao

书　　名:	连续梁桥(第三版)
著 作 者:	徐　岳　申成岳　邵国涛　徐星辰　等
责任编辑:	侯蓓蓓　朱伟康
责任校对:	孙国靖　龙　雪　扈　婕
责任印制:	刘高彤
出版发行:	人民交通出版社股份有限公司
地　　址:	(100011)北京市朝阳区安定门外外馆斜街3号
网　　址:	http://www.ccpcl.com.cn
销售电话:	(010)59757973
总 经 销:	人民交通出版社股份有限公司发行部
经　　销:	各地新华书店
印　　刷:	北京市密东印刷有限公司
开　　本:	787×1092　1/16
印　　张:	39.75
字　　数:	943 千
版　　次:	2000年5月　第1版
	2012年5月　第2版
	2022年3月　第3版
印　　次:	2022年3月　第1次印刷
书　　号:	ISBN 978-7-114-17827-6
定　　价:	160.00 元

(如有印刷、装订质量问题的图书由本公司负责调换)

第三版前言

"公路桥梁设计丛书"《连续梁桥》(2012年版)自出版发行以来,得到桥梁工程技术人员及全国高等院校相关专业师生广泛使用。近年来,随着桥梁工程学科的发展,一些新的设计理念和方法不断出现,新版交通运输行业标准《公路桥涵设计通用规范》(JTG D60—2015)(以下简称《15通规》)和《公路钢筋混凝土及预应力混凝土桥涵设计规范》(JTG 3362—2018)(以下简称《18桥规》)适时纳入相关科学研究和工程建设成果,进一步提升了我国桥梁设计技术水平。

为适应桥梁工程新技术的发展,准确、可靠地应用现行行业技术标准和设计规范,作者对本书2012年版进行了修订,旨在通过对《15通规》和《18桥规》的解读与应用,帮助读者理清预应力混凝土连续梁桥设计流程及内容。读者对象仍定位于桥梁工程专业方向的在校学生,重点解决在毕业设计或课程设计过程中的关键问题,同时,也希望对从事桥梁工程的技术人员有所裨益。

本次修订以梳理我国混凝土桥梁设计规范的发展历程为出发点,通过对《15通规》和《18桥规》的重点解读,采用现行交通行业标准与设计规范,对我国常用的预应力混凝土连续梁桥进行桥跨结构设计,相比第二版,增加的主要内容有:

(1)混凝土桥梁设计规范的发展历程及对比分析。
(2)《15通规》和《18桥规》的主要内容及应用方法。
(3)桥梁结构有限元建模技术要点。
(4)混凝土桥梁抗倾覆和应力扰动区设计。

本次修订保留了本书上一版以施工方法为主线的编写思路,在内容体系安排上仍以预应力混凝土连续梁桥设计基本理论为基础,通过工程示例,详细介绍不同施工方法所对应连续梁桥的设计计算方法和步骤。

本书共分七章,作者具体分工(未注明作者单位的均为长安大学作者)如下:

第一章第一、二节:申成岳(河南省交通规划设计研究院股份有限公司)。

第二章第一、二、三节:徐岳;四、五、六节:徐星辰;第七、八、十一、十二节:申成岳;第九节:王春生;第十节:梁鹏。

第三章第一、二、三、十、十一、十二节:申成岳;第四、五、六节:展丙来(中交第一公路勘察设计研究院有限公司);第七、八、九节:徐星辰。

第四章第一、二节、十二节:梁鹏;第三、四、五、六、七、八节:刘文强(中交第一公路勘察设计院有限公司);第九、十、十一节:徐星辰。

第五章第一、二、三、四、五节:曹思源;第六、七节:徐星辰;第八、九节:王春生;第十、十一、十二节:任更锋;

第六章第一、二、三、四、五、六节:董尧一(中铁西安勘察设计研究院有限责任公司);第七、八、九节:徐星辰;第十、十一、十二节:邹存俊。

第七章第一、二、三、四、五节:邵国涛(台州学院);第六、七节:徐星辰;第八、九节:金辉(浙江科技学院);第十、十一、十二节:王茜。

全书由长安大学徐岳教授统稿、定稿。

为了方便读者阅读使用,作者搭建了连续梁桥交流群(QQ群号:750156812),并在共享文件中提供有关示例的有限元计算模型及其他资源。

本书在修订出版过程中,得到了人民交通出版社股份有限公司韩敏总编辑的大力支持,吴有铭主任、周宇副主任、侯蓓蓓编辑、朱伟康编辑工作严谨认真,在此一并表示诚挚的感谢!

限于作者水平,书中不足之处在所难免,恳请读者指正。

作 者

2022年2月3日

第二版前言

《公路桥梁设计丛书 预应力混凝土连续梁桥设计》(2000年版)自出版发行以来,桥梁工程技术人员及全国高等院校相关专业师生广泛使用,在加深预应力混凝土连续梁桥设计基本理论的理解、设计计算结果向设计图纸转变等方面发挥了积极作用,为初次从事桥梁设计工作的技术人员及桥梁专业毕业生提供了帮助。本书出版多年,不断收到读者的反馈信息,这使作者深感欣慰,说明本书的出版达到了期望的效果。近年来,我国公路桥梁工程建设技术与研究水平有了很大提高,为适应桥梁工程新技术的发展,准确、可靠地应用现行行业技术标准和设计规范,积极响应读者要求再版的呼声,在人民交通出版社的大力支持下,作者对本书2000年版进行了修订。

本次修订根据《公路桥涵设计通用规范》(JTG D60—2004)及《公路钢筋混凝土及预应力混凝土桥涵设计规范》(JTG D62—2004)进行,并将书名改为《公路桥梁设计丛书 连续梁桥》。在内容体系安排上仍以预应力混凝土连续梁桥设计基本理论为基础,以我国目前常用的连续梁桥施工方法为主导,以实例为主线,详细介绍不同施工方法所对应连续梁桥的设计计算方法和步骤。本次修订的内容主要体现在以下几个方面:①按照《公路桥涵设计通用规范》(JTG D60—2004)及《公路钢筋混凝土及预应力混凝土桥涵设计规范》(JTG D62—2004)规定对实例重新进行了计算和验算;②认真吸纳了读者反馈的问题,完善了相应的内容;③对于各设计实例,增加了按2004年和1985年《公路钢筋混凝土及预应力混凝土桥涵设计规范》进行设计计算结果的对比分析;④对顶推施工连续梁桥实例,尝试了施工过程不设临时束的设计方法;⑤针对设计实例,重点介绍了使用成熟商业软件完成桥梁设计全过程的有限元分析方法。

本书共分六章。第一章第一、二、三节由长安大学徐岳编写,第四、五、六节由长安大学邹存俊编写,第七、八、九节由长安大学许智编写;第二章第一、二、三节由合肥工业大学郑小燕编写,第四、五节由中交第一公路勘察设计研究院有限公司展丙来编写,第六、七、八节由长安大学李磊磊编写,第九、十节由长安大学刘梦莹编写,第十一节由长安大学徐岳编写;第三章第一、二、三、四、五节由中交第一公路勘察设计研究院有限公司展丙来编写,第六、七、八、九、十节由长安大学杨志军编写,

第十一节由长安大学梁鹏编写;第四章第一、二、三、四、五、十节由长安大学刘育新编写,第六、七、八、九节由长安大学吴向男编写,第十一节由长安大学王春生编写;第五章第一、二、三、四、五、十节由长安大学苗建宝编写,第六、七、八、九节由长安大学邹正浩编写,第十一节由东莞市新远高速公路发展有限公司王红平编写;第六章第一、二、十一节由南京航空航天大学张丽芳编写,第三、四、五、六、十节由长安大学董峰辉编写,第七、八、九节由长安大学谷振编写。全书由徐岳、邹存俊、张丽芳、郑小燕主编,徐岳教授统稿、定稿。

  本书在修订出版过程中,得到了人民交通出版社韩敏总编辑、沈鸿雁编审、曲乐副主任的大力支持和热情帮助;王文华编辑以严谨认真的工作责任心、一丝不苟的学术风格,提出了许多宝贵意见;全体编校、印刷人员付出了辛勤劳动,在此一并表示诚挚的感谢!

  限于作者水平,书中谬误难免,敬请读者指正,来函请寄长安大学(地址:西安市南二环中段,邮编:710064,电子信箱:GL03@chd.edu.cn)。

作 者

2012 年 3 月 1 日

第一版前言

预应力混凝土连续梁桥以结构受力性能好、变形小、伸缩缝少、行车平顺舒适、造型简洁美观、养护工程量小、抗震能力强及施工方法成熟等特点,不仅在桥梁工程中得到广泛的应用,而且在桥梁工程专业课程教学中亦作为应重点掌握的基本桥型。

到目前为止,国内已出版了多种版本的桥梁计算示例与设计手册,但均未涉及预应力混凝土连续梁桥的具体设计方法和步骤,因而导致桥梁专业应届毕业生及初次从事桥梁设计工作的技术人员在设计预应力混凝土连续梁桥时,常常感到缺乏较系统的参考资料;在正确应用预应力混凝土连续梁桥基本设计理论及有关桥梁设计软件,尤其是在把设计计算结果转变为设计图纸等方面,存在各种各样的问题。我们真诚地期望本书的出版能够解决这些问题,并满足读者的要求。

本书在内容体系安排上以预应力混凝土连续梁桥设计理论为基础,以我国目前常用的连续梁桥施工方法为主导,以实例为主线,详细介绍采用不同施工方法所对应连续梁桥的设计方法和步骤。为便于读者深入理解设计理论和正确应用设计软件,还给出了一些关键设计步骤的计算机程序。

本书共分六章,第一章第一、四、五、六、七节,第二章第一、二、三、五、六节由西安公路交通大学徐岳编写;第一章第三、八节、第二章第四、七、八、九节由交通部第一公路勘察设计院王亚君编写;第三章第一、二、三、四、五节由西安公路交通大学梁鹏、徐岳编写;第三章第六、七、八节由陕西省公路勘察设计院万振江编写;第四章第一、二、三、四、五节由西安公路交通大学王春生编写;第四章第六、七、八节由甘肃省交通规划设计院杨惠林编写;第五章第一、二、三、四、五节由西安公路交通大学王红平、徐岳编写;第五章第六、七、八节由甘肃省交通规划设计院张汉舟编写;第六章第一、二、三、四、五节由西安公路交通大学张丽芳、徐岳编写,第六章第六、七、八节由陕西省公路勘察设计院万振江编写,第一章第二节、第五章第六节由路桥集团国际建设股份有限公司赵云编写。全书由徐岳教授、王亚君高级工程师、万振江高级工程师主编,西安公路交通大学杨炳成教授主审。

由于作者水平有限,书中难免有谬误,敬请读者批评指正。来函径寄西安公路交通大学330信箱。

作 者
2000年2月

目 录

第一章 绪论 1
第一节 概述 1
第二节 《公路桥涵设计通用规范》发展历程及历次修订内容 1
第三节 《公路钢筋混凝土及预应力混凝土桥涵设计规范》发展历程及历次修订内容 4
本章参考文献 7

第二章 设计基本理论与方法 8
第一节 概述 8
第二节 施工方法 19
第三节 结构设计与计算 29
第四节 作用的分类、代表值和设计值 37
第五节 作用设计值的效应计算与分析 49
第六节 次内力计算 56
第七节 作用组合及其效应设计值 85
第八节 预应力钢筋的计算及布置 93
第九节 预应力损失及有效预应力计算 100
第十节 截面验算 106
第十一节 抗倾覆验算 129
第十二节 应力扰动区验算 132
本章参考文献 139

第三章 满堂支架现浇施工连续梁桥设计 141
第一节 概述 141
第二节 结构有限元建模 147
第三节 作用组合及其效应设计值估算 153
第四节 预应力钢束估算及布置 168
第五节 预应力损失及有效预应力计算 178
第六节 钢束布置后作用组合的效应设计值计算 180
第七节 持久状况承载能力极限状态计算与验算 188

第八节	持久状况正常使用极限状态计算与验算	193
第九节	持久状况和短暂状况构件的应力计算与验算	197
第十节	应力扰动区的计算与验算	202
第十一节	对比分析	207
第十二节	设计图绘制	220
本章参考文献		258

第四章 悬臂施工连续梁桥设计 259

第一节	概述	259
第二节	结构有限元建模	261
第三节	作用组合及其效应设计值	273
第四节	预应力钢束的估算及布置	288
第五节	预应力损失及有效预应力计算	294
第六节	钢束布置后作用组合的效应设计值计算	296
第七节	持久状况承载能力极限状态计算与验算	304
第八节	持久状况正常使用极限状态计算与验算	308
第九节	持久状况和短暂状况主梁应力计算与验算	312
第十节	应力扰动区的计算与验算	317
第十一节	对比分析	318
第十二节	设计图绘制	328
本章参考文献		336

第五章 简支-连续施工连续梁桥设计 337

第一节	概述	337
第二节	结构有限元建模	341
第三节	作用组合及其效应设计值估算	358
第四节	预应力钢束估算及布置	368
第五节	预应力损失及有效预应力计算	372
第六节	钢束布置后作用组合的效应设计值计算	377
第七节	持久状况承载能力极限状态计算及验算	389
第八节	持久状况正常使用极限状态计算与验算	394
第九节	持久状况和短暂状况构件的应力计算与验算	400
第十节	应力扰动区计算和验算	408
第十一节	对比分析	408

第十二节　设计图绘制……425
　本章参考文献……436

第六章　移动支架逐孔现浇施工连续梁桥设计……437
　　第一节　概述……437
　　第二节　结构有限元建模……440
　　第三节　作用组合及其效应设计值估算……448
　　第四节　预应力钢束估算及布置……460
　　第五节　预应力损失及有效预应力计算……467
　　第六节　钢束布置后作用组合的效应设计值计算……469
　　第七节　持久状况承载能力极限状态计算及验算……480
　　第八节　持久状况正常使用极限状态计算及验算……487
　　第九节　持久状况和短暂状况构件的应力计算与验算……493
　　第十节　应力扰动区的计算与验算……502
　　第十一节　对比分析……502
　　第十二节　设计图绘制……512
　本章参考文献……524

第七章　顶推施工连续梁桥设计……525
　　第一节　概述……525
　　第二节　结构有限元建模……529
　　第三节　作用组合及其效应设计值估算……536
　　第四节　预应力钢束估算及布置……555
　　第五节　预应力损失及有效预应力计算……563
　　第六节　钢束布置后作用组合的效应设计值计算……565
　　第七节　持久状况承载能力极限状态计算及验算……575
　　第八节　持久状况正常使用极限状态计算及验算……580
　　第九节　持久状况和短暂状况构件的应力计算及验算……585
　　第十节　应力扰动区的计算与验算……593
　　第十一节　对比分析……593
　　第十二节　设计图绘制……606
　本章参考文献……624

第一章 绪 论

第一节 概 述

预应力混凝土连续梁桥以结构受力性能好、变形小、伸缩缝少、行车平顺舒适、造型简洁美观、养护工程量小、抗震能力强等特点而成为最富有竞争力的主要桥型之一。我国预应力混凝土连续梁桥的广泛应用,一方面得益于材料科学、预应力技术和先进施工方法的进步与发展,更重要的是得益于桥梁设计标准规范的不断完善与可靠支持。在长期的交通基础设施建设历程中,我国的桥梁设计规范几经修订,设计技术指标不断更新,设计理论与方法不断发展,引领了我国由桥梁大国向桥梁强国的迈进之路。

新中国成立之初,交通部分别于1956年和1961年颁布了《公路工程设计准则(草案)》和《公路桥梁设计规范(试行)》,内容涵盖"总体设计要求、荷载、圬工结构、混凝土结构、钢结构、木结构和地基基础"。在总结建设经验、吸纳相关科研成果的基础上,1975年颁布实施的《公路桥涵设计规范》是我国第一部指导公路桥涵设计的正式技术性文件。需要说明的是,以上三个规范都是综合性的,仅在"混凝土结构"一章规定了钢筋混凝土结构的技术要求。

此后,随着桥梁工程学科的发展,一些新的设计理念和方法不断出现,桥梁设计规范经过三次大规模的创新与修订。若以正式颁布时间为节点,第一次为1978年和1985年,第二次为2004年,第三次为2015年和2018年。1978年我国第一部《公路预应力混凝土桥梁设计规范(试行)》颁布实施。1985年前后,《公路桥涵设计通用规范》(JTJ 021—85)、《公路砖石及混凝土桥涵设计规范》(JTJ 022—85)、《公路钢筋混凝土及预应力混凝土桥涵设计规范》(JTJ 023—85)、《公路桥涵地基与基础设计规范》(JTJ 024—85)以及《公路桥涵钢结构及木结构设计规范》(JTJ 025—86)相继颁布实施,细化并强化了标准规范的针对性,首次形成了指导公路桥涵设计的标准规范体系。2004年颁布实施了《公路桥涵设计通用规范》(JTG D60—2004)、《公路钢筋混凝土及预应力混凝土桥涵设计规范》(JTG D62—2004)。时隔十余年,于2015年颁布实施了《公路桥涵设计通用规范》(JTG D60—2015),2018年颁布实施了《公路钢筋混凝土及预应力混凝土桥涵设计规范》(JTG 3362—2018)。

对于预应力混凝土连续梁桥的结构设计而言,《公路桥涵设计通用规范》和《公路钢筋混凝土及预应力混凝土桥涵设计规范》是相对重要的两个规范,以下着重介绍这两个规范的发展历程及相应修订的主要内容。

第二节 《公路桥涵设计通用规范》发展历程及历次修订内容

一、《公路桥涵设计通用规范》(JTJ 021—85)

《公路桥涵设计通用规范》(JTJ 021—85)主要是对1975年版《公路桥涵设计规范》第一章

总则和第二章计算荷载内容的扩充与完善,针对以下问题进行了修改和补充:

(1)增加了高速公路桥涵的技术规定,一般情况下,高速公路桥涵的设计标准与一级公路相同。

(2)增加了特殊大桥的有关规定,例如特殊大桥跨径的划分,各级公路特殊大桥设计洪水频率的规定等。

(3)修改了桥面净空,将《公路工程技术标准》(JTJ 01—81)中的公路建筑限界作为桥面净空。

(4)补充了大、中、小桥和涵洞按跨径分类及桥涵标准跨径的规定。

(5)充实了立体交叉桥下净空的规定。

(6)根据荷载的性质和发生的概率,将荷载划分为永久荷载、可变荷载(基本可变荷载和其他可变荷载)和偶然荷载三类。永久荷载相当于以往习惯称呼的恒载;基本可变荷载相当于以往惯称的活载。

(7)取消了1975年版《公路桥涵设计规范》中"主要组合"与"附加组合"的名称,将实际可能出现的各类荷载组合划分成"组合Ⅰ""组合Ⅱ"等六种荷载组合。对于不能同时组合的其他可变荷载以表格列出,改变了以往烦琐的文字表达形式,一目了然。

(8)将混凝土的收缩徐变影响力、基础变位影响力和水的浮力纳入永久荷载。

(9)对桩基础、柱式墩台的土压力作用宽度,车辆荷载在桥台或挡土墙后填土的破坏棱体上引起的土侧压力,风力计算,汽车荷载的制动力及其分配,以及冰压力等问题进行了专门研究,提出了相关的技术要求。

二、《公路桥涵设计通用规范》(JTJ 021—89)

《公路桥涵设计通用规范》(JTJ 021—89)主要是为了响应《公路工程技术标准》(JTJ 01—88)的要求,在《公路桥涵设计通用规范》(JTJ 021—85)的基础上修订而来,修订的内容有:

(1)修订了公路桥涵的建筑界限以及各级公路桥涵的桥面宽度。

(2)增加了汽车专用公路桥涵的有关规定。

(3)局部调整了桥涵设计洪水频率。

(4)在新建、改建工程中不再使用汽车—15级、挂车—80作为设计荷载,但在形式上仍予以保留。

(5)补充修改了桥涵设计的布载规定。

三、《公路桥涵设计通用规范》(JTG D60—2004)

《公路桥涵设计通用规范》(JTG D60—2004)是在《公路桥涵设计通用规范》(JTJ 021—89)的基础上,按照《公路工程结构可靠度设计统一标准》(GB/T 50283—1999)、《公路工程技术标准》(JTG B01—2003)制定的总原则修订而成,吸收了更多的科研新成果和建设新经验,规范的内容发生了很大变化。主要体现在:

(1)将《公路工程结构可靠度设计统一标准》(GB/T 50283—1999)作为修订的指导性文件,将《公路桥涵设计通用规范》(JTJ 021—89)的"经验极限状态设计法"改为"以可靠性理论为基础的概率极限状态设计法",实现了公路桥涵结构设计理论体系的转变,与国际上先进的工程结构设计规范在设计理论体系上协调一致,符合桥梁工程结构设计标准的发展方向。

(2)将公路桥梁结构设计分为三个安全等级,引入了公路桥涵设计的重要性系数,明确了不同的桥涵应根据所具有的功能、作用及其在公路路网中的地位而具有不同的重要性系数,从而使结构设计更趋合理。

(3)进一步明确了桥涵结构的设计应分持久状况、短暂状况和偶然状况三种:持久状况必须进行承载能力和正常使用两种极限状态的设计;短暂状况一般只作承载能力极限状态设计,必要时才进行正常使用极限状态设计;偶然状况要求进行承载能力极限状态设计,不考虑正常使用极限状态设计。

(4)规定了正常使用极限状态设计时,应分别取作用的短期效应组合和长期效应组合进行设计,完善了相应的规定,提出了各种可变作用短期效应组合时的频遇值系数和长期效应组合时的准永久值系数。

(5)承载能力极限状态设计表达式中的作用和材料均采用设计值来表达,突出了主导作用的影响,其他作用则以组合系数予以折减。

(6)取消了车队形式的汽车荷载标准分级,改为采用公路—Ⅰ级和公路—Ⅱ级汽车荷载;汽车标准荷载采用车道荷载和车辆荷载相结合的表现方式,其中车道荷载由均布荷载和集中荷载组成。

(7)将汽车荷载冲击系数以跨径为主要影响因素的计算方法改为以结构基频为主要影响因素的计算方法。

(8)局部调整了人群荷载的标准值,并依据加载长度对人群荷载标准值予以适当折减。

(9)调整了风荷载的计算公式及其影响系数,给出了全国基本风速图及全国各气象站10年、50年和100年重现期下的基本风速和基本风压值。

(10)补充了冰压力的计算方法和计算公式。

(11)修订、完善了温度作用的规定,完善了体系温度的规定,提出了简便实用并相对适合国情的温度梯度曲线。

(12)增加了汽车撞击荷载的计算和设计要求。

(13)补充了通航海轮船舶撞击作用的规定。

四、《公路桥涵设计通用规范》(JTG D60—2015)

《公路桥涵设计通用规范》(JTG D60—2004)总体上能够满足我国公路桥涵建设的需要,但随着我国公路运营状况、桥涵设计理念和方法的发展和变化,仍有一些需要完善的内容。《公路桥涵设计通用规范》(JTG D60—2015)相较《公路桥涵设计通用规范》(JTG D60—2004)主要进行了以下几方面的修订:

(1)响应《公路工程技术标准》(JTG B01—2014)的要求,增加了桥涵结构的设计使用年限和耐久性要求。

(2)增加了地震设计状况和桥梁钢结构的抗疲劳设计要求,完善了极限状态的设计理论和方法。

(3)以"作用组合"取代"作用效应组合",修改了作用组合方式,给出了作用与作用效应为线性和非线性都普遍适用的作用效应设计值表达式。

(4)改进了作用组合分类与计算方法,承载能力极限状态包括基本组合、偶然组合与地震组合,正常使用极限状态包括频遇组合与准永久组合。

(5)对于除汽车荷载(含汽车冲击力、离心力)外的其他可变作用,将《公路桥涵设计通用规范》(JTG D60—2004)的组合系数改为组合值系数,并统一取为0.75。

(6)完善了汽车荷载标准,调整了二级公路的汽车荷载等级;提高了中小跨径桥梁的车道荷载标准;修改了车辆荷载的分项系数。

(7)增加了汽车荷载疲劳荷载以及相应的计算方法。

(8)增加、完善了各种作用标准值的计算规定。

(9)完善了有关桥涵总体设计、构造要求、环境保护、养护维修以及交通安全保障工程等方面的规定。

(10)增加了桥涵风险评估和安全监测的相关规定。

第三节 《公路钢筋混凝土及预应力混凝土桥涵设计规范》发展历程及历次修订内容

一、《公路钢筋混凝土及预应力混凝土桥涵设计规范》(JTJ 023—85)

《公路钢筋混凝土及预应力混凝土桥涵设计规范》(JTJ 023—85)是在1975年版《公路桥涵设计规范》第四章"钢筋混凝土结构"和1978年版《公路预应力混凝土桥梁设计规范》的基础上合并修订而成。在修订过程中,由主持单位交通部公路规划设计院会同全国有关高等院校、设计和科研单位,开展了以规范内容为对象的专题研究、全国范围的调查研究、意见征集和资料收集汇总整理工作。修订的主要内容有:

(1)将钢筋混凝土桥梁的容许应力设计法改为极限状态设计法,提供了承载能力极限状态和正常使用极限状态设计的所有计算公式和计算参数。

(2)规定了用于公路桥梁的混凝土标号为15号、20号、25号、30号、40号、50号和60号;混凝土标号指龄期为28d,尺寸为200mm标准立方体、标准值取85%保证率确定的混凝土抗压强度。

(3)改进了预应力混凝土桥梁承载能力极限状态和正常使用极限状态的计算方法。

(4)增加了钢筋混凝土桁架拱、刚架拱以及钢筋混凝土深梁的设计计算和构造规定。

(5)补充了有关部分预应力混凝土梁的设计方法。

(6)修订了局部承压强度的计算理论。

(7)改进和补充了橡胶支座的设计参数。

(8)改变了混凝土收缩、徐变引起的预应力损失计算方法。

二、《公路钢筋混凝土及预应力混凝土桥涵设计规范》(JTG D62—2004)

《公路钢筋混凝土及预应力混凝土桥涵设计规范》(JTG D62—2004)是在《公路钢筋混凝土及预应力混凝土桥涵设计规范》(JTJ 023—85)的基础上修订而成,借鉴了部分国外规范研究成果,比如混凝土的徐变系数和收缩应变的计算公式采用了欧洲混凝土委员会-国际预应力协会(CEB-FIP)(1990)的研究成果并进行了适当简化。修订的主要内容有:

(1)根据《公路工程结构可靠度设计统一标准》(GB/T 50283—1999)的规定,采用了以概率理论为基础的极限状态设计法。

(2)根据《工程结构设计基本术语和通用符号》(GBJ 132—90)的规定,修改了符号并列出了基本名词术语,其中,将《公路钢筋混凝土及预应力混凝土桥涵设计规范》(JTJ 023—85)的混凝土标号修改为混凝土强度等级。

(3)改变了材料强度的取值原则,混凝土强度等级按边长为150mm立方体试件的抗压强度标准值确定。抗压强度标准值系指试件采用标准方法制作、养护至28d龄期,以标准方法测得具有95%保证率的抗压强度,并将混凝土的强度等级提高到C80,混凝土标号与强度等级换算关系见表1-1;钢筋品种、规格也随国家标准进行了调整。

混凝土标号与强度等级对应表　　　　表1-1

标号	15号	20号	25号	30号	40号	50号	60号
强度等级	C13	C18	C23	C28	C38	C48	C58

(4)全面改进和补充了各种受力构件的正截面和受弯构件斜截面的承载力计算方法。

(5)修订了局部承压计算方法,将《公路钢筋混凝土及预应力混凝土桥涵设计规范》(JTJ 023—85)的局部承压计算由局部承压强度和局部承压抗裂性控制,改为局部受压区截面尺寸和局部抗压承载力控制,并简化了局部承压计算底面积的取值规定。

(6)改变了预应力混凝土受弯构件的抗裂限值、裂缝宽度和构件刚度的计算方法,完善了预应力损失计算方法。

(7)增加了考虑环境影响的桥梁结构耐久性方面的规定,补充、完善了组合式受弯构件、墩台盖梁、桩基承台的构造规定,补充了箱梁翼缘有效宽度的计算方法和相关构造规定。

(8)补充、完善了桥梁上、下部构造关于钢筋的最小保护层厚度、最小锚固长度、钢筋接头及钢筋最小配筋率等方面的规定。

(9)虽然《公路钢筋混凝土及预应力混凝土桥涵设计规范》(JTJ 023—85)和《公路钢筋混凝土及预应力混凝土桥涵设计规范》(JTG D62—2004)均采用极限状态设计法,但性质是不同的。《公路钢筋混凝土及预应力混凝土桥涵设计规范》(JTJ 023—85)的基本立足点是将影响结构可靠性的各种因素视为确定性的量,设计安全系数主要依据经验来确定,所以称为"经验极限状态设计法",国际上统称为"定值设计法"。《公路钢筋混凝土及预应力混凝土桥涵设计规范》(JTG D62—2004)则以"公路桥梁可靠性理论"为基础,将影响结构可靠性的各主要因素视为不确定的随机性变量,从荷载和结构抗力(包括材料性能、几何参数和计算模式不定性)等方面进行了全国性的调查、实测、试验及统计分析,应用数理统计的方法寻求各随机变量的统计特征(统计参数和概率分布类型),进而探讨《公路钢筋混凝土及预应力混凝土桥涵设计规范》(JTJ 023—85)隐含的可靠度,确定适合于我国公路桥涵设计总体水平的失效概率(或目标可靠度),再从总体失效概率出发,通过优化分析或直接从各基本变量的概率分布确定设计所需要的各相关参数。这种以调查统计分析和对结构可靠性分析为依据而建立的极限状态设计,称为"概率极限状态设计法"。从《公路钢筋混凝土及预应力混凝土桥涵设计规范》(JTJ 023—85)的"定值设计法"转变为《公路钢筋混凝土及预应力混凝土桥涵设计规范》(JTG D62—2004)的"概率极限状态设计法",或者说在度量结构可靠性上,由经验方法转变为应用数理统计的方法,无疑是设计思想和设计方法的一大进步,也使桥梁结构设计更具科学性与合理性。

三、《公路钢筋混凝土及预应力混凝土桥涵设计规范》(JTG 3362—2018)

随着公路桥涵设计理念不断提升和设计技术的不断发展,公路混凝土桥涵在方案分析、结构设计、性能要求、构造措施等方面的要求逐步提升,成果日趋完善,《公路钢筋混凝土及预应力混凝土桥涵设计规范》(JTG D62—2004)的部分技术要求已不能完全满足公路混凝土桥涵设计、施工、养护、管理中出现的新需求,迫切需要总结实践经验、吸纳创新成果、体现创新理念,以规范和引导公路混凝土桥涵设计水平的提升。在此背景下,《公路钢筋混凝土及预应力混凝土桥涵设计规范》(JTG D62—2004)的修订工作于2011年开始,最终形成了《公路钢筋混凝土及预应力混凝土桥涵设计规范》(JTG 3362—2018)。需要指出的是,修订过程恰逢公路工程标准体系调整,按照《公路工程标准体系》(JTG 1001—2017)的规定,《公路钢筋混凝土及预应力混凝土桥涵设计规范》的编号修改为JTG 3362,其中第一个"3"代表"公路建设"板块,第二个"3"代表"设计"模块,"62"代表该模块下的序号。修订的主要内容有:

(1)为提高资源利用率,推广使用高强、高性能材料,调整了桥梁用混凝土(C25及以上)和钢筋(以HPB300取代R235,以HRB400取代HRB335)的强度等级。

(2)为有效保证桥梁结构的安全耐久,增加了桥梁结构设计的基本要求,强调结构设计应考虑结构和构件两个层次,包括结构方案、内力分析、截面设计、连接构造、耐久性及工程的特殊性能设计。

(3)基于相关科研成果,强化了混凝土桥梁的耐久性设计要求,细化了环境作用分类、混凝土材料要求、结构构造要求等规定。

(4)针对我国公路混凝土桥梁的发展情况和存在的突出问题,完善补充了如下设计方法:

①针对箱梁空间效应显著,简化分析造成斜桥、弯桥、多室箱梁的计算偏差,修订补充了完整的验算指标和实用的分析模型。

②针对公路独柱墩桥梁发生多起侧向倾覆事件,结构破坏猝然发生、危害大,修订补充了抗倾覆验算方法和构造措施。

③考虑到节段预制拼装桥梁广泛应用于城市桥梁和越江跨海通道,具有良好的综合效益,修订补充了体外预应力箱梁的设计方法。

④针对混凝土桥梁应力扰动区受力复杂、局部病害多发等因素,参考国外桥梁设计方法,补充了应力扰动区的受力分析和配筋设计方法。

(5)修订了圆形截面受压构件的正截面承载力计算方法,增加了不同边界条件下确定受压构件计算长度系数的计算公式;调整了钢筋混凝土及B类预应力混凝土结构裂缝宽度的计算方法。

综上所述,由《公路桥涵设计通用规范》和《公路钢筋混凝土及预应力混凝土桥涵设计规范》的历次修订内容可以看出,我国的混凝土桥梁设计规范与国际主流设计理念和方法保持一致,同时结合社会经济发展水平,不断补充完善,形成了符合我国国情的现行公路桥梁设计规范。

了解我国公路桥梁设计规范的发展历程,对于准确理解、正确应用现行设计规范,提高设计效率和设计成果的可靠性,无疑是十分必要的。和预应力混凝土连续梁桥设计密切相关的《公路桥涵设计通用规范》(JTG D60—2015)[以下简称《通规(2015年)》]以及《公路钢筋混凝土及预应力混凝土桥涵设计规范》(JTG 3362—2018)(以下简称《桥规(2018年)》)的具体内容,将在本书以后的章节加以具体阐释和应用。

本章参考文献

[1] 中华人民共和国交通部.公路工程设计准则[S].北京:人民交通出版社,1956.
[2] 中华人民共和国交通部.公路桥涵设计规范(草案)[S].北京:交通部交通工程设计院,1961.
[3] 中华人民共和国交通部.公路桥涵设计规范(试行)[S].北京:人民交通出版社,1975.
[4] 中华人民共和国交通部.公路预应力混凝土桥梁设计规范(试行)[S].北京:人民交通出版社,1979.
[5] 中华人民共和国交通部.公路桥涵设计通用规范:JTJ 021—85[S].北京:人民交通出版社,1985.
[6] 中华人民共和国交通部.公路桥涵设计通用规范:JTJ 021—89[S].北京:人民交通出版社,1989.
[7] 中华人民共和国交通部.公路桥涵设计通用规范:JTG D60—2004[S].北京:人民交通出版社,2004.
[8] 中华人民共和国交通运输部.公路桥涵设计通用规范:JTG D60—2015[S].北京:人民交通出版社股份有限公司,2015.
[9] 中华人民共和国交通部.公路钢筋混凝土及预应力混凝土桥涵设计规范:JTJ 023—85[S].北京:人民交通出版社,1985.
[10] 中华人民共和国交通部.公路钢筋混凝土及预应力混凝土桥涵设计规范:JTG D62—2004[S].北京:人民交通出版社,2004.
[11] 中华人民共和国交通运输部.公路钢筋混凝土及预应力混凝土桥涵设计规范:JTG 3362—2018[S].北京:人民交通出版社股份有限公司,2018.
[12] 中交公路规划设计院有限公司.《公路钢筋混凝土及预应力混凝土桥涵设计规范》应用指南[M].北京:人民交通出版社股份有限公司,2018.
[13] 郑绍珪.《公路桥涵设计通用规范》修订情况介绍[J].重庆交通学院学报,1985,01:74-76.
[14] 鲍卫刚.《公路桥涵设计通用规范》JTG D60—2004简介[J].中国公路,2004,22:88-90.
[15] 郑绍珪.《公路钢筋混凝土及预应力混凝土桥涵设计规范》编制情况介绍(上)[J].重庆交通学院学报,1985,01:82-93.
[16] 郑绍珪.《公路钢筋混凝土及预应力混凝土桥涵设计规范》编制情况介绍(下)[J].重庆交通学院学报,1985,02:92-96.

第二章 设计基本理论与方法

第一节 概 述

设计任何一种结构形式的桥梁,除了解桥位处的地质、地形及水力水文情况外,还应对拟设计桥型的结构体系、构造特点、工程材料及相应的施工方法形成整体认识,以便做到心中有数,灵活选用,满足《通规(2015年)》1.0.1条关于安全、耐久、适用、环保、经济和美观等诸方面的要求。

一、桥型布置与构造设计

预应力混凝土连续梁桥的总体布置和结构构造形式的确定是整个设计工作的第一步,也是关键环节。

(一)桥型布置

桥型布置包括立面布置和平面布置。

预应力混凝土连续梁桥的立面布置在初步设计和施工图设计中均占有十分重要的地位,直接影响桥梁的安全、适用、经济、美观。立面布置包括结构体系安排、桥跨布置、梁高选择、下部构造和基础形式选择等。简单且典型的立面布置如图2-1a)所示。

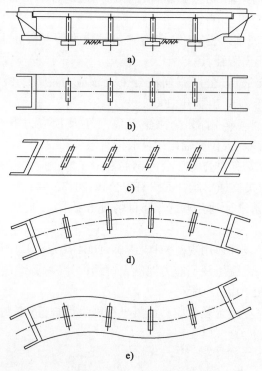

图2-1 连续梁桥典型立面布置和几种常用平面布置

桥梁平面布置取决于路线的方向以及与河流或相交线路的夹角,并受桥位地质、地形的制约,通常有正交、斜交、单向曲线和反向曲线等布置方式,如图2-1b)~e)所示。其中,正交桥梁的构造最为简单,其伸缩缝、墩台等均与主梁中线垂直;斜交桥梁的伸缩缝及墩台可与主梁中线垂直(斜桥正作),也可与主梁中线斜交,但均应满足桥梁行车及桥下宣泄洪水的要求;曲线桥伸缩缝及墩台方向通常采用径向布置,以方便内力分析。

连续梁桥以受力体系来分,有等截面、变截面连续梁桥,桁架连续梁桥,刚构-连续梁桥及V形墩连续梁桥等。其中,等截面及变截面是目前我国预应力混凝土连续梁桥采用最多的截面形式。

等截面(等高度)连续梁桥一般适用于以下情况:

(1)跨径一般为30~70m(国外也有达到80m跨径者),构造简单,施工快捷。

(2)立面布置以等跨径为宜,也可以不等跨布置,边跨与中跨之比不应小于0.6,高跨比一般为1/25~1/15。

(3)适用于支架施工、逐跨架设施工、移动模架施工及顶推施工。

变截面(变高度)连续梁主要适用于大跨径预应力混凝土连续梁桥,梁底立面曲线可采用圆弧线、二次抛物线及折线等。根据我国的建设和运营经验,变截面预应力混凝土连续梁桥的最大跨径以不超过150m为宜。除外形高度变化外,为满足梁内各截面受力要求,还可改变主梁截面的底板、顶板和腹板厚度,具体内容将在横截面构造中介绍。与变截面连续梁最为匹配的施工方法为悬臂施工。在孔径布置方面,边跨与中跨跨径之比一般为0.5~0.8,当边跨与中跨跨径之比小于0.3时,边跨桥台支座要做成拉压式,以承受负反力。变截面梁的梁高与最大跨径之比,跨中截面一般为1/50~1/30,支点截面可选用1/20~1/15。

(二)构造设计

1. 截面构造

预应力混凝土连续梁桥的截面形式很多,一般应根据桥梁的跨径、宽度、梁高、支承形式和施工方法等综合确定。合理地选择主梁截面形式,对减轻桥梁自重、节约材料、简化施工和改善截面受力性能是十分重要的。

目前预应力连续梁桥横截面形式主要有板式、肋梁式和箱形截面。其中,板式、肋梁式截面构造简单、施工方便;箱形截面具有良好的抗弯和抗扭性能,是预应力混凝土连续梁桥的主要截面形式。图2-2所示为常用的板式、肋梁式截面,图2-3所示为常用的箱形截面形式。

板式截面分实体截面和空心截面,分别如图2-2a)、b)和图2-2c)、d)所示。矩形实体截面使用较少,曲线形整体截面近年相对使用较多,实体截面多用于中小跨径,且多配以支架现浇施工,此时跨中板厚为跨径的1/28~1/22,支点板厚为跨中的1.2~1.5倍;空心截面常用于跨径15~30m的连续梁桥,板厚一般为0.8~1.2m,以支架现浇为主,亦可采用预制安装。

图2-2e)所示的肋梁式截面,预制方便,常用于预制架设施工,并在梁段安装后经体系转换,成为连续梁桥。常用跨径为25~50m,梁高取1.5~2.5m。

箱形截面构造灵活,适用于支架现浇、逐孔施工、悬臂施工等多种施工方式(内容详见各章节)。其中,单箱单室桥宽宜小于18m,双箱单室桥宽为20m左右,单箱双室桥宽为25m左右。一般地,等高度箱梁可采用直腹板或斜腹板,变高度箱梁宜采用直腹板。

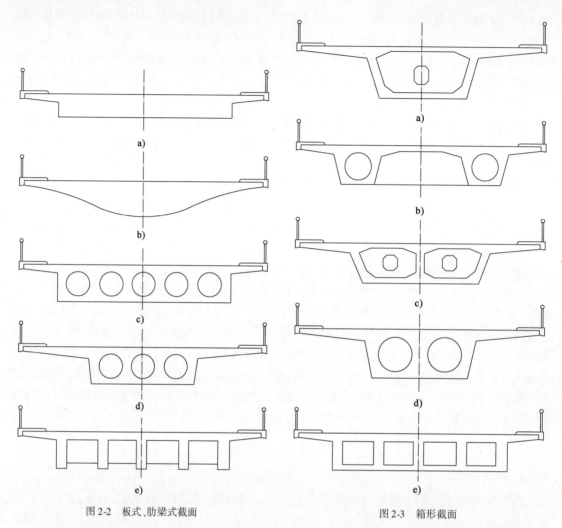

图 2-2　板式、肋梁式截面　　　　　图 2-3　箱形截面

为配合以后各章设计示例,这里以箱形截面为例,给出底板、顶板及腹板等相应的细部构造尺寸确定方法。

在连续梁桥中,箱梁底板厚度随负弯矩的增大而逐渐加厚至支点截面。支点截面底板厚度一般为该截面梁高的 1/12～1/10,以符合施工和运营阶段的承压要求,并在破坏阶段使中性轴尽量保持在底板以内;跨中底板厚度一般为 200～250mm,最大不超过 300mm,以满足跨中正负弯矩变化及底板内配置预应力钢筋与普通钢筋的要求。

确定箱形截面的顶板厚度一般应考虑两个因素:满足桥面承受横向弯矩的要求;满足布置纵横向预应力钢筋的要求。在配筋混凝土桥面板中,顶板厚度与腹板间距有关,可参考表 2-1 选用。

腹板和顶板参考尺寸　　　　　　　　　　　表 2-1

腹板间距(m)	3.5	5.0	7.0
顶板厚度(mm)	180～200	200～250	280～300

箱形截面顶板两侧挑出的悬臂板(翼板)长度也是调节顶板内弯矩的重要因素,一般悬臂板长度可为腹板间距的一半。当配置横向预应力钢筋时,悬臂应尽量外伸。箱梁腹板主要承受截面剪力和主拉应力。在预应力连续梁桥中,弯束对荷载剪力的抵消使得梁内剪应力和主拉应力较小。在变高度连续梁桥中,截面高度变化也可减小主应力值。因此,除上述受力因素外,考虑预应力钢筋布置及混凝土浇筑等因素后的箱梁腹板最小厚度一般为:腹板内无预应力束管道布置时可采用250mm;腹板内有预应力管道布置时可采用350mm;腹板内有预应力束锚固时采用400mm。在大跨径预应力混凝土连续箱梁中,腹板宽度宜从跨中向支点逐渐加宽,以承受支点处较大的剪力,一般采用400～900mm,也有达到1m左右者。

梗腋(承托)的形式和尺寸也是箱梁细部构造内容之一。梗腋提高了截面的抗扭刚度和抗弯刚度,可有效减小扭转剪应力和畸变应力。桥面板支点刚度加大后,可以吸收负弯矩,从而减小了桥面板的横桥向跨中正弯矩。此外,梗腋使力线过渡比较平缓,减小了次应力。从构造上考虑,利用梗腋所提供的空间便于布置纵向预应力钢筋和横向预应力钢筋,同时也为适当减薄底板和顶板的厚度提供了构造上的保证。

梗腋有竖向加腋和水平加腋两种。在顶板和腹板交接处若设置竖向加腋,则可加大腹板的刚度,对腹板受力有利,使腹板剪应力控制截面下移,错开了横向弯曲应力峰值,并有利于竖弯束的布置,但使预应力钢束的合力位置降低。反之,水平加腋对纵向束布置有利,加大了预应力合力偏心距,但对腹板受力和竖弯束布置不利。一般地,顶板的梗腋采用图2-4a)～e)的形式,并可用于斜腹板箱梁的顶板加腋;图2-4f)～h)用于底板加腋。为便于模板制作和拆模,各种加腋的最小尺寸不宜小于100mm。

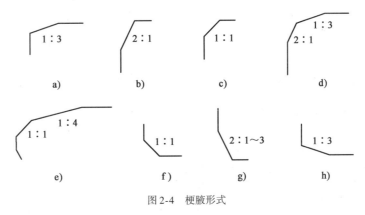

图2-4　梗腋形式

应指出的是,为了合理确定箱梁截面的细部尺寸,除按上述一般规律选取外,还应参考国内外已建成桥梁的有关统计资料,并关注在工程材料、施工技术等方面的差异。

2. 横隔梁(板)设置

采用T形和I形组合截面的连续梁桥,因抗扭刚度较小,为增加桥梁的整体性,改善力的横向分布,宜设置中横隔梁和端横隔梁。中横隔梁的数目及位置依主梁的构造和桥梁的跨径确定,常用横隔梁梁肋宽度为150～250mm。

箱形截面梁的抗弯及抗扭刚度较大,除在支点处设置横隔板以满足支座布置以及承受支座反力需要外,可设置少量中横隔板。箱梁横隔板的主要作用是增加截面的横向刚度,限制畸变应力。对于单箱单室截面,目前的趋势为不设中横隔板;对于多箱截面,为加强桥面板和各箱间的联系,可在箱间设置数道横隔板。采用顶推法施工的箱梁,为了便于预制构件和张拉预应力钢筋,在施工期间可设置临时横向联系,待顶推施工完成后再浇筑支点横隔板。

箱梁支点处横隔板的尺寸和配筋形式与箱梁的支承方式有关。当支承位于主梁腹板之下时,横隔板中只需配置一定数量的普通钢筋,如图2-5所示,且横隔板厚度宜取300~500mm,具体视箱梁跨径而定。当支承不通过主梁腹板轴线,而是通过箱梁轴线支承在底板上时,如采用普通钢筋混凝土结构,则横隔板内的抗剪、抗弯及抗裂钢筋交错密布,导致混凝土浇筑困难且不易振捣密实,横隔板厚度一般大于500mm;而如果采用预应力混凝土,即在横隔板中设置曲线形的预应力钢筋,如图2-6所示,则可避免钢筋混凝土横隔板所产生的弊病,相应的横隔板肋宽一般小于800mm。

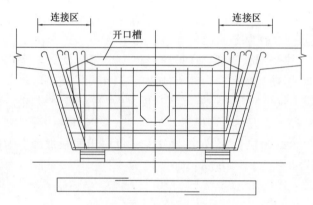

图2-5 箱梁中的横隔板配筋示意

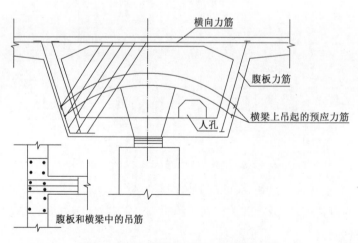

图2-6 箱梁中横隔板的预应力钢筋布置示意

预应力混凝土连续梁桥的桥型布置、结构体系及构造设计,均应分别满足《通规(2015年)》第3章、《桥规(2018年)》第4章和第9章的相关要求。

二、工程材料及预应力工艺

预应力混凝土连续梁桥采用的工程材料包括混凝土和钢材两大类,其中钢材可分为非预应力钢材和预应力钢材。高强混凝土和预应力钢材是成功设计、建造预应力混凝土连续梁桥的又一重要因素。

(一)混凝土

1. 基本要求

预应力混凝土连续梁桥对混凝土的基本要求为:高强度、低收缩徐变、缓凝早强、高弹性模量等。高强度、低收缩徐变及高弹性模量一般通过采用高性能混凝土来实现。混凝土的缓凝早强、高强一般通过混凝土改性来实现。

《桥规(2018年)》3.1.2条规定:公路桥涵预应力混凝土构件的混凝土强度等级不低于C40。目前国内预应力混凝土连续梁桥的混凝土强度等级一般为C40~C60,取用C55者居多;国外大都用C50以上混凝土。采用高强度混凝土的主要目的是,减少结构混凝土用量、减轻自重,并有效地减少预应力损失,建立理想、可靠的预应力状态。

混凝土轴心抗压强度标准值f_{ck}和轴心抗拉强度标准值f_{tk}应按表2-2采用;混凝土轴心抗压强度设计值f_{cd}和轴心抗拉强度设计值f_{td}应按表2-3采用;混凝土受压或受拉时的弹性模量E_c宜按表2-4采用,当有可靠试验依据时,E_c可按实测数据确定。

混凝土强度标准值　　　　　　　　　　　　　表2-2

强度等级	C25	C30	C35	C40	C45	C50	C55	C60	C65	C70	C75	C80
f_{ck}(MPa)	16.7	20.1	23.4	26.8	29.6	32.4	35.5	38.5	41.5	44.5	47.4	50.2
f_{tk}(MPa)	1.78	2.01	2.20	2.40	2.51	2.65	2.74	2.85	2.93	3.00	3.05	3.10

混凝土强度设计值　　　　　　　　　　　　　表2-3

强度等级	C25	C30	C35	C40	C45	C50	C55	C60	C65	C70	C75	C80
f_{cd}(MPa)	11.5	13.8	16.1	18.4	20.5	22.4	24.4	26.5	28.5	30.5	32.4	34.6
f_{td}(MPa)	1.23	1.39	1.52	1.65	1.74	1.83	1.89	1.96	2.02	2.07	2.10	2.14

混凝土的弹性模量　　　　　　　　　　　　　表2-4

强度等级	C25	C30	C35	C40	C45	C50	C55	C60	C65	C70	C75	C80
E_c ($\times 10^4$ MPa)	2.80	3.00	3.15	3.25	3.35	3.45	3.55	3.60	6.65	3.70	3.75	3.80

注:当采用引气剂及较高砂率的泵送混凝土且无实测数据时,表中C50~C80的E_c值乘折减系数0.95。

混凝土的剪切变形模量G_c可按表2-4中E_c值的0.4倍采用,混凝土的泊松比ν_c可采用0.2。

2. 混凝土改性

混凝土改性是指改善混凝土的性能。作为设计者,了解混凝土改性的目的,是为了在设计文件中明确混凝土材料性能提升的方式、范围和目标,进而增强设计结果的工程可实施性。

提高混凝土强度等级的常规方法是选用高品质的硬集料和高强度等级的水泥,并尽量降低水灰比。这种常规方法给混凝土的浇筑振捣带来了很大困难,甚至限制了高效施工工艺(如泵送混凝土)的应用。通过混凝土改性技术可有效地解决这个问题。目前,国内结构混凝土改性的方法比较简单,即通过采用减水剂来实现改性。

减水剂大多是一些分散性很强的表面活性剂,拌入混凝土后产生以下主要影响:

(1)一般减水剂的减水率大约在5%~25%之间,高效减水剂可使减水率达30%。如某种高效减水剂采用0.33的水灰比,混凝土坍落度可达170mm,有利于采用泵送等新技术、新工艺。

(2)新型高效减水剂能使混凝土缓凝(即延长初凝时间),同时能提高混凝土5d和28d强度,有利于混凝土浇筑振捣,尽可能早地施加预应力以缩短施工周期(如某悬臂施工连续梁桥一块段施工周期为7d)。

(3)减水剂可使混凝土的弹性模量有所提高,而收缩徐变略微减小。

新拌混凝土加入减水剂后改性显著,在高强混凝土中广泛使用。但减水剂种类较多,质量参差不齐,一定要经试验后选定品种,并在使用过程中加强检验,以免减水剂使用不当对混凝土的品质产生不良影响。

(二)钢材

《桥规(2018年)》根据《钢筋混凝土用钢 第1部分:热轧光圆钢筋》(GB 1499.1—2017)和《钢筋混凝土用钢 第2部分:热轧带肋钢筋》(GB 1499.2—2018),用HPB300取代了R235级光圆钢筋,淘汰了HRB335级带肋钢筋,同时增加了HRB500带肋钢筋。预应力混凝土连续梁桥中的非预应力钢材与钢筋混凝土桥梁使用的钢材相同,不再赘述。预应力钢材的基本要求、种类及作用如下。

1. 基本要求

在预应力混凝土桥梁中,对预应力钢材的基本要求是高强度、大直径、低松弛和耐锈蚀。

2. 作用及种类

预应力钢材的作用是:经张拉、锚固进而通过钢材的回缩对结构施加预应力来承受广义荷载应力。

根据《桥规(2018年)》3.2.2条,目前可供预应力混凝土连续梁桥设计使用的预应力钢材主要有钢绞线、消除应力钢丝、预应力螺纹钢筋和无黏结预应力钢筋四大类。

1)钢绞线

钢绞线是由2根、3根或7根高强钢丝扭结而成并经消除应力后的盘卷状钢丝束。最常用的是由6根钢丝围绕一根芯丝顺一个方向扭结而成的7股钢绞线。芯丝直径常比外围钢丝直径大5%~7%,以使各根钢丝紧密接触,钢丝扭矩一般为钢绞线公称直径的12~16倍。钢绞线主要用于连续梁桥的纵向配筋。

《桥规(2018年)》根据国家标准《预应力混凝土用钢绞线》(GB/T 5224—2014)选用7股钢绞线,其抗拉强度标准值为1 720~1 960MPa,并依松弛性能不同分为普通钢绞线和低松弛钢绞线。普通钢绞线生产工艺较简单,钢绞线绞捻而成后,仅需在400℃左右的熔铅中进行回火处理;而低松弛钢绞线则需进行稳定化处理,即在350~400℃的温度下进行热处理的同时,还给钢绞线施加一定的拉力,使其达到兼有热处理与预拉处理的效果,不仅可以消除内应力,而且可以提高强度,使结构紧密,切断后断头不松散,可使应力松弛损失率大大降低,伸直性好。

钢绞线具有截面集中,比较柔软,盘弯运输方便,与混凝土黏结性能良好等特点,可大大简化现场成束的工序,是一种较理想的预应力钢筋。目前,连续梁桥设计普遍选用高强度、低松弛钢绞线。

2)消除应力钢丝

预应力混凝土结构常用的高强钢丝为采用优质碳素钢轧制成盘圆经温铅浴淬火处理后,再冷拉加工而成的钢丝。对于采用冷拔工艺生产的高强钢丝,冷拔后还需经过回火矫直处理,以消除钢丝在冷拔中所存在的内部应力,提高钢丝的比例极限、屈服强度和弹性模量。《桥规(2018年)》采用的消除应力钢丝有光面钢丝和螺旋肋钢丝,可用于中小跨径的连续梁桥纵向配筋。

3)预应力螺纹钢筋

预应力螺纹钢筋在轧制时沿钢筋纵向全部轧有规律性的螺纹肋条,可用螺纹套筒连接和用螺母锚固,因此不需要再加工螺纹,也不需要焊接。目前,这种高强钢筋仅用于中小型桥梁的预应力混凝土构件或作为箱梁的竖向、横向预应力钢筋。《桥规(2018年)》还列入了50mm的大直径预应力螺纹钢筋。

4)无黏结预应力钢筋

无黏结预应力钢筋主要用于桥面横向预应力钢筋。目前,国内大多采用带聚乙烯套管的钢绞线,极限强度为1 860MPa左右。主要特点是无须预埋孔道、穿束及张拉后压浆,因而施工方便。但在使用过程中由于钢绞线与混凝土没有任何黏结,且与聚乙烯套管反复摩擦,会导致套管在弯道处厚度减薄,进而引起钢绞线永存应力有所减小,存在一定的安全隐患。鉴于此,日本研制了后期黏结的预应力钢绞线作为桥面板中的横向张拉力筋,并在松帆高架桥工程中成功应用。所谓后期黏结预应力钢绞线,是指用常温凝固的环氧树脂在其未固化的油脂状态时涂抹在钢绞线的表面,然后再用聚乙烯套管覆盖,这种树脂可通过添加促凝剂来调整控制固化时间,将凝固时间控制在预应力钢筋张拉之后,这样就可采用与一般无黏结预应力钢筋同样的方法来施工,待树脂固化后,通过聚乙烯套管来保证预应力钢绞线和混凝土之间的黏结,该黏结强度与传统的波纹管水泥压浆的黏结强度相同,甚至有所超过。这种材料和工艺值得我国借鉴,以开发出更好的预应力钢材。

根据《桥规(2018年)》3.2.3条,普通钢筋的抗拉强度标准值f_{sk}和预应力钢筋的抗拉强度标准值f_{pk},应分别按表2-5和表2-6采用。

普通钢筋抗拉强度标准值　　　　　　　　表2-5

钢筋种类	符　　号	公称直径d(mm)	f_{sk}(MPa)
HPB300	Φ	6~22	300
HRB400	Φ	6~50	400
HRBF400	Φ^F		
RRB400	Φ^R		
HRB500	Φ	6~50	500

预应力钢筋抗拉强度标准值 表2-6

钢筋种类		符号	公称直径 d(mm)	f_{sk}(MPa)
钢绞线	1×7	ϕ^S	9.5、12.7、15.2、17.8	1 720、1 860、1 960
			21.6	1 860
消除应力钢丝	光面螺旋肋	ϕ^P ϕ^H	5	1 570、1 770、1 860
			7	1 570
			9	1 470、1 570
预应力螺纹钢筋		ϕ^T	18、25、32、40、50	785、930、1 080

根据《桥规(2018年)》3.2.3条,普通钢筋的抗拉强度设计值f_{sd}和抗压强度设计值f'_{sd}应按表2-7采用;预应力钢筋的抗拉强度设计值f_{pd}和抗压强度设计值f'_{pd}应按表2-8采用。

普通钢筋抗拉、抗压强度设计值 表2-7

钢筋种类	f_{sd}(MPa)	f'_{sd}(MPa)
HPB300	250	250
HRB400、HRBF400、RRB400	330	330
HRB500	415	400

注:1. 钢筋混凝土轴心受拉和小偏心受拉构件的钢筋抗拉强度设计值大于330MPa时,应按330MPa取用;在斜截面抗剪承载力、受扭承载力和冲切承载力计算中垂直于纵向受力钢筋的箍筋或间接钢筋等横向钢筋的抗拉强度设计值大于330MPa时,应取330MPa。
2. 构件中配有不同种类的钢筋时,每种钢筋应采用各自的强度设计值。

预应力钢筋抗拉、抗压强度设计值 表2-8

钢筋种类	f_{pk}(MPa)	f_{pd}(MPa)	f'_{pd}(MPa)
钢绞线 1×7(七股)	1 720	1 170	390
	1 860	1 260	
	1 960	1 330	
消除应力钢丝	1 470	1 000	410
	1 570	1 070	
	1 770	1 200	
	1 860	1 260	
预应力螺纹钢筋	785	650	400
	930	770	
	1 080	900	

根据《桥规(2018年)》3.2.4条,普通钢筋的弹性模量E_s和预应力钢筋的弹性模量E_p宜按表2-9采用;当有可靠试验依据时,E_s和E_p可按实测数据确定。

钢筋的弹性模量 表2-9

钢筋种类	弹性模量E_s(×10⁵MPa)	钢筋种类	弹性模量E_p(×10⁵MPa)
HPB300	2.10	钢绞线	1.95
HRB400、HRB500 HRBF400、RRB400	2.00	消除应力钢丝	2.05
		预应力螺纹钢筋	2.00

(三) 锚具

由于自身结构和构造特征的制约,预应力混凝土连续梁桥绝大多数采用后张法施工。而对于后张法,锚具在施工和使用过程中都起着举足轻重的作用,是桥梁结构建立永存预应力的关键;同时,锚具规格和相应的张拉千斤顶型号,会直接影响预应力混凝土连续梁桥的截面构造设计。因此,在进行预应力混凝土连续梁桥设计时,应充分重视锚具及配套千斤顶的选型、尺寸构造和适用范围。

1. 基本要求

锚固可靠,预应力损失小,施工方便,成本低廉,所需机具简单,且与预应力混凝土连续梁桥施工工艺相适应。

2. 种类及用途

按所锚预应力钢筋的不同,共有钢丝束锚具、钢绞线锚具及粗钢筋锚具三大类。预应力混凝土连续梁桥使用的各类锚具,均须具备变形小、锚固可靠及耐腐蚀等性能。

1) 钢丝束锚具

桥梁工程中用于锚固钢丝束的锚具主要有锥形锚(又称弗氏锚)和镦头锚(又称 BBRV 锚)。其中,锥形锚有锚固 $18\phi^s5mm$ 和 $24\phi^s5mm$ 的钢丝束两种,分别配以 600kN 双作用千斤顶和三作用千斤顶;镦头锚所锚钢丝的根数依设计张拉力的大小选定,目前有锚固 12~133 根 ϕ^s5mm 和 12~84 根 ϕ^s7mm 两种锚具系列及相应的配套千斤顶。

2) 钢绞线锚具

锚固钢绞线的锚具为夹片锚具系列。各种型号的锚具规格都大同小异,但由于生产厂家不同,需选配相应的张拉千斤顶型号。

3) 粗钢筋锚具

粗钢筋锚具主要有轧丝锚和 Dywidag 锚。其中轧丝锚具有两种规格,分别锚固 $\phi25mm$ 和 $\phi32mm$ 圆钢筋;Dywidag 锚具有三种规格,分别锚固 $\phi26mm$、$\phi32mm$ 和 $\phi36mm$ 高强精轧螺纹钢筋,使用者可根据产品说明书选配相应的千斤顶。

其他锚具包括固定端锚具和连接器,这两种锚具主要用于一端锚固或接长预应力钢绞线或钢丝束。

当钢绞线采用一端张拉时,固定端锚具除可采用与张拉端相同的夹片锚具外,还可采用挤压锚具或压花锚具。其中,挤压锚具是利用压头机,将套在钢绞线端头的优质钢套筒通过模具与钢绞线一起强行挤压而成(图 2-7),挤成的锚头与垫板一起即可形成固端承压型锚具。压花锚具是用压花机将钢绞线端头制成梨花形花头的一种黏结型锚具(图 2-8),张拉前预先埋入构件混凝土中即形成固端锚具。

连接器主要用于顶推或逐孔施工的预应力混凝土连续梁桥。连接器共有两种,即锚头连接器和接长连接器,图 2-9a)所示为锚头连接器,用于钢绞线锚固后再接长;图 2-9b)所示为接长连接器,用于两端张拉钢绞线的接长。

上述各种锚具的设计参数和锚具、垫板、波纹管及螺旋筋等的配套尺寸,可参阅相关生产厂家的产品说明。

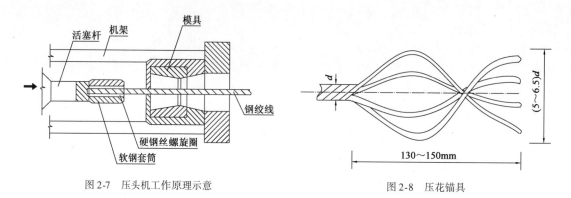

图 2-7 压头机工作原理示意　　　　图 2-8 压花锚具

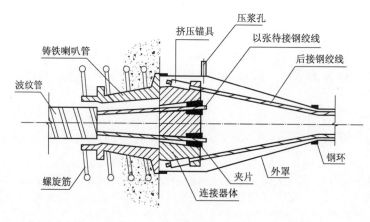

a)

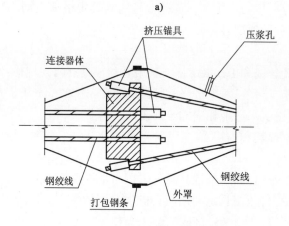

b)

图 2-9 连接器构造
a) 锚头连接器；b) 接长连接器

(四) 其他预应力设备

连续梁桥设计与施工中需要的其他预应力设备有：制孔器、穿索机及压浆机等。

后张预应力制孔器主要有两类：抽拔橡胶管、金属(塑料)波纹管。现在国内连续梁桥施工中大多采用波纹管制孔。波纹管的规格须与锚具相匹配。

穿束机用来代替人工穿预应力钢筋，最大水平传送距离可达200m。

水泥浆用于灌注筋束张拉锚固后的孔道,主要作用是防止预应力钢筋锈蚀,并使筋束和梁体混凝土形成整体。水泥浆的水灰比一般为 0.4～0.45,如加入适量减水剂可降低水灰比 10%～15%。另外,宜在水泥浆中加入适当的微膨胀剂,膨胀率应不大于 5%,水泥的强度等级不应低于 42.5MPa,水泥浆的强度等级最好与梁体混凝土强度等级相同。

压浆机是孔道灌浆的主要设备,可压送的最大水平距离为 300m,最大竖直高度为 50m。

第二节 施 工 方 法

对于预应力混凝土连续梁桥,设计与施工既密切联系,又相互影响。设计时,必须首先明确相适应的施工方法。桥梁施工过程,就是由构件逐步形成结构体系直至成桥状态的过程。本节重点并非介绍预应力混凝土连续梁桥的施工技术,而是明确采用不同施工方法时,结构体系与截面内力随施工进程的演变过程及变化规律,从而为形成有效、可靠的设计结果提供必需的基本概念和基本的结构力学算法支持。

我国建造预应力混凝土连续梁桥的方法很多,常用的施工方法有:满堂支架浇筑施工、悬臂施工、逐孔施工和顶推施工。其中,悬臂施工通常分为悬臂浇筑和悬臂拼装,而悬臂浇筑按施工受力图式又有挂篮悬臂浇筑和桁式吊悬臂浇筑之分;逐孔施工通常分为预制梁逐孔安装、支架组拼预制节段逐孔施工和支架逐孔现浇施工,而逐孔安装施工按施工受力图式又有简支-连续施工和悬臂连续施工之分。为配合以后各章设计示例,下面简要给出满堂支架浇筑施工、挂篮悬臂浇筑施工、预制简支-连续施工、支架逐孔现浇施工及顶推施工等方法随施工进程相应的结构体系的演变特征,相应的力学变化规律将在本章第五节予以详细说明。

一、满堂支架浇筑施工

满堂支架浇筑施工也称为整体支架浇筑施工,具体施工方法与结构体系特征为:在支架上安装模板、绑扎安装钢筋骨架、预留孔道,现场浇筑混凝土,并施加预应力的方法。预应力混凝土连续梁桥采用满堂支架浇筑施工,需要在连续梁桥的一联各跨均设置支架,一联施工完成后,整联同步卸落支架,形成一联连续梁桥结构。因此,结构在施工中不存在体系转换,不产生恒载徐变二次力。采用满堂支架浇筑施工的适宜跨径为 20～60m,最大可达 150m。

(一)支架

满堂支架浇筑施工,支架是关键。国内连续梁桥施工常用的支架形式有立柱式、梁式和梁柱式,如图 2-10 所示。支架均可采用钢制标准杆件。支架虽为临时结构,但需要承受桥梁的大部分恒载,因此应有足够的强度、刚度和稳定性,同时,支架的基础要可靠,构件结合要牢固,要有足够的纵横、斜连接杆件,使支架成为几何不变体系。位于河道中的支架,应充分考虑洪水和漂流物的影响。另外,支架受荷载后会产生变形,安装前要经过计算设置预拱度,使桥梁结构的外形尺寸和高程符合设计要求。同时,应设置落架设施,确保落架对称、均匀,不使主梁产生局部受力。

(二)混凝土浇筑

混凝土浇筑方式是支架施工的另一关键。以大跨径预应力混凝土箱形截面连续梁桥为例,混凝土浇筑可分多种方式进行。一种是水平分层浇筑,即先浇筑底板,待达到一定强度后浇筑腹板,最后浇筑顶板。水平分层浇筑法用于工程规模较大时,各部位还可分数次浇筑。另一种是分段施工法,即根据施工能力,每隔 20~45m 设置连接缝,一般设在梁的弯矩较小区域,连接缝宽 1m 左右,待各段混凝土浇筑后在接缝处合龙。需要强调的是,无论采用何种浇筑方式,均需在浇筑混凝土前预压支架,预压重量一般为梁重的 1.2 倍,预压时间至少需 15d 左右,且在预压支架及浇筑混凝土期间,应做好对支架基础及地基的保护,使基础和地基免遭雨淋水泡发生不均匀沉降。

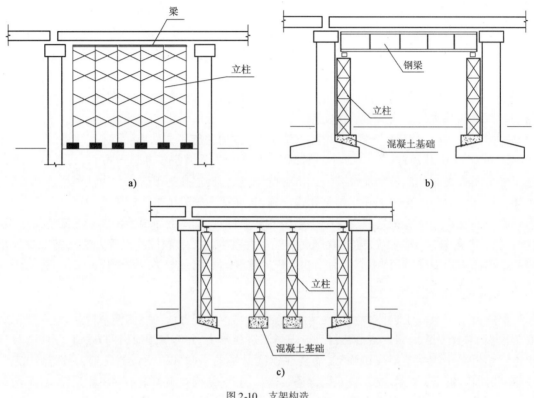

图 2-10 支架构造
a)立柱式;b)梁式;c)梁柱式

(三)特点

满堂支架浇筑施工方法具有以下特点:

(1)施工平稳可靠,不需要大型起重设备。

(2)桥梁整体性好,施工过程无体系转换,不产生恒载徐变二次力,施工方便。

(3)需要大量施工支架,跨河搭设影响通航与泄洪,跨路搭设影响交通。

(4)施工期长,施工费用高,施工场地占用大,施工管理复杂。

(四)注意事项

(1)混凝土浇筑及预应力钢筋张拉锚固均应分别对称施工。

(2)位于行车道的支架,应设置专门设施,确保支架安全。

二、悬臂施工

悬臂施工包括悬臂浇筑和悬臂拼装。

悬臂浇筑是在桥墩两侧挂篮上对称逐段浇筑混凝土、张拉预应力钢筋、移动挂篮、立模绑扎钢筋等循环连续施工,直至合龙形成连续梁桥。常用跨径为40~120m,国内目前最大已达330m。悬臂施工是国内外大跨径连续梁桥的主要施工方法之一。

(一)施工方法与结构体系特征

预应力混凝土连续梁桥按施工程序不同,有下列三种情况:

1. 逐跨连续悬臂施工

逐跨连续悬臂施工(图2-11)步骤如下:

第一步:首先从B墩开始进行悬臂施工。

第二步:左岸跨边段合龙,B墩临时固结释放后形成简支单悬臂梁。

第三步:从C墩开始进行悬臂施工。

第四步:BC跨中间合龙,释放C墩临时固结,形成带悬臂的两跨连续梁。

第五步:从D墩开始进行悬臂施工。

第六步:CD跨中间合龙,释放D墩临时固结,形成带悬臂的三跨连续梁。

第七步:右岸跨边段合龙,完成四跨一联的连续梁施工。

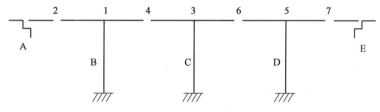

图2-11 逐跨连续悬臂施工

对于多跨连续梁仍可按上述程序,从一端开始向另一端进行。逐跨连续悬臂施工经历了悬臂施工阶段,施工过程存在体系转换,这就是悬臂施工法的基本要点。逐跨连续悬臂施工可以利用已建结构在桥面上运输,故机具设备、材料、预制节段的运输简捷。此外,每完成一个新的悬臂并在跨中合龙后,结构的稳定性和刚度不断加强。因此常在多跨连续梁桥或较长的大跨桥上使用。

2. T构-单悬臂-连续施工

T构-单悬臂-连续施工(图2-12)步骤如下:

第一步:首先从B墩开始进行悬臂施工。

第二步:左岸跨边段合龙,释放B墩临时固结,形成简支单悬臂梁。

第三步:C墩进行悬臂施工。

第四步:右岸跨边段合龙,释放C墩临时固结,形成简支单悬臂梁。

第五步:BC跨中段合龙,形成三跨连续梁结构。

多跨连续梁的中段合龙可以2~3个合龙段同时施工,也可以逐个进行。按这一程序施工可使结构稳定,受力对称,并便于结构内力调整,但须注意当边段合龙,B墩临时固结尚未释放之前为一端铰接,一端固接的超静定结构,此时张拉边跨的预应力钢筋时,将产生预加力的二次矩。T构-单悬臂-连续的施工程序常在三跨、五跨的连续梁桥中采用。

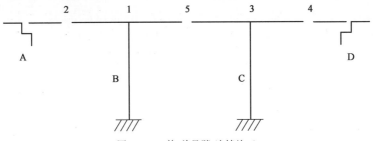

图 2-12　T构-单悬臂-连续施工

3. T构-双悬臂-连续梁施工

T构-双悬臂-连续梁施工(图 2-13)步骤如下:

第一步:首先从 B 墩开始进行悬臂施工。
第二步:再从 C 墩开始进行悬臂施工。
第三步:BC 跨中间合龙,并释放 B、C 墩的临时固结,形成简支双悬臂梁。
第四步:A 端岸跨边段合龙。
第五步:D 端岸跨边段合龙,完成三跨连续梁的施工。

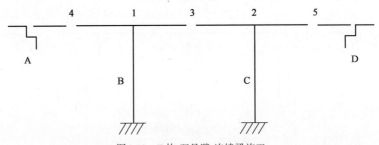

图 2-13　T构-双悬臂-连续梁施工

按图 2-13 所示施工程序,先将所有悬臂施工部分连接起来,最后边跨合龙,即所谓"先中孔后边孔合龙",不但施工费用高,施工程序跳动,而且在结构呈悬臂状态时稳定性差,一端施力引起另一端产生较大的位移,因此较少采用。特别是在大跨和多跨连续梁桥中,应尽量避免使用这一施工程序,仅在小跨、少跨桥中,这些缺陷不很突出时才可应用。

上述三种悬臂施工是基本施工方法,对于某一具体桥梁的施工可选择其中一种,在多跨连续梁桥中也可兼顾各方法的优点综合选用。

采用悬臂施工的连续梁桥,最终恒载内力与施工合龙的次序有关。不同的合龙次序,会产生不同的初始恒载内力,并且在体系转换过程中,由混凝土徐变收缩引起的内力重分布的数值也不同。

(二) 节段(块段)划分与混凝土浇筑

1. 0 号节段

采用悬浇施工时,梁体 0 号节段的长度,一般根据永久支座的规格、临时支座的布置方式、桥墩构造尺寸以及施工机具规格等因素综合确定。由于桥墩 0 号块圬工体积数量大,混凝土一般采用现场浇筑。为了拼装挂篮,通常先将主梁根部节段与 0 号块一起现浇,可采用支架或三角托架支承现浇混凝土的施工重力。

2. 其他节段

对于箱形截面,可将梁体每 2~5m 分为一个节段,悬臂梁体节段长度划分必须对称于 0 号节段(或永久支座中心线)。节段宜划分成分批等长度,以便于施工,同时应尽可能发挥挂篮的承载能力。挂篮重量在 500~1 500kN 之间,视桥梁规模及挂篮构造形式而不同。挂篮自重与构造在桥梁设计过程中均为必须考虑的因素。每节段施工周期以不少于 10d 为宜。各节段的混凝土浇筑必须对称于 0 号节段。

(三)梁墩固结措施

挂篮悬浇过程中难免出现不平衡弯矩,为此,需采取必要的措施来承受这些不平衡弯矩。目前常用的措施有:

1. 加设临时锚固

采用预应力双排锚杆将梁、墩临时固结。通常,锚杆的下端预埋在墩内,锚杆从混凝土中穿过并锚在梁顶。锚杆的数量由施工弯矩计算确定。为便于拆除,在临时支座间设置 20mm 厚的硫黄砂浆夹层,并在临时支承附近布设千斤顶,便于施工中的微调。这种方法构造简单,制作、拆卸方便。

2. 在墩旁设置临时支架

采取措施 1 后,如果桥墩太高、悬臂太长,不足以承受不平衡弯矩时,可在墩单侧或两侧设置支架和临时固结共同承受施工弯矩,如图 2-14 所示。当临时支承可能出现拉力时,应设置抗拉设施,如图 2-15 所示。

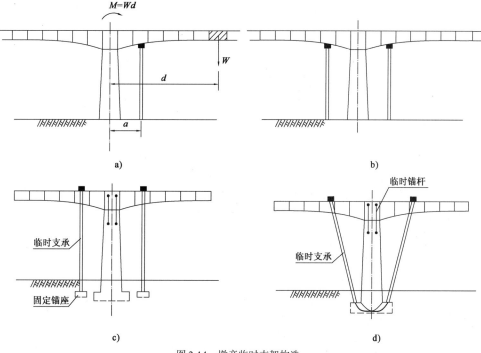

图 2-14 墩旁临时支架构造

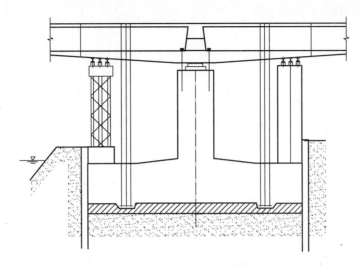

图 2-15 具有抗拉、抗压功能的临时支架

值得指出的是,随悬臂施工进程,如遇单孔合龙,并在张拉锚固纵向预应力钢筋前后,应立即拆除上述临时措施。设计过程中的内力计算图式应充分考虑并反映这一情形。

(四)特点

挂篮悬臂浇筑施工不需要大量施工支架和大型起吊设备,不影响桥下通航、通车,不受季节、洪水影响,不受跨数限制,桥梁施工受力状态与运营受力状态基本相近,与顶推法相比,不因施工而增加过多的材料,但悬臂施工体系转换较多,对施工线形及合龙技术要求较高,在施工图设计文件的说明中应有明确的反映。

三、预制简支-连续施工

预制简支-连续施工方法为:预制简支梁,分片进行预制安装,预制时按预制简支梁的受力状态进行第一批预应力钢筋(正弯矩筋)的张拉锚固,安装完成后经调整位置(横桥向及高程),浇筑墩顶接头处混凝土,更换支座,进行第二批预应力钢筋(负弯矩筋)的张拉锚固,进而完成一联预应力混凝土连续梁的施工。简支-连续施工适用于中等跨径的多跨等高度连续梁桥。

(一)结构体系特征

简支-连续施工方法亦存在体系转换。体系转换方法一般有以下三种:

(1)从一端起依次逐孔连续,即先将第一孔与第二孔形成两跨连续梁,然后再与第三孔形成三跨连续梁,依此类推,形成一联连续梁桥。

(2)从两端起向中间依次逐孔连续。

(3)从中间孔起向两端依次逐孔连续。

如遇长联,可按上述三种方法灵活、综合选用。显然,不同的体系转换方法所产生的混凝土徐变二次力及预加力产生的二次力是不同的。

(二)特点

预制简支-连续施工具有以下特点:

(1)适合于装配式箱梁或 T 形截面梁集零为整,形成连续梁桥。
(2)适宜跨径为 25~80m,且宜等跨径布置,施工工艺成熟简单。
(3)下部结构和预制梁可安排平行作业施工,桥梁总体施工期短。

(三)注意事项

(1)预制场台座底板纵、横向定位准确,互相对齐,高程一致,以确保相邻段端部的各种尺寸相匹配。
(2)预制梁(板)端模宜采用钢模板,以确保连续端纵向连接钢筋定位精确,便于连接处的纵向连接钢筋对齐焊接。
(3)应采用墨线标出预制梁(板)中线及临时支座定位线,以利安装就位,确保与设计要求符合一致。
(4)需要一定的纵(横)桥向移梁辅助设施。对于整孔预制安装的箱梁,需要强大的起吊设备。

四、支架逐孔现浇施工

支架逐孔现浇施工也称为移动模架逐孔浇筑施工。支架逐孔现浇施工方法与在一联满堂支架上整体现浇施工的不同点,在于逐孔现浇施工仅在一跨设置支架,当混凝土浇筑、预应力钢筋张拉锚固结束后,支架移到下一跨逐孔施工,如此反复,直至形成连续梁桥结构。逐孔现浇施工适用于中等跨径(20~60m)的多跨等高度连续梁桥。

(一)支架

用于逐孔现浇施工的移动支架有支承式和非支承式。其中,支承式包括落地式支架和梁式支架,如图 2-16 所示;非支承式包括移动悬吊模架和活动模架详见《桥梁工程》(刘龄嘉,人民交通出版社股份有限公司)。

(二)连接位置设置

支架逐孔现浇施工时,逐孔之间的梁体连接位置,理论上应设置于主梁恒载弯矩为零的截面。实际工程设计时,宜设置于主梁弯矩较小的截面,一般距桥墩 $L/5$,如图 2-16a)所示。

(三)结构体系特征

逐孔支架现浇施工的结构体系特点可以通过图 2-16a)来说明:图中的已浇梁段在支架移至下一孔前,梁体自重全部落在支架上,已浇梁段不受力;当支架移至下一孔后,已浇梁段成为带悬臂的一跨简支结构;类似地,当支架移至第三孔后,带悬臂的一跨简支结构和完成后的待浇梁段一起形成带悬臂的两跨连续梁结构;以此类推,直至最后一孔的悬臂和待浇梁段在支架上合龙、张拉锚固预应力钢筋且移除支架,形成连续梁成桥结构。

(四)特点

(1)可连续逐孔施工,支架工程量小,施工设施可多次周转使用,施工设备利用效率高。
(2)施工简便,规律性强,工期短。

(五)注意事项

(1)逐孔支架现浇施工可供选择使用的施工设备种类很多,且有的设备专用性很强,对桥梁结构设计影响的差异性很大,应通过技术经济比较分析确定。

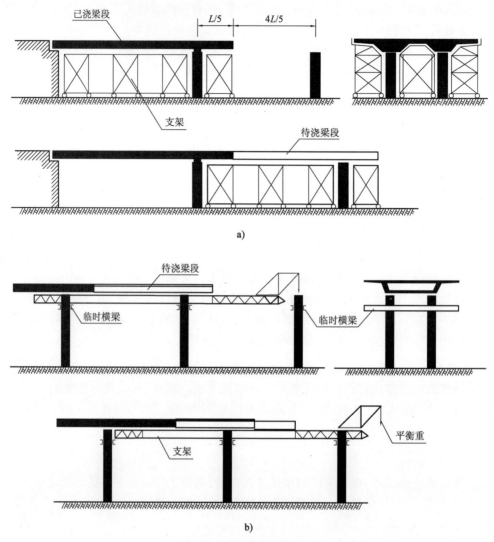

图 2-16 移动支架逐孔现浇施工
a)落地式支架；b)梁式支架

（2）采用逐孔支架现浇划分施工阶段进行桥跨结构设计时，应做到桥跨结构力学计算图式正确，边界条件清楚，应避免将带有线(面)支承接触问题的工况作为桥跨结构设计时的施工阶段，但须计入接触问题工况的工期。

五、顶推施工

顶推施工方法和相应的结构体系特征为：在沿桥纵向的桥台后开辟预制场地，分节段预制混凝土梁体，并采用纵向预应力钢筋将梁段连成整体，然后通过水平液压千斤顶施力，借助不锈钢板与聚四氟乙烯模压板特制的滑动装置(临时支座)，将梁逐段向对岸顶进，就位后更换正式支座并落梁，完成桥梁施工。自20世纪70年代以来，顶推施工在世界各国颇为盛行。我国连续梁顶推施工取得了丰富的经验，但在顶推设备、施工方法、施工组织等方面还需进一步提升，以扩大推广使用范围，获得更好的技术经济效益。

一般地,采用顶推施工宜选用等截面箱梁,跨径为 30~60m(最大可达 160m)的直线梁桥,但也有在变截面或弯桥中采用顶推施工的连续梁桥。

顶推施工内容比较丰富,下面仅介绍与桥跨结构设计有关的要点。

(一) 主梁节段长度和预制场布置

主梁的节段长度划分主要考虑节段间的连接处不应设在成桥连续梁受力最大的截面,如支点和跨中截面,同时要考虑制作加工容易,尽量减少分段,缩短工期。每段长一般取 10~20m。

预制场是预制箱梁和顶推过渡的场地,包括主梁节段的预制平台和模板、钢筋、钢束的加工场地,混凝土搅拌机以及砂、石、水泥的堆放和运输线路用地。预制场一般设在桥台后,长度为需预制节段长度的 3 倍以上,其中主梁预制平台应比最大顶出节段长 3~5m。在预制平台前的顶推过渡场地需要布置千斤顶和滑移装置,如图 2-17 所示,该过渡场地称为主梁顶推的过渡孔。主梁预制完成后,要将节段向前顶推,空出预制平台继续预制。对于顶出的梁段要求顶出后无高程变化,梁的尾端不能产生转角,由此可通过计算确定过渡孔长度和顶推施工跨径。

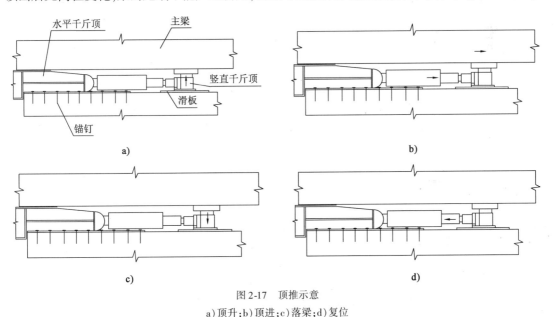

图 2-17 顶推示意
a) 顶升;b) 顶进;c) 落梁;d) 复位

(二) 节段预制

1. 模板工作

箱梁模板由底模、侧模和内模组成。对于等截面箱梁,为使模板可多次周转使用,宜采用钢模板,以保证预制梁尺寸的准确性。底模安置在预制平台上,平台的平整度必须严格控制,且要求平台的总沉降量不超过 5mm。在平台上设置型钢及钢板制作的底模和腹板位置的底模滑道。在底模与基础之间设置卸落设备,要求底模的重力大于底模与梁底混凝土的黏结力,当千斤顶及木楔等卸落设施落下时,底模能自行脱落。侧模及内模与一般箱梁模板相同。

2. 预制周期

目前,国内外每顶出段的预制周期为 7~15d,一般 15m 长的节段预制期为 7d。

(三)临时设施

顶推过程中结构体系不断变化,主梁每个截面正负弯矩交替出现,且施工弯矩包络图与使用阶段的弯矩包络图相差较大。为了减小施工内力,扩大顶推法的使用范围,同时也从安全施工和方便施工出发,在施工过程中可使用一些临时设施,如导梁、临时墩、拉索托架等临时结构。

1. 导梁

导梁设置在主梁的前端,为等截面或变截面的钢桁梁或钢板梁,主梁前端安装预埋件与钢导梁栓接。

导梁的结构需通过设计计算确定。导梁的长度一般为顶推跨径的 0.6~0.7 倍,较长的导梁可以减小主梁悬臂负弯矩,但过长的导梁会使导梁与主梁接头处的负弯矩和支反力相应增加,合理的导梁长度应是主梁施工最大悬臂负弯矩与成桥使用阶段支点负弯矩基本接近。导梁刚度宜为主梁刚度的 1/9~1/5,在满足强度和稳定的条件下,选用较小刚度及变刚度的导梁,可减小顶推时最大悬臂状态的负弯矩,使得施工过程正负弯矩的两个峰值比较接近。

2. 临时墩

顶推跨径过大是不经济的,不但增加施工内力,而且增大施工难度,为此可通过增设临时墩来加以克服。临时墩仅在施工过程中使用,因而造价要低,便于安装拆除。一般多采用滑升模板浇筑的混凝土薄壁空心墩。使用临时墩会增加施工费用,但可节约上部结构材料用量。布设临时墩要从桥梁分跨、通航要求、桥墩高度、河床深度、地质条件、工程造价、施工工期及施工难易程度等方面综合考虑。

(四)顶推方式

按施力方式,有单点顶推和多点顶推;按支承系统,有设置临时滑动支承顶推和使用与永久支座兼用的滑动支承顶推;依顶推方向,有单向顶推和相向顶推;可根据工程实际情况灵活选用。

(五)特点

(1)顶推施工设备简单,施工平稳;可工厂化生产,施工质量容易保证;也可以在深谷、宽深河道的桥梁、高架桥,以及等曲率曲线桥、带有竖曲线的桥及坡桥上使用。

(2)顶推施工对桥下交通和环境干扰小。

(3)连续梁在顶进过程中,每一个截面的弯矩均经历从最大正弯矩到最大负弯矩的变化过程,通常是施工阶段控制设计。

(六)注意事项

(1)采用多点顶推时,各顶推点必须同步。

(2)顶推宜匀速平稳,并尽可能避免交替加、减速顶进。

(3)当桥梁跨径大于 50~60m 时,宜设置临时墩。顶推跨径一般以不大于 40m 为宜,顶推长度以不大于 400~600m 为宜。

(4)采用顶推施工进行连续梁桥跨结构设计时,宜将预制平台和顶推过渡孔采用跨径较小的临时墩替代,以简化计算图式,避免接触问题,便于结构计算。

第三节　结构设计与计算

一、基本要求

根据《通规(2015年)》第3章和《桥规(2018年)》第4章的规定,预应力混凝土连续梁桥的桥跨结构设计应满足结构功能要求,符合设计状况需求,采用推荐的计算原则,完成规定的设计内容。

(一)结构功能

结构设计的目的,应使所设计的结构在规定的时间内,能够在具有可靠性的前提下,满足全部预定的功能要求。结构的功能是由使用要求决定的,具体包括以下四个方面:

(1)结构应能承受在正常施工和正常使用期间可能出现的各种荷载、外加变形、约束变形等的作用。

(2)结构在正常使用条件下具有良好的工作性能,例如不发生影响正常使用的过大变形或局部损坏。

(3)结构在正常使用和正常维护的条件下,在规定的时间内,具有足够的耐久性,例如不出现过大的裂缝宽度,不发生由于混凝土保护层碳化导致的钢筋锈蚀。

(4)在偶然荷载(如地震、强风)作用下或偶然事件(如爆炸)发生时和发生后,结构仍能保持整体稳定性,不发生倒塌。

上述要求中,第(1)、(4)两项通常是指结构的承载能力和稳定性,关系到人身安全,称为结构的安全性;第(2)项指结构的适用性;第(3)项指结构的耐久性。当整个结构或结构的一部分超过某一特定状态而不能满足设计规定的某一功能要求时,则此特定状态称为该功能的极限状态。《桥规(2018年)》4.1.1条明确规定,公路钢筋混凝土及预应力混凝土桥涵应进行承载能力极限状态和正常使用极限状态设计。

(二)设计状况

对于预应力混凝土连续梁桥,可根据《通规(2015年)》3.1.4条,分别按持久状况、短暂状况、偶然状况和地震状况对结构进行承载能力极限状态和正常使用极限状态设计,简称为"四状况两状态"设计。

1. 持久状况

对应桥梁的使用阶段,该阶段持续时间长,应对结构的所有预定功能进行设计,即持久状况应进行承载能力极限状态和正常使用极限状态设计。

2. 短暂状况

对应桥梁的施工阶段和维修阶段,该阶段持续时间相对于使用阶段要短很多,结构体系、结构所承受的作用与使用阶段也不同,应进行承载能力极限状态设计,视具体情况需要进行正常使用极限状态设计。

3. 偶然状况

对应桥梁可能遇到的车船撞击、爆炸冲击等状况,特征是出现概率小,持续时间极短,一般只进行承载能力极限状态设计。

4. 地震状况

地震作用是一种特殊的偶然作用,与撞击等偶然作用相比,地震作用具有统计特征,可以确定地震作用的标准值,而其他偶然作用无法通过概率统计方法确定相应的标准值,因此,将地震状况独立于偶然状况。地震状况需要进行承载能力极限状态设计。

(三)计算原则

1. 一般计算

桥梁结构计算的目的是获得各种作用的效应,为《桥规(2018年)》要求的极限状态验算奠定基础。

《桥规(2018年)》4.1.7条规定,作用的效应计算宜采用弹性理论,并应满足下列要求:

(1)结构构件成桥状态的内力根据设计施工方案逐阶段计算累加确定。

(2)结构构件成桥状态的应力根据设计施工方案,采用相应的净截面或换算截面逐阶段计算累加确定。

(3)汽车荷载的作用效应计入汽车荷载的偏载效应,偏载效应可采用精细化有限元模型计算,或根据可靠的工程经验确定。

(4)弯、宽、斜及变宽或分叉等复杂混凝土桥梁结构可采用实体有限元或《桥规(2018年)》附录A的实用精细化分析模型计算。

预应力混凝土连续梁桥在施工过程中存在体系转换,一般采用增量叠加法(分阶段计算结构的变形、内力和应力增量,逐阶段累加)计算作用效应。混凝土收缩徐变效应,需考虑超静定结构的内力重分布和钢筋约束混凝土引起的应力重分布,由施工阶段混凝土结构的初始内力、加载龄期和施工时段,按《桥规(2018年)》附录C计算。

预应力混凝土连续梁桥的空间效应主要为剪力滞效应、汽车作用的横向分布效应以及箱梁的薄壁效应。计算作用效应时,杆系模型 + 简化参数方法使用最为广泛。剪力滞效应通过翼缘有效分布宽度考虑,汽车作用的横向分布和箱梁薄壁效应则通过偏载增大系数考虑。箱梁的偏载增大系数一般采用1.15。

2. 应力扰动区计算

《桥规(2018年)》定义混凝土结构中截面应变分布不符合平面假定的区域为应力扰动区,也称为D区。

《桥规(2018年)》4.1.9条规定,应力扰动区可按照拉压杆模型、实体有限元模型或特殊受力情形的简化公式进行计算。

1)拉压杆模型法

拉压杆模型法是指基于连续体内传力路径的简化分析方法。拉压杆模型由压杆、拉杆和节点组成,用以反映结构内部的传力路径。一般地,拉杆由普通钢筋或预应力钢筋组成,压杆由混凝土构成,节点位于压杆、拉杆轴线与集中力的交汇处,作为力流转向区域。按照《桥规(2018年)》附录B所示的方法,可将拉压杆模型用于后张预应力混凝土梁的锚固区、支座处的横隔板以及墩台盖梁等构件的配筋设计或承载力设计值的计算。

2)实体有限元模型法

实体有限元模型法是指采用弹性、塑性实体有限元模型,分析应力扰动区的应力分布,从而进行配筋设计的方法。

3)特殊受力情形的简化公式法

特殊受力情形的简化公式法是指对于典型应力扰动区,采用弹性力学(或力流线)模型推导得出的内力解析公式,或采用《桥规(2018年)》第8章给出的简化计算公式,从而进行配筋设计或承载力设计值计算的方法。

3. 抗倾覆计算

首先应当明确,预应力混凝土连续梁桥的倾覆和失稳是完全不同的两个概念,其中,倾覆是由于支承失效导致主梁整体滑落而产生,与主梁材料、结构形式、支承方式、初始平衡状态,尤其是偏载作用的大小和位置密切相关,与桥梁结构(主梁和墩台)的极限承载力关系不大;失稳则是由于桥梁结构(主梁和墩台)的稳定极限承载力不足而产生,与作用的大小和方式(轴心或偏心)、桥梁结构(主梁和墩台)的截面构造、结构所用材料的力学特性以及结构边界约束方式和结构约束长度等因素密切相关。

关于抗倾覆计算将在本章第十一节详细介绍。

(四)设计内容

桥梁结构设计应考虑整个结构体系和单个构件两个层次,包括结构方案、受力分析、截面设计、连接构造、耐久性及特殊性能设计等方面。

根据《桥规(2018年)》4.1.2条,混凝土桥梁结构设计应包括:结构方案设计,结构及构件的构造设计,作用及作用效应分析,结构及构件的极限状态验算,结构及构件满足特殊要求的专项设计。

1. 结构方案设计

方案设计也称为总体设计,应根据建设条件和使用功能的要求,遵照安全、适用、耐久、便于施工、易于养护、利于环保的原则,选择结构形式,确定结构体系,布置结构构件。方案设计的一般要求详见《通规(2015年)》第3章和《桥规(2018年)》第4.1节。

2. 材料选择

对于混凝土桥梁,根据结构方案和环境特点,选择合适的混凝土强度等级和钢筋品种规格至关重要,材料选择的基本要求参见《桥规(2018年)》第3章。

3. 作用分析

基于结构的使用功能要求,根据《通规(2015年)》第4章确定结构的作用,建立结构计算图式,按照《桥规(2018年)》第4.1节及第4.3节的要求,计算结构作用的效应(内力)。

4. 截面设计

根据已确定的结构截面尺寸和通过作用分析得到的作用效应(内力),即可进行受力钢筋的截面设计。

5. 承载力计算与验算

预应力混凝土桥梁的承载力,应按照《桥规(2018年)》第5章的规定进行计算与验算。

6. 适用性计算与验算

根据《桥规(2018年)》第6章和第7章的规定,进行结构的应力、裂缝、挠度等效应的计算与验算。

7. 耐久性设计

考虑使用年限和环境作用,通过材料、附加防护措施以及施工和管养等措施,按照《桥规(2018年)》第4.5节的要求,进行耐久性设计。

这里需要说明,现行《桥规(2018年)》的耐久性设计,主要是通过规定的耐久性技术措施来保障的,这些措施对所有混凝土桥梁具有通用性。因此,为节省篇幅、避免重复,本书后续各章的示例均不再给出耐久性设计的专项内容。但对于实际工程,耐久性设计的内容和结果,均必须完整、准确地反映在设计文件之中。

8. 构造设计

为保证结构体系的可靠性,以及计算图式与基本假定所确定的受力状态的有效性,应按《桥规(2018年)》第9章的有关规定进行构造设计。

二、设计步骤

预应力混凝土连续梁桥设计一般由初步设计和施工图设计两阶段组成。

桥梁初步设计(即桥梁方案设计,包括桥梁总长、跨径、结构体系及构造、材料选择等)的具体内容本书不做具体介绍。施工图设计的主要内容包括:基于初步设计,细化结构构造,明确作用条件,确定工程材料和施工方法,完成作用效应计算、配筋设计以及相关验算,汇总整理各环节的结果,最终形成符合《桥规(2018年)》要求的施工图设计文件。

根据《桥规(2018年)》4.1.2条,基于初步设计的预应力连续梁桥施工图设计应包括以下主要步骤:

1. 确定结构构造细节

根据设计指标,细化、完善结构构造设计,确定材料类型等(具体详见本章第一节)。

2. 确定施工方法

施工方法不同,相应施工阶段的结构内力也不同,将会导致结构设计结果差异显著。因此,对于连续梁桥,设计与施工是不能截然分开的,结构设计必须考虑施工方法、施工内力与变形。施工方法可视桥梁结构的跨径、孔数、桥梁总长、截面形式和尺寸、地形、设备能力、气候、运输条件、设备的周转使用等条件综合确定。

3. 作用组合的效应设计值估算

模拟确定的施工阶段,根据《通规(2015年)》4.1.5条及4.1.6条的规定,进行结构重力、汽车荷载、人群荷载、混凝土收缩徐变作用、温度作用、基础变位作用等可能同时出现的多种作用组合,求得相应的效应设计值。这里尚无法计入预应力的效应设计值,因此称为作用组合的效应设计值估算,估算结果可作为截面设计的依据。

4. 截面设计

根据《桥规(2018年)》第5章及第6章的规定,将上述估算得到的作用组合的效应设计值,分别按持久状况承载能力极限状态或持久状况正常使用极限状态的要求,即可进行预应力钢筋的截面设计计算。对于预应力混凝土连续梁桥,在初步估算预应力钢筋数量时,工程上一般可取作用组合效应设计估算值的20%～30%来计入次内力的影响,具体详见本章第八节。

根据《桥规(2018年)》第9.4节的构造要求,并考虑施工过程特征,可将最终确定的预应力钢筋进行主梁横截面、立面及平面布置,这是预应力混凝土连续梁桥结构设计的关键环节之一。

5. 作用组合的效应设计值计算

根据钢束布置结果,考虑钢束对主梁截面几何特性的影响,并计入混凝土收缩徐变作用影响,重新模拟施工阶段,按照《通规(2015年)》4.1.5条及4.1.6条的要求,进行作用组合的效应设计值计算,计算结果可作为结构截面验算的依据。

6. 截面验算

根据计算得到的作用组合的效应设计值,按照《桥规(2018年)》第5章、第6章及第7章的要求,分别进行持久状况、短暂状况及偶然状况下,承载能力极限状态和正常使用极限状态的截面承载力、应力、裂缝及变形等方面的验算。

如各项验算均满足《桥规(2018年)》要求,则设计通过。如有些截面的某项验算没通过,则调整钢束甚至修改截面尺寸后重新计算,直至各项验算通过为止。

总之,设计过程是一个逐次迭代、逐步逼近的过程,有经验的设计人员可能一次通过,但对于初步设计人员,可能需迭代多次甚至修改截面尺寸或配筋结果。

预应力混凝土连续梁桥设计流程如图2-18所示。

三、结构有限元计算

随着计算机和软件技术的发展,专用有限元程序功能越来越强大,操作越来越方便,为桥梁结构设计者提供了解决问题的高效平台。但怎样对结构进行力学简化、离散、数值模拟及计算结果的分析判断,这不是计算机和软件程序本身所能解决的问题,而是需要使用者具有一定的力学、有限元、工程结构及相应的专业知识。正确、清楚地理解有限元方法,对于设计者正确建立结构计算模型,通过数值分析可靠描述结构性能特征具有重要的指导意义。

一般地,桥梁结构有限元分析可分为3个阶段:即前处理、计算分析和后处理阶段。前处理阶段将整体结构或一部分简化为理想的数学力学模型,用离散化的单元代替连续实体结构或求解区域。计算分析阶段则运用有限元法对离散模型进行数值计算分析。后处理阶段是对计算结果进行审核、判断和整理。

(一)计算步骤

桥梁结构有限元计算的基本步骤如下:
(1)对桥梁结构进行力学简化、离散。
(2)输入原始数据,包括结构的几何尺寸、材料性能以及离散化后的节点编号与坐标、单元编号等。
(3)形成各单元的刚度矩阵,并转换到整体坐标系。

(4)形成结构原始刚度矩阵,即装配结构刚度矩阵 K。
(5)形成结构荷载列阵,即装配荷载列向量 P,包括节点力与非节点力的总效应。
(6)处理边界条件,即对结构进行支座约束的处理。
(7)解线性方程组,即求解结构刚度方程 $K\Delta = P$,求得节点位移向量 Δ。
(8)计算单元内力及支座反力。
(9)最后输出结果。

在上述基本步骤中,对于不同的结构,主要是原始数据以及单元刚度矩阵和单元之间的连接方式不同,其他步骤基本相同。对于不同的计算内容,主要是荷载列向量 P 不一样,其他步骤也基本相同。桥梁结构有限元计算流程如图2-19所示。

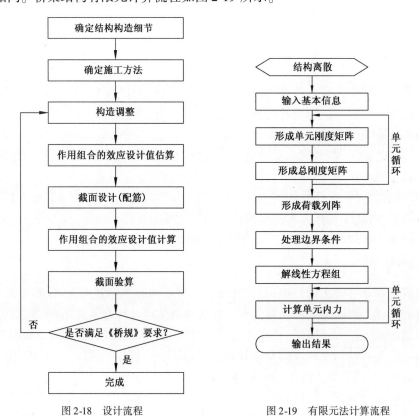

图2-18 设计流程　　　　　图2-19 有限元法计算流程

(二)建模方法

1. 建模类型

目前,实际工程中广泛采用的桥梁结构有限单元建模,按单元类型可分为:梁单元模型、平面梁格模型、实体单元或板壳单元模型。

梁单元模型采用六自由度或三自由度梁单元,借助相关的简化系数进行空间效应近似计算,实质是把具有复杂空间效应的箱梁简化为满足平截面假定的一般梁单元,这些简化系数包括横向分布系数、偏载放大系数和有效分布宽度等。

平面梁格模型是将上部结构用梁格来等效模拟,将分散在箱梁每一区段内的弯曲刚度和抗扭刚度等效于最邻近的梁格内,实际结构的纵向刚度等效为纵向梁格构件,横向刚度等效为横向梁格构件。当实际结构和等效梁格承受相同荷载时,两者的挠曲变形相等,每一梁格内的内力与对应的实际结构内力相等。

实体单元或板壳单元模型可以精确计算结构的空间受力和变形,但直接的计算结果为应力,需要通过对受力区域的应力进行积分才能得到内力结果,与现有的配筋设计和承载能力验算方法不匹配,不便于工程设计使用。

《桥规(2018年)》附录A给出了基于梁单元的实用精细化分析模型,包括空间网格模型、折面梁格模型和七自由度单梁模型,可对箱梁的空间效应(腹板受力分配效应、薄壁效应和剪力滞效应)进行精细化分析,能够解释实际工程中存在的部分问题(如大跨径桥梁开裂问题、剪切配筋问题等),体现了解决工程问题的设计计算新方法。

2. 单元选择与划分

作为复杂的空间结构,桥梁受力分析并非越精细越好,而是应做到精细与实用的辩证统一。通常可采取一些近似处理手段,将空间受力结构简化成平面受力体系,并采用结构力学方法进行作用的效应计算分析。对于连续梁直线桥,可采用平面杆单元。实桥工程设计时,可根据桥型结构特点选用合适的单元类型。

单元的长度及节点位置,主要依据结构形式和受力特点、支承位置、施工方法等来确定。单元划得越小,计算精度越高,但增加了计算工作量;划分较大,虽可减少工作量,但精度较低,因而单元的大小应该从各方面综合考虑。本书重在介绍基于《桥规(2018年)》要求的预应力混凝土连续梁桥的设计方法,而不是强调有限元建模与计算技巧,故后续示例均采用梁单元建模,结合连续梁桥的构造特点和不同施工方法进行结构离散,输入相应的截面形式、材料、作用等原始数据,边界条件直接在主梁梁底加,不考虑下部结构;然后根据连续梁桥实际施工过程进行施工阶段模拟,就可以进行相关计算。

预应力混凝土连续梁桥的有限元计算需要分两阶段建模:第一阶段建模是为了估算预应力钢筋数量并形成预应力钢束;根据钢束数量,按照《桥规(2018年)》第9章的构造要求布置预应力钢束,同时考虑施工过程、结构体系及截面特征的匹配关系,建立第二阶段模型,然后按《通规(2015年)》和《桥规(2018年)》的要求进行相关计算与验算。

四、极限状态验算

(一)承载能力极限状态

承载能力极限状态是指桥涵结构或构件达到最大承载力或出现不适于继续承载的变形或变位的状态,是结构安全性对应的极限状态。当结构或构件出现下列状态之一时,应认为超过了承载能力极限状态。

(1)整个结构或结构的一部分作为刚体失去平衡,如滑动、倾覆等。

(2)结构构件或连接处因超过材料强度而破坏(包括疲劳破坏),或因过度的塑性变形而不能继续承载。

(3)结构转变成机动体系。

(4)结构或结构构件丧失稳定,如柱的压屈失稳等。

超过结构承载能力极限状态,将导致结构破坏、人身伤亡和经济损失,因此任何结构和结构构件均须避免出现这种状态。对于混凝土桥梁,持久状况承载能力极限状态计算应包括构件的抗弯、抗压、抗拉、抗剪及抗扭等方面承载力以及受压构件稳定承载力的计算。

桥梁构件的承载力验算采用"作用效应≤抗力"的统一表达式,《桥规(2018年)》5.1.2条要求持久状况承载能力极限状态验算应满足:

$$\gamma_0 S \leq R \quad (2\text{-}1)$$

$$R = R(f_d, a_d) \quad (2\text{-}2)$$

式中:γ_0——桥涵结构重要性系数,具体取值方法详见本章第七节;

S——作用组合(其中汽车荷载应计入冲击作用)的效应设计值,具体取值方法详见本章第七节;

R——构件承载力设计值;

$R(\cdot)$——构件承载力函数;

f_d——材料强度设计值;

a_d——几何参数设计值,当无可靠数据时,可采用几何参数标准值 a_k,即设计文件规定值。

《桥规(2018年)》第5.2节至第5.3节给出了不同受力状态、各种构造形状的截面承载力计算与验算方法。

对于预应力混凝土连续梁桥,应分别进行正截面抗弯承载力、斜截面抗剪承载力以及局部承压等方面的验算。

(二) 正常使用极限状态

正常使用极限状态是指桥梁结构或其构件达到正常使用或耐久性的某项限值的状态,是结构适用性和耐久性对应的极限状态。当结构或构件出现下列状态之一时,应认为超过了正常使用极限状态。

(1) 影响正常使用或外观的变形。

(2) 影响正常使用或耐久性能的局部损坏。

(3) 影响正常使用的振动。

(4) 影响正常使用的其他特定状态。

各种结构或构件都有不同程度的正常使用极限状态要求。当结构超过正常使用极限状态时,虽然已不能满足适用性和耐久性功能要求,但结构并没有破坏,不会导致人身伤亡,因此,从重要性来讲不如承载能力极限状态要求。但是从结构设计的角度,正常使用极限状态也是必须满足的项目,《桥规(2018年)》第6.1节规定了持久状况正常使用极限状态的设计方法、内容和原则。

预应力混凝土连续梁桥持久状况正常使用极限状态的验算应满足:

$$S \leq C \quad (2\text{-}3)$$

式中:S——作用组合的效应(抗裂、裂缝宽度、挠度)设计值,具体计算方法详见本章第七节;

C——验算的规定限值,其中抗裂限值见《桥规(2018年)》第6.3节、裂缝宽度限值见《桥规(2018年)》第6.4节、挠度限值见《桥规(2018年)》第6.5节。

对于预应力混凝土连续梁桥,应分别进行正截面抗裂、斜截面抗裂、裂缝宽度及挠度等方面的验算。

关于预应力混凝土连续梁桥持久状况承载能力极限状态、持久状况正常使用极限状态、持久状况和短暂状况构件应力等方面具体的计算与验算,将在本章第十节详细介绍。

第四节　作用的分类、代表值和设计值

一、作用的分类

按照施加方式,可将作用分为两类:一类是直接施加于桥梁结构的外力,如车辆、人群、结构自重等,习惯上称为荷载;另一类是间接作用于结构,如地震、基础变位、混凝土收缩和徐变、温度变化等。目前,国际上普遍将这两类统称为作用。

按照作用随时间的变化,《通规(2015年)》4.1.1条将公路桥梁设计采用的作用分为永久作用、可变作用、偶然作用和地震作用四类,作用分类见表2-10。

作用的分类　　　　表2-10

序号	分类	名称
1	永久作用	结构重力(包括结构附加重力)
2		预加力
3		土的重力
4		土侧压力
5		混凝土收缩、徐变作用
6		水浮力
7		基础变位作用
8	可变作用	汽车荷载
9		汽车冲击力
10		汽车离心力
11		汽车引起的土侧压力
12		汽车制动力
13		人群荷载
14		疲劳荷载
15		风荷载
16		流水压力
17		冰压力
18		波浪力
19		温度(均匀温度和温度梯度)作用
20		支座摩阻力
21	偶然作用	船舶的撞击作用
22		漂流物的撞击作用
23		汽车撞击作用
24	地震作用	地震作用

为便于后续章节应用,现仅介绍与预应力混凝土连续梁桥主梁结构设计密切相关的作用及其确定方法。

(一) 永久作用

永久作用(也称恒载)是在结构设计基准期期内始终存在且量值不随时间变化,或其变化值与平均值比较可忽略不计的作用。永久作用的量值包括作用位置、大小和方向。作用于连续梁桥主梁结构的永久作用,主要是结构物自重、桥面铺装及附属设备的重量(人行道板、栏杆、扶手、灯柱等)、长期施加于结构的预加力、混凝土收缩和徐变作用以及基础变位作用。

1. 结构重力

结构重力包括结构自重、桥面铺装及附属设备等附加重力。结构重力的标准值可根据《通规(2015年)》4.2.1条,按式(2-4)计算。材料的重度可按表2-11采用。

$$G_k = \gamma V \tag{2-4}$$

式中:G_k——结构重力标准值(kN);

γ——材料的重度(kN/m³);

V——体积(m³)。

常用材料的重度　　表2-11

材料种类	重度(kN/m³)	材料种类	重度(kN/m³)
钢、铸钢	78.5	浆砌片石	23.0
铸铁	72.5	干砌块石或片石	21.0
锌	70.5	沥青混凝土	23.0~24.0
铅	114.0	沥青碎石	22.0
黄铜	81.1	碎(砾)石	21.0
青铜	87.4	填土	17.0~18.0
钢筋混凝土或预应力混凝土	25.0~26.0	填石	19.0~20.0
混凝土或片石混凝土	24.0	石灰三合土、石灰土	17.5
浆砌块石或料石	24.0~25.0		

2. 预加力

对于预应力混凝土桥梁,进行结构正常使用极限状态设计和使用阶段构件应力计算时,预加力应作为永久作用计算主效应和次效应,并计入相应阶段的预应力损失,但不计由于预加力偏心距增大引起的附加效应。进行承载能力极限状态设计时,预应力不作为作用,而将预应力钢筋作为结构抗力的一部分,但在连续梁等超静定结构中,仍需考虑预加力引起的次效应。

预加力标准值可根据《通规(2015年)》4.2.2条按式(2-5)、式(2-6)计算:

$$F_{pe} = \sigma_{pe} A_p \tag{2-5}$$

$$\sigma_{pe} = \sigma_{con} - \sigma_l \tag{2-6}$$

式中:F_{pe}——预加力标准值(kN);

σ_{pe}——预应力钢筋的有效预应力(kPa);

A_p——预应力钢筋的截面面积(m^2);

σ_{con}——预应力钢筋张拉控制应力(kPa);

σ_l——预应力钢筋相应阶段的预应力损失(kPa)。

3.混凝土收缩及徐变作用

预应力混凝土连续梁桥的混凝土收缩及徐变作用按《通规(2015年)》4.2.4条计算。

4.基础变位作用

预应力混凝土连续梁桥的基础变位作用按《通规(2015年)》4.2.6条计算,也可根据建设经验统计数据作为设计资料确定。

(二)可变作用

可变作用(也称活载)在设计基准期内随时间变化,且变化值与平均值比较不可忽略不计。主要包括汽车荷载及其影响力、自然和人为产生的各种变化力。

1.汽车荷载及其影响力

1)汽车荷载

根据《通规(2015年)》4.3.1条,公路桥梁设计时,汽车荷载的计算图式、荷载等级及其标准值、加载方法和纵横向折减等应符合下列规定:

(1)汽车荷载分为公路—Ⅰ级和公路—Ⅱ级两个等级。

(2)汽车荷载由车道荷载和车辆荷载组成。车道荷载由均布荷载和集中荷载组成,计算图式如图2-20所示。桥梁结构的整体计算采用车道荷载,桥梁结构的局部计算采用车辆荷载(车辆荷载的计算图式和横向布置如图2-21和图2-22所示)。车道荷载与车辆荷载的作用不得叠加。

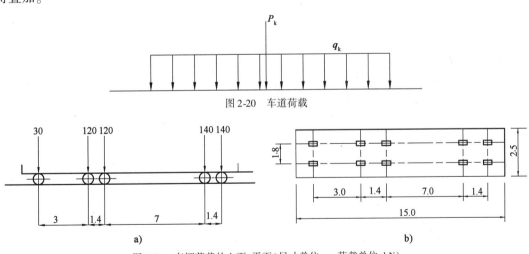

图2-20 车道荷载

图2-21 车辆荷载的立面、平面(尺寸单位:m,荷载单位:kN)

a)立面;b)平面

(3)各级公路桥涵设计的汽车荷载等级和车道荷载标准值应符合表2-12的规定;公路—Ⅰ级和公路—Ⅱ级车辆荷载标准值相同。

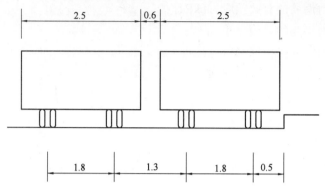

图 2-22 车辆荷载横向布置(尺寸单位:m)

各级公路桥涵的汽车荷载等级和车道荷载标准值　　　　表 2-12

公路等级	高速公路	一级公路	二级公路	三级公路	四级公路
汽车荷载等级	公路—Ⅰ级			公路—Ⅱ级	
均布荷载标准值 q_k(kN/m)	10.5			7.875	
集中荷载标准值 P_k(kN)	$L_0 \leq 5m: P_k = 270kN$ $L_0 \geq 50m: P_k = 360kN$ $5m < L_0 < 50m: P_k = 2(L_0 + 130)$			$L_0 \leq 5m: P_k = 202.5kN$ $L_0 \geq 50m: P_k = 270kN$ $5m < L_0 < 50m: P_k = 1.5(L_0 + 130)$	

注:L_0 为桥梁计算跨径。计算剪力效应时,表中集中荷载标准值 P_k 应乘以 1.2 的系数。

(4)汽车荷载的加载规定:车道荷载的纵向加载为均布荷载标准值,应满布于使结构产生最不利效应的同号影响线上;集中荷载标准值只作用于相应影响线中一个最大影响线峰值处。车道荷载横向分布系数应按图 2-22 布置车辆荷载进行计算。

(5)横向车道布载系数:桥涵设计车道数应符合表 2-13 的规定。横桥向布置多车道汽车荷载时,应考虑汽车荷载的折减;布置一条车道汽车荷载时,应考虑汽车荷载的提高。横向车道布载系数应符合表 2-14 的规定。多车道布载的荷载效应不得小于两条车道的荷载效应。

桥涵设计车道数　　　　表 2-13

桥面宽度 W(m)		桥涵设计车道数
车辆单向行驶时	车辆双向行驶时	
$W < 7.0$		1
$7.0 \leq W < 10.5$	$6.0 \leq W < 14.0$	2
$10.5 \leq W < 14.0$		3
$14.0 \leq W < 17.5$	$14.0 \leq W < 21.0$	4
$17.5 \leq W < 21.0$		5
$21.0 \leq W < 24.5$	$21.0 \leq W < 28.0$	6
$24.5 \leq W < 28.0$		7
$28.0 \leq W < 31.5$	$28.0 \leq W < 35.0$	8

横向车道布载系数 表2-14

横向布置设计车道数(条)	1	2	3	4	5	6	7	8
横向折减系数	1.20	1.00	0.78	0.67	0.60	0.55	0.52	0.50

(6)纵向折减系数:当桥梁计算跨径大于150m时,应按表2-15规定的纵向折减系数进行纵向折减。当为多跨连续梁时,整个结构应按最大的计算跨径考虑汽车荷载效应的纵向折减。

纵向折减系数 表2-15

计算跨径 L_0(m)	纵向折减系数	计算跨径 L_0(m)	纵向折减系数
$150 < L_0 < 400$	0.97	$800 \leqslant L_0 < 1000$	0.94
$400 \leqslant L_0 < 600$	0.96	$L_0 \geqslant 1000$	0.93
$600 \leqslant L_0 < 800$	0.95		

2)汽车冲击力

汽车以较高的速度通过桥梁时,结构产生的应力与变形大于同等静载引起的效应,同时会发生有感振动。另外,由于桥面不平整以及发动机抖动等原因,也会使桥梁结构发生振动。这种由于汽车荷载的动力作用使桥梁发生振动而造成结构响应增大的现象称为冲击效应。因此,汽车的冲击系数实质上是汽车过桥时对桥梁结构产生竖向效应的动力增大系数。冲击作用一般采用静力学方法,即将车辆荷载的动力效应采用车辆的重力乘以冲击系数来表达。《通规(2015年)》4.3.2条规定:

(1)钢桥、钢筋混凝土及预应力混凝土桥、圬工拱桥等上部构造和钢支座、板式橡胶支座、盆式橡胶支座及钢筋混凝土柱式墩台,应计算汽车的冲击作用。

(2)填料厚度(包括路面厚度)大于或等于0.5m的拱桥、涵洞以及重力式墩台不计冲击力。

(3)支座的冲击力,按相应的桥梁取用。

(4)汽车荷载的冲击力标准值为汽车荷载标准值乘以冲击系数 μ。

(5)冲击系数 μ 按表2-16采用。

冲击系数 μ 表2-16

结构基频 f(Hz)	冲击系数 μ
$f < 1.5$	0.05
$1.5 \leqslant f \leqslant 14$	$0.1767 \ln f - 0.0157$
$f > 14$	0.45

(6)汽车荷载的局部加载及在T梁、箱梁悬臂板上的冲击系数采用0.3。

3)汽车离心力

位于曲线上的桥梁,应计算汽车荷载引起的离心力。根据《通规(2015年)》4.3.3条规定,汽车荷载离心力标准值为车辆荷载(不计冲击力)标准值乘以离心力系数 C,离心力系数按式(2-7)计算:

$$C = \frac{v^2}{127R} \tag{2-7}$$

式中：v——设计速度(km/h)，应按桥梁所在路线设计速度采用；

R——曲线半径(m)。

计算多车道桥梁的汽车荷载离心力时，车辆荷载标准值应乘以表 2-14 规定的横向车道布载系数。离心力的作用点在桥面以上 1.2m 处(为计算简便也可移至桥面上，不计由此引起的作用效应)。

4) 汽车制动力

制动力是汽车在桥上制动时为克服惯性力而在车轮与路面之间产生的滑动摩擦力。车轮与路面间的摩擦系数可达 0.5 以上，但由于一行汽车不可能同时制动，所以制动力不等于摩擦系数乘以桥上全部车道荷载。《通规(2015 年)》4.3.5 条明确了制动力的计算方法与分配原则。

(1) 制动力的计算。

汽车荷载制动力按同向行驶的汽车荷载(不计冲击力)计算，并取使墩台产生最不利纵向力的加载长度按表 2-15 进行纵向折减。

一个设计车道上由汽车荷载产生的制动力标准值为车道荷载标准值在加载长度上计算的总重力的 10% 计算，但公路—Ⅰ级汽车荷载的制动力标准值不得小于 165kN；公路—Ⅱ级汽车荷载的制动力标准值不得小于 90kN。同向行驶双车道的汽车荷载制动力标准值为一个设计车道制动力标准值的两倍；同向行驶三车道为一个设计车道的 2.34 倍；同向行驶四车道为一个设计车道的 2.68 倍。

(2) 制动力的作用方向与作用点。

制动力的作用方向就是行车方向。制动力的作用点在桥面以上 1.2m 处，但计算墩台时，可移至支座铰中心或支座底座面上。计算刚构桥、拱桥时，制动力作用点可移至桥面上，均不计由于作用点平移而产生的竖向力和力矩。

(3) 制动力的分配。

设有板式橡胶支座的简支梁、连续桥面简支梁或连续梁排架式柔性墩台，应根据支座与墩台的抗推刚度的刚度集成情况分配和传递制动力。设有板式橡胶支座的简支梁刚性墩台，应按单跨两端板式橡胶支座的抗推刚度分配制动力。

设有固定支座、活动支座(滚动或摆动支座、聚四氟乙烯板支座)的刚性墩台传递的制动力按表 2-17 采用，每个活动支座传递的制动力，其值不应大于其摩阻力，当大于摩阻力时，按摩阻力计算。

刚性墩台各种支座传递的制动力　　　　　　表 2-17

桥梁墩台及支座类型		应计的制动力	备注
简支梁桥台	固定支座	T_1	T_1-加载长度为计算跨径时的制动力；
	聚四氟乙烯板支座	$0.30T_1$	T_2-加载长度为相邻两计算跨径之和时的制动力；
	滚动(或摆动)支座	$0.25T_1$	T_3-加载长度为一联长度的制动力；
简支梁桥墩	两个固定支座	T_2	
	一个固定支座，一个活动支座	$T_4+0.30T_5$(聚四氟乙烯板支座)或 $T_4+0.25T_5$(滚动或摆动支座)	

续上表

桥梁墩台及支座类型		应计的制动力	备 注
简支梁桥墩	两个聚四氟乙烯板支座	$0.30T_2$	T_4-单跨跨径固定支座的制动力; T_5-单跨跨径活动支座的制动力
简支梁桥墩	两个滚动(或摆动)支座	$0.25T_2$	
连续梁桥墩	固定支座	T_3	
连续梁桥墩	聚四氟乙烯板支座	$0.30T_3$	
连续梁桥墩	滚动(或摆动)支座	$0.25T_3$	

2. 人群荷载

对于设有人行道的桥梁,根据《通规(2015年)》4.3.6条规定,在以汽车荷载计算内力时,应同时考虑人行道上人群荷载所产生的内力,人群荷载标准值按表2-18采用,对跨径不等的连续梁桥,以最大计算跨径为准。

人群荷载标准值　　表2-18

计算跨径 L_0(m)	$L_0 \leq 50$	$50 < L_0 < 150$	$L_0 \geq 150$
人群荷载(kN/m²)	3.0	$3.25 - 0.005L_0$	2.5

(1)非机动车、行人密集的公路桥梁,人群荷载标准值取表2-18中标准值的1.15倍。

(2)专用人行桥梁,人群荷载标准值为3.5kN/m²。

(3)人群荷载在横向应布置在人行道的净宽度内,在纵向施加于使结构产生最不利荷载效应的区段内。

(4)人行道板(局部构件)可以一块板为单元,按标准值4.0kN/m²的均布荷载计算。

(5)计算人行道栏杆时,作用在栏杆立柱顶上的水平推力标准值取0.75kN/m;作用在栏杆扶手上的竖向力标准值取1.0kN/m。

3. 风荷载

风荷载标准值按《公路桥梁抗风设计规范》(JTG/T 3360-01—2018)的规定计算。

4. 温度作用

桥梁结构处于自然环境之中,受温度作用必然发生热胀冷缩现象。不同的温度作用方式,将使预应力混凝土连续梁桥产生不同的结构反应,例如,年气温变化是一种温度作用方式,将导致连续梁桥沿纵桥向伸长或缩短,这样的变形并不产生结构内力;太阳辐射是另一种作用方式,使桥梁结构沿高度或宽度方向形成非线性的温度梯度,将导致连续梁桥产生次内力。桥梁工程中,前者称为均匀温度作用,后者称为温度梯度作用。《通规(2015年)》4.3.12条规定了均匀温度作用和温度梯度作用的确定方法。

1)均匀温度作用

均匀温度作用下的结构变形采用结构的线膨胀系数与温度作用标准值的乘积来确定。其中,结构的线膨胀系数按表2-19取用;对于预应力混凝土连续梁桥,温度作用标准值为最高(最低)有效温度标准值与主梁合龙温度之差,最高和最低有效温度标准值可按表2-20取用。

线膨胀系数   表2-19

结构种类	线膨胀系数(1/℃)
钢结构	0.000 012
混凝土和钢筋混凝土及预应力混凝土结构	0.000 010
混凝土预制块砌体	0.000 009
石砌体	0.000 008

公路桥梁结构的有效温度标准值(℃)   表2-20

气温分区	钢桥面板钢桥		混凝土桥面板钢桥		混凝土、石桥	
	最高	最低	最高	最低	最高	最低
严寒地区	46	−43	39	−32	34	−23
寒冷地区	46	−43	39	−15	34	−10
温热地区	46	−9(−3)	39	−6(−1)	34	−3(0)

注:1. 全国气候分区见《通规(2015年)》附录A。
　　2. 括号内数值适用于昆明、南宁、广州、福州地区。

2)竖向温度梯度作用

计算桥梁结构由竖向温度梯度引起的效应时,可采用图2-23所示的竖向温度梯度曲线,其中桥面板表面的最高温度 T_1 按表2-21取用。对于混凝土结构,当梁高 H 小于400mm时,图中 $A = (H - 100)$ mm;梁高 H 大于或等于400mm时,$A = 300$ mm。对带混凝土桥面板的钢结构,$A = 300$ mm,图2-23中的 t 为混凝土桥面板的厚度(mm)。混凝土上部结构和带混凝土桥面板的钢结构的竖向日照反温差为正温差乘以 −0.5。

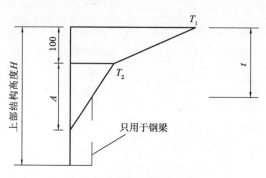

图2-23 竖向温度梯度(尺寸单位:mm)

竖向日照正温差计算的温度基数   表2-21

结构类型	T_1(℃)	T_2(℃)
混凝土铺装	25	6.7
50mm沥青混凝土铺装层	20	6.7
100mm沥青混凝土铺装层	14	5.5

3) 横向温度梯度作用

横向温度梯度作用一般根据桥梁所处的地理位置、环境条件、结构截面构造形式等因素经调查研究确定；无实测温度资料时，对于图 2-24 所示的横向温度梯度曲线，按表 2-22 取用。图 2-24 中，B_1 为边箱宽度、B_2 为中箱宽度、B 为箱梁半宽。

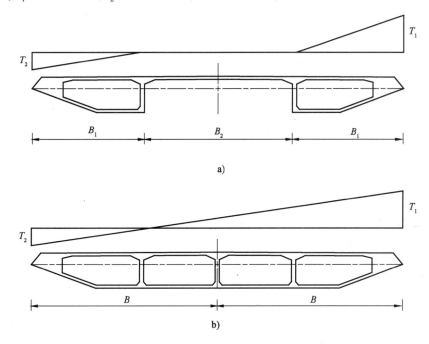

图 2-24 横向温度梯度计算图式
a) PK 断面箱梁；b) 整体断面箱梁

横向温度梯度取值 表 2-22

结构类型	T_1(℃)	T_2(℃)
混凝土箱梁	4.0	−2.75
钢箱梁	3.0	−1.5

另外，对于采用混凝土桥面板的桥梁，沥青高温摊铺会导致主梁混凝土原有裂缝扩展或产生新的裂缝，因此采用沥青混凝土铺装的混凝土桥梁，必要时应考虑施工阶段沥青摊铺引起的温度作用影响。

5. 支座摩阻力

桥梁上部结构因温度变化引起的伸长或缩短以及受其他纵向力的作用，活动支座将产生方向相反的力，即支座摩阻力。摩阻力的大小取决于桥跨结构传给支座的反力大小、支座及材料的类型。《通规（2015 年）》4.3.13 条规定，支座摩阻力标准值可按式(2-8)计算：

$$F = \mu W \tag{2-8}$$

式中：μ——支座的摩擦系数，宜采用实测数据，无实测数据时可按表 2-23 取用；

W——作用于活动支座上有上部结构重力产生的效应。

支座摩擦系数　　　　　　　　　　表2-23

支座种类		支座摩擦系数μ
滚动支座或摆动支座		0.05
板式橡胶支座	支座与混凝土面接触	0.3
	支座与钢板接触	0.2
	聚四氟乙烯板与不锈钢板接触	0.06(加5201硅脂;温度低于-25℃时为0.078)
		0.12(不加5201硅脂;温度低于-25℃时为0.156)
盆式支座		加5201硅脂润滑后,常温型活动支座摩擦系数不大于0.03(支座使用温度为-25~+60℃);耐寒型活动支座摩擦系数不大于0.06(支座适用温度为-40~+60℃)
球形支座		加5201硅脂润滑后,支座适用温度为-25~+60℃时,活动支座摩擦系数不大于0.03;支座适用温度为-40~+60℃时,活动支座摩擦系数不大于0.05

(三)偶然作用

偶然作用是在结构设计基准期内不一定出现,而一旦出现则其值很大,且持续时间很短的作用。偶然作用包括船舶、漂流物的撞击作用和汽车撞击作用。

1.船舶的撞击作用

《通规(2015年)》4.4.1条规定,通航水域中的桥梁墩台,设计时应考虑船舶的撞击作用。其撞击作用的设计值可按下列方法采用或计算:

(1)船舶的撞击作用设计值宜专题研究确定。

(2)四至七级内河的航道船舶撞击作用设计值,当缺乏实际调查资料时,可按表2-24取值。航道内的钢筋混凝土桥墩,顺桥向撞击作用可按表2-24所列数值的50%取值。

内河船舶撞击作用标准值　　　　　　　　表2-24

内河航道等级	船舶吨级DWT(t)	横桥向撞击作用(kN)	顺桥向撞击作用(kN)
四	500	550	450
五	300	400	350
六	100	250	200
七	50	150	125

(3)海轮撞击作用的标准值,当缺乏实际调查资料时,可按表2-25采用。

海轮撞击作用的标准值　　　　　　　　表2-25

船舶吨级DWT(t)	3 000	5 000	7 500	10 000	20 000	30 000	40 000	50 000
横桥向撞击作用(kN)	19 600	25 400	31 000	35 800	50 700	62 100	71 700	80 200
顺桥向撞击作用(kN)	9 800	12 700	15 500	17 900	25 350	31 050	35 850	40 100

(4)规划航道内可能遭受大型船舶撞击作用的桥墩,应根据桥墩的自身抗撞击能力、桥墩的位置和外形、水流速度、水位变化、通航船舶类型和碰撞速度等因素进行桥墩防撞设施的设计。当设有与墩台分开的防撞击的防护结构时,桥墩可不计船舶的撞击作用。

(5)内河船舶的撞击作用点,假定为计算通航水位线以上2m的桥墩宽度或长度的中点。海轮船舶的撞击作用点需视实际情况而定。

2.漂流物的撞击作用

《通规(2015年)》4.4.2条规定,漂流物横桥向撞击力设计值可按式(2-9)计算:

$$F = \frac{Wv}{gT} \tag{2-9}$$

式中:W——漂流物重力(kN),应根据河流中漂流物情况,按实际调查确定;

v——水流速度(m/s);

g——重力加速度,$g = 9.81(m/s^2)$;

T——撞击时间(s),应根据实际资料估计,在无实际资料时,可用1s。

漂流物的撞击作用点假定在计算通航水位线上桥墩宽度的中点。

3.汽车撞击作用

《通规(2015年)》4.4.3条规定,桥梁结构必要时可考虑汽车的撞击作用。汽车撞击力设计值,在车辆行驶方向取1 000kN,在车辆行驶垂直方向取500kN,两个方向的撞击力不同时考虑,撞击力作用于行车道以上1.2m处,直接分布于撞击涉及的构件上。对于设有防撞设施的结构构件,可视防撞设施的防撞能力,对汽车撞击力标准值予以折减,但折减后的汽车撞击力标准值不应低于上述规定值的1/6。

(四)地震作用

地震作用是指作用在结构上的地震动,包括水平地震作用和竖向地震作用。地震作用一旦出现,时间极为短促(经常是10s以上),并且对结构安全会产生非常巨大的影响。地震作用不是静力荷载,而是动力荷载;不是固定值,而是随机值;不仅决定于地震时地面运动的强烈程度,还取决于结构的动力特性(频率与振型)。《通规(2015年)》第4.5节要求公路桥梁地震作用应符合现行《公路工程抗震规范》(JTG B02)的规定。

公路桥梁的地震作用,应采用所在地区抗震设防烈度相应的设计基本地震动加速度和反应谱特征周期以及抗震重要性系数来表征。

二、作用的代表值和设计值

(一)作用的代表值

各类作用均具有变异性,这是客观存在的,但从方便设计、提高设计效率方面来讲,不可能通过基于随机变量或随机过程的复杂统计分析计算进行设计,作用代表值就是为桥梁结构设计而给定的量值。设计的目标要求不同,采用的作用代表值也不同,这样可以更确切、合理地反映作用对结构在不同设计要求下的特点。作用的代表值一般包括标准值、组合值、频遇值和准永久值。

作用的标准值是桥梁结构设计的重要参数,关系到结构安全,是作用的基本代表值。作用的标准值反映了作用在设计基准期内随时间的变异,应取结构设计规定期限内可能出现的最不利值。各类作用都有自己相应的标准值。

作用的组合值、频遇值和准永久值一般针对可变作用。其中,可变作用的组合值是指在主导可变作用(汽车荷载)出现时段内其他可变作用的最大量值,比可变作用的标准值小,实际上由标准值乘以小于 1 的组合值系数 ψ_c 得到;可变作用的频遇值是指结构上较频繁出现的且量值较大的作用取值,比可变作用的标准值小,实际上由标准值乘以小于 1 的频遇值系数 ψ_f 得到;可变作用的准永久值是指结构上经常出现的作用取值,比可变作用的频遇值又要小一些,实际上由标准值乘以小于 ψ_f 的准永久值系数 ψ_q 得到。组合值系数 ψ_c、频遇值系数 ψ_f 及准永久值系数 ψ_q 将在本章第七节详细介绍。

不同作用类型的代表值不尽一致,《通规(2015 年)》4.1.2 条要求不同类型作用的代表值按下列规定采用:

(1)永久作用的代表值为其标准值。永久作用标准值可根据统计计算,并结合工程经验综合分析确定。

(2)可变作用的代表值包括标准值、组合值、频遇值和准永久值。

(3)偶然作用取其设计值作为代表值,可根据历史记载、现场观测和试验,并结合工程经验综合分析确定,也可根据有关标准的专门规定确定。

(4)地震作用的代表值为其标准值。地震作用的标准值应根据现行《公路工程抗震规范》(JTG B02)的规定确定。

(二)作用的设计值与作用的效应设计值

《通规(2015 年)》4.1.3 条规定,作用的设计值为作用的标准值或组合值乘以相应的作用分项系数。作用分项系数按表 2-26 取用。将作用的设计值施加于结构,即可获得相应作用的效应设计值,以下均简称为作用效应。

作用分项系数   表 2-26

编号	作用分类	作用类别		符号	作用分项系数	
					对结构的承载力不利时	对结构的承载力有利时
1	永久作用	混凝土和圬工结构重力(包括结构附加重力)		γ_{G1}	1.2	1.0
		钢结构重力(包括结构附加重力)			1.1 或 1.2	
2		预加力		γ_{G2}	1.2	1.0
3		土的重力		γ_{G3}	1.2	1.0
4		混凝土收缩和徐变作用		γ_{G4}	1.0	1.0
5		土侧压力		γ_{G5}	1.4	1.0
6		水的浮力		γ_{G6}	1.0	1.0
7		基础变位作用	混凝土和圬工结构	γ_{G7}	0.5	0.5
			钢结构		1.0	1.0

续上表

编号	作用分类	作用类别	作用分项系数 符号	对结构的承载力不利时	对结构的承载力有利时
8	可变作用	汽车荷载	γ_{Q1}	车道荷载:1.4 车辆荷载:1.8	
		汽车冲击力			
		汽车离心力			
9		汽车引起的土侧压力	γ_{Q2}	1.4	
10		人群荷载	γ_{Q3}	1.4	
11		汽车制动力	γ_{Q4}	1.4	
12		风荷载	γ_{Q5}	1.1	
13		流水压力	γ_{Q6}	1.4	
14		冰压力	γ_{Q7}	1.4	
15		温度(均匀温度和温度梯度)作用	γ_{Q8}	1.4	

第五节 作用设计值的效应计算与分析

作用设计值的效应计算流程是:首先按照《通规(2015年)》规定的作用标准值和作用分项系数确定作用设计值,然后将作用设计值施加于桥梁结构,通过结构的力学计算得到此作用设计值下的结构效应(如内力、变形等,本节仅针对内力)。

对于预应力混凝土连续梁桥,计算各作用设计值的效应时,采用的截面几何特性不尽相同。在布置预应力钢束之前,各种作用设计值的效应计算采用毛截面特性;而在布置预应力钢束之后,各种作用设计值的效应计算可采用净截面或换算截面特性,以预应力管道压浆并形成强度为分界点。

本节将根据《通规(2015年)》的作用分类,以本章第二节不同施工方法结构体系演变规律为基础,采用结构力学方法,分析与结构体系演变相对应的宏观力学变化规律,目的在于:一是明晰结构体系与相应的内力分布随施工进程的匹配关系,二是为判定桥梁结构内力有限元计算结果的正确性提供特征性指导。

一、永久作用设计值的效应

连续梁桥上部结构涉及的永久作用包括结构重力、预加力、基础变位作用、混凝土收缩及徐变作用等,这里仅对结构重力作用设计值的效应进行计算分析。预加力、混凝土收缩及徐变作用和基础变位作用设计值的效应属于二次力,将在本章第六节介绍。

预应力混凝土连续梁桥结构重力作用设计值的效应计算与所采用的施工方法有直接联系,例如满堂支架施工的结构重力作用设计值的效应和悬臂法施工的结构重力作用设计值的效应完全不同。为了正确计算连续梁桥的结构重力作用设计值的效应,应该将预应力混凝土连续梁结构重力作用设计值的效应计算和所采用的施工方法联系在一起综合考虑。

下面给出基于常用施工方法的预应力混凝土连续梁桥结构重力作用设计值的效应计算分析。

(一)满堂支架现浇施工

满堂支架现浇施工是在支架上现场浇筑混凝土,穿束张拉并锚固压浆后,拆除支架形成连续梁的施工方法。显然,连续梁桥在建造过程中一次整体落架,并无体系转换,故结构重力作用设计值的效应可按结构力学中的连续梁进行计算分析。

(二)悬臂施工

某5跨连续梁桥,跨径为30m+3×45m+30m,采用悬臂拼装施工,如图2-25所示,合龙次序为由边孔对称向中孔依次进行。该桥的施工程序及相应的内力分析如下:

(1)悬拼完毕,拆除吊机。首先在所有桥墩内安装预埋件,搭设扇形支架,浇筑墩顶节段。临时支座为混凝土块,设置在永久支座两侧,用粗直径普通钢筋或预应力钢筋将墩顶节段临时锚固在桥墩上,以保证从墩顶向墩两侧对称悬臂拼装的稳定性。悬拼完毕时的结构重力作用下的内力如图2-25a)所示。

(2)现浇合龙边孔。因为边孔长度大于悬臂拼装长度,所以需在边孔内另立支架,现浇节段与边孔的悬臂拼装段相接。待现浇段形成强度且拆除边孔支架后,为一端固定、一端简支的梁式结构,在现浇段结构重力作用下的内力如图2-25b)所示。

(3)拆除2号墩、5号墩上的临时支座,结构体系由一端固定一端简支的梁式结构转换成两端简支的单悬臂结构,此时应计算临时支座释放的不平衡弯矩在两端简支的单悬臂上所产生的内力,结果如图2-25c)所示。

(4)将边孔的间支单悬臂梁与3号墩(4号墩)的T构通过现浇混凝土段合龙。计算可得单悬臂梁和T构在吊架、模板重力及合龙段重力作用下的内力,结果如图2-25d)所示。

(5)合龙段吊架及模板拆除,计算相应重力从相反方向施加在已合龙结构体系上产生的内力,结果如图2-25e)所示。

(6)拆除3号墩(4号墩)的临时支座,计算因拆除临时支座所产生的内力,结果如图2-25f)所示。

(7)中孔合龙。全桥中孔合龙形成5跨连续梁。合龙段混凝土强度形成前,计算合龙段两侧悬臂端在支架、模板重力及合龙段重力作用下的内力,结果如图2-25g)所示。

(8)拆除中孔合龙段吊架及模板,计算相应重力以相反的方向加在连续梁上产生的内力,结果如图2-25h)所示。

(9)连续梁最终的结构重力(一期及二期恒载)设计值作用下的截面内力为以上各阶段相应内力值叠加,结果如图2-25i)所示。

(三)简支-连续施工

某两跨连续梁桥采用简支-连续施工,如图2-26所示。首先预制安装两孔简支梁,其次浇筑墩顶梁体湿接头混凝土,同时预置永久支座,待湿接头混凝土强度形成后,拆除临时支承,最终形成两跨连续梁体系。具体施工程序及相应的结构重力作用设计值的效应如下:

(1)预制安装两孔简支梁,此时自重作用下的内力如图2-26a)所示,支座反力为R_1。

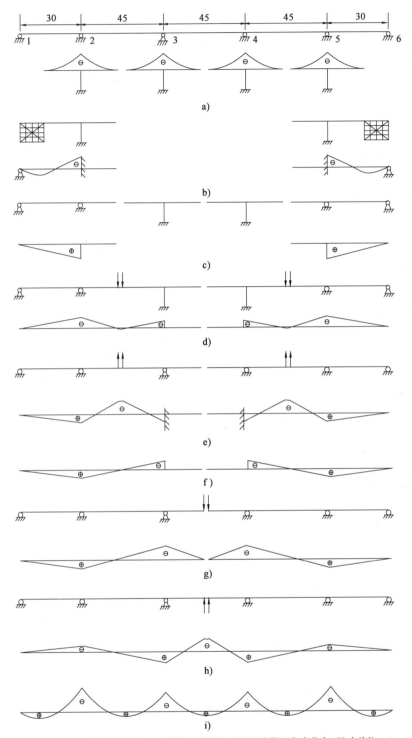

图 2-25 5跨连续梁悬臂施工次序及相应结构重力下的截面内力分布(尺寸单位:m)

(2)在两临时支承间主梁接头处现浇混凝土,并预埋永久支座,此时现浇接头混凝土和主梁还未形成整体,接头混凝土的重力等效为两集中力 R_2,作用于孔间临时支承,对主梁不产生弯矩,如图 2-26b)所示。

(3)待接头混凝土达到强度且与主梁形成整体后,拆除临时支承,结构由简支转为连续体系。拆除临时支承的力学效应,等价于临时支承反力以相反方向作用于连续体系结构,相应的内力分布如图 2-26c)所示;接头混凝土的重力等效为均布力,作用于连续体系结构,相应的内力分布如图 2-26d)所示。

(4)连续梁结构重力作用设计值下的内力分布为以上各阶段内力值叠加,如图 2-26e)所示。

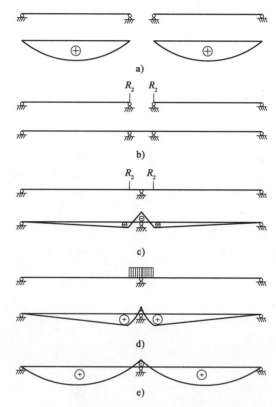

图 2-26 2 跨简支-连续施工次序及相应结构重力下的截面内力分布

(四)逐孔浇筑施工

采用上、下导梁的移动模架或逐孔浇筑建造的等高多跨连续梁,结构重力作用设计值的内力如图 2-27 所示,基本思路是逐孔计算,最后叠加。结构体系从静定转化到超静定结构,前拼孔数越多,超静定次数越高,每阶段的结构重力作用设计值下的效应计算与分析应注意这一特点。

(五)顶推施工

顶推施工的连续梁桥正确就位后,主梁恒载作用的效应即可按连续梁计算。顶推施工的连续梁桥是逐节建造逐节向前推移,在顶推过程中,随着主梁跨数增多,结构体系不断向更高次超静定结构转换。在顶推前移过程中,主梁各个截面所承受的正负弯矩交替出现,且这些内力值的大小也在不断变化,是控制主梁设计的一个重要因素。顶推过程中主梁产生的弯矩可绘成弯矩包络图,将与连续梁桥运营阶段的结构重力作用、可变作用(或加上其他各项因素,如各项次内力)的弯矩包络图一同作为结构设计控制的最大内力图。前者常需要结构接近中心配筋,后者要求结构曲线配筋。为此,顶推施工常需要在主梁设置便于拆除的临时筋。在连续梁最终体系受力状态时,临时筋是并不需要的多余钢筋。顶推过程最不利受力常在主梁尚未到达墩顶而悬出长度最大的时刻,为了减小结构内力,常使用较混凝土梁更轻的钢导梁。

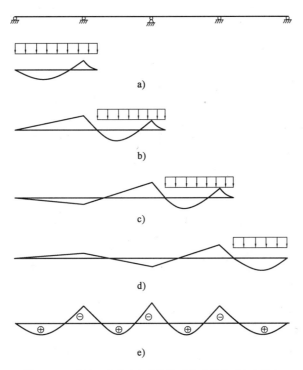

图 2-27　逐孔施工次序及相应结构重力下的截面内力分布

顶推施工多跨连续梁时,施工过程弯矩包络图如图 2-28 所示。弯矩包络图显示出受力最大部位发生在与导梁相连的第一节段主梁,而其余梁段上受力变化很小。现对顶推施工阶段的内力简要分析如下。

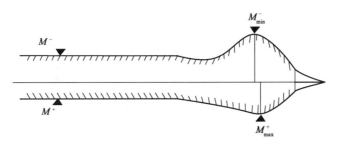

图 2-28　顶推施工时梁的弯矩包络图

如记导梁前、后端分别为 A、B 点,则通常可采用图 2-29 和图 2-30 可能出现的几种情况来初估主梁顶推时的最大正、负弯矩值。如无特殊说明,本书各式的集中力以 kN 计、分布力以 kN/m 计、弯矩以 kN·m 计、长度以 m 计、应力以 MPa 计。

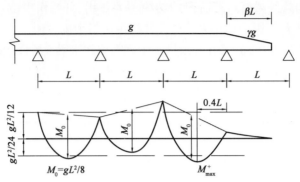

图 2-29 顶推施工主梁最大正弯矩

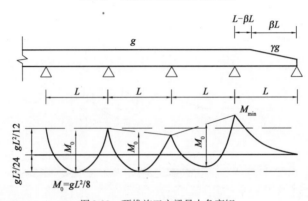

图 2-30 顶推施工主梁最大负弯矩

(1)导梁 B 点刚过墩顶支承。

$$M_{max}^+ = \frac{gL^2}{12}(0.933 - 2.96\gamma\beta^2) \tag{2-10}$$

式中：g——主梁的重力集度(kN/m)；

L——主梁的顶推跨径(m)；

γ——导梁与混凝土的自重比；

β——导梁长度与跨长之比。

(2)导梁 A 点即将到达墩顶支承。

$$M_{min}^- = -\frac{gL^2}{12}[6\alpha^2 + 6\gamma(1-\alpha^2)] \tag{2-11}$$

式中：$\alpha = 1 - \beta$。

(3)导梁 A 点刚搁上墩顶支承,梁内亦可能再现最大负弯矩值。此时,M_{min}^- 值与导梁刚度 $E_s I_s$ 同混凝土梁刚度 $E_c I_c$ 之比 K 有关。

$$M_{min}^- = -\nu \frac{gL^2}{12} \tag{2-12}$$

式中：ν——计算系数,由 K 与 β 查图 2-31 所示的曲线可得。

导梁与主梁的刚度比值：

$$K = \frac{E_s I_s}{E_c I_c} \tag{2-13}$$

式中:E_s、I_s——钢导梁的弹性模量(MPa)与截面惯性矩(m^4);

E_c、I_c——混凝土主梁的弹性模量(MPa)与截面惯性矩(m^4)。

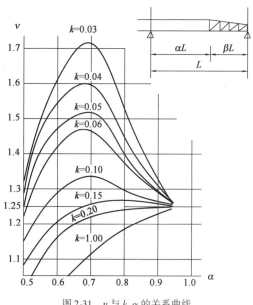

图 2-31 v 与 k、α 的关系曲线

二、可变作用设计值的效应

连续梁桥上部结构涉及的可变作用包括汽车荷载、汽车冲击力、汽车离心力、人群荷载、汽车制动力、风荷载及温度作用等,为节省篇幅,以下仅对汽车荷载和人群荷载作用设计值的效应进行计算分析。在连续梁桥结构中,温度作用效应属于二次力,将在第六节介绍。

可变作用设计值的效应为可变作用设计值在桥梁使用阶段所产生的结构内力及变形。显然,不管采用何种施工方法,这时结构已成为最终体系——连续梁桥,力学计算图式已十分明确。当采用 T 梁或箱形截面且肋数较多时,应考虑结构空间受力特点进行计算分析;也可考虑横向分布系数,应用平面杆系电算程序进行可变作用的效应计算与分析。当采用单箱单室截面时,可直接按平面杆系结构进行可变作用的效应计算与分析。

(一)按平面杆系结构计算

(1)形成主梁内力影响线。

(2)应用主梁内力影响线,将等代荷载在纵桥向进行影响线加载。等代荷载应布满于使结构产生最不利效应的同号影响线上;集中荷载只作用于相应影响线中一个最大影响线峰值处;桥梁电算程序一般采用动态规划法进行影响线加载。按式(2-14)计算基本可变荷载作用下的内力。

进行影响线加载时,按车道荷载使结构产生最不利效应进行布载:

$$S_P = (1+\mu)\xi m_i (\sum q_k \omega_j + P_k y) \tag{2-14}$$

式中:S_P——主梁最大活载内力;

μ——汽车荷载冲击系数,按照表 2-16 取值;对于人群荷载不计冲击影响,即 $(1+\mu)=1$;

ξ——横向车道桥布载系数,按表 2-14 规定取值;

m_i——荷载横向分布系数,计算主梁弯矩时可用等代简支梁的跨中横向分布系数 m_c 代替全跨各点上的 m_i,计算主梁剪力时,应考虑 m_i 沿跨径的变化;

q_k——车道荷载的均布荷载标准值,对于公路—I 级为 $q_k = 10.5 \text{kN/m}$;

ω_j——使结构产生最不利效应的同号影响线面积(m^2);

P_k——车道荷载的集中荷载标准值,对于公路—I 级按以下规定选取;桥梁计算跨径小于或等于 5m 时,$P_k = 270\text{kN}$;计算跨径大于或等于 50m 时,$P_k = 360\text{kN}$;计算跨径在 5~50m 之间时,P_k 值采用直线内插求得。计算剪力效应时,P_k 值尚应乘以 1.2 的系数(主要用于验算下部结构或上部结构腹板的受力);

y——所加载影响线中一个最大影响线峰值(m)。

当桥梁计算跨径大于 150m 时,式(2-14)计算的内力值应乘以纵向折减系数,具体按表 2-15 取值。

(二) 按空间结构计算

"实用计算方法"目前常用的有梁格法、梁系法及板系法,应注意根据结构形式选用合适的计算分析方法。

第六节 次内力计算

预应力混凝土连续梁在各种内外因素作用下,结构受强迫变形会在多余约束处产生约束反力,从而引起结构附加效应(包括内力及变形等,本节仅以内力为例),这些附加内力一般统称为结构次内力(或称为二次力)。外部因素有结构体系转换、预加力、基础变位及温度等作用;内部因素有混凝土材料的徐变与收缩特性、结构构造与配筋形式等。通常,计算的次内力包括由结构体系转换、预加力、混凝土收缩徐变、温度及基础变位等作用设计值产生的次内力。

一、结构体系转换与次内力分析

预应力混凝土连续梁桥有各种不同的施工方法,可根据桥址的地形、水流条件、施工设备等因素确定。一般地,除了满堂支架施工方法以外,采用其他施工方法的结构都面临着体系转换这一共同问题。例如采用悬臂拼装或悬臂浇筑的连续梁,结构可能会经过悬臂刚构、单跨固端梁或悬臂梁、连续刚构等不同体系,最后才形成多跨连续梁。从设计方面考虑,选择体系转换次序时,应该使最终的连续梁体系在结构重力作用下的内力分布合理,同时还尽可能地减小各项次内力的不利影响。

例如采用悬臂施工的连续梁,虽然由于合龙现浇段的次序(也即体系转换的次序)不同而有不同的施工内力分布,但由于施工时都经历了悬臂 T 构这一状态,所以就大多数截面而言,负弯矩值接近于 T 构的悬臂结构重力产生的弯矩。

体系转换除了需要计算因施工程序不同而产生的施工内力外,还应计及各项次内力。次内力包括施工过程中由于张拉预应力钢筋所引起的次内力和由于混凝土收缩及徐变等所产生的次内力。在悬臂施工的连续梁中,各项次内力常使跨中区段的正弯矩值产生较大的变化幅度,应引起重视。

(一) 结构体系转换及预加力的影响

施工时为了适应各阶段受力要求,预应力钢筋将分阶段张拉,而在体系转换过程中,须分别计算结构体系转换和预加力产生的次内力。其中,结构体系转换产生的次内力可采用结构力学的力法或位移法进行计算。而对于预加力作用,则应视结构体系分别考虑:在静定结构施加的预加力不产生次内力;但预应力钢筋的张拉如果在超静定体系上进行,则必须计算预加力产生的次内力。

图 2-32 表示一座 5 跨连续梁的施工情况。采用悬臂施工法,体系转换的次序是从左到右逐孔合龙,相应的结构体系转换次内力与图 2-33b)、c)、d)、e)、f)计算方法相同,不再赘述,以下仅分析与此种体系转换匹配的预加力影响。

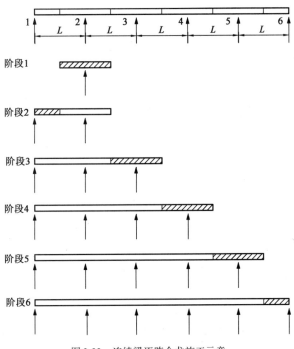

图 2-32　连续梁逐跨合龙施工示意

阶段 1:在 2 号墩上悬臂施工。

阶段 2:在 1 号桥台处用临时脚手架现场浇筑与第 1 孔悬臂端连接;设置和张拉第 1 孔的连续力筋。注意到 2 号桥墩上的支座不是简支的,则张拉连续预应力钢筋时将产生次力矩。

阶段 3:3 号墩进行悬臂施工;设置和张拉第 2 孔的连续力筋。要注意张拉这些连续力筋时所引起的次内力。

阶段 4:4 号墩进行悬臂施工;设置和张拉第 3 孔的连续力筋,这一阶段也产生次力矩。

阶段 5:在 5 号墩上重复阶段 4 的工作。

阶段 6:6 号墩处用临时脚手架现场浇筑。设置和张拉第 5 孔的连续力筋,张拉力筋也将产生次内力。

图 2-33a)~d)所示为逐跨合龙各次张拉连续预应力钢筋产生的次内力图,图 2-33e)为各预加力次内力的叠加。由图 2-33e)可见,与逐跨合龙施工体系转换次序相应的预加力次内力

如改变体系转换次序,先合龙第1孔、第3孔及第5孔,使结构成为3个简支悬臂体系,静定体系预加力不引起次内力;然后依次合龙第2孔与第4孔,在这两孔施加预应力将产生次内力。改变体系转换次序后,与施工过程相应的预加力次内力最终分布如图2-33f)所示。由图2-33f)可见,次内力分布比较均匀,且最大值比图2-33e)要小一些。

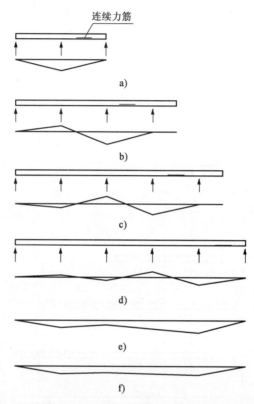

图 2-33　不同结构体系转换方式及相应预加力产生的主梁次内力

(二) 结构体系转换、混凝土徐变及预加力共同影响

图2-34表示连续梁施工过程中,结构体系转换、混凝土徐变及预加力产生的次内力分布情况。其中,图2-34a)、b)为施工各阶段所产生的结构重力弯矩图,图2-34c)为连续力筋所产生的次内力;图2-34d)为混凝土徐变产生的次内力,图2-34e)为连续梁结构体系形成后,考虑结构体系转换、混凝土徐变作用以及预加力作用共同影响的最终结构重力弯矩分布。

二、预加力产生的次内力

(一) 预加力对结构的作用

对于预应力混凝土简支梁,如图2-35所示,作用在任一截面的有效预加力 N 与截面纵轴线成 φ 角(图2-36)。曲线形布置的预应力钢筋对各截面所产生的内力为:

弯矩

$$M_y = N\cos\varphi_i y_i$$

轴向力
$$N_y = N\cos\varphi_i \tag{2-15}$$
剪力
$$Q_y = N\sin\varphi_i$$

式中：φ_i、y_i——截面 i 的力筋转角和以截面重心轴为横坐标轴的预应力钢筋的纵坐标，随着截面的不同位置而变化。

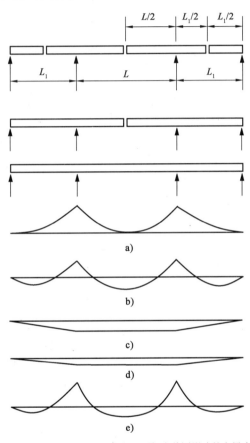

图 2-34　结构体系转换、混凝土徐变及预加力共同影响的主梁内力分布
L-中孔跨径；L_1-边孔跨径

M_y 的图形即为预应力钢筋重心线与梁的重心线之间包围的面积图，也称为总预矩图，如图 2-35b) 所示。

如果预应力钢筋是直线布置，并且平行于梁的轴线，如图 2-37 所示，那么

$$\left. \begin{array}{l} M_y = Ne \\ Q_y = 0 \\ N_y = N \end{array} \right\} \tag{2-16}$$

如果截面中有许多预应力钢筋作用，可以用叠加方法求得 M_y、Q_y 和 N_y，如图 2-38 所示。如构件中分别布置有直线形和曲线形预应力筋，那么由预应力钢筋所产生的某截面的弯矩

$$M_y = N_1 e_1 + N_2 \cos\varphi_i e_{2i} \tag{2-17}$$

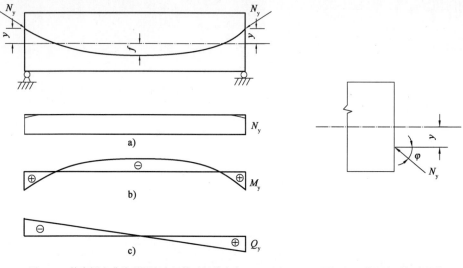

图2-35 简支梁由曲线形预应力钢筋引起的内力　　图2-36 截面中预加力的作用

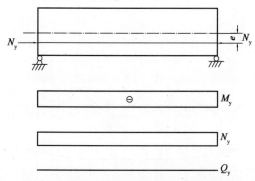

图2-37 简支梁由直线形预应力钢筋引起的内力

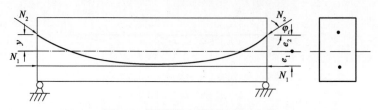

图2-38 简支梁混合配置的预应力钢筋

式(2-17)中e_{2i}因预应力钢筋是直线布置,所以为常数。曲线形预应力钢筋如取二次抛物线形,则

$$e_{2i} = c\left(\frac{2x}{l}\right)^2 - e_1 \tag{2-18}$$

式(2-18)中,c为当$x = l/2$时曲线预应力钢筋最大纵坐标($e_1 + e_2$)。构件任一截面的弯矩值为:

$$M_y = N_1 e_1 + N_2 \left[c\left(\frac{2x}{l}\right)^2 - e_1\right] \tag{2-19}$$

如果预应力钢筋锚固在跨内,则梁中内力将在锚固点处发生突变(图2-39)。

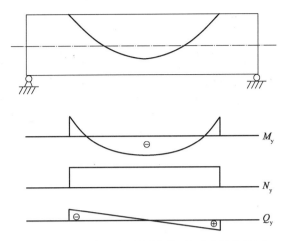

图 2-39　锚固于桥面的预应力钢筋引起的主梁截面内力

对于预应力混凝土连续梁,预加力除产生弯矩 M_y、轴力 N_y 和剪力 Q_y 外,还因结构的超静定特性而产生次内力。在图 2-40a)所示的简支梁中,由于预加力的偏心作用,梁体将上拱,如图 2-40b)所示,这种变形是自由的。但是,如果在梁跨中加上一个支点,把简支梁转化为图 2-40c)所示的两跨连续梁,则在张拉预应力钢筋时,由于支座 B 的存在,必然产生一个向下的反力拉拽住梁体,约束了预加力产生的上拱位移,以满足支座 B 处的变形协调条件。如果两跨连续梁跨径相同,且沿梁长的截面惯性矩相等,则两端支座 A、C 的反力各为 $x_B/2$。显然,外部支座反力的变化,也将引起结构的内力变化,由次反力 $R_A = R_c = x_B/2$ 引起的弯矩如图 2-40e)所示。这就是前面已经提及的由预加力在超静定结构中引起的次力矩。

预加力在每个截面上对主梁截面重心轴所产生的弯矩值称为初预矩,如图 2-40d)所示。

图 2-40f)为总预矩图,等于初预矩加次力矩,即:

$$M = M_0 + M_1 \tag{2-20}$$

式中:M_0——初预矩(kN·m);

M_1——次力矩(kN·m)。

图 2-40g)为梁内相应的总预剪力图,显然总预剪力等于初预剪力 Q_0 与次剪力 Q_1 之和。求解预加力产生的次力矩,可用力法或等效荷载法。

(二)用力法求解预加力次力矩

1. 连续配筋情况

对于直线连续配筋,如图 2-41a)所示,预应力钢筋有效预加力为 N_y,偏心距为 e,取简支梁为基本结构,取中间支点截面弯矩 x_1 为赘余力。在预加力作用下,支座 B 处的变形协调方程为:

$$\delta_{11} x_1 + \Delta_{1N} = 0$$

由图 2-41c)、d),即可求得:

$$\delta_{11} = \frac{2l}{3EI}, \Delta_{1N} = -\frac{N_y e l}{EI}$$

代入变形协调方程,即得:

$$x_1 = -\frac{\Delta_{iN}}{\delta_{11}} = \frac{3}{2}N_y e$$

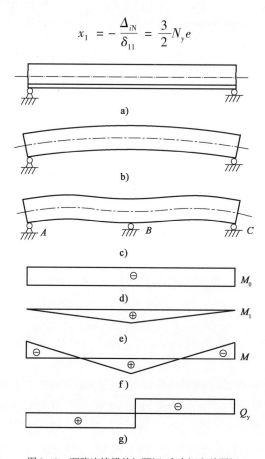

图 2-40 两跨连续梁的初预矩、次力矩和总预矩

预加力产生的次力矩：

$$M'_1 = x_1 \overline{M}_1$$

梁内各截面的总预矩为：

$$M_N = M_0 + M'_1 = -N_y e + \frac{3}{2}N_y e \overline{M}_1 = N_y\left(-e + \frac{3}{2}e\overline{M}_1\right) \tag{2-21}$$

支点 B 处 $\overline{M}_1 = 1$，则

$$M_N^B = N_y e/2$$

支点 A 和 C 处 $\overline{M}_1 = 0$，则

$$M_N^A = M_N^C = -N_y e$$

中间为线性变化，最后得总预矩图如图 2-41g) 所示。

将 M_N 除以预加力 N_y 即得：

$$y = -e + \frac{3}{2}e\overline{M}_1 \tag{2-22}$$

式中：y——混凝土压力线和梁轴线之间的偏移值。

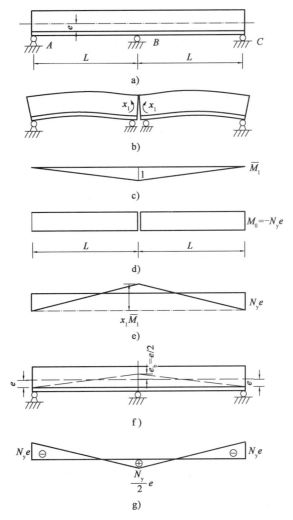

图 2-41 直线配筋的两跨连续梁的次力矩及总预矩

对于支点 B，$\overline{M}_1 = 1$，得 $y_B = \frac{1}{2}e$；对于支点 A 和 C，$\overline{M}_1 = 0$，得 $y_A = y_C = -e$。

图 2-41f) 中虚线表示压力线的位置。显然压力线和预应力钢筋的力线不重合。

从式(2-22)可见，偏离值 y 为初始偏移值 e 和次力矩引起的偏离值 $e' = \frac{3}{2}e\overline{M}_1$ 的代数和；压力线的位置仅和预应力钢筋的初始偏心距 e 有关，即如果 e 不变，则压力线形状不变。

对于曲线连续配筋，以图 2-42 所示的曲线配筋（抛物线形）两跨连续梁为例。预应力钢筋两端都通过截面重心，在中支点 B 处预应力钢筋的偏心距为 e，在两孔跨中，预应力钢筋的矢高分别为 f_1 和 f_2。

取两孔简支梁作为基本结构，支点 B 的弯矩 x_1 为赘余力，则支点 B 在预加力作用下的变形协调方程：

$$x_1 = -\frac{\Delta_{1N}}{\delta_{11}}$$

式中:$\delta_{11} = (l_1 + l_2)/3EI$；

$\Delta_{1N} = -\dfrac{N_y}{3EI}[f_1 l_1 + f_2 l_2 - e(l_1 + l_2)]$。

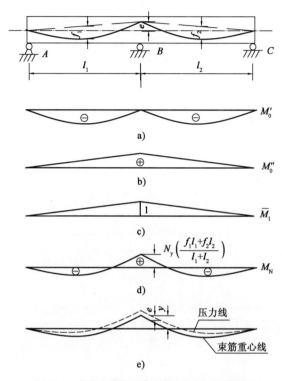

图 2-42 曲线配筋的两跨连续梁次力矩及总预矩

解得：

$$x_1 = N_y \left(\dfrac{f_1 l_1 + f_2 l_2}{l_1 + l_2} - e \right) \tag{2-23}$$

当 $l_1 = l_2 = l; f_1 = f_2 = f$ 时，则：

$$x_1 = N_y (f - e) \tag{2-24}$$

由预加力在梁内各截面产生的总预矩为：

$$M_N = M_0 + M'_1 = M_0 + N_y (f - e) \overline{M}_1$$

如图 2-42 所示，在支点 B 处：

$$M_N^B = N_y e + N_y (f - e) \times 1 = N_y f \tag{2-25}$$

在支点 A 和 C 处：

$$M_N^A = M_N^C = 0$$

压力线位置：$y = \dfrac{M_N}{N_y}$，如图 2-42e) 中虚线所示。

在支点 B 处：

$$y_B = e + (f - e) = f$$

在支点 A 和 C 处：

$$y_A = y_C = 0$$

与直线配筋的情况相同，其压力线与梁轴线之间的偏离值也应该包括初始偏心距 e 和次力矩引起的偏离 e' 两部分，此时，压力线形状仅和预应力钢筋在跨中的垂度 f 有关。

图2-43所示为预应力钢筋在梁端的偏心距不为零时的两跨连续梁的曲线配筋形式。预应力钢筋仍按抛物线形设置，在梁端 A 和 C 的偏心距分别为 e_a 和 e_c；在中间支点 B 处的偏心距为 e；在每孔跨中的垂度分别为 f_1 和 f_2。

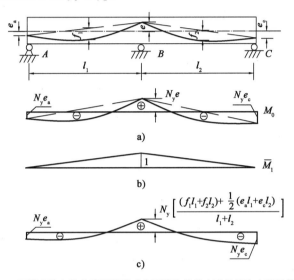

图2-43 两端有偏心的曲线配筋形式在两跨连续梁内引起的次力矩及总预矩

仍然取两孔简支梁为基本结构，取支点 B 处得弯矩 x_1 为赘余力。

初预矩图比较复杂，可以分解为几个规则的图形，再分别和单位弯矩图 $\overline{M}_1$ 图乘，求解出 Δ_{1N}：

$$\Delta_{1N} = -\frac{N_y}{3EI}\left[l_1 f_1 + l_2 f_2 + \frac{1}{2}(l_1 e_a + l_2 e_c) - e(l_1 + l_2)\right]$$

$$\delta_{11} = (l_1 + l_2)/3EI$$

得：

$$x_1 = -\frac{\Delta_{1N}}{\delta_{11}} = N_y\left[\frac{(f_1 l_1 + f_2 l_2) + \frac{1}{2}(e_a l_1 + e_c l_2)}{l_1 + l_2} - e\right] \tag{2-26}$$

如 $l_1 = l_2 = l, f_1 = f_2 = f, e_A = e_B = e_1$，则：

$$x_1 = N_y\left(f + \frac{e_1}{2} - e\right) \tag{2-27}$$

梁内任意截面上的总预矩为：

$$M_N = M_0 + x_1 \overline{M}_1 = M_0 + N_y\left(f + \frac{e_1}{2} - e\right)\overline{M}_1$$

支点 B 上的总预矩为：

$$M_N^B = M_0 + N_y\left(f + \frac{e_1}{2} - e\right)\overline{M}_1 = N_y e + N_y\left(f + \frac{e_1}{2}\right) - N_y e = N_y\left(f + \frac{e_1}{2}\right) \quad (2\text{-}28)$$

压力线位置：

$$y = \frac{M_N}{N_y} = \frac{M_0}{N_y} + \left(f + \frac{e_1}{2} - e\right)\overline{M}_1$$

在支点 B 处：

$$y_B = e + f + \frac{e_1}{2} - e = f + \frac{e_1}{2}$$

在支点 A 和支点 C 处：

$$y = e_1$$

可见，在端部有偏心的曲线配筋中，压力线的位置不仅与预应力钢筋在主梁跨中的垂度 f 有关，而且和预应力钢筋在端部偏心距 e_1 有关。

2. 局部配筋情况

对于局部直线配筋，如图 2-44a)、b) 所示，分别为预加力初预矩图与单位弯矩图。

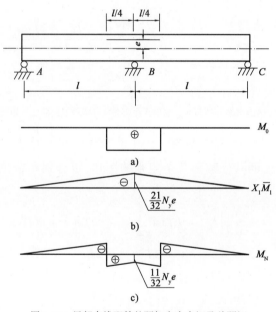

图 2-44　局部直线配筋的预加力次力矩及总预矩

由此可得：

$$\delta_{11} = \frac{2l}{3EI}$$

$$\Delta_{1N} = \frac{2}{EI}\left(N_y e \times \frac{l}{4} \times \frac{7}{8}\right) = \frac{7N_y e l}{16EI}$$

解得赘余力为：

$$x_1 = -\Delta_{1N}/\delta_{11} = -\frac{21}{32}N_y e$$

支点 B 上的总预矩为：

$$M_N^B = N_y e - \frac{21}{32}N_y e = \frac{11}{32}N_y e$$

梁内各截面总预矩图如图 2-44c)所示。

两跨连续梁局部曲线配筋(抛物线形)如图 2-45 所示,其中图 2-45b)、c)分别为预加力初预矩图与单位弯矩图 $\overline{M}_1$。

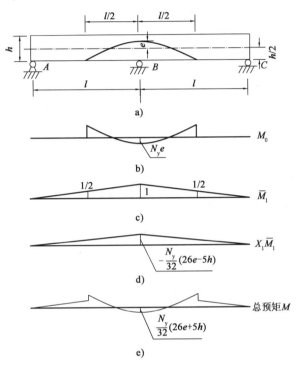

图 2-45 局部曲线配筋的预加力次力矩及总预矩

由此可得:

$$\delta_{11} = \frac{2l}{3EI}$$

$$\Delta_{1N} = \frac{2}{EI}\left[\frac{13}{48}N_y\left(e+\frac{h}{2}\right)l - \frac{3}{16}N_y h l\right]$$

$$= \frac{N_y l}{48EI}(26e - 5h)$$

解得赘余力为:

$$x_1 = -\Delta_{1N}/\delta_{11} = -N_y(26e - 5h)/32$$

支点 B 上的总预矩为:

$$M_N^B = N_y e - \frac{N_y}{32}(26e - 5h) = \frac{N_y}{32}(6e + 5h)$$

3. 变截面连续梁预加力次力矩的计算

对于变截面连续梁,也可采用力法求解次力矩。但是,变截面梁的重心轴和预应力钢筋重心线形成的初预矩图形状比较复杂。在实际计算时,可将初预矩图分解成多个简单图形,分别计算次力矩,然后叠加来解决。对于图 2-46a)所示的三跨变截面连续梁,曲线形预应力钢筋 $\tilde{A}-\tilde{B}-\tilde{C}-\tilde{D}$ 和变截面梁重心轴 $\tilde{a}-\tilde{b}-\tilde{c}-\tilde{d}$ 包围的初预矩图可分成三部分计算:

$\tilde{A}-\tilde{B}-\tilde{C}-\tilde{D}$ 对曲线形预应力钢筋的弦线的换算初预矩 $M_{\mathrm{I}0}$,如图 2-46b)所示。

$\tilde{a}-\tilde{b}-\tilde{c}-\tilde{d}$ 对梁的重心轴的弦线的换算初预矩 $M_{\mathrm{II}0}$,如图 2-46c)所示。

曲线形预应力钢筋的弦线对梁的重心轴弦线的换算初预矩 $M_{\mathrm{III}0}$,如图 2-46d)所示。

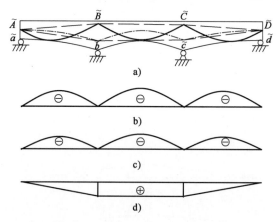

图 2-46 变截面连续梁预加力次力矩计算

总的初预矩为上述三项之和,即:

$$M_0 = M_{\mathrm{I}0} + M_{\mathrm{II}0} + M_{\mathrm{III}0} \tag{2-29}$$

进而,根据各部分的初预矩,求解相应的次力矩 $M'_{\mathrm{I}} + M'_{\mathrm{II}} + M'_{\mathrm{III}}$。梁内总预矩为:

$$M_{\mathrm{N}} = \sum_{i}^{\mathrm{III}} M_{i0} + \sum_{i}^{\mathrm{III}} M'_{i}$$

4. 多跨连续梁预加力次力矩的计算

取基本结构为简支梁,则多跨连续梁各内支点处的截面弯矩赘余力可用 X_i 表示。根据预加力作用在主梁各支点截面产生的变形与由赘余力引起的相应变形之代数和为零,可建立力法矩阵方程为:

$$\boldsymbol{F}\boldsymbol{X} + \boldsymbol{D} = 0 \tag{2-30}$$

式中:$\boldsymbol{F}$——连续梁的常变位矩阵,即:

$$\boldsymbol{F} = \begin{bmatrix} \delta_{11} & \delta_{12} \cdots & \delta_{1n} \\ \vdots & \vdots & \vdots \\ \delta_{n1} & \delta_{n2} \cdots & \delta_{nn} \end{bmatrix}$$

当 $i=j$ 时,常变位系数 $\delta_{ij} = \dfrac{2l}{3EI}$;当 $i \neq j$ 时,$\delta_{ij} = \dfrac{l}{6EI}$;当 $|j-i| \geq 2$ 时,$\delta_{ij} = 0$;

$\boldsymbol{D}$——载变位列矩阵;i,j 为内支点截面编号,从 $1 \sim n$;n 为跨径数减 1。

由式(2-30)可解得主梁各内支点截面的赘余力 X_i,则梁内各截面的总预矩可由式(2-31)求得:

$$M_{\mathrm{N}} = M_0 + \sum M_i = M_0 + \sum_{i=1}^{n} X_i \bar{M}_1 \tag{2-31}$$

需要强调,预加力二次矩(即预加引起的结构次内力)在梁内的分布是线性的,这也是所有其他因素引起的结构次内力的共同特征。

(三) 用等效荷载法求解预加力的总预矩

预应力混凝土结构是预加力和混凝土承压相互作用并取得平衡的自锚体系,为此可把预应力钢筋和混凝土视为相互独立的个体,把预加力对混凝土的作用以等效荷载的形式代替。只要求得不同配筋情况下的等效荷载,就可用有限元法或影响线加载法等方法求超静定梁由预加力产生的内力。应注意的是,用等效荷载法求得梁的内力中已经包括了预加力引起的次内力,因此求得的内力就是总预矩。

实际上,可以用初预矩图直接求等效荷载,即从初预矩图可推得预剪力图,进而推得等效荷载图和相应的总预矩图,如图2-47所示。

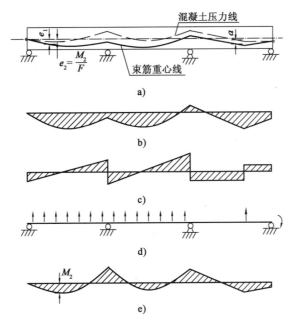

图 2-47 连续梁的等效荷载与总预矩

求等效荷载常有以下几种情况,如图2-48所示。

(1) 在力筋的端部。力筋作用在混凝土上的力 N_y 可以分解为三个分量:

① 轴向力:$N_y\cos\theta_1 = N_y$(其中 $\cos\theta_1 \approx 1$),作用在锚头的端部。此力通常在计算连续梁弯矩时没有影响,但是,在刚架内,由于轴向伸缩的影响将产生内力矩。

② 竖向力:$N_y\sin\theta_1 = N_y\theta_1$(或 $N_y\sin\theta_5 = N_y\theta_5$),作用在支座处,而且被直接紧靠支座的竖向反力平衡,在连续梁内也不产生内力矩。

③ 力矩:$N_y\cos\theta_1 \times e = N_y \times e$,作用在梁的端部,沿着连续梁的全长会产生内力矩,计算中必须考虑。

(2) 初预矩图沿梁的跨径成折线或曲线形,则混凝土受到的等效竖向荷载分别为:

① 当初预矩图为抛物线和圆弧线时(由于曲线平坦,假定抛物线和圆弧曲线产生的竖向荷载有同样效应),竖向力呈均布荷载,沿曲线长度施加在梁上,其总值 W 可由曲线两端斜率

的变化求得,在 θ_2 处的总竖向力为:

$$W = F\sin\theta_2 = F\theta_2$$

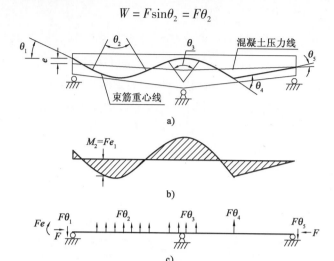

图 2-48 预应力钢筋引起的等效荷载和弯矩

均布荷载集度

$$\omega = \frac{W}{l}$$

式中:l——曲线长度。

②当初预矩图成折线形时,可考虑力集中在一点,例如在 θ_4 处:

$$F\sin\theta_4 = F\theta_4$$

(3)初预矩图在中间支座上成折线或曲线形时,其等效荷载分别是:

①如果初预矩图在支座上成曲线形,竖向力为均布荷载如 $F\theta_3$。

②如果初预矩图在支座上成折线形,则必定有集中荷载作用在这里。这个集中荷载直接被支座反力抵消,在梁内不产生力矩,不予考虑。

(四)基于等效荷载的有限元法

按照等效荷载法的原理,计算结构在预加力作用下的变形和内力时,根据预应力钢筋的布置形式与位置求得等效荷载之后,将等效荷载集中到荷载列阵 P 中,按照本章第三节所述有限元步骤计算即可求解。一般情况下,预应力混凝土梁的截面比较纤薄,高跨比较小,所以预应力钢筋的线型都比较平缓。当预应力钢筋筋矢跨比取为 1/16 时,预加力用 N_y 代替 $N_y\cos\theta$ 的误差仅为 3%。于是,如取预加力沿梁长为常数 N_y,在计算中不会引起大的误差。

有限元程序一般都有预应力效应分析功能。考虑预应力钢筋沿梁长 N_y 值的变化,实现预应力效应的自动分析,来消除预应力损失引起的误差。有限元程序中预应力效应计算的基本思路是:首先将难以用函数式表达的空间预应力钢筋曲线转化为若干连续的空间折线段,这样可以方便求得预应力钢筋与结构某截面的交点,进而将扣除损失后的有效预应力等效为单元若干等分点上的集中荷载。将等效荷载集中到荷载列阵 P 中,按照本章第三节所述有限元步骤计算即可求解。

1. 空间预应力钢筋分析

桥梁结构中的预应力钢筋可能是平面曲线或空间曲线。描述平面曲线时一般采用导线法，可根据导线点的坐标及曲线半径等信息确定曲线的线形。描述空间曲线时一般采用近似处理方法，主要分为以下几种：

(1) 将空间曲线投影到相互垂直的两个平面内（其中一个可能为结构纵轴线展开面）得到两条平面曲线，分别描述两条投影曲线的形状。在每个平面内分别用插值函数计算预应力钢筋上点的坐标，进而合成空间点的坐标。计算得到足够多空间点的坐标后，空间曲线就可以转化为容易处理的空间折线。这种方法比较符合工程习惯，并且计算方便，很多专业有限元程序采用这种方法描述空间曲线。

(2) 将空间曲线投影到结构的纵轴线展开面内，用平面投影曲线代替实际的空间曲线。这种方法忽略了预应力钢筋相对于纵轴线的平弯，计算比较简单，但对于平弯较大的索误差较大。

(3) 模仿导线法描述平面曲线的方法，采用空间导线点坐标、导线处的平弯和竖弯半径等信息直接描述空间曲线，这种方法从概念上来说是最精确的，但在计算点坐标及程序内部处理同时具有平弯和竖弯的曲线段时有较大的困难。

2. 预应力等效荷载计算

将预应力钢筋的线形转化为空间折线求得有效预应力后，可以将有效预应力对结构的作用等效为单元若干等分点上的集中荷载，每个等分点上的等效荷载包括三个集中力和三个集中力矩，最后将等效荷载作用在结构上就可求出预应力效应。

三、混凝土徐变收缩产生的次内力

(一) 混凝土徐变产生的次内力

预应力混凝土连续梁因混凝土徐变收缩变形，结构受多余约束而导致结构产生次内力，称为徐变收缩次内力。混凝土在荷载作用下的变形分为：弹性变形、徐变变形及收缩变形，其中弹性变形与荷载有关、徐变变形与荷载和时间有关、收缩变形仅与时间有关。

一般认为，当持续荷载应力不大时，徐变变形表现出与初始弹性变形成比例的线性关系。在整个使用荷载应力范围内引入徐变比例系数 ϕ，简称为徐变系数，即：

$$\varepsilon_c = \phi \varepsilon_e \tag{2-32}$$

当 $t \to \infty$ 时，徐变系数 ϕ 称为极限徐变系数。当混凝土的应力小于极限强度的 50% 时，可采用线性徐变理论来计算混凝土结构的徐变变形和内力。非线性理论能更准确地反映混凝土材料的徐变非线性行为，但是在实际工程中应用尚少。《桥规(2018年)》4.3.9条规定：计算混凝土徐变时，可假定徐变与混凝土应力呈线性关系。当缺乏符合当地实际条件的数据和计算方法时，徐变系数按《桥规(2018年)》附录C规定的方法计算。

1. 混凝土徐变系数的计算

《桥规(2018年)》附录C.2推荐混凝土徐变系数可按式(2-33)~式(2-39)计算：

$$\phi(t, t_0) = \phi_0 \beta_c (t - t_0) \tag{2-33}$$

$$\phi_0 = \phi_{RH} \beta(f_{cm}) \beta(t_0) \tag{2-34}$$

$$\phi_{RH} = 1 + \frac{1 - RH/RH_0}{0.46\,(h/h_0)^{\frac{1}{3}}} \tag{2-35}$$

$$\beta(f_{cm}) = \frac{5.3}{(f_{cm}/f_{cm0})^{0.5}} \tag{2-36}$$

$$\beta(t_0) = \frac{1}{0.1 + (t_0/t_1)^{0.2}} \tag{2-37}$$

$$\beta_c(t - t_0) = \left[\frac{(t - t_0)/t_1}{\beta_H + (t - t_0)/t_1}\right]^{0.3} \tag{2-38}$$

$$\beta_H = 150\left[1 + \left(1.2\frac{RH}{RH_0}\right)^{18}\right]\frac{h}{h_0} + 250 \leqslant 1\,500 \tag{2-39}$$

式中：$\phi(t, t_0)$——加载龄期为 t_0，计算考虑龄期为 t 时的混凝土徐变系数；

   t——计算考虑时刻的混凝土龄期(d)；

   t_0——加载时的混凝土龄期(d)；

   ϕ_0——名义徐变系数；

   β_c——加载后徐变随时间发展的系数；

   f_{cm}——强度等级 C25~C50 混凝土在 28d 龄期时的平均圆柱体抗压强度(MPa)，$f_{cm} = 0.8 f_{cu,k} + 8\text{MPa}$；

   RH——环境年平均相对湿度(%)；

   h——构件理论厚度(mm)，$h = 2A/u$，A 为构件截面面积，u 为构件与大气接触的周边长度；

$RH_0 = 100\%$；

$h_0 = 100\text{mm}$；

$t_1 = 1\text{d}$；

$f_{cm0} = 10\text{MPa}$。

强度等级 C25~C50 混凝土的名义徐变系数 ϕ_0，可采用式(2-34)算得的表 2-27 所列数值。

混凝土名义徐变系数 ϕ_0 表 2-27

加载龄期 (d)	40%≤RH<70%				70%≤RH<99%			
	理论厚度 h(mm)				理论厚度 h(mm)			
	100	200	300	≥600	100	200	300	≥600
3	3.90	3.50	3.31	3.03	2.83	2.65	2.56	2.44
7	3.33	3.00	2.82	2.59	2.41	2.26	2.19	2.08
14	2.92	2.62	2.48	2.27	2.12	1.99	1.92	1.83
28	2.56	2.30	2.17	1.99	1.86	1.74	1.69	1.60
60	2.21	1.99	1.88	1.72	1.61	1.51	1.46	1.39
90	2.05	1.84	1.74	1.59	1.49	1.39	1.35	1.28

注：1. 本表适用于一般硅酸盐类水泥或快硬水泥配制而成的混凝土。

  2. 本表适用于季节性变化的平均温度为 -20~+40℃。

  3. 对强度等级 C50 及以上混凝土，表列数值应乘以 $\sqrt{\dfrac{32.4}{f_{ck}}}$，式中 f_{ck} 为混凝土轴心抗压强度标准值(MPa)。

  4. 构件的实际理论厚度和加载龄期为表列中间值时，混凝土名义徐变系数按直线内插法求得。

在桥梁设计中需考虑徐变影响或计算预应力损失时,混凝土的徐变系数值可按下列步骤计算:

(1) 按式(2-39)计算 β_H,计算时式中的年平均相对湿度 RH,当在 $40\% \leqslant RH < 70\%$ 时,取 $RH = 55\%$;当在 $70\% \leqslant RH < 99\%$ 时,取 $RH = 80\%$。

(2) 根据计算徐变所考虑的龄期 t、加载龄期 t_0 及已算得的 β_H,按式(2-38)计算徐变发展系数 $\beta_c(t-t_0)$。

(3) 根据 $\beta_c(t-t_0)$ 和表 2-27 所列名义徐变系数(必要时用内插求得),按式(2-33)计算徐变系数 $\phi(t,t_0)$。当实际的加载龄期超过表 2-27 给出的 90d 时,其混凝土名义徐变系数可按 $\phi'_0 = \phi_0 \beta(t'_0) / \beta(t_0)$ 求得,式中 ϕ_0 为表 2-27 所列名义徐变系数,$\beta(t'_0)$ 和 $\beta(t_0)$ 按式(2-37)计算,其中 t_0 为表列加载龄期,t'_0 为 90d 以外计算所需的加载龄期。

掺加粉煤灰的混凝土宜通过徐变试验获得符合混凝土材料组成特点的徐变系数。当缺乏足够的试验资料时,掺加粉煤灰的混凝土的徐变系数可按式(2-40)计算:

$$\phi(t,t_0) = \phi(\alpha,t_0)\phi_0\beta_c(t-t_0) \tag{2-40}$$

式中,$\phi(\alpha,t_0)$ 为粉煤灰混凝土名义徐变修正系数,根据粉煤灰掺量 α 和加载龄期 t_0 采用表 2-28 所列值,ϕ_0、$\beta_c(t-t_0)$ 按式(2-34)和式(2-38)计算。

粉煤灰混凝土名义徐变修正系数 $\phi(\alpha,t_0)$ 表 2-28

加载龄期 t_0 (d)	掺量 α(%)		
	10	20	30
7	0.80	0.65	0.53
14	0.70	0.55	0.45
28	0.64	0.50	0.41
60	0.60	0.47	0.38
90	0.58	0.46	0.37

注:1. 掺量 α 为质量百分比。
  2. 计算时构件的粉煤灰掺量和加载龄期为表列中间值时,修正系数可按直线内插法求得。

2. 永久作用下的混凝土徐变次内力

徐变次内力的常用计算方法有:狄辛格法、扩展的狄辛格法、有效模量法及以上述理论为基础的有限元等方法。《桥规(2018年)》采用狄辛格法计算混凝土连续梁桥的徐变次内力,因此,下面着重介绍狄辛格法,其他徐变次内力计算方法可参见《预应力混凝土连续梁桥》(范立础,人民交通出版社)。

狄辛格方法计算徐变次内力采用老化理论,徐变系数变化规律采用狄辛格公式,不考虑徐变的滞后弹性效应。

现以图 2-49a)所示的连续梁为例,说明狄辛格法计算徐变次内力的基本概念和步骤,该连续梁采用逐孔施工。第一施工阶段先架设梁段 1,经若干天后再架设梁段 2,梁段 1 及梁段 2 连接后,可由静定的简支悬臂梁转换为两跨连续梁。现分析在任意 t 时刻,结构因混凝土徐变引起的次内力。令梁段 1 混凝土加载龄期为 τ_1、梁段 2 加载龄期为 $\tau_2(\tau_2 > \tau_1)$。徐变规律采用狄辛格公式:

$$\phi(t,\tau) = \phi_{k\tau}\left[1 - e^{-\beta(t-\tau)}\right]$$

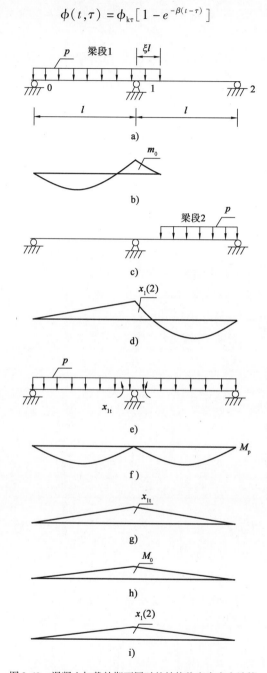

图 2-49 混凝土加载龄期不同时的结构徐变次内力计算

狄辛格方法是在时间增量 $d\tau$ 内建立增量变形协调微分方程求解结构徐变次内力。

(1) 时间增量 $d\tau$ 内结构总变形增量 $d\Delta$ 的计算。

在 $d\tau$ 时间增量内，混凝土总应变的增量 $d\varepsilon_\tau$ 为：

$$d\varepsilon_\tau = \frac{d\sigma_\tau}{E} + \frac{\sigma_\tau}{E}d\phi(t,\tau) \tag{2-41}$$

式(2-41)的物理意义是：在 dτ 时间增量内，总应变增量等于应力增量 dσ_τ 引起的弹性应变增量与应力状态 σ_τ 引起的徐变增量之和。式中 σ_τ 可分解为 τ_0 时刻的初始应力值 σ_0 与因徐变引起的变化量 $\sigma_c(\tau)$，并应用式 $\Delta_{kp} = \iint_{LF} \varepsilon(x,y)\sigma(x,y)\mathrm{d}F\mathrm{d}x$ 经积分可得：

$$\mathrm{d}\Delta_{kp} = \int_l \frac{\mathrm{d}M(t)\overline{M}_k}{EI}\mathrm{d}x + \int_l \frac{M_0\overline{M}_k}{EI}\mathrm{d}x\mathrm{d}\phi(t,\tau) + \int_l \frac{M(t)\overline{M}_k}{EI}\mathrm{d}x\mathrm{d}\phi(t,\tau) \tag{2-42}$$

式(2-42)即为时间增量 dτ 内结构总变形增量的计算公式。

(2) 增量变形协调微分方程。

取基本结构为简支梁，如图 2-49e) 所示，结构因混凝土徐变引起的次内力以支座 1 上的赘余力用 X_{1t} 表示。应用式(2-42)可建立时间增量 dτ 内，在支座 1 上的增量变形协调方程为 d$\Delta_{1p} = 0$。

应注意到，在应用式(2-42)计算此例中支座 1 上的变形增量时，式中的 $\overline{M}_k$、$M(t)$、d$M(t)$、M_0 等符号都应符合本例的相应表示。如：$\overline{M}_k$ 应表示为 $\overline{M}_1$，因为计算变形不在结构 k 点，而在结构的支座 1 的位置上，所以 $\overline{M}_1$ 为赘余力 $X_{1t} = 1$ 在基本结构上产生的弯矩；显然，$M(t) = X_{1t}\overline{M}_1$，d$M(t) = \mathrm{d}X_{1t}\overline{M}_1$；$M_0$ 为结构的初始内力，本例中即为图 2-49b)、d) 两个弯矩之和。根据叠加原理，图 2-49b)、d) 可由图 2-49f)、h) 与 i) 三个弯矩图来代替。图 2-49b) 为梁段 1 在外荷载 p 作用下的弯矩图，图 2-49d) 为梁段 2 架设后与梁段 1 连接形成连续梁时，梁段 2 上的外荷载 p 在连续梁上产生的弯矩图。此时结构处于初始时刻 τ_0，随着时间的推进，结构因徐变将产生次内力。现可表示为 $M_0 = X_{10}\overline{M}_1 + M_p$，其中 X_{10} 为支座 1 上的初始内力，本例中为 $M_0 + X_1(2)$，M_0 为梁段 1 在支座 1 上的悬臂弯矩，$X_1(2)$ 为梁段 2 与梁段 1 形成连续梁时，由梁段 2 的外载（在此，只考虑结构重力 p）引起支座 1 上的弹性弯矩；M_p 为由外荷载 p 在基本结构上产生的内力，即图 2-49f) 的弯矩图。

考虑到梁段 1、2 的加载龄期不同，计算变形增量时应分段积分，则：

$$\begin{aligned}\mathrm{d}\Delta_{1p} =\ & \mathrm{d}x_{1t}\int_0^{2l}\frac{\overline{M}_1^2\mathrm{d}x}{EI} + X_{10}\left[\int_0^{(1+\xi)l}\frac{\overline{M}_1^2\mathrm{d}x}{EI}\mathrm{d}\phi(t,\tau_1) + \int_{(1+\xi)l}^{2l}\frac{\overline{M}_1^2\mathrm{d}x}{EI}\mathrm{d}\phi(t,\tau_2)\right] + \\ & \left[\int_0^{(1+\xi)l}\frac{M_p\overline{M}_1\mathrm{d}x}{EI}\mathrm{d}\phi(t,\tau_1) + \int_{(1+\xi)l}^{2l}\frac{M_p\overline{M}_1\mathrm{d}x}{EI}\mathrm{d}\phi(t,\tau_2)\right] + \\ & X_{1t}\left[\int_0^{(1+\xi)l}\frac{\overline{M}_1^2\mathrm{d}x}{EI}\mathrm{d}\phi(t,\tau_1) + \int_{(1+\xi)l}^{2l}\frac{\overline{M}_1^2\mathrm{d}x}{EI}\mathrm{d}\phi(t,\tau_2)\right]\end{aligned} \tag{2-43}$$

应用结构力学熟知的符号系统，即 $\delta_{11} = \int\frac{\overline{M}_1^2\mathrm{d}x}{EI}$，$\delta_{1p} = \int\frac{M_p\overline{M}_1\mathrm{d}x}{EI}$，$\delta_{11}$ 称常变位或柔度系数，δ_{1p} 称载变位。代入式(2-43)，则：

$$\begin{aligned}\mathrm{d}\Delta_{1p} =\ & \mathrm{d}X_{1t}\times\delta_{11} + X_{10}\mathrm{d}\phi(t,\tau_2)\left[\delta_{11}^{(1)}\frac{\mathrm{d}\phi(t,\tau_1)}{\mathrm{d}\phi(t,\tau_2)} + \delta_{11}^{(2)}\right] + \mathrm{d}\phi(t,\tau_2) \\ & \left[\delta_{1p}^{(1)}\frac{\mathrm{d}\phi(t,\tau_1)}{\mathrm{d}\phi(t,\tau_2)} + \delta_{1p}^{(2)}\right] + X_{1t}\mathrm{d}\phi(t,\tau_2)\left[\delta_{11}^{(1)}\frac{\mathrm{d}\phi(t,\tau_1)}{\mathrm{d}\phi(t,\tau_2)} + \delta_{11}^{(2)}\right]\end{aligned} \tag{2-44}$$

式(2-44)中 $\delta_{11}^{(1)}$、$\delta_{11}^{(2)}$、$\delta_{1p}^{(1)}$、$\delta_{1p}^{(2)}$ 等符号上角标(1)、(2)的意义是：考虑梁段1、2的不同加载龄期，表示梁段1、2的积分范围。

老化理论的基本特征是，各加载龄期不同的徐变曲线，在 t' 时刻的增长率是相同的，与加载龄期无关，如图2-50a)所示，即 $\dfrac{\mathrm{d}\phi(t,\tau)}{\mathrm{d}t}=\phi_k\beta e^{-\beta t'}$。在工程实践中，各梁段的加载龄期虽不同，但加载时间历程却是相等的。图2-50b)、c)将各梁段的徐变曲线移至同一坐标原点[在此，以梁段2的 $\phi(t,\tau_2)$ 为基准]，则梁段1加载时间历程应为 $t=t'+\tau_1$，梁段2为 $t=t'$，可得：

$$\dfrac{\mathrm{d}\phi(t,\tau_1)}{\mathrm{d}\phi(t,\tau_2)}=\dfrac{\phi_i\beta e^{-\beta(t'+\tau_1)}}{\phi_k\beta e^{-\beta t'}}=e^{-\beta\tau_1} \tag{2-45}$$

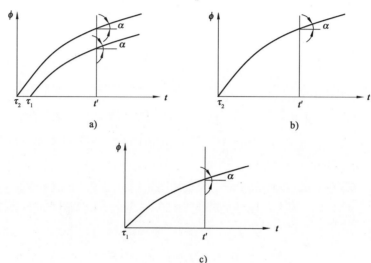

图2-50 徐变曲线间的关系(基于时间历程相等)

因而，式(2-44)中括号内的常变位与载变位计算式可表示为：

$$\left.\begin{array}{l}\delta_{11}^{*}=\delta_{11}^{(1)}e^{-\beta\tau_1}+\delta_{11}^{(2)}\\ \delta_{1p}^{*}=\delta_{1p}^{(1)}e^{-\beta\tau_1}+\delta_{1p}^{(2)}\end{array}\right\} \tag{2-46}$$

δ_{11}^{*}、δ_{1p}^{*} 区别于弹性体系上计算的常变位 δ_{11} 与载变位 δ_{1p}，称为徐变体系上的常变位与载变位。物理意义是：在计算时间增量 $\mathrm{d}\tau$ 内的徐变变形增量时，常变位与载变位反映了各梁段加载龄期不同的影响。

至此，增量变形协调的微分方程——即狄辛格方程可从式(2-44)简写为：

$$[\delta_{11}^{*}(X_{1t}+X_{10})+\delta_{1p}^{*}]\mathrm{d}\phi_t+\delta_{11}\mathrm{d}X_{1t}=0 \tag{2-47}$$

式(2-47)的解为：

$$X_{1t}=(X_1^{*}-X_{10})\left(1-e^{-\frac{\delta_{11}^{*}}{\delta_{11}}\phi_t}\right) \tag{2-48}$$

式中：X_1^{*}——结构徐变体系在支座1上的稳定力，$X_1^{*}=-\delta_{1p}^{*}/\delta_{11}^{*}$。

式(2-48)是以梁段2的加载龄期为基准计算的，因而式中的 ϕ_t 为 $\phi(t,\tau_2)$。

从式(2-48)可知，当 δ_{11}^{*} 的计算值愈小，就相当结构被"强化"了，此时结构徐变次内力愈小。因而，提高混凝土加载龄期，或在结构中增加不会徐变的构件，或增大截面的含筋率(虽然,这里讨论的出发点是不考虑此项影响,但这表示了一种可能存在的影响)等都能使结构徐变次内力减小。如果能调整结构的初始力值亦可达到同样的效果。

当结构各梁段的加载龄期相同时,则 $\delta_{11}^* = \delta_{11}$、$\delta_{1p}^* = \delta_{1p}$,徐变体系为弹性体系。此时,结构徐变次内力的解为:

$$X_{1t} = (X_1 - X_{10})(1 - e^{-\phi t}) \tag{2-49}$$

如果结构不是分段施工,而是一次落梁,则结构初始力 $X_{10} = X_1$,得 $X_{1t} = 0$。因此在支架上施工并一次落梁的结构内力即为稳定力,混凝土徐变只导致结构变形的增加,并不引起次内力。

若混凝土连续梁在施工过程中转换结构体系(如先期结构在 τ_0 时加载简支梁或其他结构体系,在 τ 时转换为后期结构的连续梁),由于混凝土徐变影响,后期结构的弯矩可按以下方法计算:

(1)在先期结构上由于结构重力产生的弯矩,经混凝土徐变重分布,在后期结构中 t 时的弯矩 M_{gt},可按式(2-50)计算:

$$M_{gt} = M_{1g} + (M_{2g} - M_{1g})\{1 - e^{-[\phi(t,\tau_0) - \phi(\tau,\tau_0)]}\} \tag{2-50}$$

式中:M_{1g}——在先期结构重力作用下,按先期结构体系计算的弯矩;

M_{2g}——在先期结构重力作用下,按后期结构体系计算的弯矩;

$\phi(t,\tau_0)$——从先期结构加载龄期 τ_0 至后期结构计算所考虑时间 t 时的徐变系数,当缺乏符合当地实际条件的数据时,可按《桥规(2018年)》附录C规定的方法计算;

$\phi(\tau,\tau_0)$——从先期结构加载龄期 τ_0 至 τ 时转换为后期结构的徐变系数。

(2)在先期结构上由预加力产生的弯矩,经过混凝土徐变重分布,在后期结构中 t 时的弯矩 M_{pt},可按式(2-51)计算:

$$\begin{cases} M_{pt} = M_{1pt} + (M'_{2pt} - M'_{1pt})\{1 - e^{-[\phi(t,\tau_0) - \phi(\tau,\tau_0)]}\} \\ M_{1pt} = M^0_{1pt} + M'_{1pt} \end{cases} \tag{2-51}$$

式中:M_{1pt}——在先期结构的预加力作用下,按先期结构体系计算的弯矩;

M^0_{1pt}——在先期结构的预加力作用下,按先期结构体系计算的主弯矩(预加力乘以偏心距);

M'_{1pt}——在先期结构的预加力作用下,按先期结构体系计算的次弯矩;当先期结构为静定体系时,M'_{1pt} 为零;

M'_{2pt}——在先期结构的预加力作用下,按后期结构体系计算的次弯矩。

若预应力混凝土连续梁在施工过程中不转换结构体系,混凝土徐变完成后,由预加力引起的总的次效应(包括弹性变形和徐变),可由预加应力时引起的弹性变形次效应乘以预应力钢筋张拉力的平均有效系数 C 求得。平均有效系数按式(2-52)计算:

$$C = P_e/P_i \tag{2-52}$$

式中:P_e——预应力损失全部完成后,预应力钢筋平均张拉力;

P_i——预应力瞬时(第一批)损失完成后,预应力钢筋平均张拉力。

预应力混凝土连续梁桥在结构重力及预加力作用下,考虑混凝土徐变影响,结构任意截面

的最终弯矩为:

$$M_t = M_{gt} + M_{pt} = M_{1g} + X_{1gt}\overline{M}_1 + M_{1p} + X_{1pt}\overline{M}_1 C \tag{2-53}$$

式中:M_t——连续梁徐变完成后的最终弯矩;

M_{1g}、M_{1p}——结构重力、预加力在先期结构上产生的初弯矩;

X_{1gt}、X_{1pt}——结构重力、预加力在后期结构上引起的徐变次内力;

$\overline{M}_1$——赘余力 $X_{1t} = 1$ 在基本结构上引起的内力。

(二)混凝土收缩引起的次内力

混凝土结构构件的收缩并不是因外力产生,而是因结构材料自身特性而引起,是不依赖于荷载而仅与时间有关的一种变形。混凝土收缩应变 $\varepsilon_s(t)$ 是随时间变化的,增长速度受空气温度及湿度等条件的影响。收缩方向是三维的,但在桥梁结构分析中主要考虑收缩沿顺桥向方向的变形量。对于连续梁桥结构,一般只计算结构的收缩位移量,但对于墩梁固结的连续刚构体系桥梁,则必须考虑因收缩引起的结构次内力。

(1)根据《桥规(2018年)》附录C,混凝土的收缩应变可按式(2-54)~式(2-58)计算:

$$\varepsilon_{cs}(t,t_s) = \varepsilon_{cs0}\beta_s(t-t_s) \tag{2-54}$$

$$\varepsilon_{cs0} = \varepsilon_s(f_{cm})\beta_{RH} \tag{2-55}$$

$$\varepsilon_s(f_{cm}) = [160 + 10\beta_{sc}(9 - f_{cm}/f_{cm0})] \times 10^{-6} \tag{2-56}$$

$$\beta_{RH} = 1.55[1 - (RH/RH_0)^3] \tag{2-57}$$

$$\beta_s(t-t_s) = \left[\frac{(t-t_s)/t_1}{350(h/h_0)^2 + (t-t_s)/t_1}\right]^{0.5} \tag{2-58}$$

式中:$\varepsilon_{cs}(t,t_s)$——收缩开始时的龄期为 t_s,计算考虑的龄期为 t 时的收缩应变;

t_s——收缩开始时的混凝土龄期(d),可假定为 3~7d;

ε_{cs0}——名义收缩系数;

β_s——收缩随时间发展的系数;

$f_{cu,k}$——龄期为28d,具有95%保证率的混凝土立方体抗压强度标准值(MPa);

β_{RH}——与年平均相对湿度相关的系数,式(2-57)适用于 40%≤RH<99%;

β_{sc}——依水泥种类而定的系数,对一般的硅酸盐水泥或快硬水泥,$\beta_{sc} = 5.0$;

式中其余符号的意义及其采用值与计算徐变系数公式相同。

(2)强度等级 C25~C50 混凝土的名义收缩系数 ε_{cs0},可采用按式(2-55)计算得到的表 2-29 所列数值。

混凝土名义收缩系数 ε_{cs0}(×10^{-3})   表 2-29

40%≤RH<70%	70%≤RH<99%
0.529	0.310

注:1. 本表适用于一般硅酸盐水泥或快硬水泥配置而成的混凝土。

2. 本表适用于季节性变化的平均温度为 -20~+40℃。

3. 对强度等级 C50 及以上混凝土,表列数值应乘以 $\sqrt{\frac{32.4}{f_{ck}}}$,式中 f_{ck} 为混凝土轴心抗压强度标准值(MPa)。

(3)在桥梁设计中当需考虑收缩影响或计算阶段预应力损失时,混凝土收缩应变值可按下列步骤计算:

①按式(2-58)计算从 t_s 到 t、t_s 到 t_0 的收缩应变发展系数 $\beta_s(t-t_s)$、$\beta_s(t_0-t_s)$,当计算 $\beta_s(t_0-t_s)$ 时,式中的 t 均改用 t_0。其中,t 为计算收缩应变考虑时刻的混凝土龄期(d)、t_0 为桥梁结构开始受收缩影响时刻或预应力钢筋传力锚固时刻的混凝土龄期(d)、t_s 为收缩开始时(养生期结束时)的混凝土龄期,设计时可取 3~7d,$t > t_0 \geq t_s$。

②按式(2-59)计算自 t_0 至 t 时的收缩应变值 $\varepsilon_{cs}(t,t_0)$:

$$\varepsilon_{cs}(t,t_0) = \varepsilon_{cso}[\beta_s(t-t_s) - \beta_s(t_0-t_s)] \tag{2-59}$$

式(2-59)中的名义收缩系数 ε_{cso} 按表 2-29 采用。

一次浇筑成型的预应力混凝土连续梁桥可自由收缩,因此收缩仅使结构发生变形,但不产生次内力。收缩变形为:

$$\Delta_{cs,t} = \varepsilon_{cs,t} l \tag{2-60}$$

$$d\Delta_{cs,t} = d\varepsilon l \tag{2-61}$$

式中:$\Delta_{cs,t}$——连续梁 t 时刻的收缩变形;

$\varepsilon_{cs,t}$——梁在 t 时刻的收缩应变;

l——桥长。

预应力混凝土连续梁桥在成桥过程中,如果沿梁高的混凝土有明显的浇筑龄期差(比如在预制 I 形连续梁上现浇桥面板),则必须计入混凝土收缩差产生的次内力。

四、温度作用产生的次内力

(一)温度作用对连续梁桥的影响

与其他物体一样,热胀冷缩也是桥梁结构的固有属性之一。桥梁是置于大气环境的结构,温度毫不例外地对桥梁结构产生影响。温度影响包括年温差影响与局部温差影响。

年温差影响指气温随季节发生周期性变化对结构所起的作用,一般假定温度沿结构截面高度方向均匀变化。对无水平约束的连续梁桥,年温差只引起结构的均匀伸缩,并不产生温度次内力。

局部温差一般指日照温差或混凝土水化热影响。水化热影响较为复杂,且在施工中可采用温度控制予以调节,因此桥梁温度应力计算一般不包括此项。日照因辐射强度、桥梁方位、日照时间、地理位置、地形地貌等因素影响,使桥面与结构内部因对流和热传导方式形成不均匀分布,即形成结构的温度场。显然,温度场的确定是计算结构温度作用效应的关键。

桥梁设计中通常分温度沿梁高线性变化和非线性变化两大类。其中线性变化如图 2-51a)所示。在线性变化情况下,梁式结构将产生挠曲变形,且梁在变形后仍然服从平截面假定。因此,在静定梁式结构中,线性变化的温度梯度只引起结构的位移而不产生温度次内力;而在连续梁结构中,不但引起结构的位移,且因多余约束的存在,从而产生结构温度次内力,如图 2-52 所示。但需强调指出:线性温度梯度作用下,梁在挠曲变形时与平截面假定一致,纵向纤维几乎不受约束,因而温度自应力很小,可忽略不计。而非线性变化,除图 2-51a)以外,都属于非线性温度梯度形式。在非线性温度梯度作用下,即使是静定梁式结构,在挠曲变形时,因梁服从平截面假定,导致截面上的纵向纤维因温差的伸缩将受到约束,从而产生纵向约束应力。这种在截面上自相平衡的约束应力称为温度自应力 σ_s^0。在超静定梁式结构中，除了温度自应力 σ_s^0 外，还应考虑多余约束阻止结构挠曲产生的温度次内力引起的温度次应力 σ'_s。总的温度应力为 $\sigma_t = \sigma_s^0 + \sigma'_s$。

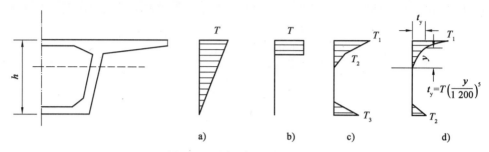

图 2-51 不同形式的温度梯度分布

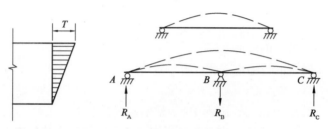

图 2-52 线性温度梯度对连续梁的影响

温度应力对预应力混凝土桥梁的危害在近年来越来越受到重视。理论分析和实验研究均已证明，在大跨预应力混凝土箱形梁桥中，特别是超静定结构体系（例如连续梁中，温度应力可以达到甚至超过活载应力），温度应力已被认为是预应力混凝土桥梁产生裂缝的主要因素。

(二) 基本结构的温度自应力

前文提到，当采用非线性温度梯度时，即使是静定的简支梁桥中也产生温度自应力。对于连续梁桥，基本结构为静定结构，因而亦存在温度自应力。

设温度梯度沿梁高按任意曲线 $t(y)$ 分布，如图 2-53 所示，取一单元梁段，当纵向纤维之间不受约束，能自由伸缩时，沿梁高各点的自由应变为：

$$\varepsilon_t(y) = \alpha_c t(y) \tag{2-62}$$

式中：α_c——混凝土线膨胀系数。

因梁截面应变应符合平面假定，所以梁截面上的最终应变 $\varepsilon_f(y)$ 应为直线分布，如图 2-53c) 所示，即

$$\varepsilon_f(y) = \varepsilon_0 + \phi y \tag{2-63}$$

式中：ε_0——沿梁高 $y = 0$ 处的变形值；

ϕ——单元梁段挠曲变形后的曲率。

图 2-53d) 中阴影部分为自应变，由纵向纤维之间的约束产生，其值为：

$$\varepsilon_\sigma(y) = \varepsilon_t(y) - \varepsilon_f(y) = \alpha_c t(y) - (\varepsilon_0 + \phi y) \tag{2-64}$$

由 $\varepsilon_\sigma(y)$ 产生的应力称为温度自应力，其值为：

$$\sigma_s^0(y) = E_c \varepsilon_\sigma(y) = E_c [\alpha_c t(y) - (\varepsilon_0 + \phi y)] \tag{2-65}$$

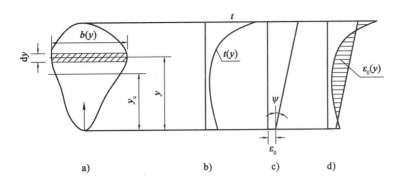

图 2-53　温度自应力计算图式
a)截面；b)温度梯度；c)平面变形；d)自应力应变

由于在单元梁段上无外荷载作用，因此自应力在截面上是自平衡状态的应力，可利用全截面上应力总和为零和对截面重心轴的力矩为零的条件，求出 ε_0 与 ϕ 值。

$$\left.\begin{aligned}N &= E_c \int_h \varepsilon_\sigma(y)b(y)\mathrm{d}y = E_c\int_h[\alpha_c t(y) - (\varepsilon_0 + \phi y)]b(y)\mathrm{d}y \\ &= E_c[\alpha_c\int_h t(y)b(y)\mathrm{d}y - \varepsilon_0 A - S\phi] = 0 \\ M &= E_c\int_h \varepsilon_\sigma(y)b(y)(y-y_c)\mathrm{d}y = E_c\int_h[\alpha_c t(y) - (\varepsilon_0 + \phi y)] \\ &\quad b(y)(y-y_c)\mathrm{d}y = E_c[\alpha_c\int_h t(y)b(y)(y-y_c)\mathrm{d}y - \phi I_g] = 0\end{aligned}\right\} \quad (2\text{-}66)$$

式中：A——截面面积，$A = \int_h b(y)\mathrm{d}y$；

S——截面面积对重心轴的静距，$S = \int_h yb(y)\mathrm{d}y = Ay_c$；

I_g——截面面积对重心轴的惯性矩，$I_g = \int_h b(y)y(y-y_c)\mathrm{d}y$；

E_c——混凝土材料弹性模量；

$b(y)$——y 处的梁宽。

从式(2-66)可解得

$$\left.\begin{aligned}\varepsilon_0 &= \frac{\alpha_c}{A}\int_h t(y)b(y)\mathrm{d}y - \phi y_c \\ \phi &= \frac{\alpha_c}{I_g}\int_h t(y)b(y)(y-y_c)\mathrm{d}y\end{aligned}\right\} \quad (2\text{-}67)$$

将 ε_0 与 ϕ 代入式(2-65)，即可求得温度自应力 $\sigma_s^0(y)$。

(三) 连续梁温度次内力与温度次应力

在式(2-67)中，ϕ 值表示在非线性温度梯度变化时，单元梁段产生的挠曲变形的曲率。在连续梁中，这种挠曲变形会引起次内力，可用力法求解，亦可采用有限元法求解。

现以两跨连续梁为例，取简支梁为基本结构，可列出力法方程为：

$$\delta_{11}\phi_{1T} + \Delta_{1T} = 0 \tag{2-68}$$

式中：δ_{11}——$\phi_{1T} = 1$ 时在赘余力方向上引起的变形；

Δ_{1T}——温度变化在赘余力方向上引起的变形，如图 2-54 中所示，为中间支座上截面的相对转角。

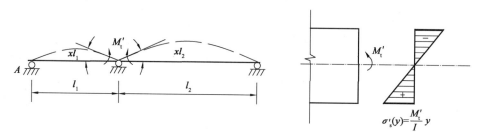

图 2-54　连续梁在温度梯度作用下的挠曲变形

$\Delta_{1T} = \phi l_1 + \phi l_2 = \phi(l_1 + l_2)$，代入式(2-68)，即解得温度次内力 ϕ_{1T}，梁上作用的温度次力矩为 $M'_t = \phi_{11}M_1$。

温度次应力为：

$$\sigma'_s = \frac{M'_t y}{I} \tag{2-69}$$

综合考虑温度自应力和温度次应力，可得连续梁总的温度应力为：

$$\sigma_s(y) = E_c[\alpha_c t(y) - (\varepsilon_0 + \phi y)] + \frac{M'_t}{I}y \tag{2-70}$$

从以上分析可知：温度梯度曲线与温度次内力的计算有很大的关系。如果温度梯度曲线选用不当，即使增大温度设计值，亦不能保证结构的抗裂性。这是由于温度自应力会导致在任意截面上的温度应力达到一定数值，有可能增加腹板的主拉应力，恶化斜截面的抗裂性。因此，今后应进一步通过大量的研究与分析，探寻符合我国实际情况的温度梯度曲线。

（四）我国公路桥梁设计规范温度应力计算公式

对于图 2-53，设在坐标 y 处，截面内厚度为 i 的微小单元面积 A_y 处的温度梯度为 t_y，以 t_y 为常值代入式(2-67)，并注意积分区段仅在 i 厚度范围内有值。因此：$\int_h b(y)\mathrm{d}y = \phi\int_h b(y)\mathrm{d}y = A_y$，$t(y) = t_y$，$y - y_c = e_y$（单元面积 A_y 对全面积重心的偏心距）。

$$\phi = \frac{\alpha_c}{I_g}\int_h t(y)b(y)(y-y_c)\mathrm{d}y = \frac{\alpha_c}{I_g}\int_i t(y)b(y)(y-y_c)\mathrm{d}y = \frac{\alpha_c t_y A_y e_y}{I_g}$$

$$\varepsilon_0 = \frac{\alpha_c}{A}\int_h t(y)b(y)\mathrm{d}y - \phi y_c = \frac{\alpha_c}{A}\int_i t(y)b(y)\mathrm{d}y - \phi y_c = \frac{\alpha_c t_y A_y}{A} - \frac{\alpha_c t_y A_y e_y y_c}{I_g}$$

将这里的 ϕ 及 ε_0 代入式(2-65)，即可求得任意点温度自应力 $\sigma_s^0(y)$：

$$\sigma_s^0(y) = E_c[\alpha_c t(y) - (\varepsilon_0 + \phi y)]$$

$$= E_c\alpha_c t_y - \frac{E_c\alpha_c t_y A_y}{A} + \frac{E_c\alpha_c t_y A_y e_y y_c}{I_g} - \frac{E_c\alpha_c t_y A_y e_y y}{I_g} \tag{2-71}$$

令：

$$N_{ti} = A_y t_y \alpha_c E_c, \quad M_{ti} = -N_{ti} e_y = -A_y t_y \alpha_c E_c e_y$$

则式(2-71)可表达为：

$$\sigma_s^0(y) = -\frac{N_{ti}}{A} + \frac{M_{ti}}{I_g}(y - y_c) + t_y \alpha_c E_c \quad (2-72)$$

式(2-72)是由于一个单元面积 A_y 内的温度作用，在截面任何一点产生的应力，该式适用于正温差；如为反温差，则整个公式前冠以负号。

对于分为很多块单元面积上不同 t_y 的作用，应用分段总和法可得截面总的温度自应力 $\sigma_t^0(y)$ 为：

$$\sigma_t^0(y) = -\frac{N_t}{A_0} + \frac{M_t^0}{I_0}y + t_y \alpha_c E_c \quad (2-73)$$

式中：A_0、I_0——换算截面面积和惯性矩；
  y——计算应力点至换算截面重心轴的距离，重心轴以上取正值，以下取负值。

式(2-73)中，N_t 相当于式(2-72)中 N_{ti} 的总和；M_t^0 相当于 M_{ti} 的总和；I_0 相当于 I_g；y 相当于 $(y - y_c)$。

连续梁在梯度温度作用下的温度应力 σ_t，除考虑温度自应力外，还应计入温度作用次弯矩 M_t' 产生的应力（即温度次应力），此时式(2-73)中弯矩 M_t^0 应该以 $M_t = M_t^0 + M_t'$ 代之，即：

$$\sigma_t = -\frac{N_t}{A_0} + \frac{M_t^0 + M_t'}{I_0}y + t_y \alpha_c E_c \quad (2-74)$$

式(2-74)即为《桥规(2018年)》附录D的温度应力计算公式，该式对于开裂截面，如钢筋混凝土构件或允许开裂的预应力混凝土B类构件，在计算温度作用效应时，可不考虑中性轴以下开裂截面的温度梯度，计算温度应力时采用开裂截面的重心轴、换算截面面积和惯性矩。

五、基础变位作用产生的次内力

基础变位包括墩台沉降和支座强迫位移。连续梁桥为超静定结构，当墩台发生不均匀沉降或支座受到强迫位移时，会对结构内力产生影响，这种由于墩台沉降或支座强迫位移所引起的结构内力称为基础变位次内力。墩台不均匀沉降理论上可以通过各个墩台的沉降计算确定，但是墩台的沉降量是很难预测的，一般是随时间递增，经过相当长的时间后，接近沉降终极值。在桥梁设计中，基础变位工况的选取是应当慎重考虑的问题，一般应综合考虑桥址处的地质、水文等情况，根据设计者的经验来假定一个不均匀沉降的预测值，有时需选取几种沉降工况，这样就存在工况组合问题。目前，桥梁专业有限元软件都可计算每个截面最不利的工况内力值，作为基础变位次内力。

（一）墩台沉降的预测

预应力混凝土连续梁桥墩台沉降与地基土的物理力学性能有关，一般规律是随时间递增，经过相当长的时间，沉降接近终值。为了简化计算，假定沉降变化规律类似于徐变变化规律，基本表达式为：

$$\Delta_d(t) = \frac{\Delta_d(\infty)\phi(t,\tau)}{\phi(\infty,\tau)} \quad (2-75)$$

式中：$\Delta_d(t)$——t 时刻的墩台沉降值；

$\Delta_d(\infty)$——$t = \infty$ 时的墩台基础沉降值。

考虑地基土的性质,将式(2-75)改写为:

$$\Delta_d(t) = \Delta_d(\infty)[1 - e^{-p(t-\tau)}] \tag{2-76}$$

式中:p——墩台沉降增长速度。p 值可根据实桥地基土的实验资料确定,一般地:砂质或砂质土,接近瞬时沉降,$p = 36$;亚砂土或亚砂黏土,$p = 14 \sim 4$;黏土,$p = 1$。

(二)基础变位次内力计算

1. 矩阵位移法

结构的位移法平衡方程为:

$$\begin{bmatrix} k_{11} & k_{12} & \cdots & k_{1i} & \cdots & k_{1n} \\ k_{21} & k_{22} & \cdots & k_{2i} & \cdots & k_{2n} \\ \vdots & \vdots & & \vdots & & \vdots \\ k_{i1} & k_{i2} & \cdots & k_{ii} & \cdots & k_{in} \\ \vdots & \vdots & & \vdots & & \vdots \\ k_{n1} & k_{n2} & \cdots & k_{ni} & \cdots & k_{nn} \end{bmatrix} \begin{Bmatrix} \Delta_1 \\ \Delta_2 \\ \vdots \\ \Delta_i \\ \vdots \\ \Delta_n \end{Bmatrix} = \begin{Bmatrix} P_1 \\ P_2 \\ \vdots \\ P_i \\ \vdots \\ P_n \end{Bmatrix} \tag{2-77}$$

已知 $\Delta_i = b$。设想另一种状态:除 $\overline{\Delta_i} = -b$ 外,其余各节点均被固定。这时节点位移列阵为:

$$\overline{\boldsymbol{\delta}} = \{0 \quad 0 \quad \cdots \quad -b \quad \cdots \quad 0\}^T \tag{2-78}$$

节点的荷载列阵为:

$$\overline{\boldsymbol{P}} = \boldsymbol{K}\overline{\boldsymbol{\delta}} = \{-k_{1i}b \quad -k_{2i}b \quad \cdots \quad -k_{ni}b\}^T \tag{2-79}$$

把这种状态叠加到原来的结构上,得到新的节点平衡方程为:

$$\boldsymbol{K}(\boldsymbol{\delta} + \overline{\boldsymbol{\delta}}) = \boldsymbol{P} + \overline{\boldsymbol{P}} \tag{2-80}$$

此时为了实现 $\overline{\boldsymbol{P}} = \boldsymbol{K}\overline{\boldsymbol{\delta}} = \{-k_{1i}b \quad -k_{2i}b \quad \cdots \quad -k_{ni}b\}^T$,电算程序中做如下处理:

(1)在刚度矩阵 $\boldsymbol{K}$ 中,与 Δ_i 对应的其他行和列均改为零,只保留对角线上的系数 k_{ii}。

(2)在荷载列阵中,与 Δ_i 对应的荷载改为 $P_i = k_{ii}b$,其余都改成 $\boldsymbol{P} + \overline{\boldsymbol{P}}$ 中相应的各项,即 $\boldsymbol{P}_i = \{P_1 - k_{1i}b \quad P_2 - k_{2i}b \quad \cdots \quad k_{ii}b \quad \cdots \quad P_n - k_{ni}b\}^T$。

则平衡方程为:

$$\begin{bmatrix} k_{11} & k_{12} & \cdots & 0 & \cdots & k_{1n} \\ k_{21} & k_{22} & \cdots & 0 & \cdots & k_{2n} \\ \vdots & \vdots & & \vdots & & \vdots \\ 0 & 0 & \cdots & k_{ii} & \cdots & 0 \\ \vdots & \vdots & & \vdots & & \vdots \\ k_{n1} & k_{n2} & \cdots & 0 & \cdots & k_{nn} \end{bmatrix} \begin{Bmatrix} \Delta_1 \\ \Delta_2 \\ \vdots \\ \Delta_i \\ \vdots \\ \Delta_n \end{Bmatrix} = \begin{Bmatrix} P_1 - k_{1i}b \\ P_2 - k_{2i}b \\ \vdots \\ k_{ii}b \\ \vdots \\ P_n - k_{ni}b \end{Bmatrix} \tag{2-81}$$

解式(2-81)即可求得次内力。

为了进一步简化,可采用以下计算方法:

(1)把与 Δ_i 对应的对角线上的刚度系数 k_{ii},换为一个极大的数,例如可换成 $k_{ii} \times 10^{10}$,即

$$k_{ii} \to k_{ii} \times 10^{10}$$

(2)把与 Δ_i 对应的节点荷载项换成 $k_{ii} \times 10^{10} b$，即

$$P_i \to k_{ii} \times 10^{10} b$$

将上述简化方法变换组成的平衡方程中第 i 个方程的左、右两边同时除以 10^{10}，那么方程左边除 $k_{ii}b$ 外，其余各项均接近于零。因此按上式求解，给出的 Δ_i 十分接近于 b，即

$$\Delta_i \approx b \tag{2-82}$$

以上两种处理方法，适应于各种矩阵求解方法。特别是第二种方法，在程序设计上十分方便。值得注意，进行支座位移计算后，原结构刚度矩阵已破坏，不能进行多组作用的计算。若要计算其他作用下的效应，应重新组建结构刚度，这样编制程序时结构刚度没有连续性，所以电算程序中很少采用。

2. 等效节点力法

将支座位移转化成等效节点力的方法求解，是较常用的办法。计算步骤为：
(1)分别求出与支座位移相关单元的等效节点力；
(2)将各单元的等效节点力装配成荷载向量。即在本章第三节结构有限元计算步骤(5)中，将等效节点力装配荷载向量 P，然后按有限元计算的其他步骤即可求解。

第七节 作用组合及其效应设计值

一、作用组合

由本章第四节可知，桥梁结构通常同时承受多种作用。《通规(2015年)》4.1.4 条要求公路桥梁结构设计应考虑可能同时出现的多种作用，分别按承载能力极限状态和正常使用极限状态进行组合，具体组合原则为：

(1)只有在结构上可能同时出现的作用，才能进行组合。
(2)当某个可变作用对结构或构件产生有利影响时，该作用不应参与组合。实际不可能同时出现的作用或出现概率很小的作用，按表 2-30 规定不参与组合。

可变作用不同时组合表　　　　　　　　表 2-30

作用名称	不与该作用同时参与组合的作用名称
汽车制动力	流水压力、冰压力、波浪力、支座摩阻力
流水压力	汽车制动力、冰压力、波浪力
波浪力	汽车制动力、流水压力、冰压力
冰压力	汽车制动力、流水压力、波浪力
支座摩阻力	汽车制动力

(3)施工阶段的作用组合，应按计算需要及结构所处条件而定，结构上的施工人员和施工机具设备应作为可变作用加以考虑。对于组合式桥梁，当把底梁作为施工支撑时，作用组合效应宜分两个阶段计算，底梁受荷为第一个阶段，组合梁受荷为第二个阶段。

(4)多个偶然作用不同时参与组合。

(5)地震作用不与偶然作用同时参与组合。

需要特别说明,上述组合原则仅仅明确了作用组合的总体方式,很显然,组合结果是多种多样的。进行桥梁结构设计时,无论是承载能力极限状态还是正常使用极限状态,应在所有可能的作用组合中,取最不利作用组合的效应进行设计。

以下将根据《通规(2015年)》规定给出具体的作用组合方式,尤其是与作用组合方式相匹配的效应设计值计算方法。

二、作用组合的效应设计值

(一)承载能力极限状态

《通规(2015年)》4.1.5条规定,公路桥涵结构按承载能力极限状态设计时,对于持久设计状况和短暂设计状况应采用作用的基本组合,对于偶然设计状况应采用作用的偶然组合,对于地震设计状况应采用作用的地震组合。

1.作用的基本组合

1)组合方式

组合方式为:永久作用设计值与可变作用设计值相组合。

这里特别强调,直接用于结构计算与验算的并非作用组合的结果,而是与该组合方式相匹配的效应设计值。

2)作用基本组合的效应设计值

作用基本组合的效应设计值按式(2-83)或式(2-84)计算:

$$S_{ud} = \gamma_0 S(\sum_{i=1}^{m}\gamma_{G_i}G_{ik}, \gamma_{Q1}\gamma_L Q_{1k}, \psi_c \sum_{j=2}^{n}\gamma_{Lj}\gamma_{Qj}Q_{jk}) \tag{2-83}$$

$$S_{ud} = \gamma_0 S(\sum_{i=1}^{m} G_{id}, Q_{1d}, \sum_{j=2}^{n} Q_{jd}) \tag{2-84}$$

式中:S_{ud}——承载能力极限状态下作用基本组合的效应设计值;

$S(\cdot)$——作用组合的效应函数;

γ_0——结构重要性系数,按表2-31规定的结构设计安全等级采用,当按持久状况和短暂状况承载能力极限状态设计时,公路桥涵结构设计安全等级应不低于表2-31的规定,对应于设计安全等级一级、二级和三级分别取1.1、1.0和0.9;

γ_{G_i}——第i个永久作用的分项系数,见表2-26;

G_{ik}、G_{id}——第i个永久作用的标准值和设计值;

γ_{Q1}——汽车荷载(含汽车冲击力、离心力)的分项系数,见表2-26。当某个可变作用在组合中其效应值超过汽车荷载效应时,则该作用取代汽车荷载,其分项系数应采用车道荷载的分项系数;对专为承受某种作用而设置的结构或装置,设计时该作用的分项系数与车道荷载取同值;计算人行道板和人行道栏杆的局部荷载,其分项系数也与车道荷载取同值;

γ_L——汽车荷载的结构设计使用年限荷载调整系数,取值方法与γ_{Lj}相同;

Q_{1k}、Q_{1d}——汽车荷载(含汽车冲击力、离心力)的标准值和设计值;

γ_{Qj}——在作用组合中除汽车荷载(含汽车冲击力、离心力)、风荷载外的其他第 j 个可变作用的分项系数,见表 2-26;

Q_{jk}、Q_{jd}——在作用组合中除汽车荷载(含汽车冲击力、离心力)外的其他第 j 个可变作用的标准值和设计值;

ψ_c——在作用组合中除汽车荷载(含汽车冲击力、离心力)外的其他可变作用的组合值系数,取 $\psi_c=0.75$;

Q_{jk}——在作用组合中除汽车荷载(含汽车冲击力、离心力)外的第 j 个可变作用的组合值;

γ_{Lj}——第 j 个可变作用的结构设计使用年限荷载调整系数。公路桥梁结构的设计使用年限按现行《公路工程技术标准》(JTG B01)取值时,可变作用的设计使用年限荷载调整系数 $\gamma_{Lj}=1.0$;否则,γ_{Lj} 取值应通过专题研究确定。

公路桥涵设计安全等级 表 2-31

设计安全等级	破坏后果	适用对象
一级	很严重	(1)各等级公路上的特大桥、大桥、中桥; (2)高速公路、一级公路、二级公路、国防公路及城市附近交通繁忙公路上的小桥
二级	严重	(1)三级、四级公路上的小桥; (2)高速公路、一级公路、二级公路、国防公路及城市附近交通繁忙公路上的涵洞
三级	不严重	三级、四级公路上的涵洞

当作用与作用效应为线性关系时,作用基本组合的效应设计值 S_{ud} 可通过作用效应代数相加计算。

设计弯桥时,若离心力与制动力同时参与组合,制动力标准值或设计值按 70% 取用。

2. 作用的偶然组合

1)组合方式

组合方式为:永久作用标准值与可变作用某种代表值、一种偶然作用设计值相组合;与偶然作用同时出现的可变作用,可根据观测资料和工程经验取用频遇值或准永久值。

2)作用偶然组合的效应设计值

作用偶然组合的效应设计值按式(2-85)计算:

$$S_{ad} = S[\sum_{i=1}^{m} G_{ik}, A_d, (\psi_{f1} \text{或} \psi_{q1})Q_{lk}, \sum_{j=2}^{n} \psi_{qj}Q_{jk}] \tag{2-85}$$

式中: S_{ad}——承载能力极限状态下作用偶然组合的效应设计值;

A_d——偶然作用的设计值;

ψ_{f1}——汽车荷载(含汽车冲击力、离心力)的频遇值系数,取 $\psi_{f1}=0.7$;当某个可变作用在组合中其效应值超过汽车荷载效应时,则该作用取代汽车荷载,人群荷载 $\psi_f=1.0$,风荷载 $\psi_f=0.75$,温度梯度作用 $\psi_f=0.8$,其他作用 $\psi_f=1.0$;

$\psi_{f1}Q_{lk}$——汽车荷载的频遇值;

ψ_{q1}、ψ_{qj}——第 1 个和第 j 个可变作用的准永久值系数,汽车荷载(含汽车冲击力、离心力)$\psi_q=0.4$,人群荷载 $\psi_q=0.4$,风荷载 $\psi_q=0.75$,温度梯度作用 $\psi_q=0.8$,其他作用 $\psi_q=1.0$;

$\psi_{q1}Q_{1k}$、$\psi_{qj}Q_{jk}$——第 1 个和第 j 个可变作用的准永久值。

当作用与作用的效应为线性关系时,作用偶然组合的效应设计值 S_{ad} 可通过作用效应代数相加计算。

3. 作用的地震组合

作用地震组合的效应设计值按现行《公路工程抗震规范》(JTG B02)有关规定计算。

(二)正常使用极限状态

《通规(2015 年)》4.1.6 条规定,公路桥涵结构按正常使用极限状态设计时,应根据不同的设计要求,采用作用的频遇组合或准永久组合。

1. 作用的频遇组合

1)组合方式

组合方式为:永久作用标准值与汽车荷载频遇值、其他可变作用准永久值相组合。

2)作用频遇组合的效应设计值

作用频遇组合的效应设计值按式(2-86)计算:

$$S_{fd} = S\left(\sum_{i=1}^{m} G_{ik}, \psi_{f1}Q_{1k}, \sum_{j=2}^{n}\psi_{qj}Q_{jk}\right) \quad (2\text{-}86)$$

式中:S_{fd}——作用频遇组合的效应设计值;

ψ_{f1}——汽车荷载(不计汽车冲击力)频遇值系数,取 0.7。

当作用与作用的效应为线性关系时,作用频遇组合的效应设计值 S_{fd} 可通过作用效应代数相加计算。

2. 作用的准永久组合

1)组合方式

组合方式为:永久作用标准值与可变作用准永久值相组合。

2)作用准永久组合的效应设计值

作用准永久组合的效应设计值按式(2-87)计算:

$$S_{qd} = S\left(\sum_{i=1}^{m} G_{ik}, \sum_{j=1}^{n}\psi_{qj}Q_{jk}\right) \quad (2\text{-}87)$$

式中:S_{qd}——作用准永久组合的效应设计值;

ψ_{qj}——汽车荷载(不计汽车冲击力)准永久值系数,取 0.4。

当作用与作用的效应为线性关系时,作用准永久组合的效应设计值 S_{qd} 可通过作用效应代数相加计算。

(三)预应力混凝土连续梁桥作用组合的效应设计值

为了方便应用,现根据《通规(2015 年)》4.1.5 和 4.1.6 条的规定,专门针对预应力混凝土连续梁桥的作用种类,给出持久状况承载能力极限状态和正常使用极限状态设计所必需的各类作用组合的效应设计值计算表达式。

1. 持久状况承载能力极限状态

1）作用基本组合的效应设计值

(1) 考虑人群荷载。

当采用车道荷载时,作用基本组合的效应设计值表达式为:

$$S_{ud} = \gamma_0 S[1.2 \times 结构重力, 1.2 \times 预应力, 1.0 \times 收缩及徐变作用, 0.5 \times 基础变位作用, 1.4 \times 车道荷载, 1.05 \times 正(负)温度梯度作用, 1.05 \times 人群荷载] \quad (2-88)$$

需要说明:式(2-88)中的前5项均为各作用的分项系数,取自表2-26;后两项根据温度梯度作用及人群荷载的分项系数均为 $\gamma_{Qj} = 1.4$,温度梯度作用及人群荷载的组合值系数均为 $\psi_c = 0.75, \psi_c \gamma_{Qj} = 0.75 \times 1.4 = 1.05$ 计算而得。

当采用车辆荷载时,作用基本组合的效应设计值表达式为:

$$S_{ud} = \gamma_0 S[1.2 \times 结构重力, 1.2 \times 预应力, 1.0 \times 收缩及徐变作用, 0.5 \times 基础变位作用, 1.8 \times 车辆荷载, 1.05 \times 正(负)温度梯度作用, 1.05 \times 人群荷载] \quad (2-89)$$

(2) 不考虑人群荷载。

当采用车道荷载时,作用基本组合的效应设计值表达式为:

$$S_{ud} = \gamma_0 S[1.2 \times 结构重力, 1.2 \times 预应力, 1.0 \times 收缩及徐变作用, 0.5 \times 基础变位作用, 1.4 \times 车道荷载, 1.05 \times 正(负)温度梯度作用] \quad (2-90)$$

当采用车辆荷载时,作用基本组合的效应设计值表达式为:

$$S_{ud} = \gamma_0 S[1.2 \times 结构重力, 1.2 \times 预应力, 1.0 \times 收缩及徐变作用, 0.5 \times 基础变位作用, 1.8 \times 车辆荷载, 1.05 \times 正(负)温度梯度作用] \quad (2-91)$$

2）作用偶然组合的效应设计值

(1) 考虑人群荷载。

$$S_{ad} = \gamma_0 S[1.0 \times 结构重力, 1.0 \times 预应力, 1.0 \times 收缩及徐变作用, 1.0 \times 基础变位作用, 0.7(或0.4) \times 汽车荷载(含汽车冲击力、离心力), 0.8 \times 正(负)温度梯度作用, 0.4(或1.0) \times 人群荷载, 一种偶然作用设计值] \quad (2-92)$$

(2) 不考虑人群荷载。

$$S_{ad} = \gamma_0 S[1.0 \times 结构重力, 1.0 \times 预应力, 1.0 \times 收缩及徐变作用, 1.0 \times 基础变位作用, 0.7(或0.4) \times 汽车荷载(含汽车冲击力、离心力), 0.8 \times 正(负)温度梯度作用, 一种偶然作用设计值] \quad (2-93)$$

2. 持久状况正常使用极限状态

1）作用频遇组合的效应设计值

(1) 考虑人群荷载。

$$S_{fd} = S[1.0 \times 结构重力, 1.0 \times 预应力, 1.0 \times 收缩及徐变作用, 1.0 \times 基础变位作用, 0.7 \times 汽车荷载(不计汽车冲击力), 0.8 \times 正(负)温度梯度作用, 1.0 \times 人群荷载] \quad (2-94)$$

(2) 不考虑人群荷载。

$$S_{fd} = S[1.0 \times 结构重力, 1.0 \times 预应力, 1.0 \times 收缩及徐变作用, 1.0 \times 基础变位作用, 0.7 \times 汽车荷载(不计汽车冲击力), 0.8 \times 正(负)温度梯度作用] \quad (2-95)$$

2)作用准永久组合的效应设计值

(1)考虑人群荷载。

$$S_{qd} = S[1.0×结构重力,1.0×预应力,1.0×收缩及徐变作用,1.0×基础变位作用,$$
$$0.4×汽车荷载(不计汽车冲击力),0.8×正(负)温度梯度作用,0.4×人群荷载]$$
(2-96)

(2)不考虑人群荷载。

$$S_{qd} = S[1.0×结构重力,1.0×预应力,1.0×收缩及徐变作用,1.0×基础变位作用,$$
$$0.4×汽车荷载(不计汽车冲击力),0.8×正(负)温度梯度作用]$$
(2-97)

当作用与作用效应可按线性关系考虑时,作用组合的效应设计值可通过作用效应代数相加计算。

应该注意,对于支座面积较大的连续梁桥,应考虑由支座宽度引起的负弯矩峰值折减问题。根据《桥规(2018年)》4.3.5条,折减后的弯矩不得小于未经折减弯矩的0.9倍。考虑支座宽度和梁高影响的负弯矩折减计算图式如图2-55所示。

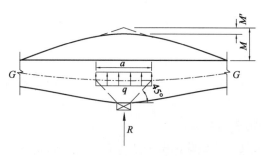

图2-55 中间支承处弯矩折减计算图式

折减后的弯矩按式(2-98)、式(2-99)计算:

$$M_e = M - M' \tag{2-98}$$

$$M' = \frac{qa^2}{8} = \frac{Ra}{8} \tag{2-99}$$

式中:M_e——折减后的支点负弯矩;

M——按理论公式或方法计算的支点负弯矩;

M'——折减弯矩;

q——梁的支点反力R在支座两侧向上按45°分布于梁截面重心轴G—G的荷载强度,$q = R/a$;

a——梁支点反力在支座两侧向上按45°扩散交于重心轴G—G的长度(圆形支座可换算为边长等于0.8倍直径的方形支座)。

现以某连续梁桥中间支承处负弯矩计算为例。通过有限元程序计算的公路—Ⅰ级荷载作用下中间支承处的反力$R_汽 = 2639.2\text{kN}$,结构重力作用下的反力$R_{(g1+g2)} = 11094.9\text{kN}$。根据该反力值,可选定某型号盆式支座直径$D$,现假定所选直径为0.9m,则$a$可由下式计算:

$$a = D + 2y_x$$

式中:y_x——支承截面重心距梁底的距离,本示例计算时取$y_x = 1.264\text{m}$。

则

$$a = 0.9 + 2 × 1.2646 = 3.4292(\text{m})$$

将反力及a值代入式(2-99),即可得公路—Ⅰ级折减弯矩$M'_汽$及结构重力折减弯矩$M'_恒$:

$$M'_汽 = \frac{1}{8}R_汽 a = \frac{1}{8} × 2639.2 × 3.4292 = 1131.3(\text{kN}·\text{m})$$

$$M'_恒 = \frac{1}{8}R_{g1+g2} a = \frac{1}{8} × 11094.9 × 3.4292 = 4755.8(\text{kN}·\text{m})$$

由内力计算结果可查得在此中间支承节点支座截面处的荷载内力:

$$M_{汽min} = -12\ 912.7\text{kN} \cdot \text{m}$$
$$M_{恒} = -44\ 149.6\text{kN} \cdot \text{m}$$

而:

$$|M'_{汽}/M_{汽}| = \frac{1\ 131.3}{12\ 912.7} = 8.8\% < 10\%$$

$$|M'_{恒}/M_{恒}| = \frac{4\ 755.8}{44\ 149.6} = 10.8\% > 10\%$$

按折减后的弯矩不应小于原弯矩的 90% 的原则,则折减后参与组合的内力值为:

$$M_{恒} = -44\ 149.6 \times 0.9 = -39\ 734.6(\text{kN} \cdot \text{m})$$
$$M_{汽} = -12\ 912.7 - (-1\ 131.3) = -11\ 781.4(\text{kN} \cdot \text{m})$$

对于预应力混凝土连续梁桥设计,需先进行预应力钢筋估算,配置预应力钢筋后再进行各种极限状态下的计算和验算,故需进行两次作用组合的效应设计值计算。其中,第一次作用组合的效应设计值计算是为了估算预应力钢束数量,所以不包括预加力次效应且各种作用效应均采用毛截面计算;第二次作用组合的效应设计值计算时,必须计入预加力产生的次效应,计算各种作用的效应时应采用与施工进程相匹配的净截面或换算截面。

三、作用组合的效应设计值包络图

沿主梁的纵轴,按上述《桥规(2018 年)》规定的作用组合的效应设计值计算方法,将各截面所得最大正、负效应按适当的比例绘成竖坐标,连接这些坐标点绘成的曲线称为作用组合下的效应设计值包络图(也即连续梁作用组合下的弯矩、剪力设计值的包络图,以下简称弯矩、剪力包络图)。

混凝土连续梁桥的内力(弯矩、剪力)包络图与结构的跨径布置、刚度分布以及参与组合的各种作用相关,包括结构重力、汽车荷载、人群荷载、预加力、施工过程中的结构体系转换、混凝土收缩徐变、基础变位、温度及其他作用等。对于预应力混凝土连续梁桥,可以认为作用与作用效应服从线性关系。因此,各种作用组合的效应设计值可通过相应的作用效应设计值代数相加计算获得。

图 2-56 为 4 跨连续梁桥一次落架施工的结构重力和汽车荷载组合的内力包络示意图。从图 2-56 可以看出:

(1)各孔的弯矩包络图均为两种下凹曲线,在支点梁体截面处转折,最大最不利弯矩线和最小最不利弯矩线除在边支点(弯矩均为零)外均不相交。

(2)中间支点附近梁体截面只承受负弯矩,边孔边端和中孔跨中的部分截面只承受正弯矩;梁体其余部分承受正负交替弯矩。

(3)控制设计的负弯矩出现在中支座主梁截面,正弯矩出现在中孔跨中或距边孔边端 1/3 附近截面处。

(4)剪力包络图形如锯齿状,在各支点截面由最小剪力突变为最大剪力;一孔的最大剪力线与下一孔的最小剪力线连续,并且在支点处斜率为零。

(5)各孔跨中截面处最大剪力线和最小剪力线的差值最小。

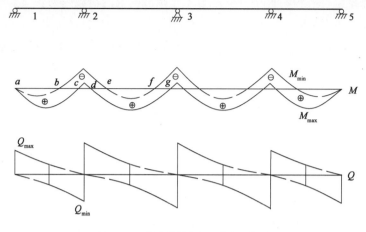

图 2-56 4 跨连续梁弯矩和剪力包络图

作用组合的内力包络图主要用于配置预应力钢筋,并进行截面承载力验算。对于某一确定截面,可根据该截面的效应设计值 M_{max} 和 M_{min} 进行截面配筋计算(详见第八节),同时还可根据包络图正、负弯矩区段确定布筋范围,例如,由图 2-56 中的弯矩包络图可以看出:ab 段为边孔正弯矩筋最小长度布置范围,ac 段为边孔正弯矩筋最大长度布置范围,be 段为支点 2 负弯矩筋最大长度布置范围,cd 段为支点 2 负弯矩筋最小长度布置范围,ef 段为第 2 孔正弯矩筋最小长度布置范围,dg 段为第 2 孔正弯矩筋最大长度布置范围。依此类推,可直观地确定全桥预应力钢筋的长度布置范围。

在混凝土连续梁桥结构设计过程中,主梁作用组合的内力包络图可作为判断结构合理性、所选择的施工方案可行性以及材料用量估算的依据。在施工图设计阶段,承载能力极限状态作用组合的内力设计值主要为在主梁中配置预应力钢筋、纵向普通钢筋、斜筋和箍筋设计以及截面承载力(包括局部承压)验算提供依据;正常使用极限状态作用组合的内力设计值主要用来进行相关的应力、变形、裂缝等验算。针对不同的使用目的,选择适当的最不利作用组合的内力设计值形成包络图。在设计过程中应遵循下列原则和注意事项:

(1)估算、配置预应力钢筋时,应根据所采用的施工方法形成的连续梁永久作用和可变作用组合而成的内力包络图进行。

(2)在结构正常使用极限状态设计时,预加应力作为永久作用计算其主效应和次效应,参与作用效应组合,并考虑相应阶段的预应力损失,但不计由于偏心距增大产生的附加效应。

(3)在结构承载能力极限状态设计时,预加应力作为结构抗力抵抗外荷载,而不作为外荷载考虑,但在连续梁等超静定结构中,仍需考虑预加力引起的次内力。

(4)施工阶段验算时,应考虑工程的实际情况,选择最不利的可能发生的作用组合。

(5)当采用承载能力(或正常使用)极限状态设计计算时,不同作用组合应取用《通规(2015 年)》规定的相应作用分项系数。

(6)当汽车荷载所占比例较大时,尚应作出弯矩包络图对应的剪力包络图,或剪力包络图对应的弯矩包络图,将某内力包络图和与相对应的其他内力包络图一起配套使用。

第八节　预应力钢筋的计算及布置

根据《桥规（2018 年）》4.1.1 条规定，预应力混凝土连续梁应进行持久状况承载能力极限状态和持久状况正常使用极限状态设计计算，并满足规范对不同受力状态下规定的要求（如承载力、应力、抗裂性以及变形等）。预应力钢筋数量的计算可从两方面综合确定：首先按持久状况正常使用极限状态计算预应力钢筋数量，然后按持久状况承载能力极限状态进行校核并计算需补充的普通钢筋数量。

一、按正常使用极限状态的应力要求计算

根据《桥规（2018 年）》第 6.1 节的有关规定，预应力混凝土构件在预加应力阶段及使用荷载阶段，截面上、下缘混凝土应力须满足应力限值的要求。一般情况下，由于主梁截面较高，受压面积较大，压应力不是控制因素，为方便计算，可只考虑拉应力这个限制条件。虽然规范中规定，当预拉区配置受力的非预应力钢筋时，容许截面出现少许拉应力，但在估算预应力钢筋数量时，依然假设混凝土拉应力限值为 0。假设混凝土压应力限值为 $0.5f_{ck}$，由预应力引起的混凝土截面上、下缘应力分别为 σ_{pu}、σ_{pb}，以压应力为正，因此有：

$$\left.\begin{aligned}\sigma_{pu} + \frac{M_{min}}{W_u} &\geqslant 0 \\ \sigma_{pu} + \frac{M_{max}}{W_u} &\leqslant 0.5f_{ck} \\ \sigma_{pb} - \frac{M_{max}}{W_b} &\geqslant 0 \\ \sigma_{pb} - \frac{M_{min}}{W_b} &\leqslant 0.5f_{ck}\end{aligned}\right\}$$

式中：W_u、W_b——上（下）截面模量（cm^3）；

　　　　f_{ck}——混凝土轴心抗压强度标准值（MPa）；

　　M_{max}、M_{min}——持久状况（或短暂状况）正常使用极限状态主梁截面作用组合的最大、最小弯矩值（N·m），正弯矩取正值，负弯矩取负值。

根据主梁截面受力情况，预应力配筋不外乎有三种形式：截面上、下缘均布置力筋以抵抗正、负弯矩；仅在截面下缘布力筋以抵抗正弯矩或仅在上缘配置力筋以抵抗负弯矩。

1. 截面上、下缘分别配置预应力钢筋以抵抗正、负弯矩时

$$\left.\begin{aligned}\sigma_{pu} &= \frac{N_u}{A} + \frac{N_u e_u}{W_u} + \frac{N_b}{A} - \frac{N_b e_b}{W_u} \\ \sigma_{pb} &= \frac{N_u}{A} - \frac{N_u e_u}{W_b} + \frac{N_b}{A} + \frac{N_b e_b}{W_b}\end{aligned}\right\}$$

式中：$N_u = n_u A_{pl} \sigma_{pe}$；
$N_b = n_b A_{pl} \sigma_{pe}$。

则得截面最小配筋量为：

$$\left. \begin{array}{l} n_u \geqslant \dfrac{M_{\max}(e_b - K_b) - M_{\min}(K_u + e_b)}{(K_u + K_b)(e_u + e_b)} \dfrac{1}{A_{pl}\sigma_{pe}} \\ n_b \geqslant \dfrac{M_{\max}(e_u + K_b) + M_{\min}(K_u - e_u)}{(K_u + K_b)(e_u + e_b)} \dfrac{1}{A_{pl}\sigma_{pe}} \end{array} \right\} \quad (2\text{-}100)$$

式中：n_u、n_b——截面上、下缘估算的预应力钢筋根数；

A_{pl}——每股预应力钢筋的面积（如采用钢绞线，则为一股钢绞线面积）（mm^2）；

σ_{pe}——预应力钢筋的永存应力，估算预应力截面时可取 $\sigma_{pe} = (0.7 \sim 0.8)\sigma_{con}$，$\sigma_{con}$ 为预应力钢筋的张拉控制应力（MPa）；

e_u、e_b——截面上、下缘的预应力钢筋重心至主梁混凝土截面重心的距离（m）；

K_u、K_b——截面上、下核心距（m），按下式计算：

$$K_u = \frac{W_b}{A}, K_b = \frac{W_u}{A}$$

式中：A——混凝土面积，可取截面毛面积计算（m^2）。

事实上，在配置预应力钢筋时，受到一定条件的限制不可能按照计算进行，往往需要进行调整。如果实际配筋数比 n_u、n_b 多时，则需相应地多配 n'_u、n'_b 根，计算公式见式（2-101）：

$$\left. \begin{array}{l} n'_u = \dfrac{e_b - K_b}{K_b + e_u} n'_b \\ n'_b = \dfrac{e_u - K_u}{K_u + e_b} n'_u \end{array} \right\} \quad (2\text{-}101)$$

另外，各截面的最大配筋数为：

$$\left. \begin{array}{l} n_u \leqslant \dfrac{-M_{\max}(K_u + e_b) - M_{\min}(K_b - e_b) + 0.5e_b(W_u + W_b)f_{ck}}{(K_u + K_b)(e_b + e_u)A_{pl}\sigma_{pe}} \\ n_b \leqslant \dfrac{M_{\max}(K_u - e_u) + M_{\min}(K_b + e_u) + 0.5e_u(W_u + W_b)f_{ck}}{(K_u + K_b)(e_b + e_u)A_{pl}\sigma_{pe}} \end{array} \right\} \quad (2\text{-}102)$$

在正、负弯矩作用下，截面上、下缘均不出现拉应力，则要求的截面最小总配筋数 $n_{\min}$、最小总预加力 N_p、上下缘预应力钢筋总偏心距 e_p 分别按式（2-103）计算，其中 e_p 在混凝土毛截面重心轴以上为正。

$$\left. \begin{array}{l} n_{\min} = \dfrac{M_{\max} - M_{\min}}{(K_u + K_b)A_{pl}\sigma_{pe}} \\ N_p = n_{\min} A_{pl} \sigma_{pe} \\ e_p = \dfrac{N_p K_u - M_{\max}}{N_p} = \dfrac{-N_p K_b - M_{\min}}{N_p} \end{array} \right\} \quad (2\text{-}103)$$

式（2-103）可用于校核式（2-100）的计算结果，即式（2-100）计算的 n_u 与 n_b 之和应与式（2-103）求得的 $n_{\min}$ 相等。

2. 当截面只在下缘布置力筋以抵抗正弯矩时

$$\left.\begin{array}{l} n_b \leqslant \dfrac{0.5f_{ck}W_u - M_{max}}{A_{pl}\sigma_{pe}(K_b - e_b)}(上缘混凝土压应力不超限) \\[2mm] n_b \geqslant \dfrac{M_{min}}{e_b - K_b}\dfrac{1}{A_{pl}\sigma_{pe}}(上缘混凝土不出现拉应力) \\[2mm] n_b \geqslant \dfrac{M_{max}}{e_b + K_b}\dfrac{1}{A_{pl}\sigma_{pe}}(下缘混凝土不出现拉应力) \\[2mm] n_b \leqslant \dfrac{0.5f_{ck}W_b + M_{min}}{A_{pl}\sigma_{pe}(K_u + e_b)}(下缘混凝土压应力不超限) \end{array}\right\} \quad (2\text{-}104)$$

3. 当截面只在上缘布置力筋以抵抗负弯矩时

$$\left.\begin{array}{l} n_u \leqslant \dfrac{0.5f_{ck}W_u - M_{max}}{A_{pl}\sigma_{pe}(K_b + e_u)}(上缘混凝土压应力不超限) \\[2mm] n_u \geqslant \dfrac{-M_{min}}{e_u + K_b}\dfrac{1}{A_{pl}\sigma_{pe}}(上缘混凝土不出现拉应力) \\[2mm] n_u \geqslant \dfrac{M_{max}}{-e_u + K_b}\dfrac{1}{A_{pl}\sigma_{pe}}(下缘混凝土不出现拉应力) \\[2mm] n_u \leqslant \dfrac{0.5f_{ck}W_b + M_{min}}{A_{pl}\sigma_{pe}(K_u - e_u)}(下缘混凝土压应力不超限) \end{array}\right\} \quad (2\text{-}105)$$

4. 上、下缘配筋的判别条件

预应力混凝土受弯构件截面配筋的数量不仅与截面承受的弯矩有关,而且还需考虑截面几何特性的影响。因此,在截面配筋程序设计时,不应认为只有当截面承受正、负弯矩共同作用时才在上、下缘配筋,而应当以式(2-100)为依据,推导出配筋的判别条件。

很显然,对于式(2-100),令 $n_u < 0$,则可得只在梁截面下缘布筋的条件:

$$M_{max}(e_b - K_b) < M_{min}(K_u + e_b) \quad (2\text{-}106)$$

类似地,对于式(2-100),取 $n_b < 0$,则可得出只在梁截面上缘布筋的条件:

$$M_{max}(e_u + K_b) < -M_{min}(K_u - e_u) \quad (2\text{-}107)$$

若式(2-106)及式(2-107)均不满足,则应在截面上、下缘同时布置预应力钢筋。

由此可见,式(2-106)、式(2-107)是进行预应力配筋程序设计的关键,因而也是配筋程序所涉及的基本公式。

对于连续梁桥结构体系,或预应力混凝土超静定结构,在初步估算预应力钢筋数量时,必须计及各项次内力的影响。然而,一些次内力项的计算恰与预应力钢筋的数量与布置有关。因此,在初步估算预应力钢筋时,只能以预估值来考虑,工程上取用结构最大控制设计弯矩值的20%~30%。应当指出,次内力项的计算也与施工过程中体系转换的顺序有很大关系。此项估算是非常粗略的。一般地,逐段架设法的结构次内力值均较小,悬臂施工法的结构次内力值较大,不对称结构布置影响更大。由于次内力项的影响,连续梁桥结构体系主梁支点截面负弯矩值减小,在预估力筋数量亦即不必增加总弯矩值,跨中正弯矩值则要加大,应考虑增大总弯矩值来预估力筋数量。

二、按正常使用极限状态截面抗裂性要求估算预应力钢筋

对于全预应力混凝土构件,按抗裂性估算:

$$n = \frac{\dfrac{M_s}{W}}{0.85\left(\dfrac{1}{A}+\dfrac{e_p}{W}\right)A_{pl}\sigma_{pe}} \tag{2-108}$$

式中:n——按抗裂性要求估算所需的预应力钢筋数量;
M_s——按作用频遇组合计算的弯矩设计值(N·m);
W——构件全截面对抗裂验算边缘的截面模量(m³);
A——构件混凝土毛截面面积(m²);
e_p——预应力钢筋的合力作用点至混凝土截面重心轴的距离(m)。

对于 A 类部分预应力混凝土构件,按抗裂性估算:

$$n = \frac{\dfrac{M_s}{W}-0.7f_{tk}}{\left(\dfrac{1}{A}+\dfrac{e_p}{W}\right)A_{pl}\sigma_{pe}} \tag{2-109}$$

式中:f_{tk}——混凝土抗拉强度标准值(MPa)。

三、预应力钢筋的布置原则

连续梁预应力钢筋的布置除满足《桥规(2018 年)》第 9.4 节的构造要求外,还应遵循以下原则:

(1)应选择适当的预应力钢筋与锚具。对于不同跨径的梁桥结构,应选用预加力大小恰当的预应力钢筋,以达到合理的布置形式。如果预应力钢筋选择过大,每束的预加力不大,造成大跨结构中布筋过多,而构造尺寸限制布置不下时,则会导致增大主梁截面尺寸。反之,在跨径不大的结构中,如选择预加力很大的单束筋,也可能使结构受力过于集中而导致沿孔道方向开裂。

(2)预应力钢筋的布置应考虑施工方便,也不能像钢筋混凝土结构中任意切断钢筋那样去切断预应力钢筋,而导致在结构中布置过多的锚具。由于每束钢筋都是一巨大的集中力,这样锚下应力区受力较复杂,必须通过构造加以保证,为此常导致结构构造复杂,施工不便。

(3)预应力钢筋的布置,既要符合结构受力要求,又要注意在超静定结构体系中避免引起过大的结构次内力。

(4)预应力钢筋配置,应考虑材料经济指标的先进性,这往往与桥梁结构体系、构造尺寸及施工方法的选择均有密切关系。

(5)预应力钢筋应避免使用多次反向曲率的连续束,因为这会引起很大的摩阻损失,降低预应力钢筋的效率。

(6)预应力钢筋的布置,不但应满足结构在使用阶段弹性受力状态的需要,而且也应考虑结构在破坏阶段的要求。

四、预应力钢筋的布置形式及构造要求

预应力钢筋的布置形式,与桥梁结构体系、受力情况、构造形式及施工方法等方面密切相关。

对于预应力混凝土连续梁桥,预应力钢筋总体上可按立面、平面和横截面布置分别考虑:立面按内力包络图确定正、负弯矩预应力钢筋的长度布置范围和形式;平面和横截面布置则主要考虑构造和锚固要求,例如,T形横截面布置在梁肋,箱形截面应考虑剪力滞效应尽量靠近腹板的顶、底板布置,一般有分散布置分散锚固和分散布置集中锚固两种形式,分别详见本书第三章和第四章的设计示例。除此以外,还需充分考虑施工受力特点和方便施工等因素。

以下着重从受力方面给出不同施工方式下的连续梁桥预应力钢筋立面布置特点。

1. 满堂支架现浇施工

图 2-57 为满堂支架现浇连续梁的预应力钢筋布置形式。在跨径较小的等截面连续梁中,可以选用连续曲线布置,如图 2-57a)所示;而在跨径较大的等截面连续梁中,为了减小连续筋预应力摩擦损失,可在支点梁顶跨孔交叉锚固,为防止中间支点处因偏心距较大的锚固力而导致梁下缘开裂,通常需在梁下缘布置几束直线通长预应力钢筋,如图 2-57c)所示;在跨径不大的变截面连续梁中,可在支点截面布置帽束,如图 2-57d)所示;在跨径较大的变截面连续梁中,应利用梁的形心轴线变化而使用较小曲率的布置形式,以获得较大的偏心距,如图 2-57b)所示。

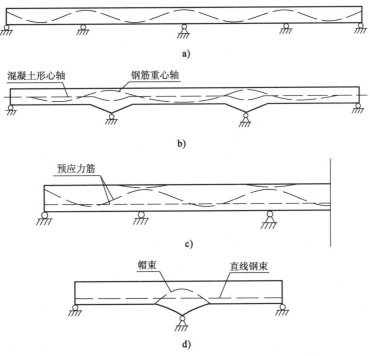

图 2-57　满堂支架现浇施工的连续梁布筋形式
a)板中连续预应力钢筋;b)变高度梁;c)中间错头的应用;d)帽束

2. 悬臂施工

图 2-58 所示为采用悬臂施工的连续布筋形式。这是一座三跨连续梁桥,首先从中墩开始平衡悬臂施工,所有布置在梁顶的预应力钢筋主要承受结构重力与施工荷载,连续弯筋是为承受可变荷载而布置;在中孔合龙梁段附近的下缘筋和边孔用支架施工端部梁段的下缘筋除了承受活载外,常因结构次内力在这些部位产生正弯矩而布置。在实际设计中,大跨径连续梁布

筋形式更为复杂,但其主要的布筋原则与形式还是类似的。

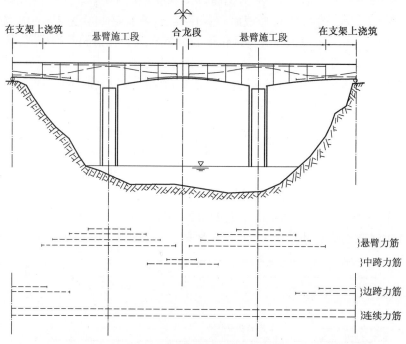

图 2-58 悬臂施工的连续梁布筋形式

3. 简支-连续施工

图 2-59 所示为预制的预应力混凝土简支梁架设后,再应用预应力钢筋使结构在支点上连续,即简支转换成连续梁的施工方法。从图 2-59 可看到,可以采用不同的预加力方式达到结构连续的目的,如全跨的后张连续筋[图 2-59a)]、支点上的短束[图 2-59b)]、帽束[图 2-59c)]等,并用连接器把简支梁的预应力钢筋予以连接[图 2-59e)]。在小跨结构中,亦可采用布置非预应力钢筋或横向预应力钢筋的连接方法,如图 2-59f)、d)所示。

4. 逐孔架设(浇筑)施工

在逐孔架设的连续梁中,常采用以连接器接长的预应力钢筋来布置,如图 2-60 所示。结构是一孔接着一孔架设施工和张拉的。为了施工方便和结构受力有利(减小结构次内力),设计时,一般将接头选在靠近支点的 $0.2l$ 处(此处接近梁的结构重力弯矩零点处),并将预应力钢筋分散布置,以便于连接和施工,只要求预应力钢筋的合力仍保持在设计要求的高度即可。

5. 顶推施工

采用顶推施工的连续梁预应力钢筋,就其作用来分,有顶推阶段受力需要的临时力筋和为使用阶段服务的永久力筋。临时力筋一般布置在箱梁的顶、底板,产生中心的预加压力最为有效。锚头可采用吨位较小且便于接长和拆除的墩头锚、轧丝锚等,可根据施工受力要求随意装卸。永久力筋通常多布置在腹板内,张拉锚固力较大。

顶推阶段预应力钢筋数量也可由截面上、下边缘不出现拉应力及不超过压应力限值两个条件来控制。

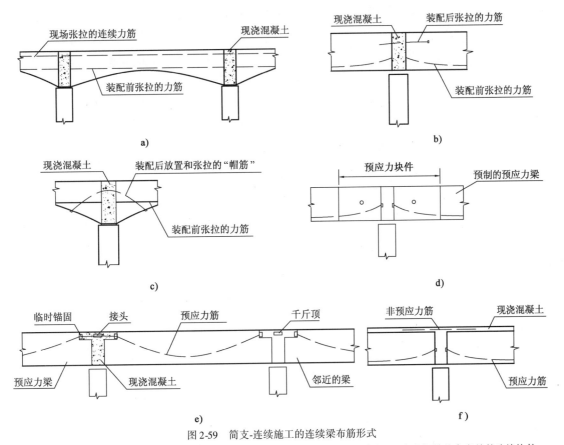

图 2-59 简支-连续施工的连续梁布筋形式

a)装配后张拉的连续力筋;b)支座上的短预应力钢筋;c)支座上的帽筋;d)布有横向预应力钢筋的支座处的连续块件;
e)支座上的接头;f)支座上的非预应力钢筋

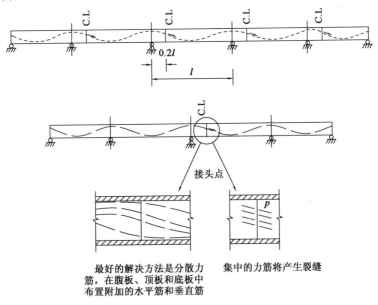

图 2-60 逐跨施工的连续梁布筋形式

应该指出,预应力混凝土梁桥在施工阶段所布置的预应力钢筋与使用状态下所的预应力钢筋,若在布置形式与受力要求取得一致,就是最经济的设计。而顶推施工的连续梁桥,施工阶段内力包络图与使用阶段的内力包络图很不一致,因而导致连续梁顶推施工过程需要布置施工临时力筋,形成连续梁后应予以拆除,使得施工张拉顺序复杂化,并多用了一些预应力钢筋,这是不经济的。然而,在施工的其他方面,如机具简单、固定台座生产预制梁段逐步顶推等优点,又节省了劳动力与费用。所以,顶推法施工在布筋方面不利于节约材料,只有在某些特定条件下才可能达到综合技术经济效益。

随着计算机软件技术的进步以及设计人员软件应用水平的提升,可通过数值仿真分析,分别以顶推施工阶段及运营阶段安全为目标,实现取消临时束,只配置先期永久束和后期永久束,从而达到简化施工工序,提高经济效益的设计理念。

需要特别指出,对于采用各种施工方法的连续梁桥,预应力钢筋的布置形式除满足受力要求外,还应满足构造要求,例如《桥规(2018年)》9.4.4条、9.4.10条及9.4.11条明确规定了预应力混凝土梁的构造要求,其中关于预应力钢筋线形布置的规定如下:

(1)在先张法预应力混凝土构件中,预应力钢绞线之间的净距不应小于其公称直径的1.5倍,对于1×7钢绞线不应小于25mm;预应力钢丝间净距不应小于15mm。

(2)后张法预应力混凝土构件的曲线形预应力钢筋的曲线半径应符合下列规定:

①钢丝束、钢绞线束的钢丝直径小于或等于5mm时,不宜小于4m;钢丝直径大于5mm时,不宜小于6m。

②预应力螺纹钢筋的直径小于或等于25mm时,不宜小于12m;直径大于25mm时,不宜小于15m。

(3)后张法预应力混凝土构件的曲线形钢丝束、钢绞线束的锚下最小直线段长度宜取0.80~1.50m。

除预应力钢筋布置形式外,预应力钢束的保护层厚度等也应满足一般构造规定,更多具体的技术要求可查阅《桥规(2018年)》第9.4节。

第九节 预应力损失及有效预应力计算

一、基本理论

预应力混凝土连续梁桥的设计计算,需要根据承受外荷载的情况,确定预加应力的大小。然而,预应力钢筋往往受施工因素、材料性能及环境条件等因素的影响,而导致预应力损失。设计所需的预应力值,应是扣除相应阶段的应力损失后,预应力钢筋中实际存在的预应力(即有效预应力 σ_{pe})值。如定义张拉时的初始应力(一般称为张拉控制应力)为 σ_{con},相应的预应力损失值为 σ_l,则有效预应力的表达式为:

$$\sigma_{pe} = \sigma_{con} - \sigma_l \tag{2-110}$$

二、计算公式

根据《桥规(2018年)》第6.2节规定,预应力混凝土构件在正常使用极限状态计算中,应考虑由下列因素引起的预应力损失：

(1) 预应力钢筋与管道壁之间的摩擦 σ_{l1}。

(2) 锚具变形、钢筋回缩和接缝压缩 σ_{l2}。

(3) 预应力钢筋与台座之间的温差 σ_{l3}。

(4) 混凝土的弹性压缩 σ_{l4}。

(5) 预应力钢筋的应力松弛 σ_{l5}。

(6) 混凝土的收缩和徐变 σ_{l6}。

1. 预应力钢筋与管道壁之间摩擦引起的预应力损失（σ_{l1}）

这种损失又简称为摩擦损失，主要由管道的弯曲和管道的偏差两部分影响所产生，可按式(2-111)计算：

$$\sigma_{l1} = \sigma_{\text{con}}\left[1 - e^{-(\mu\theta + kx)}\right] \qquad (2-111)$$

式中：σ_{con}——预应力钢筋锚下的张拉控制应力值；

μ——预应力钢筋与管道壁的摩擦系数，按表2-32采用；

θ——从张拉端至计算截面曲线管道部分切线的夹角之和（rad）；

k——管道每米局部偏差对摩擦的影响系数，按表2-32采用；

x——从张拉端至计算截面的管道长度，可近似地取该段管道在构件纵轴上的投影长度（m）。

系数 k 和 μ 值　　　　　　表2-32

预应力钢筋类型	管 道 种 类	k	μ	
			钢绞线、钢丝束	预应力螺纹钢筋
体内预应力钢筋	预埋金属波纹管	0.0015	0.20~0.25	0.50
	预埋塑料波纹管	0.0015	0.15~0.20	—
	预埋铁皮管	0.0030	0.35	0.40
	预埋钢管	0.0010	0.25	—
	抽芯成型	0.0015	0.55	0.60
体外预应力钢筋	钢管	0	0.20~0.30 (0.08~0.10)	—
	高密度聚乙烯管	0	0.12~0.15	—

注：体外预应力钢绞线与管道壁之间摩擦引起的预应力损失仅计转向装置和锚固装置管道段，系数 k 和 μ 宜根据实测数据确定，当无可靠实测数据时，系数 k 和 μ 按照表2-32取值。对于系数 μ，无黏结钢绞线取括号内数值，光面钢绞线取括号外数值。

2. 锚具变形、钢筋回缩和接缝压缩引起的预应力损失（σ_{l2}）

此项预应力损失与锚具的形式及拼装块件接缝的材料有关。具体计算时，有两种方法可供选用，一种为不考虑反摩阻作用（预应力直线钢筋），按下列计算：

$$\sigma_{l2} = \frac{\sum \Delta l}{l} E_p \qquad (2-112)$$

式中：Δl——张拉端锚具变形、钢筋回缩和接缝压缩值(mm)，按表2-33采用；

l——张拉端至锚固端之间的距离(mm)；

E_p——预应力钢筋的弹性模量。

锚具变形、钢筋回缩和接缝压缩值 表2-33

锚具、接缝类型		Δl(mm)	锚具、接缝类型	Δl(mm)
钢丝束的钢制锥形锚具		6	墩头锚具	1
夹片式锚具	有顶压时	4	每块后加垫板的缝隙	2
	无顶压时	6	水泥砂浆接缝	1
带螺母锚具的螺母缝隙		1~3	环氧树脂砂浆接缝	1

注：带螺母锚具采用一次张拉锚固时，Δl宜取2~3mm，采用二次张拉锚固时，Δl可取1mm。

另一种为考虑与张拉钢筋时的摩阻力相反的摩阻作用(即反摩阻作用)。这样可以更好地反映由锚具变形等引起的应力损失沿梁轴逐渐变化的情况。

具有反摩阻作用的预应力钢筋，如折线或曲线预应力钢筋，在不同区段具有不同的应力损失σ_{l2}值。因此，应根据反摩阻作用来计算钢筋回缩的影响长度l_f和相应的由锚具变形等引起的预应力损失σ_{l2}。显然，由于张拉端的钢筋回缩应变最大，其σ_{l2}值也最大；离张拉端愈远，σ_{l2}值将愈小。当离张拉端的距离超过l_f后(图2-61)，钢筋的回缩应变将为零，故σ_{l2}值也变为零。

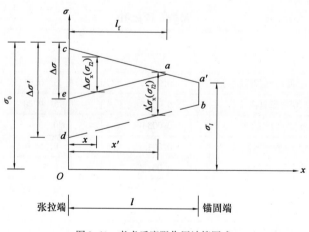

图2-61 考虑反摩阻作用计算图式

前文已给出张拉预应力钢筋时由于摩阻力作用而引起的σ_{l1}的计算公式，如近似地考虑反摩阻作用与张拉时的摩阻作用具有相同的规律，则可根据这一条件求出钢筋回缩的影响长度及其相应的σ_{l2}值。

反摩擦影响长度l_f可按式(2-113)计算：

$$l_f = \sqrt{\frac{\sum \Delta l E_p}{\Delta \sigma_d}} \tag{2-113}$$

式中：$\Delta \sigma_d$——单位长度由管道摩擦引起的预应力损失，按式(2-114)计算：

$$\Delta\sigma_{\mathrm{d}} = \frac{\sigma_{\mathrm{con}} - \sigma_l}{l} \tag{2-114}$$

式中：σ_{con}——张拉端锚下控制应力，按《桥规（2018年）》6.1.4条的规定采用（MPa）；

σ_l——预应力钢筋扣除沿途摩擦损失后锚固端应力（MPa）；

l——张拉端至锚固端的距离（mm）。

当 $l_{\mathrm{f}} \leqslant l$ 时，预应力钢筋距张拉端 x 处考虑反摩擦后的预应力损失 $\Delta\sigma_{\mathrm{x}}(\sigma_{l2})$，可按式（2-115）、式（2-116）计算：

$$\Delta\sigma_{\mathrm{x}}(\sigma_{l2}) = \Delta\sigma \frac{l_{\mathrm{f}} - x}{l_{\mathrm{f}}} \tag{2-115}$$

$$\Delta\sigma = 2\Delta\sigma_{\mathrm{d}} l_{\mathrm{f}} \tag{2-116}$$

式中，$\Delta\sigma$ 为当 $l_{\mathrm{f}} \leqslant l$ 时在 l_{f} 影响范围内，预应力钢筋考虑反摩擦后在张拉端锚下的预应力损失值。

若 $x \geqslant l_{\mathrm{f}}$，表示 x 处预应力钢筋不受反摩擦的影响。

当 $l_{\mathrm{f}} > l$ 时，预应力钢筋距张拉端 x' 处考虑反摩擦后的预拉应力损失 $\Delta\sigma'_{\mathrm{x}}(\sigma'_{l2})$，可按式（2-117）计算：

$$\Delta\sigma'_{\mathrm{x}}(\sigma'_{l2}) = \Delta\sigma' - 2x'\Delta\sigma_{\mathrm{d}} \tag{2-117}$$

式中，$\Delta\sigma'$ 为当 $l_{\mathrm{f}} > l$ 时在 l 范围内，预应力钢筋考虑反摩擦后在张拉端锚下的预应力损失值，可按以下方法求得：令图2-61中等腰梯形 $ca'bd$ 面积 $A = \sum \Delta l E_{\mathrm{p}}$，试算得到 cd，则 $\Delta\sigma' = cd$。

同一根预应力钢筋两端张拉（分次张拉或同时张拉）且反摩擦损失影响长度有重叠时，在重叠范围内同一截面扣除正摩擦和回缩反摩擦损失后预应力钢筋的应力可取两端分别张拉、锚固，分别计算正摩擦和回缩摩擦损失，将张拉端锚下控制应力减去上述应力计算结果所得较大值。

3. 预应力钢筋与台座间的温差引起的预应力损失（σ_{l3}）

此项预应力损失，仅当先张法构件采用蒸汽或其他方法加热养生混凝土，并且张拉台座不一起加热时才予以计算。计算公式为：

$$\sigma_{l3} = 2(t_2 - t_1) \text{（MPa）} \tag{2-118}$$

式中：t_2——混凝土加热养护时，受拉钢筋的最高温度（℃）；

t_1——张拉钢筋时，制造场地的温度（℃）。

4. 混凝土弹性压缩引起的预应力损失（σ_{l4}）

引起该项预应力损失的混凝土弹性压缩量和预加应力的方式有关。

1）先张法构件

先张法构件的钢筋张拉与对混凝土进行传力预压，是先后分开的两个工序。因此，放松钢筋时，混凝土产生的全部弹性压缩量都要引起钢筋的预应力损失，计算公式为：

$$\sigma_{l4} = \alpha_{\mathrm{EP}} \sigma_{\mathrm{pc}} \tag{2-119}$$

式中：α_{EP}——预应力钢筋弹性模量与混凝土弹性模量的比值；

σ_{pc}——在计算截面钢筋重心处，由全部钢筋预加力产生的混凝土法向应力（MPa），可按式（2-120）计算：

$$\sigma_{pc} = \frac{N_{y0}}{A_0} + \frac{N_{y0} e_{y0}^2}{I_0} \tag{2-120}$$

式中：N_{y0}——混凝土应力为零时的预应力钢筋的预加力（扣除相应阶段的预应力损失）；

A_0、I_0——预应力混凝土受弯构件的换算截面面积和换算截面惯性矩；

e_{y0}——预应力钢筋重心至换算截面重心轴的距离。

2）后张法构件

后张法预应力混凝土构件当采用分批张拉时，先张拉的钢筋由于张拉后批钢筋所引起的混凝土弹性压缩而产生的预应力损失，可按式（2-121）计算：

$$\sigma_{l4} = \alpha_{EP} \sum \Delta\sigma_{pc} \tag{2-121}$$

式中：$\Delta\sigma_{pc}$——在计算截面先张拉的钢筋重心处，由后张拉各批钢筋产生的混凝土法向应力（MPa）。

后张法预应力混凝土构件，由混凝土弹性压缩引起的预应力损失也可按《桥规（2018年）》附录H的简化计算方法，采用式（H.0.1）计算。

5. 钢筋松弛引起的预应力损失（σ_{l5}）

此项预应力损失可根据《桥规（2018年）》6.2.6条的规定，按式（2-122）~式（2-124）计算。

1）对于预应力钢丝、钢绞线

$$\sigma_{l5} = \psi\zeta\left(0.52\frac{\sigma_{pe}}{f_{pk}} - 0.26\right)\sigma_{pe} \tag{2-122}$$

式中：ψ——张拉系数，一次张拉时，$\psi = 1.0$；超张拉时，$\psi = 0.9$；

ζ——钢筋松弛系数，Ⅰ级松弛（普通松弛），$\zeta = 1.0$；Ⅱ级松弛（低松弛），$\zeta = 0.3$；

σ_{pe}——传力锚固时的钢筋应力，对后张法构件 $\sigma_{pe} = \sigma_{con} - \sigma_{l1} - \sigma_{l2} - \sigma_{l4}$；对先张法构件 $\sigma_{pe} = \sigma_{con} - \sigma_{l2}$。

2）对于预应力螺纹钢筋

一次张拉

$$\sigma_{l5} = 0.05\sigma_{con} \tag{2-123}$$

超张拉

$$\sigma_{l5} = 0.035\sigma_{con} \tag{2-124}$$

对于预应力钢丝、钢绞线，当需要分阶段计算应力松弛损失时，可按《桥规（2018年）》附录C.3取用。

6. 混凝土收缩、徐变引起的预应力损失（σ_{l6}）

预应力钢筋张拉锚固之后，由于混凝土的收缩、徐变会使预应力混凝土构件缩短，预应力钢筋也随之回缩，因而引起预应力损失。《桥规（2018年）》推荐的混凝土收缩和徐变引起的构件受拉区和受压区预应力钢筋的预应力损失，可按式（2-125）、式（2-126）计算：

$$\sigma_{l6} = \frac{0.9[E_p \varepsilon_{cs}(t,t_0) + \alpha_{EP}\sigma_{pc}\phi(t,t_0)]}{1 + 15\rho\rho_{ps}} \tag{2-125}$$

$$\sigma'_{l6} = \frac{0.9[E_p \varepsilon_{cs}(t,t_0) + \alpha_{EP} \sigma'_{pc} \phi(t,t_0)]}{1 + 15\rho'\rho'_{pc}} \tag{2-126}$$

$$\rho = \frac{A_p + A_s}{A}, \rho' = \frac{A'_p + A'_s}{A}$$

$$\rho_{ps} = 1 + \frac{e_{ps}^2}{i^2}, \rho'_{ps} = 1 + \frac{e'^2_{ps}}{i^2}$$

$$e_{ps} = \frac{A_p e_p + A_s e_s}{A_p + A_s}, e'_{ps} = \frac{A'_p e'_p + A'_s e'_s}{A'_p + A'_s}$$

式中：σ_{l6}、σ'_{l6}——构件受拉区、受压区全部纵向钢筋截面重心处由混凝土收缩、徐变引起的预应力损失；

σ_{pc}、σ'_{pc}——构件受拉区、受压区全部纵向钢筋截面重心处由预应力产生的混凝土法向压应力(MPa)，应按《桥规(2018年)》6.1.6条和6.1.7条规定计算；此时，预应力损失值仅考虑预应力钢筋锚固时(第一批)的损失，普通钢筋应力 σ_{l6}、σ'_{l6} 应取为零；σ_{pc}、σ'_{pc} 值不得大于传力锚固时混凝土立方体抗压强度 f'_{cu} 的0.5倍；当 σ'_{pc} 为拉应力时，应取为零；计算 σ_{pc}、σ'_{pc} 时，可根据构件制作情况考虑自重的影响；

E_p——预应力钢筋的弹性模量；

α_{EP}——预应力钢筋弹性模量与混凝土弹性模量的比值；

ρ、ρ'——构件受拉区、受压区全部纵向钢筋配筋率；

A——构件截面面积，对先张法构件，$A = A_0$；对后张法构件，$A = A_n$；此处，A_0 为换算截面，A_n 为净截面；

i——截面回转半径，$i^2 = I/A$，先张法构件取 $I = I_0$，$A = A_0$；后张法构件取 $I = I_n$，$A = A_n$，此处，I_0 和 I_n 分别为换算截面惯性矩和净截面惯性矩；

e_p、e'_p——构件受拉区、受压区预应力钢筋截面重心至构件截面重心的距离；

e_s、e'_s——构件受拉区、受压区纵向普通钢筋截面重心至构件截面重心的距离；

e_{ps}、e'_{ps}——构件受拉区、受压区预应力钢筋和普通钢筋截面重心至构件截面重心轴的距离；

$\varepsilon_{cs}(t,t_0)$——预应力钢筋传力锚固龄期为 t_0，计算考虑的龄期为 t 时的混凝土收缩应变，按《桥规(2018年)》附录C计算；

$\phi(t,t_0)$——加载龄期为 t_0，计算考虑的龄期为 t 时的徐变系数，按《桥规(2018年)》附录C计算。

7. 有效预应力计算

首先将预应力损失值按受力阶段进行组合，然后计算不同阶段的有效预应力。

1) 预应力损失值的组合

一般可根据应力损失出现的先后与全部完成所需的时间，分先张法、后张法，按预加应力(传力锚固时)和使用应力(传力锚固后)两个阶段来进行，具体如表2-34所示。

各阶段预应力损失值的组合   表 2-34

预应力损失组合	先张法构件	后张法体内预应力混凝土构件	后张法体内体外混合预应力混凝土构件	
			体内预应力钢筋	体外预应力钢筋
传力锚固时的损失(第一批)σ_{lI}	$\sigma_{l2}+\sigma_{l3}+\sigma_{l4}+0.5\sigma_{l5}$	$\sigma_{l1}+\sigma_{l2}+\sigma_{l4}$		
传力锚固后的损失(第二批)σ_{lII}	$0.5\sigma_{l5}+\sigma_{l6}$	$\sigma_{l5}+\sigma_{l6}$		

2)预应力钢筋的有效预应力 σ_{pe}

传力锚固时(预加应力阶段)

$$\sigma_{pe}=\sigma_{con}-\sigma_{lI} \tag{2-127}$$

传力锚固后(使用应力阶段)

$$\sigma_{pe}=\sigma_{con}-(\sigma_{lI}+\sigma_{lII}) \tag{2-128}$$

第十节 截面验算

一、持久状况承载能力极限状态计算及验算

(一)计算与验算的内容和原则

1.计算与验算的内容

预应力混凝土受弯构件截面承载力的计算与验算内容包括两大类,即正截面承载力和斜截面承载力的计算与验算,其中,正截面仅做抗弯承载力,斜截面包括抗剪和抗弯承载力。

另外,根据《桥规(2018 年)》第 5 章的规定,对于预应力混凝土受弯构件,除了进行截面承载力的计算与验算之外,还应进行构件锚下(或支座处)的局部承压计算与验算。

2.计算基本假定

1)正截面承载力计算

(1)构件弯曲后,其截面仍保持平面。

(2)不计截面受拉区混凝土参与作用。

(3)纵向体内钢筋的应力等于钢筋应变与其弹性模量的乘积,并符合下列要求:

$$-f'_{sd} \leqslant \sigma_{si} \leqslant f_{sd} \tag{2-129}$$

$$-(f'_{sd}-\sigma_{p0i}) \leqslant \sigma_{pi} \leqslant f_{pd} \tag{2-130}$$

式中:σ_{si}、σ_{pi}——第 i 层纵向普通钢筋、预应力钢筋的应力,按式(2-129)、式(2-130)计算,正值表示拉应力、负值表示压应力;

f_{sd}、f'_{sd}——纵向普通钢筋的抗拉强度设计值和抗压强度设计值,按表 2-7 采用;

f_{pd}、f'_{pd}——纵向预应力钢筋的抗拉强度设计值和抗压强度设计值,按表 2-8 采用;

σ_{p0i}——第 i 层纵向预应力钢筋截面重心处混凝土法向应力等于零时,预应力钢筋中的应力,按《桥规(2018 年)》6.1.6 条计算。

2)受弯构件正截面受压区混凝土压应力计算
(1)正截面受压区混凝土的压应力图形简化为等效的矩形应力图。
(2)矩形应力图高度与实际受压区高度的比值 β 按表 2-35 取用。

系数 β 值　　表 2-35

混凝土强度等级	C50 及以下	C55	C60	C65	C70	C75	C80
β	0.80	0.79	0.78	0.77	0.76	0.75	0.74

(3)矩形应力图的压力强度取混凝土的轴心抗压设计强度设计值 f_{cd}。

3)纵向体内钢筋的应力计算
(1)普通钢筋。
普通钢筋的应力按式(2-131)计算:

$$\sigma_{si} = \varepsilon_{cu} E_s \left(\frac{\beta h_{0i}}{x} - 1 \right) \quad (2\text{-}131)$$

(2)预应力钢筋。
预应力钢筋的应力按式(2-132)计算:

$$\sigma_{pi} = \varepsilon_{cu} E_p \left(\frac{\beta h_{0i}}{x} - 1 \right) + \sigma_{p0i} \quad (2\text{-}132)$$

式中:x——截面混凝土受压区矩形应力图的高度;
h_{0i}——第 i 层纵向钢筋截面重心至混凝土受压边缘(偏压构件取受压较大边)的距离;
E_s、E_p——普通钢筋、预应力钢筋的弹性模量;
β——截面受压区矩形应力图高度与设计受压区高度的比值,按表 2-35 取用。
ε_{cu}——截面非均匀受压时混凝土的极限应变,当混凝土强度等级为 C50 及以下时,取 $\varepsilon_{cu} = 0.0033$;当混凝土强度等级为 C80 时,取 $\varepsilon_{cu} = 0.003$;中间强度等级直线内插求得。

4)截面相对界限受压区高度
根据《桥规(2018 年)》5.2.1 条,受弯构件的截面相对界限受压区高度 ξ_b 应按表 2-36 采用。

相对界限受压区高度 ξ_b　　表 2-36

钢筋种类	混凝土强度等级			
	C50 及以下	C55、C60	C65、C70	C75、C80
HPB300	0.58	0.56	0.54	—
HRB400、HRBF400、RRB400	0.53	0.51	0.49	—
HRB500	0.49	0.47	0.46	—
钢绞线、钢丝	0.40	0.38	0.36	0.35
预应力螺纹钢筋	0.40	0.38	0.36	—

注:1. 截面受拉区内配置不同种类钢筋的受弯构件,其 ξ_b 值应选用相应于各种钢筋的较小者。
2. $\xi_b = x_b/h_0$,x_b 为纵向受拉钢筋和受压混凝土同时达到各自强度设计值时的受压区矩形应力图高度。

(二)计算公式

1. 正截面抗弯承载力

1)矩形截面

《桥规(2018 年)》5.2.2 条规定,对于仅采用纵向体内钢筋的矩形截面或翼缘位于受拉边的 T 形截面受弯构件,正截面抗弯承载力计算图式如图 2-62 所示。

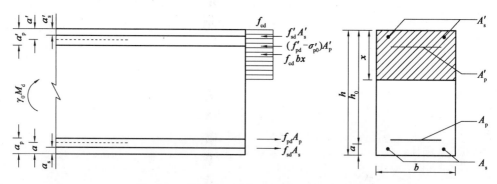

图 2-62　矩形截面受弯构件正截面承载力计算图式

计算结果应满足式(2-133):

$$\gamma_0 M_d \leq f_{cd} bx \left(h_0 - \frac{x}{2} \right) + f'_{sd} A'_s (h_0 - a'_s) + (f'_{pd} - \sigma'_{p0}) A'_p (h_0 - a'_p) \quad (2\text{-}133)$$

混凝土受压区高度 x 按式(2-134)计算:

$$f_{sd} A_s + f_{pd} A_p = f_{cd} bx + f'_{sd} A'_s + (f'_{pd} - \sigma'_{p0}) A'_p \quad (2\text{-}134)$$

截面受压区高度应符合下列要求:

$$x \leq \xi_b h_0 \quad (2\text{-}135)$$

当受压区配有纵向普通钢筋和预应力钢筋,且预应力钢筋受压即$(f'_{pd} - \sigma'_{p0})$为正时:

$$x \geq 2a' \quad (2\text{-}136)$$

当受压区仅配纵向普通钢筋或配普通钢筋和预应力钢筋,且预应力钢筋受拉即$(f'_{pd} - \sigma'_{p0})$为负时:

$$x \geq 2a'_s \quad (2\text{-}137)$$

式中:γ_0——桥梁结构的重要性系数,按《桥规(2018 年)》5.1.2 条的规定采用;

　　　M_d——弯矩设计值,按《桥规(2018 年)》5.1.2 条的规定或本章式(2-88)～式(2-93)计算;

　　　f_{cd}——混凝土轴心抗压强度设计值,按表 2-3 采用;

　　　f_{sd}、f'_{sd}——纵向普通钢筋的抗拉强度设计值和抗压强度设计值,按表 2-7 采用;

　　　f_{pd}、f'_{pd}——纵向预应力钢筋的抗拉强度设计值和抗压强度设计值,按表 2-8 采用;

　　　A_s、A'_s——受拉区、受压区纵向普通钢筋的截面面积;

　　　A_p、A'_p——受拉区、受压区纵向预应力钢筋的截面面积;

　　　b——矩形截面宽度或 T 形截面腹板宽度;

　　　h_0——截面有效高度,$h_0 = h - a$,此处 h 为截面全高;

a、a'——受拉区、受压区普通钢筋和预应力钢筋的合力点至受拉区边缘、受压区边缘的距离;

a'_s、a'_p——受压区普通钢筋合力点、预应力钢筋合力点至受压区边缘的距离;

σ'_{p0}——受压区预应力钢筋合力点处混凝土法向应力等于零时预应力钢筋的应力,先张法构件按《桥规(2018年)》式(6.1.6-2)计算;后张法构件按《桥规(2018年)》式(6.1.6-5)计算。

2) T形(或I形)截面

根据《桥规(2018年)》5.2.3条,对于仅采用纵向体内钢筋且翼缘位于受压区的T形(或I形)截面受弯构件,正截面抗弯承载力计算图式如图2-63所示。

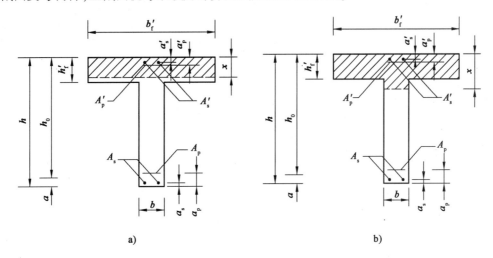

图2-63　T形截面受弯构件正截面承载力计算图式
a) $x \leqslant h'_f$ 按矩形截面计算;b) $x > h'_f$ 按T形截面计算

应按以下规定计算:

(1) 当符合下式时:

$$f_{sd}A_s + f_{pd}A_p \leqslant f_{cd}b'_f h'_f + f'_{sd}A'_s + (f'_{pd} - \sigma'_{p0})A'_p \tag{2-138}$$

应以宽度为 b'_f 的矩形截面[图2-63a)],按式(2-133)～式(2-137)计算。

(2) 当不符合式(2-138)时,应按下列规定计算[图2-63b)]:

$$\gamma_0 M_d \leqslant f_{cd}\left[bx\left(h_0 - \frac{x}{2}\right) + (b'_f - b)h'_f\left(h_0 - \frac{h'_f}{2}\right)\right] + f'_{sd}A'_s(h_0 - a'_s) +$$
$$(f'_{pd} - \sigma'_{p0})A'_p(h_0 - a'_p) \tag{2-139}$$

受压区高度 x 应按式(2-140)计算,并应符合式(2-135)及式(2-136)或式(2-137)的要求。

$$f_{sd}A_s + f_{pd}A_p = f_{cd}[bx + (b'_f - b)h'_f] + f'_{sd}A'_s + (f'_{pd} - \sigma'_{p0})A'_p \tag{2-140}$$

式中:h'_f——T形(或I形)截面受压翼缘厚度;

b'_f——T形(或I形)截面受压翼缘有效宽度,按《桥规(2018年)》4.3.3条的规定采用。

对于仅采用纵向体内钢筋的箱形截面的正截面抗弯承载力可参照I形截面进行计算。

根据《桥规(2018年)》5.2.4条,当计算中考虑受压区纵向钢筋但不符合式(2-136)或式(2-137)条件时,仅采用纵向体内钢筋的受弯构件正截面抗弯承载力的计算应符合下列规定(图2-62)。

(1)当受压区配有纵向普通钢筋和预应力钢筋,且预应力钢筋受压时:

$$\gamma_0 M_d \leq f_{pd} A_p (h - a_p - a') + f_{sd} A_s (h - a_s - a') \quad (2-141)$$

(2)当受压区仅配纵向普通钢筋,或配有普通钢筋和预应力钢筋且预应力钢筋受拉时:

$$\gamma_0 M_d \leq f_{pd} A_p (h - a_p - a'_s) + f_{sd} A_s (h - a_s - a'_s) - (f'_{pd} - \sigma'_{p0}) A'_p (a'_p - a'_s) \quad (2-142)$$

式中:a_s、a_p——受拉区普通钢筋合力点、预应力钢筋合力点至受拉区边缘的距离。

2. 斜截面抗剪承载力

1)计算位置

根据《桥规(2018年)》5.2.8条,计算受弯构件斜截面抗剪承载力时,计算位置应符合下列规定。

(1)简支梁和连续梁近边支点梁段。

①距支座中心 $h/2$ 处截面见图2-64a)截面1—1。

②受拉区弯起钢筋弯起点处截面见图2-64a)截面2—2、3—3。

③锚于受拉区的纵向钢筋开始不受力处截面见图2-64a)截面4—4。

④箍筋数量或间距改变处截面见图2-64a)截面5—5。

⑤构件腹板宽度变化处截面。

(2)连续梁和悬臂梁近中间支点梁段。

①支点横隔梁边缘处截面见图2-64b)截面6—6。

②变高度梁高度突变处截面见图2-64b)截面7—7。

③参照简支梁的要求,需要进行验算的截面。

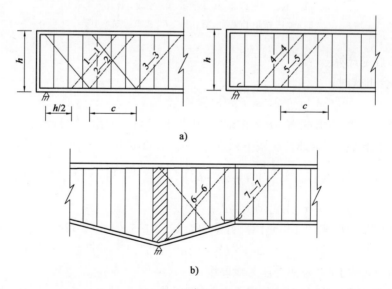

图2-64 斜截面抗剪承载力验算位置示意
a)简支梁和连续梁近边支点梁段;b)连续梁和悬臂梁中间支点梁段

2)计算公式

根据《桥规(2018 年)》5.2.9 条,对于矩形、T 形和 I 形截面的受弯构件,当配置竖向预应力钢筋、箍筋和弯起钢筋时,其斜截面抗剪承载力计算应符合下列规定(图 2-65):

$$\gamma_0 V_d \leqslant V_{cs} + V_{sb} + V_{pb} + V_{pb.ex} \tag{2-143}$$

$$V_{cs} = 0.45 \times 10^{-3} \alpha_1 \alpha_2 \alpha_3 bh_0 \sqrt{(2+0.6P) \sqrt{f_{cu,k}} (\rho_{sv} f_{sv} + 0.6 \rho_{pv} f_{pv})} \tag{2-144}$$

$$V_{sb} = 0.75 \times 10^{-3} f_{sd} \sum A_{sb} \sin\theta_s \tag{2-145}$$

$$V_{pb} = 0.75 \times 10^{-3} f_{pd} \sum A_{pb} \sin\theta_p \tag{2-146}$$

$$V_{pb.ex} = 0.75 \times 10^{-3} \sigma_{pe.ex} \sum A_{ex} \sin\theta_{ex} \tag{2-147}$$

式中: V_d——剪力设计值(kN),按斜截面剪压区对应正截面处取值;

V_{cs}——斜截面内混凝土和箍筋共同的抗剪承载力设计值(kN);

V_{sb}——与斜截面相交的普通弯起钢筋抗剪承载力设计值(kN);

V_{pb}——与斜截面相交的体内预应力弯起钢筋抗剪承载力设计值(kN);

$V_{pb.ex}$——与斜截面相交的体外预应力弯起钢筋抗剪承载力设计值(kN);

α_1——异号弯矩影响系数,计算简支梁和连续梁近边支点梁段的抗剪承载力时, $\alpha_1 = 1.0$;计算连续梁和悬臂梁近中间支点梁段的抗剪承载力时, $\alpha_1 = 0.9$;

α_2——预应力提高系数,对钢筋混凝土受弯构件, $\alpha_2 = 1.0$;对预应力混凝土受弯构件, $\alpha_2 = 1.25$,但当由钢筋合力引起的截面弯矩与外弯矩的方向相同时,或允许出现裂缝的预应力混凝土受弯构件,取 $\alpha_2 = 1.0$;

α_3——受压翼缘的影响系数,对矩形截面,取 $\alpha_3 = 1.0$;对 T 形和 I 形截面,取 $\alpha_3 = 1.1$;

b——斜截面剪压区对应正截面处,矩形截面宽度(mm),或 T 形和 I 形截面腹板宽度(mm);

h_0——截面的有效高度(mm),取斜截面剪压区对应正截面处、自纵向受拉钢筋合力点至受压边缘的距离;

P——斜截面内纵向受拉钢筋的配筋百分率, $P = 100\rho, \rho = (A_p + A_s)/bh_0$,当 $P > 2.5$ 时,取 $P = 2.5$;

$f_{cu,k}$——边长为 150mm 的混凝土立方体抗压强度标准值(MPa);

ρ_{sv}、ρ_{pv}——斜截面内箍筋、竖向预应力钢筋配筋率, $\rho_{sv} = A_{sv}/s_v b, \rho_{pv} = A_{pv}/s_p b$;

f_{sv}、f_{pv}——箍筋、竖向预应力钢筋的抗拉强度设计值(MPa),按表 2-7、表 2-8 采用;

A_{sv}、A_{pv}——斜截面内配置在同一截面的箍筋、竖向预应力钢筋的总截面面积(mm²);

s_v、s_p——斜截面内箍筋、竖向预应力钢筋的间距(mm);

$\sigma_{pe.ex}$——使用阶段体外预应力钢筋扣除预应力损失后的有效应力(MPa),按《桥规(2018 年)》6.1.6 条计算;

A_{sb}、A_{pb}、A_{ex}——斜截面内在同一弯起平面的普通弯起钢筋、体内预应力弯起钢筋和体外预应力弯起钢筋的截面面积(mm²);

θ_s、θ_p、θ_{ex}——普通弯起钢筋、体内预应力弯起钢筋和体外预应力弯起钢筋的切线与水平线的夹角,按斜截面剪压区对应正截面处取值。

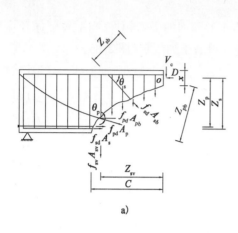
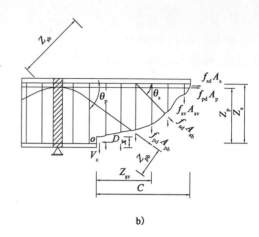

图 2-65 斜截面抗剪承载力计算图式
a) 简支梁和连续梁近边支点梁段; b) 连续梁和悬臂梁中间支点梁段

箱形截面受弯构件的斜截面抗剪承载力可参照 I 形截面计算。

进行斜截面承载力验算时,斜截面水平投影长度 C(图 2-65)应按式(2-148)计算:

$$C = 0.6mh_0 \tag{2-148}$$

式中: m——广义剪跨比,按斜截面剪压区对应正截面的 M_d 和 V_d 计算, $m = M_d/V_d h_0$,当 $m > 3.0$ 时取 $m = 3.0$;

h_0——截面的有效高度,取斜截面剪压区对应正截面处、自纵向受拉钢筋合力点至受压边缘的距离;

M_d——与《桥规(2018 年)》5.2.9 条 V_d 对应的弯矩设计值。

3) 上、下限条件

(1) 对于矩形、T 形和 I 形截面的受弯构件,为了避免发生斜压破坏,截面尺寸应符合:

$$\gamma_0 V_d \leq 0.51 \times 10^{-3} \sqrt{f_{cu,k}} bh_0 \tag{2-149}$$

式中: V_d——剪力设计值(kN),按验算斜截面的最不利值取用;

$f_{cu,k}$——边长为 150mm 的混凝土立方体抗压强度标准值(MPa);

b——矩形截面宽度(mm)或 T 形和 I 形截面腹板宽度(mm),取斜截面所在范围内的最小值;

h_0——自纵向受拉钢筋合力点至受压边缘的距离(mm),取斜截面所在范围内截面有效高度的最小值。

式(2-149)即为最小截面尺寸的限制条件,也称为上限条件。设计中如果式(2-149)不成立,则应加大截面尺寸。

对变高度(承托)连续梁,除验算近边支点梁段的截面尺寸外,尚应验算截面急剧变化处的截面尺寸。

(2) 对于矩形、T 形和 I 形截面的受弯构件,当符合式(2-150)时,可不进行斜截面抗剪承载力的验算,仅需按《桥规(2018 年)》9.3.12 条的构造要求配置箍筋。

$$\gamma_0 V_d \leq 0.50 \times 10^{-3} \alpha_2 f_{td} bh_0 \tag{2-150}$$

式中：f_{td}——混凝土抗拉强度设计值(MPa)，按表 2-3 的规定采用。

式(2-150)即为下限条件。

3. 斜截面抗弯承载力

根据《桥规(2018 年)》5.2.14 条，对于矩形、T 形和 I 形截面的受弯构件，斜截面抗弯承载力应按下列规定进行验算(图 2-65)：

$$\gamma_0 M_d \leq f_{sd} A_s Z_s + f_{pd} A_p Z_p + \sum f_{sd} A_{sb} Z_{sb} + \sum f_{pd} A_{pb} Z_{pb} + \sum f_{sv} A_{sv} Z_{sv} \tag{2-151}$$

此时，最不利的斜截面水平投影长度按式(2-152)试算确定：

$$\gamma_0 V_d = \sum f_{sd} A_{sb} \sin\theta_s + \sum f_{pd} A_{pb} \sin\theta_p + \sum f_{sv} A_{sv} \tag{2-152}$$

式中：M_d——弯矩设计值，按斜截面剪压区对应正截面处取值；

V_d——与弯矩设计值 M_d 对应的剪力设计值；

Z_s、Z_p——纵向普通受拉钢筋合力点、纵向预应力受拉钢筋合力点至受压区中心点 O 的距离；

Z_{sb}、Z_{pb}——与斜截面相交的同一弯起平面内普通弯起钢筋合力点、预应力弯起钢筋合力点至受压区中心点 O 的距离；

Z_{sv}——与斜截面相交的同一平面内箍筋合力点至斜截面受压端的水平距离。

关于斜截面受压端受压区高度 x，可按斜截面内所有的力对构件纵向轴投影之和为零的平衡条件求得。

对于受弯构件的纵向钢筋和箍筋，当符合《桥规(2018 年)》9.1.4 条、9.3.8~9.3.12 条的要求时，可不进行斜截面抗弯承载力计算。

4. 局部承压

1) 局部承压区截面尺寸计算与验算

根据《桥规(2018 年)》5.7.1 条，配置间接普通钢筋的混凝土构件，局部受压区的截面尺寸应满足下列要求：

$$\gamma_0 F_{ld} \leq 1.3 \eta_s \beta f_{cd} A_{ln} \tag{2-153}$$

$$\beta = \sqrt{\frac{A_b}{A_l}} \tag{2-154}$$

式中：F_{ld}——局部受压面积上的局部压力设计值，对后张法构件的锚头局压区，应取 1.2 倍张拉时的最大压力；

f_{cd}——混凝土轴心抗压强度设计值，对后张法预应力混凝土构件，应根据张拉时混凝土立方体抗压强度值按表 2-3 的规定以直线内插求得；

η_s——混凝土局部承压修正系数，混凝土强度等级为 C50 及以下，取 $\eta_s = 1.0$；混凝土强度等级为 C50~C80，取 $\eta_s = 1.0~0.76$，中间按直线插入取值；

β——混凝土局部承压强度提高系数；

A_b——局部受压时的计算底面积，可由计算底面积与局部受压面积按同心、对称原则确定；常用情况，可按图 2-66 确定；

A_{ln}、A_l——混凝土局部受压面积，当局部受压面有孔洞时，A_{ln} 为扣除孔洞后的面积，A_l 为不扣除孔洞的面积。当受压面设有钢垫板时，局部受压面积应计入在垫板中按 45°

刚性角扩大的面积;对于具有喇叭管并与垫板连成整体的锚具,A_{ln}可取垫板面积扣除喇叭管尾端内孔面积。

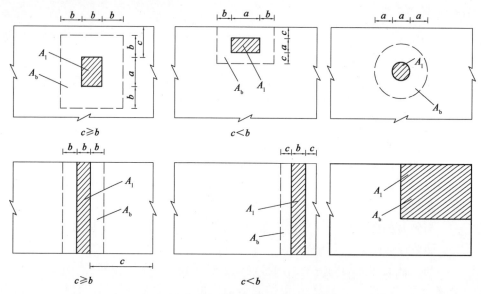

图 2-66 局部承压时计算底面积 A_b 示意

2) 承载力计算与验算

根据《桥规(2018 年)》5.7.2 条,对于配置间接普通钢筋的局部受压构件(图 2-67),局部抗压承载力应按下列规定计算:

$$\gamma_0 F_{ld} \leqslant 0.9(\eta_s \beta f_{cd} + k\rho_v \beta_{cor} f_{sd}) A_{ln} \tag{2-155}$$

$$\beta_{cor} = \sqrt{\frac{A_{cor}}{A_l}} \tag{2-156}$$

间接钢筋体积配筋率(核心面积 A_{cor} 范围内单位混凝土体积所含间接钢筋的体积)按式(2-157)、式(2-158)计算:

方格网

$$\rho_v = \frac{n_1 A_{s1} l_1 + n_2 A_{s2} l_2}{A_{cor} s} \tag{2-157}$$

此时,在钢筋网两个方向的钢筋截面面积相差不应大于50%。

螺旋筋

$$\rho_v = \frac{4 A_{ss1}}{d_{cor} s} \tag{2-158}$$

式中:β_{cor}——配置间接钢筋时局部抗压承载力提高系数,当 $A_{cor} > A_b$ 时,应取 $A_{cor} = A_b$;

k——间接钢筋影响系数,混凝土强度等级 C50 及以下时,取 $k = 2.0$;C50~C80 取 $k = 2.0 \sim 1.7$,中间值直线插入取用;

A_{cor}——方格网或螺旋形间接钢筋内表面范围内的混凝土核芯面积,其形心应与 A_l 的形心相重合,计算时按同心、对称原则取值;

n_1、A_{s1}——方格网沿 l_1 方向的钢筋根数、单根钢筋的截面面积;

$n_2 \backslash A_{s2}$——方格网沿 l_2 方向的钢筋根数、单根钢筋的截面面积;

A_{ss1}——单根螺旋形间接钢筋的截面面积;

d_{cor}——螺旋形间接钢筋内表面范围内混凝土核芯面积的直径;

s——方格网或螺旋形间接钢筋的层距。

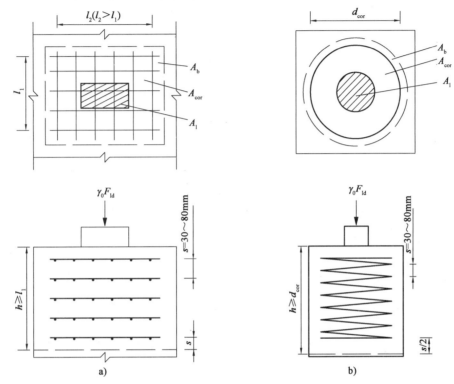

图 2-67 局部承压区域配筋验算图式
a) 方格网钢筋; b) 螺旋形配筋

进行局部抗压承载力计算与验算时,首先应从构造方面保证:方格网钢筋不应少于4层,螺旋形钢筋不应少于4圈;带喇叭管的锚具垫板,板下螺旋筋圈数的长度不应小于喇叭管长度。

二、持久状况正常使用极限状态计算及验算

(一) 计算与验算的内容和原则

1. 基本内容

根据《桥规(2018年)》第6章,公路桥涵的持久状况设计应按正常使用极限状态的要求,采用作用频遇组合、作用准永久组合或作用频遇组合并考虑作用长期效应的影响,对构件的抗裂、裂缝宽度和挠度进行计算,并使各项计算值不超过《桥规(2018年)》的各相应限值。在上述各种作用组合中,汽车荷载不计冲击作用。

在预应力混凝土构件中,预应力应作为荷载考虑,荷载分项系数取为1.0。对连续梁等超静定结构,尚应计入由预应力、温度作用等引起的次效应。

2. 基本原则

对于全预应力混凝土构件,在作用频遇组合下的控制截面受拉边缘不允许出现拉应力。

对于部分预应力混凝土构件,在作用频遇组合下的控制截面受拉边缘可以出现拉应力;当拉应力不超过规定限制时,为 A 类预应力混凝土构件;当拉应力超过规定限制时,为 B 类预应力混凝土构件。

预应力混凝土连续箱梁桥应按表 2-37 进行抗裂和裂缝宽度验算。

预应力混凝土连续箱梁桥的抗裂、裂缝宽度验算要求 表 2-37

部位		验算要求	
		全预应力结构和 A 类预应力结构	B 类预应力结构和钢筋混凝土结构
顶板	上缘的纵桥向正应力	满足《桥规(2018 年)》第 6.3 节规定	按《桥规(2018 年)》第 6.4 节规定进行裂缝宽度验算
	上缘和下缘的横桥向正应力		
	面内的主应力		
底板	下缘的纵桥向正应力		
	上缘和下缘的横桥向正应力		
	面内的主应力		
腹板	面内的主应力		

《桥规(2018 年)》6.1.5 条要求计算预应力混凝土构件的弹性阶段应力时,构件截面性质可按下列规定采用:

(1)先张法构件,采用换算截面。

(2)后张法构件,当计算由作用和体外预应力引起的应力时,体内预应力管道压浆前采用净截面,体内预应力钢筋与混凝土黏结后采用换算截面;当计算由体内预应力引起的应力时,除指明者外采用净截面。

(3)截面性质对计算应力或控制条件影响不大时,也可采用毛截面。

根据《桥规(2018 年)》6.1.6 条,由预加力产生的混凝土法向应力及相应阶段预应力钢筋的应力应按式(2-159)~式(2-166)计算:

(1)先张法预应力混凝土构件。

由预加力产生的混凝土法向压应力 σ_{pc} 和拉应力 σ_{pt}

$$\left.\begin{array}{l}\sigma_{pc}\\ \sigma_{pt}\end{array}\right\} = \frac{N_{p0}}{A_0} \pm \frac{N_{p0}e_{p0}}{A_0}y_0 \qquad (2\text{-}159)$$

预应力钢筋合力点处混凝土法向应力等于零时的预应力钢筋应力

$$\left.\begin{array}{l}\sigma_{p0} = \sigma_{con} - \sigma_l + \sigma_{l4}\\ \sigma'_{p0} = \sigma'_{con} - \sigma'_l + \sigma'_{l4}\end{array}\right\} \qquad (2\text{-}160)$$

相应阶段预应力钢筋的有效预应力

$$\left.\begin{array}{l}\sigma_{pe} = \sigma_{con} - \sigma_l\\ \sigma'_{pe} = \sigma'_{con} - \sigma'_l\end{array}\right\} \qquad (2\text{-}161)$$

(2)后张法体内预应力混凝土构件。

由预加力产生的混凝土法向压应力 σ_{pc} 和拉应力 σ_{pt}

$$\left.\begin{array}{c}\sigma_{pc}\\ \sigma_{pt}\end{array}\right\} = \frac{N_p}{A_n} \pm \frac{N_p e_{pn}}{I_n} y_n \pm \frac{M_{p2}}{I_n} y_n \tag{2-162}$$

预应力钢筋合力点处混凝土法向应力等于零时的预应力钢筋应力

$$\left.\begin{array}{c}\sigma_{p0} = \sigma_{con} - \sigma_l + \alpha_{EP}\sigma_{pc}\\ \sigma'_{p0} = \sigma'_{con} - \sigma'_l + \alpha_{EP}\sigma'_{pc}\end{array}\right\} \tag{2-163}$$

相应阶段预应力钢筋的有效预应力

$$\left.\begin{array}{c}\sigma_{pe} = \sigma_{con} - \sigma_l\\ \sigma'_{pe} = \sigma'_{con} - \sigma'_l\end{array}\right\} \tag{2-164}$$

(3) 后张法体内和体外混合预应力混凝土构件。

由预加力产生的混凝土法向压应力 σ_{pc} 和拉应力 σ_{pt}

$$\left.\begin{array}{c}\sigma_{pc}\\ \sigma_{pt}\end{array}\right\} = \frac{N_{p,ex}}{A_{ex}} \pm \frac{N_{p,ex} e_{p,ex}}{I_{ex}} y_{ex} \pm \frac{M_{p2,ex}}{I_{ex}} y_{ex} \tag{2-165}$$

相应阶段体内预应力钢筋的应力按式 (2-163) 和式 (2-164) 计算。

相应阶段体内预应力钢筋的有效预应力

$$\left.\begin{array}{c}\sigma_{pe,ex} = \sigma_{con} - \sigma_l\\ \sigma'_{pe,ex} = \sigma'_{con} - \sigma'_l\end{array}\right\} \tag{2-166}$$

式中： A_n——净截面面积，即为扣除管道等削弱部分后的混凝土全部截面面积与纵向普通钢筋截面面积换算成混凝土的截面面积之和；对由不同混凝土强度等级组成的截面，应按混凝土弹性模量比值换算成同一混凝土强度等级的截面面积；

A_0——换算截面面积，包括净截面面积 A_n 和全部纵向体内预应力钢筋截面面积换算成混凝土的截面面积；

A_{ex}——后张法体内和体外混合预应力混凝土构件的截面面积，按《桥规（2018 年）》6.1.5 条的规定，考虑管道压浆的影响；

N_{p0}、N_p——先张法构件、后张法构件的体内预应力钢筋和普通钢筋的合力，按《桥规（2018 年）》6.1.7 条计算；

$N_{p,ex}$——后张法体内和体外混合预应力混凝土构件的体内预应力钢筋、体外预应力钢筋和普通钢筋的合力，按《桥规（2018 年）》6.1.7 条计算；

I_n——净截面惯性矩；

I_{ex}——后张法体内和体外混合预应力混凝土构件的截面惯性矩，按《桥规（2018 年）》6.1.5 条的规定，考虑管道压浆的影响；

e_{p0}、e_{pn}——换算截面重心、净截面重心至体内预应力钢筋和普通钢筋合力点的距离，按《桥规（2018 年）》6.1.7 条计算；

$e_{p,ex}$——后张法体内和体外混合预应力混凝土构件的截面重心至体内预应力钢筋、体外预应力钢筋和普通钢筋合力点的距离，按《桥规（2018 年）》6.1.7 条计算；

y_0、y_n——换算截面重心、净截面重心至计算纤维处的距离；

y_{ex}——后张法体内和体外混合预应力混凝土构件的截面重心至计算纤维处距离；

σ_{con}、σ'_{con}——受拉区、受压区预应力钢筋的张拉控制应力，按《桥规(2018年)》6.1.4条的规定确定；

σ_l、σ'_l——受拉区、受压区相应阶段的预应力损失值，按《桥规(2018年)》6.2.2~6.2.7条规定计算；使用阶段时为全部预应力损失值；

σ_{l4}、σ'_{l4}——受拉区、受压区由混凝土弹性压缩引起的预应力损失值，按式(2-119)或式(2-121)计算；

α_{EP}——受拉预应力钢筋弹性模量 E_p 与混凝土弹性模量 E_c 的比值，E_p 和 E_c 分别按表2-9和表2-4采用；

M_{p2}、$M_{p2,ex}$——由预加力 N_p、$N_{p,ex}$ 在预应力混凝土连续梁等超静定结构中产生的次弯矩。

注意事项：

①在式(2-159)、式(2-162)、式(2-165)中，右边第二、第三项与第一项的应力方向相同时取正号，相反时取负号，正号为压，负号为拉。

②式(2-163)中的 σ_{pc}、σ'_{pc} 系由 N_p 产生的受拉区、受压区预应力钢筋重心处的混凝土法向应力，压应力以正值代入，拉应力以负值代入。

③采用式(2-163)计算后张法体内和体外混合预应力构件的 σ_{p0}、σ'_{p0} 时，σ_{pc}、σ'_{pc} 系由 $N_{p,ex}$ 产生的受拉区、受压区预应力钢筋重心处的混凝土法向应力，按式(2-165)计算，压应力以正值代入，拉应力以负值代入。

3. 张拉控制应力

根据《桥规(2018年)》6.1.4条，预应力混凝土构件中预应力钢筋的张拉控制应力值 σ_{con} 应符合下列规定：

1) 预应力钢丝、钢绞线的张拉控制应力值

体内预应力

$$\sigma_{con} \leq 0.75 f_{pk} \tag{2-167}$$

体外预应力

$$\sigma_{con} \leq 0.70 f_{pk} \tag{2-168}$$

2) 预应力螺纹钢筋的张拉控制应力值

$$\sigma_{con} \leq 0.85 f_{pk} \tag{2-169}$$

式中：f_{pk}——预应力钢筋抗拉强度标准值，按表2-8的规定采用。

当对构件进行超张拉或计入锚圈口摩擦损失时，预应力钢筋最大控制应力值（千斤顶油泵上显示的值）可增加 $0.05 f_{pk}$。

(二) 计算公式

1. 抗裂验算

1) 正截面和斜截面抗裂验算

预应力混凝土受弯构件应按下列规定进行正截面和斜截面抗裂验算。

(1)正截面混凝土拉应力应符合下列要求。
①全预应力混凝土构件。
预制构件

$$\sigma_{st} - 0.85\sigma_{pc} \leq 0 \quad (2\text{-}170)$$

分段浇筑或砂浆接缝的纵向分块构件

$$\sigma_{st} - 0.80\sigma_{pc} \leq 0 \quad (2\text{-}171)$$

②A 类预应力混凝土构件。

$$\sigma_{st} - \sigma_{pc} \leq 0.7f_{tk} \quad (2\text{-}172)$$

$$\sigma_{lt} - \sigma_{pc} \leq 0 \quad (2\text{-}173)$$

③B 类预应力混凝土受弯构件在结构自重作用下控制截面受拉边缘不得消压。

(2)斜截面混凝土主拉应力 σ_{tp} 应符合下列要求。
①全预应力混凝土构件。
预制构件

$$\sigma_{tp} \leq 0.6f_{tk} \quad (2\text{-}174)$$

现场浇筑(包括预制拼装)构件

$$\sigma_{tp} \leq 0.4f_{tk} \quad (2\text{-}175)$$

②A 类和 B 类预应力混凝土构件。
预制构件

$$\sigma_{tp} \leq 0.7f_{tk} \quad (2\text{-}176)$$

现场浇筑(包括预制拼装)构件

$$\sigma_{tp} \leq 0.5f_{tk} \quad (2\text{-}177)$$

式中:σ_{st}——在作用频遇组合下构件抗裂验算截面边缘混凝土的法向拉应力,按式(2-178)计算;

σ_{lt}——在作用准永久组合下构件抗裂验算截面边缘混凝土的法向拉应力,按式(2-179)计算;

σ_{pc}——扣除全部预应力损失后的预加力在构件抗裂验算边缘产生的混凝土预压应力,按《桥规(2018 年)》6.1.6 条规定计算;

σ_{tp}——由作用频遇组合和预加力产生的混凝土主拉应力,按《桥规(2018 年)》6.3.3 条规定计算;

f_{tk}——混凝土的抗拉强度标准值,按表 2-2 采用。

2)混凝土法向拉应力计算

在受弯构件的抗裂验算截面边缘,混凝土的法向拉应力应按式(2-178)、式(2-179)计算:

$$\sigma_{st} = \frac{M_s}{W_0} \quad (2\text{-}178)$$

$$\sigma_{lt} = \frac{M_l}{W_0} \quad (2\text{-}179)$$

式中:M_s——按作用频遇组合计算的弯矩设计值;

M_l——结构自重和直接施加于结构上的汽车荷载、人群荷载、风荷载按作用准永久组合计算的弯矩设计值。

后张法构件在计算预施应力阶段由构件自重产生的拉应力时,式(2-178)及式(2-179)中的 W_0 可改用 W_n,W_n 为构件净截面抗裂验算边缘的弹性抵抗矩。

3)混凝土主应力计算

预应力混凝土受弯构件由作用频遇组合和预加力产生的混凝土主拉应力 σ_{tp} 和主压应力 σ_{cp},应按式(2-180)~式(2-184)计算:

$$\genfrac{}{}{0pt}{}{\sigma_{tp}}{\sigma_{cp}} = \frac{\sigma_{cx} + \sigma_{cy}}{2} \mp \sqrt{\left(\frac{\sigma_{cx} - \sigma_{cy}}{2}\right)^2 + \tau^2} \qquad (2\text{-}180)$$

$$\sigma_{cx} = \sigma_{pc} + \frac{M_s y_0}{I_0} \qquad (2\text{-}181)$$

$$\sigma_{cy} = \sigma_{cy,pv} + \sigma_{cy,ph} + \sigma_{cy,t} + \sigma_{cy,l} \qquad (2\text{-}182)$$

$$\sigma_{cy,pv} = 0.6 \frac{n\sigma'_{pe} A_{pv}}{b s_p} \qquad (2\text{-}183)$$

$$\tau = \frac{V_s S_0}{b I_0} - \frac{\sum \sigma''_{pe} A_{pb} \sin\theta_p \cdot S_n}{b I_n} \qquad (2\text{-}184)$$

式中: σ_{cx}——在计算主应力点,由预加力和按作用频遇组合计算的弯矩 M_s 产生的混凝土法向应力;

σ_{cy}——混凝土竖向压应力;

$\sigma_{cy,pv}$、$\sigma_{cy,ph}$、$\sigma_{cy,t}$、$\sigma_{cy,l}$——由竖向预应力钢筋的预加力、横向预应力钢筋的预加力、横向温度梯度和汽车荷载产生的混凝土竖向压应力频遇值;

τ——在计算主应力点,由预应力弯起钢筋的预加力和按作用频遇组合计算的剪力 V_s 产生的混凝土剪应力;当计算截面作用有扭矩时,尚应计入由扭矩引起的剪应力;

σ_{pc}——在计算主应力点,由扣除全部预应力损失后的纵向预加力产生的混凝土法向预压应力,按《桥规(2018年)》6.1.6条计算;

y_0——换算截面重心轴至计算主应力点的距离;

n——在同一截面上竖向预应力钢筋的肢数;

σ'_{pe}、σ''_{pe}——竖向预应力钢筋、纵向预应力弯起钢筋扣除全部预应力损失后的有效预应力;

A_{pv}——单肢竖向预应力钢筋的截面面积;

s_p——竖向预应力钢筋的间距;

b——计算主应力点处构件腹板的宽度;

A_{pb}——计算截面上同一弯起平面内预应力弯起钢筋的截面面积;

S_0、S_n——计算主应力点以上(或以下)部分换算截面面积对换算截面重心轴、净截面面积对净截面重心轴的面积矩;

θ_p——计算截面上预应力弯起钢筋的切线与构件纵轴线的夹角。

式(2-180)及式(2-181)中的 σ_{cx}、σ_{cy}、σ_{pc} 和 $\frac{M_s y_0}{I_0}$，为压应力时以正号代入，为拉应力时以负号代入。

2. 裂缝宽度验算

1) 验算原则与限值

(1) 钢筋混凝土和 B 类预应力混凝土构件应按作用频遇组合并考虑长期效应的影响验算裂缝宽度。

(2) 各类环境中，钢筋混凝土和 B 类预应力混凝土构件的最大裂缝宽度计算值不应超过表 2-38 规定的限值。

最大裂缝宽度限值　　　　　　　表 2-38

环境类别	最大裂缝宽度限值(mm)	
	钢筋混凝土构件、采用预应力螺纹钢筋的 B 类预应力混凝土构件	采用钢丝或钢绞线的 B 类预应力混凝土构件
Ⅰ类 – 一般环境	0.20	0.10
Ⅱ类 – 冻融环境	0.20	0.10
Ⅲ类 – 近海或海洋氯化物环境	0.15	0.10
Ⅳ类 – 除冰盐等其他海洋氯化物环境	0.15	0.10
Ⅴ类 – 盐结晶环境	0.10	禁止使用
Ⅵ类 – 化学腐蚀环境	0.15	0.10
Ⅶ类 – 磨蚀环境	0.20	0.10

2) 计算公式

(1) 钢筋混凝土构件和 B 类预应力混凝土受弯构件，其最大裂缝宽度 W_{cr}(mm) 可按式(2-185)计算：

$$W_{cr} = C_1 C_2 C_3 \frac{\sigma_{ss}}{E_s}\left(\frac{c+d}{0.30+1.4\rho_{te}}\right) \tag{2-185}$$

式中：C_1——钢筋表面形状系数，对光面钢筋，$C_1=1.40$；对带肋钢筋，$C_1=1.00$；对环氧树脂涂层带肋钢筋，$C_1=1.15$；

C_2——长期效应影响系数，$C_2=1+0.5\frac{M_1}{M_s}$，其中 M_1 和 M_s 分别为《桥规(2018 年)》6.3.2 条的作用准永久组合和作用频遇组合计算的弯矩设计值(或轴力设计值)；

C_3——与构件受力性质有关的系数，当为钢筋混凝土板式受弯构件时，$C_3=1.15$，其他受弯构件 $C_3=1.0$，轴心受拉构件 $C_3=1.2$，偏心受拉构件 $C_3=1.1$，圆形截面偏心受压构件 $C_3=0.75$，其他截面偏心受压构件 $C_3=0.9$；

σ_{ss}——钢筋应力，按《桥规(2018 年)》6.4.4 条计算；

c——最外排纵向受拉钢筋的混凝土保护层厚度(mm)，当 $c>50$mm 时，取 50mm；

ρ_{te}——纵向受拉钢筋的有效配筋率，按《桥规(2018 年)》6.4.5 条计算，当 $\rho_{te}>0.1$ 时，取 $\rho_{te}=0.1$；当 $\rho_{te}<0.01$ 时，取 $\rho_{te}=0.01$；

d——纵向受拉钢筋直径(mm);当用不同直径的钢筋时,d 改用换算直径 d_e;

$$d_e = \frac{\sum n_i d_i^2}{\sum n_i d_i}$$

n_i——受拉区第 i 种钢筋的根数;

d_i——受拉区第 i 种钢筋的直径,按表 2-39 取值;对于《桥规(2018 年)》9.3.11 条的焊接钢筋骨架,式(2-185)中的 d 或 d_e 应乘以 1.3 系数。

受拉区钢筋直径 d_i 表 2-39

受拉区钢筋种类	单根普通钢筋	普通钢筋的束筋	钢绞线束	钢丝束
d_i 取值	公称直径 d	等代直径 d_{se}	等代直径 d_{pe}	

注:1. $d_{se} = \sqrt{n}d$,n 为组成束筋的普通钢筋根数,d 为单根普通钢筋公称直径。

2. $d_{pe} = \sqrt{n}d_p$,n 为钢丝束中钢丝根数或钢绞线束中钢绞线根数,d_p 为单根钢丝或钢绞线公称直径。

当矩形、T 形和 I 形截面偏心受压构件满足 $e_0/r \leq 0.55$ 时,或圆形截面偏心受压构件满足 $e_0/r \leq 0.55$ 时,可不进行裂缝宽度验算。

(2)由作用频遇组合引起的开裂截面纵向受拉钢筋的应力 σ_{ss} 可按式(2-186)~式(2-193)计算:

①矩形、T 形和 I 形截面的钢筋混凝土构件。

轴心受拉构件

$$\sigma_{ss} = \frac{N_s}{A_s} \tag{2-186}$$

受弯构件

$$\sigma_{ss} = \frac{M_s}{0.87 A_s h_0} \tag{2-187}$$

偏心受拉构件

$$\sigma_{ss} = \frac{N_s e'_s}{A_s(h_0 - a'_s)} \tag{2-188}$$

偏心受压构件

$$\sigma_{ss} = \frac{N_s(e_s - z)}{A_s z} \tag{2-189}$$

$$z = \left[0.87 - 0.12(1 - \gamma'_f) \left(\frac{h_0}{e_s} \right)^2 \right] h_0 \tag{2-190}$$

$$e_s = \eta_s e_0 + y_s \tag{2-191}$$

$$\gamma'_f = \frac{(b'_f - b)h'_f}{bh_0} \tag{2-192}$$

$$\eta_s = 1 + \frac{1}{4000 e_0/h_0} \left(\frac{l_0}{h} \right)^2 \tag{2-193}$$

式中:A_s——受拉区纵向钢筋截面面积:轴心受拉构件取全部纵向钢筋截面面积;对于受弯、偏心受拉及大偏心受压构件,取受拉区纵向钢筋截面面积或受拉较大一侧的钢筋截面面积;

e'_s——轴向拉力作用点至受压区或受拉较小边纵向钢筋合力点的距离;

e_s——轴向压力作用点至纵向受拉钢筋合力点的距离;

z——纵向受拉钢筋合力点至截面受压区合力点的距离,且不大于 $0.87h_0$;

η_s——轴向压力的正常使用极限状态偏心距增大系数,当 $l_0/h \leqslant 14$ 时,取 $\eta_s = 1.0$;

y_s——截面重心至纵向受拉钢筋合力点的距离;

γ'_f——受压翼缘截面面积与腹板有效截面面积的比值;

b'_f、h'_f——受压区翼缘的宽度、厚度,在式(2-192)中,当 $h'_f > 0.2h_0$ 时,取 $h'_f = 0.2h_0$;

N_s、M_s——按作用频遇组合计算的轴向力设计值、弯矩设计值。

②圆形截面的钢筋混凝土偏心受压构件。

$$\sigma_{ss} = \frac{0.6\left(\dfrac{\eta_s e_0}{r}\right)^3}{\left(0.45 + 0.26\dfrac{r_s}{r}\right)\left(\dfrac{\eta_s e_0}{r} + 0.2\right)}\frac{N_s}{A_s} \quad (2\text{-}194)$$

$$\eta_s = 1 + \frac{1}{4\,000\dfrac{e_0}{2r - a_s}}\left(\frac{l_0}{2r}\right)^2 \quad (2\text{-}195)$$

式中:A_s——全部纵向钢筋截面面积;

N_s——按作用频遇组合计算的轴向力设计值;

r_s——纵向钢筋重心所在圆周的半径;

r——圆形截面的半径;

e_0——构件初始偏心距;

a_s——单根钢筋中心到构件边缘的距离;

η_s——轴向压力的正常使用极限状态偏心距增大系数,当 $\dfrac{l_0}{2r} \leqslant 14.0$ 时,取 $\eta_s = 1.0$。

③B 类预应力混凝土受弯构件。

$$\sigma_{ss} = \frac{M_s \pm M_{p2} - N_{p0}(z - e_p)}{(A_p + A_s)z} \quad (2\text{-}196)$$

$$e = e_p + \frac{M_s \pm M_{p2}}{N_{p0}} \quad (2\text{-}197)$$

式中:z——受拉区纵向普通钢筋和预应力钢筋合力点至截面受压区合力点的距离,按式(2-190)计算,但式中的 e_s 以式(2-197)的 e 代入;

e_p——混凝土法向应力等于零时纵向预应力钢筋和普通钢筋的合力 N_{p0} 的作用点至受拉区纵向预应力钢筋和普通钢筋合力点的距离;

N_{p0}——混凝土法向应力等于零时预应力钢筋和普通钢筋的合力,先张法构件和后张法构件均按《桥规(2018 年)》式(6.1.7-1)计算,该式中的 σ_{p0} 和 σ'_{p0},先张法构件按式(2-160)计算,后张法构件按式(2-163)计算;

M_{p2}——由预加力 N_p 在后张法预应力混凝土连续梁等超静定结构中产生的次弯矩。

式(2-196)及式(2-197)中,当 M_{p2} 与 M_s 的作用相同时,取正号;相反时,取负号。

3. 挠度验算

1) 计算方法

(1) 钢筋混凝土和预应力混凝土受弯构件的挠度可根据给定的构件刚度采用结构力学方法计算。

(2) 受弯构件在使用阶段的挠度应考虑长期效应的影响,即按作用频遇组合与《桥规(2018年)》6.5.2 条规定的刚度计算的挠度值,乘以挠度长期增长系数 η_θ。挠度长期增长系数可按下列规定取用:

当采用 C40 以下混凝土时,$\eta_\theta = 1.60$;

当采用 C40~C80 混凝土时,$\eta_\theta = 1.45 \sim 1.35$,中间强度等级可按直线内插法取值。

(3) 预应力混凝土受弯构件需计算施工阶段的变形,宜采用有限元方法计算,应根据各施工阶段结构各单元加载龄期 t_{0i} 和计算龄期 t_i,按《桥规(2018年)》附录 C 计算各阶段结构收缩、徐变变形增量并累加得到各个阶段结构各个部位的变形值。

(4) 钢筋混凝土和预应力混凝土受弯构件按上述计算的长期挠度值,由汽车荷载(不计冲击力)和人群荷载频遇组合在梁式桥主梁产生的最大挠度不应超过计算跨径的 1/600;在梁式桥主梁悬臂端产生的最大挠度不应超过悬臂长度的 1/300。

2) 刚度计算

受弯构件的刚度可按式(2-198)~式(2-205)计算。

(1) 钢筋混凝土构件。

$M_s \geq M_{cr}$ 时

$$B = \frac{B_0}{\left(\dfrac{M_{cr}}{M_s}\right)^2 + \left[1 - \left(\dfrac{M_{cr}}{M_s}\right)^2\right]\dfrac{B_0}{B_{cr}}} \tag{2-198}$$

$M_s < M_{cr}$ 时

$$B = B_0 \tag{2-199}$$

$$M_{cr} = \gamma f_{tk} W_0 \tag{2-200}$$

式中:B——开裂构件等效截面的抗弯刚度;

B_0——全截面的抗弯刚度,$B_0 = 0.95 E_c I_0$;

B_{cr}——开裂截面的抗弯刚度,$B_{cr} = E_c I_{cr}$;

M_s——按作用频遇组合计算的弯矩设计值;

M_{cr}——开裂弯矩;

γ——构件受拉区混凝土塑性影响系数,按式(2-205)计算;

I_0——全截面换算截面惯性矩;

I_{cr}——开裂截面换算截面惯性矩;

f_{tk}——混凝土轴心抗拉强度标准值。

(2) 预应力混凝土构件。

①全预应力混凝土和 A 类预应力混凝土构件。

$$B_0 = 0.95 E_c I_0 \tag{2-201}$$

②允许开裂的 B 类预应力混凝土构件。

在开裂弯矩 M_{cr} 作用下

$$B_0 = 0.95E_cI_0 \tag{2-202}$$

在开裂弯矩 $(M_s - M_{cr})$ 作用下

$$B_{cr} = E_cI_{cr} \tag{2-203}$$

开裂弯矩 M_{cr} 按式(2-204)、式(2-205)计算:

$$M_{cr} = (\sigma_{pc} + \gamma f_{tk})W_0 \tag{2-204}$$

$$\gamma = \frac{2S_0}{W_0} \tag{2-205}$$

式中:S_0——全截面换算截面重心轴以上(或以下)部分面积对该重心轴的面积矩;

σ_{pc}——扣除全部预应力损失的预应力钢筋和普通钢筋合力 N_{p0} 在构件抗裂边缘产生的混凝土预压应力,先张法构件和后张法构件均按《桥规(2018 年)》6.1.6 条计算,但后张法构件采用净截面;该式中的 N_{p0} 与式(2-197)同样处理;

W_0——换算截面抗裂边缘的弹性抵抗矩。

3)预加力反拱值计算

预应力混凝土受弯构件由预加力引起的反拱值,可采用结构力学方法按刚度 E_cI_0 进行计算,并乘以长期增长系数。计算使用阶段预加力反拱值时,预应力钢筋的预加力应扣除全部预应力损失,长期增长系数取用 2.0。

4)预拱度设置

受弯构件的预拱度可按下列规定设置。

(1)钢筋混凝土受弯构件。

①当由作用频遇组合并考虑长期效应影响产生的长期挠度不超过计算跨径的 1/1600 时,可不设预拱度;

②当不符合上述规定时应设预拱度,且其值可按结构重力和 1/2 可变作用频遇值计算的长期挠度值之和采用。

(2)预应力混凝土受弯构件。

①当预加应力产生的长期反拱值大于按作用频遇组合计算的长期挠度时,可不设预拱度;

②当预加应力的长期反拱值小于按作用频遇组合计算的长期挠度时应设预拱度,其值应按该项作用的挠度值与预加应力长期反拱值之差采用。

结构重力相对于可变作用(活载)较小的预应力混凝土受弯构件,应考虑预加应力反拱值过大可能造成的不利影响,必要时采取反预拱或设计和施工上的其他措施,避免桥面隆起甚至开裂破坏。

三、持久状况和短暂状况构件的应力计算及验算

(一)计算与验算的内容和原则

预应力混凝土连续梁桥在各阶段受力特点不同。从一开始施加预应力,预应力钢筋和混凝土就处于高应力之下。为了保证构件在各个阶段的安全,除了进行承载力验算之外,还必须按《桥规(2018 年)》第 7 章对持久状况和短暂状况的应力分别进行计算与验算。

1. 持久状况

预应力混凝土受弯构件在进行持久状况设计时,应计算使用阶段正截面的混凝土法向压应力、受拉区钢筋拉应力和斜截面的混凝土主压应力,并不得超过《桥规(2018年)》7.1.5条和7.1.6条的规定。计算时作用取其标准值,汽车荷载应考虑冲击系数。

计算使用阶段预应力混凝土构件正截面应力时,预加力产生的混凝土压应力 σ_{pc} 和拉应力 σ_{pt} 应按《桥规(2018年)》6.1.6条和6.1.7条的规定计算。

2. 短暂状况

桥梁构件在进行短暂状况设计时,应计算在制作、运输及安装等施工阶段,由结构重力、施工荷载等引起的正截面和斜截面的应力,并不应超过《桥规(2018年)》7.2.4~7.2.8条的规定。施工荷载除有特别规定外均采用标准值,当有组合时不考虑荷载组合系数。

当吊机(车)行驶于桥梁进行安装时,应对已安装就位的构件进行验算,吊机(车)应乘以1.15的分项系数,但当由吊机(车)产生的效应设计值小于按持久状况承载能力极限状态计算的作用效应设计值时,则可不必验算。

当进行构件运输和安装计算时,构件自重应乘以动力系数。动力系数应按《通规(2015年)》的规定采用。

对构件施加预应力时,混凝土的立方体强度不应低于设计强度等级的80%,弹性模量不应低于混凝土28d弹性模量的80%。

(二)计算公式与应力限值

1. 持久状况

(1)对于全预应力混凝土和A类预应力混凝土受弯构件,由作用标准值产生的混凝土法向应力和预应力钢筋的应力,应按式(2-206)、式(2-207)计算:

①混凝土法向压应力 σ_{kc} 和拉应力 σ_{kt}。

$$\sigma_{kc} \text{ 或 } \sigma_{kt} = \frac{M_k}{I_0} y_0 \tag{2-206}$$

②预应力钢筋应力。

$$\sigma_p = \alpha_{EP} \sigma_{kt} \tag{2-207}$$

式中:M_k——按作用标准值进行组合计算的弯矩值;

y_0——构件换算截面重心轴至受压区或受拉区计算点处的距离。

计算预应力钢筋的应力时,式(2-207)中的 σ_{kt} 应为最外层钢筋重心处的混凝土拉应力。

(2)对于允许开裂的B类预应力混凝土受弯构件,由作用标准值产生的混凝土法向压应力和预应力钢筋的应力增量,可按式(2-208)~式(2-212)计算(图2-68)。

①开裂截面混凝土压应力。

$$\sigma_{cc} = \frac{N_{p0}}{A_{cr}} + \frac{N_{p0} e_{0N} c}{I_{cr}} \tag{2-208}$$

$$e_{0N} = e_N + c \tag{2-209}$$

$$e_N = \left(\frac{M_k \pm M_{p2}}{N_{p0}}\right) - h_{ps} \tag{2-210}$$

$$h_{ps} = \frac{\sigma_{p0}A_p h_p - \sigma_{l6}A_s h_s + \sigma'_{p0}A'_p a'_p - \sigma'_{l6}A'_s a'_s}{N_{p0}} \quad (2\text{-}211)$$

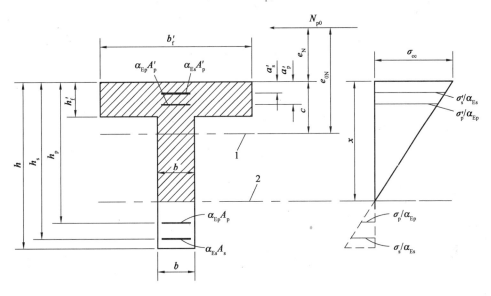

图 2-68　开裂截面的应力计算图式
1-开裂截面重心轴；2-开裂截面中性轴

②开裂截面预应力钢筋的应力增量。

$$\sigma_p = \alpha_{EP}\left[\frac{N_{p0}}{A_{cr}} - \frac{N_{p0}e_{0N}(h_p - c)}{I_{cr}}\right] \quad (2\text{-}212)$$

式中：N_{p0}——混凝土法向应力等于零时预应力钢筋和普通钢筋的合力，先张法构件和后张法构件均按《桥规（2018年）》式（6.1.7-1）及6.4.4条的规定计算；

σ_{p0}、σ'_{p0}——构件受拉区、受压区预应力钢筋合力点处混凝土法向应力等于零时预应力钢筋的应力，先张法构件按式（2-160）计算，后张法构件按式（2-163）计算；

e_{0N}——N_{p0}作用点至开裂截面重心轴的距离；

e_N——N_{p0}作用点至截面受压区边缘的距离，N_{p0}位于截面之外为正；N_{p0}位于截面之内为负；

c——截面受压区边缘至开裂换算截面重心轴的距离；

h_{ps}——预应力钢筋与普通钢筋合力点至截面受压区边缘的距离；

h_p、a'_p——截面受拉区、受压区预应力钢筋合力点至截面受压区边缘的距离；

h_s、a'_s——截面受拉区、受压区普通钢筋合力点至截面受压区边缘的距离；

A_{cr}——开裂截面换算截面面积；

I_{cr}——开裂截面换算截面惯性矩；

α_{EP}——预应力钢筋弹性模量与混凝土弹性模量的比值。

值得注意：

A. 式（2-211）中，当$A'_p=0$时，式中的σ'_{l6}应取为零。

B. 在式(2-210)中,当 M_{p2} 与 M_k 的方向相同时取正号,相反时取负号。

C. 按式(2-212)计算的值应为负值,表示钢筋为拉应力。

D. 当截面受拉区设置多层预应力钢筋时,可仅计算最外层钢筋的拉应力增量,此时,式(2-212)中的 h_p 应为最外层钢筋重心至截面受压区边缘的距离。

E. 预应力混凝土受弯构件开裂截面的中性轴位置(受压区高度)可按《桥规(2018年)》附录 J 求得。

(3) 使用阶段预应力混凝土受弯构件正截面混凝土的压应力和预应力钢筋的拉应力,应符合下列规定:

① 受压区混凝土的最大压应力。

$$\left.\begin{array}{l} \text{未开裂构件} \ \sigma_{kc} + \sigma_{pt} \\ \text{允许开裂构件} \ \sigma_{cc} \end{array}\right\} \leqslant 0.50 f_{ck} \tag{2-213}$$

② 受拉区预应力钢筋的最大拉应力。

A. 体内预应力钢绞线、钢丝。

$$\left.\begin{array}{l} \text{未开裂构件} \ \sigma_{pe} + \sigma_{p} \\ \text{允许开裂构件} \ \sigma_{po} + \sigma_{p} \end{array}\right\} \leqslant 0.65 f_{pk} \tag{2-214}$$

B. 体外预应力钢绞线。

$$\sigma_{pe,ex} \leqslant 0.60 f_{pk} \tag{2-215}$$

C. 预应力螺纹钢筋。

$$\left.\begin{array}{l} \text{未开裂构件} \ \sigma_{pe} + \sigma_{p} \\ \text{允许开裂构件} \ \sigma_{po} + \sigma_{p} \end{array}\right\} \leqslant 0.75 f_{pk} \tag{2-216}$$

式中:σ_{pe}——全预应力混凝土和 A 类预应力混凝土受弯构件,受拉区预应力钢筋扣除全部预应力损失后的有效预应力;

σ_{pt}——由预加力产生的混凝土法向拉应力,先张法构件按式(2-159)计算,后张法构件按式(2-162)计算。

预应力混凝土受弯构件受拉区的普通钢筋,可不必验算。

(4) 预应力混凝土受弯构件由作用标准值和预加力产生的混凝土主压应力 σ_{cp} 和主拉应力 σ_{tp} 应按式(2-180)计算,但其中涉及的式(2-181)及式(2-184)中的 M_s 和 V_s 应分别以 M_k、V_k 代替。此处,M_k 和 V_k 为按作用标准值进行组合计算的弯矩值和剪力值。

混凝土的主压应力应符合式(2-217)的规定:

$$\sigma_{cp} \leqslant 0.60 f_{ck} \tag{2-217}$$

根据计算所得的混凝土主拉应力,按下列规定设置箍筋:

在 $\sigma_{tp} \leqslant 0.50 f_{tk}$ 区段,箍筋可仅按构造要求设置。

在 $\sigma_{tp} > 0.50 f_{tk}$ 区段,箍筋的间距 S_v 可按式(2-218)计算:

$$S_v = \frac{f_{sk} A_{sv}}{\sigma_{tp} b} \tag{2-218}$$

式中:f_{sk}——箍筋的抗拉强度标准值;

A_{sv}——同一截面内箍筋的总截面面积；

b——矩形截面宽度、T形或I形截面的腹板宽度。

如果按式(2-218)计算的箍筋用量少于按斜截面抗剪承载力计算的箍筋用量时，应采用后者的箍筋用量

2.短暂状况

(1)预应力混凝土受弯构件按短暂状况计算时，由预加力和作用标准值产生的法向应力可按式(2-162)~式(2-164)和式(2-206)进行计算。此时，预应力钢筋应扣除相应阶段的预应力损失，作用采用施工荷载，截面性质按体内预应力管道压浆前采用净截面，体内预应力钢筋与混凝土黏结后采用换算截面；当计算由体内预应力引起的应力时采用净截面。

(2)预应力混凝土受弯构件，在预应力和构件重力等施工荷载作用下，截面边缘混凝土的法向应力应符合下列规定：

①压应力。

$$\sigma_{cc}^t \leq 0.70 f'_{ck} \qquad (2-219)$$

②拉应力。

A. 当$\sigma_{ct}^t \leq 0.70 f'_{tk}$时，配置于预拉区纵向钢筋的配筋率不小于0.2%。

B. 当$\sigma_{ct}^t = 1.15 f'_{tk}$时，配置于预拉区纵向钢筋的配筋率不小于0.4%。

C. 当$0.70 f'_{tk} < \sigma_{ct}^t < 1.15 f'_{tk}$时，配置于预拉区纵向钢筋的配筋率按以上两者直线内插取用。

D. 拉应力σ_{ct}^t不应超过$1.15 f'_{tk}$。

上述配筋率为$\dfrac{A'_s + A'_p}{A}$，先张法构件计入A'_p，后张法构件不计A'_p，A'_p为预拉区预应力钢筋截面面积；A'_s为预拉区普通钢筋截面面积；A为构件毛截面面积。

式中：σ_{cc}^t、σ_{ct}^t——按短暂状况计算时截面预压区、预拉区边缘混凝土的压应力、拉应力；

f'_{ck}、f'_{tk}——与制作、运输、安装各施工阶段混凝土立方体抗压强度f'_{cu}相应的轴心抗压强度、轴心抗拉强度标准值，可按表2-2直线插入取用。

配置于预拉区的纵向钢筋宜采用带肋钢筋，其直径不宜大于14mm，沿预拉区的外边缘均匀布置。

第十一节 抗倾覆验算

一、概述

自2007年以来，我国相继发生多起箱梁匝道桥横桥向倾覆垮塌的事故。这些桥梁在结构类型和破坏特征上基本相同：上部结构采用整体式箱梁；结构体系为连续梁，上部结构采用单向受压支座；桥台或过渡墩采用双支座或三支座，跨中桥墩全部或部分采用单支座。

事故桥梁的破坏过程表现为，单向受压支座脱离正常受压状态，上部结构的支承体系不再提供有效约束，上部结构扭转变形趋于发散、横向倾覆垮塌，支座、桥墩连带损坏，如图2-69所示。按照《工程结构可靠性设计统一标准》(GB 50153—2008)的规定，这类破坏属于持久状况

承载能力极限状态范畴。

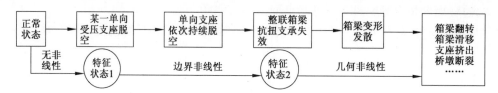

图 2-69 典型倾覆破坏过程

倾覆过程存在两个明确特征状态:在特征状态 1,箱梁的单向受压支座开始脱离受压;在特征状态 2,箱梁的抗扭支承全部失效。参考国内外相关规范,《桥规(2018 年)》将这两个特征状态作为抗倾覆验算工况,对于特征状态 1,要求作用基本组合下,箱梁桥的单向受压支座处于受压状态。对于特征状态 2,参考挡土墙、刚性基础的横向倾覆验算,采用"稳定作用效应≥稳定性系数×失稳作用效应"的表达式进行抗倾覆验算。

二、计算与验算方法

《桥规(2018 年)》4.1.8 条规定了箱梁桥的抗倾覆验算要求,即持久状况下,梁桥不应发生结构体系改变,并应同时满足下列规定。

特征状态 1:在作用基本组合下,单向受压支座始终保持受压状态。

特征状态 2:按作用标准值进行组合时,整体式截面简支梁和连续梁的作用效应须符合式(2-220)的要求:

$$\frac{\sum S_{\text{bk},i}}{\sum S_{\text{sk},i}} \geq k_{\text{qf}} \tag{2-220}$$

式中:k_{qf}——横向抗倾覆稳定性系数,取 $k_{\text{qf}} = 2.5$;

$\sum S_{\text{bk},i}$——使上部结构稳定的效应设计值;

$\sum S_{\text{sk},i}$——使上部结构倾覆的效应设计值。

稳定效应和倾覆效应按照失效支座对有效支座的力矩计算:

稳定效应

$$\sum S_{\text{bk},i} = \sum R_{\text{G}ki} l_i \tag{2-221}$$

倾覆效应

$$\sum S_{\text{sk},i} = \sum R_{\text{Q}ki} l_i \tag{2-222}$$

式中:l_i——第 i 个桥墩处失效支座于有效支座的支座中心间距;

$R_{\text{G}ki}$——在永久作用下,第 i 个桥墩处失效支座的支反力,按全部支座有效的支承体系计算确定,按标准值组合取值;

$R_{\text{Q}ki}$——在可变作用下,第 i 个桥墩处失效支座的支反力,按全部支座有效的支承体系计算确定,按标准值组合取值,汽车荷载效应(考虑冲击)按各失效支座对应的最不利布置形式取值。

除此以外,《桥规(2018 年)》9.6.9 条还规定了公路箱梁匝道桥的抗倾覆构造要求。

(1)桥墩宜采用横向多支座体系(多柱式或独柱双支座式结构),且支座横向间距尽量拉开;当结构受力满足要求时,可采用墩梁固结。

(2)当建设条件特殊,如在跨越道路中央分隔带的墩位、桥墩必须采用独柱单支座式结构时,应避免采用连续的独柱单支座式结构。

(3)过渡墩和桥台处宜设置可靠的限位、防落梁构造。

三、计算示例

由于本书后续各章设计实例均为直线桥且不是典型的独柱墩桥梁,故不再对各实例进行抗倾覆验算,这里仅给出《桥规(2018 年)》的示例作为参考。

位于曲线半径 400m 上的 4×20m 箱梁桥支座布置如图 2-70 所示,抗倾覆验算结果见表 2-40。

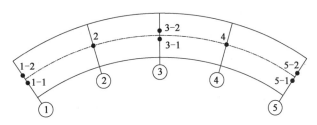

图 2-70 4×20m 箱梁桥支座布置示意

4×20m 箱梁桥抗倾覆验算结果　　　　　　　　表 2-40

项 目			支座编号						
			1-1	1-2	2	3-1	3-2	4	5-1	5-2
	$l_i(m)$		4	0	0	4	0	0	4	0
支座竖向力 (kN)	R_{Gki}(永久作用标准值效应)		657	699	3 886	1 608	1 611	3 886	657	699
	失效支座对应最不利汽车荷载的标准值效应	$R_{Qki,11}$	-335	456	1 030	-245	508	260	-57	273
		$R_{Qki,31}$	-229	515	1 068	-494	618	462	-119	314
		$R_{Qki,51}$	-58	274	266	-247	503	1 031	-335	456
特征状态 1 验算	$1.0R_{Gki}+1.4R_{Qki,11}$		188	1 337	5 328	1 265	2 322	4 250	577	1 081
	$1.0R_{Gki}+1.4R_{Qki,31}$		336	1 420	5 381	917	2 476	4 533	490	1 138
	$1.0R_{Gki}+1.4R_{Qki,51}$		576	1 082	4 259	1 262	2 315	5 330	188	1 337
	验算结论		满足要求							
特征状态 2 验算	稳定效应 $\sum R_{Gki}l_i$ (kN·m)		2 628	0	0	6 433	0	0	2 628	0
	倾覆效应 (kN·m)	$\sum R_{Qki,11}l_i$	1 340	0	0	980	0	0	228	0
		$\sum R_{Qki,31}l_i$	916	0	0	1 976	0	0	476	0
		$\sum R_{Qki,51}l_i$	232	0	0	988	0	0	1 340	0
	抗倾覆稳定性系数		$\sum R_{Gki}l_i/\sum R_{Qki,11}l_i=4.59$,$\sum R_{Gki}l_i/\sum R_{Qki,31}l_i=3.47$,$\sum R_{Gki}l_i/\sum R_{Qki,51}l_i=4.57$							
	验算结论		满足要求							

由表 2-34 可知,特征状态 1 作用基本组合下各支座均为受压状态,最小值为 5-1 支座的 188kN,满足规范要求;特征状态 2 作用标准值进行组合时 1-1、3-1 和 5-1 支座的稳定性系数分别为 4.59、3.47 和 4.57,均大于横向抗倾覆稳定性系数 $k_{qf}=2.5$,满足规范要求。总体上,特征状态 1、2 同时满足规范要求,全桥抗倾覆验算通过。

第十二节 应力扰动区验算

自20世纪80年代以来,国际工程界倡导将混凝土结构划分为B区和D区:B区是指截面应变符合平截面假定的区域,按"梁式体系"计算;D区即应力扰动区,是指截面应变不符合平截面假定的区域。一般地,构件在集中力作用区域、构件几何形状和尺寸发生较大变化区域都属于构件的D区范围。混凝土桥梁的典型应力扰动区包括:梁端锚固区、梁端(墩顶或跨间)横梁、齿板锚固区、盖梁以及承台等部位,如图2-71所示。

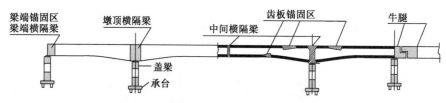

图2-71 混凝土梁桥中的典型应力扰动区

一、后张预应力锚固区的计算与验算

后张预应力混凝土构件的锚固区受到预应力锚固集中力的作用,存在局部承压和应力扩散,是混凝土桥梁中的典型应力扰动区。《桥规(2018年)》将后张锚固区划分为局部区和总体区,如图2-72所示。

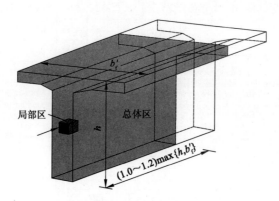

图2-72 总体区和局部区的划分

局部区为锚下直接承受锚固力的区域,主要涉及三向受压;总体区为锚固区之外的范围,主要涉及应力扩散引起的拉应力,需进行抗裂钢筋设计。

(一)基本原则与方法

根据《桥规(2018年)》8.2.1条,对于后张法预应力混凝土构件,预应力锚固区的承载力应满足下列要求:

(1)局部区的锚下抗压承载力应符合《桥规(2018年)》第5.7节的规定。

(2)总体区各受拉部位的抗拉承载力应符合式(2-223)规定:

$$\gamma_0 T_{(\cdot),d} \leqslant f_{sd} A_s \tag{2-223}$$

式中：$T_{(\cdot),d}$——总体区各受拉部位的拉力设计值；对于端部锚固区，锚下劈裂力 $T_{b,d}$、剥裂力 $T_{s,d}$ 和边缘拉力 $T_{et,d}$，可按《桥规(2018 年)》8.2.2～8.2.5 条计算或采用拉压杆模型计算；对于三角齿块锚固区，五个受拉部位的拉力设计值可按《桥规(2018 年)》8.2.6 条计算或采用拉压杆模型计算；

f_{sd}——普通钢筋抗拉强度设计值；

A_s——拉杆中的普通钢筋面积，按《桥规(2018 年)》9.4.18 条和 9.4.20 条规定布置范围内的钢筋计算。

需要说明，对于端部锚固区，横向取梁端全截面，纵向取 1.0～1.2 倍的梁高或梁宽的较大值；对于三角齿块锚固区，横向取齿块宽度的 3 倍，纵向取齿板长度外加 2 倍壁板厚度；对于局部区，横向取锚下局部受压面积(图 2-66)，纵向取 1.2 倍的锚垫板较长边尺寸。

(二) 锚下劈裂力

根据《桥规(2018 年)》8.2.2 条，端部锚固区的锚下劈裂力设计值 $T_{b,d}$(图 2-73)宜按下列规定计算。

(1) 单个锚头引起的锚下劈裂力设计值：

$$T_{b,d} = 0.25 P_d (1+\gamma)^2 \left[(1-\gamma) - \frac{a}{h}\right] + 0.5 P_d |\sin\alpha| \tag{2-224}$$

劈裂力作用位置至锚固端面的水平距离：

$$d_b = 0.5(h - 2e) + e\sin\alpha \tag{2-225}$$

式中：P_d——预应力锚固力设计值，取 1.2 倍张拉控制力；

a——锚垫板宽度；

h——锚固端截面高度；

e——锚固力偏心距，即锚固力作用点距混凝土截面形心的距离；

γ——锚固力在截面上的偏心率，$\gamma = 2e/h$；

α——力筋倾角，一般在 $-5°$～$+20°$ 之间；当锚固力作用线从起点指向截面形心时取正值，逐渐远离截面形心时取负值。

(2) 一组密集锚头引起的锚下劈裂力设计值，宜采用其锚固力的合力值代入式(2-224)计算。

(3) 非密集锚头引起的锚下劈裂力设计值，宜按单个锚头分别计算，取各劈裂力的最大值。

当相邻锚垫板的中心距小于 2 倍锚垫板宽度时[图 2-73b)]，该锚头为密集锚头；否则，为非密集锚头。

一组密集锚头的总垫板宽度 a 取该组锚头最外侧垫板外缘之间的距离[图 2-73b)]。

(三) 锚固引起的剥裂力

根据《桥规(2018 年)》8.2.3 条和 8.2.4 条，由锚垫板局部压陷引起的周边剥裂力 $T_{s,d}$(图 2-74)宜按式(2-226)计算；

$$T_{s,d} = 0.02 \max\{P_{di}\} \tag{2-226}$$

式中：P_{di}——同一端面上，第 i 个锚固力的设计值。

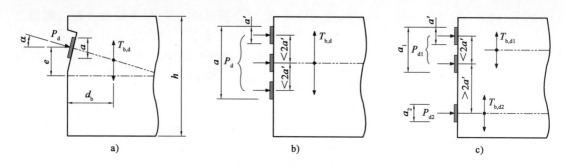

图 2-73 端部锚固区的锚下劈裂力计算
a) 单个锚头情形；b) 一组密集锚头情形；c) 非密集锚头情形

当两个锚固力的中心距大于 1/2 锚固端截面高度时，该组大间距锚头间的端面剥裂力（图 2-75）宜按式（2-227）计算，且不小于最大锚固力设计值的 0.02 倍。

$$T_{s,d} = 0.45 \overline{P}_d \left(\frac{2s}{h} - 1 \right) \tag{2-227}$$

式中：$\overline{P}_d$——锚固力设计值的平均值，即 $\overline{P}_d = (P_{d1} + P_{d2})/2$；

s——两个锚固力的中心距；

h——锚固端截面高度。

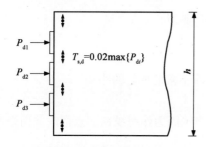

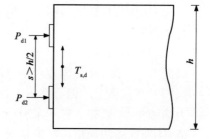

图 2-74 锚头的周边剥裂力计算　　图 2-75 大间距锚头间的剥裂力计算

（四）端部锚固区的边缘拉力

根据《桥规（2018 年）》8.2.5 条，端部锚固区的边缘拉力设计值（图 2-76）宜按式（2-228）计算：

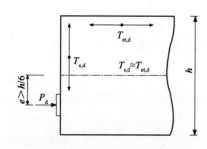

$$T_{et,d} = \begin{cases} 0 & (\gamma \leq 1/3) \\ \dfrac{(3\gamma - 1)^2}{12\gamma} P_d & (\gamma > 1/3) \end{cases} \tag{2-228}$$

式中：γ——锚固力在截面上的偏心率，$\gamma = 2e/h$，e 与 h 按《桥规（2018 年）》8.2.2 条规定取值。

图 2-76 端部锚固区的边缘拉力计算

（五）三角齿块内的拉力计算

根据《桥规（2018 年）》8.2.6 条，三角齿块锚固区内五个受拉部位（图 2-77）的拉力设计值，宜按以下规定计算：

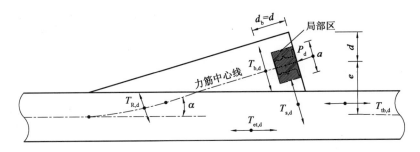

图 2-77 后张预应力构件齿块锚固区的受拉效应

1. 锚下劈裂设计值

$$T_{b,d} = 0.25P_d\left(1 - \frac{a}{2d}\right) \quad (2\text{-}229)$$

式中：d——锚固力中心至齿板边缘的垂直距离。

2. 齿块端面根部的拉力设计值

$$T_{s,d} = 0.04P_d \quad (2\text{-}230)$$

3. 锚后牵拉力设计值

$$T_{tb,d} = 0.20P_d \quad (2\text{-}231)$$

4. 边缘局部弯曲引起的拉力设计值

$$T_{et,d} = \frac{(2e-d)^2}{12e(e+d)}P_d \quad (2\text{-}232)$$

式中：e——锚固力作用点至壁板中心的距离。

5. 径向力作用引起的拉力设计值

$$T_{R,d} = P_d\alpha \quad (2\text{-}233)$$

式中：α——预应力钢筋转向前后的切线夹角(rad)。

二、支座处横梁的计算与验算

(一)计算方法

根据《桥规(2018 年)》8.3.1 条，支座处横隔梁应进行横桥向受力计算，可采用隔离体简化模型，假定跨内荷载由腹板传递至横隔梁。当横隔梁的宽高比 $B_w/h > 2$ 时，可按《桥规(2018 年)》第 5~7 章钢筋混凝土受弯构件进行计算；当横隔梁的宽高比 $B_w/h \leq 2$ 时，可按应力扰动区进行计算。B_w 为横隔梁外腹板中心线之间的距离，h 为横隔梁的高度。

(二)基本公式

根据《桥规(2018 年)》8.3.2 条，单室箱梁的横隔梁，当其宽高比 $0.5 \leq B_w/h \leq 2$ 时，可按以下规定进行顶部横向受拉部位的抗拉承载力计算：

$$\gamma_0 T_{t,d} \leq f_{sd}A_s + f_{pd}A_p \quad (2\text{-}234)$$

$$T_{t,d} = [0.20 + (B_w/h - 0.5)(0.87 - s/B_w)]V_d \quad (2\text{-}235)$$

式中：$T_{t,d}$——横隔梁顶部横向拉杆内力设计值，如图2-78所示；

V_d——由单侧腹板传递至横隔梁的竖向剪力设计值；对于双支座情形，V_d取为单个支座反力设计值R_d；对于单支座情形，V_d取为1/2支座反力设计值，即$V_d = R_d/2$；

s——对于双支座支承的横隔梁，s取支座中心距；对于单支座支承的横隔梁，s取1/2支座垫板宽度a；

h——横隔梁的高度，取支座处箱梁梁高；

B_w——对于直腹板，B_w为腹板中心线之间的间距；对于斜腹板，B_w为腹板中心线中点之间的距离；

f_{sd}、f_{pd}——普通钢筋、预应力钢筋的抗拉强度设计值；

A_s、A_p——拉杆中的普通钢筋、预应力钢筋面积，在桥梁纵向应计入横隔梁及其两侧各1倍横隔梁厚度范围内的钢筋，在梁高方向应计入箱梁顶板厚度内的钢筋。

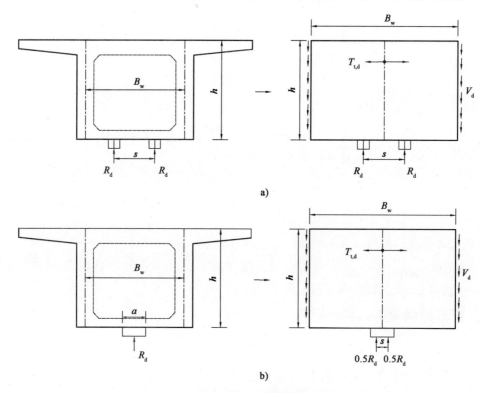

图2-78 支座处横隔梁的顶部横向拉力计算
a) 采用双支座支承的横隔梁；b) 采用单支座支承的横隔梁

三、墩台盖梁的计算与验算

(一) 基本原则

根据《桥规(2018年)》8.4.1条及8.4.2条，墩台盖梁与桥墩宜按刚架计算，盖梁的计算跨径宜取支承中心的距离。

盖梁应按下列规定进行结构设计：

(1)当盖梁跨中部分的跨高比 $l/h>5.0$ 时,按《桥规(2018年)》第5~7章钢筋混凝土一般构件计算;当盖梁跨中部分的跨高比为 $2.5<l/h\leqslant5.0$ 时,按《桥规(2018年)》8.4.3~8.4.5条进行承载力验算。此处,l 为盖梁的计算跨径,h 为盖梁的高度。

(2)盖梁(墩帽)的悬臂部分,按《桥规(2018年)》8.4.6条和8.4.7条进行承载力验算。

(二)计算与验算方法

1.盖梁跨中区域

1)正截面抗弯承载力

根据《桥规(2018年)》8.4.3条,钢筋混凝土盖梁的正截面抗弯承载力应满足式(2-236)、式(2-237)要求:

$$\gamma_0 M_d \leqslant f_{sd} A_s z \tag{2-236}$$

$$z = \left(0.75 + 0.05\frac{l}{h}\right)(h_0 - 0.5x) \tag{2-237}$$

式中:M_d——盖梁最大弯矩设计值;

f_{sd}——纵向普通钢筋的抗拉强度设计值;

A_s——受拉区普通钢筋截面面积;

z——内力臂;

x——截面受压区高度,按式(2-134)计算;

h_0——截面有效高度。

根据《桥规(2018年)》8.4.4条,钢筋混凝土盖梁的抗剪截面应满足下列要求:

$$\gamma_0 V_d \leqslant 0.33 \times 10^{-4}\left(\frac{l}{h} + 10.3\right)\sqrt{f_{cu,k}}bh_0 \tag{2-238}$$

式中:V_d——验算截面处的剪力设计值(kN);

b——盖梁截面宽度(mm);

h_0——盖梁截面有效高度(mm);

$f_{cu,k}$——混凝土立方体抗压强度标准值(MPa)。

式(2-238)即为钢筋混凝土盖梁的抗剪截面尺寸控制条件。

2)斜截面抗剪承载力

根据《桥规(2018年)》8.4.5条,钢筋混凝土盖梁的斜截面抗剪承载力应满足下列要求:

$$\gamma_0 V_d \leqslant 0.5 \times 10^{-4}\alpha_1\left(14 - \frac{l}{h}\right)bh_0\sqrt{(2 + 0.6P)\sqrt{f_{cu,k}}\rho_{sv}f_{sv}} \tag{2-239}$$

式中:V_d——验算截面处的剪力设计值(kN);

α_1——连续梁异号弯矩影响系数,计算近边支点梁段的抗剪承载力时,$\alpha_1=1.0$;计算中间支点梁段及刚构各节点附近时,$\alpha_1=0.9$;

P——受拉区纵向受拉钢筋的配筋百分率,$P=100\rho$,$\rho=A_s/bh_0$,当 $P>2.5$ 时,取 $P=2.5$;

ρ_{sv}——箍筋配筋率,$\rho_{sv}=\dfrac{A_{sv}}{bs_v}$,此处,$A_{sv}$ 为同一截面内箍筋各肢的总截面面积,s_v 为箍筋间距;箍筋配筋率应符合《桥规(2018年)》9.3.12条的规定;

f_{sv}——箍筋的抗拉强度设计值(MPa);

b——盖梁的截面宽度(mm);

h_0——盖梁的截面有效高度(mm)。

2. 盖梁(墩帽)悬臂区域承载力

1) 盖梁悬臂段

根据《桥规(2018年)》8.4.6条,钢筋混凝土盖梁的悬臂段承受竖向力作用时,应符合下列规定:

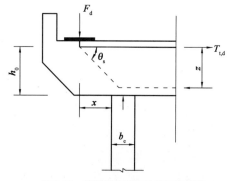

图2-79 盖梁短悬臂段的拉压杆模型

(1)当竖向力作用点至桥墩边缘的水平距离(圆形截面桥墩可换算为边长等于0.8倍直径的方形截面)大于盖梁截面高度时,按《桥规(2018年)》第5~7章钢筋混凝土一般构件计算。

(2)当竖向力作用点至桥墩边缘的水平距离等于或小于盖梁截面高度时,可采用拉压杆模型按下列规定计算悬臂上缘拉杆的抗拉承载力(图2-79):

$$\gamma_0 T_{t,d} \leq f_{sd}A_s + f_{pd}A_p \quad (2\text{-}240)$$

$$T_{t,d} = \frac{x + b_c/2}{z}F_d \quad (2\text{-}241)$$

式中:$T_{t,d}$——盖梁悬臂上缘拉杆的内力设计值;

f_{sd}、f_{pd}——普通钢筋、预应力钢筋的抗拉强度设计值;

A_s、A_p——拉杆中的普通钢筋、预应力钢筋面积;

F_d——盖梁悬臂段的竖向力设计值,按基本组合取用;

b_c——桥墩的支撑宽度,方形截面桥墩取截面边长,圆形截面桥墩取0.8倍直径;

x——竖向力作用点至桥墩边缘的水平距离;

z——盖梁的内力臂,可取 $z = 0.9h_0$。

2) 墩帽悬臂段

根据《桥规(2018年)》8.4.7条,对于布置双支座的独柱墩的墩帽(顶部),可采用拉压杆模型按下列规定计算顶部横向受拉部位的抗拉承载力(图2-80):

$$\gamma_0 T_{t,d} \leq f_{sd}A_s \quad (2\text{-}242)$$

$$T_{t,d} = 0.45F_d\left(\frac{2s - b'}{h}\right) \quad (2\text{-}243)$$

式中:$T_{t,d}$——墩顶的横向拉杆内力设计值;

F_d——墩顶的竖向力设计值,按基本组合取用;

s——双支座的中心距;

h——墩顶横向变宽度区段的高度,当 $h > b$ 时,取 $h = b$,b 为墩帽顶部横向宽度;

b'——距离墩顶高度为 h 的位置处,墩帽或墩身的横向宽度;

f_{sd}——普通钢筋抗拉强度设计值;

A_s——拉杆中的普通钢筋面积,按盖梁顶部 $2h/9$ 高度范围内的钢筋计算。

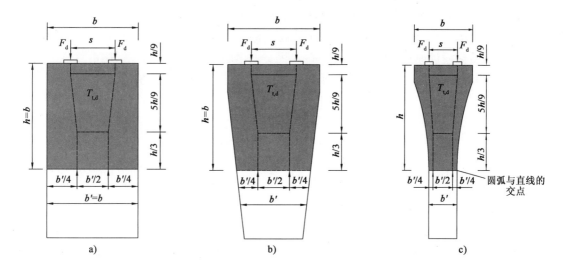

图 2-80　三种独柱墩的墩帽(顶部)配筋设计的拉压杆模型
a)矩形；b)倒梯形；c)花瓶形

3. 裂缝宽度及挠度

1) 裂缝宽度

根据《桥规(2018年)》8.4.8 条，当盖梁跨中部分的跨高比为 $2.5 < l/h \leqslant 5.0$ 时，钢筋混凝土盖梁的最大裂缝宽度按式(2-185)计算，但其中系数 C_3 取为 $\frac{1}{3}\left(\frac{0.4l}{h}+1\right)$，并不应超过表 2-38 规定的限值。

2) 挠度

根据《桥规(2018年)》8.4.9 条，当盖梁跨中部分的跨高比 $l/h > 5.0$ 时，钢筋混凝土盖梁宜按照《桥规(2018年)》第 6.5 节的规定进行挠度计算与验算。

四、承台的计算与验算

承台受桥墩和桩基竖向力作用，是混凝土桥梁典型的应力扰动区。承台的极限承载力(包括冲切承载力)以及配筋设计，应按照《桥规(2018年)》第 8.5 节的规定进行计算与验算。考虑到本书的重点是针对连续梁桥预应力混凝土桥跨结构，有关承台设计的计算与验算不再详细列出。

本章参考文献

[1] 中华人民共和国交通运输部. 公路桥涵设计通用规范：JTG D60—2015[S]. 北京：人民交通出版社股份有限公司，2015.

[2] 中华人民共和国交通运输部. 公路钢筋混凝土及预应力混凝土桥涵设计规范：JTG 3362—2018[S]. 北京：人民交通出版社股份有限公司，2018.

[3] 徐岳，王亚君，万振江. 预应力混凝土连续梁桥设计[M]. 北京：人民交通出版社，2000.

[4] 徐岳,邹存俊,张丽芳,等.连续梁桥[M].北京:人民交通出版社,2012.
[5] 刘龄嘉.桥梁工程[M].北京:人民交通出版社股份有限公司,2017.
[6] 叶见曙.结构设计原理[M].4版.北京:人民交通出版社股份有限公司,2018.
[7] 中交公路规划设计院有限公司.《公路钢筋混凝土及预应力混凝土桥涵设计规范》应用指南[M].北京:人民交通出版社股份有限公司,2018.
[8] 范立础.预应力混凝土连续梁桥[M].北京:人民交通出版社,1988.
[9] 肖汝诚,等.桥梁结构体系[M].北京:人民交通出版社,2013.
[10] 朱新实,刘效尧.公路桥涵设计手册·预应力技术及材料设备[M].3版.北京:人民交通出版社,2012.
[11] 刘效尧,徐岳.公路桥涵设计手册·梁桥[M].2版.北京:人民交通出版社,2011.
[12] 姚玲森,沈莲芬.预应力混凝土设计[M].北京:人民交通出版社,1984.
[13] 王春生,徐岳,郝宪武.广东伶仃洋跨海大桥非通航孔桥桥型方案设计[J].桥梁建设,1999,(2):30-33.
[14] 戴竞,陆楸.预应力混凝土连续梁桥设计和施工[J].公路,1982,(5):1-16.
[15] 金成棣.混凝土徐变对超静定结构的变形及内力的影响[J].土木工程学报,1981,14(3):19-33.

第三章 满堂支架现浇施工连续梁桥设计

第一节 概 述

一、设计特点

满堂支架现场浇筑(也称支架整体现浇)连续梁桥具有悠久的历史,可以说是最原始、最基本的施工方法,主要特点是桥梁的整体性好,施工方法简便易行,施工质量可靠,平面及竖曲线线形容易控制,对机具和起重能力要求不高。随着钢支架的逐步采用及支架构件的标准化和装配化程度不断提高,整体式支架施工得到广泛应用,不仅用于桥墩较低的中、小跨径连续梁桥,而且在长大跨径桥梁中亦有应用。

预应力混凝土连续梁桥采用支架现浇施工,结构在施工过程中一次落架,没有体系转换,因此,内力计算原理和方法比较简单。按传统的结构力学方法直接计算连续梁结构的永久作用、可变作用效应以及基础变位作用效应和温度梯度作用效应,且无须计算恒载徐变二次矩。计算结果的特征是桥梁中支承截面处负弯矩值小于按悬臂施工法计算的相应截面弯矩值,但跨中截面正弯矩值大于按悬臂施工的相应截面弯矩值,这充分表明连续梁桥的设计计算必须与施工方法密切结合。

从构造方面来讲,当采用满堂支架施工时,预应力混凝土连续梁桥可采用等截面(等高度等宽度),也可采用变截面(变高度等宽度或等高度变宽度)。为方便实例设计,现将第二章第二节与满堂支架施工方法相匹配的有关桥型布置和构造设计要点归纳如下。

(一)跨径

一般地,等高度连续梁桥的适宜跨径为 40~60m;变高度连续梁桥的适应跨径为 40~120m,最大也有达到 150m 者,如德国内卡桥为 151m。

(二)截面形式与高跨比

截面形式大都采用箱形截面。当采用等高度箱形截面连续梁桥时,主梁的高跨比通常为 $H/L=1/16\sim1/25$;当采用变高度梁桥时,主梁的根部高度 H_1 与跨径之比通常为 $H_1/L=1/12\sim1/21$,根部梁高 H_1 与跨中梁高 H_2 之比通常为 $H_1/H_2=1.5\sim2.2$。

(三)跨径比

为了获得比较合理的结构重力内力分布,连续梁桥的边孔与中孔跨径之比一般为 0.6~1。

满堂支架施工预应力混凝土连续梁桥的计算内容及过程、截面构造、预应力钢束构造、持久状况承载能力极限状态及持久状况正常使用极限状态的计算与验算等设计内容将在本章以下各节详细介绍。

二、示例设计基本资料

(一) 桥梁线形

平曲线半径:$R_1 = 2\,000\text{m}$。
竖曲线半径:$R_2 = 11\,000\text{m}$。

(二) 主要技术标准

设计荷载:公路—Ⅰ级。
桥面净宽:$2 \times (净15 + 2 \times 0.5)\text{m}$。
通航要求:五级航道$38\text{m} \times 5\text{m}$。
安全等级:一级。

(三) 主要材料

混凝土:预应力混凝土主梁采用 C50 混凝土;基桩采用 C30 混凝土;其余构件采用 C40 混凝土。

预应力钢绞线:采用公称直径为 15.2mm 的预应力钢绞线,标准强度 1 570MPa,弹性模量 $E = 1.95 \times 10^5$ MPa,钢绞线面积 $A_y = 140\text{mm}^2$。

普通钢筋:钢筋直径 $d \geq 12\text{mm}$ 时采用 HRB400 级钢筋,钢筋直径 $d \leq 10\text{mm}$ 时采用 HPB300 级钢筋。

钢板:锚头下垫板、灯具连接板等采用低碳钢。
锚具:采用规格为 15-7 型锚具,并采用与其配套的千斤顶。
预应力管道:采用波纹管成型。
支座:采用盆式橡胶支座。
伸缩缝:采用 D60 型伸缩装置。

(四) 桥面铺装

采用 8cm 沥青混凝土。

(五) 通航水位及河床底高程

通航水位:$+2\text{m}$。
河床底高程:-1m。

(六) 施工方式

采用满堂支架现浇施工。

(七) 设计规范

(1)《公路桥涵设计通用规范》(JTG D60—2015)。
(2)《公路钢筋混凝土及预应力混凝土桥涵设计规范》(JTG 3362—2018)。
(3)《公路桥涵地基与基础设计规范》(JTG D63—2007)。

(八) 基础变位作用

边支座:下沉 1cm;中支座:下沉 1.5cm,并考虑各种组合工况。

(九)温度作用

按《通规(2015年)》规定的温度梯度取值。

三、桥型布置与构造设计

根据本书第一章第一节或《通规》第3章桥型布置与构造设计的基本原则与方法,可进行桥型布置、孔径划分、截面形式及截面尺寸拟订等初步设计内容。

(一)桥型布置及孔径划分

本例是某立交桥主线桥的一联。为降低建筑高度,适当增大跨径并提高行车舒适性,决定采用预应力混凝土连续梁桥,同时考虑通航要求,标准跨径选为30m+45m+30m。为了与主线桥其他各联衔接,实际桥长为104.96m,另外的4cm为预留伸缩缝宽度,桥梁结构计算图式如图3-1所示。

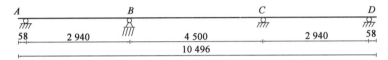

图3-1 桥梁结构计算图式(尺寸单位:cm)

图3-1中,2 940cm为该联边孔计算跨径。58cm为连续梁梁端至边支座中心线之间的距离,支承中心线位置可参考已有的设计实例确定,或根据估计的端横隔板尺寸及位置拟订,一般取横隔板中心线为支承中心线。

由确定桥梁结构计算图式可以看出,桥梁设计计算从一开始就必须综合考虑结构构造设置等因素。很显然,计算跨径为30m+45m+30m与29.4m+45m+29.4m的永久作用的效应、可变作用的效应(如内力、变形)等是有差异的。因此,从事桥梁设计必须习惯于综合考虑、分析和解决问题。

(二)截面形式及截面尺寸拟订

1. 截面形式及梁高

主梁采用变高度直腹板箱形截面。箱梁根部高取为2.4m,高跨比为$H_1/L=1/18.75$;跨中最小梁高H_2取为1.2m,$H_1/H_2=2$。

选用箱形截面主要出于这样几点考虑:第一,箱形截面整体性好,结构刚度大;第二,箱梁的顶、底板可提供足够面积来布设预应力钢束以承受各种作用产生的正、负弯矩;第三,抗扭能力强,同时箱形截面能提供较大的顶板翼缘悬臂,底板宽度相应较窄,可大幅度减小下部结构工程量;第四,采用变高度是为了适应连续梁内力变化的需要;第五,采用直腹板可以简化构造、方便施工和箍筋配置。

2. 横截面尺寸

每幅桥面全宽为16m,故取单箱双室截面为单幅桥的构造断面。箱梁顶板采用钢筋混凝土。为方便顶板横桥向配筋,箱梁腹板净距以不超过5m为宜,顶板翼缘外悬2.5m,则箱梁底板宽度为11m。考虑布置预应力钢束、普通钢筋及承受轮载的需要,箱梁顶板厚度一般为20~25cm左右,本例取为22cm。根据设计经验资料,设置防撞护栏时,箱梁顶板翼缘端部厚度一般为 15~20cm 左右,本例取为 20cm,翼缘根部厚度为 30cm。腹板与顶、底板相接处均做成 10cm×10cm 承托,以利脱模并减弱转角处的应力集中,并使顶、底板的纵向预应力钢束尽量靠近腹板布置和锚固,与截面剪力滞分布规律相匹配,更好地发挥预应力钢束的效率。主梁横截面构造如图 3-2 所示。

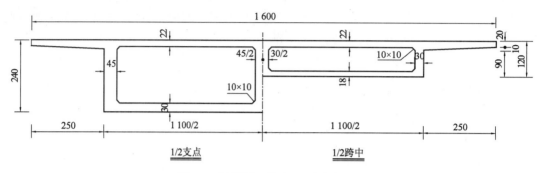

图 3-2　主梁横截面构造（尺寸单位:cm）

3. 箱梁底缘曲线方程

1) 中孔(BC 孔)

梁底缘曲线可设置为圆弧线、二次抛物线或半立方抛物线等线形,本例选用二次抛物线。梁底曲线方程为:

$$y = \frac{4f}{L_0^2}(L_0 - x)x \tag{3-1}$$

式中:f——梁底曲线矢高,本桥为 120cm;

　　　L_0——梁底曲线跨径,本桥为 4 380cm。其中,为布置支座,特设置 120cm(支承中线每侧 60cm,一般与桥墩厚度相同或略大于墩厚)的水平段。梁底曲线局部坐标系如图 3-3 所示。

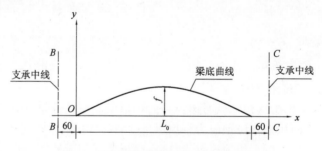

图 3-3　梁底曲线局部坐标系(尺寸单位:cm)

2) 边孔(AB 及 CD 孔)

在支座 $B(C)$ 处分别与中孔梁底缘曲线对称,其余梁底缘为直线,即以梁等高 120cm 过渡到边支座 $A(D)$。

4. 箱梁底板厚度及腹板宽度

1) 箱梁底板厚度

满堂支架施工的连续梁桥,中支承处的负弯矩较大,需要箱梁底板适当加厚,以提供足够的承压面积；同时，跨中正弯矩较大，应避免该区段底板过厚而增加结构自重，因此，就有底板厚度按"中薄边厚"设置的一般规律。本例的设置方法为：中孔（BC孔）距支点 $B(C)$ 1 040cm 处底板厚度 δ 由18cm按线性规律逐渐加厚至30cm，其余部分底板厚度均按18cm设置。加厚段 δ 的计算公式为：

$$\delta = 18 + \Delta y \tag{3-2}$$

$$\Delta y = \frac{12}{1\ 040}\Delta x \quad (0 \leqslant \Delta x \leqslant 1\ 040) \tag{3-3}$$

式中各变量符号含义如图3-4所示。

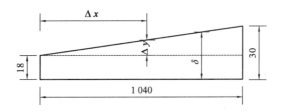

图3-4　底板厚变化规律示意（尺寸单位：cm）

边孔中间支承附近底板加厚段对称于中孔设置；距边支承369cm至端横梁从18cm加厚至30cm，其余部分均按18cm设置。

按上述方法设置的箱梁底板厚度如图3-5所示。

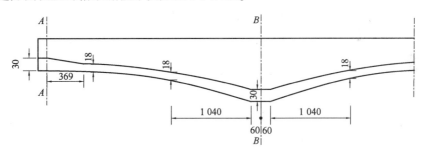

图3-5　箱梁底板加厚示意（尺寸单位：cm）

箱梁底板厚度的设置方法很多，本例仅是其中一种。其他方法如确定最大、最小厚度后，底板上、下缘均按圆弧线或抛物线设置，都可在实际工程中采用，读者可依据计算简单、放样方便的原则灵活选用。

2）腹板宽度

从受力方面来讲，连续梁支点附近承受剪力较大，腹板宜增高或加宽；各孔跨中区段承受剪力较小，腹板可适当降高或减薄。腹板沿跨径加宽或减薄的方式一般有台阶型和斜直线过渡型，如图3-6a）和图3-6b）所示。从施工方面来讲，腹板宽度采用台阶型时，箍筋分阶段等宽度布置，便于施工；而腹板宽度采用斜直线过渡型时，在斜直线区段内箍筋宽度各不相同，施工较麻烦。

本例采用斜直线过渡型，腹板宽度变化规律如图3-7所示。

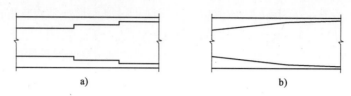

图 3-6 箱梁腹板加宽基本形式
a)台阶型;b)斜直线过渡型

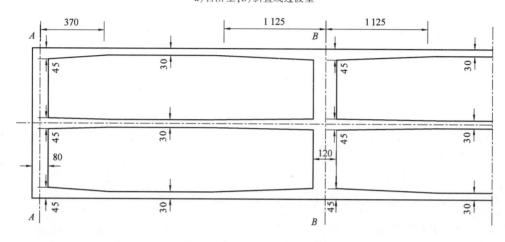

图 3-7 腹板构造(尺寸单位:cm)

5. 横隔板(梁)

本例采用无盖梁双柱式桥墩,因此,需在箱梁支承处内设横隔梁,其中 $A(D)$ 处端横梁宽 80cm,中支承 $B(C)$ 处内横梁宽 120cm,如图 3-7 所示。另外,为增强箱梁的抗扭性能,在三孔跨中均设置宽度为 20cm 的横隔板。所有横隔板(梁)与箱梁内侧相交处均设置 $10cm \times 10cm$ 的承托,以利脱模。

6. 箱梁控制截面几何要素

控制截面也称为设计验算截面或计算截面。控制截面的位置应根据《桥规(2018 年)》5.2.8 条的规定,并兼顾设计计算的效率来确定。本桥共 3 孔,每孔 8 等分为控制截面,半桥共 13 个控制截面,截面要素见表 3-1。这里截面要素主要指发生变化的截面参数,如梁高 H、腹板宽度 b 及底板厚度 H_b(即 δ)等。

箱梁控制截面几何要素(单位:m)　　　　表 3-1

项　　目	截　　面											
	$A—A$	$L_1/8$	$L_1/4$	$3L_1/8$	$L_1/2$	$5L_1/8$	$3L_1/4$	$7L_1/8$	$B—B$	$L/8$	$L/4$	$3L/8$	$L/2$
梁高 H	1.2	1.2	1.201	1.243	1.352	1.529	1.774	2.087	2.4	1.913	1.517	1.279	1.2
底板厚 H_b	0.3	0.18	0.18	0.18	0.18	0.18	0.223	0.265	0.3	0.242	0.18	0.18	0.18
腹板宽 b	0.45	0.3	0.3	0.3	0.3	0.303	0.352	0.401	0.45	0.375	0.3	0.3	0.3

注:1. 箱梁顶板厚度 $H_u = 0.22m$,全桥保持一致。
　　2. L_1 为边孔计算跨径,$L_1 = 29.4m$;L 为中孔计算跨径,$L = 45m$。
　　3. $A—A$ 为边支点截面,$B—B$ 为中支点截面。

第二节 结构有限元建模

按照第二章第三节的设计步骤和结构有限元建模的相关内容,对于满堂支架施工的预应力混凝土连续梁桥,采用有限元计算可按两阶段建模,第一阶段建模(记为有限元模型1)是为了估算预应力钢束数量;根据钢束估算量,配置预应力钢束,并考虑施工过程与结构体系及截面特性的匹配关系,形成第二阶段模型(记为有限元模型2),然后进行相应的计算和验算。以下详细介绍有限元模型1的建模情况。

一、结构离散

尽管本例桥梁位于半径为2 000m的平曲线上,但考虑到曲线半径较大,故建模计算时按直桥处理。

结构离散时,应在主梁结构的定位点、支承点、构造尺寸变化处等控制截面设置节点。对于跨径较小的桥梁,可按等分跨径的方式将结构离散划分单元。考虑到本例桥梁跨径较小,将每孔计算跨径8等分建立单元。四个支承点处设置节点,在B、C支承点两边分别增设0.6m的单元,边支承点以外增设0.58m的小单元。另外,为方便与悬臂施工法计算结果进行对比分析,采用了与第四章相同的单元划分方式。读者在计算满堂支架施工的连续梁时,可不必在施工节段点划分单元。本例结构离散后共计74个梁单元、75个节点,单元划分(仅标注8分点截面号)如图3-8所示。

图3-8 单元划分(尺寸单位:cm)

单元节点号与主梁截面位置对应关系见表3-2。

单元节点号与主梁截面位置对应关系   表3-2

节 点 号	截 面	节 点 号	截 面
2	A	20	$3L_1/4$
4	$L_1/8$	22	$7L_1/8$
8	$L_1/4$	25	B
12	$3L_1/8$	29	$L/8$
15	$L_1/2$	32	$L/4$
18	$5L_1/8$	35	$3L/8$

续上表

节 点 号	截 面	节 点 号	截 面
38	$L/2$	58	$3L_1/8$
41	$5L/8$	61	$L_1/2$
44	$3L/4$	64	$5L_1/8$
47	$7L/8$	68	$3L_1/4$
51	C	72	$7L_1/8$
54	$L_1/8$	74	D
56	$L_1/4$		

各节点坐标见表3-3。

节点坐标（单位：m） 表3-3

节点号	1	2	3	4	5	6	7	8	9
x 坐标	-52.48	-51.9	-50.2	-48.225	-48.2	-46.1	-45.0	-44.55	-44.0
节点号	10	11	12	13	14	15	16	17	18
x 坐标	-41.25	-40.95	-40.875	-37.9	-37.5	-37.2	-34.85	-33.75	-33.525
节点号	19	20	21	22	23	24	25	26	27
x 坐标	-32.35	-29.85	-27.35	-26.175	-24.85	-23.1	-22.5	-21.9	-20.15
节点号	28	29	30	31	32	33	34	35	36
x 坐标	-17.65	-16.875	-15.15	-12.65	-11.25	-10.15	-7.1	-5.625	-4.05
节点号	37	38	39	40	41	42	43	44	45
x 坐标	-1.0	0	1.0	4.05	5.625	7.1	10.15	11.25	12.65
节点号	46	47	48	49	50	51	52	53	54
x 坐标	15.15	16.875	17.65	20.15	21.9	22.5	23.1	24.85	26.175
节点号	55	56	57	58	59	60	61	62	63
x 坐标	27.35	29.85	32.35	33.525	33.75	34.85	37.2	37.5	37.9
节点号	64	65	66	67	68	69	70	71	72
x 坐标	40.875	40.95	41.25	44.0	44.55	45.0	46.1	48.2	48.225
节点号	73	74	75						
x 坐标	50.2	51.9	52.48						

二、节点截面几何特性

主梁节点截面几何特性是桥梁结构内力计算、配筋设计及挠度计算的前提。节点截面几何特性的计算方法很多，常用的有节线法、分块面积法等，可根据截面类型选用具体的计算方法。在配置预应力钢筋之前，可仅按拟订的混凝土截面尺寸计算毛截面几何特性。本例的节点毛截面几何特性计算结果见表3-4。

表3-4毛截面几何特性的计算结果可与手算的结果相校核，为后续的结构有限元建模计算与验算奠定可靠基础。

主梁毛截面几何特性计算结果　　　　　　　　　　表 3-4

节点号(截面)	截面面积 $A(m^2)$	中性轴距下缘距离 $y(m)$	抗弯惯性矩 $I(m^4)$
2(A)	7.908	0.642	1.596
4($L_1/8$)	6.470	0.716	1.357
8($L_1/4$)	6.470	0.716	1.357
12($3L_1/8$)	6.513	0.740	1.479
15($L_1/2$)	6.626	0.811	1.529
18($5L_1/8$)	6.828	0.913	2.456
20($3L_1/4$)	7.590	1.017	3.758
22($7L_1/8$)	8.576	1.142	5.908
25(B)	9.622	1.265	8.751
29($L/8$)	8.037	1.075	4.669
32($L/4$)	6.787	0.908	2.394
35($3L/8$)	6.555	0.768	1.604
38($L/2$)	6.470	0.716	1.357

需要说明的是,根据《桥规(2018年)》4.3.2条规定:在验算主梁截面承载力和应力时,对于T形、I形及箱形截面梁的受压翼缘应取有效分布宽度。实际有限元建模时,还应对毛截面几何特性进一步进行计算调整,调整截面有效分布宽度通过设计软件自带的有效宽度系数功能实现,该功能对内力计算没有影响。简言之,计算主梁截面内力、变形时,可采用表3-4的截面特性;验算截面承载力和应力时,需采用调整后的截面特性。

三、施工过程与边界条件

(一)施工过程

本例采用满堂支架现浇施工一次整体落架,主梁结构没有体系转换,施工阶段划分依据主要考虑单元数量、边界条件及施工阶段作用变化等因素。本例有限元模型施工过程划分为三个施工阶段:第一阶段(CS1)为浇筑混凝土箱梁及张拉预应力钢筋,第二阶段(CS2)为施工桥面铺装及附属构造等,第三阶段(CS3)为成桥三年。各阶段的施工内容见表3-5。

施工阶段及相关要素匹配一览　　　　　　　　　　表 3-5

施工阶段编号	施工内容	单元模拟	截面特性	边界条件	作用荷载	施工时间(d)	累计时间(d)	备 注
CS1	浇筑混凝土箱梁及张拉预应力钢筋	激活全部主梁单元和节点	毛截面/净截面	激活永久支座边界	施加箱梁自重、横隔板自重和预应力钢筋荷载	30	30	根据时间参数计算钢束预加力次内力、混凝土收缩徐变次内力
CS2	施工桥面铺装及附属构造	同CS1	换算截面	同CS1	施加二期荷载	20	50	完成预应力管道注浆

续上表

施工阶段编号	施工内容	单元模拟	截面特性	边界条件	作用荷载	施工时间（d）	累计时间（d）	备注
CS3	成桥3年	同CS1	换算截面	同CS1	同CS2	1 095	1 145	计算三年期收缩徐变效应

注：1. 计算主梁截面内力时，对于有限元模型1，由于还没有配置预应力钢筋，因此CS1~CS3施工阶段均采用毛截面特性；对于有限元模型2，由于预应力钢筋已经分配给了相应单元，且设置了梁截面特性随钢束变化及下一施工阶段注浆选项，因此CS1施工阶段采用净截面特性，CS2和CS3均采用换算截面特性；
2. 估算模型与计算模型的差别在于是否给主梁单元分配预应力钢束，即估算模型作用组合方式不考虑钢束预加力作用效应；
3. 混凝土的收缩、徐变效应产生的位移会影响预应力损失，因此应准确定义混凝土收缩开始时的龄期和考虑徐变的加载龄期等时间参数；
4. 需要注意，对于非施工阶段的荷载，如基础变位、车道荷载及温度荷载，应在成桥后加载，施工阶段不体现。

(二) 边界条件

连续梁桥结构有限元分析时，边界条件的模拟一般有两种处理方式，一种是通过一般支承约束主梁节点来模拟结构的边界条件(本章及第六、七章)；另一种则通过一般支承、弹性连接以及刚性连接的组合方式来模拟边界条件(第四章及第五章)。前者建模简便；后者可直接求出支反力，便于支座、墩台及基础设计，读者可根据实际需求灵活选用。

本例采用一般支承约束主梁节点，即节点2、51和74约束竖向、横向平动和绕桥梁纵轴线的转动，节点25约束纵、横、竖三向平动和绕桥梁纵轴线的转动，边界条件模拟如图3-9所示，约束方式见表3-6。

图3-9 边界条件模拟

节 点 约 束 方 式　　　表3-6

节 点 号	一 般 支 承						节 点 号	一 般 支 承					
	D_x	D_y	D_z	R_x	R_y	R_z		D_x	D_y	D_z	R_x	R_y	R_z
2	0	1	1	1	0	0	51	0	1	1	1	0	0
25	1	1	1	1	0	0	74	0	1	1	1	0	0

注：0表示不约束该方向的自由度、1表示约束该方向的自由度。

四、作用模拟

根据第二章第四节或《通规(2015年)》4.1.1条，公路桥涵设计采用的作用分为永久作用、可变作用、偶然作用和地震作用四类，本例不考虑偶然作用和地震作用，以下作用均以标准值计。

(一) 永久作用

鉴于满堂支架施工一次落架的连续梁桥在结构重力作用下，不因混凝土收缩徐变产生二次力，且在配置预应力钢束之前尚无法计算预加力产生的次内力。因此，在第一阶段建模计算结构内力时，永久作用仅包括结构重力和基础变位作用，可分别按照第二章第四节或《通规

(2015年)》4.2.1条和4.2.6条计算。

1. 结构重力

1) 一期结构重力

一期结构重力包括箱梁自重和横隔板自重。本例箱梁自重作为分布荷载以自重荷载的形式由程序自动计入。横隔板作为集中力施加在相应位置。在计算横隔板处主梁截面几何特性时，可不考虑横隔板对主梁截面的影响。

横隔板作用标准值 P_i 可按式(3-4)计算：

$$P_i = \gamma A_i d_i \tag{3-4}$$

式中：γ——横隔板材料重度(kN/m^3)；

A_i——横隔板面积(m^2)；

d_i——横隔板厚度(m)。

各支承处和各跨跨中处的横隔板重力及作用位置见表3-7。

横隔板重力及作用位置　　　　　　表3-7

作用位置(节点号)	重力(kN)
2	131.2
15	48.3
25	544.3
38	40.4
51	544.3
61	48.3
74	131.2

2) 二期结构重力

二期结构重力标准值按均布荷载计算，为桥面铺装与防撞护栏集度之和，其中桥面铺装层宽15m，厚8cm；护栏按每10米3.01m^3混凝土计，混凝土重度为25kN/m^3。

荷载集度为：

$$\begin{aligned} q_2 &= 桥面铺装集度 + 防撞护栏集度 \\ &= (0.08 \times 15) \times 25 + 0.301 \times 2 \times 25 \\ &= 45.05(kN/m) \end{aligned}$$

2. 基础变位作用

1) 单排基础变位作用

本例共设有四排支座，与每排支座对应的基础变位作用有四种形式，即2号节点(左侧边支座)下降1cm、25号节点(左侧中支座)下降1.5cm、51号节点(右侧中支座)下降1.5cm和74号节点(右侧边支座)下降1cm。

2) 基础变位作用工况

本例基础变位作用的工况包括单排支座、两排支座、三排支座以及四排支座分别和共同沉降。

基础变位作用工况的总数可按 $2^n - 1$ 计算，其中 n 为参与沉降的支座排数。本例中，n 为

4，即共 $2^4 - 1 = 15$ 种工况，所有工况见表3-8。

基础变位工况一览　　　　表3-8

工况号	节点变位形式	沉降量(cm)
1	2号下降	1
2	25号下降	1.5
3	51号下降	1.5
4	74号下降	1
5	2号、25号共同下降	1,1.5
6	2号、51号共同下降	1,1.5
7	2号、74号共同下降	1,1
8	25号、51号共同下降	1.5,1.5
9	25号、74号共同下降	1.5,1
10	51号、74号共同下降	1.5,1
11	2号、25号和51号共同下降	1,1.5,1.5
12	2号、25号和74号共同下降	1,1.5,1
13	2号、51号和74号共同下降	1,1.5,1
14	22号、51号和74号共同下降	1.5,1.5,1
15	2号、25号、51号和74号共同下降	1,1.5,1.5,1

(二)可变作用

可变作用包括汽车荷载、汽车冲击力、人群荷载、温度作用等11种。本例没有人群荷载，所以可变作用仅包括汽车荷载、汽车冲击力和温度梯度作用，其他作用在本例主梁设计中可不予考虑。

1.汽车荷载

汽车荷载可按第二章第四节介绍的方法，或按《通规(2015年)》4.3.1条的规定取用。这里综合考虑《通规(2015年)》和本例设计基本资料的规定，汽车荷载形式取公路—Ⅰ级车道荷载。

根据表2-14，应对横向设计车道数进行折减，本例为4车道，折减系数为0.67，则车道系数为2.68；另外，根据表2-15，本例桥梁计算跨径小于150m，可不考虑纵向折减。

因此，本例实际的汽车荷载标准值为2.68倍的公路—Ⅰ级车道荷载。

2.汽车冲击力

汽车荷载的冲击力标准值为汽车荷载标准值乘以冲击系数 μ。根据表2-16，冲击系数 μ 由结构基频 f 求得。

当 $f < 1.5\mathrm{Hz}$ 时，$\mu = 0.05$；

当 $1.5\mathrm{Hz} \leq f \leq 14\mathrm{Hz}$ 时，$\mu = 0.1767\ln f - 0.0157$；

当 $f > 14\mathrm{Hz}$ 时，$\mu = 0.45$。

根据《通规(2015年)》4.3.2条的条文说明：桥梁的自振频率(基频)宜采用有限元方法计

算,对于连续梁桥也可按式(3-5)和式(3-6)估算:

$$f_1 = \frac{13.616}{2\pi l^2}\sqrt{\frac{EI_c}{m_c}} \qquad (3-5)$$

$$f_2 = \frac{23.651}{2\pi l^2}\sqrt{\frac{EI_c}{m_c}} \qquad (3-6)$$

式中:l——计算跨径,本例按较大跨径取 45m;

E——混凝土弹性模量,本例采用 C50 混凝土,弹性模量为 3.45×10^4 MPa;

I_c——截面抗弯惯性矩,按中孔跨中取,为 $1.357\mathrm{m}^4$;

m_c——跨中处单位长度质量,为 16 510kg/m。

下一节计算冲击力引起的连续梁桥正弯矩效应和相应剪力效应时,采用 f_1;计算冲击力引起的连续梁桥负弯矩效应和相应剪力效应时,采用 f_2。

3. 温度作用

本例为连续梁桥,根据第二章第四节内容,可不考虑均匀温度作用的影响。竖向温度梯度采用表 2-21 规定的温度基数,实桥正温差梯度和反温差梯度标准值如图 3-10 所示,其中 H 为主梁截面高度。

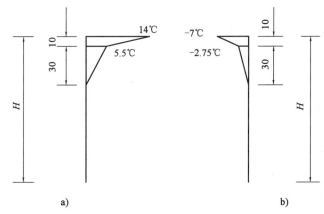

图 3-10 竖向温度梯度模式(尺寸单位:cm)
a)正温差梯度;b)反温差梯度

第三节 作用组合及其效应设计值估算

一、作用标准值的效应计算

根据第二章第二节关于满堂支架现浇施工连续梁桥的有关内容,当一联施工完成后,整联同步卸落支架,形成一联连续梁结构时,结构在施工过程中不存在体系转换,不产生结构重力作用下的混凝土收缩徐变二次力。因此,本例在配置预应力钢筋之前,永久作用标准值的效应仅包括结构重力和基础变位作用标准值的内力,可变作用标准值的效应包括汽车荷载和梯度温度作用标准值的内力,各种作用标准值的内力均按毛截面采用本章第二节建立的有限元模型 1 计算。

这里给出作用标准值的效应,一是为了直观检查所建有限元软件模型的正确性,二是对满堂支架施工连续梁桥的内力分布形成规律性的总体认识。

(一)结构重力标准值的主梁截面内力

根据本章第二节建立的有限元模型 1,可分别求出一期结构重力标准值的内力和一、二期结构重力标准值的内力,计算结果详见表 3-9 和表 3-10,相应的结构重力标准值作用下主梁截面的内力分布如图 3-11 和图 3-12 所示。

一期结构重力标准值作用下的主梁截面内力　　　　表 3-9

节 点 号	截　　面	弯矩 $M(kN·m)$	剪力 $V(kN)$
$2_左$	A	-34.9	120.4
$2_右$		-34.9	-1 451.9
4	$L_1/8$	4 010.2	-778.3
8	$L_1/4$	5 723.4	-154.1
12	$3L_1/8$	5 140.6	471.9
15	$L_1/2$	2 245.7	1 153.4
18	$5L_1/8$	-3 182.7	1 806.0
20	$3L_1/4$	-11 076.6	2 498.4
22	$7L_1/8$	-21 671.3	3 274.2
$25_左$	B	-35 318.5	4 165.6
$25_右$		-35 318.5	-4 368.8
29	$L/8$	-14 552.6	-3 053.9
32	$L/4$	-501.1	-1 968.8
35	$3L/8$	7 763.0	-979.8
$38_左$	$L/2$	10 570.0	-20.2
$38_右$		10 570.0	20.2

一、二期结构重力标准值作用下的主梁截面内力　　　　表 3-10

节 点 号	截　　面	弯矩 $M(kN·m)$	剪力 $V(kN)$
$2_左$	A	-42.5	146.5
$2_右$		-42.5	-1 818.4
4	$L_1/8$	5 045.4	-979.2
8	$L_1/4$	7 192.9	-189.5
12	$3L_1/8$	6 436.0	602.1
15	$L_1/2$	2 758.5	1 449.1
18	$5L_1/8$	-4 060.8	2 267.0
20	$3L_1/4$	-13 954.1	3 124.5
22	$7L_1/8$	-27 156.6	4 065.1

续上表

节点号	截面	弯矩 M(kN·m)	剪力 V(kN)
$25_左$	B	-44 020.0	5 123.6
$25_右$		-44 020.1	-5 382.4
29	$L/8$	-18 265.3	-3 813.3
32	$L/4$	-650.3	-2 475.5
35	$3L/8$	9 751.9	-1 233.2
$38_左$	$L/2$	13 271.6	-20.2
$38_右$		13 271.6	20.2

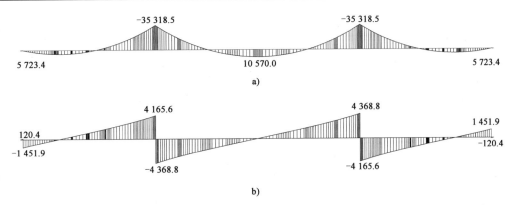

图 3-11 一期结构重力标准值作用下的主梁截面内力分布
a)弯矩(单位:kN·m);b)剪力(单位:kN)

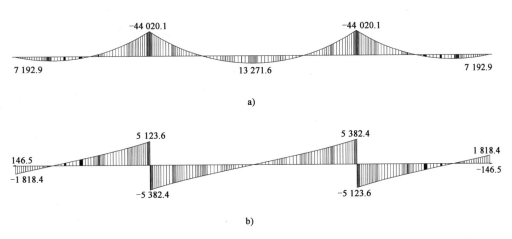

图 3-12 一、二期结构重力标准值作用下的主梁截面内力分布
a)弯矩(单位:kN·m);b)剪力(单位:kN)

(二)基础变位标准值的主梁截面次内力

对于表 3-8 的基础变位工况,现以 2 号和 25 号节点基础变位为例,按照第二章第六节的方法,通过有限元模型 1 可计算单个基础变位作用标准值引起的主梁截面次内力,结果分别见表 3-11 和表 3-12。

2 号节点下降 1cm 引起的主梁截面次内力　　　　　　　　　　表 3-11

节 点 号	截　　面	弯矩 M(kN·m)	剪力 V(kN)
$2_{左}$	A	0.0	0.0
$2_{右}$		0.0	56.6
4	$L_1/8$	−208.0	56.6
8	$L_1/4$	−416.0	56.6
12	$3L_1/8$	−624.0	56.6
15	$L_1/2$	−832.0	56.6
18	$5L_1/8$	−1 040.0	56.6
20	$3L_1/4$	−1 248.0	56.5
22	$7L_1/8$	−1 456.1	56.5
$25_{左}$	B	−1 664.1	56.6
$25_{右}$		−1 664.1	−53.0
29	$L/8$	−1 366.2	−52.9
32	$L/4$	−1 068.3	−52.9
35	$3L/8$	−770.4	−53.0
38	$L/2$	−472.5	−53.0
41	$5L/8$	−174.6	−53.0
44	$3L/4$	123.3	−52.9
47	$7L/8$	421.2	−52.9
$51_{左}$	C	719.1	−53.0
$51_{右}$		719.1	24.5
54	$L_1/8$	629.2	24.4
56	$L_1/4$	539.3	24.4
58	$3L_1/8$	449.4	24.4
61	$L_1/2$	359.5	24.5
64	$5L_1/8$	269.7	24.5
68	$3L_1/4$	179.8	24.5
72	$7L_1/8$	89.9	24.5
$74_{左}$	D	0.0	24.5
$74_{右}$		0.0	0.0

25 号节点下降 1.5cm 引起的主梁截面次内力　　　　　　　表 3-12

节 点 号	截　　面	弯矩 M(kN·m)	剪力 V(kN)
$2_{左}$	A	0.0	0.0
$2_{右}$		0.0	−164.3
4	$L_1/8$	603.9	−164.3
8	$L_1/4$	1 207.9	−164.3

续上表

节点号	截面	弯矩 M(kN·m)	剪力 V(kN)
12	$3L_1/8$	1 811.8	-164.3
15	$L_1/2$	2 415.8	-164.3
18	$5L_1/8$	3 019.7	-164.2
20	$3L_1/4$	3 623.7	-164.1
22	$7L_1/8$	4 227.6	-164.0
$25_{左}$	B	4 831.6	-164.3
$25_{右}$	B	4 831.6	183.2
29	$L/8$	3 800.9	183.0
32	$L/4$	2 770.2	183.2
35	$3L/8$	1 739.5	183.2
38	$L/2$	708.7	183.2
41	$5L/8$	-322.0	183.2
44	$3L/4$	-1 352.7	183.1
47	$7L/8$	-2 383.4	183.0
$51_{左}$	C	-3 414.1	183.2
$51_{右}$	C	-3 414.1	-116.1
54	$L_1/8$	-2 987.3	-116.0
56	$L_1/4$	-2 133.8	-116.1
58	$3L_1/8$	-1 707.0	-116.1
61	$L_1/2$	-1 280.3	-116.1
64	$5L_1/8$	-853.5	-116.1
68	$3L_1/4$	-426.8	-116.1
72	$7L_1/8$	0.0	-116.1
$74_{左}$	D	0.0	0.0
$74_{右}$	D	0.0	0.0

与表 3-11 和表 3-12 相应的基础变位标准值作用下的主梁截面次内力分布如图 3-13 和图 3-14 所示。

相应于表 3-8 的各种工况,会分别产生相应的基础变位标准值作用下的次内力,对主梁每个截面的次内力取所有工况的包络值,计算结果见表 3-13。

基础变位标准值作用下的主梁截面次内力包络值 表 3-13

节点号	截面	M_{max} (kN·m)	M_{min} (kN·m)	V_{max} (kN)	V_{min} (kN)
$2_{左}$	A	0.0	0.0	0.0	0.0
$2_{右}$	A	0.0	0.0	172.7	-188.8

续上表

节 点 号	截 面	M_{max} (kN·m)	M_{min} (kN·m)	V_{max} (kN)	V_{min} (kN)
4	$L_1/8$	693.8	-634.8	172.7	-188.8
8	$L_1/4$	1 387.7	-1 269.5	172.7	-188.8
12	$3L_1/8$	2 081.5	-1 904.3	172.7	-188.8
15	$L_1/2$	2 775.3	-2 539.1	172.7	-188.8
18	$5L_1/8$	3 469.2	-3 173.9	172.6	-188.7
20	$3L_1/4$	4 163.0	-3 808.6	172.5	-188.6
22	$7L_1/8$	4 856.8	-4 443.4	172.4	-188.5
$25_{左}$	B	5 550.7	-5 078.2	172.7	-188.8
$25_{右}$		5 550.7	-5 078.2	236.2	-236.2
29	$L/8$	4 222.1	-3 749.6	235.9	-235.9
32	$L/4$	2 893.5	-2421.0	236.1	-236.1
35	$3L/8$	1 739.5	-1 092.4	236.2	-236.2
38	$L/2$	1 417.4	-944.9	236.2	-236.2

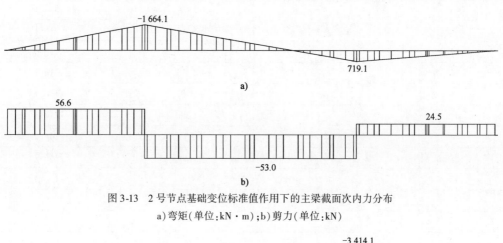

图 3-13 2 号节点基础变位标准值作用下的主梁截面次内力分布
a) 弯矩(单位:kN·m);b) 剪力(单位:kN)

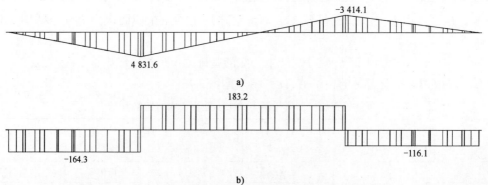

图 3-14 25 号节点基础变位标准值作用下的主梁截面次内力分布
a) 弯矩(单位:kN·m);b) 剪力(单位:kN)

与表 3-13 相应的基础变位标准值作用下的主梁截面次内力包络图如图 3-15 所示。

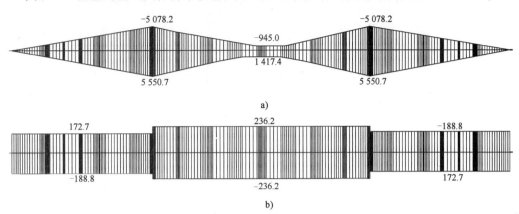

图 3-15　基础变位标准值作用下的主梁截面次内力包络图
a) 弯矩(单位:kN·m);b) 剪力(单位:kN)

(三) 汽车荷载标准值的主梁截面内力

汽车荷载内力计算方法在第二章第四节中已做介绍,现分别针对手工计算和有限元程序计算的过程给予详细说明。手工计算结果可以校核有限元程序计算结果,以保证程序建模与计算的正确性。

1. 手工计算

首先,采用结构力学或有限元方法绘制各个截面(控制截面或计算截面)的内力影响线。对于等截面连续梁,结构赘余力与截面刚度无关,其影响线纵坐标及面积计算可采用一般资料中的公式和图表进行。对于变截面连续梁,可采用静力法或机动法绘制影响线。由于计算过程较烦琐,一般借助专业桥梁程序直接求得。为节省篇幅,这里只给出本例边孔 $3L_1/4$ 及中孔 $L/2$ 截面的内力影响线,如图 3-16 和图 3-17 所示。

以车道荷载中的均布荷载集度乘以荷载作用区域影响线和坐标横轴围成的面积,集中力乘以作用位置的影响线竖标,二者之和并考虑车道折减和横向分布系数之后,即为该控制截面的汽车荷载内力。

2. 程序计算

对于满堂支架现浇施工的箱形截面连续梁桥,在应用桥梁结构有限元程序计算汽车荷载内力时,仅需选择适用的设计规范和相应的汽车荷载,在横向布置中载和偏载两种工况来计算汽车荷载内力。

程序计算与手工计算的原理相同,只不过采用程序计算时,按式(2-14)采用动态规划法在影响线上进行车道荷载的最不利加载;而手工计算时,由设计者找出车道荷载在影响线上的最不利加载位置进行加载,而后求得汽车荷载内力。

不管采用手工计算还是有限元软件程序计算,均可得到主梁各计算截面的汽车荷载标准值作用下的内力,二者相差不大。将本章第二节确定的车道荷载标准值(2.68 倍的公路—Ⅰ级车道荷载)作用于主梁结构,通过有限元模型 1 可计算得到主梁截面内力(计入冲击系数),计算结果见表 3-14。

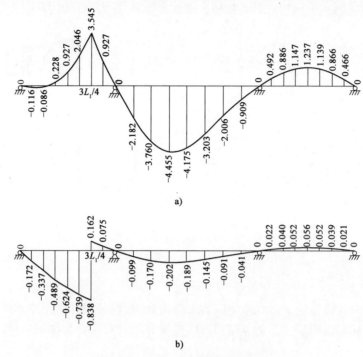

图3-16 边孔 $3L_1/4$ 截面内力影响线
a)弯矩影响线(单位:m);b)剪力影响线(单位:无量纲)

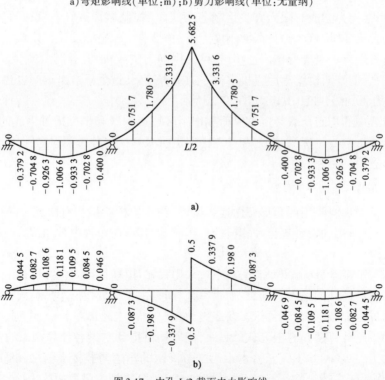

图3-17 中孔 $L/2$ 截面内力影响线
a)弯矩影响线(单位:m);b)剪力影响线(单位:无量纲)

汽车荷载标准值(计入冲击系数)作用下的主梁截面内力 表 3-14

节 点 号	截 面	M_{max} (kN·m)	M_{min} (kN·m)	V_{max} (kN)	V_{min} (kN)
2左	A	0.0	-632.4	1 207.8	0.0
2右		0.0	-632.4	401.8	-1 601.4
4	$L_1/8$	4 332.6	-1 453.9	411.4	-1 297.2
8	$L_1/4$	7 060.2	-2 902.3	596.0	-1 018.5
12	$3L_1/8$	8 312.8	-4 350.6	822.4	-771.6
15	$L_1/2$	8 287.0	-5 798.9	1 045.3	-560.5
18	$5L_1/8$	7 192.8	-7 247.3	1 260.4	-385.1
20	$3L_1/4$	5 206.6	-8 704.0	1 467.3	-241.8
22	$7L_1/8$	2 981.2	-10 772.7	1 668.4	-125.2
25左	B	2 376.0	-13 790.3	1 871.1	-91.2
25右		2 376.0	-13 790.4	197.1	-1 943.4
29	$L/8$	3 047.2	-6 777.1	204.0	-1 673.4
32	$L/4$	5 374.4	-4 043.8	329.9	-1 395.1
35	$3L/8$	7 736.5	-3 001.7	542.6	-1 101.7
38	$L/2$	8 676.5	-2 323.4	808.0	-808.1

注:表中数值为采用有限元模型1的计算结果。

与表 3-14 相应的汽车荷载标准值作用下的主梁截面内力包络图如图 3-18 所示。

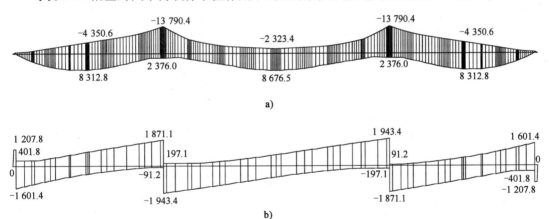

图 3-18 汽车荷载标准值(计入冲击系数)作用下的主梁截面内力包络图
a)弯矩(单位:kN·m);b)剪力(单位:kN)

(四)温度作用标准值的主梁截面次内力

将图 3-10 所示的竖向温度梯度分布作用于本例的连续梁桥,按照第二章第六节的方法,采用有限元模型 1,可计算得到温度梯度作用标准值引起的主梁截面次内力,结果分别见表 3-15 和表 3-16,相应的主梁截面次内力分布如图 3-19 和图 3-20 所示。

正温差梯度标准值引起的主梁截面次内力 表 3-15

节 点 号	截 面	弯矩 $M(\mathrm{kN}\cdot\mathrm{m})$	剪力 $V(\mathrm{kN})$
$2_{左}$	A	0.0	0.0
$2_{右}$		0.0	-181.7
4	$L_1/8$	667.8	-181.7
8	$L_1/4$	1 335.7	-181.7
12	$3L_1/8$	2 003.5	-181.7
15	$L_1/2$	2 671.3	-181.7
18	$5L_1/8$	3 339.2	-181.6
20	$3L_1/4$	4 007.0	-181.5
22	$7L_1/8$	4 674.8	-181.4
$25_{左}$	B	5 342.6	-181.7
$25_{右}$		5 342.6	0.0
29	$L/8$	5 342.5	0.0
32	$L/4$	5 342.4	0.0
35	$3L/8$	5 342.3	0.0
38	$L/2$	5 342.2	0.0

反温差梯度作用标准值引起的主梁截面次内力 表 3-16

节 点 号	截 面	弯矩 $M(\mathrm{kN}\cdot\mathrm{m})$	剪力 $V(\mathrm{kN})$
$2_{左}$	A	0.0	0.0
$2_{右}$		0.0	90.8
4	$L_1/8$	-333.9	90.9
8	$L_1/4$	-667.8	90.9
12	$3L_1/8$	-1 001.7	90.9
15	$L_1/2$	-1 335.7	90.8
18	$5L_1/8$	-1 669.6	90.8
20	$3L_1/4$	-2 003.5	90.8
22	$7L_1/8$	-2 337.4	90.7
$25_{左}$	B	-2 671.3	90.9
$25_{右}$		-2 671.3	0.0
29	$L/8$	-2 671.3	0.0
32	$L/4$	-2 671.2	0.0
35	$3L/8$	-2 671.2	0.0
38	$L/2$	-2 671.1	0.0

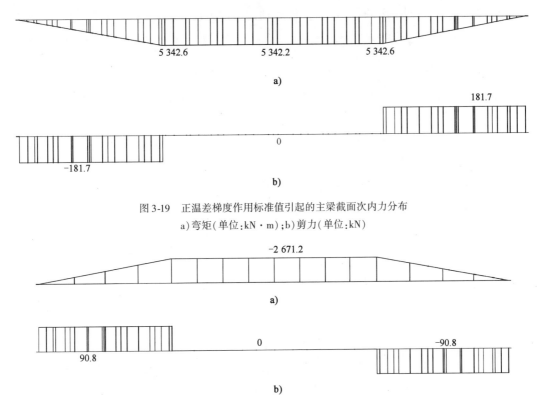

图 3-19 正温差梯度作用标准值引起的主梁截面次内力分布
a) 弯矩(单位:kN·m);b) 剪力(单位:kN)

图 3-20 反温差梯度作用标准值引起的主梁截面次内力分布
a) 弯矩(单位:kN·m);b) 剪力(单位:kN)

二、作用组合的效应设计值计算(一)

根据《通规(2015 年)》4.1.5 条和 4.1.6 条的规定,可采用两种方式进行作用组合的效应设计值计算:一种是将各种作用的标准值乘以《桥规(2018 年)》规定的相应系数(如作用分项系数、组合值系数、频遇值系数、准永久值系数),再将由此得到的作用设计值、作用组合值、作用频遇值、作用准永久值等,按照《通规(2015 年)》规定的作用组合方式施加于连续梁桥,所得相应效应之和即为该规定作用组合的效应设计值;另一种是根据《通规(2015 年)》规定的作用组合方式,将不同作用的标准值分别施加于连续梁桥,再将由此得到的相应效应乘以与作用相匹配的分项系数、组合值系数、频遇值系数、准永久值系数之后取代数和,即得该规定作用组合的效应设计值。第一种方式称为作用组合下的效应设计值计算,第二种方式称为作用效应组合下的效应设计值计算。对于跨径较小的连续梁桥,作用与作用效应可按线性关系考虑,这两种方式计算的效应设计值是一致的。

第二章第七节已经提到,对于满堂支架施工的预应力混凝土连续梁桥设计,需先进行预应力钢筋估算,配置钢筋后再进行各种状态下的计算和验算,故需进行两次作用组合的效应设计值计算。其中,第一次作用组合的效应设计值计算是为了估算预应力钢筋数量,所以没有考虑预加力次效应,且各种作用的效应设计值均采用毛截面计算;第二次作用组合的效应设计值计算时,必须计入预加力(包括混凝土收缩徐变影响)产生的次效应,计算各种作用的效应设计值时,应采用与施工过程相匹配的净截面或换算截面。因此,以下具体在计算主梁截面内力设计值时,将第一、二次作用组合的效应设计值分别记为内力设计值(一)、内力设计值(二)。

(一)持久状况承载能力极限状态

1. 作用组合方式

根据本例的具体情况,作用组合方式取基本组合:即永久作用设计值与可变作用设计值相组合,其中,永久作用设计值包括结构重力设计值和基础变位设计值;可变作用设计值包括车道荷载(含冲击力)设计值和温度梯度作用设计值。

2. 作用基本组合的内力设计值

对于本例,持久状况承载能力极限状态作用基本组合的主梁截面内力设计值 S_{ud} 可按式(2-90)或《通规(2015 年)》式(4.1.5-1),采用有限元模型 1 计算,结果见表 3-17。

持久状况承载能力极限状态作用基本组合的主梁截面内力设计值(一)　　　表 3-17

节点号	截面	$\gamma_0 M_{max}$ (kN·m)	$\gamma_0 M_{min}$ (kN·m)	$\gamma_0 V_{max}$ (kN·m)	$\gamma_0 V_{min}$ (kN)
2左	A	-46.7	-1 030.0	2 053.5	161.2
2右		-46.7	-1 030.0	-1 181.5	-5 180.1
4	$L_1/8$	14 485.1	2 576.0	-243.7	-3 604.1
8	$L_1/4$	22 673.2	1 973.1	909.4	-2 132.3
12	$3L_1/8$	24 756.1	-1 824.7	2 261.1	-839.8
15	$L_1/2$	21 015.0	-8 835.2	3 722.5	417.1
18	$5L_1/8$	12 374.8	-20 195.0	5 133.4	1 587.2
20	$3L_1/4$	-413.7	-36 232.3	6 583.7	2 751.1
22	$7L_1/8$	-17 210.5	-57 580.3	8 134.8	3 965.7
25左	B	-35 539.3	-85 221.9	9 844.5	5 181.7
25右		-35 539.4	-85 222.0	-5 487.3	-10 227.5
29	$L/8$	-6 906.3	-39 694.4	-3 750.7	-7 740.3
32	$L/4$	15 323.1	-11 502.6	-2 085.0	-5 546.0
35	$3L/8$	31 913.8	2 322.5	-391.0	-3 454.4
38	$L/2$	37 830.1	7 415.8	1 401.0	-1 352.1

与表 3-17 相应的持久状况承载能力极限状态作用基本组合的主梁截面内力设计值(一)分布如图 3-21 所示。

由表 3-17 和图 3-21 可知,持久状况承载能力极限状态作用基本组合下,本例主梁墩顶截面 B 承受的最大和最小负弯矩设计值分别为 85 222.0kN·m 和 35 539.4 kN·m,中孔跨中截面承受的最大和最小正弯矩设计值分别为 37 830.1kN·m 和 7 415.8kN·m;边支点截面 A 承受的最大和最小剪力设计值分别为 2 053.5kN 和 -5 180.1kN,中支点截面 B 承受的最大和最小剪力设计值分别为 9 844.5kN 和 -10 227.5kN。

持久状况承载能力极限状态作用基本组合的主梁截面弯矩设计值(一)包络图,主要用于初步确定预应力钢筋的长度布置范围,并为承载能力极限状态设计奠定基础。

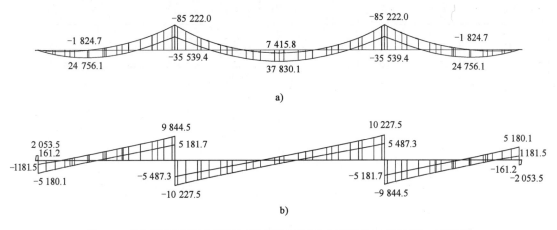

图 3-21 持久状况承载能力极限状态作用基本组合的主梁截面内力设计值(一)包络图
a)弯矩(单位:kN·m);b)剪力(单位:kN)

(二)持久状况正常使用极限状态

1. 作用组合方式

作用组合方式分别取频遇组合及准永久组合。其中,作用的频遇组合为永久作用标准值与汽车荷载(不计冲击力)频遇值、其他可变作用准永久值相组合;作用的准永久组合为永久作用标准值与可变作用准永久值相组合。根据本例的具体情况,作用的频遇组合应为结构重力标准值、基础变位标准值与车道荷载(不计冲击力)频遇值、温度梯度准永久值相组合;作用的准永久组合应为结构重力标准值、基础变位标准值与车道荷载(不计冲击力)准永久值、温度梯度准永久值相组合。

2. 作用频遇组合的内力设计值

对于本例,持久状况正常使用极限状态作用频遇组合的主梁截面内力设计值 S_{fd} 可按式(2-95)或《通规(2015年)》式(4.1.6-1),采用有限元模型 1 计算,结果见表 3-18。

持久状况正常使用极限状态作用频遇组合的主梁截面内力设计值(一)　　　　表 3-18

节 点 号	截　面	M_{max} (kN·m)	M_{min} (kN·m)	V_{max} (kN)	V_{min} (kN)
2左	A	-42.5	-461.1	945.9	146.5
2右		-42.5	-461.1	-1 291.9	-3 241.3
4	$L_1/8$	9 250.9	3 126.4	-446.5	-2 202.8
8	$L_1/4$	14 549.1	3 358.6	464.9	-1 230.1
12	$3L_1/8$	15 974.2	686.4	1 405.5	-276.1
15	$L_1/2$	13 640.1	-4 906.4	2 398.9	709.6
18	$5L_1/8$	7 464.6	-13 641.0	3 357.7	1 643.1
20	$3L_1/4$	-2 367.8	-25 455.1	4 350.3	2 595.2
22	$7L_1/8$	-15 670.5	-40 971.9	5 422.0	3 613.0

续上表

节点号	截面	M_{max} (kN·m)	M_{min} (kN·m)	V_{max} (kN)	V_{min} (kN)
25左	B	−31 570.1	−60 760.0	6 613.1	4 693.2
25右		−31 570.1	−60 760.1	−5 017.0	−6 891.1
29	L/8	−6 699.1	−29 103.8	−3 443.6	−5 146.0
32	L/4	11 117.8	−8 389.3	−2 022.7	−3 627.0
35	3L/8	21 908.6	3 850.0	−640.4	−2 192.9
38	L/2	25 719.3	8 140.8	787.4	−747.0

与表 3-18 相应的持久状况正常使用极限状态作用频遇组合的主梁截面内力设计值(一)分布如图 3-22 所示。

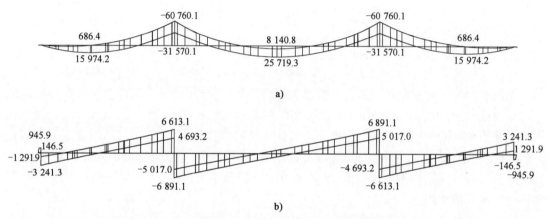

图 3-22 持久状况正常使用极限状态作用频遇组合的主梁截面内力设计值(一)包络图
a)弯矩(单位:kN·m);b)剪力(单位:kN)

由表 3-18 和图 3-22 可知,持久状况正常使用极限状态作用频遇组合下,本例主梁墩顶截面 B 承受的最大和最小负弯矩设计值分别为 60 760.1kN·m 和 31 570.1kN·m,中孔跨中截面承受的最大和最小正弯矩设计值分别为 25 719.3kN·m 和 8 140.8kN·m;边支点截面 A 承受的最大和最小剪力设计值分别为 945.9kN 和 −3 241.3kN,中支点截面 B 承受的最大和最小剪力设计值分别为 6 613.1kN 和 −6 891.1kN。

3. 作用准永久组合的内力设计值

对于本例,持久状况正常使用极限状态作用准永久组合的主梁截面内力设计值 S_{qd} 可按式(2-97)或《通规(2015 年)》式(4.1.6-2),采用有限元模型 1 计算,结果见表 3-19。

持久状况正常使用极限状态作用准永久组合的主梁截面内力设计值(一)　　表 3-19

节点号	截面	M_{max} (kN·m)	M_{min} (kN·m)	V_{max} (kN)	V_{min} (kN)
2左	A	−42.5	−281.7	603.3	146.5
2右		−42.5	−281.7	−1 404.6	−2 790.3

续上表

节 点 号	截 面	M_{max} (kN·m)	M_{min} (kN·m)	V_{max} (kN)	V_{min} (kN)
4	$L_1/8$	8 032.1	3 533.7	−561.9	−1 837.2
8	$L_1/4$	12 563.6	4 171.6	297.5	−942.9
12	$3L_1/8$	13 637.1	1 905.1	1 174.1	−58.7
15	$L_1/2$	11 310.8	−3 282.0	2 104.8	867.7
18	$5L_1/8$	5 443.0	−11 611.0	3 003.2	1 751.8
20	$3L_1/4$	−3 831.9	−23 017.0	3 937.8	2 663.4
22	$7L_1/8$	−16 508.1	−37 957.1	4 953.2	3 648.3
25左	B	−32 237.2	−56 906.9	6 087.7	4 718.8
25右	B	−32 237.3	−56 907.0	−5 072.3	−6 345.7
29	$L/8$	−7 556.9	−27 210.5	−3 500.9	−4 675.9
32	$L/4$	9 604.0	−7 255.0	−2 115.5	−3 234.7
35	$3L/8$	19 733.6	4 691.6	−793.3	−1 882.8
38	$L/2$	2 3281.6	8 790.0	559.8	−519.4

与表 3-19 相应的持久状况正常使用极限状态作用准永久组合的主梁截面内力设计值（一）分布如图 3-23 所示。

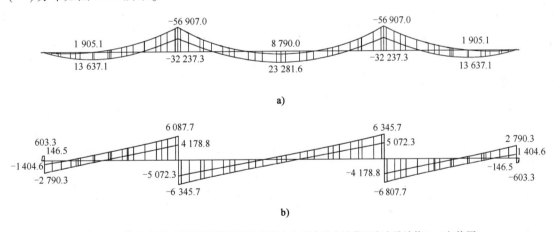

图 3-23 持久状况正常使用极限状态作用准永久组合的主梁截面内力设计值（一）包络图
a）弯矩（单位：kN·m）；b）剪力（单位：kN）

由表 3-19 和图 3-23 可知,持久状况正常使用极限状态作用准永久组合下,本例主梁墩顶截面 B 承受的最大和最小负弯矩设计值分别为 56 907.0kN·m 和 32 237.3kN·m,中孔跨中截面承受的最大和最小正弯矩设计值分别为 23 281.6kN·m 和 8 790.0kN·m;边支点截面 A 承受的最大和最小剪力设计值分别为 603.3kN 和 −2 790.3kN,中支点截面 B 承受的最大和最小剪力设计值分别为 6 087.7kN 和 −6 345.7kN。

持久状况正常使用极限状态的弯矩包络图（一）主要用于初步复核预应力钢筋的长度布置范围,并采用其中的作用频遇组合的内力设计值作为主梁截面预应力钢筋估算的依据。

第四节　预应力钢束估算及布置

在满堂支架施工的预应力混凝土连续梁桥中,预应力钢筋分为三种,分别为纵向、横向和竖向预应力钢筋。本节将根据本章第三节计算的主梁截面弯矩设计值(一)的包络图计算并布置纵向预应力钢筋。横向预应力钢筋根据单位宽度桥面板计算并布置,如计算配筋仅需设置普通钢筋,则可不设置横向预应力钢筋。竖向预应力钢筋根据主梁主应力计算与验算结果设置,如计算结果无须设置竖向预应力钢筋,则仅需按构造要求设置非预应力箍筋。但如果计算的箍筋间距过小或单肢截面过大,则应考虑设置竖向预应力钢筋。

根据第二章第八节或《桥规(2018年)》第6.1节,预应力混凝土连续梁桥应满足使用荷载作用下的应力要求。因此,在进行预应力钢筋的数量估算时,应该以持久状况正常使用极限状态作用频遇组合的内力设计值作为截面配筋估算依据,按持久状况正常使用极限状态的应力要求进行预应力钢筋估算。

一、预应力钢束估算

预应力混凝土连续梁纵向预应力钢筋的估算方法在第二章第八节已做详细介绍,现分别以主梁25、32、38节点截面为例,以持久状况正常使用极限状态作用频遇组合的内力设计值作为截面配筋估算依据,按持久状况正常使用极限状态的应力要求进行预应力钢筋估算。

本例采用C50混凝土,抗压强度标准值$f_{ck}=32.4\text{MPa}$,采用$\phi^s15.2$型预应力钢绞线,$f_{pk}=1570\text{MPa}$,$A_{p1}=140\text{mm}^2$,在预应力钢筋估算时,永存应力σ_{pe}取$0.5f_{pk}$。

(一)中支点截面(25节点)

根据表3-1、表3-2、表3-4和表3-18,应用公式$W_u=\dfrac{I}{y_u}$、$W_b=\dfrac{I}{y_b}$、$K_u=\dfrac{W_b}{A}$及$K_b=\dfrac{W_u}{A}$,可得:$H=2.4\text{m}$,$A=9.622\text{m}^2$,$H_u=0.22\text{m}$,$H_b=0.3\text{m}$,$I=8.751\text{m}^4$,$W_u=7.71\text{m}^3$,$W_b=6.918\text{m}^3$,$K_u=0.719$,$K_b=0.801\text{m}$,$y_u=1.135\text{m}$,$y_b=1.265\text{m}$,$e_u\approx y_u-H_u/2=1.025\text{m}$,$e_b\approx y_b-H_b/2=1.115\text{m}$,$M_{max}=-31570.1\text{kN}\cdot\text{m}$,$M_{min}=-60760.1\text{kN}\cdot\text{m}$。

1. 配筋部位判别

根据式(2-106)和式(2-107)来判别截面上、下缘的配筋部位。

$$M_{max}(e_b-K_b)=-31570.1\times(1.115-0.801)=-9913.0$$
$$M_{min}(K_u+e_b)=-60760.1\times(0.719+1.115)=-111434$$

可见,只在下缘布筋的判定条件$M_{max}(e_b-K_b)<M_{min}(K_u+e_b)$不成立。

$$M_{max}(e_u+K_b)=-31570.1\times(1.025+0.801)=-57647.0$$
$$-M_{min}(K_u-e_u)=60760.1\times(0.719-1.025)=-18592.6$$

可见,只在上缘布筋的判定条件$M_{max}(e_u+K_b)<-M_{min}(K_u-e_u)$成立,故中支点截面只需在上缘布置预应力钢筋,可按照式(2-105)估算预应力钢筋的数量。

2. 按截面上缘应力控制时

$$n_u \geq \frac{-M_{\min}}{e_u + K_b} \frac{1}{A_{p1}\sigma_{pe}}$$

$$= \frac{60\,760.1 \times 10^3}{(1.025 + 0.801) \times 140 \times 0.5 \times 1570}$$

$$= 302.8(根)$$

$$n_u \leq \frac{0.5 f_{ck} W_u - M_{\max}}{e_u + K_b} \frac{1}{A_{p1}\sigma_{pe}}$$

$$= \frac{0.5 \times 32.4 \times 7.71 \times 10^6 + 31\,570.1 \times 10^3}{(1.025 + 0.801) \times 140 \times 0.5 \times 1570}$$

$$= 779.7(根)$$

3. 按截面下缘应力控制时

$$n_u \geq \frac{M_{\max}}{-e_u + K_u} \frac{1}{A_{p1}\sigma_{pe}}$$

$$= \frac{-31\,570.1 \times 10^3}{(-1.025 + 0.719) \times 140 \times 0.5 \times 1570}$$

$$= 938.8(根)$$

$$n_u \leq \frac{0.5 f_{ck} W_b + M_{\min}}{-e_u + K_u} \frac{1}{A_{p1}\sigma_{pe}}$$

$$= \frac{0.5 \times 32.4 \times 6.918 \times 10^6 - 60\,760.1 \times 10^3}{(-1.025 + 0.719) \times 140 \times 0.5 \times 1570}$$

$$= -1\,525.8(根)$$

故：302.8 根 $< n_u <$ 779.7 根。

（二）中孔跨中截面（38 节点截面）

采用与中支点截面类似的方法，可得：$H = 1.2\text{m}$，$A = 6.470\text{m}^2$，$H_u = 0.22\text{m}$，$H_b = 0.18\text{m}$，$I = 1.357\text{m}^4$，$W_u = 2.803\text{m}^3$，$W_b = 1.895\text{m}^3$，$K_u = 0.293\text{m}$，$K_b = 0.433\text{m}$，$y_u = 0.484\text{m}$，$y_b = 0.716\text{m}$，$e_u \approx y_u - H_u/2 = 0.374\text{m}$，$e_b \approx y_b - H_b/2 = 0.626\text{m}$，$M_{\max} = 25\,719.3\text{kN}\cdot\text{m}$，$M_{\min} = 8140.8\text{kN}\cdot\text{m}$。

1. 配筋部位判别

根据式(2-106)和式(2-107)来判别截面上、下缘的配筋情况。

$$M_{\max}(e_b - K_b) = 25\,719.3 \times (0.626 - 0.433) = 4\,963.8$$

$$M_{\min}(K_u + e_b) = 8\,140.8 \times (0.293 + 0.626) = 7\,481.4$$

可见，只在下缘布筋的判定条件 $M_{\max}(e_b - K_b) < M_{\min}(K_u + e_b)$ 成立。

$$M_{\max}(e_u + K_b) = 25\,719.3 \times (0.374 + 0.433) = 20\,755.5$$

$$-M_{\min}(K_u - e_u) = -8\,140.8 \times (0.293 - 0.374) = 659.4$$

可见，只在上缘布筋的判定条件 $M_{\max}(e_u + K_b) < -M_{\min}(K_u - e_u)$ 不成立，故中孔跨中截面只需在下缘布置预应力钢筋，可按照式(2-104)估算预应力钢筋的数量。

2.按截面下缘应力控制时

$$n_b \geqslant \frac{M_{max}}{e_b + K_u} \frac{1}{A_{p1}\sigma_{pe}}$$

$$= \frac{25\,719.3 \times 10^3}{(0.626 + 0.293) \times 140 \times 0.5 \times 1\,570}$$

$$= 254.7(根)$$

$$n_b \leqslant \frac{0.5f_{ck}W_b + M_{min}}{e_b + K_u} \frac{1}{A_{p1}\sigma_{pe}}$$

$$= \frac{0.5 \times 32.4 \times 1.895 \times 10^6 + 8\,140.8 \times 10^3}{(0.626 + 0.293) \times 140 \times 0.5 \times 1\,570}$$

$$= 384.6(根)$$

3.按截面上缘应力控制时

$$n_b \geqslant \frac{M_{min}}{e_b - K_b} \frac{1}{A_{p1}\sigma_{pe}}$$

$$= \frac{8\,140.8 \times 10^3}{(0.626 - 0.433) \times 140 \times 0.5 \times 1\,570}$$

$$= 383.8(根)$$

$$n_b \leqslant \frac{0.5f_{ck}W_u - M_{max}}{K_b - e_b} \frac{1}{A_{p1}\sigma_{pe}}$$

$$= \frac{0.5 \times 32.4 \times 2.803 \times 10^6 - 25\,719.3 \times 10^3}{(0.433 - 0.626) \times 140 \times 0.5 \times 1\,570}$$

$$= -928.3(根)$$

故:254.7 根 $< n_b <$ 384.6 根。

(三)$L/4$ 截面(32 节点截面)

采用与中支点截面类似的方法,可得:$H = 1.517m$,$A = 6.787m^2$,$H_u = 0.22m$,$H_b = 0.18m$,$I = 2.394m^4$,$W_u = 3.391m^3$,$W_b = 2.637m^3$ $K_u = 0.388m$,$K_b = 0.579m$,$y_u = 0.609m$,$y_b = 0.908m$,$e_u \approx y_u - H_u/2 = 0.499m$,$e_b \approx y_b - H_b/2 = 0.818m$,$M_{max} = 11\,117.8kN \cdot m$,$M_{min} = -8\,389.3kN \cdot m$。

1.配筋部位判别

根据式(2-106)和式(2-107)来判别截面上、下缘的配筋情况。

$$M_{max}(e_b - K_b) = 11\,117.8 \times (0.818 - 0.579) = 2\,657.2$$

$$M_{min}(K_u + e_b) = -8\,389.3 \times (0.388 + 0.818) = -10\,117.5$$

可见,只在下缘布筋的判定条件 $M_{max}(e_b - K_b) < M_{min}(K_u + e_b)$ 不成立。

$$M_{max}(e_u + K_b) = 11\,117.8 \times (0.499 + 0.579) = 11\,984.9$$

$$-M_{min}(K_u - e_u) = 8\,389.3 \times (0.388 - 0.499) = -931.2$$

可见,只在上缘布筋的判定条件 $M_{max}(e_u + K_b) < -M_{min}(K_u - e_u)$ 亦不成立,因此 $L/4$ 截面需在上、下缘均布置预应力钢筋,可按照式(2-100)和式(2-102)估算预应力钢筋的数量。

2. 截面最小配筋数

$$n_u \geqslant \frac{M_{\max}(e_b - K_b) - M_{\min}(K_u + e_b)}{(K_u + K_b)(e_u + e_b)} \frac{1}{A_{p1}\sigma_{pe}}$$

$$= \frac{11\,117.8 \times 10^3 \times (0.818 - 0.579) + 8\,389.3 \times 10^3 \times (0.388 + 0.818)}{(0.388 + 0.579) \times (0.499 + 0.818) \times 140 \times 0.5 \times 1\,570}$$

$$= 91.3(根)$$

$$n_b \geqslant \frac{M_{\max}(e_u + K_b) + M_{\min}(K_u - e_u)}{(K_u + K_b)(e_u + e_b)} \frac{1}{A_{p1}\sigma_{pe}}$$

$$= \frac{11\,117.8 \times 10^3 \times (0.499 + 0.579) - 8\,389.3 \times 10^3 \times (0.388 - 0.499)}{(0.388 + 0.579) \times (0.499 + 0.818) \times 140 \times 0.5 \times 1\,570}$$

$$= 92.3(根)$$

3. 截面最大配筋数

$$n_u \leqslant \frac{-M_{\max}(K_u + e_b) - M_{\min}(K_b - e_b) + 0.5e_b(W_u + W_b)f_{ck}}{(K_u + K_b)(e_u + e_b)A_{p1}\sigma_{pe}}$$

$$= \frac{-11\,117.8 \times 10^3 \times (0.388 + 0.818) + 8\,389.3 \times 10^3 \times (0.579 - 0.818) + 0.5 \times 0.818 \times (3.931 + 2.637) \times 32.4 \times 10^6}{(0.388 + 0.579) \times (0.499 + 0.818) \times 140 \times 0.5 \times 1\,570}$$

$$= 511.8(根)$$

$$n_b \leqslant \frac{M_{\max}(K_u - e_u) + M_{\min}(K_b + e_u) + 0.5e_u(W_u + W_b)f_{ck}}{(K_u + K_b)(e_u + e_b)A_{p1}\sigma_{pe}}$$

$$= \frac{11\,117.8 \times 10^3 \times (0.388 - 0.499) - 8\,389.3 \times 10^3 \times (0.579 + 0.499) + 0.5 \times 0.499 \times (3.931 + 2.637) \times 32.4 \times 10^6}{(0.388 + 0.579) \times (0.499 + 0.818) \times 140 \times 0.5 \times 1\,570}$$

$$= 305.9(根)$$

故:91.3 根 $< n_u <$ 511.8 根,92.3 根 $< n_b <$ 305.9 根。

同理,可确定全桥其他主梁截面的预应力配筋范围。

(四)预应力钢筋数量的确定

以上估算结果给出了本例连续梁桥中孔三个截面的预应力钢筋配置范围,应用第二章第三节的设计步骤 4,可确定相应截面的实际取用预应力钢筋($\phi^s15.2$ 钢绞线)数量,结果见表3-20。

典型截面配筋示例　　　　表3-20

截面(节点号)	配筋位置	估算结果		实际取用根数
		最少根数	最多根数	
中孔支点(25)	顶板	302.8	779.7	392
	底板	—	—	—
中孔 $L/4$(32)	顶板	91.3	511.8	154
	底板	92.3	305.9	140
中孔跨中(38)	顶板	—	—	56
	底板	254.7	384.6	329

将估算的预应力钢筋(钢绞线)根数按小数点后四舍五入,换算成钢束数(本例按 7 根 $\phi^s 15.2$ 钢绞线组成 1 束,即 1 套锚具锚固 7 根 $\phi^s 15.2$ 钢绞线),然后取整作为最终配筋计算值。由于某些因素的不确定性(如配筋计算中钢束有效预应力的取值等)及预加力产生的次内力尚无法计入,因此可将配筋计算值适当增大作为最终实际采用值,并根据主梁截面构造及满堂支架现浇施工特点,将实际采用的钢束值分配于箱梁顶、底板及梁肋(腹板),由此可确定全桥各主梁截面的预应力钢束数,包括通过束和锚固束,具体结果见表 3-21。

箱梁各截面配筋一览　　　　　　　　　　表 3-21

截面 (节点号)	按频遇组合的弯矩设计值计算				实际采用值(截面有效通过束)				
	上缘		下缘		上缘			下缘	
	最多束	最少束	最多束	最少束					
$A(2)$	87	0	79	0	8	肋 0	26	肋 0	
						板 8		板 26	
$L_1/8(4)$	—	—	48	13	8	肋 0	29	肋 3	
						板 8		板 26	
$L_1/4(8)$	—	—	49	20	8	肋 0	35	肋 9	
						板 8		板 26	
$3L_1/8(12)$	62	4	51	21	16	肋 0	35	肋 9	
						板 16		板 26	
$L_1/2(15)$	68	11	45	16	24	肋 0	27	肋 3	
						板 24		板 24	
$5L_1/8(18)$	78	18	40	9	30	肋 0	20	肋 0	
						板 30		板 20	
$3L_1/4(20)$	84	25	—	—	40	肋 8	10	肋 0	
						板 32		板 10	
$7L_1/8(22)$	99	34	—	—	50	肋 12	0	肋 0	
						板 38		板 0	
$B(25)$	112	43	—	—	56	肋 16	0	肋 0	
						板 40		板 0	
$L/8(29)$	90	26	—	—	40	肋 8	6	肋 0	
						板 32		板 6	
$L/4(32)$	73	12	43	12	22	肋 0	20	肋 0	
						板 22		板 20	
$3L/8(35)$	—	—	51	27	14	肋 0	40	肋 6	
						板 14		板 34	
$L/2(38)$	—	—	55	36	8	肋 0	47	肋 9	
						板 8		板 38	

注:上缘配束包括顶板束和腹板束,下缘配束包括底板束和腹板束,预应力钢束均采用 $7\phi^s 15.2$ 钢绞线成束。

表3-21中,相邻截面相同部位通过束之差值,即为相邻截面之间应锚固的钢束数量。

二、预应力钢束布置

根据钢束估算及实际控制截面钢束选取结果,进行主梁钢束横截面、立面及平面布置,布置原则详见第二章第八节。

(一) 横截面布置

满堂支架现浇施工的预应力混凝土连续梁桥,绝大多数预应力钢束的穿束、张拉锚固等均需在箱梁内作业,而本例梁高较低,作业空间较小。因此,配筋控制截面(钢束最多的截面)布置钢束时充分考虑这一特点,尽量靠近腹板采用分散布置分散锚固顶、底板束,钢束水平间距稍大一些,且不设平弯,以便布设齿板,方便施工。布置边、中孔正弯矩肋束(腹板束)时,将钢束置于梁肋截面中心线,且将来通过竖弯直接锚固于梁顶;中支点负弯矩钢束按图3-24布置,具体含义是:两边肋钢束中心距梁肋外侧15cm,以便肋束通过腹板加厚段后置于梁肋中心,且均设置齿板锚固于腹板内侧;而中肋钢束伸过腹板加厚段后应有足够的保护层,且均对称设置齿板锚固于中肋两侧。各配筋控制截面的钢束布置如图3-24~图3-27所示。

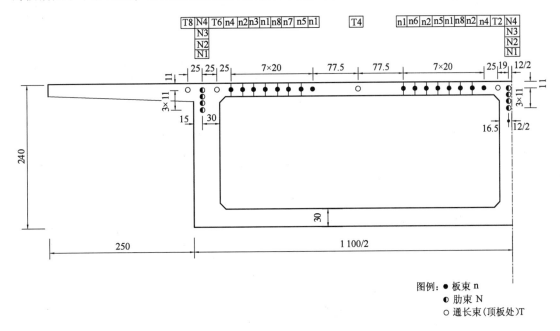

图3-24 中支点 B、C 截面钢束布置(尺寸单位:cm)

(二) 立面及平面布置

综合考虑表3-21及图3-24~图3-27,并注意到主梁的构造特点,可进行预应力钢束的立面及平面布置,如图3-28~图3-30所示。

预应力钢束立面及平面布置的重点在于确定各钢束锚固点、弯起点、弯终点的位置以及弯起角度和弯起半径的大小,可按照第二章第八节或《桥规(2018年)》9.4.4条、9.4.9条、9.4.10条和9.4.11条的规定设置。以下简要说明本例预应力钢束的立面及平面设置要点。

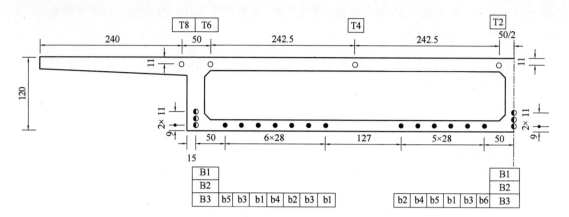

图 3-25 边孔 $L_1/4$ 截面钢束布置(尺寸单位:cm)

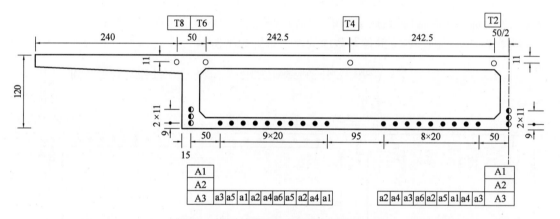

图 3-26 中孔 $L/2$ 截面钢束布置(尺寸单位:cm)

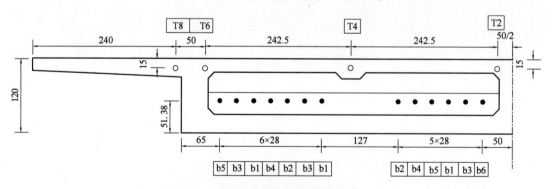

图 3-27 边孔锚固截面钢束布置(尺寸单位:cm)

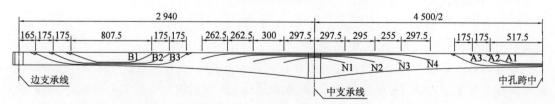

图 3-28 腹板钢束布置(桥长/2,桥宽/2,尺寸单位:cm)

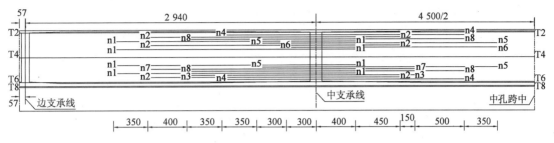

图 3-29 顶板钢束布置(桥长/2,桥宽/2,尺寸单位:cm)

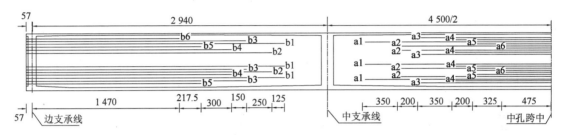

图 3-30 底板钢束布置(桥长/2,桥宽/2,尺寸单位:cm)

图 3-28 中,正弯矩腹板束 A_i、B_i 均以 25°弯起角上弯,并锚固于梁顶腹板中心,弯起半径为 5.375m,两起弯点之间的钢束按平行于顶板布置;负弯矩腹板束 N_i 均以 13°下弯,锚固于腹板侧面的齿板处,同时还应设置平弯,平弯角度分别为 0.170 5°、0.342 3°、0.492 7° 及 0.643 1°,下弯半径为 8.4m。

图 3-29 中,由于受梁高(即作业空间)限制,负弯矩顶板束中的 n1、n2、n6、n7 及 n8 采用一端布置为死锚(也称固端锚),而在另一端张拉锚固;n3、n4 及 n5 采用两端张拉锚固(工作空间相对较大),均锚于顶板下缘的齿板,下弯角度为 10°,弯起半径取 6.88m。全部顶板负弯矩 n_i 关于 25 号支点在长度方面均为不对称布置,这与第四章悬臂施工对称配筋截然不同,特别提醒读者注意。通长束 T_i 下弯角度为 1°31′39.1″,下弯半径为 22.5m。

图 3-30 中,正弯矩底板束均采用两端张拉锚固。其中,边孔束 b_i 一端锚于梁端锚固面(全部 b_i),另一端分批锚于底板上的齿板,端锚固面钢束弯起角为 11°,弯起半径 9.38m。端锚固点距梁底 51.38cm。中孔束 a_i 关于全桥跨中对称布置,锚固于底板上缘的齿板。齿板锚固束均以 10°弯起,起弯半径为 6.88m。

箱梁顶板、腹板及底板预应力钢束的空间位置、钢束起弯点、弯终点和锚固点的位置,详见本章第十二节的主梁预应力钢束构造。

为了方便有限元计算模型的输入,根据上述全桥预应力钢束布置情况,现将钢束分为七类,即边孔底板正弯矩束(b 类)、边孔正弯矩肋束(B 类)、中支点负弯矩肋束(N 类)、中支点负弯矩顶板束(n 类)、中孔正弯矩肋束(A 类)、中孔正弯矩底板束(a 类)和全桥通长束(T 类)。

1. 边孔底板正弯矩束(b 类)

边孔正弯矩底板束(b1～b6)的主要特征是立面为不对称设置,两端张拉,一端锚于梁端锚固面(全部 b_i),另一端分批锚于底板上的齿板,摩阻损失之最大值并不发生在钢束长度的中点,而在其他某一截面。因此,可采用两边同时靠近的办法,每计算一个截面,进行一次两端 σ_{l1} 的比较, σ_{l1} 小的一边连续向前计算,这样既可以确定平衡点的位置,同时也可以确定各截面的 σ_{l1} 。

2. 边孔正弯矩肋束(B 类)

边孔正弯矩肋束(B 类)的主要特征是立面为竖弯对称设置,两端张拉,锚固于腹板梁顶。

3. 中支点负弯矩肋束(N 类)

中支点负弯矩肋束(N 类)的主要特征是立面为竖弯对称设置,并设有平弯,两端张拉,锚固于腹板侧面的齿板。

4. 中支点负弯矩顶板束(n 类)

中支点负弯矩顶板束(n 类)的主要特征是立面为竖弯设置,ni 关于 25 号支点在长度方面均为不对称布置,其中,n1、n2、n6、n7 及 n8 为一端固定而在另一端张拉锚固;n3、n4 及 n5 采用两端张拉,均锚于顶板下缘的齿板。

5. 中孔正弯矩肋束(A 类)

中孔正弯矩肋束(A 类)的主要特征是立面为竖弯对称设置,两端张拉,锚固于腹板梁顶。

6. 中孔正弯矩底板束(a 类)

中孔正弯矩底板束(a 类)的主要特征是关于全桥跨中竖弯对称布置,两端张拉,锚固于底板上缘的齿板。

7. 全桥通长束(T 类)

全桥通长束(T 类)的主要特征是关于全桥跨中竖弯对称布置,两端张拉,锚固于一联连续梁端部的锚固面。

三、预应力钢束的输入与张拉

根据上述预应力钢束的主要特征,可进行第二阶段建模,将所布置的预应力钢束及相应的预应力管道输入第一阶段的有限元模型之中,便形成有限元模型 2。

本例预应力钢束采用 $7\phi^s15.2$ 型钢绞线,预应力管道采用波纹管成型,管道直径为 70mm, $f_{pk} = 1570$ MPa, $A_{pl} = 140$ mm^2, $E = 1.95 \times 10^5$ MPa。张拉锚固方式采用规格为 15-7 型锚具,并采用配套的千斤顶。

预加力作用的添加主要包括钢束特性定义、预应力钢束形状输入和张拉力施加三步,现以 T1 钢束为例,给出具体方法和步骤。

1. 钢束特性定义

有限元软件建模时,首先应确定各预应力钢束的特性,钢束特性的主要参数包括:钢束类型、钢束材料、钢束面积、管道直径、钢束松弛系数、预应力钢束抗拉强度标准值、管道摩擦系数、管道每米局部偏差的摩擦影响系数和锚具变形值等。软件中的添加/编辑钢束特性值界面如图 3-31 所示。

钢束特性参数对预应力钢束的影响主要体现在对主梁截面特性、钢束有效预加力和钢束预应力损失计算三方面。特性参数选取不当会对有限元计算结果造成显著影响。当无类似工程资料时,应按照《桥规(2018年)》第6.2节相关规定选取。

2. 预应力钢束坐标

为了准确计算预加力产生的效应,还应准确输入预应力钢束的空间坐标值。有限元软件提供了2-D和3-D两种预应力钢束的输入方式,用户可根据钢束空间线形选择适当的输入方式完成预应力钢束坐标值的输入。一般的添加/编辑钢束形状界面如图3-32所示。具体建模时,应按照预应力钢束大样图计算钢束坐标,输入有限元模型并赋予相应单元即可。

图3-31 添加/编辑钢束特性值界面

3. 张拉力施加

软件中的预应力钢束张拉力施加界面如图3-33所示。需要注意预应力钢束张拉力作用的分组,并在相应施工阶段激活。

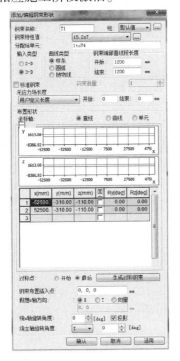

图3-32 添加/编辑钢束形状界面

图3-33 预应力钢束张拉力施加界面

预应力钢束输入完成之后,便可进行主梁净截面及换算截面几何特性计算。其中,净截面为扣除预应力管道的截面,换算截面为管道压浆后钢束与混凝土梁形成整体后的截面。显然,预加力阶段(即施工阶段)应采用净截面,使用阶段(即运营阶段)应采用换算截面。这里程序可自动计入,无须单独计算,为节省篇幅,主梁净截面及换算截面几何特性计算结果从略。

输入预应力钢束后,即形成有限元模型2,便可进行主梁结构的相关计算和验算。

第五节　预应力损失及有效预应力计算

预应力损失及有效预应力的基本计算原理和计算公式详见第二章第九节或《桥规(2018年)》第 6.2 节。对于不同构造型式和配筋情况的具体桥梁,预应力损失计算又有各自的特性,现针对本例满堂支架现浇施工预应力混凝土连续梁桥的各项预应力损失计算做简要介绍。

一、预应力损失计算及其组合

(一)张拉控制应力

本例预应力钢筋的张拉控制应力 $\sigma_{con} = 0.75 \times 1\,570 = 1\,177.5 \text{MPa}$。

(二)钢束的各项预应力损失及计算原则

由第二章第九节或《桥规(2018年)》6.2.1 条可知,预应力混凝土构件在正常使用极限状态计算中应考虑由以下 6 种因素引起的预应力损失。

(1)预应力钢束与管道壁之间的摩擦损失 σ_{l1}:参照表 2-32,本例取管道偏差系数 $k = 0.003$,摩阻系数 $\mu = 0.35$,各截面钢束的弯曲影响角 θ 可根据钢束形状由程序自动计入,按式(2-111)可计算出由摩阻损失引起的预应力损失。

(2)锚具变形、钢束回缩和接缝压缩损失 σ_{l2}:预应力钢束由锚具变形、钢束回缩和接缝压缩引起的预应力损失可按式(2-112)不考虑反摩阻影响计算,也可按式(2-113)~式(2-117)考虑反向摩阻影响计算。本例取 $\sum \Delta L = 6 \text{mm}$,弹性模量 $E = 1.95 \times 10^5 \text{MPa}$,采用考虑反摩阻影响计算。

(3)预应力钢束与台座之间的温差损失 σ_{l3}:预应力钢束与台座之间的温差损失可按式(2-118)计算。本例为后张法预应力混凝土构件,不计该项损失。

(4)混凝土的弹性压缩损失 σ_{l4}:对于后张法预应力混凝土构件,当采用分批张拉时,先张拉锚固的钢束由于后批张拉钢束导致混凝土弹性压缩引起的预应力损失,可按式(2-121)计算,也可按《桥规(2018年)》附录 H 的简化计算方法采用式(H.0.1)计算。本例采用简化计算方法按式(H.0.1)计算。

(5)预应力钢束的应力松弛损失 σ_{l5}:当采用预应力钢丝或钢绞线时,由于松弛引起的预应力损失可按式(2-122)计算。本例为超张拉钢束,取张拉系数 $\psi = 0.9$,采用低松弛预应力钢筋取 $\zeta = 0.3$ 进行计算。

(6)混凝土的收缩徐变引起的损失 σ_{l6}:混凝土的收缩徐变引起的预应力损失可分别按受拉区和受压区考虑,其中,受拉区采用式(2-125)计算,受压区采用式(2-126)计算。

(三)预应力损失值的组合

根据表 2-34 或《桥规(2018年)》6.2.8 条,钢束的预应力损失值可按传力锚固时(预加应力)和传力锚固后(使用应力)两个阶段进行组合。

二、有效预应力计算

有效预应力计算同预应力损失一样,也应按传力锚固时(预加应力)和传力锚固后(使用应力)两个阶段进行计算。各阶段有效预应力值为张拉控制应力减去该阶段相应预应力损失累计值,其中,传力锚固时(预加应力阶段)的有效预应力按式(2-127)计算;传力锚固后(使用应力阶段,这里按成桥三年考虑)的有效预应力(也称为永存预应力)按式(2-128)计算。

三、计算结果

将各项预应力损失的相关参数输入有限元计算模型后,软件可计算出所有预应力钢束在传力锚固时和传力锚固后的各项预应力损失。此处为节省篇幅,仅给出预应力钢束T1在传力锚固时和传力锚固后的各项预应力损失,其余钢束的预应力损失计算原理、方法与此类似,结果从略。

预应力钢束T1传力锚固时的各项预应力损失及有效预应力计算结果见表3-22;传力锚固后的各项预应力损失及永存预应力计算结果见表3-23。

传力锚固时钢束T1的预应力损失和有效预应力(单位:MPa)　　　表3-22

节点号	截面	σ_{con}	σ_{l1}	σ_{l2}	σ_{l4}	σ_{lI}	有效预应力σ_{pe}
2	A	1 177.5	1.94	125.78	5.01	132.73	1 044.77
4	$L_1/8$	1 177.5	14.83	100.03	7.29	122.15	1 055.35
8	$L_1/4$	1 177.5	27.58	74.56	9.28	111.42	1 066.08
12	$3L_1/8$	1 177.5	40.19	49.37	14.8	104.36	1 073.14
15	$L_1/2$	1 177.5	52.66	24.46	18.10	95.22	1 082.28
18	$5L_1/8$	1 177.5	64.99	2.46	20.53	87.98	1 089.52
20	$3L_1/4$	1 177.5	77.19	2.43	22.51	102.13	1 075.31
22	$7L_1/8$	1 177.5	89.25	2.41	23.79	115.45	1 062.05
25	B	1 177.5	101.18	2.38	22.84	126.30	1 051.20
29	$L/8$	1 177.5	119.20	2.34	20.95	142.49	1 035.01
32	$L/4$	1 177.5	136.90	2.30	17.25	156.45	1 021.05
35	$3L/8$	1 177.5	154.32	2.26	14.43	170.01	1 006.49
38	$L/2$	1 177.5	171.44	2.23	11.90	185.57	991.93

注:计算 σ_{l4} 时,假定T1钢束先张拉锚固,各截面其他钢束随后张拉锚固,并采用《桥规(2018年)》附录H的简化计算公式(H.0.1)计算。

传力锚固后钢束T1的预应力损失和有效预应力(单位:MPa)　　　表3-23

节点号	截面	σ_{con}	σ_{l5}	σ_{l6}	σ_{lI}	σ_{lII}	永存预应力σ_{pe}
2	A	1 177.5	24.86	53.19	132.73	78.04	966.72
4	$L_1/8$	1 177.5	26.38	60.43	122.15	86.82	968.54
8	$L_1/4$	1 177.5	27.92	62.84	111.42	90.76	975.32
12	$3L_1/8$	1 177.5	29.47	78.33	104.36	107.80	965.34
15	$L_1/2$	1 177.5	31.03	88.09	95.22	119.12	963.16
18	$5L_1/8$	1 177.5	32.27	91.54	87.98	123.81	965.71
20	$3L_1/4$	1 177.5	30.72	90.89	102.13	121.61	953.16
22	$7L_1/8$	1 177.5	29.21	90.09	115.45	119.30	942.75

续上表

节 点 号	截 面	σ_{con}	σ_{l5}	σ_{l6}	σ_{lI}	σ_{lII}	永存预应力 σ_{pe}
25	B	1 177.5	27.75	82.69	126.30	110.44	940.76
29	$L/8$	1 177.5	25.59	88.40	142.49	113.99	921.32
32	$L/4$	1 177.5	23.52	76.21	156.45	99.73	921.32
35	$3L/8$	1 177.5	21.54	84.20	170.01	105.74	901.75
38	$L/2$	1 177.5	19.64	79.10	185.57	98.75	893.19

需要说明的是,有限元程序一揽子给出了 σ_{l1} 和 σ_{l2} 计算结果的和。本节采用式(2-111)计算了 σ_{l1},然后用有限元程序结果减去 σ_{l1} 的值,计算得到了锚具变形、钢筋回缩和接缝压缩预应力损失 σ_{l2};由表3-22可知,T1钢束跨中截面预应力损失 σ_{l2} = 2.23MPa,与采用第二章公式计算结果有出入,原因是有限元程序为编程方便采用了其他迭代算法,但有限元程序预应力损失计算结果整体满足计算精度要求,因此对此问题不再进行深入分析,感兴趣的读者可自行校核。

采用同样的方法,可完成其余钢束的预应力损失及有效(永存)预应力计算,限于篇幅,结果从略。

第六节 钢束布置后作用组合的效应设计值计算

预应力钢束布置后作用组合的效应设计值计算原理、方法与本章第三节类似,不同之处在于:

(1)作用种类增加了预加力;

(2)按照一般构造要求并借鉴已有设计成果,配置了普通钢筋及箍筋,具体数量详见本章第七节;

(3)计算各个作用的效应设计值时,相应的截面几何特性不尽相同,如在布置预应力钢束之前的第一次作用的效应设计值计算时,主梁恒载、基础变位等作用对应于毛截面,而在布置预应力钢束之后的第二次作用的效应设计计算时,主梁恒载、基础变位及预加力等作用对应于净截面或换算截面。而净截面、换算截面的取用以预应力管道压浆并形成强度为分界点。

一、永久作用标准值的效应计算

本阶段考虑的永久作用包括:结构重力作用、预加力作用、基础变位作用和混凝土收缩徐变作用。

(一)结构重力标准值的主梁截面内力

一期结构重力标准值的主梁截面内力按净截面计算,二期结构重力标准值的主梁截面内力按换算截面计算,计算结果与表3-9、表3-10相差不大,为节省篇幅,此处从略。

(二)预加力标准值的主梁截面次内力

对于满堂支架现浇施工的预应力混凝土连续梁桥,根据第二章第四节或《通规(2015

年)》4.2.2 条有关要求,预加力作用的效应可按正常使用极限状态和承载能力极限状态两种情况分别考虑。其中,进行正常使用极限状态设计时的构件应力和变形计算时,应将预加力作为永久作用并计入主效应和次效应;进行结构承载能力极限状态设计时,预加力不作为作用,预应力钢筋仅作为结构抗力的组成部分,但应计入预加力引起的次效应。具体详见本章第七~九节。

预加力作用标准值的次内力需采用换算截面进行计算,并考虑混凝土收缩徐变对预应力损失的影响,最终永存预加力标准值引起的主梁截面次内力计算结果见表3-24。

表3-24　永存预加力标准值引起的主梁截面次内力

节 点 号	截 面	$M(kN \cdot m)$	$V(kN)$
$2_{左}$	A	0	0
$2_{右}$		0	-150.3
4	$L_1/8$	552.6	-150.4
8	$L_1/4$	1 105.2	-150.4
12	$3L_1/8$	1 657.8	-150.4
15	$L_1/2$	2 210.4	-150.3
18	$5L_1/8$	2 763.0	-150.3
20	$3L_1/4$	3 315.6	-150.2
22	$7L_1/8$	3 868.2	-150.1
$25_{左}$	B	4 420.7	-150.4
$25_{右}$		4 420.7	-0.7
29	$L/8$	4 424.6	-0.7
32	$L/4$	4 428.3	-0.7
35	$3L/8$	4 432.1	-0.7
38	$L/2$	4 435.9	-0.7

与表3-24相应的预加力标准值引起的主梁截面次内力分布如图3-34所示。

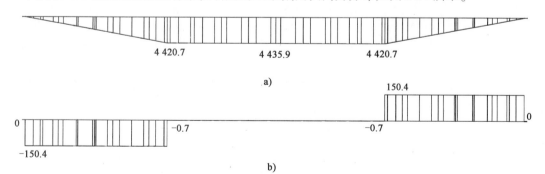

图3-34　预加力标准值引起的主梁截面次内力分布
a)弯矩(单位:kN·m);b)剪力(单位:kN)

(三)基础变位标准值的主梁截面次内力

基础变位标准值的主梁截面次内力采用换算截面进行计算,结果与表3-13相差不大,为

(四) 混凝土收缩徐变作用标准值的主梁截面次内力

根据第二章第六节,整体式支架施工并一次落梁的结构重力产生的内力为稳定力,混凝土收缩徐变只导致结构变形的减小或增加,并不引起次内力,故本例结构重力作用下的混凝土收缩徐变次内力为零。

(五) 施工阶段作用标准值的主梁截面内力

本例采用满堂支架现浇施工,整个施工过程分为三个施工阶段:第一阶段满堂支架现浇混凝土箱梁并张拉锚固全部预应力钢束,主要作用(本阶段激活,以下同)包括一期结构重力、预加力及预加力次内力;第二阶段施工桥面铺装及桥面系附属设施,主要作用包括二期结构重力;第三阶段是计算成桥三年混凝土收缩徐变作用效应。各施工阶段末的最终内力计算结果见表3-25~表3-27。

第一施工阶段末作用标准值的主梁截面内力　　　　表3-25

节点号	截面	轴力 N(kN)	剪力 V(kN)	弯矩 M(kN·m)
$2_左$	A	-30561.2	4892.4	-2295.9
$2_右$		-30508.8	3690.8	-2275.2
4	$L_1/8$	-37806.3	683.0	-8859.8
8	$L_1/4$	-41848.1	76.7	-10382.8
12	$3L_1/8$	-50807.6	-144.1	-7472.6
15	$L_1/2$	-51740.6	140.7	-1842.5
18	$5L_1/8$	-54652.8	-606.8	1284.6
20	$3L_1/4$	-52934.2	-655.4	11821.9
22	$7L_1/8$	-51528.7	-238.9	24997.5
$25_左$	B	-56699.9	3887.5	26796.4
$25_右$		-56699.8	-4241.5	26796.3
29	$L/8$	-50024.7	21.7	15694.2
32	$L/4$	-42031.8	-1968.3	135.8
35	$3L/8$	-52385.4	-65.2	-6270.2
38	$L/2$	-53291.0	-32.9	-10363.9

第二施工阶段末作用标准值的主梁截面累计内力　　　　表3-26

节点号	截面	轴力 N(kN)	剪力 V(kN)	弯矩 M(kN·m)
$2_左$	A	-27736.6	4804.8	-2402.2
$2_右$		-27576.6	3137.8	-2371.2
4	$L_1/8$	-33206.3	430.1	-7084.5
8	$L_1/4$	-36639.5	26.2	-7946.6
12	$3L_1/8$	-44382.1	9.1	-5370.5
15	$L_1/2$	-45629.5	502.2	-1077.9

续上表

节 点 号	截 面	轴力 N(kN)	剪力 V(kN)	弯矩 M(kN·m)
18	$5L_1/8$	-48 319.1	34.2	128.9
20	$3L_1/4$	-47 203.4	219.0	7 480.5
22	$7L_1/8$	-46 197.7	868.7	16 720.3
$25_左$	B	-51 417.4	4 964.3	14 289.0
$25_右$		-5 1417.8	-5 380.8	14 288.8
29	$L/8$	-44 832.4	-983.8	10 190.7
32	$L/4$	-37 348.6	-2 538.5	1.5
35	$3L/8$	-45 844.8	-370.9	-3 297.9
38	$L/2$	-46 667.1	-30.4	-6 158.8

第三施工阶段末作用标准值的主梁截面累计内力　　表3-27

节 点 号	截 面	轴力 N(kN)	剪力 V(kN)	弯矩 M(kN·m)
$2_左$	A	-21 403.4	4 597.2	-2 602.0
$2_右$		-21 046.6	2 846.9	-2 538.5
4	$L_1/8$	-24 952.1	360.1	-6 303.1
8	$L_1/4$	-27 837.3	15.2	-6 998.2
12	$3L_1/8$	-34 465.6	44.6	-4 621.3
15	$L_1/2$	-36 046.8	556.7	-812.1
18	$5L_1/8$	-38 476.0	230.1	-20.3
20	$3L_1/4$	-38 051.4	487.2	6 086.6
22	$7L_1/8$	-37 599.3	1 190.5	13 992.1
$25_左$	B	-43 027.7	4 970.0	10 726.5
$25_右$		-43 028.3	-5 373.9	10 726.4
29	$L/8$	-36 126.5	-1 220.1	8 397.0
32	$L/4$	-29 108.8	-2 533.9	-95.2
35	$3L/8$	-35 705.5	-431.3	-2 655.2
38	$L/2$	-36 443.7	-27.8	-5 105.9

施工阶段的主梁截面内力主要用于后续持久及短暂状况的构件应力(或变形)计算与验算。

二、可变作用标准值的效应计算

可变作用包括汽车荷载和温度梯度作用。

(一)汽车荷载(计入冲击系数)标准值的主梁截面内力

汽车荷载标准值(计入冲击系数)标准值的主梁截面内力采用换算截面计算,结果与表3-14相差不大,为节省篇幅,此处从略。

(二)梯度温度作用标准值的主梁截面次内力

梯度温度标准值的主梁截面次内力采用换算截面计算,其中正温差梯度标准值的主梁截面次内力计算结果与表3-15相差不大,反温差梯度标准值的主梁截面次内力计算结果与表3-16相差不大,为节省篇幅,此处均从略。

三、作用组合的效应设计值计算(二)

基于本节配束后上述各作用标准值的效应计算结果,可按照第二章第七节或《通规(2015年)》第4.1节计算第二次作用组合的效应设计值,包括承载能力极限状态基本组合的截面内力设计值,正常使用极限状态作用频遇值组合和作用准永久组合的截面内力设计值。形成作用组合的主梁截面内力设计值包络图时,均不考虑预加力的主效应,但须计入预加力的次效应。具体方法应根据《通规(2015年)》4.1.5条和4.1.6条进行作用组合的效应设计值计算。

(一)持久状况承载能力极限状态作用基本组合的效应设计值

组合方法详见第二章第七节,作用基本组合的效应设计值采用式(2-90)或《通规(2015年)》式(4.1.5-1)计算。持久状况承载能力极限状态作用基本组合的主梁截面内力设计值(二)计算结果见表3-28。

持久状况承载能力极限状态作用基本组合的主梁截面内力设计值(二)　　表3-28

节点号	截面	$\gamma_0 M_{\max}$ (kN·m)	$\gamma_0 M_{\min}$ (kN·m)	$\gamma_0 V_{\max}$ (kN)	$\gamma_0 V_{\min}$ (kN)
2左	A	-540.1	-1 551.7	2 088.3	142.1
2右		-493.0	-1 504.6	-1 436.3	-5 574.7
4	$L_1/8$	15 538.6	3 185.7	-374.9	-3 864.4
8	$L_1/4$	24 592.2	3 063.7	790.2	-2 380.2
12	$3L_1/8$	27 492.9	-252.7	2 114.0	-1 053.6
15	$L_1/2$	24 532.9	-6 782.5	3 590.0	217.4
18	$5L_1/8$	15 998.4	-17 160.0	5 133.7	1 519.9
20	$3L_1/4$	3 246.7	-33 203.1	6 658.1	2 757.4
22	$7L_1/8$	-13 473.9	-54 546.2	8 289.6	4 052.1
25左	B	-31 584.7	-82 202.6	9 720.3	4 981.5
25右		-31 584.8	-82 202.7	-5 439.1	-10 300.1
29	$L/8$	-2 166.7	-35 331.3	-3 868.3	-7 974.1
32	$L/4$	21 399.3	-7 042.8	-2 047.0	-5 617.6
35	$3L/8$	38 083.3	7 078.2	-353.2	-3 526.5
38	$L/2$	43 973.6	12 180.1	1 454.6	-1 408.1

与表3-28相应的持久状况承载能力极限状态作用基本组合的主梁截面内力设计值(二)包络图如图3-35所示。

由表3-28和图3-35可知,持久状况承载能力极限状态作用基本组合下,本例桥主梁墩顶截面B的最大和最小负弯矩设计值分别为82 202.7kN·m和31 584.8kN·m,中孔跨中截面的最大和最小正弯矩设计值分别为43 973.6kN·m和12 180.1kN·m;边支点截面A的最大和最小剪力设计值分别为2 088.3kN和-5 574.7kN,中支点截面B的最大和最小剪力设计值分别为9 720.3kN和-10 300.1kN。

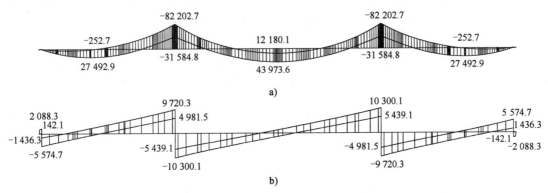

图3-35 持久状况承载能力极限状态作用基本组合的主梁截面内力设计值(二)包络图
a)弯矩(单位:kN·m);b)剪力(单位:kN)

持久状况承载能力极限状态作用基本组合的主梁截面弯矩设计值(二)包络图,主要用于核定预应力钢筋的长度布置范围,并为承载能力极限状态验算提供基本资料。

(二)持久状况正常使用极限状态作用组合的效应设计值

1. 持久状况正常使用极限状态作用频遇组合

组合方法详见第二章第七节,作用频遇组合的效应设计值采用式(2-95)或《通规(2015年)》式(4.1.6-1)计算。持久状况正常使用极限状态作用频遇组合的主梁截面内力设计值(二)的计算结果见表3-29。

持久状况正常使用极限状态作用频遇组合的主梁截面内力设计值(二) 表3-29

节点号	截面	M_{max} (kN·m)	M_{min} (kN·m)	V_{max} (kN)	V_{min} (kN)
2左	A	-491.0	-909.6	928.5	129.2
2右		-448.2	-866.8	-1 517.4	-3 540.5
4	$L_1/8$	10 047.6	3 654.8	-559.7	-2 388.9
8	$L_1/4$	16 023.2	4 298.4	355.3	-1 413.2
12	$3L_1/8$	18 126.1	2 037.9	1 291.1	-464.4
15	$L_1/2$	16 470.4	-3 143.8	2 291.1	527.8
18	$5L_1/8$	10 907.8	-11 534.2	3 365.0	1 576.3
20	$3L_1/4$	1 220.8	-23 480.2	4 420.1	2 590.6
22	$7L_1/8$	-11 898.1	-39 109.8	5 561.0	3 677.6
25左	B	-27 592.3	-59 034.6	6 495.3	4 499.0
25右		-27 592.3	-59 034.6	-4 959.2	-6 929.7
29	$L/8$	-2 087.4	-26 160.7	-3 536.7	-5 335.5

续上表

节 点 号	截 面	M_{max} (kN·m)	M_{min} (kN·m)	V_{max} (kN)	V_{min} (kN)
22	$L/4$	16 047.8	-4 575.0	-1 976.0	-3 674.5
35	$3L/8$	26 645.0	8 209.9	-601.0	-2 247.8
38	$L/2$	30 365.0	12 421.5	833.5	-795.2

与表 3-29 相应的持久状况正常使用极限状态作用频遇组合的主梁截面内力设计值(二)包络图如图 3-36 所示。

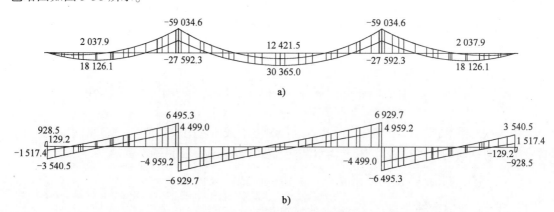

图 3-36 持久状况正常使用状态作用频遇组合的主梁截面内力设计值(二)包络图
a)弯矩(单位:kN·m);b)剪力(单位:kN)

由表 3-29 和图 3-36 可知,持久状况正常使用极限状态作用频遇组合下,本例桥主梁墩顶截面 B 的最大和最小负弯矩设计值分别为 59 034.6kN·m 和 27 592.3kN·m,中孔跨中截面的最大和最小正弯矩设计值分别为 30 365.0kN·m 和 12 421.5kN·m;边支点截面 A 的最大和最小剪力设计值分别为 928.5kN 和 -3 540.5kN,中支点截面 B 的最大和最小剪力设计值分别为 6 495.3kN 和 -6 929.7kN。

2. 持久状况正常使用极限状态作用准永久组合

组合方法详见第二章第七节,作用准永久组合的效应设计值采用式(2-97)或《通规(2015年)》式(4.1.6-2)计算。持久状况正常使用极限状态作用准永久组合的主梁截面内力设计值(二)计算结果见表 3-30。

持久状况正常使用极限状态作用准永久组合的主梁截面内力设计值(二) 表 3-30

节 点 号	截 面	M_{max} (kN·m)	M_{min} (kN·m)	V_{max} (kN)	V_{min} (kN)
$2_左$	A	-491.0	-730.2	585.9	129.2
$2_右$		-448.2	-687.4	-1 630.4	-3 089.3
4	$L_1/8$	8 829.2	4 063.4	-675.4	-2 023.5
8	$L_1/4$	14 039.6	5 114.0	187.0	-1 126.4
12	$3L_1/8$	15 792.4	3 260.7	1 058.9	-247.1

续上表

节 点 号	截 面	M_{max} (kN·m)	M_{min} (kN·m)	V_{max} (kN)	V_{min} (kN)
15	$L_1/2$	14 145.4	−1 514.0	1 996.2	685.8
18	$5L_1/8$	8 890.8	−9 497.3	3 009.6	1 684.8
20	$3L_1/4$	−240.8	−21 032.6	4 006.7	2 658.8
22	$7L_1/8$	−12 740.0	−36 079.3	5 091.5	3 713.0
25左	B	−28 292.3	−55 161.8	5 969.4	4 525.9
25右		−28 292.3	−55 161.9	−5 015.9	−6 383.9
29	$L/8$	−2 949.4	−24 246.9	−3 595.3	−4 864.9
22	$L/4$	14 535.2	−3 429.5	−2 069.3	−3 281.8
35	$3L/8$	24 480.9	9 047.1	−754.4	−1 937.4
38	$L/2$	27 938.0	13 061.7	605.5	−567.1

与表3-30 相应的持久状况正常使用极限状态作用准永久组合的主梁截面内力设计值(二)包络图如图3-37 所示。

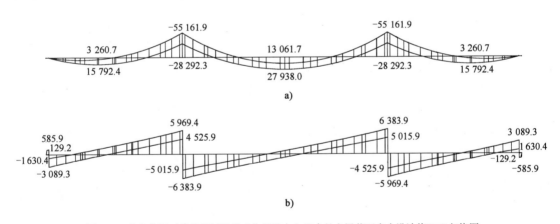

图3-37 持久状况正常使用极限状态作用准永久组合的主梁截面内力设计值(二)包络图
a) 弯矩(单位:kN·m);b) 剪力(单位:kN)

由表3-30 和图3-37 可知,持久状况正常使用极限状态作用准永久组合下,本例桥主梁墩顶截面 B 的最大和最小负弯矩设计值分别为 5 5161.9kN·m 和 28 292.3kN·m,中孔跨中截面的最大和最小正弯矩设计值分别为 27 938.0kN·m 和 13 061.7kN·m;边支点截面 A 的最大和最小剪力设计值分别为 585.9kN 和 −3 089.3kN,中支点截面 B 的最大和最小剪力设计值分别为 5 969.4kN 和 −6 383.9kN。

持久状况正常使用极限状态作用频遇组合与准永久组合的主梁截面弯矩设计值(二)包络图,主要用于校核预应力钢筋的长度布置范围。

第七节　持久状况承载能力极限状态计算与验算

基于作用组合的内力设计值(二)的计算结果,可依据第二章第十节之一或《桥规(2018年)》第5.1节、5.2节及5.7节,对持久状况承载能力极限状态采用作用基本组合进行计算与验算。满堂支架施工的预应力混凝土连续梁桥的主梁作为受弯构件,持久状况承载能力极限状态计算内容主要包括四大类,即正截面抗弯承载力、斜截面抗剪承载力、斜截面抗弯承载力和局部抗压承载力。持久状况承载能力极限状态计算与验算均不考虑预加力的主效应,但应计入预加力产生的次效应。

一、正截面抗弯承载力计算与验算

对于本例的箱形截面,可参照I形截面采用式(2-138)~式(2-140)或《桥规(2018年)》5.2.3条进行主梁正截面抗弯承载力计算与验算,并满足式(2-135)(防止超筋脆性破坏)及式(2-136)或式(2-137)的要求。

确定主梁截面承载力计算值时,除考虑截面的混凝土及预应力钢束外,还应计入箱梁顶、底板纵向普通钢筋(顶、底板均设上、下层)。这里,纵向普通钢筋取直径为18mm的HRB400钢筋,钢筋间距为20cm,顶、底板每层布置80根和55根。持久状况承载能力极限状态主梁正截面抗弯承载力的计算与验算结果见表3-31。

持久状况承载能力极限状态主梁正截面抗弯承载力计算与验算　　　　表3-31

节点号	截面	最大/最小	作用基本组合的弯矩设计值 $\gamma_0 M_d$ (kN·m)	截面承载力计算值 M_u (kN·m)	是否满足
2	A	最大	−493.0	35 909.1	是
		最小	−1 504.6	35 909.1	是
4	$L_1/8$	最大	15 538.6	47 551.5	是
		最小	3 185.7	47 551.5	是
8	$L_1/4$	最大	24 592.2	52 885.4	是
		最小	3 063.7	52 885.4	是
12	$3L_1/8$	最大	27 492.9	54 819.2	是
		最小	−252.7	42 839.6	是
15	$L_1/2$	最大	24 532.9	51 686.0	是
		最小	−6 782.5	57 083.5	是
18	$5L_1/8$	最大	15 998.4	51 631.1	是
		最小	−17 160.0	77 909.9	是
20	$3L_1/4$	最大	3 246.7	44 754.2	是
		最小	−33 203.1	107 824.6	是

续上表

节点号	截面	最大/最小	作用基本组合的弯矩设计值 $\gamma_0 M_d$（kN·m）	截面承载力计算值 M_u（kN·m）	是否满足
22	$7L_1/8$	最大	−13 473.9	143 450.0	是
		最小	−54 546.2	143 450.0	是
25	B	最大	−31 584.8	180 690.0	是
		最小	−82 202.7	180 690.0	是
29	$L/8$	最大	−2 166.7	118 339.9	是
		最小	−35 331.3	118 339.9	是
32	$L/4$	最大	21 399.3	50 945.4	是
		最小	−7 042.8	62 463.7	是
35	$3L/8$	最大	38 083.3	62 098.0	是
		最小	7 078.2	62 098.0	是
38	$L/2$	最大	43 973.6	65 706.6	是
		最小	12 180.1	65 706.6	是

注：负弯矩设计值表示截面上缘受拉，取绝对值与截面承载力计算值进行验算。

由表 3-31 可知：持久状况承载能力极限状态作用基本组合的主梁截面正弯矩设计最大值发生在中孔跨中截面，为 43 973.6kN·m，最小值为 12 180.1kN·m，绝对值均小于截面承载力计算值 M_u = 65 706.6kN·m，故中孔跨中截面抗弯承载力满足《桥规(2018 年)》要求。同理可知，持久状况承载能力极限状态主梁各截面的正截面抗弯承载力均满足要求。

二、斜截面抗剪承载力计算与验算

斜截面抗剪验算包括抗剪承载力验算和截面尺寸校核。

斜截面抗剪承载力可按式(2-143)~式(2-148)或《桥规(2018 年)》5.2.9 条进行计算，并满足式(2-149)和式(2-150)的要求，如果式(2-149)不满足，应首先加大截面尺寸；如果式(2-150)满足，则按构造要求配置箍筋即可。为提高设计计算效率，普通钢筋暂按以下构造设置：在箱梁顶底板设置 ⌀18 的 HRB400 水平纵向钢筋，钢筋间距 10cm；箍筋采用直径为 ⌀12 的 HRB400 钢筋，箍筋间距支点截面取 10cm，其余截面取 15cm，箍筋构造形式为封闭式双箍四肢箍筋。

需要特别强调，按《桥规(2018 年)》5.2.11 条及 5.2.12 条要求进行斜截面的抗剪承载力验算之前，应对每个截面进行上、下限校核；如果截面尺寸验算不通过，即使斜截面抗剪承载力验算满足要求，该斜截面抗剪承载力仍不满足要求。为节省篇幅，这里仅对中孔 $L/8$ 和 $L/4$ 截面进行截面尺寸校核，对未通过截面尺寸校核的截面也不再进行尺寸调整，但实际工程设计时应严格遵守《桥规(2018 年)》有关要求。

(1)中孔 $L/8$ 截面。

截面上限条件按式(2-149)进行校核，即：

$$0.51 \times 10^{-3} \sqrt{f_{cu,k}} bh_0 = 0.51 \times 10^{-3} \times \sqrt{50} \times 1\,211.3 \times 1\,681.0$$
$$= 7\,343.0 \text{kN} < |\gamma_0 V_d| = 7\,974.1(\text{kN})$$

说明截面最小尺寸不满足要求,应加大截面尺寸。

截面下限条件按式(2-150)进行校核,即:
$$0.50 \times 10^{-3} \alpha_2 f_{td} bh_0 = 0.50 \times 10^{-3} \times 1.25 \times 1.83 \times 1\,211.3 \times 1\,681.0$$
$$= 2\,328.9 \text{kN} < |\gamma_0 V_d| = 7\,974.1(\text{kN})$$

因此,需按照式(2-143)进行斜截面抗剪承载力验算。

类似地,可以得出边支点 A、边孔 $5L_1/8$ 截面最小尺寸不满足要求,应加大截面尺寸。

(2)中孔 $L/4$ 截面。

截面上限条件按式(2-149)进行计算,即:
$$0.51 \times 10^{-3} \sqrt{f_{cu,k}} bh_0 = 0.51 \times 10^{-3} \times \sqrt{50} \times 1\,200.0 \times 1\,427.7$$
$$= 6\,178.4 \text{kN} > |\gamma_0 V_d| = 5\,617.6(\text{kN})$$

故截面最小尺寸满足要求。

截面下限条件按式(2-150)进行计算,即:
$$0.50 \times 10^{-3} \alpha_2 f_{td} bh_0 = 0.50 \times 10^{-3} \times 1.25 \times 1.83 \times 1\,200.0 \times 1\,427.7$$
$$= 1\,959.5 \text{kN} < |\gamma_0 V_d| = 5\,617.6(\text{kN})$$

因此,需按照式(2-143)进行斜截面抗剪承载力验算。

持久状况承载能力极限状态主梁斜截面抗剪承载力计算与验算结果见表3-32。

持久状况承载能力极限状态主梁斜截面抗剪承载力计算与验算 表3-32

节点号	截面	最大/最小	作用基本组合的剪力设计值 $\gamma_0 V_d$ (kN)	截面承载力计算值 V_u (kN)	是否满足
2	A	最大	-1 436.3	10 337.4	是
		最小	-5 574.7	10 337.4	是
4	$L_1/8$	最大	-333.4	7 432.5	是
		最小	-3 864.4	7 432.5	是
8	$L_1/4$	最大	790.2	6 079.5	是
		最小	-2 380.2	6 079.5	是
12	$3L_1/8$	最大	2 114.0	6 715.6	是
		最小	-1 053.6	6 715.6	是
15	$L_1/2$	最大	3 590.0	7 795.3	是
		最小	217.4	7 795.3	是
18	$5L_1/8$	最大	5 133.7	9 314.7	是
		最小	1 519.9	10 108.1	是
20	$3L_1/4$	最大	6 658.1	10 988.6	是
		最小	2 757.4	11 877.8	是

续上表

节点号	截面	最大/最小	作用基本组合的剪力设计值 $\gamma_0 V_d$（kN）	截面承载力计算值 V_u（kN）	是否满足
22	$7L_1/8$	最大	8 289.6	1 2904.6	是
		最小	4 052.1	13 095.4	是
25	B	最大	−5 439.1	15 649.7	是
		最小	−10 300.1	15 649.7	是
29	$L/8$	最大	−3 868.3	11 000.3	是
		最小	−7 974.1	11 000.3	是
32	$L/4$	最大	−2 047.0	9 342.6	是
		最小	−5 617.6	9 342.6	是
35	$3L/8$	最大	−353.2	7 952.5	是
		最小	−3 526.4	7 952.5	是
38	$L/2$	最大	1 454.6	5 742.8	是
		最小	−1 408.1	5 742.8	是

注：剪力设计值以梁体顺时针方向为正，取绝对值与截面承载力计算值进行验算。

由表 3-32 可知：持久状况承载能力极限状态作用基本组合的主梁斜截面剪力设计值 $\gamma_0 V_d$ 均小于截面承载力计算值 V_u，满足《桥规（2018 年）》要求，但通过前述的主梁截面尺寸校核表明，边支点 A、边孔 $5L_1/8$ 和中孔 $L/8$ 截面的最小尺寸不满足要求，应加大截面尺寸，限于篇幅，这里不再调整。实际工程设计中如果出现这种情况，则必须通过调整截面尺寸或混凝土强度等级，使斜截面抗剪承载力及截面尺寸校核均满足《桥规（2018 年）》要求。

三、斜截面抗弯承载力计算与验算

持久状况承载能力极限状态主梁斜截面抗弯承载力可按式（2-151）及式（2-152）或《桥规（2018 年）》5.2.14 条进行计算与验算。考虑到本例主梁纵向普通钢筋和箍筋均满足《桥规（2018 年）》9.1.4 条、9.3.8～9.3.12 条的构造要求，故可不进行斜截面抗弯承载力验算。

四、局部承压计算与验算

对于满堂支架施工的预应力混凝土连续梁桥，持久状况承载能力极限状态主梁局部承压计算的具体部位包括锚下和支座处，验算内容分别为局部承压区的截面尺寸和局部抗压承载力。其中，局部承压区的截面尺寸可采用式（2-153）和式（2-154）或《桥规（2018 年）》5.7.1 条进行计算与验算；局部抗压承载力可采用式（2-155）～式（2-158）或《桥规（2018 年）》5.7.2 条进行计算与验算，结果详见本章第十节。

五、最小配筋率计算与验算

根据《桥规（2018 年）》9.1.13 条，预应力混凝土受弯构件最小配筋率应满足下列条件：

$$\frac{M_{ud}}{M_{cr}} \geq 1.0$$

式中：M_{ud}——受弯构件正截面抗弯承载力设计值，按《桥规(2018年)》第5.2节有关公式的等号右边式子计算；

M_{cr}——受弯构件正截面开裂弯矩值，按《桥规(2018年)》式(6.5.2-7)计算。

部分预应力混凝土受弯构件中普通受拉钢筋的截面面积，不应小于 $0.003bh_0$。

受弯构件的受拉钢筋最小配筋率是根据混凝土开裂弯矩，与同尺寸的钢筋混凝土梁所能承担的弯矩相等而确定的，其目的是当混凝土受拉边缘出现裂缝时，梁不因配筋过少而发生脆性破坏。预应力混凝土受弯构件受拉钢筋最小配筋率可表达为 $M_{ud} \geq M_{cr}$。其中，计算截面开裂弯矩 M_{cr} 时，需要计算全截面换算截面重心轴以上(或以下)面积对重心轴的面积矩 S_0 和换算截面抗裂边缘的弹性抵抗矩 W_0，以便计算构件受拉区混凝土塑性影响系数 γ。目前，多数桥梁结构有限元设计软件输入的截面特性为毛截面特性，净截面特性和换算截面特性多为程序内部计算调用，不向用户提供，且实际工程普通钢筋一般配置较多，塑性影响系数 γ 等参数手算工作量较大。因此，《桥规(2018年)》9.1.13条提供了简易的最小配筋率验算要求，即部分预应力混凝土受弯构件普通受拉钢筋的截面面积不应小于 $0.003bh_0$。

由本章第八节可知，本例主梁为A类预应力混凝土构件，则本例主梁受拉区普通钢筋的截面面积最小值可按 $0.003bh_0$ 控制，计算结果见表3-33。

A类预应力混凝土主梁受拉区普通钢筋 表3-33

节点号	截面	截面腹板宽度 b (mm)	截面有效高度 h_0 (mm)	受拉区最小配筋面积 $0.003bh_0$ (mm²)	受拉区实际配筋面积 A_s (mm²)
2	A	1 350	1 090	4 415	27 995
4	$L_1/8$	900	1 082	2 921	27 995
8	$L_1/4$	900	1 068	2 884	27 995
12	$3L_1/8$	900	1 103(1 133)	2 978/3 059	27 995(40 720)
15	$L_1/2$	900	1 214(1 246)	3 278/3 364	27 995(40 720)
18	$5L_1/8$	909	1 404(1 394)	3 829/3 801	27 995(40 720)
20	$3L_1/4$	1 056	1 640(1 648)	5 196/5 221	27 995(40 720)
22	$7L_1/8$	1 203	(1 953)	7 048	(40 720)
25	B	1 350	(2 256)	9 137	(40 720)
29	$L/8$	1 125	(1 767)	5 964	(40 720)
32	$L/4$	900	1 401(1 406)	3 783/3 796	27 995(40 720)
35	$3L/8$	900	1 137	3 070	27 995
38	$L/2$	900	1 079	2 913	27 995

注：1. 截面有效高度 h_0 括号外数字为截面承受正弯矩时的受压区高度，括号内数字为截面承受负弯矩时的受压区高度。

2. 实际受拉区配筋面积 A_s 括号外数字为截面下缘底层受拉钢筋面积，按110根直径18mm钢筋计算受拉区实际配筋面积；括号内数字为截面上缘顶层受拉钢筋面积，按160根直径18mm钢筋计算受拉区实际配筋面积。

由表3-33可知，本例主梁各截面受拉区普通钢筋截面积均大于最小配筋面积，满足《桥规(2018年)》要求。需要注意，对于截面上、下缘普通钢筋配置不对称的构件，应区别构件承受的弯矩类别(正或负),并据此确定主梁截面是上缘还是下缘受拉,以便正确计算受拉区普通钢筋截面积。

第八节 持久状况正常使用极限状态计算与验算

根据第二章第十节之二或《桥规(2018年)》6.1.1条,满堂支架施工的预应力混凝土连续梁桥按持久状况正常使用极限状态设计时,应采用作用频遇组合、作用准永久组合或作用频遇组合(各种组合均不计汽车荷载的冲击作用)并考虑作用长期效应的影响,对构件的抗裂、裂缝宽度和挠度进行计算(均应计入预加力的主效应和次效应),并充分考虑作用与主梁截面几何特性的匹配关系,使各项计算结果不超过《桥规(2018年)》规定的相应限值。

一、正截面与斜截面抗裂验算

(一) 正截面抗裂验算

预应力混凝土构件应进行持久状况正常使用极限状态作用频遇(准永久)组合方式下的预应力混凝土受弯构件正截面应力计算。对于本例,作用频遇(准永久)组合方式下的主梁正截面混凝土法向应力应按式(2-178)或式(2-179)或《桥规(2018年)》6.3.2条计算,若计算结果为混凝土全截面受压,正截面抗裂自然满足要求;若截面出现拉应力,则应满足式(2-171)或式(2-172)、式(2-173)或《桥规(2018年)》6.3.1条的要求,后者即为A类预应力混凝土构件。对于A类预应力混凝土构件,应同时进行作用频遇组合及准永久组合方式下的主梁混凝土正截面应力计算。

持久状况正常使用极限状态主梁正截面混凝土法向应力计算结果见表3-34。

持久状况正常使用极限状态主梁正截面混凝土法向应力(单位:MPa) 表3-34

节 点	截 面	作用频遇值组合		作用准永久值组合	
		上缘最小应力	下缘最小应力	上缘最小应力	下缘最小应力
2	A	0.30	3.38	2.63	4.28
4	$L_1/8$	−0.41	7.58	2.65	8.49
8	$L_1/4$	−0.87	9.34	2.75	9.65
12	$3L_1/8$	0.38	9.77	4.62	9.71
15	$L_1/2$	1.43	8.49	5.81	7.95
18	$5L_1/8$	1.74	8.50	7.44	6.02
20	$3L_1/4$	11.03	0.56	7.66	3.92
22	$7L_1/8$	11.06	−0.17	7.71	2.36
25	B	10.29	1.37	6.91	3.42
29	$L/8$	10.56	0.24	7.15	3.26
32	$L/4$	9.41	0.29	5.57	4.59
35	$3L/8$	1.32	8.78	5.62	8.74
38	$L/2$	0.64	10.38	4.91	10.33

注:1. 表中压应力为正,拉应力为负。
  2. 最小应力指在压应力为正,拉应力为负的前提下,代数值最小的应力值。

由表 3-34 可知,持久状况正常使用极限状态作用频遇组合下,主梁多个截面上缘或下缘出现了拉应力(均小于应力限值),其余均全截面受压,因此,本例主梁为 A 类预应力混凝土构件。根据《桥规(2018 年)》第 6.3.1 条,对主梁正截面混凝土拉应力进行验算时,A 类预应力混凝土构件在作用准永久组合下拉应力满足:

$$\sigma_{lt} - \sigma_{pc} \leq 0$$

在作用频遇组合下应满足:

$$\sigma_{st} - \sigma_{pc} \leq 0.7 f_{tk} = 0.7 \times 2.65 = 1.855 \text{MPa}$$

由表 3-34 可知,在作用频遇组合下主梁截面的最大拉应力发生在 $L_1/4$ 截面,为 0.87MPa,小于限值 1.855MPa,在作用准永久组合下主梁截面均没有出现拉应力,满足《桥规(2018 年)》要求。因此,本例作为 A 类预应力混凝土构件,持久状况正常使用极限状态主梁混凝土正截面抗裂验算均满足《桥规(2018 年)》要求。

(二)斜截面抗裂验算

持久状况正常使用极限状态的斜截面抗裂验算,通过主梁截面混凝土主拉应力 σ_{tp} 控制。其中,混凝土主拉应力由作用频遇组合(包括永存预加力)产生,可按式(2-180)~式(2-184)或《桥规(2018 年)》6.3.3 条计算,并应满足式(2-175)或《桥规(2018 年)》6.3.1 条的要求。持久状况正常使用极限状态主梁斜截面混凝土主拉应力计算结果见表 3-35。

持久状况正常使用极限状态主梁斜截面混凝土主拉应力　　　　表 3-35

节 点 号	截　　面	最大主拉应力(MPa)	节 点 号	截　　面	最大主拉应力(MPa)
2	A	-1.74	22	$7L_1/8$	-0.37
4	$L_1/8$	-0.50	25	B	-1.16
8	$L_1/4$	-1.04	29	$L/8$	-0.44
12	$3L_1/8$	-0.17	32	$L/4$	-1.30
15	$L_1/2$	-0.31	35	$3L/8$	-0.40
18	$5L_1/8$	-0.17	38	$L/2$	-0.16
20	$3L_1/4$	-0.18			

注:表中压应力为正,拉应力为负。

根据第二章第十节之二或《桥规(2018 年)》6.3.1 条,A 类预应力混凝土构件在持久状况正常使用极限状态作用频遇组合下,斜截面混凝土主拉应力限值为 $0.5f_{tk} = 0.5 \times 2.65 = 1.325$MPa。由表 3-35 可知,仅主梁边支承截面的主拉应力为 1.74MPa,大于混凝土截面主拉应力限值 1.325MPa,其他斜截面抗裂验算均满足《桥规(2018 年)》要求。

对于边支承截面,计入横隔板效应时,主拉应力即可通过验算。

二、挠度计算与验算

(一)计算方法

根据第二章第十节之二或《桥规(2018 年)》6.5.3 条,预应力混凝土受弯构件在使用阶段的挠度应考虑长期效应的影响,即按作用频遇组合与《桥规(2018 年)》6.5.2 条的规定刚度计

算的挠度值,乘以挠度长期增长系数 η_θ。挠度长期增长系数可按下列规定取用:

当采用 C40 以下混凝土时,$\eta_\theta = 1.60$;

当采用 C40~C80 混凝土时,$\eta_\theta = 1.45 \sim 1.35$,中间强度等级可按直线内插入取用。

本设计采用 C50 混凝土,按直线内插得 $\eta_\theta = 1.425$。

对于全预应力及 A 类预应力混凝土构件,计算频遇组合产生的挠度时刚度采用 $0.95E_cI_0$。

预应力混凝土受弯构件按上述计算的长期挠度,在消除结构自重产生的长期挠度后,对于梁式桥主梁的最大挠度不应超过计算跨径的 1/600。其中,作用频遇组合中汽车荷载为标准值的 0.7 倍并且不计入冲击系数。

根据《桥规(2018 年)》6.5.4 条,预应力混凝土受弯构件由预加力引起的反拱值,可采用结构力学方法按刚度 E_cI_0 进行计算,并乘以长期增长系数。计算使用阶段预加力反拱值时,预应力钢筋的预加力应扣除全部预应力损失,长期增长系数取用 2.0。

(二)预拱度设置方法

根据《桥规(2018 年)》6.5.5 条,预应力混凝土受弯构件的预拱度可按下列规定设置。

(1)当预加应力产生的长期反拱值大于按作用频遇组合计算的长期挠度时,可不设预拱度。

(2)当预加应力的长期反拱值小于按作用频遇组合计算的长期挠度时应设预拱度,其值应按该项荷载的挠度值与预加应力长期反拱值之差采用。预拱度的设置应按最大的预拱值沿纵桥向做成平顺的曲线。

(三)计算结果

依据上述挠度计算方法,利用从有限元软件计算得到的变形值,可由以下公式计算各挠度。

自重、汽车荷载与人群作用频遇组合的挠度:

$$f_a = \frac{\eta_\theta}{0.95} \times \left(\delta_g + \frac{0.7 + \delta_q}{1+\mu} + \delta_r \right)$$

式中:f_a——由自重、汽车荷载与人群荷载组成的频遇组合的挠度值;

δ_g——按照全截面刚度计算的恒载变形值,包括箱梁自重与二期恒载;

δ_q——按照全截面刚度计算的汽车荷载引起的变形;

δ_r——按照全截面刚度计算的人群荷载引起的变形。

可见,扣除恒载后的挠度值为:

$$f_q = \frac{\eta_\theta}{0.95} \times \left(\frac{0.7 \times \delta_q}{1+\mu} + \delta_r \right)$$

考虑预加力反拱后的挠度为:

$$f_c = \frac{\eta_\theta}{0.95} \times \left(\delta_g + \frac{0.7 \times \delta_q}{1+\mu} + \delta_r \right) + 2.0 \times \delta_p$$

式中:f_c——考虑预加力反拱后的挠度值;

δ_p——按照全截面刚度计算的预应力上拱值,符号为负。

当 f_c 小于 0 时,代表预应力反拱值大于频遇组合挠度,可不设置预拱度;当 f_c 大于 0 时,代表预应力反拱值小于频遇组合挠度,预拱度值为 $-f_c$。

现以中孔跨中截面为例,说明各挠度值的具体计算方法和结果。

自重、汽车荷载与人群作用频遇组合的挠度,为:

$$f_a = \frac{\eta_\theta}{0.95} \times \left(\delta_g + \frac{0.7 \times \delta_q}{1+\mu} + \delta_r\right) = \frac{1.425}{0.95} \times \left(24.5 + \frac{0.7 \times 17.3}{1.088}\right) = 53.4(\text{mm})$$

扣除恒载后的挠度值,为:

$$f_q = \frac{\eta_\theta}{0.95} \times \left(\frac{0.7 \times \delta_q}{1+\mu} + \delta_r\right) = \frac{1.425}{0.95} \times \left(\frac{0.7 \times 17.3}{1.088}\right) = 16.7(\text{mm})$$

考虑预加力反拱后的挠度,为:

$$f_c = \frac{\eta_\theta}{0.95} \times \left(\delta_g + \frac{0.7 \times \delta_q}{1+\mu} + \delta_r\right) + 2.0 \times \delta_p = \frac{1.425}{0.95} \times \left(24.5 + \frac{0.7 \times 17.3}{1.088}\right) - 2 \times 33.8$$

$$= -14.2(\text{mm})$$

类似地,可得持久状况正常使用极限状态主梁的挠度值,计算结果见表 3-36。

持久状况正常使用极限状态主梁节点挠度(单位:mm) 表 3-36

节点	截面	自重、汽车荷载与人群作用频遇组合挠度 f_a	扣除自重后挠度 f_q	考虑预加力反拱后挠度 f_c
2	A	0.0	0.0	0.0
4	$L_1/8$	7.8	3.8	-4.0
8	$L_1/4$	13.0	6.7	-5.0
12	$3L_1/8$	14.2	8.2	-3.2
15	$L_1/2$	11.9	8.1	-0.1
18	$5L_1/8$	7.5	6.8	2.3
20	$3L_1/4$	3.1	4.6	3.7
22	$7L_1/8$	0.4	2.3	3.0
25	B	0.0	0.0	0.0
29	$L/8$	12.2	4.7	-0.6
32	$L/4$	29.5	10.1	-5.1
35	$3L/8$	46.3	14.8	-10.9
38	$L/2$	53.4	16.7	-14.2

注:下挠为正,上拱为负。

(四)挠度验算及预拱度设置

1.挠度验算

1)边孔

由表 3-36 可知,边孔在除去自重作用的频遇组合下的最大挠度为 8.2mm,发生在边孔 $3L_1/8$ 截面,小于挠度限值 $L_1/600 = 29\,400/600 = 49.0$mm,根据《桥规(2018 年)》6.5.3 条,边孔挠度验算满足《桥规(2018 年)》要求。

2)中孔

由表 3-36 可知,中孔在除去自重作用的频遇组合下的最大挠度为 16.7mm,发生在中孔跨中,小于挠度限值 $L/600 = 45\,000/600 = 75.0$mm,故中孔挠度验算满足《桥规(2018 年)》要求。

2.预拱度设置

由表3-36可知,边孔$3L_1/8$截面和中孔跨中截面考虑预加力反拱后挠度值f_c分别为-3.2mm和-14.2mm,均小于0,即预加应力产生的长期反拱值大于按作用频遇组合计算的长期挠度,根据《桥规(2018年)》6.5.5条,全桥可不设置设计预拱度。

第九节 持久状况和短暂状况构件的应力计算与验算

一、持久状况构件应力计算与验算

根据第二章第十节之三或《桥规(2018年)》7.1.1条,满堂支架现浇施工的预应力混凝土连续梁桥按持久状况设计时,应计算主梁使用阶段正截面混凝土法向压应力、斜截面混凝土主压应力和受拉区钢筋拉应力(均应计入预加力的主效应和次效应),并不得超过《桥规(2018年)》规定的限值。计算时作用取标准值,汽车荷载考虑冲击系数,并充分考虑作用与主梁截面几何特性的匹配关系。

(一)混凝土应力计算与验算

1.使用阶段混凝土正截面法向压应力

预应力混凝土连续梁使用阶段应力计算时,作用(或荷载)均取其标准值,并应考虑预加力主效应和预加力、温度等引起的次效应。预加力和预加力次效应的分项系数取1.0,汽车荷载应考虑冲击系数。

使用阶段预应力混凝土构件正截面混凝土法向压应力,应采用作用标准值组合的弯矩值,按式(2-206)或《桥规(2018年)》7.1.3条计算,并应满足式(2-213)或《桥规(2018年)》7.1.5条的要求。

使用阶段主梁正截面混凝土法向压应力结果见表3-37。

使用阶段主梁正截面混凝土法向压应力　　　　表3-37

节点号	截面	上缘最大法向压应力(MPa)	下缘最大法向压应力(MPa)
2	A	4.27	3.96
4	$L_1/8$	3.63	7.95
8	$L_1/4$	-1.21	9.82
12	$3L_1/8$	-0.09	10.46
15	$L_1/2$	11.39	0.32
18	$5L_1/8$	11.38	0.87
20	$3L_1/4$	11.59	0.16
22	$7L_1/8$	11.22	-0.36
25	B	10.39	1.25
29	$L/8$	10.73	0.01

续上表

节点号	截面	上缘最大法向压应力(MPa)	下缘最大法向压应力(MPa)
32	$L/4$	9.85	−0.35
35	$3L/8$	11.37	0.62
38	$L/2$	11.26	1.51

注：表中压应力为正，拉应力为负。

由本章上一节的截面抗裂验算可知，本例主梁为 A 类预应力混凝土未开裂构件，根据式(2-213)或《桥规(2018年)》7.1.5 条规定：未开裂构件混凝土正截面法向压应力限值为 $0.5f_{ck}=0.5\times32.4=16.2$ (MPa)，表 3-37 中使用阶段混凝土法向压应力最大值出现在边跨 $3L_1/4$ 截面，为 11.59MPa，小于应力限值 16.2MPa，故使用阶段主梁截面混凝土法向压应力均满足《桥规(2018年)》要求。

需要说明：本例拉应力控制指标已经通过持久状况正常使用极限状态主梁正截面抗裂（表 3-34）和斜截面抗裂（表 3-35）的计算与验算结果充分体现；使用阶段混凝土法向压应力计算时出现的拉应力（表 3-37）不应作为抗裂指标判断依据，主要原因是正(斜)截面抗裂采用频遇组合与准永久组合（汽车荷载均不计冲击作用），而混凝土法向压应力计算采用标准值组合（且汽车荷载计入冲击作用），标准值组合的效应一般大于频遇组合及准永久组合的效应，用标准值组合结果验算拉应力不妥。总之，表 3-37 在保证数据正确的前提下，使用阶段只控制混凝土法向压应力，不必顾及其中的拉应力是否超限。

2. 使用阶段混凝土主应力

1) 使用阶段斜截面混凝土主压应力

对于预应力混凝土受弯构件，使用阶段由作用标准值和预加力产生的混凝土主压应力 σ_{cp} 和主拉应力 σ_{tp} 应按式(2-180)或《桥规(2018年)》7.1.6 条计算与验算，但其中涉及的式(2-181)及式(2-184)中的 M_s 和 V_s 应分别以 M_k、V_k 代替。此处，M_k 和 V_k 为按作用标准值组合计算的弯矩值和剪力值。通过计算得到的混凝土主压应力 σ_{cp} 应满足式(2-217)。

使用阶段主梁斜截面混凝土主压应力计算结果见表 3-38。

使用阶段主梁斜截面混凝土主压应力　　　　　　　表 3-38

节点号	截面	主压应力最大值(MPa)
2	A	4.52
4	$L_1/8$	8.01
8	$L_1/4$	9.94
12	$3L_1/8$	10.63
15	$L_1/2$	11.72
18	$5L_1/8$	11.56
20	$3L_1/4$	11.45
22	$7L_1/8$	11.22
25	B	10.46

续上表

节 点 号	截 面	主压应力最大值(MPa)
29	$L/8$	10.82
32	$L/4$	10.13
35	$3L/8$	11.50
38	$L/2$	11.31

根据式(2-217)或《桥规(2018年)》第7.1.6条,预应力混凝土受弯构件在使用阶段斜截面的混凝土主压应力限值为 $0.6f_{ck}=0.6\times32.4=19.44(\text{MPa})$。由表3-38可知,使用阶段混凝土的主压应力最大值发生在边孔跨中截面,为11.72MPa,小于应力限值19.44MPa,故使用阶段主梁斜截面混凝土主压应力均满足《桥规(2018年)》要求。

2) 使用阶段斜截面混凝土主拉应力

对于预应力混凝土受弯构件,使用阶段由作用标准值和预加力产生的混凝土主拉应力 σ_{tp} 的计算方法与主压应力类似。根据《桥规(2018年)》7.1.6条,主拉应力 σ_{tp} 主要用于箍筋设计,具体方法为:在 $\sigma_{tp}\leq0.50f_{tk}$ 区段,箍筋可仅按构造要求设置;在 $\sigma_{tp}>0.50f_{tk}$ 区段,箍筋的间距 S_v 可按式(2-218)计算设置,如果按式(2-218)计算的箍筋用量少于按斜截面抗剪承载力计算的箍筋用量时,应采用后者的箍筋用量。

使用阶段主梁斜截面混凝土主拉应力计算结果见表3-39。

使用阶段主梁斜截面混凝土主拉应力 表3-39

节 点 号	截 面	主拉应力最大值(MPa)
2	A	-0.28
4	$L_1/8$	-0.32
8	$L_1/4$	-0.30
12	$3L_1/8$	-0.08
15	$L_1/2$	-0.31
18	$5L_1/8$	-0.18
20	$3L_1/4$	-0.21
22	$7L_1/8$	-0.29
25	B	-1.01
29	$L/8$	-0.35
32	$L/4$	-1.05
35	$3L/8$	-0.27
38	$L/2$	-0.07

由表3-39可知,中孔 $L/4$ 截面使用阶段混凝土的主拉应力最大值为1.05MPa,小于使用阶段混凝土的主拉应力限值 $0.5f_{tk}=0.5\times2.65=1.325\text{MPa}$,故均可按构造要求设置箍筋。

需要指出,《桥规(2018年)》7.1.1条要求仅验算斜截面混凝土主压应力,而7.1.6条要求既验算斜截面主压应力又验算主拉应力,前后要求不一致;同时,相关设计软件也没有输出使用阶段主梁的斜截面主拉应力计算结果,不便于贯彻落实《桥规(2018年)》7.1.6条。对于某些特殊构件,斜截面主拉应力可能控制设计,因此,应计算并验算使用阶段主梁斜截面混凝土主拉应力,并采用与按斜截面抗剪承载力计算的箍筋用量较大者。

(二)预应力钢束最大拉应力计算与验算

使用阶段主梁预应力钢束的最大拉应力,应按作用标准值组合得到的主梁截面弯矩值采用式(2-207)或《桥规(2018年)》7.1.3条计算,并满足式(2-214)或《桥规(2018年)》7.1.5条的要求。

限于篇幅,此处仅以中孔底板束 a1~a6 为例进行验算,各钢束的最大拉应力计算结果见表 3-40。

使用阶段预应力钢束 a1~a6 的最大拉应力 表 3-40

钢束编号	拉应力(MPa)
a1	956.2
a2	952.2
a3	954.0
a4	945.5
a5	909.5
a6	852.1

注:表中应力拉为正。

根据式(2-214)或《桥规(2018年)》7.1.5条,对于未开裂构件,使用阶段受拉区预应力钢束的拉应力限值为 $0.65f_{pk} = 0.65 \times 1570 = 1020.5$(MPa)。由表 3-40 可知,使用阶段 a1 钢束拉应力最大,为 956.2MPa,小于最大拉应力限值 1020.5MPa,故使用阶段中孔底板预应力钢束拉应力均满足要求。同理可得使用阶段其他各预应力钢束应力也满足《桥规(2018年)》要求。

二、短暂状况主梁截面应力计算与验算

根据第二章第十节之三或《桥规(2018年)》7.2.1条,满堂支架现浇施工的预应力混凝土桥梁按短暂状况设计时,应计算主梁在施工阶段由自重、施工荷载等引起的混凝土正截面和斜截面应力(均应计入预加力的主效应和次效应),并充分考虑施工过程作用与主梁截面几何特性的匹配关系,使应力计算结果不超过《桥规(2018年)》7.2.8条的限值。

1. 主梁正截面混凝土法向应力

短暂状况由预加力和作用标准值产生的主梁正截面混凝土法向应力可按式(2-162)~式(2-164)和式(2-206)或《桥规(2018年)》7.2.4条进行计算,此时,预应力钢束应扣除相应阶段的预应力损失,作用采用施工荷载,截面性质按体内预应力管道压浆前采用净截面,管道压浆后采用换算截面;当计算由体内预加力引起的应力时采用净截面。根据《桥规(2018年)》7.2.8条,如果计算结果为压应力 σ'_{cc},则应满足式(2-219)的要求;如果计算结果为拉应力 σ'_{ct},则应验算拉应力是否超限并校核纵向钢筋的配筋率,具体方法为:

(1)当 $\sigma'_{ct} \leqslant 0.70f'_{tk}$ 时,配置于预拉区纵向钢筋的配筋率不小于 0.2%。

(2)当 $\sigma'_{ct} = 1.15f'_{tk}$ 时,配置于预拉区纵向钢筋的配筋率不小于 0.4%。

(3) 当 $0.70f'_{tk} < \sigma^t_{ct} < 1.15f'_{tk}$ 时,配置于预拉区纵向钢筋的配筋率按以上两者直线内插取用。

(4) 拉应力 σ^t_{ct} 不应超过 $1.15f'_{tk}$。

根据本例的具体施工方法和工序,计算主梁在预加力、结构自重等施工荷载作用下截面边缘混凝土的法向应力时,作用均采用标准值,不考虑作用组合系数。短暂状况主梁截面边缘混凝土的法向应力计算结果见表3-41。

短暂状况主梁正截面混凝土法向应力 表3-41

节 点 号	截 面	最大/最小	上缘法向应力(MPa)	下缘法向应力(MPa)
2	A	最大	2.51	4.15
		最小	1.71	3.47
4	$L_1/8$	最大	2.06	8.83
		最小	1.53	6.84
8	$L_1/4$	最大	2.13	10.01
		最小	1.73	7.67
12	$3L_1/8$	最大	4.24	9.56
		最小	3.54	7.30
15	$L_1/2$	最大	5.99	7.11
		最小	4.92	5.52
18	$5L_1/8$	最大	6.89	6.26
		最小	5.37	5.34
20	$3L_1/4$	最大	7.86	3.19
		最小	7.86	3.19
22	$7L_1/8$	最大	8.51	1.02
		最小	8.51	1.02
25	B	最大	8.02	1.87
		最小	8.02	1.87
29	$L/8$	最大	7.67	2.22
		最小	7.67	2.22
32	$L/4$	最大	5.00	4.93
		最小	3.90	3.95
35	$3L/8$	最大	4.90	9.02
		最小	4.35	6.52
38	$L/2$	最大	3.72	11.35
		最小	3.62	8.21

注:表中压应力为正,拉应力为负。

由表3-41可知,短暂状况下,本例在预加力、主梁自重等施工荷载作用下的混凝土法向应力均为压应力,且最大压应力发生在中孔 $L/2$ 截面,为11.35MPa,小于式(2-119)或《桥规

(2018年)》7.2.8条规定的施工阶段混凝土压应力限值 $0.7f'_{ck}=0.7\times0.8\times32.4=18.14$ (MPa)。因此，本例短暂状况主梁正截面混凝土法向应力均满足《桥规(2018年)》要求。

2. 主梁斜截面混凝土主应力

短暂状况主梁斜截面混凝土主应力计算原理与持久状况相同，只不过采用施工阶段的作用及相应的截面几何特性计算即可，结果见表3-42。

短暂状况主梁斜截面混凝土主应力　　　　表3-42

节点号	截面	主压应力最大值(MPa)	主拉应力最大值(MPa)
2	A	4.907	-1.451
4	$L_1/8$	8.891	-0.099
8	$L_1/4$	10.138	-0.001
12	$3L_1/8$	9.756	-0.003
15	$L_1/2$	7.365	-0.042
18	$5L_1/8$	7.056 1	-0.019
20	$3L_1/4$	7.936	-0.015
22	$7L_1/8$	8.516 5	-0.072 2
25	B	8.090	-0.629
29	$L/8$	7.743	-0.084
32	$L/4$	5.486	-0.558
35	$3L/8$	9.152	-0.029
38	$L/2$	11.346	-0.000 3

注：表中主压应力为正值，主拉应力为负值。

由表3-42可知，短暂状况下，本例主梁边孔最大主压应力位于 $L_1/4$ 截面，中孔最大主压应力位于跨中截面，分别为10.138MPa和11.346MPa；边支点和中支点主梁斜截面混凝土主拉应力值较大，分别为1.451MPa和0.629MPa。

需要指出，《桥规(2018年)》7.2.1条虽要求计算混凝土正截面和斜截面应力，但《桥规(2018年)》7.2.7条和7.2.8条只涉及混凝土法向压应力限值和拉应力设计措施，并没有给出混凝土斜截面主应力(主拉、主压)限值和处理措施，问题之一是条文要求不匹配，问题之二是缺失了短暂状况主梁斜截面混凝土主拉应力设计的可能控制项。因此，可参考持久状况主拉应力限值，合理设置箍筋，尤其是对于主拉应力较大的截面，防止短暂状况主梁破坏。

第十节　应力扰动区的计算与验算

根据第二章第十二节或《桥规(2018年)》第5.7节及第8.2节，预应力混凝土连续梁桥的应力扰动区应包括梁端锚固区、齿板锚固区、支座处横梁(板)、墩台盖梁以及承台等部位。限于篇幅，以下仅给出本例应力扰动区基于原普通钢筋构造设计的梁端锚固区和齿块锚固区承载能力极限状态的承载力验算。

一、端横梁(板)锚固区的计算与验算

(一)局部区

由本章第十二节主梁预应力钢束构造图可知,边孔端横梁(板)共锚固通长束 T1~T8 共 8 束,底板束 b1~b6 共 26 束,钢束锚固点位置详见图 3-50。根据对锚固点位置的分析,b3 钢束的锚下局部承压条件较为不利,现仅以 b3 钢束为例,进行端横梁锚下的局部承压验算。

1. 局部承压区截面尺寸校核

配置间接钢筋的混凝土构件,局部受压区的尺寸应满足式(2-153)或《桥规(2018 年)》5.7.1 条的要求。

结构重要性系数:$\gamma_0 = 1.1$。

局部受压面积上的局部压力设计值:$\gamma_0 F_{ld} = 1.1 \times 1.2 \times 1\,177.5 \times 7 \times 140 = 1\,523\,214(\text{N})$。

混凝土局部承压修正系数,混凝土强度等级为 C50 及以下,取 $\eta_s = 1.0$。

本例预应力锚固构造为直径 146mm 的锚具,锚下设置 220mm×220mm×30mm 的正方形钢垫板,喇叭管与垫板连成整体。

根据图 2-66 的计算方法,计入 45°扩散角,局部受压尺寸横向取预应力钢束间距 280mm,竖向受压尺寸为 3×220mm = 660mm,所以局部承压底面为宽 280mm、长 660mm 的矩形,相应的局部受压计算底面积为:$A_b = 280 \times 660 = 184\,800(\text{mm}^2)$。混凝土局部受压面积:

$$A_l = 220 \times 220 = 48\,400(\text{mm}^2),\ A_{ln} = 220 \times 220 - \frac{\pi \times 70^2}{4} = 44\,552(\text{mm}^2)$$

混凝土局部承压强度提高系数:

$$\beta = \sqrt{\frac{A_b}{A_l}} = \sqrt{\frac{184\,800}{48\,400}} = 1.954$$

张拉锚固时混凝土轴心抗压强度设计按混凝土强度等级达到设计值的 90% 考虑,相应的强度等级相当于 $0.9 \times C50 = C45$,可由表 2-3 查得 $f_{cd} = 20.5\text{MPa}$。

则

$$1.3\eta_s \beta f_{cd} A_{ln} = 1.3 \times 1.0 \times 1.954 \times 20.5 \times 44\,552 = 2\,320\,005(\text{N}) > \gamma_0 F_{ld} = 1\,523\,214(\text{N})$$

结果表明:b3 钢束端横隔梁锚固区的局部受压区截面尺寸满足《桥规(2018 年)》要求。

2. 局部抗压承载力验算

配置间接钢筋的局部受压构件,局部抗压承载力应满足式(2-155)或《桥规(2018 年)》5.7.2 条的要求。

局部压力设计值:

$$\gamma_0 F_{ld} = 1.1 \times 1.2 \times 1\,177.5 \times 7 \times 140 = 1\,523\,214(\text{N})$$

混凝土核心面积,可取局部受压计算底面积范围以内的间接钢筋所包围的面积:

$$A_{cor} = \frac{\pi \times 220^2}{4} = 38\,013(\text{mm}^2)$$

配置间接钢筋时,局部抗压承载力强度提高系数:

$$\beta_{cor} = \sqrt{\frac{A_{cor}}{A_l}} = \sqrt{\frac{38\,013}{48\,400}} = 0.886$$

混凝土强度等级为 C50 及以下时,取间接钢筋影响系数 $k=2.0$。

局部承压区配置直径为 16mm 的 HPB300 钢筋,单根钢筋面积 A_{ssl} 为 201.1mm^2,间接钢筋体积配筋率:

$$\rho_v = \frac{4A_{ssl}}{d_{cor}s} = \frac{4 \times 201.1}{220 \times 50} = 0.073$$

张拉锚固时混凝土轴心抗压强度设计值,取 $f_{cd} = 20.5(\text{MPa})$。

则

$$\begin{aligned}F_u &= 0.9(\eta_s \beta f_{cd} + k\rho_v \beta_{cor} f_{sd})A_{ln}\\ &= 0.9 \times (1 \times 1.954 \times 20.5 + 2 \times 0.073 \times 0.886 \times 250) \times 44\,552\\ &= 2\,902\,848(\text{N}) > \gamma_0 F_{ld} = 1\,523\,214(\text{N})\end{aligned}$$

结果表明:b3 钢束端横隔梁锚固区的局部抗压承载力验算满足《桥规(2018 年)》要求。

同理,可对其他钢束进行局部承压计算与验算。

(二)总体区

锚头下正方形钢垫板宽度 $a' = 220\text{mm}$、$2a' = 440\text{mm}$,而通长束与底板束锚头竖向中心距为 536mm,故竖向属于非密集锚头布置,应按单组锚头分别计算通长束和底板束抗拉承载力。横向底板束间距 $280\text{mm} < 2a' = 440\text{mm}$,所以横桥向属于密集锚头布置,由于底板束数量远多于顶板束,显然底板束产生的作用更为不利,现以底板束端横隔梁锚固端为例进行抗拉承载力计算。

1. 抗劈裂力的验算

由于底板束锚固端竖向弯曲形式相同,可将横向底板 26 束按一组锚头的合力计算。

结构重要性系数:$\gamma_0 = 1.1$。

锚固力:$P_d = 26 \times 1.2 \times 1\,177.5 \times 7 \times 140 = 36\,003\,240(\text{N})$。

取端横隔梁截面实心截面计算形心位置为 $y_b = 641\text{mm}$,故锚固力偏心距 $e = 127\text{mm}$。锚固端截面梁高 $h = 1\,200\text{mm}$,锚固力在截面上的偏心率 $\gamma = 2e/h = 0.212$,底板束倾角 $\alpha = 11.24°$。根据式(2-224)或《桥规(2018 年)》8.2.2 条,底板束引起的锚下劈裂力设计值为:

$$\begin{aligned}T_{b,d} &= 0.25P_d(1+\gamma)^2\left[(1-\gamma) - \frac{a}{h}\right] + 0.5P_d|\sin\alpha|\\ &= 0.25 \times 36\,003\,240 \times (1+0.212)^2 \times \left(1 - 0.212 - \frac{220}{1200}\right) + 0.5 \times 36\,003\,240 \times |\sin 11.24°|\\ &= 11\,503\,573(\text{N})\end{aligned}$$

端横隔梁厚度 980mm,设置了直径为 18mm 的 HRB400 闭合式四肢箍筋 55 根,单肢钢筋面积为 254.5mm^2,根据式(2-223),箍筋抗拉承载力为:

$$\begin{aligned}f_{sd}A_s &= 330 \times 55 \times (4 \times 254.5) = 18\,476\,700(\text{N}) > \gamma_0 T_{b,d} = 1.1 \times 11\,503\,573\\ &= 12\,653\,930(\text{N})\end{aligned}$$

结果表明:底板束锚固端锚下劈裂力验算满足《桥规(2018 年)》要求。

2. 锚固引起的剥裂力验算

由式(2-226)或《桥规(2018 年)》8.2.3 条可计算锚固面边缘剥裂力:

$$T_{s,d} = 0.02\max\{P_{di}\} = 0.02 \times 36\,003\,240 = 720\,065(\text{N})$$

端横隔梁配置了直径为 18mm 的 HRB400 闭合式四肢箍筋 55 根,由式(2-223)可校核受拉端箍筋抗拉承载力:

$$f_{sd}A_s = 330 \times 55 \times 254.5 = 4\,619\,175(N) > \gamma_0 T_{s,d} = 1.1 \times 720\,065 = 792\,071(N)$$

结果表明:底板束锚固面边缘剥裂力验算满足《桥规(2018 年)》要求。

3. 抗边缘拉力的验算。

由于 $\gamma < 1/3$,根据式(2-228)或《桥规(2018 年)》8.2.5 条,受拉侧边缘拉力设计值为:$T_{et,d} = 0$,且设计实例中按照构造要求设置了架立钢筋,因此底板束锚固面拉侧边缘拉力的承载力满足《桥规(2018 年)》要求。

二、齿块锚固区的计算与验算

(一) 局部区

本例齿块钢筋构造如图 3-63~图 3-69 所示,各齿块锚固区计算原理与端横梁相同。为节约篇幅,仅以 b3 钢束齿块锚固端局部承压验算为例,其他钢束不再给出。

1. 局部承压区截面尺寸校核

配置间接钢筋的混凝土构件,其局部受压区的尺寸应满足式(2-153)或《桥规(2018 年)》5.7.1 条的要求。

结构重要性系数:$\gamma_0 = 1.1$。

局部受压面积上的局部压力设计值:$\gamma_0 F_{ld} = 1.1 \times 1.2 \times 1\,177.5 \times 7 \times 140 = 1\,523\,214(N)$。

混凝土局部承压修正系数,混凝土强度等级为 C50 及以下,取 $\eta_s = 1.0$。

局部受压面为边长 220mm 的正方形,根据图 2-66 的计算方法,局部承压底面为宽 400mm、长 398mm 的矩形,局部受压计算底面积为:$A_b = 400 \times 398 = 159\,200(\text{mm}^2)$。

混凝土局部受压面积:

$$A_l = 220 \times 220 = 48\,400\,\text{mm}^2, A_{ln} = 220 \times 220 - \frac{\pi \times 70^2}{4} = 44\,552\,(\text{mm}^2)$$

混凝土局部承压强度提高系数:$\beta = \sqrt{\dfrac{A_b}{A_l}} = \sqrt{\dfrac{159\,200}{48\,400}} = 1.814$。

张拉锚固时混凝土轴心抗压强度设计值,取 $f_{cd} = 20.5\text{MPa}$。

则

$$1.3\eta_s \beta f_{cd} A_{ln} = 1.3 \times 1.0 \times 1.814 \times 20.5 \times 44\,552$$
$$= 2\,153\,782(N) > \gamma_0 F_{ld} = 1\,523\,214(N)$$

结果表明:b3 钢束齿块锚固区的局部受压区截面尺寸满足《桥规(2018 年)》要求。

2. 局部抗压承载力验算

配置间接钢筋的局部受压构件,局部抗压承载力应满足式(2-155)或《桥规(2018 年)》5.7.2 条的要求。

局部压力设计值:$\gamma_0 F_{ld} = 1.1 \times 1.2 \times 1\,177.5 \times 7 \times 140 = 1\,523\,214(N)$。

混凝土核心面积,可取局部受压计算底面积范围以内的间接钢筋所包围的面积:

$$A_{\text{cor}} = \frac{\pi \times 220^2}{4} = 38\,013\ (\text{mm}^2)$$

配置间接钢筋时局部抗压承载力强度提高系数：

$$\beta_{\text{cor}} = \sqrt{\frac{A_{\text{cor}}}{A_l}} = \sqrt{\frac{38\,013}{48\,400}} = 0.886$$

混凝土强度等级为 C50 及以下时，取间接钢筋影响系数 $k = 2.0$。

局部承压区配置直径为 16mm 的 HPB300 钢筋，单根钢筋面积 A_{ssl} 为 201.1mm^2，间接钢筋体积配筋率：

$$\rho_v = \frac{4A_{\text{ssl}}}{d_{\text{cor}}s} = \frac{4 \times 201.1}{220 \times 50} = 0.073$$

张拉锚固时混凝土轴心抗压强度设计值，取 $f_{\text{cd}} = 20.5\text{MPa}$。

则

$$\begin{aligned}
F_u &= 0.9(\eta_s\beta f_{\text{cd}} + k\rho_v\beta_{\text{cor}}f_{\text{sd}})A_{ln} \\
&= 0.9 \times (1 \times 1.814 \times 20.5 + 2 \times 0.073 \times 0.886 \times 250) \times 44\,552 \\
&= 2\,787\,770(\text{N}) > \gamma_0 F_{ld} = 1\,523\,214(\text{N})
\end{aligned}$$

结果表明：b3 钢束齿块锚固区的局部抗压承载力满足《桥规（2018 年）》要求。

(二) 总体区

1. 抗劈裂力验算

锚下劈裂力设计值可由式(2-229)或《桥规(2018年)》8.2.6条的式(8.2.6-1)计算。

锚固力：$P_d = 1.2 \times 1\,177.5 \times 7 \times 140 = 1\,384\,740(\text{N})$。

锚头下正方形钢垫板宽度 $a = 220\text{mm}$，锚固力中心至齿板上边缘的垂直距离 $d = 199\text{mm}$。

锚下劈裂力设计值为：

$$\begin{aligned}
T_{b,d} &= 0.25P_d\left(1 - \frac{a}{2d}\right) \\
&= 0.25 \times 1\,384\,740 \times \left(1 - \frac{220}{2 \times 199}\right) \\
&= 154\,826(\text{N})
\end{aligned}$$

齿块范围内设置了直径为 12mm 的 HPB300 双肢箍筋 27 根，单肢面积为 113.1mm^2，其中 21 根承受锚下劈裂力，故抗拉承载力为：

$f_{\text{sd}}A_s = 250 \times 21 \times (2 \times 113.1) = 1\,187\,550(\text{N}) > \gamma_0 T_{b,d} = 1.1 \times 154\,826 = 170\,309(\text{N})$

结果表明：b3 钢束齿块锚下抗劈裂力验算满足《桥规（2018 年）》要求。

2. 齿块端面根部拉力的验算

齿块端面根部拉力设计值可由式(2-230)或《桥规(2018年)》8.2.6条的式(8.2.6-2)计算：

$$T_{s,d} = 0.04P_d = 0.04 \times 1\,384\,740 = 55\,390(\text{N})$$

齿块范围内设置了直径为 12mm 的 HPB300 双肢箍筋 27 根，其中 6 根承受齿块端面根部

拉力,故抗拉承载力为:

$$f_{sd}A_s = 250 \times 6 \times (2 \times 113.1) = 339\ 300(N) > \gamma_0 T_{s,d} = 1.1 \times 55\ 390 = 60\ 929(N)$$

结果表明:b3 钢束齿块端面根部钢筋抗拉承载力满足《桥规(2018 年)》要求。

3. 锚后牵拉力的验算

锚后牵拉力设计值可由式(2-231)或《桥规(2018 年)》8.2.6 条的式(8.2.6-3)计算:

$$T_{tb,d} = 0.20 P_d = 0.20 \times 1\ 384\ 740 = 276\ 948(N)$$

齿块顶板范围内设置了直径为 20mm 的 HRB400 纵向钢筋 5 根,单根面积为 314.2 mm^2,故抗拉承载力为:

$$f_{sd}A_s = 330 \times 5 \times 314.2 = 518\ 430(N) > \gamma_0 T_{tb,d} = 1.1 \times 276\ 948 = 304\ 643(N)$$

结果表明:b3 钢束齿块锚后牵拉力验算满足《桥规(2018 年)》要求。

4. 边缘局部弯曲引起的拉力验算

边缘局部弯曲引起的拉力可由式(2-232)或《桥规(2018 年)》8.2.6 条的式(8.2.6-4)计算。

锚固力作用点至箱梁底板中心的距离 $e = 330mm$,锚固力中心至齿板上边缘的垂直距离 $d = 199mm$。边缘局部弯曲引起的拉力设计值为:

$$T_{et,d} = \frac{(2e - d)^2}{12e(e + d)} P_d = \frac{(2 \times 330 - 199)^2}{12 \times 330 \times (330 + 199)} \times 1\ 384\ 740 = 140\ 482(N)$$

齿块处箱梁底板范围内设置了直径为 20mm 的 HRB400 纵向钢筋 5 根,抗拉承载力为:

$$f_{sd}A_s = 330 \times 5 \times 314.2 = 518\ 430(N) > \gamma_0 T_{et,d} = 1.1 \times 140\ 482 = 154\ 530(N)$$

结果表明:b3 钢束齿块边缘局部弯曲引起的拉力验算满足《桥规(2018 年)》要求。

5. 径向力作用引起的拉力验算

径向力作用引起的拉力设计值可按式(2-233)或《桥规(2018 年)》8.2.6 条的式(8.2.6-5)计算。

根据本章第四节之二,b3 钢束起弯角(转向前后的切线夹角)为 11°,转换成弧度为 $\alpha = \frac{\pi \times 11°}{180°} = 0.192$,径向力作用引起的拉力设计值为:

$$T_{R,d} = P_d \alpha = 1\ 384\ 740 \times 0.192 = 265\ 870(N)$$

齿块内沿预应力管道设置了直径为 12mm 的 HPB300 U 形防崩钢筋 8 根,故抗拉承载力为:

$$f_{sd}A_s = 250 \times 8 \times 2 \times 113.1 = 452\ 400(N) > \gamma_0 T_{R,d} = 1.1 \times 265\ 870 = 292\ 457(N)$$

结果表明:b3 钢束齿块在径向力作用下,防崩钢筋承载力满足《桥规(2018 年)》要求。

第十一节 对比分析

针对本例,采用《桥规(2018 年)》《通规(2015 年)》与《桥规(2004 年)》《通规(2004 年)》分别进行设计计算异同点的对比分析,重点涉及工程材料、作用组合的效应设计值及验算结果等方面,主要目的在于正确理解应用《桥规(2018 年)》与《桥规(2004 年)》,同时总结在设计条件、设计结果等方面的差异,为新桥设计与旧桥加固改造积累经验。对于两版规范要求相同或差别不大的内容不再给出对比结果。

一、工程材料

按满堂支架现浇施工设计的预应力混凝土连续梁桥,主要由混凝土、预应力钢筋和普通钢筋等材料组成。

(一)混凝土

《桥规(2018年)》淘汰了强度等级较低的C15和C20级混凝土,材料力学性能指标与《桥规(2004年)》相比没有变化,本例采用C50混凝土。

(二)预应力钢筋

尽管《桥规(2018年)》淘汰了强度等级为1 570MPa的预应力钢筋,为便于计算结果对比,本例仍采用公称直径为15.2mm、截面面积为140mm^{2}的低松弛高强钢绞线,标准强度仍取1 570MPa。

(三)普通钢筋

按《桥规(2018年)》设计计算时,普通钢筋分别采用HPB300级和HRB400级钢筋;按《桥规(2004年)》普通钢筋分别采用R235级和HRB335级钢筋。

对于本例,对应不同规范的工程材料见表3-43。

主要材料对比　　　　　　　　表3-43

材料种类	《桥规(2018年)》	《桥规(2004年)》
混凝土	C50	C50
预应力钢筋	$E_p = 1.95 \times 10^5$ MPa	$E_p = 1.95 \times 10^5$ MPa
普通钢筋	HPB300	R235
	HRB400	HRB335

二、作用、作用组合及其效应设计值

(一)汽车荷载

《通规(2015年)》和《通规(2004年)》关于汽车荷载的规定存在一定差别,以下结合本例进行对比分析。

根据《通规(2004年)》4.3.1条的规定:公路—Ⅰ级车道荷载的均布荷载标准值为q_k = 10.5kN/m;集中荷载标准值按以下规定选取:桥梁计算跨径等于或小于5m时,P_k = 180kN;桥梁计算跨径大于或等于50m时,P_k = 360kN;桥梁计算跨径在5~50m之间时,P_k值采用直线内插求得。计算剪力效应时,上述集中荷载标准值P_k应乘以1.2的系数。公路—Ⅱ级车道荷载的均布荷载标准值q_k和集中荷载标准值P_k按公路—Ⅰ级车道荷载的0.75倍采用。

《通规(2015年)》在《通规(2004年)》的基础上提高了中小跨径桥梁的车道荷载标准,将桥梁计算跨径小于或等于5m时集中荷载标准值P_k调整为270kN;桥梁计算跨径大于或等于50m时,P_k = 360kN;计算跨径在5~50m之间时,P_k值仍采用直线内插。

本例计算跨径为 45m,按《通规(2004 年)》,按直线内插法求得 $P_k = 4 \times 45 + 160 = 340$(kN);按《通规(2015 年)》,按直线内插法求得 $P_k = 2 \times (45 + 130) = 350$(kN)。桥面宽度为 16m,根据《通规(2015 年)》表 4.3.1-4 可知,车辆单向行驶时桥梁设计车道数为 4,由表 4.3.1-5 可知 4 车道横向折减系数为 0.67。《通规(2015 年)》和《通规(2004 年)》汽车荷载标准值(计入冲击系数)产生的主梁截面内力计算结果见表 3-44。

汽车荷载标准值(计入冲击系数)产生的主梁截面内力对比　　　表 3-44

节点号	截面	M_{max}(kN·m)		M_{min}(kN·m)		V_{max}(kN)		V_{min}(kN)	
		《通规(2015 年)》	《通规(2004 年)》	《通规(2015 年)》	《通规(2004 年)》	《通规(2015 年)》	《通规(2004 年)》	《通规(2015 年)》	《通规(2004 年)》
2左	A	0.0	0.0	-650.8	-632.4	1 242.8	1 207.8	0.0	0.0
2右		0.0	0.0	-650.8	-632.4	410.2	403.1	-1 636.9	-1 601.9
4	$L_1/8$	4 420.0	4 331.0	-1 482.4	-1 458.8	419.8	412.8	-1 325.7	-1 296.7
8	$L_1/4$	7 196.3	7 053.5	-2 959.2	-2 912.1	610.3	598.6	-1 040.8	-1 017.5
12	$3L_1/8$	8 466.5	8 301.1	-4 436.0	-4 365.3	842.4	825.4	-788.6	-770.6
15	$L_1/2$	8 434.8	8 272.2	-5 912.8	-5 818.5	1 070.2	1 048.4	-573.0	-559.8
18	$5L_1/8$	7 317.4	7 176.8	-7 389.5	-7 271.7	1 289.4	1 263.6	-393.8	-384.6
20	$3L_1/4$	5 302.4	5 198.0	-8 879.6	-8 738.2	1 499.7	1 470.4	-247.4	-241.8
22	$7L_1/8$	3 054.5	2 997.4	-10 994.3	-10 829.3	1 703.3	1671	-128.4	-125.8
25左	B	2 539.5	2 493.1	-14 049.8	-13 861.3	1 907.8	1 872.8	-97.6	-95.7
25右		2 539.5	2 493.1	-14 049.8	-13 861.3	205.8	201.8	-1 980.0	-1 945.0
29	$L/8$	3 127.1	3 062.7	-6 942.9	-6 850.5	212.7	208.7	-1 707.1	-1 675.2
32	$L/4$	5 487.5	5 370.6	-4 155.7	-4 083.7	338.5	331.6	-1 424.5	-1 396.6
35	$3L/8$	7 850.9	7 697.3	-3 037.4	-2 985.8	556.3	544.5	-1 126.3	-1 103.1
38	$L/2$	8 804.7	8 637.7	-2 322.7	-2 291.5	827.2	809.7	-8 27.2	-8 09.7

注:数值为采用有限元模型 2 的计算结果。

由表 3-44 可知,本例按《通规(2015 年)》汽车荷载标准值计算的中孔跨中截面最大弯矩为 8 804.7kN·m,按《通规(2004 年)》的计算值为 8 637.7kN·m,增大了 1.9%;按《通规(2015 年)》计算的边孔 $3L_1/8$ 截面最大弯矩为 8 466.5kN·m,按《通规(2004 年)》的计算值为 8 301.1kN·m,增大了 2.0%;按《通规(2015 年)》计算的中支点截面最小弯矩为 14 049.8kN·m,按《通规(2004 年)》的值为 13 861.3kN·m,增大了 1.4%。按《通规(2015 年)》计算的中支点截面最大剪力为 1 907.8kN,按《通规(2004 年)》计算的值为 1 872.8kN,增大了 1.9%。《通规(2015 年)》对跨径小于 50m 桥梁的汽车荷载计算标准有一定提高,中小跨径桥梁设计时应引起重视。

(二)作用组合及其效应设计值

相对于《通规(2004 年)》,由本书第一章第二节及第二章第七节可知,《通规(2015 年)》在作用组合方式及其效应设计值的计算方面都有较大改变。现针对本例,对比分析按《通规(2015 年)》和《通规(2004 年)》不同组合方式下计算的效应设计值。

1. 持久状况承载能力极限状态

持久状况承载能力极限状态下，主梁截面内力设计值按《通规(2015年)》采用作用基本组合计算，按《通规(2004年)》采用作用效应基本组合计算，结果见表3-45。

持久状况承载能力极限状态基本组合的主梁截面内力设计值(二)　　表3-45

节点号	截面	$\gamma_0 M_{max}$ (kN·m)		$\gamma_0 M_{min}$ (kN·m)		$\gamma_0 V_{max}$ (kN)		$\gamma_0 V_{min}$ (kN)	
		《通规(2015年)》	《通规(2004年)》	《通规(2015年)》	《通规(2004年)》	《通规(2015年)》	《通规(2004年)》	《通规(2015年)》	《通规(2004年)》
2左	A	-540.1	-540.1	-1551.7	-1523.3	2088.3	2034.4	142.1	142.1
2右		-493.0	-493.0	-1504.6	-1476.3	-1436.3	-1447.2	-5574.7	-5520.8
4	$L_1/8$	15538.6	15401.6	3185.7	3222.0	-374.9	-385.7	-3864.4	-3819.7
8	$L_1/4$	24592.2	24372.3	3063.7	3136.3	790.2	772.2	-2380.2	-2344.3
12	$3L_1/8$	27492.9	27238.3	-252.7	-143.8	2114.0	2087.8	-1053.6	-1025.9
15	$L_1/2$	24532.9	24282.5	-6782.5	-6637.3	3590.0	3556.5	217.4	237.8
18	$5L_1/8$	15998.4	15781.8	-17160.0	-16978.5	5133.7	5094.0	1519.9	1534.0
20	$3L_1/4$	3246.7	3085.8	-33203.1	-32985.3	6658.1	6613.0	2757.4	2766.2
22	$7L_1/8$	-13473.9	-13561.8	-54546.2	-54292.2	8289.6	8239.9	4052.1	4056.2
25左	B	-31584.7	-31656.1	-82202.6	-81912.2	9720.3	9666.4	4981.5	4984.4
25右		-31584.8	-31656.1	-82202.7	-81912.3	-5439.1	-5445.2	-10300.1	-10246.2
29	$L/8$	-2166.7	-2265.9	-35331.3	-35188.9	-3868.3	-3874.5	-7974.1	-7924.9
32	$L/4$	21399.3	21219.2	-7042.8	-6931.9	-2047.0	-2057.6	-5617.6	-5574.3
35	$3L/8$	38083.3	37846.9	7078.2	7157.7	-353.2	-371.4	-3526.5	-3490.7
38	$L/2$	43973.6	43716.5	12180.1	12228.1	1454.6	1427.6	-1408.1	-1381.1

注：《通规(2015年)》计算值引自表3-28。

由表3-45可知，本例按《通规(2015年)》和《通规(2004年)》计算的持久状况承载能力极限状态基本组合的主梁截面内力设计值还是有差异的，例如中孔跨中截面最大弯矩分别为43973.6kN·m和43716.5kN·m，增大了0.6%；中孔跨中截面最小弯矩分别为12180.1kN·m和12228.1kN·m，减小了0.4%；中支点左截面最大剪力分别为9720.3kN和9666.4kN，增加了0.6%，中支点左截面最小剪力分别为4981.5kN和4984.4kN，减小了0.1%；新桥设计或旧桥加固改造时应予关注。

2. 持久状况正常使用极限状态

1)作用频遇/短期效应组合的主梁截面内力设计值

持久状况正常使用极限状态下，主梁截面内力设计值按《通规(2015年)》采用作用频遇组合计算，按《通规(2004年)》采用作用短期效应组合计算，计算结果对比见表3-46。

持久状况正常使用极限状态作用频遇/短期效应组合的主梁截面内力设计值(二) 表3-46

节点号	截面	M_{max} (kN·m)		M_{min} (kN·m)		V_{max} (kN)		V_{min} (kN)	
		《通规(2015年)》	《通规(2004年)》	《通规(2015年)》	《通规(2004年)》	《通规(2015年)》	《通规(2004年)》	《通规(2015年)》	《通规(2004年)》
2左	A	-491.0	-491.0	-909.6	-897.7	928.5	906.0	129.2	129.2
2右		-448.2	-448.2	-866.8	-854.9	-1 517.4	-1 521.9	-3 540.5	-3 517.9
4	$L_1/8$	10 047.6	9 990.4	3 654.8	3 669.9	-559.7	-564.2	-2 388.9	-2 370.2
8	$L_1/4$	16 023.2	15 931.4	4 298.4	4 328.7	355.3	347.7	-1 413.2	-1 398.3
12	$3L_1/8$	18 126.1	18 019.7	2 037.9	2 083.4	1 291.1	1 280.2	-464.4	-452.9
15	$L_1/2$	16 470.4	16 365.8	-3 143.8	-3 083.2	2 291.1	2 277.2	527.8	536.4
18	$5L_1/8$	10 907.8	10 817.4	-11 534.2	-11 458.4	3 365.0	3 348.4	1 576.3	1 582.2
20	$3L_1/4$	1 220.8	1 153.6	-23 480.2	-23 389.2	4 420.1	4 401.3	2 590.6	2 594.3
22	$7L_1/8$	-11 898.1	-11 934.8	-39 109.8	-39 003.7	5 561.0	5 540.2	3 677.6	3 679.3
25左	B	-27 592.3	-27 622.1	-59 034.6	-58 913.3	6 495.3	6 472.8	4 499.0	4 500.2
25右		-27 592.3	-27 622.1	-59 034.6	-58 913.4	-4 959.2	-4 961.8	-6 929.7	-6 907.2
29	$L/8$	-2 087.4	-2 128.8	-26 160.7	-26 101.2	-3 536.5	-3 539.2	-5 335.5	-5 314.9
22	$L/4$	16 047.8	15 972.5	-4 575.0	-4 528.7	-1 976.0	-1 980.1	-3 674.5	-3 656.5
35	$3L/8$	26 645.0	26 546.2	8 209.9	8 243.1	-601.0	-608.6	-2 247.8	-2 232.9
38	$L/2$	30 365.0	30 257.6	12 421.5	12 441.6	833.5	822.3	-795.2	-783.9

注:《通规(2015年)》计算值引自表3-29。

由表3-46可知,本例按《通规(2015年)》和《通规(2004年)》计算的持久状况正常使用极限状态作用频遇/短期效应组合的主梁截面内力设计值有一定差异,例如中孔跨中截面最大弯矩分别为30 365.0kN·m和30 257.6kN·m,增大了0.4%;中孔跨中截面最小弯矩分别为12 421.5kN·m和12 441.6kN·m,减小了0.2%;中支点左截面最大剪力分别为6 495.3kN和6 472.8kN,增加了0.3%,中支点左截面最小剪力基本不变;设计时应给予适当关注。

2)作用准永久/长期效应组合的主梁截面内力设计值

持久状况正常使用极限状态下,主梁截面内力设计值按《通规(2015年)》采用作用准永久组合计算,按《通规(2004年)》采用作用长期效应组合计算,计算结果对比见表3-47。

持久状况正常使用极限状态作用准永久/长期效应组合的主梁截面内力设计值(二) 表3-47

节点号	截面	M_{max} (kN·m)		M_{min} (kN·m)		V_{max} (kN)		V_{min} (kN)	
		《通规(2015年)》	《通规(2004年)》	《通规(2015年)》	《通规(2004年)》	《通规(2015年)》	《通规(2004年)》	《通规(2015年)》	《通规(2004年)》
2左	A	-491.0	-491.0	-730.2	-723.4	585.9	573.1	129.2	129.2
2右		-448.2	-448.2	-687.4	-680.6	-1 630.4	-1 633.0	-3 089.3	-3 076.4
4	$L_1/8$	8 829.2	8 796.5	4 063.4	4 072.1	-675.4	-678.0	-2 023.5	-2 012.8
8	$L_1/4$	14 039.6	13 987.1	5 114.0	5 131.4	187.0	182.7	-1 126.4	-1 117.8
12	$3L_1/8$	15 792.4	15 731.6	3 260.7	3 286.6	1 058.9	1 052.7	-247.1	-240.4

续上表

节点号	截面	M_{max} (kN·m)		M_{min} (kN·m)		V_{max} (kN)		V_{min} (kN)	
		《通规(2015年)》	《通规(2004年)》	《通规(2015年)》	《通规(2004年)》	《通规(2015年)》	《通规(2004年)》	《通规(2015年)》	《通规(2004年)》
15	$L_1/2$	14 145.4	14 085.7	-1 514.0	-1 479.4	1 996.2	1 988.2	685.8	690.7
18	$5L_1/8$	8 890.8	8 839.1	-9 497.3	-9 454.0	3 009.6	3 000.1	1 684.8	1 688.2
20	$3L_1/4$	-240.8	-279.2	-21 032.6	-20 980.6	4 006.7	3 996.0	2 658.8	2 660.9
22	$7L_1/8$	-12 740.0	-12 761.0	-36 079.3	-36 018.7	5 091.5	5 079.6	3 713.0	3 713.9
25左	B	-28 292.3	-28 309.3	-55 161.8	-55 092.5	5 969.4	5 956.6	4 525.9	4 526.5
25右		-28 292.3	-28 309.3	-55 161.9	-55 092.6	-5 015.9	-5 017.4	-6 383.9	-6 371.1
29	$L/8$	-2 949.4	-2 973.0	-24 246.9	-24 212.9	-3 595.3	-3 596.8	-4 864.9	-4 853.2
22	$L/4$	14 535.2	14 492.2	-3 429.5	-3 403.1	-2 069.3	-2 071.8	-3 281.8	-3 271.5
35	$3L/8$	24 480.9	24 424.5	9 047.1	9 066.1	-754.4	-758.7	-1 937.4	-1 928.9
38	$L/2$	27 938.0	27 876.7	13 061.7	13 073.2	605.5	599.1	-567.1	-560.7

注:《通规(2015年)》计算值引自表3-30。

由表3-47可知,本例按《通规(2015年)》和《通规(2004年)》计算的持久状况正常使用极限状态作用准永久/长期效应组合的主梁截面内力设计值有一定差异,例如中孔跨中截面最大弯矩分别为27 938.0kN·m和27 876.7kN·m,增大了0.2%;中孔跨中截面最小弯矩分别为13 061.7kN·m和13 073.2kN·m,基本不变;中支点左截面最大、最小剪力基本不变;设计时应给予适当关注。

三、计算与验算结果

《桥规(2018年)》第5~7章规定,预应力混凝土连续梁桥的验算应包括:持久状况承载能力极限状态验算、持久状况正常使用极限状态验算及持久状况和短暂状况构件的应力验算等。其中,持久状况承载能力极限状态验算包括正截面抗弯承载力、斜截面抗剪承载力以及斜截面抗弯承载力验算;持久状况正常使用极限状态验算包括主梁截面抗裂和挠度验算;持久状况和短暂状况构件的应力验算包括使用阶段应力验算和施工阶段应力验算。

(一)持久状况承载能力极限状态

1. 正截面抗弯承载力

分别按《桥规(2018年)》和《桥规(2004年)》计算的持久状况承载能力极限状态主梁正截面抗弯承载力见表3-48。

持久状况承载能力极限状态主梁正截面抗弯承载力计算结果 表3-48

节点号	截面	最大/最小	弯矩设计值 $\gamma_0 M_d$ (kN·m)		截面承载力计算值 M_0 (kN·m)	
			《桥规(2018年)》	《桥规(2004年)》	《桥规(2018年)》	《桥规(2004年)》
2	A	最大	-493.0	-493.0	35 909.1	32 061.1
		最小	-1 504.6	-1 476.3	35 909.1	32 061.1

续上表

节点号	截面	最大/最小	弯矩设计值 $\gamma_0 M_d$(kN·m)		截面承载力计算值 M_0(kN·m)	
			《桥规(2018年)》	《桥规(2004年)》	《桥规(2018年)》	《桥规(2004年)》
4	$L_1/8$	最大	15 538.6	15 453.4	47 551.5	44 906.0
		最小	3 185.7	3 196.1	4 7551.5	44 906.0
8	$L_1/4$	最大	24 592.2	24 475.8	52 885.4	50 239.9
		最小	3 063.7	3 084.5	52 885.4	50 239.9
12	$3L_1/8$	最大	27 492.9	27 393.6	54 819.2	52 052.9
		最小	-252.7	-221.5	42 839.6	38 816.0
15	$L_1/2$	最大	24 532.9	24 489.6	51 686.0	48 602.8
		最小	-6 782.5	-6 740.9	57 083.5	52 598.9
18	$5L_1/8$	最大	15 998.4	16 040.7	51 631.1	48 061.4
		最小	-17 160.0	-17 108.0	77 909.9	73 492.4
20	$3L_1/4$	最大	3 246.7	3 396.5	44 754.2	40 501.0
		最小	-33 203.1	-33 140.6	107 824.6	101 910.5
22	$7L_1/8$	最大	-13 473.9	-13 199.4	143 450.0	136 004.5
		最小	-54 546.2	-54 473.4	143 450.0	136 004.5
25	B	最大	-31 584.8	-31 242.0	180 690.6	171 955.6
		最小	-82 202.7	-82 119.4	180 690.0	171 955.6
29	$L/8$	最大	-2 166.7	-1 851.8	118 339.9	111 576.9
		最小	-35 331.3	-35 396.0	118 339.9	111 576.9
32	$L/4$	最大	21 399.5	21 633.3	50 945.4	47 413.3
		最小	-7 042.8	-7 139.0	62 463.7	57 326.2
35	$3L/8$	最大	38 083.3	38 261.0	62 098.2	59 214.6
		最小	7 078.2	6 950.6	62 098.0	59 214.6
38	$L/2$	最大	43 973.6	44 130.7	65 706.6	63 061.0
		最小	12 180.1	12 021.1	65 706.6	63 061.0

注:《桥规(2018年)》计算值引自表 3-31。

由表 3-48 可以看出,分别按《桥规(2018年)》和《桥规(2004年)》计算,结果规律一致,《桥规(2018年)》主梁截面弯矩设计值较《桥规(2004年)》计算值普遍偏大,且均能满足各自规范的持久状况承载能力极限状态正截面抗弯承载力要求。

2. 斜截面抗剪承载力

分别按《桥规(2018年)》和《桥规(2004年)》计算的持久状况承载能力极限状态主梁斜截面抗剪承载力见表 3-49。

持久状况承载能力极限状态主梁斜截面抗剪承载力计算结果　　　　表3-49

节点号	截面	最大/最小	剪力设计值 $\gamma_0 V_d$ (kN)		截面承载力计算值 V_u (kN)	
			《桥规(2018年)》	《桥规(2004年)》	《桥规(2018年)》	《桥规(2004年)》
2	A	最大	-1 436.3	-1 440.1	10 337.4	10 581.4
		最小	-5 574.7	-5 534.9	10 337.4	10 581.4
4	$L_1/8$	最大	-333.4	-338.2	7 432.5	7 060.6
		最小	-3 864.4	-3 833.7	7 432.5	7 060.6
8	$L_1/4$	最大	790.2	779.2	6 079.5	5 691.4
		最小	-2 380.2	-2 358.4	6 079.5	5 691.4
12	$3L_1/8$	最大	2 114.0	2 094.8	6 715.6	6 443.9
		最小	-1 053.6	-1 039.9	6 715.6	6 443.9
15	$L_1/2$	最大	3 590.0	3 563.6	7 795.3	7 646.2
		最小	217.4	223.7	7 795.3	7 646.2
18	$5L_1/8$	最大	5 133.7	5 101.0	9 314.7	9 463.5
		最小	1 519.9	1 519.9	1 0108.1	9 523.7
20	$3L_1/4$	最大	6 658.1	6 620.0	10 988.6	11 182.1
		最小	2 757.4	2 752.1	11 877.8	11 147.2
22	$7L_1/8$	最大	8 289.6	8 246.9	12 904.6	13 338.1
		最小	4 052.1	4 042.1	13 095.4	13 338.1
25	B	最大	-5 439.1	-5 445.2	15 649.7	16 005.1
		最小	-10 300.1	-10 246.2	15 649.7	16 005.1
29	$L/8$	最大	-3 868.3	-3 874.5	11 000.3	12 064.8
		最小	-7 974.1	-7 924.9	11 000.3	12 064.8
32	$L/4$	最大	-2 047.0	-2 057.6	9 342.6	8 710.9
		最小	-5 617.6	-5 574.3	9 342.6	8 710.9
35	$3L/8$	最大	-353.2	-371.4	7 952.5	7 595.3
		最小	-3 526.4	-3 490.7	7 952.5	7 595.3
38	$L/2$	最大	1 454.6	1 427.6	5 742.8	5 308.1
		最小	-1 408.1	-1 381.1	5 742.8	5 308.1

注：《桥规(2018年)》计算值引自表3-32。

由表3-49可以发现，按《桥规(2004年)》计算时，所有截面的斜截面抗剪承载力均满足要求，并且除边支点A、边孔$5L_1/8$和中孔$L/8$截面斜截面抗剪最小尺寸验算不满足要求外，其他截面最小尺寸亦满足要求；而按《桥规(2018年)》计算时，所有截面的斜截面抗剪承载力均满足要求，但多个截面最小尺寸验算不满足要求。主要原因一是没通过截面按《桥规(2018年)》计算的剪力比《桥规(2004年)》计算的剪力要大，导致按《桥规(2018年)》设计时验算不通过；二是因为式(2-149)中的纵向受拉钢筋合力点至受压边缘的距离h_0取值方法发生变化，即《桥规(2004年)》的 h_0 为相应于剪力设计值处的截面有效高度,而《桥规(2018年)》的 h_0 为斜截面所在范围内截面有效高度的最小值,这样的改变对变截面连续梁支点附近截面影响较大。总体来讲,《桥规(2018年)》关于斜截面抗剪承载力的要求较《桥规(2004年)》严格了许多。

(二)持久状况正常使用极限状态

1. 正截面抗裂验算

分别按《桥规(2018年)》(作用频遇组合)和《桥规(2004年)》(作用短期效应组合)进行的持久状况正常使用极限状态主梁正截面混凝土法向应力计算结果见表3-50。

持久状况正常使用极限状态主梁正截面混凝土法向应力　　　表3-50

节点号	截面	上缘最小应力（MPa）		下缘最小应力（MPa）	
		《桥规(2018年)》	《桥规(2004年)》	《桥规(2018年)》	《桥规(2004年)》
2	A	0.30	0.30	3.38	3.37
4	$L_1/8$	-0.41	-0.41	7.58	7.57
8	$L_1/4$	-0.87	-0.86	9.34	9.33
12	$3L_1/8$	0.38	0.40	9.77	9.75
15	$L_1/2$	1.43	1.45	8.49	8.47
18	$5L_1/8$	1.74	1.76	8.50	8.48
20	$3L_1/4$	11.03	11.02	0.56	0.58
22	$7L_1/8$	11.06	11.06	-0.17	-0.17
25	B	10.29	10.29	1.37	1.38
29	$L/8$	10.56	10.55	0.24	0.25
32	$L/4$	9.41	9.39	0.29	0.32
35	$3L/8$	1.32	1.33	8.78	8.77
38	$L/2$	0.64	0.64	10.38	10.37

注:1.《桥规(2018年)》计算值引自表3-34。
　　2.压应力为正,拉应力为负。
　　3.最小应力指在压应力为正,拉应力为负的前提下,代数值最小的应力值。

由表3-50可知,按《桥规(2018年)》(作用频遇组合)和《桥规(2004年)》(作用短期效应组合)计算的持久状况正常使用极限状态主梁正截面混凝土法向应力值基本接近,且均满足A类预应力混凝土构件正截面抗裂验算要求。

2. 斜截面抗裂验算

分别按《桥规(2018年)》和《桥规(2004年)》计算的持久状况正常使用极限状态主梁斜

截面混凝土主拉应力见表3-51。

持久状况正常使用极限状态主梁截面混凝土主拉应力 表3-51

节 点 号	截 面	最大主拉应力(MPa)		节 点 号	截 面	最大主拉应力(MPa)	
		《桥规(2018年)》	《桥规(2004年)》			《桥规(2018年)》	《桥规(2004年)》
2	A	−1.74	−1.73	22	$7L_1/8$	−0.37	−0.36
4	$L_1/8$	−0.50	−0.49	25	B	−1.16	−1.16
8	$L_1/4$	−1.04	−1.03	29	$L/8$	−0.44	−0.43
12	$3L_1/8$	−0.17	−0.17	32	$L/4$	−1.30	−1.29
15	$L_1/2$	−0.31	−0.31	35	$3L/8$	−0.40	−0.39
18	$5L_1/8$	−0.17	−0.16	38	$L/2$	−0.16	−0.16
20	$3L_1/4$	−0.18	−0.17				

注：《桥规(2018年)》计算值引自表3-35。

由表3-51可知，按《桥规(2018年)》和《桥规(2004年)》计算的持久状况正常使用极限状态主梁混凝土主拉应力差别不大，但总体上呈现出《桥规(2018年)》计算值略大一些，除个别截面(A除外)，均满足斜截面抗裂验算要求。

3. 挠度计算结果

分别按《桥规(2018年)》和《桥规(2004年)》计算的持久状况正常使用极限状态主梁挠度见表3-52。

持久状况正常使用极限状态主梁节点挠度计算结果 表3-52

节 点 号	截 面	频遇组合扣除自重后挠度f_q(mm)		考虑反拱后挠度f_c(mm)	
		《桥规(2018年)》	《桥规(2004年)》	《桥规(2018年)》	《桥规(2004年)》
2	A	0.0	0.0	0.0	0.0
4	$L_1/8$	3.8	3.7	−4.0	−4.1
8	$L_1/4$	6.7	6.5	−5.0	−5.2
12	$3L_1/8$	8.2	8.0	−3.2	−3.4
15	$L_1/2$	8.1	8.0	−0.1	−0.3
18	$5L_1/8$	6.8	6.6	2.3	2.1
20	$3L_1/4$	4.6	4.6	3.7	3.7
22	$7L_1/8$	2.3	2.3	3.0	3.0
25	B	0.0	0.0	0.0	0.0
29	$L/8$	4.7	4.7	−0.6	−0.6
32	$L/4$	10.1	9.9	−5.1	−5.3
35	$3L/8$	14.8	14.5	−10.9	−11.3
38	$L/2$	16.7	16.4	−14.2	−14.5

注：1.《桥规(2018年)》计算值引自表3-36。
　　2. 挠度向下为正、向上为负。

由表 3-52 可知,按《桥规(2018 年)》和《桥规(2004 年)》计算的频遇组合扣除自重后挠度,以及考虑反拱后的挠度值基本保持一致。

(三) 持久状况与短暂状况主梁应力

1. 使用阶段正截面混凝土法向压应力

分别按《桥规(2018 年)》和《桥规(2004 年)》计算的使用阶段主梁正截面混凝土法向压应力见表 3-53。

使用阶段主梁正截面混凝土法向压应力 表 3-53

节点号	截面	上缘最大法向压应力(MPa)		下缘最大法向压应力(MPa)	
		《桥规(2018 年)》	《桥规(2004 年)》	《桥规(2018 年)》	《桥规(2004 年)》
2	A	4.27	4.27	3.96	3.96
4	$L_1/8$	3.63	3.64	7.95	7.94
8	$L_1/4$	-1.21	-1.19	9.82	9.80
12	$3L_1/8$	-0.09	-0.07	10.46	10.43
15	$L_1/2$	11.39	11.34	0.32	0.38
18	$5L_1/8$	11.38	11.35	0.87	0.92
20	$3L_1/4$	11.59	11.35	0.16	0.13
22	$7L_1/8$	11.22	11.21	-0.36	-0.35
25	B	10.39	10.39	1.25	1.26
29	$L/8$	10.73	10.72	0.01	0.02
32	$L/4$	9.85	9.82	-0.35	-0.31
35	$3L/8$	11.37	11.32	0.62	0.69
38	$L/2$	11.26	11.20	1.51	1.59

注:1.《桥规(2018 年)》计算值引自表 3-37。
    2. 压应力为正、柱应力为负。

由表 3-53 可知,按《桥规(2018 年)》和《桥规(2004 年)》计算的使用阶段主梁正截面混凝土法向压应力差别不大,但总体上呈现出《桥规(2018 年)》计算值普遍略大一些,且均满足相应规范的正截面验算要求。

2. 使用阶段混凝土主压应力

分别按《桥规(2018 年)》和《桥规(2004 年)》计算的使用阶段主梁截面混凝土主压应力见表 3-54。

使用阶段主梁截面混凝土主压应力 表 3-54

节点号	截面	主压应力最大值(MPa)	
		《桥规(2018 年)》	《桥规(2004 年)》
2	A	4.52	4.51
4	$L_1/8$	8.01	8.00

续上表

节 点 号	截 面	主压应力最大值(MPa)	
		《桥规(2018年)》	《桥规(2004年)》
8	$L_1/4$	9.94	9.91
12	$3L_1/8$	10.63	10.60
15	$L_1/2$	11.72	11.68
18	$5L_1/8$	11.56	11.53
20	$3L_1/4$	11.45	11.43
22	$7L_1/8$	11.22	11.21
25	B	10.46	10.46
29	$L/8$	10.82	10.81
32	$L/4$	10.13	10.10
35	$3L/8$	11.50	11.45
38	$L/2$	11.31	11.25

注：《桥规(2018年)》计算值引自表3-38。

由表3-54可知，按《桥规(2018年)》和《桥规(2004年)》计算的使用阶段主梁截面混凝土主压应力差别不大，但总体上呈现出《桥规(2018年)》计算值普遍略大一些，且均满足相应规范验算要求。

3. 预应力钢束最大拉应力

分别按《桥规(2018年)》和《桥规(2004年)》计算的使用阶段预应力钢束的最大拉应力见表3-55。

使用阶段预应力钢束最大拉应力　　　　表3-55

钢 束 编 号	拉应力(MPa)	
	《桥规(2018年)》	《桥规(2004年)》
a1	956.2	955.9
a2	952.2	951.9
a3	954.0	953.7
a4	945.5	945.1
a5	909.5	909.1
a6	852.1	851.8

注：《桥规(2018年)》计算值引自表3-40。

由表3-55可知，按《桥规(2018年)》和《桥规(2004年)》计算的使用阶段预应力钢束的最大拉应力差别不大，且均满足相应规范验算要求。

4. 短暂状况混凝土应力

分别按《桥规(2018年)》和《桥规(2004年)》计算的短暂状况主梁正截面混凝土法向应力见表3-56。

短暂状况主梁混凝土正截面法向应力 表 3-56

节 点 号	截 面	最大/最小	上缘法向应力（MPa）		下缘法向应力（MPa）	
			《桥规（2018年）》	《桥规（2004年）》	《桥规（2018年）》	《桥规（2004年）》
2	A	最大	2.51	2.51	4.15	4.15
		最小	1.71	1.71	3.47	3.47
4	$L_1/8$	最大	2.06	2.06	8.83	8.83
		最小	1.53	1.53	6.84	6.84
8	$L_1/4$	最大	2.13	2.13	10.01	10.01
		最小	1.73	1.73	7.67	7.67
12	$3L_1/8$	最大	4.24	4.24	9.56	9.56
		最小	3.54	3.54	7.30	7.30
15	$L_1/2$	最大	5.99	5.98	7.11	7.11
		最小	4.92	4.92	5.52	5.52
18	$5L_1/8$	最大	6.89	6.89	6.26	6.26
		最小	5.37	5.37	5.34	5.34
20	$3L_1/4$	最大	7.86	7.86	3.19	3.19
		最小	7.86	7.86	3.19	3.19
22	$7L_1/8$	最大	8.51	8.51	1.02	1.02
		最小	8.51	8.51	1.02	1.02
25	B	最大	8.02	8.02	1.87	1.87
		最小	8.02	8.02	1.87	1.87
29	$L/8$	最大	7.67	7.67	2.22	2.22
		最小	7.67	7.67	2.22	2.22
32	$L/4$	最大	5.00	5.00	4.93	4.93
		最小	3.90	3.90	3.95	3.95
35	$3L/8$	最大	4.90	4.90	9.02	9.02
		最小	4.35	4.35	6.52	6.52
38	$L/2$	最大	3.72	3.72	11.35	11.35
		最小	3.62	3.62	8.21	8.21

注：《桥规(2018年)》计算值引自表 3-41。

由表 3-56 可知:本例短暂状况截面边缘的混凝土最大/最小正应力按《桥规(2018 年)》的计算值和按《桥规(2004 年)》的计算结果一致,即施工阶段截面边缘的混凝土法向应力相同,且均满足相应规范的要求。

第十二节 设计图绘制

一、概述

桥梁设计图是针对以上各节设计计算结果的翔实的工程描述。设计图的绘制应符合现行《道路工程制图标准》(GB 50162)的规定。

桥梁设计依工程规模的大小及重要程度可分为一阶段设计和两阶段设计。其中,将初步设计与施工图设计两者合并进行的称为一阶段设计;两者分开进行设计者称为两阶段设计。一阶段设计与两阶段设计中的施工图设计内容基本相同,主要包括设计说明、材料数量汇总表、桥型总体布置图、上(下)部结构一般构造图、上(下)部结构钢筋构造图(含预应力钢筋构造及普通钢筋构造)、伸缩缝布置与构造图及支座布置图、护栏、人行道、照明设施等,另外尚有反映不同桥型特点的其他构造,如本章设计实例的齿板构造、槽口构造及主梁封锚端构造等。

桥梁设计图中的设计说明主要包括设计依据、标准、规范,桥梁主要技术指标(如桥宽、跨径、结构形式及设计荷载等),主要工程材料(包括种类及强度级别),所采用的施工方法及施工中应注意的问题等。对于采用满堂支架现浇施工的连续梁桥,应特别说明设计预拱度的内涵,并提请施工单位注意支架的变形观测、取值及处理方案(如支架预压或支架变形预抛高设置等)。

材料数量汇总表是全桥设计图中各材料明细表的统计集成,主要用于编制概预算及材料采购。设计材料数量汇总表头时,应注意将上、下部结构的材料分开,同时将混凝土和钢筋(材)按不同标号和强度等级统计,各种材料的统计单位应与概预算定额单位相匹配。

限于篇幅,下面主要介绍本章设计示例的总体布置图、主梁一般构造图、主梁预应力钢筋构造图、齿板布置图、齿板构造图、槽口构造图、主梁封锚端构造、锚口配件及底板加强筋构造、防崩及进人洞钢筋构造等。主梁普通钢筋构造、桥面板钢筋构造、支座布置及下部结构设计图等均从略。

二、总体布置图

总体布置图是桥梁的概括体现。连续梁桥不管采用何种施工方法,总体布置图的内容原则上是相同的,一般包括立面、平面及横截面三大部分,主要展示桥梁方位与路线的平、纵、横间的衔接关系,桥孔布置与水位、地质、地形、通航(或通车)的相互关系,并展示出桥梁的空间几何形状及各部分的轮廓尺寸。其中,立面图包括桥梁全长、桥梁起(终)点桩号、各孔跨径、基底(顶)高程、桥面设计高程、桥台形式、设计洪水位(或通航净空)及地质剖面图等;平面图应主要示出桥宽、行车道宽、分隔带、护栏及下部结构平面尺寸、锥坡及引道边坡构造形式等;横截面应主要给出桥梁上、下部结构的主要构造尺寸。本例的总体布置见图 3-38。

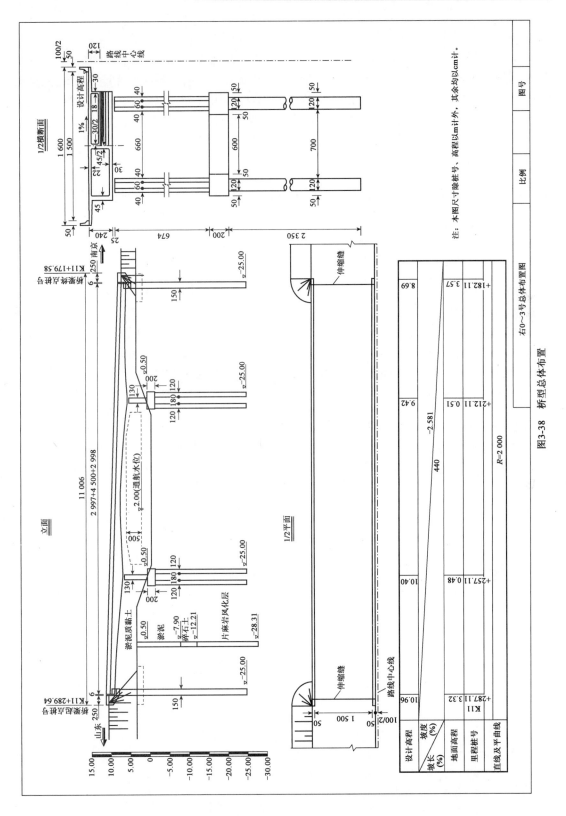

图3-38 桥型总体布置

三、主梁一般构造图

本例主梁为变高度箱形截面梁,一般构造图应主要示出顶(底)板、腹板、中横隔板及支点横隔板的详细构造尺寸,通风(泄水)孔的形状、尺寸及位置,梁高及梁底线形变化规律,同时应考虑桥梁纵坡、横坡及平曲线设置等,并给出主梁材料用量(包括混凝土方量、预应力钢筋及普通钢筋及其他材料用量),以方便模板、支架的制作与设置。主梁一般构造详见图 3-39 ~ 图 3-43。

四、主梁预应力钢束构造图

主梁预应力钢束构造应通过立面图及平面图,着重给出箱梁顶板、腹板及底板预应力钢束的空间位置、钢束起弯点、弯终点和锚固点位置,并通过横截面加以必要的补充描述,以方便施工;同时还应给出各钢束的大样和材料明细表(或称材料用量表),详见图 3-44 ~ 图 3-56。

五、齿板(槽口)布置与构造图

支架整体浇筑施工的预应力混凝土连续梁桥因预应力工作面狭小而需设置大量的齿板。齿板的布置与构造是本例区别于其他施工方法相应设计的主要特色。主梁顶板、腹板及底板的齿板布置通过立面图及平面图来描述,详见图 3-57 ~ 图 3-62。齿板构造是各类钢束的齿板大样,并包括了齿板范围内的普通钢筋构造及预应力钢束端部构造,详见图 3-63 ~ 图 3-69。槽口主要用于在箱梁顶板锚固正弯矩预应力钢束,槽口构造见图 3-70。

六、其他构造图

主梁封锚端构造包括封锚端详细尺寸、钢束大样及普通钢筋构造等,详见图 3-71。锚口配件及锚垫板底部加强筋构造应主要给出锚下垫板及螺旋筋等构造形式;另外,考虑本例的锚垫板厚度较小,因此,在齿板附近的箱梁顶(底)板里设置构造加强筋,以防止箱梁顶(底)板开裂,详见图 3-72。为防止预应力钢束崩出齿板,在钢束起弯点与弯终点之间设置防崩钢筋,具体构造详见图 3-73。

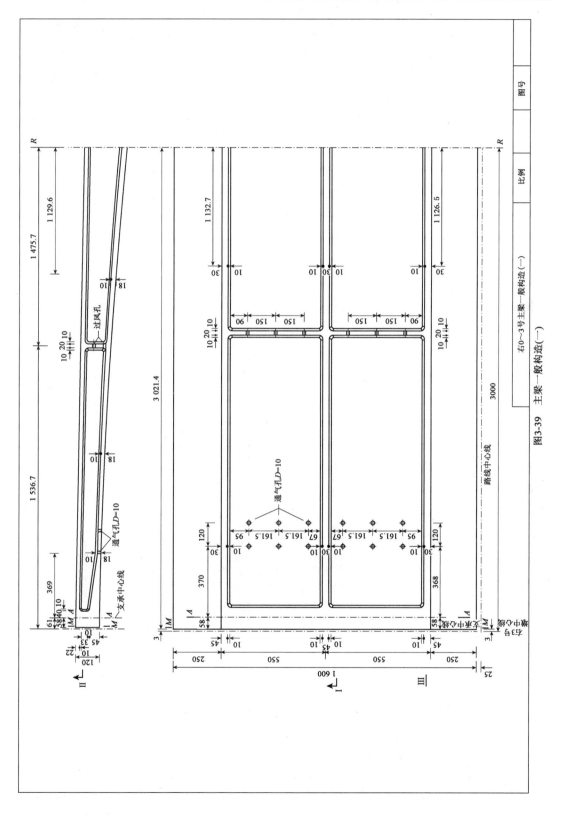

图3-39 主梁一般构造(一)

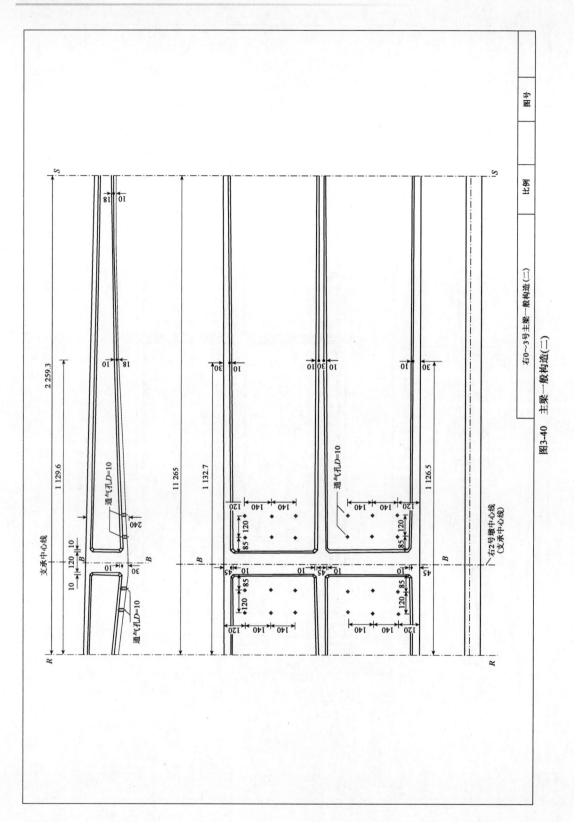

图3-40 主梁一般构造(二)

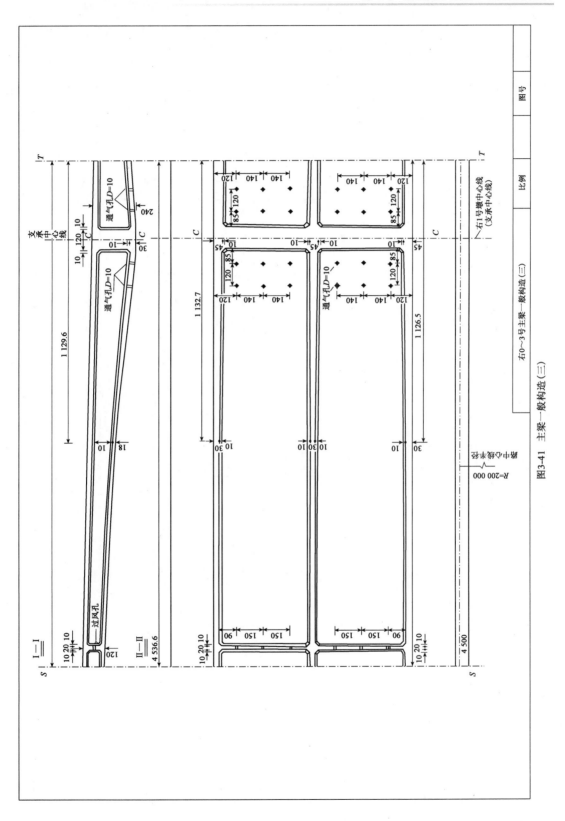

图3-41 主梁一般构造(三)

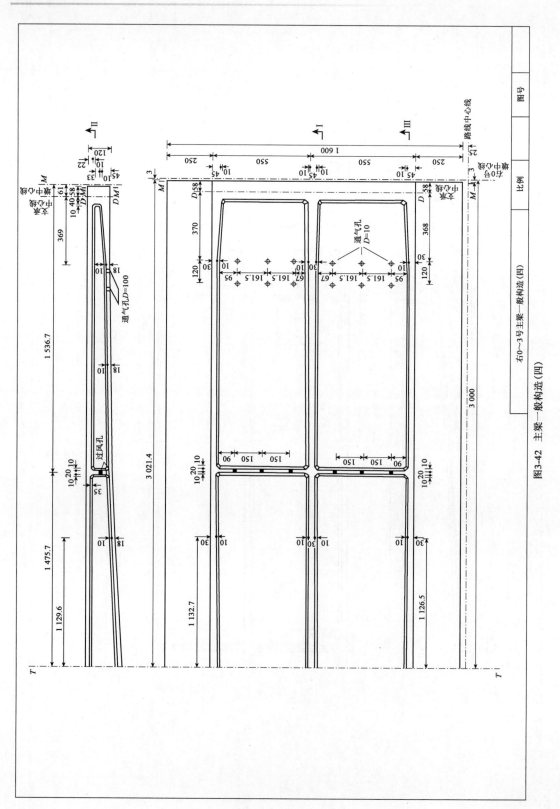

图3-42 主梁一般构造(四)

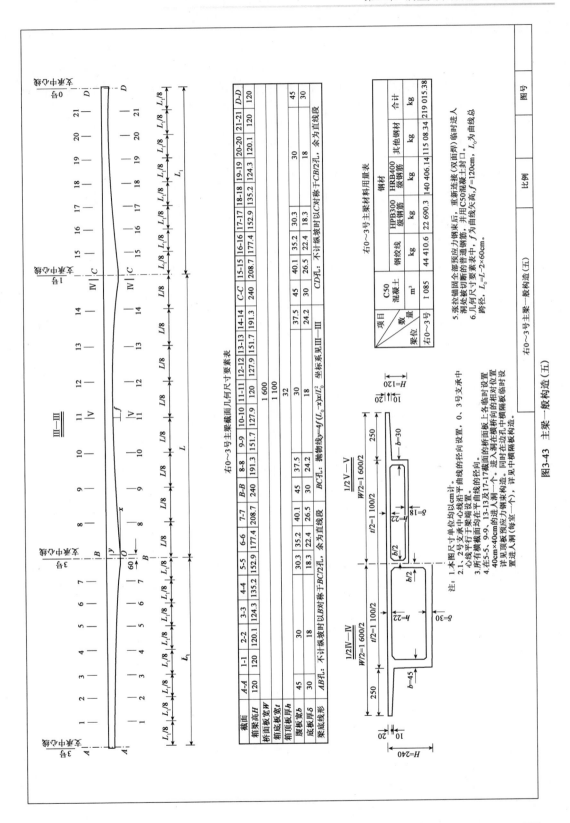

图3-43 主梁一般构造(五)

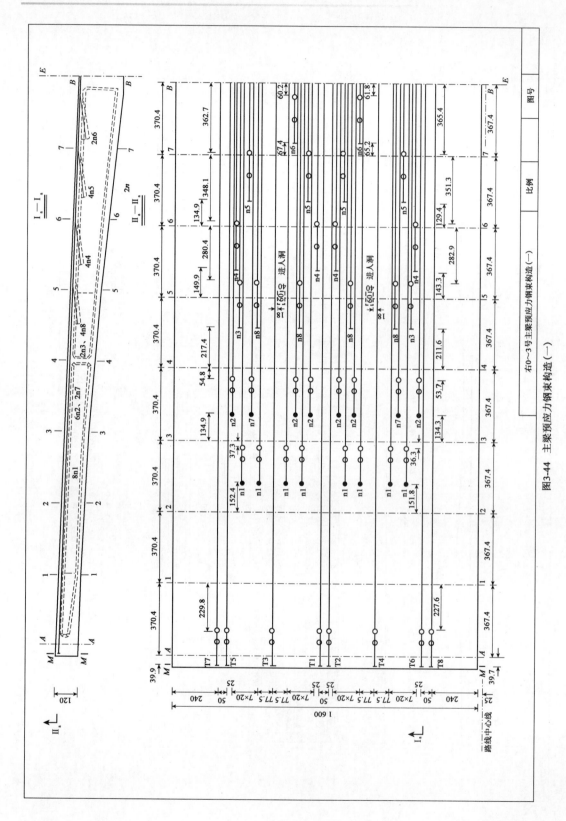

图3-44 主梁预应力钢束构造（一）

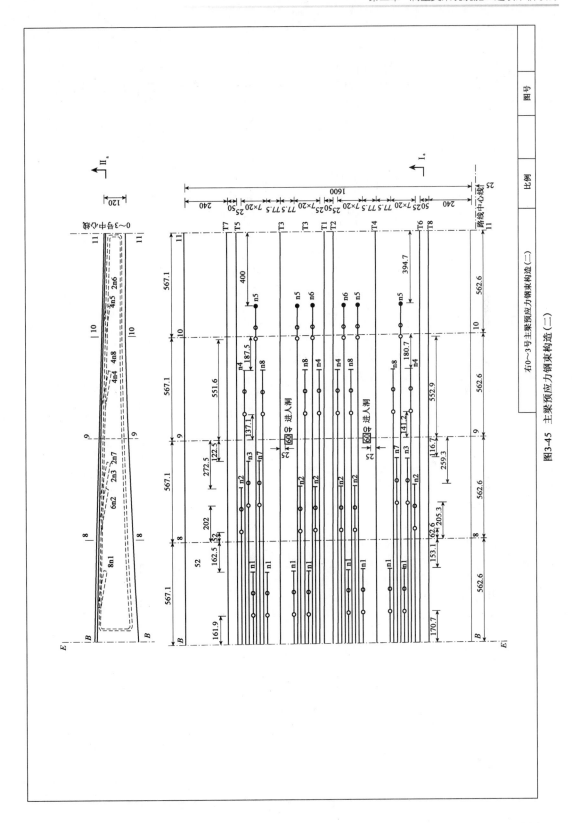

图3-45 主梁预应力钢束构造(二)

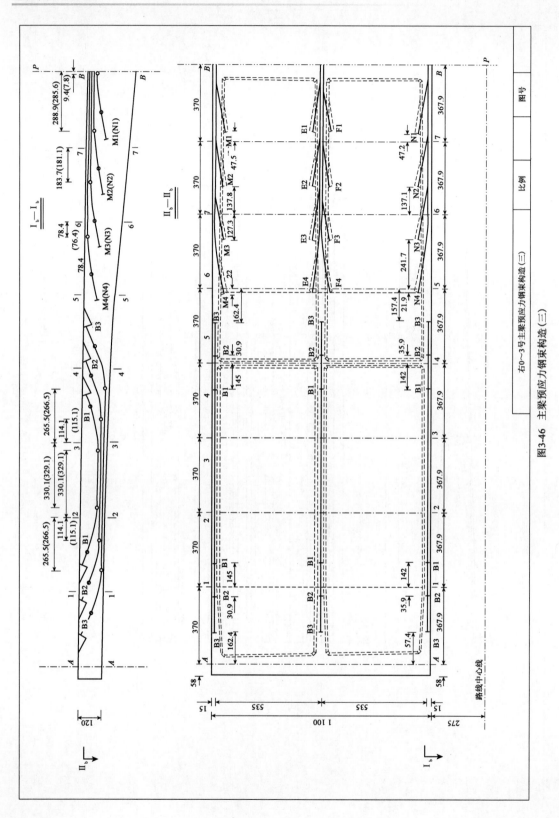

图3-46 主梁预应力钢束构造(三)

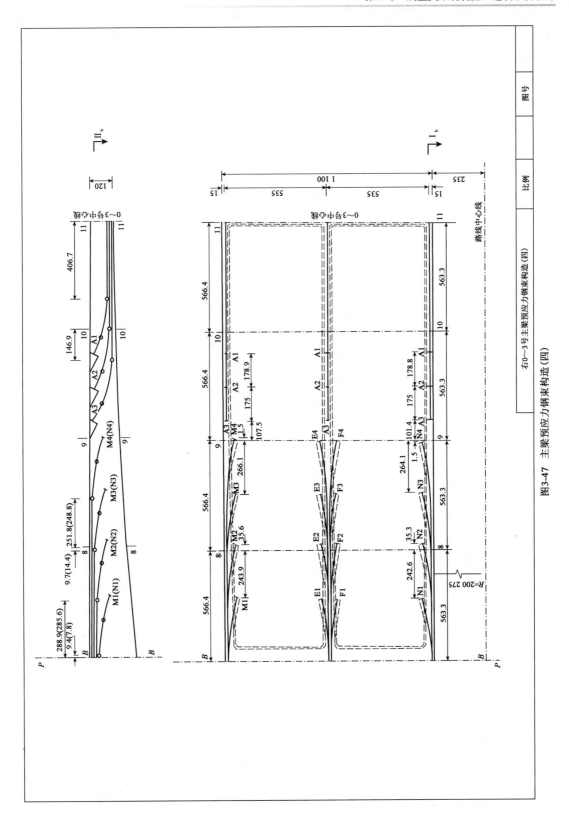

图3-47 主梁预应力钢束构造（四）

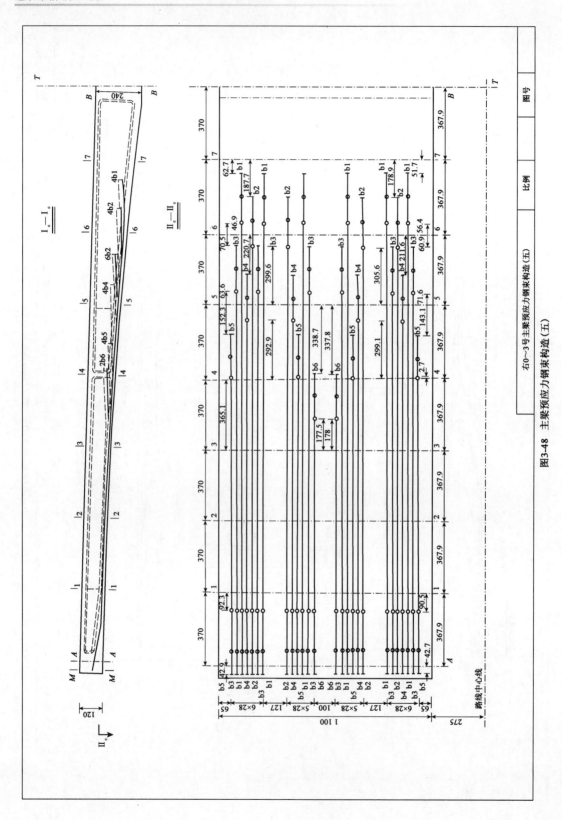

图3-48 主梁预应力钢束构造(五)

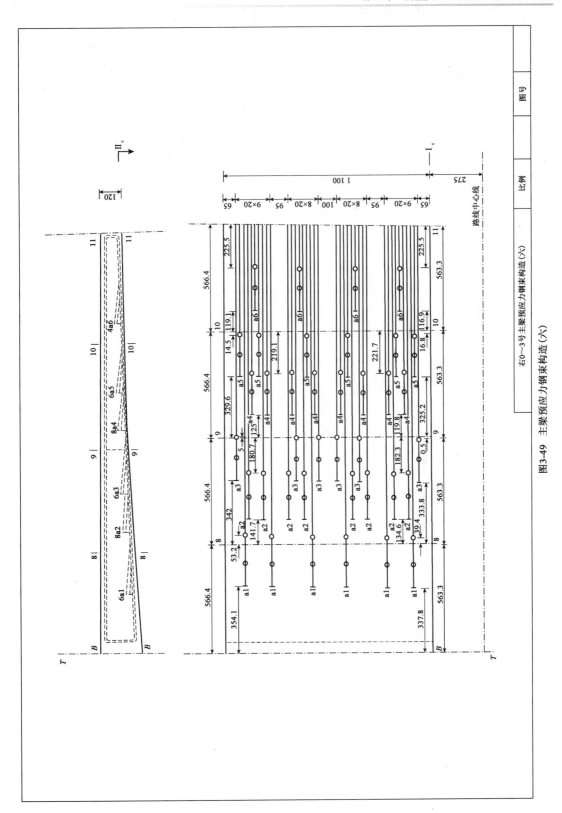

图3-49 主梁预应力钢束构造(六)

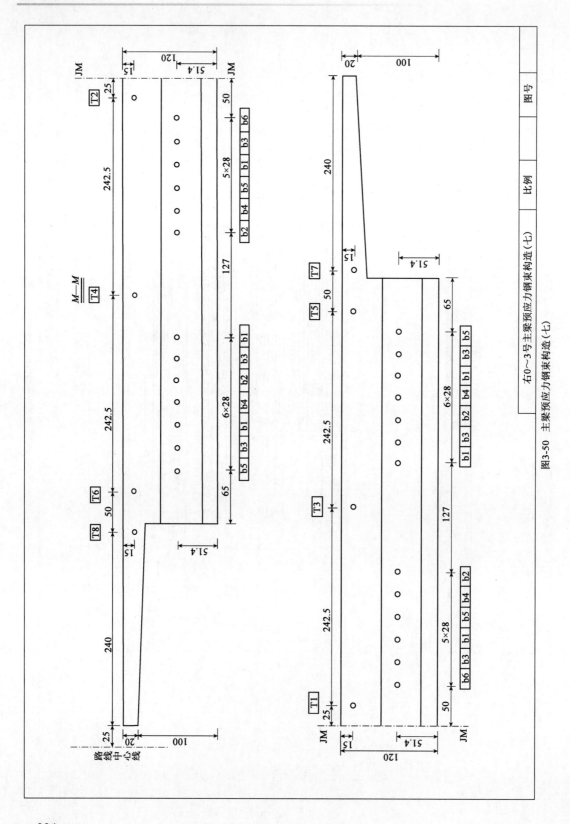

图3-50 主梁预应力钢束构造（七）

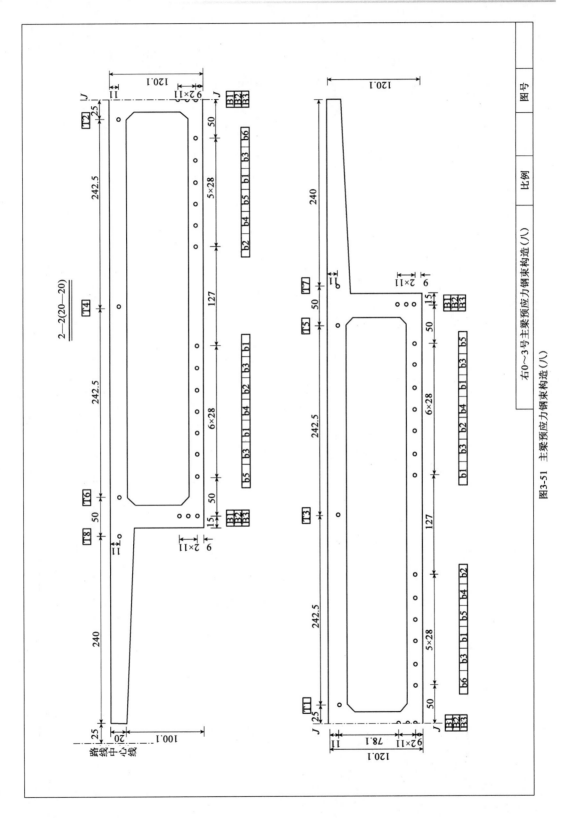

图3-51 主梁预应力钢束构造（八）

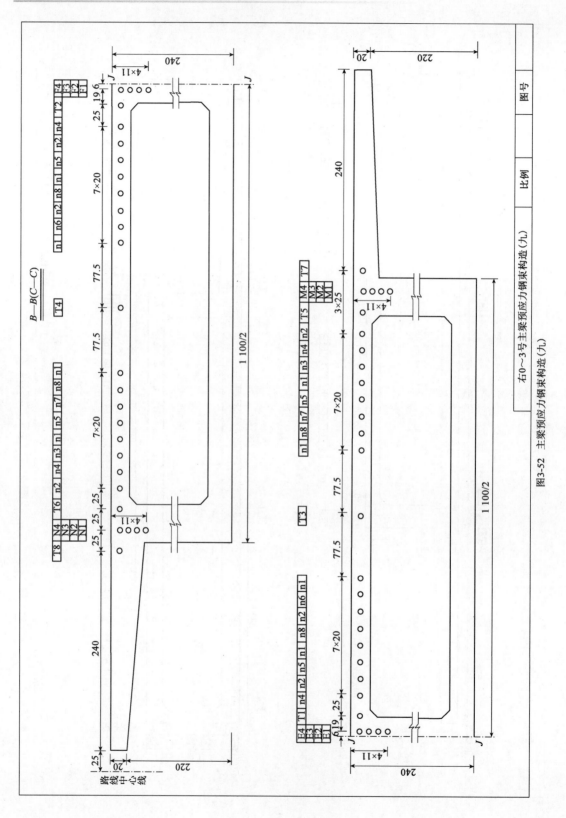

图3-52 主梁预应力钢束构造(九)

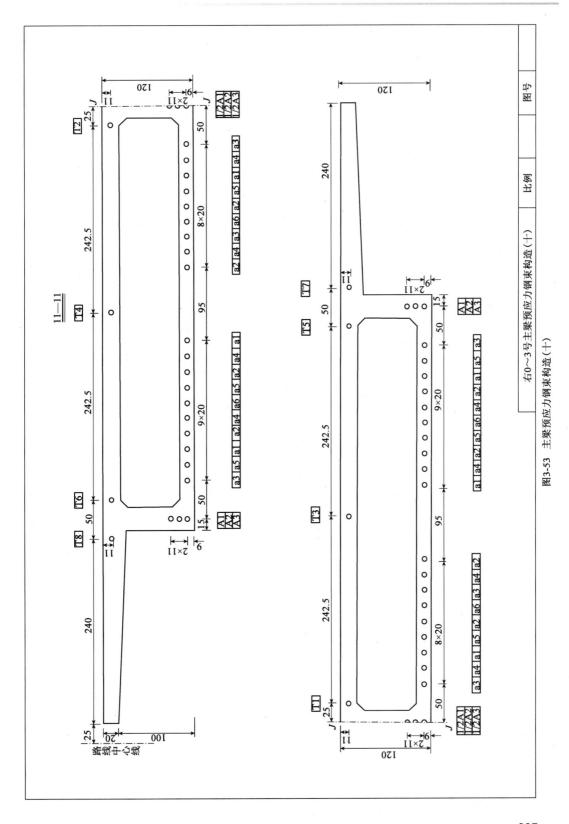

图3-53 主梁预应力钢束构造（十）

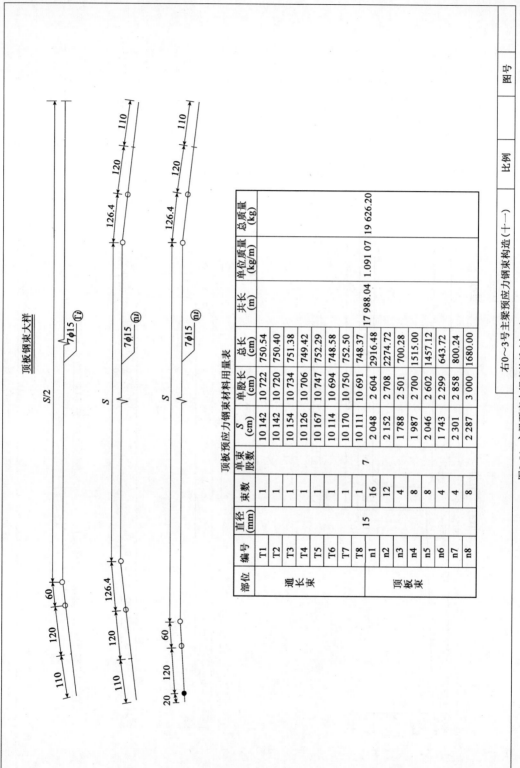

图3-54 主梁预应力钢束构造(十一)

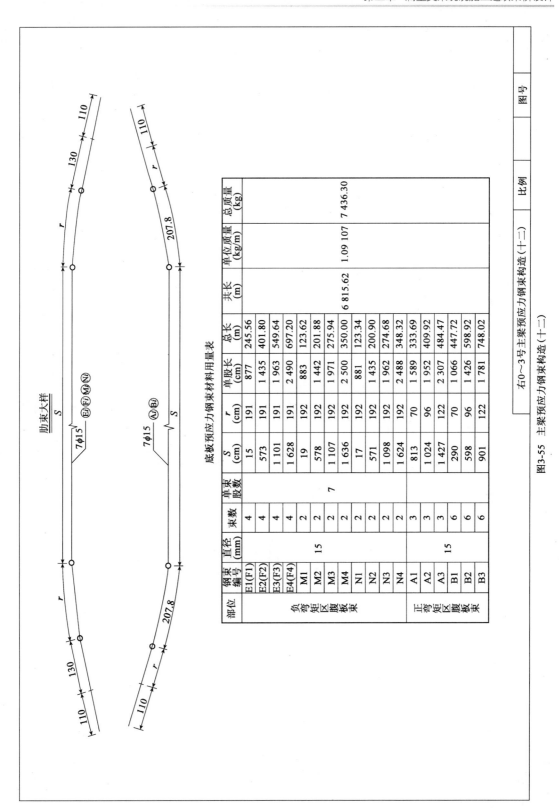

图3-55 主梁预应力钢束构造（十二）

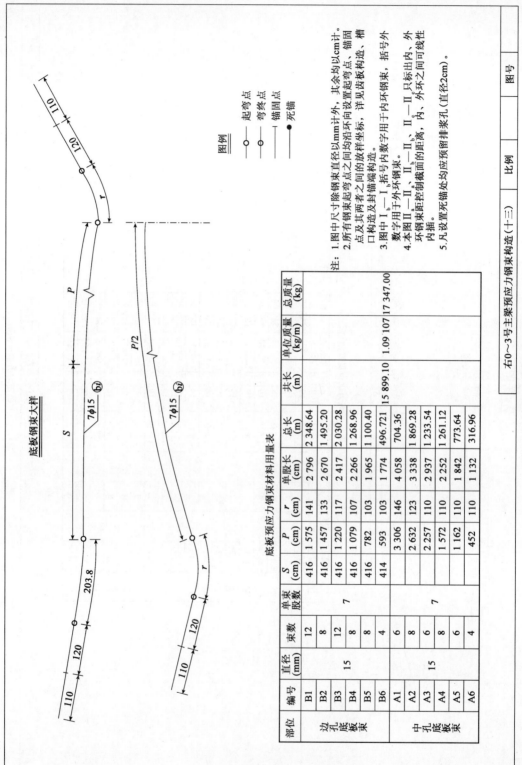

图3-56 主梁预应力钢束构造(十三)

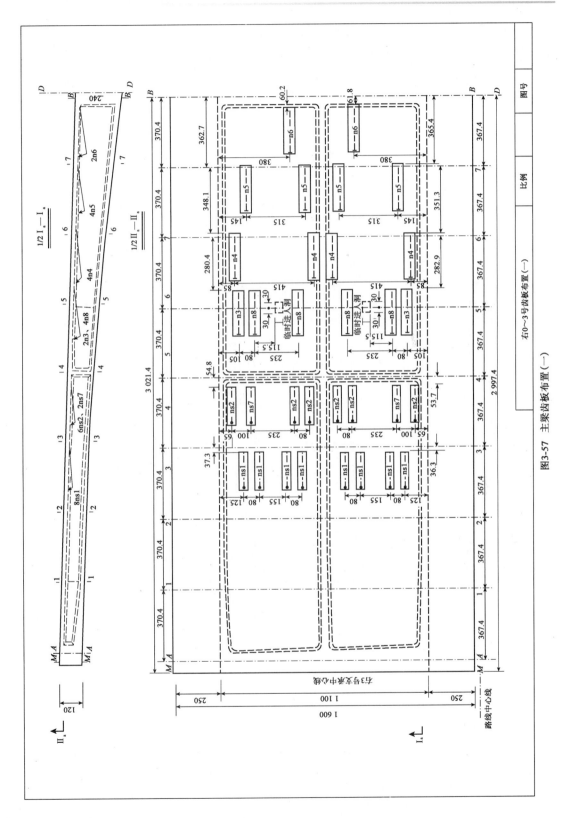

图3-57 主梁齿板布置(一)

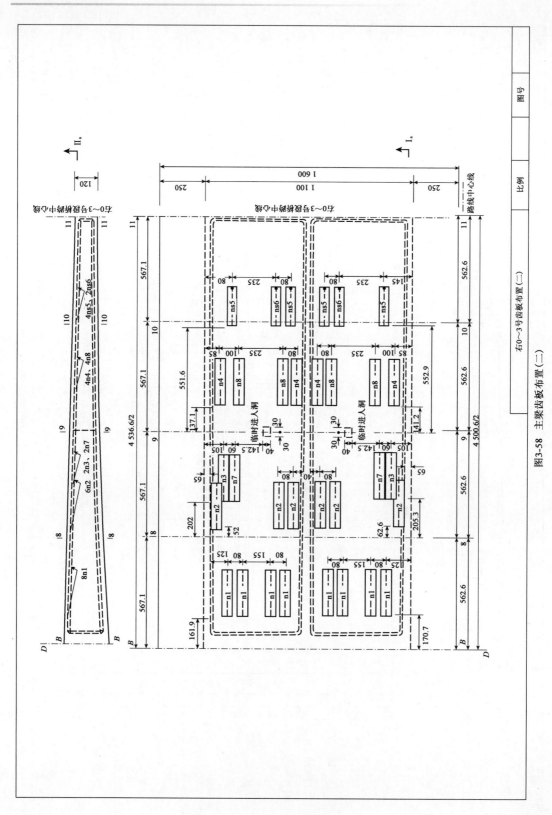

图3-58 主梁齿板布置(二)

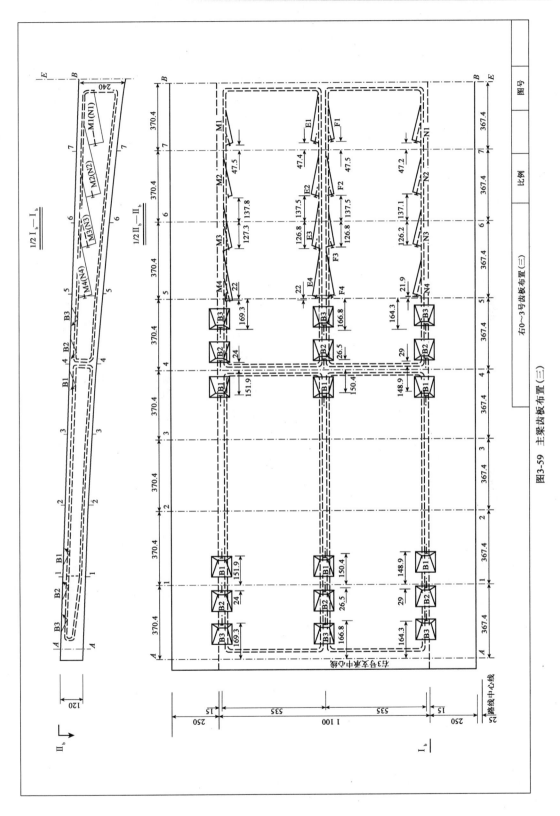

图3-59 主梁齿板布置(三)

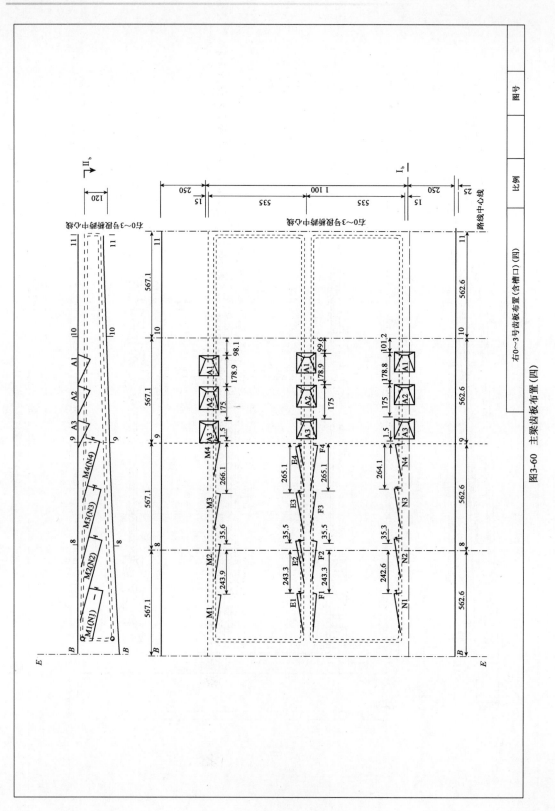

图3-60 主梁齿板布置(四)

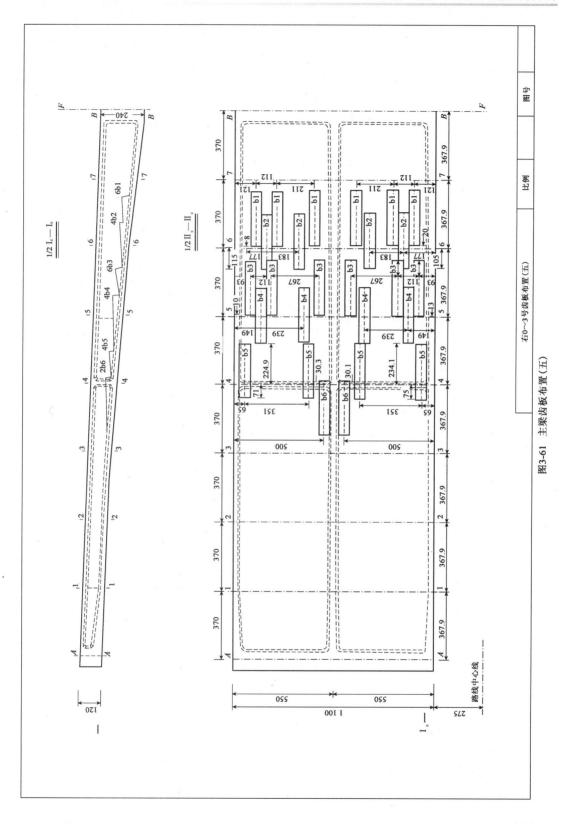

图3-61 主梁齿板布置（五）

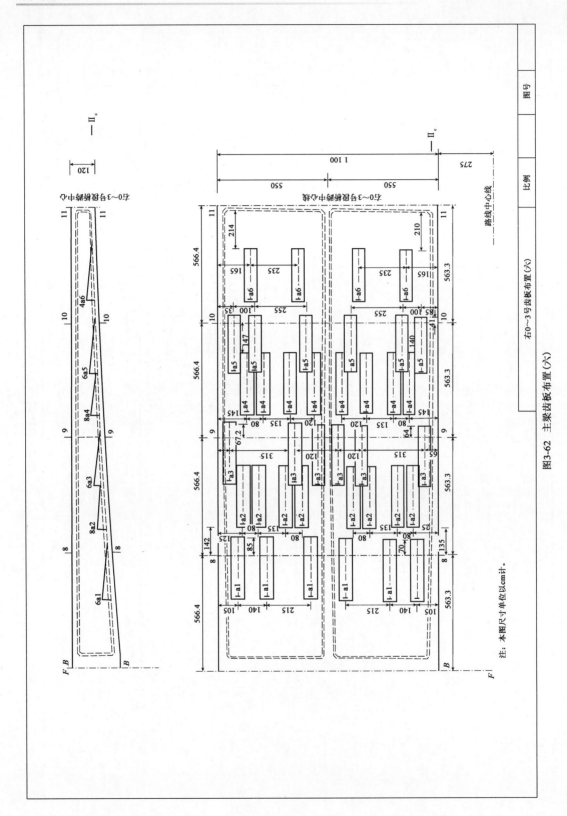

图3-62 主梁齿板布置(六)

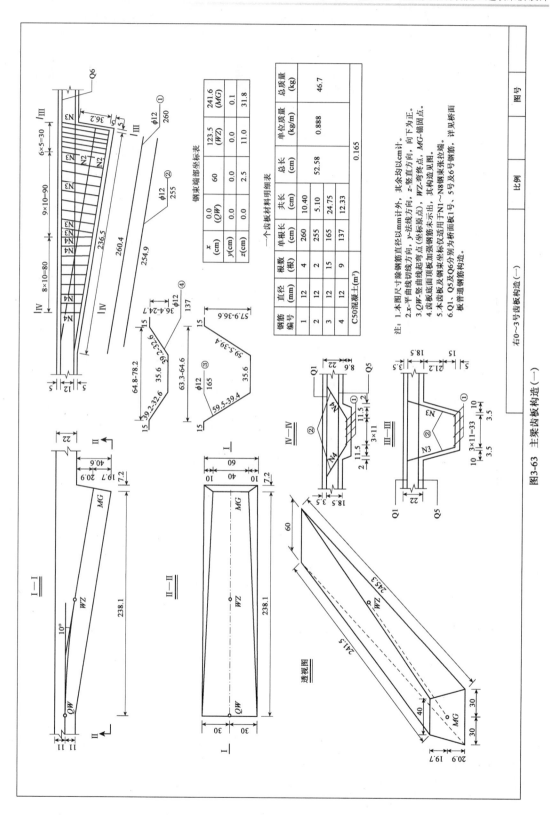

图3-63 主梁齿板构造（一）

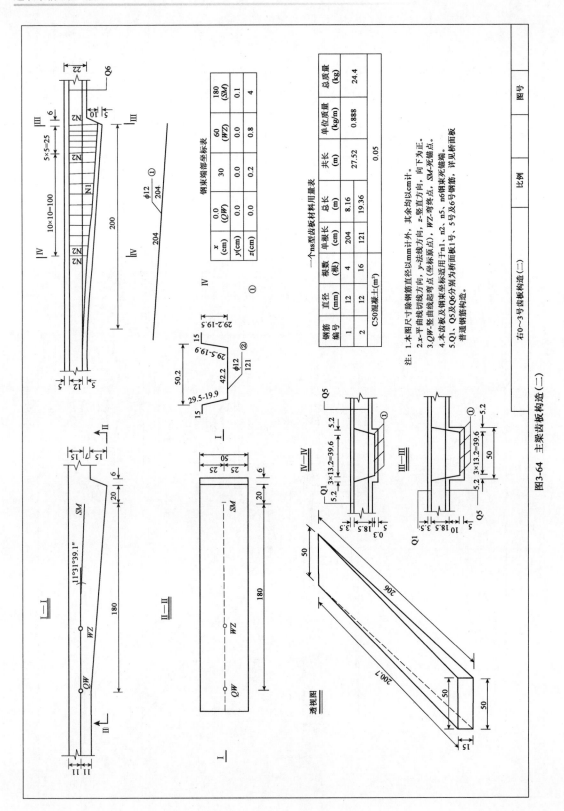

图3-64 主梁齿板构造(二)

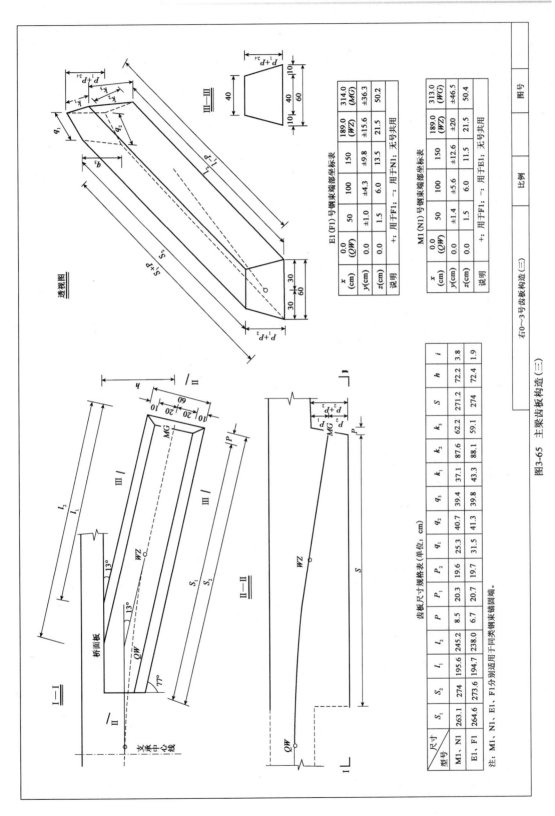

图3-65 主梁齿板构造(三)

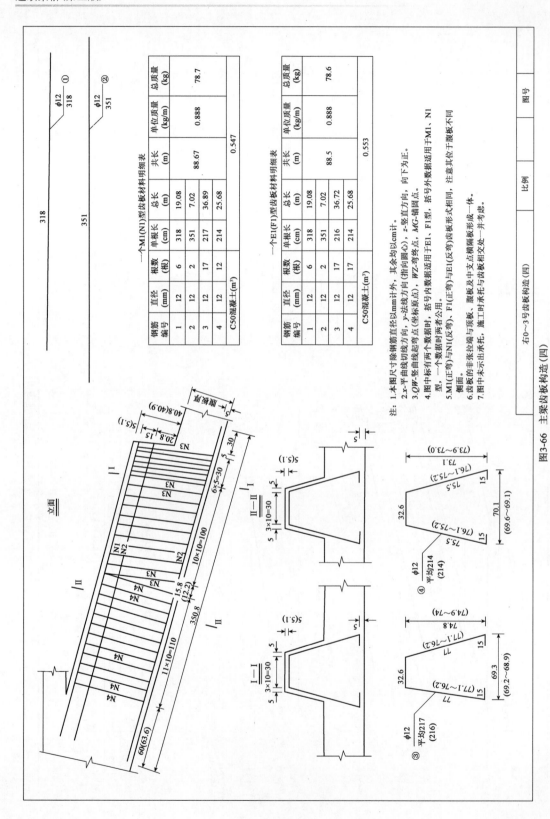

图3-66 主梁齿板构造(四)

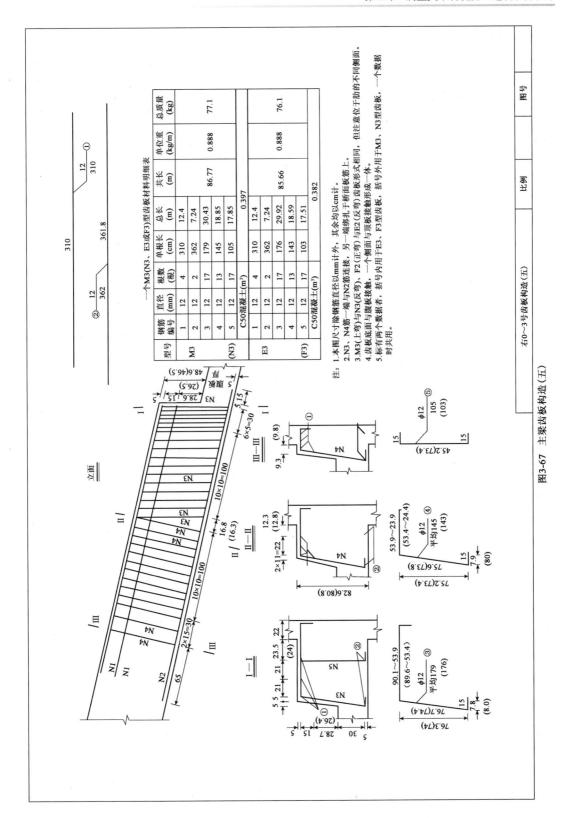

图3-67 主梁齿板构造（五）

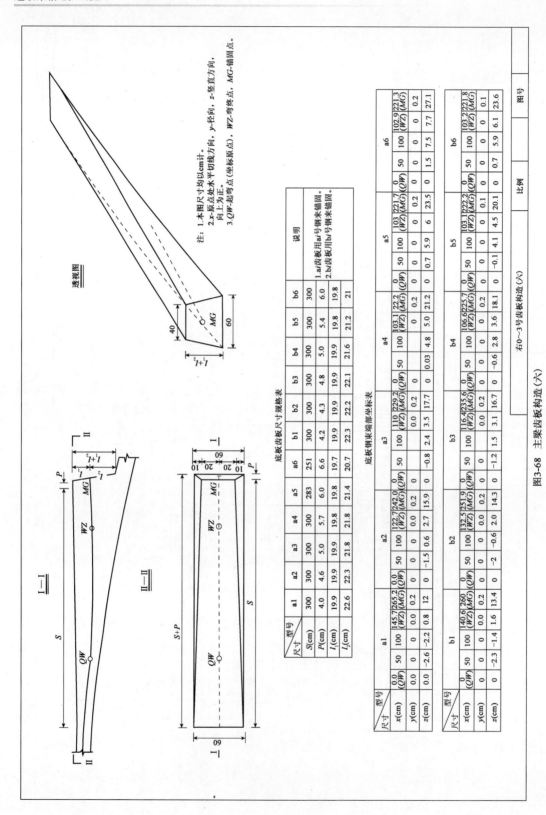

图3-68 主梁齿板构造(六)

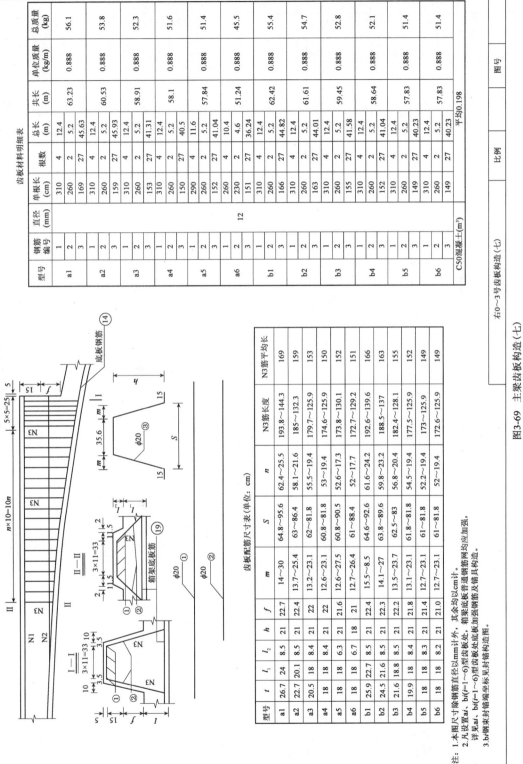

图3-69 主梁齿板构造(七)

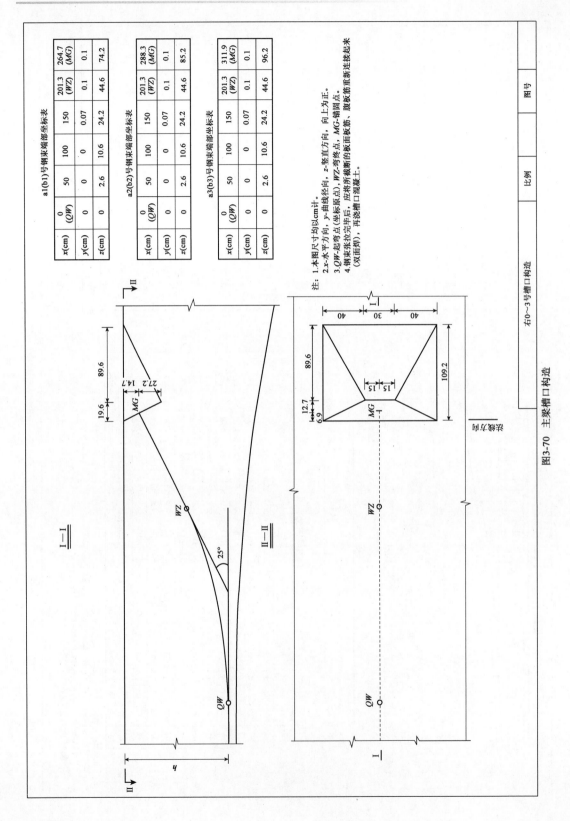

图3-70 主梁槽口构造

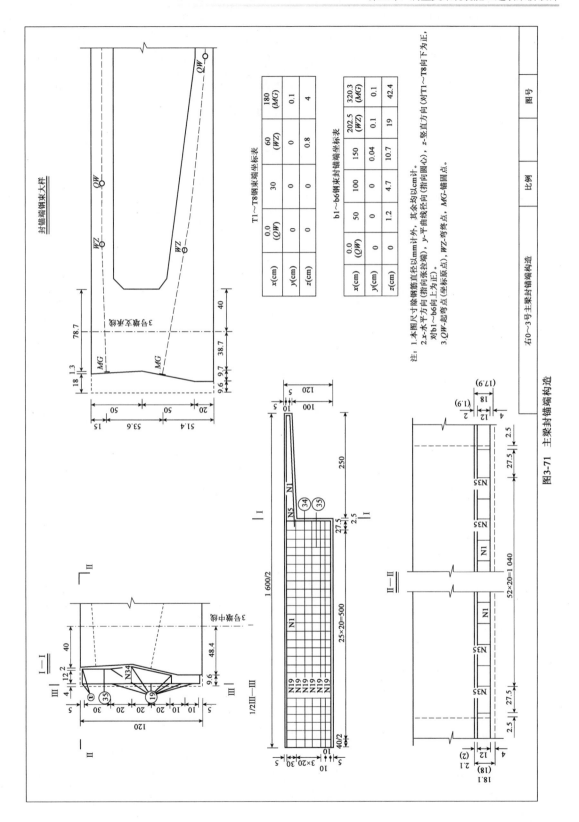

图3-71 主梁封锚端构造

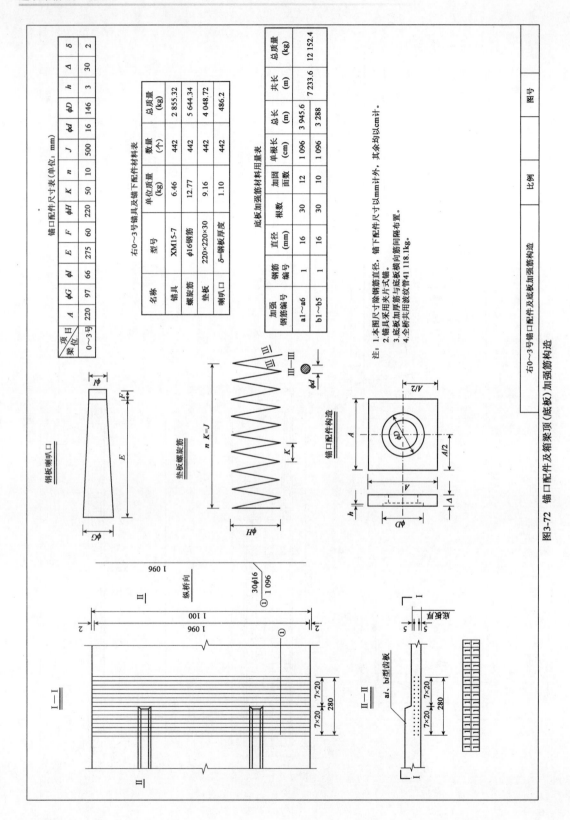

图3-72 锚口配件及箱梁顶(底板)加强筋构造

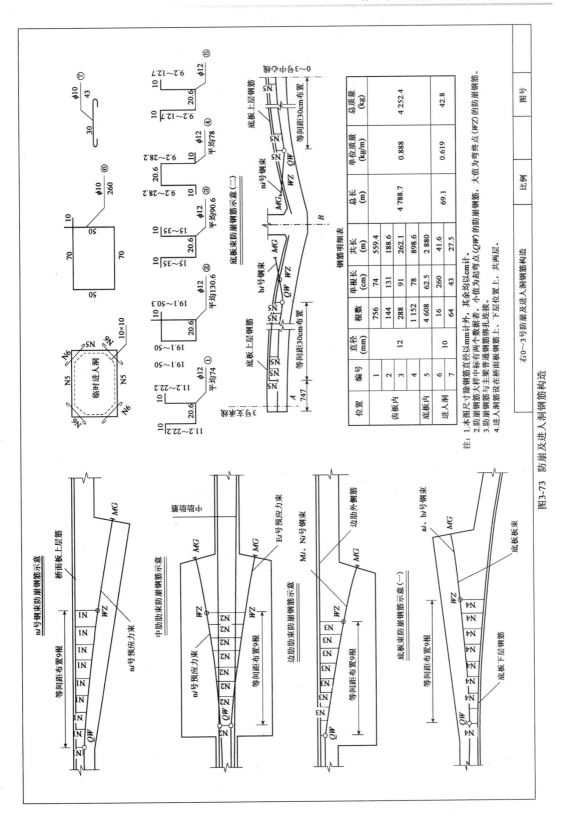

图 3-73 防崩及进入洞钢筋构造

本章参考文献

[1] 中华人民共和国交通运输部.公路桥涵设计通用规范:JTG D60—2015[S].北京:人民交通出版社股份有限公司,2015.

[2] 中华人民共和国交通运输部.公路钢筋混凝土及预应力混凝土桥涵设计规范:JTG 3362—2018[S].北京:人民交通出版社股份有限公司,2018.

[3] 中华人民共和国交通部.公路钢筋混凝土及预应力混凝土桥涵设计规范:JTG D62—2004[S].北京:人民交通出版社,2004.

[4] 中华人民共和国交通部.公路桥涵设计通用规范:JTG D60—2004[S].北京:人民交通出版社,2004.

[5] 徐岳,王亚君,万振江.预应力混凝土连续梁桥设计[M].北京:人民交通出版社,2000.

[6] 徐岳,邹存俊,张丽芳,等.连续梁桥[M].北京:人民交通出版社,2012.

[7] 中交公路规划设计院有限公司.《公路钢筋混凝土及预应力混凝土桥涵设计规范》应用指南[M].北京:人民交通出版社股份有限公司,2018.

[8] 刘效尧,徐岳.公路桥涵设计手册·梁桥[M].2版.北京:人民交通出版社,2011.

第四章 悬臂施工连续梁桥设计

第一节 概 述

悬臂施工方法分为悬臂浇筑和悬臂拼装。悬臂施工具有显著的优越性：不需大量施工机械和临时设备；不受桥下地形、河流和交通影响；可以采用多工作面施工，缩短总工期。因此，悬臂施工在连续梁和连续刚构中得到广泛应用，尤其适应于大跨径连续梁桥和变截面箱形梁桥的施工，如虎门一桥辅航道桥（主跨270m连续刚构）即采用悬臂浇筑法施工。

一、设计、受力及构造特点

（一）设计特点

采用悬臂施工的预应力混凝土连续梁桥，需在施工过程中进行体系转换，经过一系列的施工阶段，逐步形成最终的连续梁桥结构体系。在各结构体系之下，可能包括不同的施工内容，如绑扎普通钢筋、浇筑混凝土、张拉锚固预应力钢筋、孔道压浆、移动挂篮等工况。桥梁结构重力产生的内力由各施工阶段引起的内力叠加而成。显然，对于不同的施工方法，桥梁结构重力产生的内力是有很大区别的。而汽车荷载作用、温度作用、基础变位作用等，均施加于最终的成桥连续梁结构体系，因此，这些作用产生的内力与施工方法（包括施工过程）无关。悬臂施工涉及多个施工工况，且由于结构体系发生转换而使预加力和混凝土收缩徐变产生的次内力的计算变得复杂，设计时一般借助电算程序完成。

（二）受力特点

采用悬臂施工的连续梁桥，在施工过程中经历T形刚构受力状态，合龙并体系转换后形成连续梁桥，结构重力产生的内力由各施工阶段产生的内力叠加而成。由于合龙段较短，产生的内力一般较小，故T形刚构受力状态为悬臂施工连续梁桥的主要组成部分。相对于满堂支架施工，悬臂施工连续梁桥合龙后主梁根部负弯矩较大，而中孔跨中结构重力产生的弯矩较小。二期恒载作用后，根部负弯矩增大，中孔跨中承受相对较小的正弯矩。因此，拟订截面几何尺寸时，应根据以上弯矩分布特点，增大主梁根部截面高度，跨中截面高度宜小一些。

（三）构造特点

1.0号块

0号块是悬臂浇筑施工的中心块体，又是体系转换的控制块体。梁体经0号块通过支座向墩身传递内力，0号块受力非常复杂，且一般作为施工机具和材料临时堆放场地，故0号块的顶板、底板、腹板尺寸都取得较大。0号块已不能处理为一般的杆系结构，对重要桥梁需要进行0号块空间应力分析。从国内施工来看，0号块时有开裂，故相应的施工工艺及结构构造是值得重视的问题。

2. 横隔板

悬臂施工的连续梁桥大多采用箱形截面,抗扭刚度较大,故除支点部位0号块内设置横隔板外,主桥沿纵桥向一般不设横隔板。0号块内横隔板传递荷载较大,通常采用一片实体或两片式刚性横隔板,中部开设过人洞。在边孔支点处,一般将底板和腹板加厚,同时设置端横隔板。端横隔板在构造上需考虑不平衡段底板钢束弯起锚固的要求,还需设置预留伸缩槽,以便安装伸缩缝。

3. 合龙段

合龙段是悬臂施工的重要节段构造。在合龙段施工过程中,由于温度变化、混凝土早期收缩、已完成结构的收缩徐变、新浇混凝土的水化热,以及结构体系变化和施工荷载作用等因素,对尚未达到强度等级的合龙段混凝土有直接影响,故必须重视合龙段的构造措施,使合龙段与两侧梁体保持变形协调,并在施工过程中能够有效传递内力。合龙段的长度在满足施工要求的情况下,应尽量缩短,以便于构造处理,一般取 $1.5 \sim 3m$,具体依跨径大小而定。

合龙段的施工构造处理方式有:

(1) 用劲性钢管作为合龙段的预应力套管。
(2) 加强普通钢筋配置。
(3) 用临时劲性骨架锁定。
(4) 压柱支撑。

合龙段的设计与施工应注意以下几点:

(1) 合龙段应采用早强、高强、低收缩混凝土。
(2) 合龙段混凝土浇筑时间应选在一天中温度较低,且混凝土浇筑后温度开始缓慢上升为宜。
(3) 加强合龙段混凝土的养生。

4. 临时固结措施

悬臂施工时,为保证结构体系几何不变,需将墩梁固结,以承受不平衡弯矩。常用的固结方法为:在支座纵向两侧设置混凝土块作为临时支座。临时支座内穿预应力钢筋,两端分别锚固在中墩和主梁横隔板内。预应力钢筋的数量由施工中的不平衡弯矩确定。为便于拆除,在临时支座内设置硫黄砂浆垫层。硫黄砂浆具有抗压强度高、加热容易软化的特点,便于拆除临时支座。

二、设计基本资料

本章的设计示例除桥梁线形不设平、竖曲线且采用悬臂浇筑施工方法外,主要技术标准、建桥材料、桥面铺装、通航水位、桥位处地质地形、基础沉降及温度梯度等均与第三章的设计基本资料相同。

三、桥型布置与构造设计

为了对比由于施工方法不同而带来的结构受力差异,本章示例的桥型布置、孔径划分和截面尺寸等均与第三章相同,但取消了各孔的跨中横隔板及相应的承托。桥型布置详见第三章。

第二节　结构有限元建模

桥梁结构是一种复杂的空间结构。要精确分析桥梁结构的真实受力状态,最好模拟成由梁、板、壳或三维实体单元组成的空间受力计算模型。但这种处理方式建模非常复杂,同时考虑到桥梁荷载的空间分布,按此方式的计算工作量是极其浩大的。考虑计算误差等原因,对全桥按空间计算精度未必很高,且其计算结果为应力形式,不能直接应用于桥梁设计。对于实际应用的桥梁结构分析软件,必须对计算模型进行合理的简化。

按照第二章第三节的设计步骤和结构有限元建模的相关内容,对于本章示例悬臂施工的预应力混凝土连续梁桥,采用有限元进行结构计算可按两阶段建模,第一阶段建模(记为有限元模型 1)是为了估算预应力钢束数量;根据钢束估算量,配置预应力钢束,并考虑施工过程与结构体系及截面特性的匹配关系,形成第二阶段模型(记为有限元模型 2),然后进行相应的计算和验算。以下详细介绍悬臂施工连续梁桥有限元模型的建模情况。

一、桥梁设计软件的特点

对于桥梁结构设计而言,桥跨结构受力分析是关键环节之一。考虑到桥梁的跨宽比一般较大,将桥跨结构近似处理为杆系模型是切实可行的方法。常用的桥梁设计软件就是在有限元通用程序的基础上,根据桥梁工程的构造、施工、设计特点而开发的专用程序,一般能自动完成以下功能:

1. 短暂状况(施工阶段)

(1)体系转换(支座的撤换、主从约束的变化等)。
(2)安装单元,拆除单元。
(3)张拉钢束,拆除钢束。
(4)永久作用、临时荷载、移动荷载、分布荷载。
(5)强迫位移。
(6)单向受力杆件脱离工作。
(7)混凝土收缩徐变引起的次内力和预应力损失。
(8)各阶段累计应力、变形和应力组合、应力验算。

2. 持久状况(使用阶段)

(1)集中、分布荷载。
(2)基础变位作用、温度作用。
(3)汽车荷载、人群荷载。
(4)承载能力极限状态及正常使用极限状态作用组合及其内力设计值计算。
(5)钢束估算。
(6)承载力验算、应力验算、抗裂验算及变形验算。
(7)钢束的沿程应力、伸长量及各阶段永存应力。

3. 图形输出

(1)单元几何形状、结构计算简图。

(2)各阶段位移图、内力图及包络图。

(3)内力(或挠度)影响线。

(4)主梁预应力配束构造图,包括钢束大样图。

以上图形一般都能直接输出到 AutoCAD 或存为 DXF 文件再用 AutoCAD 打开。

4.文本输出

按相关要求,打印出标准格式的计算书。

二、结构离散

采用有限元分析桥梁结构时,首先应构成一个与真实结构等价的计算模型,将计算模型划分为有限个单元(即结构离散),应用程序进行计算分析。

结构离散是桥梁结构分析的重要环节,必须遵循以下原则:

(1)保证结构体系的几何不变性。这一点在较复杂的施工体系转换中尤其应予注意。同时,也应避免与结构受力及变形不符的多余约束。

(2)计算模型应尽量符合结构的构造特点和受力特点,对于 0 号块的处理、支座的处理、基础的模拟等应慎重考虑。

(3)在合理模拟保证精度的前提下,尽量减少节点数目,以减小计算规模。

一般在以下位置应划分节点:

(1)构件的转折点和截面变化点。

(2)施工分界点、边界及支座处。

(3)需验算或求位移的截面处。

(4)当出现位移不连续的情况时,例如相邻两单元以铰接形式相连(转角不连续),可在铰接处设置两个节点,利用主从约束考虑该连接方式。

单元、节点编号时,应尽量使单元两侧节点号之差最小,这样可使形成的总刚矩阵带宽最小,从而节省存储量和减少运算量。有些程序能够根据严格的数学原理,自动对带宽进行优化处理,此时,编号可随意。

结合本章示例施工、使用阶段的结构受力及预应力钢筋布置特点,单元划分及节点设置方式为:

①主梁单元划分及节点设置。每一个悬臂施工节段自然划分为一个单元,在各孔 $L/4$、$L/2$、$3L/4$ 等控制截面处分别设置节点,分别为节点 8、15、20、32、38、44、56、61 及 68;在各支座处设置节点,包含边孔永久支座,分别为节点 2 和节点 74,中孔永久支座和临时支座采用相同的节点(进行体系转换时,将梁、墩固结的临时中支座转换成简支的永久支座),分别为节点 25 和节点 51。共将主梁划分为 74 个单元,75 个节点,如图 4-1a)所示,单元节点号与主梁截面位置对应关系参见表 3-2,具体的节点坐标参见表 3-3。

需要特别强调的是,悬臂节段(块段)长度的合理划分是整个设计的关键环节之一。目前,工程界关于悬臂块段长度的划分有两种方法:一是以各块段重量相等为前提划分长度,该法的优点是挂篮承载能力可得到充分发挥;缺点是各块节段长度均不相同,导致模板利用率不高;二是以块段分批等长度且各批重量大致接近为前提划分长度,该法的优点是模板利用率高,缺点是挂篮承载能力发挥不尽充分。本章的示例采用块段分批等长度划分节段。

第四章 悬臂施工连续梁桥设计

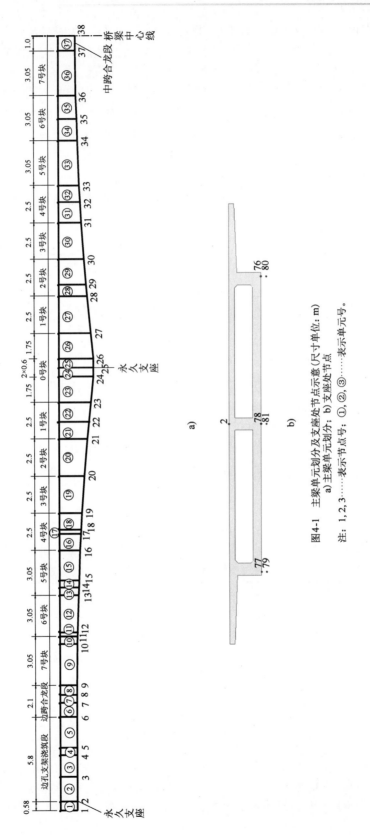

图4-1 主梁单元划分及支座处节点示意（尺寸单位：m）
a) 主梁单元划分；b) 支座处节点
注：1, 2, 3……表示节点号；①, ②, ③……表示单元号。

②支座节点设置。本例采用一般支承、弹性连接以及刚性连接的组合方式模拟边界条件，因此，在支座处，为保证主梁节点和支座节点变形协调，需要设置梁底支座顶节点、支座底节点共两类节点。为模拟支座，在每个永久(临时)支座对应梁单元节点之下，分别设置 6 个节点(3 个梁底支座顶节点、3 个支座底节点)。梁底支座处节点分别为节点 76、77、78、82、83、84、88、89、90、97、98、99(共 12 个节点)，支座底节点分别为节点 79、80、81、85、86、87、91、92、93、94、95、96(共 12 个节点)，布置如图 4-1b)所示。值得注意的是，上述两类节点是为了处理边界条件并考虑本示例桥梁施工特点专门设置，并非主梁结构的单元节点。

最终全桥有限元建模共包括 74 个单元、99 个节点。

相对于第三章满堂支架施工有限元模型，这里的悬臂施工模型新增支座节点编号及相应的坐标，见表 4-1。

新增节点编号及坐标　　　　　　　　　　　　　　　　表 4-1

节点号	X 坐标	Y 坐标	Z 坐标	节点号	X 坐标	Y 坐标	Z 坐标
76	-51.9	5.35	-1.2	88	-22.5	-5.35	-2.4
77	-51.9	-5.35	-1.2	89	-22.5	5.35	-2.4
78	-51.9	0	-1.2	90	-22.5	0	-2.4
79	-51.9	-5.35	-1.4	91	-22.5	5.35	-2.6
80	-51.9	5.35	-1.4	92	-22.5	-5.35	-2.6
81	-51.9	0	-1.4	93	-22.5	0	-2.6
82	51.9	-5.35	-1.2	94	22.5	-5.35	-2.6
83	51.9	5.35	-1.2	95	22.5	5.35	-2.6
84	51.9	0	-1.2	96	22.5	0	-2.6
85	51.9	5.35	-1.4	97	22.5	5.35	-2.4
86	51.9	-5.35	-1.4	98	22.5	-5.35	-2.4
87	51.9	0	-1.4	99	22.5	0	-2.4

主梁施工节段(块号)、单元号与锚固截面(节点号)之间的对应关系见表 4-2。

施工节段(块号)、单元号与锚固截面(节点号)对应关系　　　　　　　　表 4-2

施工节段(块号)	0 号块	1 号块	2 号块	3 号块	4 号块	5 号块
单元号	㉓、㉔、㉕、㉖	㉑、㉒、㉗	⑳、㉘、㉙	⑲、㉚	⑯、⑰、⑱、㉛、㉜	⑬、⑭、⑮、㉝
锚固面(节点号)	23、27	21、28	20、30	19、31	16、33	13、34
施工节段(块号)	6 号块	7 号块	边孔合龙段	边孔支架现浇段		中孔合龙段
单元号	⑪、⑫、㉞、㉟	⑨、⑩、㊱	⑥、⑦、⑧	①、②、③、④、⑤		㊲
锚固面(节点号)	11、36	9、37	6、9	2 及 11、13、16、19		37 及 30、31、33、34、36

表 4-2 中的锚固截面(节点号)是悬臂施工的特征截面，和中支点截面一起组成预应力钢筋设计的基本截面；另外，还应考虑《桥规(2018 年)》要求的特殊截面(如每跨的八分点、四分点及跨中等)。因此，本章示例的结构设计截面应包括这里的基本截面和特殊截面。限于篇幅，后续的预应力钢筋设计以基本截面为主，并兼顾特殊截面；主梁截面内力设计值计算及相

关的截面验算均以特殊截面为主。

三、主梁截面几何特性

计算结构内力、挠度和应力前,需首先计算出截面的几何特性。对于简单、规则的截面,可直接写出解析式求得。但桥梁截面类型很多,形状复杂,难以写出解析式。软件程序处理方法为:将截面划分为若干规则的小块,计算出每个小块的几何特性,再叠加得到整个截面的几何特性。划分方法主要有节线法、三角形法等。需要特别注意的是,在配置预应力钢筋之前可仅按拟订的混凝土截面构造计算毛截面几何特性,在配置预应力钢束后根据不同的施工阶段计算净截面或换算截面几何特性。采用有限元程序计算时,用户只需给出钢束几何信息及张拉、管道压浆时间,程序能自动确定各施工阶段的截面几何特性信息。配置预应力钢束之前,主梁毛截面几何特性计算结果见表4-3。

主梁毛截面几何特性计算结果 表4-3

节点号(截面)	截面面积 $A(m^2)$	中性轴距下缘距离 $y(m)$	惯性矩 $I(m^4)$
2(A)	7.908	0.642	1.596
4($L_1/8$)	6.470	0.716	1.357
8($L_1/4$)	6.470	0.716	1.357
12($3L_1/8$)	6.513	0.740	1.479
15($L_1/2$)	6.626	0.811	1.829
18($5L_1/8$)	6.828	0.913	2.456
20($3L_1/4$)	7.590	1.017	3.758
22($7L_1/8$)	8.576	1.142	5.908
25(B)	9.622	1.265	8.751
29($L/8$)	8.037	1.075	4.669
32($L/4$)	6.787	0.908	2.394
35($3L/8$)	6.555	0.768	1.604
38($L/2$)	6.470	0.716	1.357

四、施工方案与边界条件

连续梁桥的内力与应力状态,与形成结构体系的次序及过程密切相关,不同的施工方案及施工顺序将导致结构产生不同的受力和变形状态,原因在于前期施加的荷载对后期安装的单元将不产生内力。有时,施工方案将决定一种结构方案是否能够成立。采用有限元程序进行桥梁施工阶段模拟之前,施工方案、施工工序及施工机具等必须事先确定。对于本章悬臂施工设计示例,施工方案如下:

1. 在中墩上对称悬臂浇筑混凝土

为了保证施工安全,在桥墩墩顶设置临时支座,将主梁与桥墩形成固结约束,限制各个方向的线位移和角位移。临时支座采用混凝土垫块和硫黄砂浆垫层,拆除时将硫黄砂浆融化。具体先浇筑墩顶0号块(图4-1a)。由于0号块预应力管道集中,普通钢筋密集,混凝土体量大,为保证施工质量宜采用分层浇筑。待混凝土的强度等级达到设计要求的90%以上时,张拉 0 号块悬臂顶板束、腹板束。在两端悬臂段对称安装挂篮,调整好高程后,浇筑 1 号块,待强度等级达到要求后,张拉 1 号块顶板束、腹板束。往复循环至最大悬臂节段,依次对称浇筑、对称张拉,施工过程中结构体系和边界条件不发生变化,最终为 T 构受力状态。

2. 边孔支架浇筑混凝土

边孔现浇段长度为 6.38m,采用落地支架一次连续浇筑。浇筑混凝土前对支架应进行预压,施工时宜采用边浇筑边卸载的方法,确保施工高程,改善结构内力。采用有限元模拟边孔现浇段时,应限制边孔现浇段每个单元的节点竖向位移,并约束其中一个节点的水平向位移,以保证浇筑边孔现浇段在边孔合龙前为几何不变体系。

3. 边孔合龙

边孔合龙采用吊架模板、临时连接型钢(劲性骨架)、平衡重方法进行施工。用型钢(劲性骨架)将悬臂浇筑段和边孔支架现浇段做临时连接后,浇筑边孔合龙段混凝土,待混凝土强度等级达到设计要求的 90% 以上时,先张拉锚固边孔合龙束,再张拉锚固底板束。为了减小预应力损失采用先长后短分批张拉锚固。边孔合龙后形成刚架单悬臂结构。

4. 体系转换

边孔合龙后,进行结构体系转换,拆除临时支座和边孔现浇段支架,永久支座发挥作用。永久支座约束了主梁的竖向位移,并约束墩顶支座的水平向位移。结构体系转换后,结构由两个刚结单悬臂转换成两个简支单悬臂体系。

5. 中孔合龙

中孔合龙采用吊架模板、临时连接型钢(劲性骨架)、平衡重方法进行施工。采用型钢(劲性骨架)将悬臂浇筑段临时连接后,钝化右墩墩顶支座水平向约束,浇筑中孔合龙段混凝土,张拉锚固中孔合龙束与底板束。此时形成三跨连续梁桥结构有限元模型 2。

在以上各施工阶段不考虑预应力钢筋,便可形成三跨连续梁桥结构有限元模型 1。

6. 施加桥面系

桥面系施工包括栏杆、桥面铺装、灯柱等附属设施,此时结构体系已经形成,桥面系结构重力作用在连续梁结构体系之上。

根据上述施工方案,各个施工阶段的具体内容见表 4-4。

施工阶段及相关要素匹配一览　　　　　　　表 4-4

施工阶段编号	施工内容	单元模拟	边界条件	作用荷载	施工时间(d)	累计时间(d)
CS1	浇筑 0 号块混凝土及张拉锚固相应预应力钢束	0 号块单元	激活中墩临时支座、中墩永久支座顶节点及中墩永久支座底节点约束	预应力钢筋 0 号荷载、齿板+横隔板 0	20	20
CS2	浇筑 1 号块混凝土及张拉锚固相应预应力钢束	1 号块单元	同 CS1	挂篮 1	1	21
CS3		1 号块单元	同 CS1	湿重 1	3	24
CS4		1 号块单元	同 CS1	顶板预应力 1 号、同时钝化湿重 1	7	31

续上表

施工阶段编号	施工内容	单元模拟	边界条件	作用荷载	施工时间(d)	累计时间(d)
CS5	浇筑2号块混凝土及张拉锚固相应预应力钢束	2号块单元	同CS1	挂篮2、同时钝化挂篮1	1	32
CS6		2号块单元	同CS1	湿重2	3	35
CS7		2号块单元	同CS1	顶板预应力2号、同时钝化湿重2	7	42
CS8~CS19	浇筑3~6号块混凝土并张拉锚固相应的预应力钢束	3~6号块单元	同CS1	……	……	43~86
CS20	浇筑7号块混凝土及张拉锚固相应预应力钢束	7号块单元	同CS1	挂篮7、同时钝化挂篮6	1	87
CS21		7号块单元	同CS1	湿重7	3	90
CS22		7号块单元	同CS1	顶板预应力7号、同时钝化湿重7	7	97
CS23	浇筑边孔现浇段混凝土	边孔现浇段单元	激活边孔现浇段支架一般支承、边墩永久支座底节点约束	现浇端横梁	20	117
CS24	架设合龙段吊架	边孔现浇段单元	同CS23	吊架1、吊架2及钝化挂篮7	1	118
CS25	浇筑边孔合龙段混凝土,待混凝土强度达到要求后,张拉锚固边孔合龙束及边孔底板预应力钢束	边孔合龙段单元	同CS23	边孔合龙段湿重	3	121
CS26		边孔合龙段单元	同CS23,并激活边墩永久支座顶节点、边墩及中墩(边孔合龙阶段)永久支座约束;钝化边孔现浇段支架一般支承及中墩临时支座约束	边孔合龙束及底板预应力束、钝化边孔合龙段湿重	10	131
CS27	浇筑中孔合龙段混凝土,待混凝土强度达到要求后,张拉锚固中孔合龙束及中孔底板预应力钢束	中孔合龙段单元	同CS26	中孔合龙段湿重	3	134
CS28		中孔合龙段单元	钝化左中墩永久支座纵桥向位移约束	中孔合龙束及底板预应力束、钝化中孔合龙段湿重	10	144
CS29	拆除边孔和中孔合龙段吊架	—	同CS28	钝化吊架1和吊架2	1	145
CS30	施工桥面铺装、附属构造	—	同CS28	二期结构重力	30	175

续上表

施工阶段编号	施工内容	单元模拟	边界条件	作用荷载	施工时间（d）	累计时间（d）
CS31	成桥3年	—	同CS28	同CS30	1 000	1 175
CS32	成桥10年	—	同CS28	同CS30	3 650	4 825

注：1. 计算主梁截面内力时，对于有限元模型1，由于还没有配置预应力钢筋，因此CS1～CS4施工阶段均采用毛截面特性；对于有限元模型2，由于预应力钢筋已经分配给了相应单元，且设置了梁截面特性随钢束变化及下一施工阶段注浆选项，因此均采用换算截面特性。
2. 估算模型与计算模型的差别在于是否给主梁单元分配预应力钢束，即估算模型作用组合方式不考虑钢束预加力作用效应。
3. 混凝土的收缩、徐变效应产生的位移会影响预应力损失，因此应准确定义混凝土收缩开始时的龄期和考虑徐变的加载龄期等时间参数。
4. 需要注意，对于非施工阶段的荷载，如基础变位、车道荷载及温度荷载，应在成桥后加载，施工阶段不体现。

表4-4中，当不考虑预应力钢束的施工内容时，可作为配束前的施工阶段及相关要素匹配表。

边界条件的处理应与施工阶段及结构体系密切配合，正确反映结构受力状态。本章的示例采用一般支承、弹性连接及刚性连接来模拟边界条件，即通过一般支承约束支座底节点、弹性连接（弹簧）模拟支座、刚性连接建立主梁节点与支座顶节点的变形协调，以组合方式来模拟结构的边界条件。各施工阶段的边界条件见表4-5。

各个施工阶段的边界条件 表4-5

悬臂施工阶段(CS1～CS22)								
节点1	节点2	SDx	SDy	SDz	SRx	SRy	SRz	备注
89	91	∞	∞	∞	∞	∞	∞	中墩临时支座
90	93	∞	∞	∞	∞	∞	∞	中墩临时支座
88	92	∞	∞	∞	∞	∞	∞	中墩临时支座
97	95	∞	∞	∞	∞	∞	∞	中墩临时支座
99	96	∞	∞	∞	∞	∞	∞	中墩临时支座
98	94	∞	∞	∞	∞	∞	∞	中墩临时支座
25	88～90	∞	∞	∞	∞	∞	∞	中墩永久支座顶节点
51	97～99	∞	∞	∞	∞	∞	∞	中墩永久支座顶节点
节点		Dx	Dy	Dz	Rx	Ry	Rz	备注
91		1	1	1	1	1	1	中墩永久支座底节点
92		1	1	1	1	1	1	中墩永久支座底节点
93		1	1	1	1	1	1	中墩永久支座底节点
94		1	1	1	1	1	1	中墩永久支座底节点
95		1	1	1	1	1	1	中墩永久支座底节点
96		1	1	1	1	1	1	中墩永久支座底节点

第四章 悬臂施工连续梁桥设计

续上表

边孔支架现浇阶段(CS23~CS24)								
节点1	节点2	SDx	SDy	SDz	SRx	SRy	SRz	备注
89	91	∞	∞	∞	∞	∞	∞	中墩临时支座
90	93	∞	∞	∞	∞	∞	∞	中墩临时支座
88	92	∞	∞	∞	∞	∞	∞	中墩临时支座
97	95	∞	∞	∞	∞	∞	∞	中墩临时支座
99	96	∞	∞	∞	∞	∞	∞	中墩临时支座
98	94	∞	∞	∞	∞	∞	∞	中墩临时支座
25	88~90	∞	∞	∞	∞	∞	∞	中墩永久支座顶节点
51	97~99	∞	∞	∞	∞	∞	∞	中墩永久支座顶节点

节点	Dx	Dy	Dz	Rx	Ry	Rz	备注
91	1	1	1	1	1	1	中墩永久支座底节点
92	1	1	1	1	1	1	中墩永久支座底节点
93	1	1	1	1	1	1	中墩永久支座底节点
94	1	1	1	1	1	1	中墩永久支座底节点
95	1	1	1	1	1	1	中墩永久支座底节点
96	1	1	1	1	1	1	中墩永久支座底节点

节点	Dx	Dy	Dz	Rx	Ry	Rz	备注
1	0	0	1	0	0	0	边孔现浇段支架
2	1	1	1	1	0	1	边孔现浇段支架
3	0	0	1	0	0	0	边孔现浇段支架
5	0	0	1	0	0	0	边孔现浇段支架
6	0	0	1	0	0	0	边孔现浇段支架
70	0	0	1	0	0	0	边孔现浇段支架
71	0	0	1	0	0	0	边孔现浇段支架
73	0	0	1	0	0	0	边孔现浇段支架
74	1	1	1	1	0	1	边孔现浇段支架
75	0	0	1	0	0	0	边孔现浇段支架

边孔合龙阶段(CS25~CS26)								
节点1	节点2	SDx	SDy	SDz	SRx	SRy	SRz	备注
89	91	1×10^9	0	1×10^9	0	0	0	中墩永久支座
88	92	1×10^9	0	1×10^9	0	0	0	中墩永久支座
90	93	1×10^9	1×10^9	1×10^9	0	0	0	中墩永久支座
99	96	1×10^9	1×10^9	1×10^9	0	0	0	中墩永久支座
97	95	1×10^9	0	1×10^9	0	0	0	中墩永久支座
98	94	1×10^9	0	1×10^9	0	0	0	中墩永久支座
25	88~90	∞	∞	∞	∞	∞	∞	中墩永久支座顶节点
51	97~99	∞	∞	∞	∞	∞	∞	中墩永久支座顶节点

续上表

边孔合龙阶段(CS25~CS26)							
节点	Dx	Dy	Dz	Rx	Ry	Rz	备注
91	1	1	1	1	1	1	中墩永久支座底节点
92	1	1	1	1	1	1	中墩永久支座底节点
93	1	1	1	1	1	1	中墩永久支座底节点
94	1	1	1	1	1	1	中墩永久支座底节点
95	1	1	1	1	1	1	中墩永久支座底节点
96	1	1	1	1	1	1	中墩永久支座底节点

节点1	节点2	SDx	SDy	SDz	SRx	SRy	SRz	备注
2	76~78	∞	∞	∞	∞	∞	∞	边墩永久支座顶节点
74	82~84	∞	∞	∞	∞	∞	∞	边墩永久支座顶节点
76	80	1×10^9	1×10^9	0	0	0	0	边墩永久支座
77	79	1×10^9	0	0	0	0	0	边墩永久支座
78	81	1×10^9	0	0	0	0	0	边墩永久支座
83	85	1×10^9	1×10^9	0	0	0	0	边墩永久支座
82	86	1×10^9	0	0	0	0	0	边墩永久支座
84	87	1×10^9	0	0	0	0	0	边墩永久支座

节点	Dx	Dy	Dz	Rx	Ry	Rz	备注
79	1	1	1	1	1	1	边墩永久支座底节点
80	1	1	1	1	1	1	边墩永久支座底节点
81	1	1	1	1	1	1	边墩永久支座底节点
85	1	1	1	1	1	1	边墩永久支座底节点
86	1	1	1	1	1	1	边墩永久支座底节点
87	1	1	1	1	1	1	边墩永久支座底节点

中孔合龙(CS27~CS29)及成桥阶段(CS30~CS32)							
节点1	节点2	SDx	SDy	SDz	SRx	SRy	SRz	备注
89	91	1×10^9	0	0	0	0	0	中墩永久支座
88	92	1×10^9	0	0	0	0	0	中墩永久支座
90	93	1×10^9	1×10^9	0	0	0	0	中墩永久支座
99	96	1×10^9	1×10^9	1×10^9	0	0	0	中墩永久支座
97	95	1×10^9	0	1×10^9	0	0	0	中墩永久支座
98	94	1×10^9	0	1×10^9	0	0	0	中墩永久支座
25	88~90	∞	∞	∞	∞	∞	∞	中墩永久支座顶节点
51	97~99	∞	∞	∞	∞	∞	∞	中墩永久支座顶节点

节点	Dx	Dy	Dz	Rx	Ry	Rz	备注
91	1	1	1	1	1	1	中墩永久支座底节点
92	1	1	1	1	1	1	中墩永久支座底节点
93	1	1	1	1	1	1	中墩永久支座底节点
94	1	1	1	1	1	1	中墩永久支座底节点
95	1	1	1	1	1	1	中墩永久支座底节点
96	1	1	1	1	1	1	中墩永久支座底节点

续上表

中孔合龙(CS27~CS29)及成桥阶段(CS30~CS32)							
节点1	节点2	SDx	SDy	SDz	SRx	SRy	SRz	备注
2	76~78	∞	∞	∞	∞	∞	∞	边墩永久支座顶节点
74	82~84	∞	∞	∞	∞	∞	∞	边墩永久支座顶节点
76	80	1×10^9	1×10^9	0	0	0	0	边墩永久支座
77	79	1×10^9	0	0	0	0	0	边墩永久支座
78	81	1×10^9	0	0	0	0	0	边墩永久支座
83	85	1×10^9	1×10^9	0	0	0	0	边墩永久支座
82	86	1×10^9	0	0	0	0	0	边墩永久支座
84	87	1×10^9	0	0	0	0	0	边墩永久支座

节点	Dx	Dy	Dz	Rx	Ry	Rz	备注
79	1	1	1	1	1	1	边墩永久支座底节点
80	1	1	1	1	1	1	边墩永久支座底节点
81	1	1	1	1	1	1	边墩永久支座底节点
85	1	1	1	1	1	1	边墩永久支座底节点
86	1	1	1	1	1	1	边墩永久支座底节点
87	1	1	1	1	1	1	边墩永久支座底节点

注:"1"-施加约束,"0"-不施加约束;Dx-主梁纵向位移;Dy-主梁横向位移;Dz-主梁竖向位移;Rx-主梁扭转位移;Ry-主梁竖向弯曲位移;Rz-主梁横向弯曲位移;SDx-单元局部坐标系 x 轴方向的刚度(kN/m);SDy-单元局部坐标系 y 轴方向的刚度(kN/m);SDz-单元局部坐标系 z 轴方向的刚度(kN/m);SRx-绕单元局部坐标系 x 轴方向的转动刚度[kN·m/(rad)];SRy-绕单元局部坐标系 y 轴方向的转动刚度[kN·m/(rad)];SRz-绕单元局部坐标系 z 轴方向的转动刚度[kN·m/(rad)]。

五、作用模拟

根据第二章第四节或《通规(2015年)》4.1.1条,公路桥涵设计采用的作用分为永久作用、可变作用、偶然作用和地震作用四类,本章示例不考虑偶然作用和地震作用。以下作用均以标准值计。

(一)永久作用

本章示例的永久作用主要包括结构重力(一期结构重力、二期结构重力)、预加力、混凝土收缩徐变作用以及基础变位作用,可分别按照第二章第四节之一或《通规(2015年)》4.2.1条、4.2.2条、4.2.4条和4.2.6条计算。

1.结构重力

本章示例除采用悬臂施工方法外,主要技术标准、建桥材料、桥面铺装等均与第三章设计基本资料相同。计算时,各单元结构重力可按实际由程序自行考虑,横隔板可看作集中力作用,作用点位于横隔板中心线处。二期恒载主要是桥面铺装和栏杆等,全桥可按均布力作用考虑。桥梁一、二期恒载集度的计算参见第三章第二节。

2. 预加力

对于悬臂施工的预应力混凝土连续梁桥,根据第二章第四节或《通规(2015年)》4.2.2条有关要求,预加力作用的效应可按正常使用极限状态和承载能力极限状态两种情况分别考虑。其中,进行正常使用极限状态设计的构件应力和变形计算时,应将预加力作为永久作用并计入主效应和次效应;进行结构承载能力极限状态设计时,预加力不作为作用,预应力钢筋仅作为结构抗力的组成部分,但应计入预加力引起的次效应。具体详见本章第六~九节。

对于本章示例的后张法预应力钢筋,可按照实际采用的施工工序,悬臂施工阶段依次张拉上缘顶板与腹板负弯矩预应力钢筋,待边孔合龙后张拉边孔底板负正弯矩预应力钢筋,最后在中孔合龙之后张拉中孔底板正弯矩预应力钢筋。张拉控制应力取 $\sigma_{con}=1\,175\text{MPa}$。

建立有限元模型 1 的目的是估算预应力钢束,故该阶段没有预应力钢束输入;当预应力钢束估算并布置后,在建立有限元模型 2 时输入钢束有关信息,并协同处理预加力的效应问题。

3. 混凝土收缩及徐变作用

墩顶 0 号块的加载龄期按 20d 考虑,其他梁段加载龄期按 11d 计,混凝土收缩徐变总天数按 3 650d 计。

4. 基础变位作用

根据墩台基础地质情况以及施工因素,本章示例基础变位(包含主梁节点、支座顶节点和支座底节点)作用可分为四种形式:即左侧边支座下降1cm、左侧中支座下降1.5cm、右侧中支座下降1.5cm 和右侧边支座下降1cm。具体基础变位作用工况参见第三章第二节,取其中最不利情况进行设计。

(二) 可变作用

可变作用包括汽车荷载、汽车冲击力以及温度作用。

1. 汽车荷载

汽车荷载可按第二章第四节介绍的方法,或按《通规(2015年)》4.3.1条的规定取用。这里综合考虑《通规(2015年)》和本章示例设计基本资料,汽车荷载取公路—Ⅰ级车道荷载。

根据表 2-14,应对横向设计车道数进行折减,本章示例为四车道,折减系数为 0.67,则车道系数为 2.68;另外,根据表 2-15,本章示例桥梁计算跨径小于 150m,可不考虑纵向折减。

因此,本章示例实际的汽车荷载标准值为 2.68 倍的公路—Ⅰ级车道荷载。

2. 汽车冲击力

限于篇幅,具体可参见第三章第二节。

3. 温度作用

本章示例为预应力混凝土连续梁桥,根据第二章第四节,可不考虑均匀升、降温度作用的影响。竖向温度梯度采用表 2-21 规定的温度基数,正温差梯度和反温差梯度标准值如图 4-2 所示。

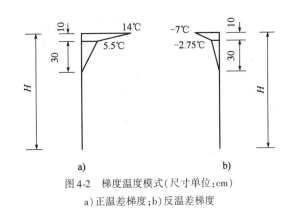

图 4-2 梯度温度模式(尺寸单位:cm)
a)正温差梯度;b)反温差梯度

六、施工阶段模拟

通过上述悬臂施工阶段结构体系受力分析以及节点单元划分和作用模拟,就可应用有限元程序来模拟实际施工过程,计算出每个施工阶段的内力及变形,再将各阶段内力累加后得到桥梁在某个阶段末的累计内力。应用有限元程序,按表 4-4 输入相关信息后,一般能够逐段形成结构体系,自动完成施工阶段静力体系转换,逐步向前推进,最终获得悬臂施工连续梁桥结构的总效应。其中,本章示例将每一个主梁悬臂施工节段模拟为三个子阶段:①挂篮前移、立模、绑扎钢筋;②浇筑、养生混凝土;③张拉、锚固预应力钢束并进行孔道压浆。如需要,可将施工阶段进一步细分,计算出每一阶段的内力、变形和支承反力。

现代桥梁设计软件功能较为完备,且输出内容十分丰富,能够满足设计需求。但必须认识到,桥梁设计软件只是一种结构计算分析工具,使用效果与计算结果的可靠性依赖于使用人员力学模型的建立和使用软件的水平。作为设计人员,具备扎实的力学基础且对程序的功能与限制有详尽的了解,才能充分发挥计算分析工具的效用。

第三节 作用组合及其效应设计值

一、作用标准值的效应

与第三章类似,本章示例在配置预应力钢筋之前,永久作用标准值的效应仅包括结构重力、混凝土收缩徐变作用及基础变位作用标准值的内力,可变作用标准值的效应包括汽车荷载和梯度温度作用标准值的内力,且各作用标准值的内力均可采用本章第二节建立的有限元模型 1 基于毛截面计算。

这里给出作用标准值的效应,一是为了直观检查所建有限元模型的正确性,二是对悬臂施工连续梁桥的内力分布形成规律性的总体认识。

(一)结构重力标准值的主梁截面内力

桥梁结构重力作用下的内力是由各个施工阶段产生的内力叠加而成,对于不同的施工方法,主梁内力可能有很大不同。本章示例采用悬臂施工,施工过程经过结构体系转换。通过本章第二节的施工过程实际模拟,采用相应的有限元模型 1,可计算各施工阶段一期结构重力标准值的内力和一、二期结构重力标准值的主梁截面内力,主要计算结果见表 4-6 ~ 表 4-9,相应的内力分布如图 4-3 ~ 图 4-6 所示。

最大悬臂阶段一期结构重力标准值作用下的主梁截面内力　　表 4-6

节 点 号	截　　面	剪力(kN)	弯矩(kN·m)
9	—	0.0	0.0
12	$3L_1/8$	532.5	-831.3
15	$L_1/2$	1 165.8	-3 949.1
18	$5L_1/8$	1 812.1	-9 417.9
20	$3L_1/4$	2 504.4	-17 334.1
22	$7L_1/8$	3 280.2	-27 951.1
$25_{左}$	B	4 171.7	-41 620.5
$25_{右}$		-4 172.5	-41 623.2
29	$L/8$	-2 857.8	-21 961.7
32	$L/4$	-1 772.5	-9 014.5
35	$3L/8$	-789.8	-1 822.9
37	—	0.0	0.0

边孔合龙后简支悬臂结构一期结构重力标准值作用下的主梁截面内力　　表 4-7

节 点 号	截　　面	剪力(kN)	弯矩(kN·m)
$2_{左}$	A	124.6	-37.4
$2_{右}$		-1 251.0	-37.4
4	$L_1/8$	-577.4	3 269.5
8	$L_1/4$	96.8	4 166.9
12	$3L_1/8$	772.8	2 505.8
15	$L_1/2$	1 406.0	-1 494.9
18	$5L_1/8$	2 052.2	-7 846.8
20	$3L_1/4$	2 744.4	-16 645.9
22	$7L_1/8$	3 520.1	-28 145.8
$25_{左}$	B	4 411.9	-42 698.2
$25_{右}$		-4 222.5	-42 698.2
29	$L/8$	-2 907.8	-22 755.4
32	$L/4$	-1 822.5	-9 527.0
35	$3L/8$	-839.8	-2 054.2
38	$L/2$	0	0.0

中孔合龙后三孔连续梁结构一期结构重力标准值作用下的主梁截面内力　　表 4-8

节 点 号	截　　面	剪力(kN)	弯矩(kN·m)
$2_{左}$	A	124.6	-37.4
$2_{右}$		-1 129.5	-37.4

续上表

节 点 号	截 面	剪力(kN)	弯矩(kN·m)
4	$L_1/8$	−455.9	2 822.9
8	$L_1/4$	218.3	3 273.9
12	$3L_1/8$	894.3	1 166.3
15	$L_1/2$	1 527.5	−3 281.0
18	$5L_1/8$	2 173.6	−10 079.3
20	$3L_1/4$	2 865.8	−19 325.0
22	$7L_1/8$	3 641.3	−31 271.4
$25_{左}$	B	4 533.4	−46 270.3
$25_{右}$		−4 392.3	−46 270.3
29	$L/8$	−3 077.5	−25 372.0
32	$L/4$	−1 992.3	−11 188.1
35	$3L/8$	−1 009.7	−2 759.7
38	$L/2$	0.0	165.1

施加桥面系阶段一、二期结构重力标准值作用下的主梁截面内力　　表4-9

节 点 号	截 面	剪力(kN)	弯矩(kN·m)
$2_{左}$	A	151.6	−45.5
$2_{右}$		−1 441.9	−45.5
4	$L_1/8$	−602.7	3 658.6
8	$L_1/4$	187.1	4 422.3
12	$3L_1/8$	978.6	2 281.6
15	$L_1/2$	1 777.3	−2 779.8
18	$5L_1/8$	2 588.8	−10 800.6
20	$3L_1/4$	3 446.1	−21 877.2
22	$7L_1/8$	4 386.5	−36 262.9
$25_{左}$	B	5 445.5	−54 309.6
$25_{右}$		−5 355.9	−54 309.6
29	$L/8$	−3 786.8	−28 703.7
32	$L/4$	−2 449.0	−11 237.7
35	$3L/8$	−1 213.0	−952.6
38	$L/2$	0.0	2 453.5

对比图4-6与第三章的图3-12可以发现,采用悬臂施工的连续梁桥,主梁截面结构重力弯矩与采用一次落架形成的连续梁有很大的不同。主要是由于施工经历了悬臂阶段,造成连续梁根部的负弯矩远大于跨中的正弯矩。同第三章的一次落架施工相比,采用悬臂施工的连续梁根部负弯矩要大(悬臂施工54 309.6kN·m,一次落架44 020.1kN·m),而中孔跨中正弯矩要小(悬臂施工2 453.5kN·m,一次落架13 271.6kN·m)。

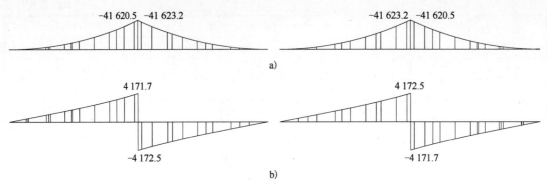

图4-3 最大悬臂阶段一期结构重力标准值作用下的主梁截面内力分布
a)弯矩(单位:kN·m);b)剪力(单位:kN)

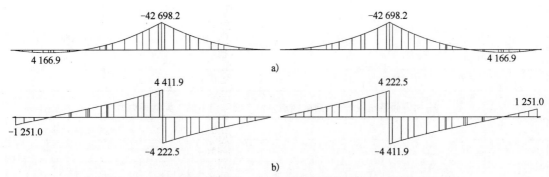

图4-4 边孔合龙后简支悬臂结构一期结构重力标准值作用下的主梁截面内力分布
a)弯矩(单位:kN·m);b)剪力(单位:kN)

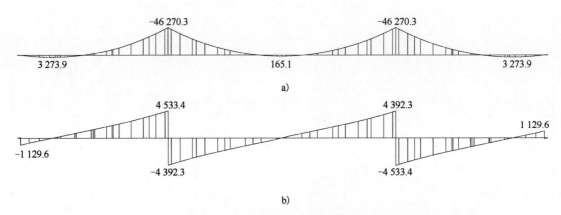

图4-5 中孔合龙后三孔连续梁结构一期结构重力标准值作用下的主梁截面内力分布
a)弯矩(单位:kN·m);b)剪力(单位:kN)

(二)混凝土收缩徐变作用标准值的主梁截面次内力

混凝土的收缩、徐变与混凝土的组成材料及其配合比、周围环境温度湿度、构件截面形式与混凝土养生条件以及混凝土的加载龄期有关,计算方法详见第二章第六节相关内容。配置预应力钢束之前,随悬臂施工过程,一、二期结构重力作用下,因混凝土收缩徐变(3年)标准值产生的主梁截面次内力计算结果见表4-10,相应的弯矩、剪力分布如图4-7所示。

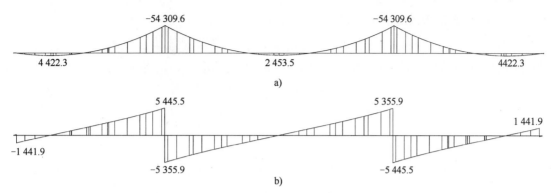

图 4-6 施加桥面系阶段一、二期结构重力标准值作用下的主梁截面内力分布
a) 弯矩(单位:kN·m); b) 剪力(单位:kN)

一、二期结构重力下混凝土收缩徐变标准值的主梁截面次内力　　　　表 4-10

节 点 号	截 面	弯矩(kN·m)	剪力(kN)
$2_{左}$	A	0.0	0.0
$2_{右}$		0.0	-151.9
4	$L_1/8$	558.3	-151.9
8	$L_1/4$	1 116.6	-151.9
12	$3L_1/8$	1 674.9	-151.9
15	$L_1/2$	2 233.1	-151.9
18	$5L_1/8$	2 791.4	-151.8
20	$3L_1/4$	3 349.7	-151.7
22	$7L_1/8$	3 908.0	-151.6
$25_{左}$	B	4 466.3	-151.9
$25_{右}$		4 466.3	0
29	$L/8$	4 466.0	0
32	$L/4$	4 465.7	0
35	$3L/8$	4 465.4	0
38	$L/2$	4 465.1	0

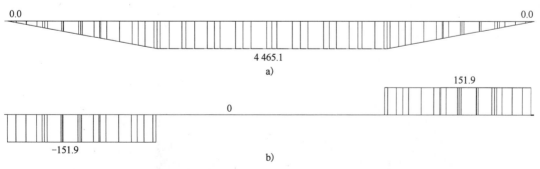

图 4-7 一、二期结构重力下混凝土收缩徐变标准值的主梁截面次内力分布
a) 弯矩(单位:kN·m); b) 剪力(单位:kN)

(三) 基础变位作用标准值的主梁截面次内力

在桥梁设计中,基础变位工况的选取应慎重考虑。一般可综合考虑桥址处的地质、水文等(包括更换支座)情况,根据设计者的经验来定。有时需选取几种沉降工况计算,这样就存在工况组合问题。程序一般可以对每一个截面挑选最不利的工况内力值作为基础变位次内力。

本章示例基础变位采用与第三章满堂支架相同的处理方式,除单个基础变位产生的四种工况外,还包括任意其中两个、三个或者四个基础变位的组合产生的工况,共 15 种工况。

对于表 3-8 的基础变位工况,现以 2 号和 25 号节点基础变位为例,按照第二章第六节的方法,通过有限元模型 1 可计算单个基础变位作用标准值引起的主梁截面次内力,结果分别见表 4-11 和表 4-12。

2 号节点下降 1 cm 引起的主梁截面次内力　　　　表 4-11

节点号	截面	弯矩(kN·m)	剪力(kN)
$2_左$	A	0	0
$2_右$		0	59.8
4	$L_1/8$	-219.7	59.8
8	$L_1/4$	-439.3	59.8
12	$3L_1/8$	-658.9	59.8
15	$L_1/2$	-878.6	59.8
18	$5L_1/8$	-1 098.2	59.7
20	$3L_1/4$	-1 317.9	59.7
22	$7L_1/8$	-1 537.5	59.7
$25_左$	B	-1 757.2	59.8
$25_右$		-1 757.2	-55.8
29	$L/8$	-1 443.2	-55.8
32	$L/4$	-1 129.3	-55.8
35	$3L/8$	-815.3	-55.8
38	$L/2$	-501.4	-55.8
41	$5L/8$	-187.4	-55.8
44	$3L/4$	126.6	-55.8
47	$7L/8$	440.5	-55.8
$51_左$	C	754.5	-55.8
$51_右$		754.5	25.7
54	$L_1/8$	660.2	25.6
56	$L_1/4$	565.9	25.6
58	$3L_1/8$	471.6	25.7
61	$L_1/2$	377.2	25.7
64	$5L_1/8$	282.9	25.7
68	$3L_1/4$	188.6	25.7

续上表

节 点 号	截 面	弯矩(kN·m)	剪力(kN)
72	$7L_1/8$	94.3	25.7
74左	D	0	0
74右		0	0

25 号节点下降 1.5cm 引起的主梁截面次内力 表 4-12

节 点 号	截 面	弯矩(kN·m)	剪力(kN)
2左	A	0	0
2右		0	-173.4
4	$L_1/8$	637.2	-173.4
8	$L_1/4$	1 274.3	-173.4
12	$3L_1/8$	1 911.5	-173.4
15	$L_1/2$	2 548.6	-173.4
18	$5L_1/8$	3 185.8	-173.3
20	$3L_1/4$	3 822.9	-173.2
22	$7L_1/8$	4 460.1	-173.1
25左	B	5 097.3	-173.4
25右		5 097.3	193.1
29	$L/8$	4 011.0	192.9
32	$L/4$	2 924.8	193.1
35	$3L/8$	1 838.5	193.1
38	$L/2$	752.3	193.1
41	$5L/8$	-333.9	193.1
44	$3L/4$	-1 420.2	193.0
47	$7L/8$	-2 506.4	192.9
51左	C	-3 592.6	193.1
51右		-3 592.6	-122.2
54	$L_1/8$	-3 143.6	-122.0
56	$L_1/4$	-2 694.5	-122.1
58	$3L_1/8$	-2 245.4	-122.1
61	$L_1/2$	-1 796.3	-122.2
64	$5L_1/8$	-1 347.2	-122.2
68	$3L_1/4$	-898.2	-122.2
72	$7L_1/8$	-449.1	-122.2
74左	D	0	0
74右		0	0

与表 4-11 和表 4-12 相应的基础变位标准值作用下的主梁截面次内力分布如图 4-8 和图 4-9 所示。

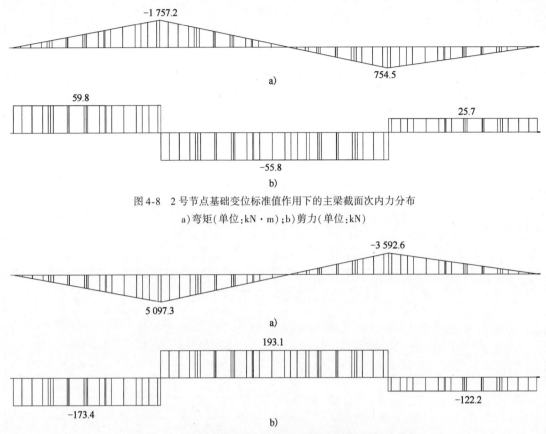

图 4-8　2 号节点基础变位标准值作用下的主梁截面次内力分布
a) 弯矩(单位:kN·m);b) 剪力(单位:kN)

图 4-9　25 号节点基础变位标准值作用下的主梁截面次内力分布
a) 弯矩(单位:kN·m);b) 剪力(单位:kN)

相应于表 3-8 的各种工况,会分别产生相应的基础变位标准值作用下的次内力,对主梁每个截面的次内力取所有工况的包络值,计算结果见表 4-13,相应的基础变位作用次内力包络图如图 4-10 所示。

基础变位标准值作用下的主梁截面次内力包络值　　　　表 4-13

节　点　号	截　　面	M_{max} (kN·m)	M_{min} (kN·m)	V_{max} (kN)	V_{min} (kN)
$2_{左}$	A	0.0	0.0	0.0	0.0
$2_{右}$		0.0	0.0	182.0	-199.0
4	$L_1/8$	731.5	-668.8	182.0	-199.0
8	$L_1/4$	1 462.9	-1 337.6	182.0	-199.0
12	$3L_1/8$	2 194.4	-2 006.4	182.0	-199.0
15	$L_1/2$	2 925.9	-2 675.2	182.0	-199.0
18	$5L_1/8$	3 657.3	-3 344.0	181.9	-198.9

续上表

节 点 号	截 面	M_{max} (kN·m)	M_{min} (kN·m)	V_{max} (kN)	V_{min} (kN)
20	$3L_1/4$	4 388.8	-4 012.8	181.8	-198.8
22	$7L_1/8$	5 120.3	-4 681.6	181.7	-198.7
25左	B	5 851.7	-5 350.4	182.0	-199.0
25右		5 851.7	-5 350.4	248.9	-248.9
29	$L/8$	4 451.6	-3 950.3	248.6	-248.6
32	$L/4$	3 051.5	-2 550.2	248.9	-248.9
35	$3L/8$	1 838.5	-1 337.3	248.9	-248.9
38	$L/2$	1 503.6	-1 002.4	248.9	-248.9

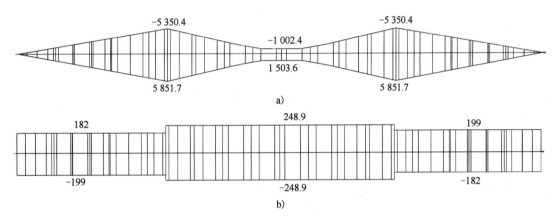

图 4-10 基础变位标准值作用下的主梁截面次内力包络图
a)弯矩(单位:kN·m);b)剪力(单位:kN)

将表 4-13 与表 3-13 对比发现,悬臂施工与满堂支架施工的连续梁桥基础变位标准值作用下的主梁截面次内力存在一些差异。原因在于,满堂支架施工与悬臂施工采用不同的边界条件模拟方式,即悬臂施工边界条件的约束刚度取用 10^9 N/mm,相对于满堂支架施工时约束主梁节点的边界条件刚度较小。因此,基础变位标准值作用下的主梁截面次内力的些许差异是由边界条件处理方式引起,与施工方法无关。

(四)汽车作用标准值的主梁截面内力

将本章第二节确定的车道荷载标准值(计入冲击系数)作用于主梁结构,采用有限元模型 1,可计算得到主梁截面内力,结果见表 4-14,相应的内力包络图如图 4-11 所示。

汽车荷载标准值(计入冲击系数)作用下的主梁截面内力　　　　表 4-14

节 点 号	截 面	V_{max} (kN)	M_{max} (kN·m)	V_{min} (kN)	M_{min} (kN·m)
2左	A	1 243.4	0.0	0.0	-673.5
2右		407.4	0.0	-1 636.4	-673.5

续上表

节点号	截面	V_{max} (kN)	M_{max} (kN·m)	V_{min} (kN)	M_{min} (kN·m)
4	$L_1/8$	417.0	4 422.8	-1 326.7	-1 472.6
8	$L_1/4$	606.4	7 207.2	-1 042.4	-2 939.2
12	$3L_1/8$	837.9	8 485.8	-790.3	-4 405.7
15	$L_1/2$	1 065.6	8 458.0	-574.3	-5 872.3
18	$5L_1/8$	1 285.0	7 340.5	-394.4	-7 338.9
20	$3L_1/4$	1 495.5	5 314.5	-247.5	-8 812.4
22	$7L_1/8$	1 699.7	3 033.1	-127.7	-10 892.6
25左	B	1 905.2	2 394.5	-92.2	-13 926.1
25右		199.7	2 394.5	-1 977.9	-13 926.1
29	$L/8$	206.6	3 112.0	-1 704.8	-6 832.8
32	$L/4$	336.6	5 509.1	-1 422.6	-4 095.0
35	$3L/8$	554.3	7 924.6	-1 124.3	-3 049.3
38	$L/2$	825.2	8 879.6	-825.1	-2 355.3

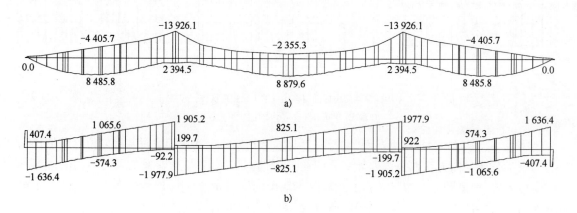

图 4-11 汽车荷载标准值(计入冲击系数)作用下的主梁截面内力包络图
a)弯矩(单位:kN·m);b)剪力(单位:kN)

表 4-14 与表 3-14 对比发现,汽车荷载标准值作用下的主梁截面内力包络值也存在少许差异,同样是由边界条件处理方式不同而引起,对设计结果不会产生影响,同时,也证明了本章与第三章有限元模型以及边界条件处理的正确性。

(五)温度作用标准值的主梁截面次内力

将图 4-2 所示的竖向温度梯度分布作用于本章示例的连续梁桥,按照第二章第六节的方法,采用本章第二节建立的有限元模型 1,可计算得到温度梯度作用标准值产生的主梁截面次内力,结果见表 4-15,相应的次内力分布如图 4-12 及图 4-13 所示。

温度梯度标准值引起的主梁截面次内力 表4-15

节 点 号	截 面	正温差梯度		反温差梯度	
		剪力(kN)	弯矩(kN·m)	剪力(kN)	弯矩(kN·m)
2左	A	0.0	0.0	0.0	0.0
2右		-206.7	0.0	90.9	0.0
4	$L_1/8$	-206.8	759.8	91.0	-334.2
8	$L_1/4$	-206.8	1 519.7	91.0	-668.5
12	$3L_1/8$	-206.7	2 279.5	90.9	-1 002.7
15	$L_1/2$	-206.7	3 039.3	90.9	-1 336.9
18	$5L_1/8$	-206.6	3 799.2	90.9	-1 671.1
20	$3L_1/4$	-206.5	4 559.0	90.8	-2 005.4
22	$7L_1/8$	-206.4	5 318.8	90.8	-2 339.6
25左	B	-206.8	6 078.7	91.0	-2 673.8
25右		0.0	6 078.7	0.0	-2 673.8
29	$L/8$	0.0	6 078.4	0.0	-2 673.7
32	$L/4$	0.0	6 078.2	0.0	-2 673.6
35	$3L/8$	0.0	6 077.9	0.0	-2 673.5
38	$L/2$	0.0	6 077.7	0.0	-2 673.4

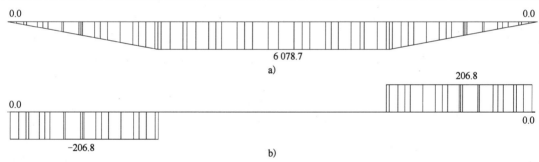

图 4-12 正温差梯度作用标准值引起的主梁截面次内力分布
a) 弯矩(单位:kN·m);b) 剪力(单位:kN)

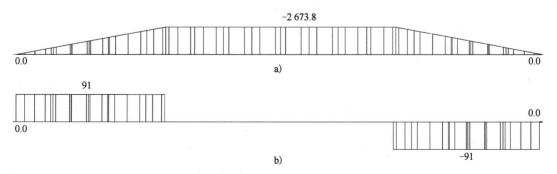

图 4-13 反温差梯度作用标准值引起的主梁截面次内力分布
a) 弯矩(单位:kN·m);b) 剪力(单位:kN)

将表4-15与表3-15、表3-16对比发现,温度梯度作用与基础变位、汽车荷载作用具有类似的数值差异与模型正确性规律。

二、作用组合的效应设计值计算(一)

根据第二章第七节,对于悬臂施工的预应力混凝土连续梁桥设计,需先进行预应力钢筋估算,配置钢筋后再进行各种状态下的计算和验算,故需进行两次作用组合的效应设计值计算。其中,第一次作用组合的效应设计值计算是为了估算预应力钢筋数量,所以没有考虑预加力次效应,且各种作用的效应设计值均采用毛截面计算;第二次作用组合的效应设计值计算时,必须计入预加力(包括混凝土收缩徐变影响)产生的次效应,计算各种作用的效应设计值时,应采用与施工过程相匹配的净截面或换算截面。因此,以下具体在计算主梁截面内力设计值时,将第一、二次作用组合的效应设计值分别记为内力设计值(一)、内力设计值(二)。

(一)持久状况承载能力极限状态

1. 作用组合方式

根据本章示例的具体情况,作用组合方式取基本组合:即永久作用设计值与可变作用设计值相组合。其中,永久作用设计值包括结构重力设计值、混凝土收缩及徐变作用设计值和基础变位设计值;可变作用设计值包括车道荷载(包括冲击力)设计值和温度梯度作用设计值。

2. 作用基本组合的内力设计值

对于本章示例,作用基本组合的主梁截面内力设计值 S_{ud} 可按照式(2-90)或《通规(2015年)》式(4.1.5-1),采用本章第二节建立的有限元模型1,可进行持久状况承载能力极限状态作用基本组合的主梁截面内力设计值(一)计算,结果见表4-16,相应的内力包络图如图4-14所示。

持久状况承载能力极限状态作用基本组合的主梁截面内力设计值(一)　　表4-16

节点号	截面	$\gamma_0 M_{max}$ (kN·m)	$\gamma_0 M_{min}$ (kN·m)	$\gamma_0 V_{max}$ (kN)	$\gamma_0 V_{min}$ (kN)
2左	A	-50.1	-1 097.1	2 115.0	166.8
2右		-50.1	-1 097.1	-920.7	-4 938.6
4	$L_1/8$	13 534.5	1 616.9	17.2	-3 354.0
8	$L_1/4$	20 724.6	58.6	1 218.8	-1 915.0
12	$3L_1/8$	21 761.9	-4 694.4	2 620.1	-656.0
15	$L_1/2$	17 543.7	-13 271.7	4 025.1	555.4
18	$5L_1/8$	8 893.8	-26 257.4	5 434.1	1 725.2
20	$3L_1/4$	-4 516.4	-43 287.4	6 889.9	2 894.8
22	$7L_1/8$	-21 960.1	-65 620.0	8 445.7	4 114.1
25左	B	-40 900.9	-94 253.0	10 160.2	5 332.9
25右		-40 900.9	-94 253.0	-5 447.0	-10 252.7
29	$L/8$	-12 400.1	-48 759.6	-3 710.5	-7 760.7
32	$L/4$	9 733.5	-20 718.4	-2 038.6	-5 560.4
35	$3L/8$	24 099.2	-4 864.8	-343.6	-3 469.4
38	$L/2$	29 671.6	344.2	1 407.8	-1 407.6

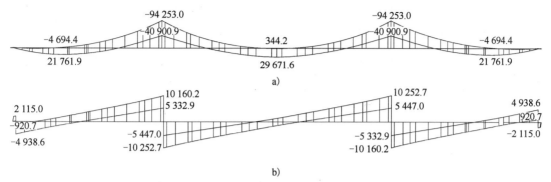

图 4-14 持久状况承载能力极限状态作用基本组合的截面内力设计值(一)包络图
a)弯矩(单位:kN·m);b)剪力(单位:kN)

将图 4-14a)与图 3-21a)对比发现,持久状况承载能力极限状态作用基本组合下,采用满堂支架施工时,中支座处的主梁截面最大负弯矩为 85 222.0kN·m,跨中截面处的最大正弯矩为 37 830.1kN·m;采用悬臂施工时,中支座处的主梁截面最大负弯矩为 94 253.0kN·m,跨中截面处的最大正弯矩 29 671.6kN·m。由此可见,悬臂施工在中支座处的主梁截面负弯矩相对于满堂支架施工增加了 10.6%,而在跨中截面处产生的正弯矩相对于满堂支架施工减小了 21.6%。

持久状况承载能力极限状态作用基本组合的主梁截面弯矩设计值(一)包络图,主要用于初步确定预应力钢筋的长度布置范围,并为承载能力极限状态设计奠定基础。

(二)持久状况正常使用极限状态

1. 作用组合方式

作用组合方式分别取频遇组合及准永久组合。其中,作用的频遇组合为永久作用标准值与汽车荷载(不计冲击力)频遇值、其他可变作用准永久值相组合;作用的准永久组合为永久作用标准值与可变作用准永久值相组合。根据本章示例的具体情况,作用的频遇组合应为结构重力标准值、基础变位标准值、混凝土收缩徐变标准值与车道荷载(不计冲击力)频遇值、温度梯度准永久值相组合;作用的准永久组合应为结构重力标准值、基础变位标准值、混凝土收缩徐变标准值与车道荷载(不计冲击力)准永久值、温度梯度准永久值相组合。

2. 作用频遇组合的内力设计值

对于本章示例,作用频遇组合的主梁截面内力设计值 S_{fd} 可按照式(2-95)或《通规(2015年)》式(4.1.6-1),采用本章第二节建立的有限元模型 1,可进行持久状况正常使用极限状态作用频遇组合的主梁截面内力设计值(一)的计算,结果见表 4-17,相应的内力包络图如图 4-15 所示。

持久状况正常使用极限状态作用频遇组合的主梁截面内力设计值(一)　　表 4-17

节 点 号	截 面	M_{max} (kN·m)	M_{min} (kN·m)	V_{max} (kN)	V_{min} (kN)
2左	A	-45.5	-478.6	951.3	151.6
2右		-45.5	-478.6	-1 077.0	-3 010.6

续上表

节点号	截面	M_{max} (kN·m)	M_{min} (kN·m)	V_{max} (kN)	V_{min} (kN)
4	$L_1/8$	8 400.8	2 333.5	-231.7	-1 972.3
8	$L_1/4$	12 852.9	1 776.1	679.9	-999.7
12	$3L_1/8$	13 432.2	-1 685.8	1 620.3	-46.1
15	$L_1/2$	10 250.6	-8 068.2	2 565.5	891.7
18	$5L_1/8$	3 408.6	-17 410.2	3 518.1	1 819.1
20	$3L_1/4$	-7 073.3	-29 812.3	4 510.6	2 771.1
22	$7L_1/8$	-21 028.8	-45 913.9	5 582.3	3 789.0
25左	B	-37 588.6	-66 289.6	6 773.7	4 870.0
25右		-37 588.6	-66 289.6	-4 978.5	-6 876.9
29	$L/8$	-12 921.9	-34 721.6	-3 405.2	-5 131.9
32	$L/4$	4 685.3	-14 094.8	-1 983.6	-3 612.8
35	$3L/8$	15 310.6	-1 924.4	-607.5	-2 185.0
38	$L/2$	18 995.5	2 262.6	779.7	-779.6

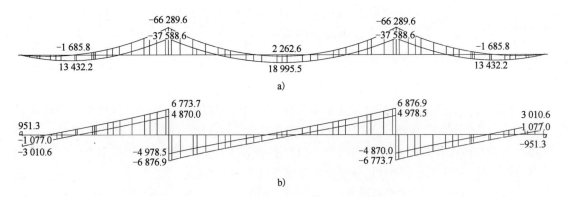

图 4-15 持久状态正常使用极限状态作用频遇组合的主梁截面内力设计值(一)包络图
a)弯矩(单位:kN·m);b)剪力(单位:kN)

将图 4-15a)与图 3-22a)对比发现,持久状况正常使用极限状态作用频遇组合下,采用满堂支架施工,中支座处的主梁截面最大负弯矩为 60 760.1kN·m,跨中截面处的最大正弯矩为 25 719kN·m;采用悬臂施工时,中支座处的主梁截面最大负弯矩 66 289.6kN·m,跨中截面处的最大正弯矩 18 995.5kN·m。由此可见,悬臂施工在中支座处的主梁截面负弯矩相对于满堂支架施工增加了 9.1%,而在跨中截面处产生的正弯矩相对于满堂支架施工减小了 26.1%。

3.作用准永久组合的内力设计值

类似地,根据式(2-97)或《通规(2015 年)》式(4.1.6-2),采用本章第二节建立的有限元模型 1,可进行持久状况正常使用极限状态作用准永久组合的主梁截面内力设计值(一)的计算,结果见表 4-18,相应的内力包络图如图 4-16 所示。

持久状况正常使用极限状态作用准永久组合的主梁截面内力设计值(一) 表4-18

节点号	截面	$M_{\max}$ (kN·m)	$M_{\min}$ (kN·m)	$V_{\max}$ (kN)	$V_{\min}$ (kN)
2左	A	-45.5	-293.0	608.6	151.6
2右		-45.5	-293.0	-1 189.3	-2 559.6
4	$L_1/8$	7 181.7	2 739.5	-346.6	-1 606.6
8	$L_1/4$	10 866.3	2 586.3	512.8	-712.4
12	$3L_1/8$	11 093.1	-471.3	1 389.4	171.8
15	$L_1/2$	7 919.2	-6 449.6	2 271.8	1 050.0
18	$5L_1/8$	1 385.3	-15 387.3	3 163.9	1 927.8
20	$3L_1/4$	-8 538.3	-27 383.3	4 098.4	2 839.4
22	$7L_1/8$	-21 864.9	-42 911.5	5 113.8	3 824.2
25左	B	-38 248.6	-62 450.9	6 248.6	4 895.3
25右		-38 248.6	-62 450.9	-5 033.6	-6 331.7
29	$L/8$	-13 779.7	-32 838.2	-3 462.2	-4 662.0
32	$L/4$	3 166.8	-12 966.1	-2 076.4	-3 220.7
35	$3L/8$	13 126.2	-1 083.9	-760.3	-1 875.1
38	$L/2$	16 547.9	2 911.8	552.3	-552.1

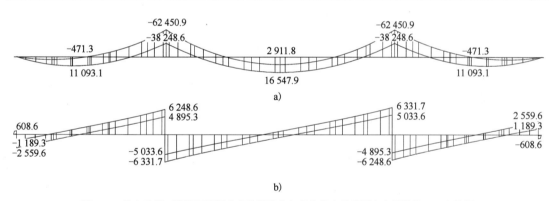

图4-16 持久状况正常使用极限状态作用准永久组合的主梁截面内力设计值(一)包络图
a)弯矩(单位:kN·m);b)剪力(单位:kN)

图4-16a)与图3-23a)对比发现,持久状况正常使用极限状态作用准永久组合下,采用满堂支架施工,中支座处的主梁截面最大负弯矩为56 907kN·m,跨中截面处的最大正弯矩为23 281.6kN·m;采用悬臂施工时,中支座处的主梁截面最大负弯矩62 450.9kN·m,跨中截面处的最大正弯矩16 547.9kN·m。对比可知,悬臂施工在中支座处的主梁截面负弯矩相对于满堂支架施工增加了9.7%,而在跨中截面处的正弯矩相对于满堂支架施工减小了28.9%。

满堂支架施工和悬臂施工相应的主梁截面内力设计值对比发现,相对于满堂支架施工方法,采用悬臂施工时在中支座截面产生的最大负弯矩要大,而在跨中截面产生的最大正弯矩要小,这正是采用悬臂施工的主梁预应力配筋数量与满堂支架施工存在显著差异的原因所在。

持久状况正常使用极限状态的弯矩包络图(一)主要用于初步复核预应力钢筋的长度布

置范围,并采用其中的作用频遇组合的弯矩设计值作为截面预应力钢筋估算的依据。

第四节　预应力钢束的估算及布置

对于悬臂施工的预应力混凝土连续箱梁,预应力钢筋也分为三种,分别为纵向、横向和竖向预应力钢筋。本节将根据本章第三节计算的主梁截面弯矩设计值(一)的包络图计算并布置纵向预应力钢筋。横向预应力钢筋根据单位宽度桥面板计算并布置,如计算配筋仅需设置普通钢筋,则可不设置横向预应力钢筋。竖向预应力钢筋根据主梁主应力计算与验算结果设置,如计算结果无须设置竖向预应力钢筋,则仅需按构造要求设置非预应力箍筋。但如果计算的普通箍筋间距过小或单肢截面过大,则应考虑设置竖向预应力钢筋。

根据第二章第八节或《桥规(2018年)》第6.1节,预应力混凝土连续梁桥应满足使用荷载作用下的应力要求。因此,在进行预应力钢筋的数量估算时,应该以持久状况正常使用极限状态作用频遇组合的内力设计值作为截面配筋估算依据,按持久状况正常使用极限状态的应力要求进行预应力钢筋估算。

一、预应力钢束估算

现首先分别以25、38节点为例,以持久状况正常使用极限状态作用频遇组合的内力设计值作为截面配筋估算依据,采用第二章第八节的相关原理,并参照第三章第四节的方法和过程,按持久状况正常使用极限状态的应力要求,即可进行预应力钢筋估算,得到各个截面的预应力钢筋配置范围(即估算结果),应用第二章第三节的设计步骤4,即可确定相应截面实际取用预应力钢筋($\phi^s15.2$钢绞线)的数量,主梁典型截面配筋结果见表4-19。

主梁典型截面配筋　　　　　表4-19

截面 (节点号)	配筋位置	估算结果(根数)		实际取用根数
		最少	最多	
中支点(25)	顶板	330	810	415
	底板	—	—	—
中孔跨中(38)	顶板	20	384	28
	底板	190	360	266

与表3-20对比可以发现,表4-19在配筋规律(上、下缘)、估算范围及实际取用根数等方面,对于中支点截面,仅在上缘配筋的规律没发生变化,配筋范围由满堂支架施工的302根、779根变为悬臂施工的330根、810根,分别增加了9%、4%,实际取用根数由392根变为415根,增加了6%;对于中孔跨中截面,配筋规律由满堂支架施工的仅在下缘配筋变为悬臂施工要求上、下缘均须配筋,其中,下缘配筋范围由255根、385根变为190根、360根分别减少了25%、6%,下缘实际取用根数由329根变为266根,减少了19%。由此可见,即使在跨径、截面尺寸、建桥材料、作用种类等级等设计条件相同的情况下,由于施工方法不同而引起的配筋结果差异还是十分显著的。

根据悬臂施工混凝土连续梁桥结构受力特点、施工过程和相关构造要求,可将每个截面实际取用的配筋根数进行编束,这里采用两种编束形式:7根钢绞线组成一束(简称为7根成束)和9根钢绞线组成一束(简称为9根成束)。例如,对于中支点截面,编束结果为55束,其中,15束为9根成束,40束为7根成束,编束结果总计为$15\times9+40\times7=415$(根),与表4-19的实际取用根数一致;类似地,对于中孔跨中截面,上缘编束结果为4束,均为7根成束;下缘编束总数为38束,均为7根成束。

采用以上原理与方法,即可完成本章示例主梁截面基于频遇组合弯矩设计值的预应力钢筋配筋规律、配筋范围、实际采用值以及预应力钢筋编束形式和束数,结果见表4-20。

箱梁截面配筋一览 表4-20

截面 (节点号)	按频遇组合的弯矩设计值估算的钢绞线根数						实际采用钢束值(截面有效通过束)		
	上缘			下缘			上缘(梁肋或顶板)		下缘(底板)
	最多	最少	实取	最多	最少	实取			
$A(2)$	610	5	14	550	0	180	2	肋 0	20($9\phi^s15.2$)
								板 2($7\phi^s15.2$)	
$L_1/8(4)$	—	—	14	327	83	180	2	肋 0	20($9\phi^s15.2$)
								板 2($7\phi^s15.2$)	
$L_1/4(8)$	453	11	14	362	128	180	2	肋 0	20($9\phi^s15.2$)
								板 2($7\phi^s15.2$)	
$3L_1/8(12)$	447	49	70	332	132	180	10	肋 0	20($9\phi^s15.2$)
								板 10($7\phi^s15.2$)	
$L_1/2(15)$	470	124	112	272	111	180	16	肋 0	20($9\phi^s15.2$)
								板 16($7\phi^s15.2$)	
$5L_1/8(18)$	565	154	167	248	40	126	23	肋 3($9\phi^s15.2$)	14($9\phi^s15.2$)
								板 20($7\phi^s15.2$)	
$3L_1/4(20)$	612	208	291	—		36	39	肋 9($9\phi^s15.2$)	4($9\phi^s15.2$)
								板 30($7\phi^s15.2$)	
$7L_1/8(22)$	712	267	360	—		—	48	肋 12($9\phi^s15.2$)	0
								板 36($7\phi^s15.2$)	
$B(25)$	810	330	415	—		—	55	肋 15($9\phi^s15.2$)	0
								板 40($7\phi^s15.2$)	
$L/8(29)$	661	222	291	—		42	39	肋 9($9\phi^s15.2$)	6($7\phi^s15.2$)
								板 30($7\phi^s15.2$)	
$L/4(32)$	557	129	167	267	47	140	23	肋 3($9\phi^s15.2$)	20($7\phi^s15.2$)
								板 20($7\phi^s15.2$)	
$3L/8(35)$	442	53	70	328	144	238	10	肋 0($9\phi^s15.2$)	34($7\phi^s15.2$)
								板 10($7\phi^s15.2$)	
$L/2(38)$	384	20	28	360	190	266	4	肋 0($9\phi^s15.2$)	38($7\phi^s15.2$)
								板 4($7\phi^s15.2$)	

表4-20相邻截面相同部位有效通过钢束之差,即为相邻截面之间应锚固的钢束数量。

二、钢束布置

根据第二章第八节预应力钢束的布置原则,参照第三章第四节的布置方法,并充分考虑悬臂施工特点,即可完成本章示例预应力钢束布置。

(一)布置原则

主梁各截面锚固束和通过束确定以后,就应确定各钢束在箱梁中的空间位置及几何线形特征,这是计算预应力效应和施工放样的依据。悬臂施工预应力混凝土连续梁桥钢束布置时,应注意以下几点:

(1)满足《桥规(2018年)》9.4节的构造要求。如孔道中心最小距离、锚孔中心最小距离、最小曲线半径、最小扩孔长度以及最小保护层厚度等。

(2)处理好钢束平、竖弯曲线的配合及钢束之间的空间位置。一般应平弯、竖弯单独设置,即先平弯,经直线过渡后,在锚固前完成竖弯。对于悬臂施工,锚固点宜设置在距箱梁下缘1/3梁高处,以方便千斤顶张拉与拆装。另外,还应注意竖弯段上、下层钢束不得冲突,并满足孔道净距的要求。

(3)尽量靠近箱梁腹板分散布置集中锚固顶、底板束。这样设置的目的在于:

①可使预应力以较短的传力路线发挥作用,并满足箱梁截面剪力滞效应的要求。

②充分利用承托(梗腋)布束与锚固,以利于截面的轻型化。

(4)顶、底板钢束尽量以S形曲线关于箱梁腹板(或箱梁横截面中心线)对称平弯,以消除由于平弯引起的横向力对于箱梁顶、底板的不利影响。

(5)钢束的线形种类应尽量减少,以便于计算模型输入和现场施工。

(6)尽量加大钢束曲线半径,以便于穿束和压浆,并减少预应力摩阻损失。

(7)分层布束时,应使管道上下对齐,以便混凝土浇筑与振捣,不得采用梅花形布置。

(8)顶板束的布置还应遵循以下原则:

①钢束尽量靠截面上缘布置,以便最大限度发挥其力学效应。

②分层布束时应使长束布置在上层,短束布置在下层。首先,应先锚固短束,后锚固长束,只有这样布置才不会发生干扰;其次,长束通过的梁段多,放在顶层能充分发挥其力学效应;再次,较长束在施工中管道出现质量问题的概率较高,放在顶层处理比较容易。

把握好以上几点,就可借用路线设计中的导线法确定钢束的空间位置并计算出其几何线形特征。布束需要相当的耐心和设计经验。设计者可先在米格纸或AutoCAD中绘出草案,然后再精确计算各曲线要素。

(二)布置方法及结果

根据上述布置原则,即可进行本章示例全桥预应力钢束的立面、平面及横截面构造布置。对于本章示例,主要配置六类钢束:顶板束(T1~T12)、腹板束(N1~N5)、边孔底板束(bc1~bc5)、边孔顶板合龙束(D1)、中孔底板束(ac1~ac6)、中孔顶板合龙束(Z1)。其中,合龙束(根据施工要求确定)应锚固于合龙段之外。计算模型未考虑中孔顶板合龙束,仅以中孔底板束ac1作为合龙束,如果读者感兴趣,可以自行配置中孔顶板束Z1,与底板束ac1构成中孔合龙束进行计算。

1. 横截面布置

预应力钢束的横截面布置应以配筋控制截面(钢束最多的截面)为出发点。非配筋控制截面的横截面构造,均是在控制截面布置结果的基础上,结合立面和平面布置的导出结果,主要用于施工放样。因此,配筋控制截面的钢束横截面布置,是悬臂施工预应力混凝土连续梁桥设计的关键环节,应给予充分重视。限于篇幅,以下仅给出本章示例配筋控制截面的钢束横截面布置方法及结果。

对于悬臂施工的预应力混凝土连续梁桥,预应力钢束横截面布置不仅应满足悬臂施工进程和结构承受负弯矩以及合龙后承受正弯矩的受力要求,同时还应充分考虑立面及平面布置的锚固和构造要求。

由表4-20可知,中支点(25节点)截面的钢束最多,为有效抵抗负弯矩,应设置顶板束和腹板束,且顶板束和腹板束的数目应满足悬臂节段(块)锚固的需要,同时,顶板束应尽量靠近腹板分散布置,并通过平弯集中锚固于上承托;腹板束的净距及混凝土保护层厚度应满足上述布置原则(1)的要求。中支点负弯矩钢束横截面布置结果如图4-17a)所示。

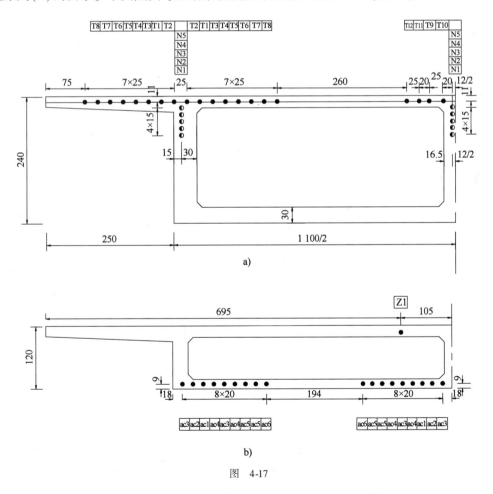

图 4-17

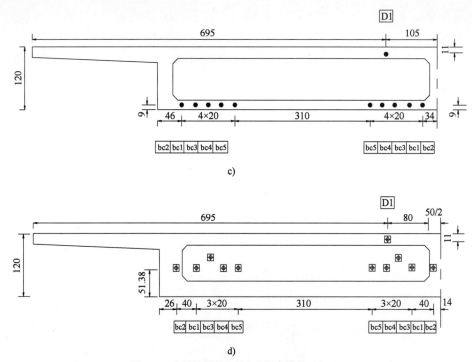

图 4-17 主梁控制截面预应力钢束横截面布置
a) 中支点(B、C)截面(尺寸单位:cm); b) 中孔跨中($L/2$)截面(尺寸单位:cm);
c) 边孔 8 号截面(尺寸单位:cm); d) 边支点(锚固)截面(尺寸单位:cm)

对于中孔,跨中(38 节点)截面的钢束最多,为有效抵抗正弯矩,须设置底板束,且考虑悬臂施工的底板束只能通过齿板锚固,因此,底板束应尽量靠近腹板分散布置,集中锚固于临近腹板的齿板(齿板与腹板的距离应满足千斤顶拆装及张拉锚固的需要),底板束的净距及混凝土保护层厚度应满足构造要求。中孔跨中正弯矩钢束横截面布置结果如图 4-17b)所示。

对于边孔,邻近 $L_1/4$ 的 8 节点截面的正弯矩钢束最多,布置方法与中孔类似,也尽量靠近腹板布置,区别在于中孔的正弯矩钢束,这里采用分散布置,一端分散锚固于边支点锚固面,另一端集中锚固于靠近腹板的齿板。边孔正弯矩钢束典型的横截面布置结果分别如图 4-17c)、d)所示。

2. 立面和平面布置

钢束的立面布置主要显示竖弯构造,平面布置主要明确平弯构造。

对于中支点截面的顶板束和腹板束,立面布置时,均以支座中心线对称竖弯。顶板束在锚固前需要一定角度的平弯,以便统一锚固于上承托。腹板束无须平弯,只设置竖弯。例如,腹板束 N1 不设平弯,竖向下弯半径为 6m,下弯角度为 22°;顶板束 T8 竖弯前在顶板平面先设置 S 形平弯,平弯半径为 6m,平弯角度为 16°,然后在上承托位置设竖弯,竖弯半径为 6.0m,竖弯角度为 7°。

对于边孔底板束,立面布置时,钢束均需竖向上弯一定角度。边孔正弯矩底板束一端均锚于梁端锚固面,可不设平弯,只设竖弯,且考虑到边支点附近剪力较大,竖弯角度应大一些;另一端分批集中锚于底板上的齿板,竖弯前应设置 S 形平弯,然后再设竖弯,考虑到齿板尺寸限制,竖弯角度宜小一些。以 bc5 为例,锚固于边支点梁端一侧不设平弯,竖向上弯半径为 6m,

上弯角度为 15°;靠中支座一侧先设置 S 形平弯,平弯半径为 6m,平弯角度为 12°,然后再设置竖弯,上弯半径为 6m,上弯角度为 8°。两侧竖向起弯点之间的钢束按平行于底板下缘布置。

对于中孔底板束,立面布置时,应关于全桥跨中对称上弯;平面布置时,在竖弯前应设置 S 形平弯,然后再设竖弯,分批集中锚于底板上的齿板。以 ac6 为例,先设置 S 形平弯,平弯半径为 6m,平弯角度为 11°,然后再设置竖弯,上弯半径为 6m,上弯角度为 13°。两侧竖向起弯点之间的钢束按平行于底板下缘布置。

各类钢束的立面、平面布置如图 4-18 和图 4-19 所示。关于各类钢束的具体几何参数详见本章第十二节预应力钢束构造大样。

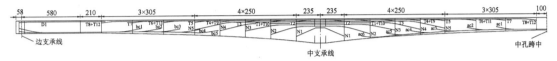

图 4-18　钢束立面布置(桥长/2;尺寸单位:cm)

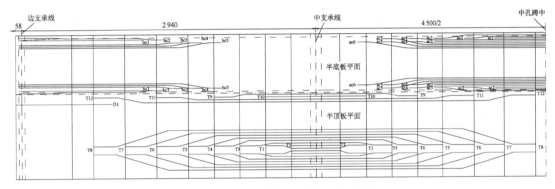

图 4-19　钢束平面布置(桥长/2;桥宽/2;尺寸单位:cm)

三、预应力钢束的输入与张拉

预应力钢束估算及布置完成后,可进行第二阶段建模,将所布置的预应力钢束输入第一阶段的有限元模型。

本章示例预应力钢束采用 $7\phi^s15.2$ 及 $9\phi^s15.2$ 型钢绞线,$f_{pk}=1570MPa$,$A_{pl}=140mm^2$,$E=1.95\times10^5MPa$。锚具采用规格为 15-7 型、15-9 型锚具,预应力管道采用波纹管成型,管径分别采用 70mm、80mm。本章示例采用铁皮管作为预应力钢筋的管道,预应力钢筋与管道的摩擦系数取为 0.35,管道每米局部偏差的摩擦影响系数取为 0.003,锚具变形、钢筋回缩和接缝压缩值取为 6mm。当采用金属波纹管时,预应力钢筋与管道的摩擦系数取为 0.2~0.25,管道每米局部偏差的摩擦影响系数取为 0.0015,读者可根据自己的实际设计情况选用。本章示例钢束均采用两端张拉方式。

预应力钢束输入与张拉可参照第三章第四节之三来实现。

与第三章类似,预应力钢束输入完成之后,便可进行主梁净截面及换算截面几何特性计算。其中,净截面为扣除预应力管道的截面,换算截面为管道压浆后钢束与混凝土梁形成整体后的截面。显然,预加力阶段(即施工阶段)应采用净截面,使用阶段(即运营阶段)应采用换算截面。这里程序可自动计入,无须单独计算,为节省篇幅,主梁净截面及换算截面几何特性计算结果从略。

输入预应力钢束后,即形成有限元模型2,便可进行主梁结构的相关计算和验算。

第五节　预应力损失及有效预应力计算

预应力损失及有效预应力的基本计算原理和计算公式详见第二章第九节或《桥规(2018年)》第6.2节。

一、预应力损失计算及其组合

(一)张拉控制应力

本章示例预应力钢筋的张拉控制应力 σ_{con} = 1 175MPa。

(二)钢筋的各项预应力损失及计算原则

根据第二章第九节或《桥规(2018年)》6.2.1条,采用第三章第五节之一的方法,即可完成本章示例预应力钢筋与管道壁之间的摩擦损失 σ_{l1},锚具变形、钢筋回缩和接缝压缩损失 σ_{l2},混凝土的弹性压缩损失 σ_{l4},预应力钢筋的应力松弛损失 σ_{l5} 以及混凝土的收缩徐变引起的损失 σ_{l6} 的计算。

(三)预应力损失值的组合

根据表2-34或《桥规(2018年)》6.2.8条,钢筋的预应力损失值可按传力锚固时(预加应力)和传力锚固后(使用应力)两个阶段进行组合。其中,传力锚固时的预应力损失(第一批)为 $\sigma_{lⅠ}$、传力锚固后的预应力损失(第二批)为 $\sigma_{lⅡ}$。

二、有效预应力计算

有效预应力计算同预应力损失一样,也应按传力锚固时(预加应力)和传力锚固后(使用应力)两个阶段进行计算。各阶段有效预应力值为张拉控制应力减去该阶段相应预应力损失累计值,其中,传力锚固时(预加应力阶段)的有效预应力按式(2-127)计算;传力锚固后(使用应力阶段,这里按桥3年考虑)的有效预应力(也称为永存预应力)按式(2-128)计算。

三、计算结果

将各项预应力损失的相关参数输入有限元模型2,可计算出所有预应力钢束在传力锚固时和传力锚固后的各项预应力损失。此处,为节省篇幅仅给出预应力钢束N5在传力锚固时和传力锚固后的各项预应力损失,其余钢束的预应力损失计算原理、方法类似,结果从略。

预应力钢束N5传力锚固时的各项预应力损失及有效预应力计算结果见表4-21;传力锚固后的各项预应力损失及永存预应力计算结果见表4-22。

传力锚固时钢束N5的预应力损失及有效预应力(单位:MPa)　　　表4-21

节点号	有效预应力 σ_{con}	预应力损失 σ_{l1}	预应力损失 σ_{l2}	预应力损失 σ_{l4}	预应力损失 $\sigma_{lⅠ}$	有效预应力 σ_{pe}
16	1 177.5	0	249.3	24.5	273.8	903.7
17	1 177.5	4.4	241.0	20.9	266.3	911.2

续上表

节点号	有效预应力 σ_{con}	预应力损失 σ_{l1}	预应力损失 σ_{l2}	预应力损失 σ_{l4}	预应力损失 σ_{lI}	有效预应力 σ_{pe}
18	1 177.5	5.3	239.2	20.0	264.5	913.0
19	1 177.5	9.9	230.4	14.5	254.8	922.7
20	1 177.5	108.0	42.9	7.0	158.0	1 019.5
21	1 177.5	116.9	26.0	3.5	146.4	1 031.1
22	1 177.5	121.0	18.2	2.2	141.4	1 036.1
23	1 177.5	125.7	9.2	0.8	135.8	1 041.7
24	1 177.5	131.8	0	0.3	132.1	1 045.4
25	1 177.5	133.9	0	0.9	134.8	1 042.7
26	1 177.5	131.8	0	0.4	132.2	1 045.3
27	1 177.5	125.7	9.2	1.6	136.5	1 041.0
28	1 177.5	116.9	26.0	5.1	148.1	1 029.4
29	1 177.5	114.2	31.3	6.1	151.5	1 026.0
30	1 177.5	108.0	42.9	10.0	161.0	1 016.5
31	1 177.5	9.9	230.4	17.1	257.4	920.1
32	1 177.5	4.4	241.0	21.3	266.7	910.8

注：计算 σ_{l4} 时，假定 T1 钢束先张拉锚固，各截面其他钢束随后张拉锚固，并采用《桥规(2018年)》附录 H 的简化计算公式(H.0.1)计算。

传力锚固后钢束 N5 的预应力损失及有效预应力（单位：MPa）　　表4-22

节点号	有效预应力 σ_{con}	预应力损失 σ_{l5}	预应力损失 σ_{l6}	预应力损失 σ_{lI}	预应力损失 σ_{lII}	永存预应力 σ_{pe}
16	1 177.5	12.8	80.3	273.8	93.1	810.7
17	1 177.5	13.2	74.3	266.3	87.5	823.7
18	1 177.5	13.3	73.2	264.5	86.4	826.6
19	1 177.5	13.7	68.4	254.8	82.1	840.7
20	1 177.5	23.2	63.9	158.0	87.1	932.4
21	1 177.5	24.2	61.7	146.4	85.8	945.2
22	1 177.5	24.6	61.1	141.4	85.7	950.4
23	1 177.5	25.1	58.3	135.8	83.4	958.3
24	1 177.5	25.5	51.4	132.1	76.9	968.5
25	1 177.5	25.3	50.2	134.8	75.5	967.3
26	1 177.5	25.5	56.8	132.2	82.3	963.0
27	1 177.5	25.1	60.3	136.5	85.4	955.6
28	1 177.5	24.2	63.8	148.1	88.0	941.5
29	1 177.5	23.9	64.6	151.5	88.5	937.5
30	1 177.5	23.2	69.3	161.0	92.5	924.0
31	1 177.5	13.7	71.0	257.4	84.6	835.4
32	1 177.5	13.2	75.7	266.7	88.8	822.0

需要说明的是,有限元程序一揽子给出了 σ_{l1} 和 σ_{l2} 计算结果的和。本节采用式(2-111)计算了 σ_{l1},然后用有限元程序结果减去 σ_{l1} 的值,计算得到了锚具变形、钢筋回缩和接缝压缩预应力损失 σ_{l2}。

采用同样的方法,可完成其余钢束的预应力损失及有效(永存)预应力计算,限于篇幅,结果从略。

第六节　钢束布置后作用组合的效应设计值计算

预应力钢束布置后作用组合的效应设计值计算原理、方法与本章第三节类似,不同之处在于:①作用种类增加了预加力;②计算各个作用的效应设计值时,相应的截面几何特性不尽相同,如在布置预应力钢束之前的第一次作用的效应计算时,主梁恒载、基础变位等作用的效应对应于毛截面,而在布置预应力钢束之后的第二次作用的效应计算时,主梁恒载、基础变位及预加力等作用的效应对应于净截面或换算截面。而净截面、换算截面的取用以预应力管道压浆并形成强度为分界点。

一、永久作用标准值的效应计算

配置预应力钢束后,永久作用主要包括结构重力作用、基础变位作用、预加力作用及混凝土收缩徐变作用。本例永久作用标准值的效应计算,应根据悬臂施工特点充分考虑永久作用与主梁截面几何特性的匹配关系。

(一)结构重力标准值的主梁截面内力

一期结构重力标准值的效应按净截面计算,二期结构重力标准值与基础变位标准值的效应均按换算截面计算,将计算结果分别与配筋前的计算结果(表4-6～表4-13)比较,发现差别不大,为节省篇幅,不再列出。以下仅给出主梁截面预加力次内力和收缩徐变次内力的计算结果以及施工过程各阶段的累计作用内力。

(二)预加力标准值的主梁截面次内力

一般采用等效荷载法计算预加力产生的次内力,相关原理在第二章第四节已作详细介绍,《通规(2015年)》4.2.2条也有明确规定,本章示例采用程序计算。在悬臂施工阶段,结构为静定结构,该阶段预应力钢束(T1～T12、N1～N5)不会产生次内力;边孔底板束(bc1～bc5)在体系转换(拆除临时支座和边孔现浇支架,更换永久支座)之前张拉,此阶段结构为带悬臂的超静定结构,但在体系转换完成后为简支悬臂结构,张拉边孔底板预应力钢束效应最终转换为撤除临时支反力效应;中孔合龙后形成最终的连续梁体系,为超静定结构,张拉中孔底板束(ac1～ac6)会产生次内力。此外,成桥阶段所有钢束的预应力损失对预加力次内力也会造成影响。为节省篇幅,仅给出成桥3年使用阶段永存预加力标准值引起的主梁截面次内力,采用换算截面的计算结果见表4-23,相应的主梁次内力分布如图4-20所示。

永存预加力标准值引起的主梁截面次内力 表4-23

节 点 号	截 面	剪力(kN)	弯矩(kN·m)
$2_左$	A	0.0	0.0
$2_右$		-388.9	0.0
4	$L_1/8$	-389.0	1 429.4
8	$L_1/4$	-389.0	2 858.8
12	$3L_1/8$	-388.9	4 288.2
15	$L_1/2$	-388.9	5 717.6
18	$5L_1/8$	-388.8	7 147.0
20	$3L_1/4$	-388.5	8 576.4
22	$7L_1/8$	-388.3	10 005.8
$25_左$	B	-389.0	11 435.2
$25_右$		0.7	11 435.2
29	$L/8$	0.7	11 431.0
32	$L/4$	0.7	11 426.9
35	$3L/8$	0.7	11 422.7
38	$L/2$	0.7	11 418.5

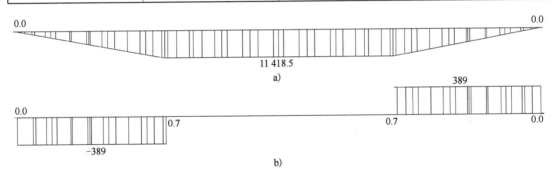

图4-20 永存预加力标准值引起的主梁截面次内力分布
a)弯矩(单位:kN·m);b)剪力(单位:kN)

(三)混凝土收缩徐变作用标准值的主梁截面次内力

混凝土收缩徐变效应受到诸多因素影响,尤其是混凝土加载龄期τ和徐变收缩计算终止龄期t,本章示例按$\tau=28d,t=3\ 650d$考虑,按换算截面计算结构重力作用下的混凝土收缩徐变标准值的主梁截面次内力见表4-24,相应的主梁截面次内力分布如图4-21所示。

基于换算截面的混凝土收缩徐变标准值的主梁截面次内力 表4-24

节 点 号	截 面	剪力(kN)	弯矩(kN·m)
$2_左$	A	0.0	0.0
$2_右$		-102.3	0.0
4	$L_1/8$	-102.4	376.1
8	$L_1/4$	-102.4	752.3

续上表

节点号	截面	剪力(kN)	弯矩(kN·m)
12	$3L_1/8$	-102.3	1 128.4
15	$L_1/2$	-102.3	1 504.5
18	$5L_1/8$	-102.3	1 880.6
20	$3L_1/4$	-102.2	2 256.8
22	$7L_1/8$	-102.2	2 632.9
$25_{左}$	B	-102.4	3 009.0
$25_{右}$		-1.4	3 009.0
29	$L/8$	-1.4	3 016.8
32	$L/4$	-1.4	3 024.6
35	$3L/8$	-1.4	3 032.4
38	$L/2$	-1.4	3 040.1

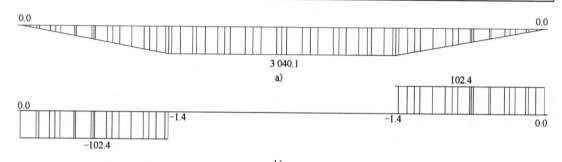

图 4-21 基于换算截面的混凝土收缩徐变标准值的主梁截面次内力分布
a) 弯矩(单位:kN·m); b) 剪力(单位:kN)

表4-24 与表4-10 对比分析发现,配置钢筋之后的结构重力作用下的混凝土收缩徐变标准值的主梁截面次内力小于配筋之前。另外,与第三章第六节对比分析发现,悬臂施工连续梁桥在结构重力作用下的混凝土收缩徐变标准值产生次内力,满堂支架一次落梁施工结构重力作用下的混凝土收缩徐变次内力为零。

(四)施工阶段作用标准值的主梁截面内力

本章示例采用悬臂现浇施工,整个施工阶段总体上可分为四个阶段:悬臂施工阶段、边孔合龙阶段、中孔合龙阶段以及桥面铺装阶段。施工过程各个阶段相应作用标准值的主梁截面累计内力计算结果见表4-25~表4-28。

最大悬臂阶段主梁截面累计内力 表4-25

节点号	截面	剪力(kN)	弯矩(kN·m)	轴力(kN)
9	—	-21.9	339.2	-4 423.0
12	$3L_1/8$	122.6	1 400.0	-8 187.4
15	$L_1/2$	827.5	586.2	-13 421.1
18	$5L_1/8$	-16.7	-1 313.1	-20 860.9

续上表

节点号	截面	剪力(kN)	弯矩(kN·m)	轴力(kN)
20	$3L_1/4$	-1 281.6	346.2	-35 585.7
22	$7L_1/8$	-731.1	4 034.1	-45 169.1
25左	B	4 123.8	6 227.0	-52 124.1
25右		-4 133.9	6 080.2	-52 128.5
29	$L/8$	149.1	1 636.4	-36 840.4
32	$L/4$	-345.3	-1 293.2	-20 759.8
35	$3L/8$	-216.5	1 027.5	-8 764.1
37	—	21.8	348.0	-4 409.3

边孔底板束张拉锚固后简支悬臂体系主梁截面累计内力　　　　表4-26

节点号	截面	剪力(kN)	弯矩(kN·m)	轴力(kN)
2左	A	4 607.6	-1 746.6	-24 944.7
2右		3 659.1	-1 736.1	-24 891.4
4	$L_1/8$	412.4	-10 792.4	-27 200.4
8	$L_1/4$	119.6	-11 544.0	-27 923.1
12	$3L_1/8$	620.6	-12 331.2	-33 585.1
15	$L_1/2$	1 434.1	-13 302.6	-35 466.4
18	$5L_1/8$	-65.2	-12 346.8	-35 850.6
20	$3L_1/4$	-1 311.5	-2 447.3	-38 908.1
22	$7L_1/8$	-458.1	3 450.3	-44 896.9
25左	B	4 373.1	4 721.6	-51 890.8
25右		-4 190.6	4 716.9	-51 885.9
29	$L/8$	1 131.0	-630.1	-35 376.5
32	$L/4$	-408.8	-1 890.0	-20 584.9
35	$3L/8$	-273.3	760.4	-8 667.4
37	—	-28.4	345.2	-4 374.3

中孔底板束张拉锚固时主梁截面累计内力　　　　表4-27

节点号	截面	剪力(kN)	弯矩(kN·m)	轴力(kN)
2左	A	4 533.3	-1 730.4	-24 509.5
2右		3 206.7	-1 719.7	-24 459.4
4	$L_1/8$	25.4	-9 025.6	-26 383.8
8	$L_1/4$	-230.7	-8 351.7	-26 940.9
12	$3L_1/8$	277.7	-8 006.1	-32 816.6
15	$L_1/2$	1 099.6	-7 891.7	-34 877.6
18	$5L_1/8$	-372.7	-5 997.7	-35 527.3

续上表

节点号	截面	剪力(kN)	弯矩(kN·m)	轴力(kN)
20	$3L_1/4$	-1 606.4	4 851.6	-38 623.8
22	$7L_1/8$	-745.9	11 840.2	-44 500.5
25$_左$	B	4 056.9	14 169.2	-51 478.1
25$_右$		-4 357.0	14 165.8	-51 474.5
29	$L/8$	-100.9	5 978.9	-41 598.0
32	$L/4$	-1 108.9	-4 174.1	-37 004.4
35	$3L/8$	-820.5	-5 563.5	-36 402.8
38	$L/2$	-7.4	-5 899.9	-30 733.2

施加桥面系主梁截面累计内力 表4-28

节点号	截面	剪力(kN)	弯矩(kN·m)	轴力(kN)
2$_左$	A	4 517.4	-1 729.1	-24 263.8
2$_右$		2 846.6	-1 718.3	-24 215.8
4	$L_1/8$	-134.7	-8 008.7	-26 021.2
8	$L_1/4$	-262.6	-6 974.3	-26 517.0
12	$3L_1/8$	361.4	-6 693.5	-32 426.4
15	$L_1/2$	1 346.2	-7 206.8	-34 506.9
18	$5L_1/8$	53.4	-6 596.4	-35 271.7
20	$3L_1/4$	-1 012.7	2 308.4	-38 540.2
22	$7L_1/8$	3.3	6 861.2	-44 533.4
25$_左$	B	4 968.6	6 239.7	-51 573.5
25$_右$		-5 346.9	6 237.3	-51 570.9
29	$L/8$	-842.8	2 835.3	-41 500.8
32	$L/4$	-1 589.7	-3 858.8	-36 731.4
35	$3L/8$	-1 038.8	-3 313.5	-36 160.1
38	$L/2$	-7.3	-3 064.2	-30 502.0

施工阶段作用标准值的主梁截面内力主要用于后续持久及短暂状况的构件应力(或变形)计算与验算。

二、可变作用标准值的效应计算

本章示例配置预应力钢束后,可变作用的种类与配筋前相同,包括汽车荷载和温度作用。可变作用标准值的效应,均按换算截面计算,计算结果与配束前(按毛截面计算)差别不大,在进行第二次作用组合的效应设计值计算时,程序会自动计入,此处不再单独列出。

三、作用组合的效应设计值计算(二)

基于本节配束后,上述各作用标准值的效应计算结果可按照第二章第七节或《通规(2015年)》第4.1节计算第二次作用组合的效应设计值,包括承载能力极限状态基本组合的截面内力设计值、正常使用极限状态作用频遇值组合和作用准永久组合的截面内力设计值。形成作用组合的主梁截面内力设计值包络图时,均不考虑预加力的主效应,但须计入预加力的次效应。具体方法应根据《通规(2015 年)》4.1.5 条和 4.1.6 条进行作用组合的效应设计值计算。

(一)持久状况承载能力极限状态作用基本组合的效应设计值

组合方法详见第二章第七节,作用基本组合的效应设计值采用式(2-90)或《通规(2015 年)》式(4.1.5-1)计算。持久状况承载能力极限状态作用基本组合的主梁截面内力设计值(二)计算结果见表4-29,相应的主梁截面内力包络图如图4-22 所示。

持久状况承载能力极限状态作用基本组合的主梁截面内力设计值(二)　　表 4-29

节 点 号	截 面	$\gamma_0 M_{\max}$ (kN·m)	$\gamma_0 M_{\min}$ (kN·m)	$\gamma_0 V_{\max}$ (kN)	$\gamma_0 V_{\min}$ (kN)
$2_{左}$	A	-50.1	-1 097.1	2 115.0	166.8
$2_{右}$		-50.1	-1 097.1	-1 300.2	-5 406.8
4	$L_1/8$	15 255.7	3 011.9	-362.5	-3 822.4
8	$L_1/4$	24 167.4	2 848.8	799.6	-2 342.2
12	$3L_1/8$	26 926.5	-509.2	2 155.3	-1 037.7
15	$L_1/2$	23 817.1	-7 079.9	3 560.5	173.8
18	$5L_1/8$	15 903.7	-17 688.6	4 969.9	1 344.1
20	$3L_1/4$	3 892.6	-33 004.4	6 426.2	2 514.1
22	$7L_1/8$	-12 149.7	-53 621.9	7 982.6	3 733.7
$25_{左}$	B	-29 701.3	-80 541.8	9 695.5	4 952.1
$25_{右}$		-29 701.3	-80 541.8	-5 445.7	-10 255.9
29	$L/8$	-1 179.3	-35 083.2	-3 709.2	-7 764.0
32	$L/4$	21 048.9	-7 118.8	-2 036.4	-5 563.3
35	$3L/8$	37 701.4	6 464.3	-341.3	-3 472.3
38	$L/2$	43 490.0	11 466.0	1 409.9	-1 411.1

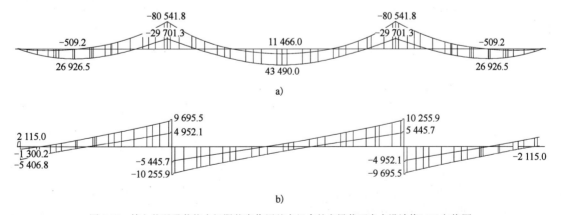

图 4-22　持久状况承载能力极限状态作用基本组合的主梁截面内力设计值(二)包络图
a)弯矩(单位:kN·m);b)剪力(单位:kN)

由表 4-29 和图 4-22 可知，持久状况承载能力极限状态作用基本组合下，本章示例主梁中墩支点截面 B 的最大和最小负弯矩设计值分别为 80 541.8kN·m 和 29 701.3kN·m，中孔跨中截面的最大和最小正弯矩设计值分别为 43 490.0kN·m 和 11 466.0kN·m；边支点截面 A 的最大和最小剪力设计值分别为 2 115.0 和 –5 406.8kN，中支点截面 B 的最大和最小剪力设计值分别为 9 695.5kN 和 –10 255.9kN。

持久状况承载能力极限状态作用基本组合的主梁截面弯矩设计值（二）包络图，主要用于核定预应力钢束的长度布置范围，并为承载能力极限状态验算提供基本资料。

(二) 持久状况正常使用极限状态作用组合的效应设计值

1. 持久状况正常使用极限状态作用频遇组合

组合方法详见第二章第七节，作用频遇组合的效应设计值采用式(2-95)或《通规(2015年)》式(4.1.6-1)计算。持久状况正常使用极限状态作用频遇组合的主梁截面内力设计值（二）的计算结果见表 4-30，相应的主梁截面内力包络图如图 4-23 所示。

持久状况正常使用极限状态作用频遇组合的主梁截面内力设计值（二）　　表 4-30

节点号	截面	M_{max} (kN·m)	M_{min} (kN·m)	V_{max} (kN)	V_{min} (kN)
2左	A	–45.5	–478.6	951.3	151.6
2右		–45.5	–478.6	–1 418.9	–3 359.5
4	$L_1/8$	9 683.3	3 590.2	–573.7	–2 321.3
8	$L_1/4$	15 418.3	4 289.4	338.6	–1 348.8
12	$3L_1/8$	17 280.2	2 084.2	1 279.0	–395.1
15	$L_1/2$	15 380.9	–3 041.7	2 224.3	542.7
18	$5L_1/8$	9 820.3	–11 127.0	3 177.1	1 470.4
20	$3L_1/4$	619.5	–22 272.3	4 170.0	2 422.7
22	$7L_1/8$	–12 053.8	–37 116.7	5 242.1	3 440.9
25左	B	–27 336.5	–56 235.9	6 432.5	4 521.3
25右		–27 336.5	–56 235.9	–4 974.4	–6 882.6
29	$L/8$	–2 681.0	–24 658.0	–3 401.2	–5 137.7
32	$L/4$	14 914.2	–4 007.2	–1 979.2	–3 618.4
35	$3L/8$	25 535.7	8 178.3	–603.0	–2 190.5
38	$L/2$	29 225.0	12 369.4	784.1	–785.3

由表 4-30 和图 4-23 可知，持久状况正常使用极限状态作用基本组合下，本章示例主梁中墩支点截面 B 的最大和最小负弯矩设计值分别为 56 235.9kN·m 和 27 336.5 kN·m，中孔跨中截面的最大和最小正弯矩设计值分别为 29 225.0kN·m 和 12 369.4kN·m；边支点截面 A 的最大和最小剪力设计值分别为 951.3kN 和 –3 359.5kN，中支点截面 B 的最大和最小剪力设计值分别为 6 432.5 kN 和 –6 882.6kN。

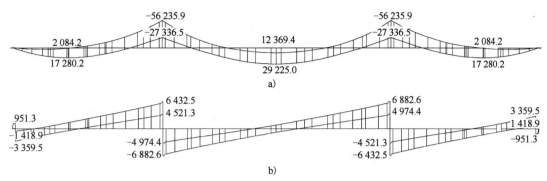

图 4-23 持久状况正常使用极限状态作用频遇组合的主梁截面内力设计值(二)包络图
a) 弯矩(单位:kN·m);b) 剪力(单位:kN)

2. 持久状况正常使用极限状态作用准永久组合

组合方法详见第二章第七节,作用准永久组合的效应设计值采用式(2-97)或《通规(2015年)》式(4.1.6-2)计算。持久状况正常使用极限状态作用准永久组合的主梁截面内力设计值(二)的计算结果见表 4-31,相应的主梁截面内力包络图如图 4-24 所示。

持久状况正常使用极限状态作用准永久组合的主梁截面内力设计值(二)　　表 4-31

节 点 号	截 面	M_{max} (kN·m)	M_{min} (kN·m)	V_{max} (kN)	V_{min} (kN)
2左	A	-45.5	-293.0	608.6	151.6
2右		-45.5	-293.0	-1 530.7	-2 908.5
4	$L_1/8$	8 464.4	3 994.3	-688.1	-1 955.7
8	$L_1/4$	13 431.8	5 095.9	171.7	-1 061.4
12	$3L_1/8$	14 941.4	3 293.1	1 048.3	-177.2
15	$L_1/2$	13 050.0	-1 430.4	1 930.8	701.0
18	$5L_1/8$	7 798.1	-9 113.3	2 823.1	1 579.0
20	$3L_1/4$	-843.5	-19 854.4	3 757.9	2 490.8
22	$7L_1/8$	-12 887.6	-34 127.4	4 773.7	3 476.0
25左	B	-27 991.7	-52 412.1	5 907.5	4 546.5
25右		-27 991.7	-52 412.1	-5 029.3	-6 337.4
29	$L/8$	-3 539.9	-22 779.8	-3 458.0	-4 667.8
32	$L/4$	13 389.1	-2 880.0	-2 072.0	-3 226.4
35	$3L/8$	23 339.0	9 021.4	-755.9	-1 880.7
38	$L/2$	26 764.3	13 021.7	556.7	-557.9

由表 4-31 和图 4-24 可知,持久状况正常使用极限状态作用基本组合下,本章示例主梁中墩支点截面 B 的最大和最小负弯矩设计值分别为 52 412.1kN·m 和 27 991.7kN·m,中孔跨中截面的最大和最小正弯矩设计值分别为 26 764.3kN·m 和 13 021.73kN·m;边支点截面 A 的最大和最小剪力设计值分别为 608.6kN 和 -2 908.6kN,中支点截面 B 的最大和最小剪力设计值分别为 5 907.5kN 和 -6 337.4kN。

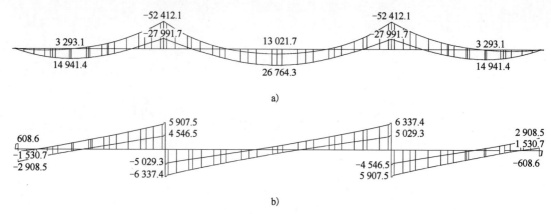

图 4-24 持久状况正常使用极限状态作用准永久组合的主梁截面内力设计值(二)包络图
a)弯矩(单位:kN·m);b)剪力(单位:kN)

持久状况正常使用极限状态作用频遇组合与准永久组合的主梁截面弯矩设计值(二)包络图,主要用于校核预应力钢束的长度布置范围,并通过数值规律分析判断计算结果的正确性。

第七节 持久状况承载能力极限状态计算与验算

基于作用组合的内力设计值(二)的计算结果,可依据第二章第十节之一或《桥规(2018年)》第5.1节、5.2节及5.7节对于持久状况承载能力极限状态采用作用基本组合进行计算与验算。悬臂施工的预应力混凝土连续梁桥的主梁作为受弯构件,持久状况承载能力极限状态计算内容主要包括四大类,即正截面抗弯承载力、斜截面抗剪承载力、斜截面抗弯承载力和局部抗压承载力。持久状况承载能力极限状态计算与验算均不考虑预加力的主效应,但应计入预加力产生的次效应。

一、正截面抗弯承载力计算与验算

对于本章示例的箱形截面,可参照I形截面,采用式(2-138)~式(2-140)或《桥规(2018年)》5.2.3条进行主梁正截面抗弯承载力计算,并满足式(2-135)(防止超筋脆性破坏)及式(2-136)或式(2-137)的要求。

确定主梁截面承载力计算值时,除考虑截面的混凝土及预应力钢筋外,还应计入箱梁顶、底板纵向普通钢筋(顶、底板均设上、下层)。这里,普通钢筋包括纵向底板钢筋,分两层(上、下层均为 $\Phi 18$)的 HRB400 级热轧螺纹钢筋,分别距离底板边缘5.0cm和9.0cm双层(每层55根)等间距20cm布置;顶板钢筋分两层(上下层均为 $\Phi 18$)的 HRB400 级热轧螺纹钢筋,分别距离底板边缘5.0cm和9.0cm双层(每层80根)等间距20cm布置。本章示例主梁正截面抗弯承载力验算由程序软件完成,通过持久状况承载能力极限状态作用基本组合的效应设计值与截面承载力计算值的比较来验算正截面抗弯承载力。

持久状况承载能力极限状态主梁正截面承载力的计算与验算结果见表4-32。

持久状况承载能力极限状态主梁正截面抗弯承载力计算与验算　　　　表 4-32

节 点 号	截　面	最大/最小	作用基本组合的弯矩设计值 $\gamma_0 M_d$(kN·m)	截面承载力计算值 M_u(kN·m)	是否满足
$2_左$	A	最大	-50.1	24 149.9	是
		最小	-1 097.1	24 149.9	是
$2_右$	A	最大	-50.1	24 144.5	是
		最小	-1 097.1	24 144.5	是
4	$L_1/8$	最大	15 255.7	36 606.3	是
		最小	3 011.9	36 606.3	是
8	$L_1/4$	最大	24 167.4	38 513.0	是
		最小	2 848.8	38 513.0	是
12	$3L_1/8$	最大	26 926.5	39 871.7	是
		最小	-509.2	24 949.6	是
15	$L_1/2$	最大	23 817.1	40 816.8	是
		最小	-7 079.9	34 550.6	是
18	$5L_1/8$	最大	15 903.7	41 103.0	是
		最小	-17 688.6	47 561.6	是
20	$3L_1/4$	最大	3 892.6	29 342.8	是
		最小	-33 004.4	81 648.1	是
22	$7L_1/8$	最大	-12 149.7	116 219.4	是
		最小	-53 621.9	116 219.4	是
$25_左$	B	最大	-29 701.3	156 855.4	是
		最小	-80 541.8	156 855.4	是
$25_右$	B	最大	-29 701.3	156 855.4	是
		最小	-80 541.8	156 855.4	是
29	$L/8$	最大	-1 179.3	93 840.9	是
		最小	-35 083.2	93 840.9	是
32	$L/4$	最大	21 048.9	44 287.6	是
		最小	-7 118.8	46 784.0	是
35	$3L/8$	最大	37 701.4	50 852.8	是
		最小	6 464.3	50 852.8	是
38	$L/2$	最大	43 490.0	51 821.4	是
		最小	11 466.0	51 821.4	是

注:负弯矩设计值表示截面上缘受拉,取绝对值与截面承载力计算值进行验算。

由表 4-32 可知,持久状况承载能力极限状态作用基本组合的主梁中孔跨中截面弯矩设计最大值为 43 490.0kN·m、最小值为 11 466.0kN·m,绝对值均小于截面承载力计算值 $M_u =$

51 821.4kN·m,故中孔跨中正截面抗弯承载力满足《桥规(2018年)》要求。同理可知,主梁各截面正截面抗弯承载力均满足《桥规(2018年)》要求。

二、斜截面抗剪承载力计算与验算

主梁斜截面抗剪验算包括抗剪承载力验算和截面尺寸校核。

斜截面抗剪承载力可按式(2-143)~式(2-148)或《桥规(2018年)》5.2.9条进行计算,并满足式(2-149)和式(2-150)的要求,如果式(2-149)不满足,应首先加大截面尺寸;如果式(2-150)满足,则按构造要求配置箍筋即可。为提高设计计算效率,普通钢筋暂按以下构造设置:在箱梁顶、底板设置 ⌀18 的 HRB400 水平纵向钢筋,钢筋间距20cm;箍筋采用 ⌀12 的 HRB400 钢筋,箍筋间距支点截面取10cm,其余截面取15cm,箍筋构造形式为封闭式双箍四肢箍筋。

需要特别强调的是,《桥规(2018年)》5.2.11条及5.2.12条要求进行斜截面的抗剪承载力验算之前,应对每个截面进行上、下限校核;如果截面尺寸验算通不过,即使斜截面抗剪承载力验算满足要求,该斜截面抗剪承载力仍不满足要求,需进行截面调整或改变混凝土强度等级。本章示例上、下限校核原理方法与第三章第七节之二相同,校核结果也一致,限于篇幅,这里不再列出。

持久状况承载能力极限状态主梁斜截面抗剪承载力计算与验算结果见表4-33。

持久状况承载能力极限状态主梁斜截面抗剪承载力计算与验算　　　表4-33

节点号	截面	最大/最小	作用基本组合的剪力设计值 $\gamma_0 V_d$(kN)	截面承载力计算值 V_u(kN)	是否满足
2左	A	最大	2 115.0	9 933.5	是
		最小	166.8	9 933.5	否
2右		最大	-1 300.2	9 933.5	是
		最小	-5 406.8	9 933.5	否
4	$L_1/8$	最大	-362.5	6 572.4	是
		最小	-3 822.4	6 572.4	是
8	$L_1/4$	最大	799.6	5 921.7	是
		最小	-2 342.2	5 921.7	是
12	$3L_1/8$	最大	2 155.3	6 865.2	是
		最小	-1 037.7	6 865.2	是
15	$L_1/2$	最大	3 560.5	7 461.1	是
		最小	173.8	7 461.1	是
18	$5L_1/8$	最大	4 969.9	9 341.9	是
		最小	1 344.1	9 420.2	是
20	$3L_1/4$	最大	6 426.2	10 664.1	否
		最小	2 514.1	11 728.7	是
22	$7L_1/8$	最大	7 982.6	11 603.7	否
		最小	3 733.7	12 552.2	是

续上表

节点号	截面	最大/最小	作用基本组合的剪力设计值 $\gamma_0 V_d$ (kN)	截面承载力计算值 V_u (kN)	是否满足
25左	B	最大	9 695.5	15 271.6	否
		最小	4 952.1	15 271.6	是
25右		最大	−5 445.7	15 271.6	是
		最小	−10 255.9	15 271.6	否
29	$L/8$	最大	−3 709.2	11 454.5	是
		最小	−7 764.0	11 454.5	否
32	$L/4$	最大	−2 036.4	8 833.4	是
		最小	−5 563.3	8 833.4	否
35	$3L/8$	最大	−341.3	6 814.1	是
		最小	−3 472.3	6 814.1	是
38	$L/2$	最大	1 409.9	5 918.3	是
		最小	−1 411.1	5 918.3	是

注：剪力设计值以绕截面微段顺时针方向为正，取绝对值与截面承载力计算值进行验算。

由表4-33可见，持久状况承载能力极限状态作用基本组合的主梁斜截面剪力设计值 $\gamma_0 V_d$ 均小于截面承载力计算值 V_u，斜截面抗剪承载能力满足《桥规(2018年)》要求。但有限元程序计算结果反映出 A、$3L_1/4$、$7L_1/8$、B、$L/8$ 及 $L/4$ 截面校核未通过。当主梁截面尺寸较小而剪力过大时，就有可能使主梁发生斜压破坏。对于支点截面，计入端横隔板即可满足校核要求；对于 $3L_1/4$、$7L_1/8$、$L/8$ 及 $L/4$ 截面，可通过加大截面尺寸或提高混凝土强度等措施满足截面尺寸校核要求，限于篇幅，这里不再调整。实际工程设计如果出现这种情况，则必须通过调整截面尺寸或混凝土强度等级，使斜截面抗剪承载力及截面尺寸校核均满足《桥规(2018年)》要求。

三、斜截面抗弯承载力计算与验算

持久状况承载能力极限状态主梁斜截面抗弯承载力可按式(2-151)及式(2-152)或《桥规(2018年)》5.2.14条进行计算与验算。考虑到本章示例主梁纵向普通钢筋和箍筋均满足《桥规(2018年)》9.1.4条、9.3.8~9.3.12条的构造要求，故可不进行斜截面抗弯承载力验算。

四、局部承压计算与验算

对于本章示例悬臂施工的预应力混凝土连续梁桥，持久状况承载能力极限状态主梁局部承压计算的具体部位包括锚下和支座处，验算内容分别为局部承压区的截面尺寸和局部抗压承载力。其中，局部承压区的截面尺寸校核可采用式(2-153)和式(2-154)或《桥规(2018年)》5.7.1条进行计算与验算；局部抗压承载力可采用式(2-155)~式(2-158)或《桥规(2018年)》5.7.2条进行计算与验算，限于篇幅，这里不再列出，具体可参考第三章第十节。

五、最小配筋率计算与验算

为了防止配筋过少而发生脆性破坏，可根据《桥规(2018年)》9.1.13条，采用与第三章第七节之五相同的方法,进行悬臂施工预应力混凝土连续梁桥主梁截面最小配筋率的计算与验算,限于篇幅,本章示例结果从略。

第八节 持久状况正常使用极限状态计算与验算

根据第二章第十节之二或《桥规(2018年)》6.1.1条,悬臂施工的预应力混凝土连续梁桥按持久状况正常使用极限状态设计时,应采用作用频遇组合、作用准永久组合或作用频遇组合(各种组合均不计汽车荷载的冲击作用)并考虑作用长期效应的影响,对主梁的抗裂、裂缝宽度和挠度进行验算(均应计入预加力的主效应和次效应),并充分考虑作用与主梁截面几何特性的匹配关系,使各项计算值不超过《桥规(2018年)》规定的相应限值。

一、正截面和斜截面抗裂验算

(一) 正截面抗裂验算

预应力混凝土构件应进行持久状况正常使用极限状态作用频遇(准永久)组合方式下的预应力混凝土受弯构件正截面应力计算。对于本章示例,作用频遇(准永久)组合方式下的主梁正截面混凝土法向应力应按式(2-178)或式(2-179)或《桥规(2018年)》6.3.2条计算,若计算结果为混凝土全截面受压,正截面抗裂自然满足要求;若截面出现拉应力,则应满足式(2-171)或式(2-172)、式(2-173)或《桥规(2018年)》6.3.1条的要求,后者即为A类预应力混凝土构件。对于A类预应力混凝土构件,应同时进行作用频遇组合及准永久组合方式下的主梁混凝土正截面应力计算。

持久状况正常使用极限状态主梁正截面混凝土法向应力计算结果见表4-34。

持久状况正常使用极限状态主梁正截面混凝土法向应力(单位:MPa) 表4-34

节点号	截面	作用频遇值组合		作用准永久值组合	
		上缘最小应力	下缘最小应力	上缘最小应力	下缘最小应力
2	A	1.14	3.38	2.19	3.51
4	$L_1/8$	−0.36	8.08	0.96	7.77
8	$L_1/4$	−0.52	8.42	1.12	7.65
12	$3L_1/8$	−0.08	9.80	1.84	8.63
15	$L_1/2$	−0.16	10.35	1.95	8.93
18	$5L_1/8$	0.03	9.85	2.21	8.33
20	$3L_1/4$	9.04	1.44	3.95	5.42
22	$7L_1/8$	9.28	1.88	5.37	3.92
25	B	2.39	6.39	4.55	5.37
29	$L/8$	8.96	1.94	4.20	5.28
32	$L/4$	1.42	8.16	3.13	7.34
35	$3L/8$	9.81	0.91	3.24	7.49
38	$L/2$	9.68	−0.70	2.62	6.52

注:1.压应力为正,拉应力为负。
2.最小应力指在压应力为正、拉压力为负的前提下,代数值最小的应力值。

由表4-34可知,持久状况正常使用极限状态作用频遇组合下多个截面上缘或下缘出现了拉应力(均小于应力限值),其余均全截面受压。因此,本章示例主梁为A类预应力混凝土构件。根据《桥规(2018年)》6.3.1条,应对主梁正截面混凝土拉应力进行验算,A类预应力混凝土构件在作用准永久组合下拉应力满足:

$$\sigma_{lt} - \sigma_{pc} \leq 0$$

在作用频遇组合下应满足:

$$\sigma_{st} - \sigma_{pc} \leq 0.7 f_{tk} = 0.7 \times 2.65 = 1.855 (\mathrm{MPa})$$

由表4-34可知,在作用频遇组合下主梁截面的最大拉应力发生在$L_1/4$截面,为0.52MPa,小于限值1.855MPa,在作用准永久组合下主梁截面均没有出现拉应力,满足《桥规(2018年)》要求。因此,本章示例作为A类预应力混凝土构件,持久状况正常使用极限状态主梁混凝土正截面抗裂验算均满足《桥规(2018年)》要求。

(二)斜截面抗裂验算

持久状况正常使用极限状态的斜截面抗裂验算,通过主梁截面混凝土主拉应力σ_{tp}控制。其中,混凝土主拉应力由作用频遇组合(包括永存预加力)产生,可按式(2-180)~式(2-184)或《桥规(2018年)》6.3.3条计算,并应满足式(2-177)或《桥规(2018年)》6.3.1条的要求。持久状况正常使用极限状态主梁斜截面混凝土主拉应力计算结果见表4-35。

持久状况正常使用极限状态主梁斜截面混凝土主拉应力　　表4-35

节点号	截面	最大主拉应力(MPa)	节点号	截面	最大主拉应力(MPa)
2	A	-1.41	22	$7L_1/8$	-0.10
4	$L_1/8$	-0.73	25	B	-1.08
8	$L_1/4$	-0.56	29	$L/8$	-0.37
12	$3L_1/8$	-0.27	32	$L/4$	-1.01
15	$L_1/2$	-0.78	35	$3L/8$	-0.78
18	$5L_1/8$	-0.22	38	$L/2$	-0.74
20	$3L_1/4$	-0.19			

根据第二章第十节之二或《桥规(2018年)》6.3.1条,A类预应力浇筑混凝土构件在持久状况正常使用极限状态作用频遇组合下混凝土截面主拉应力限值为$0.5f_{tk}=0.5\times2.65=1.325(\mathrm{MPa})$。由表4-35可知,A截面的主拉应力为-1.41MPa,大于混凝土截面主拉应力限值1.325MPa,其他截面抗裂验算均满足要求。

对于A截面,计入横隔板效应时,主拉应力即可通过验算。

二、挠度计算及验算

(一)计算方法

根据第二章第十节之二或《桥规(2018年)》6.5.3条,预应力混凝土受弯构件在使用阶段的挠度应考虑长期效应的影响,即按作用频遇组合与《桥规(2018年)》6.5.2条的规定刚度计

算的挠度值,乘以挠度长期增长系数 η_θ。挠度长期增长系数可按下列规定取用:

当采用 C40 以下混凝土时,$\eta_\theta = 1.60$;

当采用 C40~C80 混凝土时,$\eta_\theta = 1.45~1.35$,中间强度等级可按直线内插取用。

本章示例采用 C50 混凝土,按直线内插得 $\eta_\theta = 1.425$。

对于全预应力及 A 类预应力混凝土构件,计算频遇组合产生的挠度时刚度采用 $0.95 E_c I_0$。

预应力混凝土受弯构件按上述计算的长期挠度,在消除结构自重产生的长期挠度后,对于梁式桥主梁的最大挠度不应超过计算跨径的 1/600。其中,作用频遇组合中汽车荷载为标准值的 0.7 倍并且不计入冲击系数。

根据《桥规(2018 年)》6.5.4 条,预应力混凝土受弯构件由预加力引起的反拱值,可采用结构力学方法按刚度 $E_c I_0$ 进行计算,并乘以长期增长系数。计算使用阶段预加力反拱值时,预应力钢筋的预加力应扣除全部预应力损失,长期增长系数取用 2.0。

(二)预拱度设置方法

根据《桥规(2018 年)》6.5.5 条,预应力混凝土受弯构件的预拱度可按下列规定设置:

(1)当预加应力产生的长期反拱值大于按作用频遇组合计算的长期挠度时,可不设预拱度。

(2)当预加应力的长期反拱值小于按作用频遇组合计算的长期挠度时应设预拱度,其值应按该项作用的挠度值与预加应力长期反拱值之差采用。预拱度的设置应按最大的预拱值沿纵桥向做成平顺的曲线。

(三)计算结果

依据上述挠度计算方法,利用从有限元软件计算得到的变形值,可由以下公式计算各挠度。

自重、汽车荷载与人群荷载作用频遇组合的挠度:

$$f_a = \frac{\eta_\theta}{0.95} \times \left(\delta_g + \frac{0.7 \times \delta_q}{1+\mu} + \delta_r \right)$$

式中:f_a——由自重、汽车荷载与人群荷载组成的作用频遇组合的挠度值;

δ_g——按照全截面刚度计算的恒载变形值,包括箱梁自重与二期恒载;

δ_q——按照全截面刚度计算的汽车荷载引起的变形;

δ_r——按照全截面刚度计算的人群荷载引起的变形。

可见扣除恒载后的挠度值为:

$$f_q = \frac{\eta_\theta}{0.95} \times \left(\frac{0.7 \times \delta_q}{1+\mu} + \delta_r \right)$$

考虑预加力反拱后的挠度值为:

$$f_c = \frac{\eta_\theta}{0.95} \times \left(\delta_g + \frac{0.7 \times \delta_q}{1+\mu} + \delta_r \right) + 2.0 \times \delta_p$$

式中:f_c——考虑预加力反拱后的挠度值;

δ_p——按照全截面刚度计算的预应力上拱值,符号为负。

当 f_c 小于 0 时,代表预应力反拱值大于作用频遇组合挠度,可不设预拱度;当 f_c 大于 0 时,代表预应力反拱值小于作用频遇组合挠度,预拱度值为 $-f_c$。

现以中孔跨中截面为例，说明各挠度值的具体计算方法和结果。

自重、汽车荷载与人群荷载组成的作用频遇组合的挠度为：

$$f_c = \frac{\eta_\theta}{0.95} \times \left(\delta_g + \frac{0.7 \times \delta_q}{1+\mu} + \delta_r \right) = \frac{1.425}{0.95} \times \left(5.61 + \frac{0.7 \times 20.22}{1.088} + 0 \right) = 27.93(\text{mm})$$

扣除恒载后的挠度值为：

$$f_q = \frac{\eta_\theta}{0.95} \times \left(\frac{0.7 \times \delta_q}{1+\mu} + \delta_r \right) = \frac{1.425}{0.95} \times \left(\frac{0.7 \times 20.22}{1.088} + 0 \right) = 19.51(\text{mm})$$

考虑预加力反拱后的挠度为：

$$f_c = \frac{\eta_\theta}{0.95} \times \left(\delta_g + \frac{0.7 \times \delta_q}{1+\mu} + \delta_r \right) + 2.0 \times \delta_p = \frac{1.425}{0.95} \times \left(5.61 + \frac{0.7 \times 20.22}{1.088} + 0 \right) - 2 \times 18.05$$
$$= -8.17(\text{mm})$$

类似地，可得持久状况正常使用极限状态主梁挠度值，计算结果见表4-36。

持久状况正常使用极限状态主梁挠度（单位:mm） 表4-36

节 点 号	截 面	自重、汽车荷载与人群荷载组成的作用频遇组合挠度 f_a	扣除自重后挠度 f_q	考虑预加力反拱后挠度 f_c
2	A	0.00	0.00	0.00
4	$L_1/8$	9.22	4.34	-6.89
8	$L_1/4$	15.71	7.81	-9.27
12	$3L_1/8$	38.53	9.69	-2.02
15	$L_1/2$	35.86	9.51	-2.41
18	$5L_1/8$	26.75	7.79	-5.16
20	$3L_1/4$	16.65	5.31	-4.15
22	$7L_1/8$	6.90	2.62	-1.61
25	B	0.01	0.00	0.01
29	$L/8$	6.93	5.44	9.57
32	$L/4$	19.29	11.60	20.63
35	$3L/8$	25.29	17.08	36.36
38	$L/2$	27.93	19.51	-8.17

注：下挠为正，上拱为负。

（四）挠度验算及预拱度设置

1. 挠度验算

1）边孔

由表4-36可知，边孔在除去自重后的作用频遇组合下的最大挠度为9.69mm，发生在边孔$3L_1/8$处，小于挠度限值$L_1/600 = 29\,400/600 = 49.0(\text{mm})$，根据《桥规（2018年）》6.5.3条，边孔挠度验算满足《桥规（2018年）》要求。

2）中孔

由表4-36可知，中孔在除去自重后的作用频遇组合下的最大挠度为19.51mm，发生在中孔跨中，小于挠度限值$L/600 = 45\,000/600 = 75.0(\text{mm})$，故中孔挠度验算满足《桥规（2018

年)》要求。

2. 预拱度设置

1)边孔

由表 4-36 可知,边孔各截面考虑预加力反拱后挠度值 f_c 均小于 0,即预加应力产生的长期反拱值大于按作用频遇组合计算的长期挠度,根据《桥规(2018 年)》6.5.5 条,边孔可不设置预拱度。

2)中孔

由表 4-36 可知,中孔 $L/8$、$L/4$ 及 $3L/8$ 截面考虑预加力反拱后挠度值 f_c 均大于 0,表明预应力反拱值小于作用频遇组合挠度,根据《桥规(2018 年)》6.5.5 条,预拱度值应设置为 $-f_c$,相应于 $L/8$、$L/4$、$3L/8$ 截面分别为 $-9.57\mathrm{mm}$、$-20.63\mathrm{mm}$、$-36.36\mathrm{mm}$,可与中支点及中孔跨中截面一起拟合形成连续光滑的设计预拱度曲线。

第九节　持久状况和短暂状况主梁应力计算与验算

一、持久状况应力计算与验算

根据第二章第十节之三或《桥规(2018 年)》7.1.1 条,悬臂浇筑施工的预应力混凝土连续梁桥按持久状况设计时,应计算主梁在使用阶段正截面混凝土的法向压应力、受拉区钢筋的拉应力和斜截面混凝土的主压应力(均应计入预加力的主效应和次效应),并且不超过《桥规(2018 年)》规定的限值。计算时作用取标准值,汽车荷载计入冲击系数,并充分考虑作用与主梁截面几何特性的匹配关系。

(一)混凝土应力计算与验算

1. 使用阶段正截面混凝土法向压应力

预应力混凝土连续梁使用阶段应力计算时,作用(或荷载)均取其标准值,并应考虑预加力主效应和预加力、温度等引起的次效应。预加力和预加力次效应的分项系数取 1.0,汽车荷载应计入冲击系数。

使用阶段预应力混凝土构件正截面混凝土法向压应力,应采用作用标准值组合的弯矩值按式(2-206)或《桥规(2018 年)》7.1.3 条计算,并应满足式(2-213)或《桥规(2018 年)》7.1.5 条的要求。

使用阶段主梁正截面混凝土法向压应力计算结果见表 4-37。

使用阶段主梁正截面混凝土法向压应力　　表 4-37

节　点　号	截　　面	上缘最大法向压应力(MPa)	下缘最大法向压应力(MPa)
2	A	4.42	3.97
4	$L_1/8$	2.95	8.43
8	$L_1/4$	-1.16	8.94
12	$3L_1/8$	-0.89	10.56
15	$L_1/2$	-1.06	11.26
18	$5L_1/8$	-0.92	10.81

续上表

节 点 号	截 面	上缘最大法向压应力(MPa)	下缘最大法向压应力(MPa)
20	$3L_1/4$	10.05	0.81
22	$7L_1/8$	10.10	1.57
25	B	9.86	2.68
29	$L/8$	9.83	1.52
32	$L/4$	9.96	1.07
35	$3L/8$	11.47	-0.74
38	$L/2$	11.57	-2.67

注：压应力为正，拉应力为负。

通过上一节的截面抗裂验算可知，本章示例主梁为 A 类预应力混凝土未开裂构件，根据式(2-213)或《桥规(2018 年)》7.1.5 条，未开裂构件混凝土正截面法向压应力限值为 $0.5f_{ck} = 0.5 \times 32.4 = 16.2 (\text{MPa})$，表 4-37 中使用阶段主梁混凝土法向压应力最大值发生在 38 节点的截面上缘，为 11.57MPa，小于应力限值 16.2MPa，故使用阶段主梁截面混凝土法向压应力均满足《桥规(2018 年)》要求。

需要说明的是，本章示例拉应力控制指标已经通过持久状况正常使用极限状态主梁正截面抗裂(表 4-34)和斜截面抗裂(表 4-35)的计算与验算结果充分体现；使用阶段混凝土法向压应力计算时出现的拉应力(表 4-37)不应作为抗裂指标判断依据，主要原因是正(斜)截面抗裂采用作用频遇组合与准永久组合(汽车荷载均不计冲击作用)，而混凝土法向压应力计算采用标准值组合(且汽车荷载计入冲击作用)，标准值组合的效应一般大于频遇组合及准永久组合的效应，用标准值组合结果验算拉应力不妥。总之，表 4-37 在保证数据正确的前提下，使用阶段只需控制截面混凝土法向压应力，不必顾及其中的拉应力是否超限。

2. 使用阶段斜截面混凝土主应力

1) 使用阶段斜截面混凝土主压应力

对于预应力混凝土受弯构件，使用阶段由作用标准值和预加力产生的混凝土主压应力 σ_{cp} 和主拉应力 σ_{tp} 应按式(2-180)或《桥规(2018 年)》7.1.6 条计算与验算，但其中涉及的式(2-181)及式(2-184)中的 M_s 和 V_s 应分别以 M_k、V_k 代替。此处，M_k 和 V_k 为按作用标准值组合计算的弯矩值和剪力值。通过计算得到的混凝土主压应力 σ_{cp} 应满足式(2-217)。

使用阶段主梁斜截面混凝土主压应力计算结果见表 4-38。

使用阶段主梁斜截面混凝土主压应力　　　　表 4-38

节 点 号	截 面	最大值(MPa)	节 点 号	截 面	最大值(MPa)
2	A	4.59	22	$7L_1/8$	10.11
4	$L_1/8$	8.43	25	B	9.86
8	$L_1/4$	8.95	29	$L/8$	9.84
12	$3L_1/8$	10.57	32	$L/4$	9.99
15	$L_1/2$	11.28	35	$3L/8$	11.52
18	$5L_1/8$	10.83	38	$L/2$	11.64
20	$3L_1/4$	10.07			

根据第二章式(2-217)或《桥规(2018年)》第7.1.6条,预应力混凝土受弯构件在使用阶段混凝土的主压应力限值为 $0.6f_{ck} = 0.6 \times 32.4 = 19.44 (\text{MPa})$。由表4-38可知,主梁 $L/2$ 截面混凝土主压应力最大为11.64MPa,小于主压应力限值19.44MPa。因此,使用阶段主梁斜截面混凝土主压应力均满足《桥规(2018年)》要求。

2)使用阶段斜截面混凝土主拉应力

对于预应力混凝土受弯构件,使用阶段由作用标准值和预加力产生的混凝土主拉应力 σ_{tp} 的计算方法与主压应力类似。根据《桥规(2018年)》7.1.6条,主拉应力 σ_{tp} 主要用于箍筋设计,具体方法为:在 $\sigma_{tp} \leq 0.50f_{tk}$ 区段,箍筋可仅按构造要求设置;在 $\sigma_{tp} > 0.50f_{tk}$ 区段,箍筋的间距 S_v 可按式(2-218)计算设置,如果按式(2-218)计算的箍筋用量少于按斜截面抗剪承载力计算的箍筋用量时,应采用后者的箍筋用量。

使用阶段主梁斜截面混凝土主拉应力计算结果见表4-39。

使用阶段主梁斜截面混凝土主拉应力　　　　　　表4-39

节 点 号	截 面	主拉应力最大值(MPa)
2	A	-1.19
4	$L_1/8$	-1.21
8	$L_1/4$	-1.17
12	$3L_1/8$	-0.91
15	$L_1/2$	-1.08
18	$5L_1/8$	-0.94
20	$3L_1/4$	-0.13
22	$7L_1/8$	-0.19
25	B	-1.29
29	$L/8$	-0.61
32	$L/4$	-1.41
35	$3L/8$	-1.13
38	$L/2$	-2.72

由表4-39可知,对于使用阶段混凝土的主拉应力小于 $0.5f_{tk} = 0.5 \times 2.65 = 1.325(\text{MPa})$ 的截面,可按构造要求设置箍筋;A、$L_1/8$、B、$L/4$、$3L/8$ 及 $L/2$ 截面使用阶段混凝土的主拉应力最大值为2.72MPa,大于 $0.5f_{tk}$,应按式(2-218)计算设置箍筋间距,并与按斜截面抗剪承载力计算的箍筋用量进行比较,采用较大者。

对于 $L_1/8$、B、$L/4$、$3L/8$ 及 $L/2$ 截面,每个腹板箍筋采用直径为 $\Phi 12$ 的双箍4肢HRB400钢筋,腹板宽30cm,按式(2-218)计算的箍筋间距为:

$$S_v = \frac{f_{sk}A_{sv}}{\sigma_{tp}b} = \frac{400 \times 113.1 \times 3 \times 4}{2.72 \times 300 \times 3} = 222(\text{mm})$$

相应的箍筋用量小于本章第七节按斜截面抗剪承载力计算要求的间距15cm箍筋用量,因此箍筋间距仍取15cm。

需要说明的是,《桥规(2018年)》7.1.1条只要求验算斜截面混凝土主压应力,而7.1.6条既要求验算斜截面主压应力又要求验算主拉应力,条文前、后要求不一致。对于某些特殊构件,斜截面主拉应力可能控制设计,因此应计算并验算使用阶段主梁斜截面混凝土主拉应力,并采用与按斜截面抗剪承载力计算的箍筋用量较大者。

(二)预应力钢束最大拉应力计算与验算

使用阶段主梁预应力钢束的最大拉应力,应按作用标准值组合得到的主梁截面弯矩值采用式(2-207)或《桥规(2018年)》7.1.3条计算,并满足式(2-214)或《桥规(2018年)》7.1.5条的要求。

使用阶段全桥预应力钢束的拉应力计算结果见表4-40。

使用阶段预应力钢束最大拉应力　　　　表4-40

钢束编号	拉应力(MPa)	钢束编号	拉应力(MPa)
N1	691.72	T11	863.14
N2	891.81	T12	864.48
N3	926.95	ac1	885.98
N4	955.41	ac2	874.84
N5	969.38	ac3	813.03
T1	811.86	ac4	775.14
T2	660.63	ac5	796.32
T3	843.86	ac6	912.21
T4	855.82	bc1	957.86
T5	863.04	bc2	901.35
T6	874.43	bc3	966.21
T7	864.41	bc4	951.84
T8	869.72	bc5	952.12
T9	856.33	D1	980.49
T10	846.52		

根据式(2-214)或《桥规(2018年)》7.1.5条,使用阶段受拉区预应力钢束的拉应力限值为 $0.65 f_{pk} = 0.65 \times 1570 = 1020.50$(MPa)。由表4-40可知,使用阶段预应力钢束拉应力最大值为980.49MPa,小于最大拉应力限值1020.5MPa,故使用阶段全桥其他各预应力钢筋拉应力均满足《桥规(2018年)》要求。

二、短暂状况主梁截面应力计算及验算

根据第二章第十节之三或《桥规(2018年)》7.2.1条,悬臂施工的预应力混凝土桥梁按短暂状况设计时,应计算主梁在施工阶段由自重、施工荷载等引起的混凝土正截面和斜截面应力(均应计入预加力的主效应和次效应),并充分考虑施工过程作用与主梁截面几何特性的匹配关系,使应力计算结果不超过《桥规(2018年)》7.2.8条的限值。

1. 主梁正截面混凝土法向应力

短暂状况由预加力和作用标准值产生的主梁正截面混凝土法向应力可按式(2-162)~式(2-164)和式(2-206)或《桥规(2018年)》7.2.4条进行计算,此时,预应力钢筋应扣除相应阶段的预应力损失,作用采用施工荷载,截面性质按体内预应力管道压浆前采用净截面,管道压浆后采用换算截面;当计算由体内预加力引起的应力时采用净截面。根据《桥规(2018

年)》7.2.8 条,计算结果为压应力 σ'_{cc} 时应满足式(2-119)的要求;为拉应力 σ'_{ct} 时应验算拉应力是否超限,并按《桥规(2018 年)》7.2.8 条校核纵向普通钢筋的配筋率,具体方法为:

(1)当 $\sigma'_{ct} \leq 0.70 f'_{tk}$ 时,配置于预拉区纵向钢筋的配筋率不小于 0.2%。

(2)当 $\sigma'_{ct} = 1.15 f'_{tk}$ 时,配置于预拉区纵向钢筋的配筋率不小于 0.4%。

(3)当 $0.70 f'_{tk} < \sigma'_{ct} < 1.15 f'_{tk}$ 时,配置于预拉区纵向钢筋的配筋率按以上两者直线内插取用。

(4)拉应力 σ'_{ct} 不应超过 $1.15 f'_{tk}$。

根据本章示例悬臂施工方法和工序,计算主梁在预应力、结构自重等施工荷载作用下截面边缘混凝土的法向应力时,作用均采用标准值,不考虑作用组合系数。短暂状况主梁截面边缘混凝土的法向应力计算结果见表 4-41。

短暂状况主梁正截面混凝土法向应力 表 4-41

节点号	截面	最大/最小	上缘法向应力(MPa)	下缘法向应力(MPa)
2	A	最大	2.48	3.72
		最小	0.00	0.00
4	$L_1/8$	最大	0.42	9.59
		最小	−0.01	0.01
8	$L_1/4$	最大	0.27	10.07
		最小	0.08	10.03
12	$3L_1/8$	最大	0.73	11.17
		最小	0.28	0.70
15	$L_1/2$	最大	1.03	11.23
		最小	0.82	0.40
18	$5L_1/8$	最大	1.70	10.01
		最小	1.10	0.71
20	$3L_1/4$	最大	4.04	6.15
		最小	0.55	0.10
22	$7L_1/8$	最大	6.80	2.79
		最小	0.92	0.06
25	B	最大	6.96	3.17
		最小	−0.10	0.11
29	$L/8$	最大	6.01	3.63
		最小	0.63	0.07
32	$L/4$	最大	4.19	6.73
		最小	0.71	1.27
35	$3L/8$	最大	3.56	7.99
		最小	0.16	1.00
38	$L/2$	最大	2.42	7.75
		最小	2.42	7.75

注:压应力为正,拉应力为负。

由表 4-41 可知,短暂状况本例在预加力、主梁自重等施工荷载作用下截面边缘混凝土法向压应力最大值出现在 $L_1/2$ 截面的下缘,为 11.23MPa,小于式(2-119)或《桥规(2018 年)》7.2.8 条规定的施工阶段混凝土压应力限值 $0.70f'_{tk} = 0.7 \times 0.8 \times 32.4 = 18.14$MPa。因此,短暂状况主梁正截面混凝土法向应力均满足《桥规(2018 年)》要求。

对于出现拉应力的 $L_1/8$ 和 B 截面上缘,最大值为 0.10MPa,小于 $0.70f'_{tk} = 0.7 \times 0.8 \times 2.65 = 1.484$(MPa),采用不小于 0.2% 的纵向普通钢筋配筋率即可。

2.主梁斜截面混凝土主应力

短暂状况主梁斜截面混凝土主应力计算原理与持久状况相同,只不过采用施工阶段的作用及相应的截面几何特性计算即可,结果见表 4-42。

短暂状况主梁斜截面混凝土主应力　　　　　　表 4-42

节 点 号	截 面	主压应力最大值(MPa)	主拉应力最大值(MPa)
2	A	4.81	-1.62
4	$L_1/8$	9.59	-0.16
8	$L_1/4$	10.07	-0.01
12	$3L_1/8$	11.00	-0.09
15	$L_1/2$	10.87	-0.37
18	$5L_1/8$	9.45	-0.49
20	$3L_1/4$	5.80	-0.55
22	$7L_1/8$	6.79	-0.22
25	B	6.95	-0.40
29	$L/8$	6.00	-0.20
32	$L/4$	6.71	-0.38
35	$3L/8$	7.88	-0.11
38	$L/2$	7.55	0.00

由表 4-42 可知,短暂状况下,本例边孔主梁最大主压应力发生在 $3L_1/8$ 截面,中孔最大主压应力位于 $3L/8$ 截面,分别为 11.00MPa 和 7.88MPa;A 截面混凝土主拉应力值较大,为 1.62MPa。

由于《桥规(2018 年)》7.2.7 条和 7.2.8 条只涉及混凝土法向压应力限值和拉应力设计措施,并没有给出混凝土斜截面主应力(主拉、主压)限值和处理措施。因此,这里可参考持久状况主拉应力限值,合理设置箍筋,尤其是对于主拉应力较大的截面,防止短暂状况主梁破坏。

第十节　应力扰动区的计算与验算

根据第二章第十二节或《桥规(2018 年)》第 8.2 节,预应力混凝土连续梁桥的应力扰动区应包括梁端锚固区、齿板锚固区、支座处横梁、墩台盖梁以及承台等部位。本例应力扰动区的具体计算与验算内容和方法可参考第三章第十节,此处从略。

第十一节 对比分析

悬臂施工连续梁桥应用广泛。针对本例,主要对比采用《桥规(2018年)》《通规(2015年)》与《桥规(2004年)》《通规(2004年)》分别进行设计计算的异同点,主要从材料强度取值、关键截面的内力变化、作用组合方式以及在结构预应力配筋完成后各项验算的变化进行对比分析,主要目的在于正确理解应用《桥规(2018年)》《通规(2015年)》与《桥规(2004年)》《通规(2004年)》,同时总结在设计条件、设计结果等方面的差异,为新桥设计与旧桥加固改造积累经验。

一、建桥材料

本章所用材料与第三章相同,关于材料的两种规范的具体对比可参照第三章第十一节之一的相关内容。

二、作用、作用组合及其效应设计值

(一)汽车荷载

尽管《通规(2015年)》和《通规(2004年)》关于汽车荷载的规定存在一定差别,但考虑到汽车荷载是在成桥后的连续梁桥结构体系施加,在设计条件相同条件下结构内力与施工方法无关,因此,本例按《通规(2015年)》和《通规(2004年)》汽车荷载标准值计算的主梁截面内力与第三章表3-44相同,这里不再重复。

(二)作用组合及其效应设计值

相对于《通规(2004年)》,由本书第一章第二节及第二章第七节可知,《通规(2015年)》在作用组合方式及其效应设计值的计算方面都有改变。现针对本例,对比分析按《通规(2015年)》和《通规(2004年)》不同组合方式下计算的效应设计值。

1. 持久状况承载能力极限状态

持久状况承载能力极限状态下,主梁截面内力设计值按《通规(2015年)》采用作用基本组合计算,按《通规(2004年)》采用作用效应基本组合计算,结果见表4-43。

持久状况承载能力极限状态基本组合的主梁截面内力设计值(二)   表4-43

节点号	截面	$\gamma_0 M_{max}$(kN·m)		$\gamma_0 M_{min}$(kN·m)		$\gamma_0 V_{max}$(kN)		$\gamma_0 V_{min}$(kN)	
		《通规(2015年)》	《通规(2004年)》	《通规(2015年)》	《通规(2004年)》	《通规(2015年)》	《通规(2004年)》	《通规(2015年)》	《通规(2004年)》
2左	A	-50.1	-50.1	-1 097.1	-1 067.8	2 115.0	2 061.1	166.8	166.8
2右		-50.1	-50.1	-1 097.1	-1 067.8	-1 300.2	-1 303.9	-5 406.8	-5 368.9
4	$L_1/8$	15 255.7	15 177.1	3 011.9	3 022.0	-362.5	-366.2	-3 822.4	-3 793.6
8	$L_1/4$	24 167.4	24 064.3	2 848.8	2 869.0	799.6	788.8	-2 342.2	-2 322.2
12	$3L_1/8$	26 926.5	26 846.5	-509.2	-478.9	2 155.3	2 136.3	-1 037.7	-1 025.9

续上表

节点号	截面	$\gamma_0 M_{max}(kN \cdot m)$		$\gamma_0 M_{min}(kN \cdot m)$		$\gamma_0 V_{max}(kN)$		$\gamma_0 V_{min}(kN)$	
		《通规(2015年)》	《通规(2004年)》	《通规(2015年)》	《通规(2004年)》	《通规(2015年)》	《通规(2004年)》	《通规(2015年)》	《通规(2004年)》
15	$L_1/2$	23 817.1	23 799.9	-7 079.9	-7 039.5	3 560.5	3 534.2	173.8	178.4
18	$5L_1/8$	15 903.7	15 978.9	-17 688.6	-17 638.1	4 969.9	4 937.4	1 344.1	1 342.3
20	$3L_1/4$	3 892.6	4 082.4	-33 004.4	-32 943.7	6 426.2	6 388.3	2 514.1	2 506.9
22	$7L_1/8$	-12 149.7	-11 827.9	-53 621.9	-53 551.2	7 982.6	7 939.9	3 733.7	3 722.0
25左	B	-29 701.3	-29 299.1	-80 541.8	-80 460.9	9 695.5	9 648.7	4 952.1	4 938.9
25右		-29 701.3	-29 299.1	-80 541.8	-80 460.9	-5 445.7	-5 451.7	-10 255.9	-10 202.0
29	L/8	-1 179.3	-810.7	-35 083.2	-35 149.2	-3 709.2	-3 715.1	-7 764.0	-7 714.9
32	L/4	21 048.9	21 335.7	-7 118.8	-7 215.1	-2 036.4	-2 047.1	-5 563.3	-5 520.0
35	3L/8	37 701.4	37 931.2	6 464.3	6 337.4	-341.3	-359.6	-3 472.3	-3 436.6
38	L/2	43 490.0	43 699.2	11 466.0	11 308.7	1 409.9	1 382.9	-1 411.1	-1 384.1

注:《通规(2015年)》计算值引自表4-29。

由表4-43可知,本例按《通规(2015年)》和《通规(2004年)》计算的持久状况承载能力极限状态基本组合的主梁截面内力设计值还是有差异的,例如中孔跨中截面最大弯矩设计值分别为43 490.0kN·m和43 699.2kN·m,减小了0.5%;中孔跨中截面最小弯矩设计值分别为11 466.0kN·m和11 308.7kN·m,增大了1.4%;中支点左截面最大剪力设计值分别为9 695.5kN和9 648.7kN,增加了0.5%,中支点左截面最小剪力设计值分别为4 952.1kN和4 938.9kN,增加了0.3%。

2. 持久状况正常使用极限状态

1) 作用频遇/短期效应组合的主梁截面内力设计值

持久状况正常使用极限状态下,主梁截面内力设计值按《通规(2015年)》采用作用频遇组合计算,按《通规(2004年)》采用作用短期效应组合计算,计算结果对比见表4-44。

持久状况正常使用极限状态作用频遇/短期效应组合的主梁截面内力设计值(二) 表4-44

节点号	截面	$M_{max}(kN \cdot m)$		$M_{min}(kN \cdot m)$		$V_{max}(kN)$		$V_{min}(kN)$	
		《通规(2015年)》	《通规(2004年)》	《通规(2015年)》	《通规(2004年)》	《通规(2015年)》	《通规(2004年)》	《通规(2015年)》	《通规(2004年)》
2左	B	-45.5	-45.5	-478.6	-466.4	951.3	928.8	151.6	151.6
2右		-45.5	-45.5	-478.6	-466.4	-1 418.9	-1 423.4	-3 359.5	-3 337.0
4	$L_1/8$	9 683.3	9 626.0	3 590.2	3 605.2	-573.7	-578.1	-2 321.3	-2 302.6
8	$L_1/4$	15 418.3	15 326.2	4 289.4	4 319.4	338.6	331.2	-1 348.8	-1 333.7
12	$3L_1/8$	17 280.2	17 173.4	2 084.2	2 129.1	1 279.0	1 268.2	-395.1	-383.4
15	$L_1/2$	15 380.9	15 275.7	-3 041.7	-2 981.7	2 224.3	2 210.3	542.7	551.3
18	$5L_1/8$	9 820.3	9 729.3	-11 127.0	-11 052.0	3 177.1	3 160.5	1 470.4	1 476.3
20	$3L_1/4$	619.5	551.8	-22 272.3	-22 182.4	4 170.0	4 151.2	2 422.7	2 426.4

续上表

节点号	截面	M_{max}(kN·m)		M_{min}(kN·m)		V_{max}(kN)		V_{min}(kN)	
		《通规(2015年)》	《通规(2004年)》	《通规(2015年)》	《通规(2004年)》	《通规(2015年)》	《通规(2004年)》	《通规(2015年)》	《通规(2004年)》
22	$7L_1/8$	-12 053.8	-12 090.8	-37 116.7	-37 011.8	5 242.1	5 221.3	3 440.9	3 442.7
25左	B	-27 336.5	-27 364.5	-56 235.9	-56 116.0	6 432.5	6 410.0	4 521.3	4 522.4
25右		-27 336.5	-27 364.5	-56 235.9	-56 116.0	-4 974.4	-4 976.9	-6 882.6	-6 860.1
29	L/8	-2 681.0	-2 723.0	-24 658.0	-24 599.4	-3 401.2	-3 403.7	-5 137.7	-5 117.1
32	L/4	14 914.2	14 838.0	-4 007.2	-3 961.3	-1 979.2	-1 983.6	-3 618.4	-3 600.4
35	3L/8	25 535.7	25 435.8	8 178.3	8 211.5	-603.0	-610.6	-2 190.5	-2 175.6
38	L/2	29 225.0	29 116.4	12 369.4	12 389.8	784.1	772.8	-785.3	-774.1

注:《通规(2015年)》计算值引自表4-30。

由表4-44可知,本例按《通规(2015年)》和《通规(2004年)》计算的持久状况正常使用极限状态作用频遇/短期效应组合的主梁截面内力设计值有一定差异,例如中孔跨中截面最大弯矩设计值分别为29 225.0kN·m和29 116.4kN·m,增大了0.4%;中孔跨中截面最小弯矩设计值分别为12 369.4kN·m和12 389.8kN·m,增大了0.2%;中支点左截面最大剪力设计值分别为6 432.5kN和6 410.0kN,增大了0.4%,中支点左截面最小剪力设计值基本不变。

2)作用准永久/长期效应组合的主梁截面内力设计值

持久状况正常使用极限状态下,主梁截面内力设计值按《通规(2015年)》采用作用准永久组合计算,按《通规(2004年)》采用作用长期效应组合计算,计算结果对比见表4-45。

持久状况正常使用极限状态作用准永久/长期效应组合的主梁截面内力设计值(二) 表4-45

节点号	截面	M_{max}(kN·m)		M_{min}(kN·m)		V_{max}(kN)		V_{min}(kN)	
		《通规(2015年)》	《通规(2004年)》	《通规(2015年)》	《通规(2004年)》	《通规(2015年)》	《通规(2004年)》	《通规(2015年)》	《通规(2004年)》
2左	B	-45.5	-45.5	-293.0	-286.0	608.6	595.7	151.6	151.6
2右		-45.5	-45.5	-293.0	-286.0	-1 530.7	-1 533.3	-2 908.5	-2 895.7
4	$L_1/8$	8 464.4	8 431.6	3 994.3	4 002.8	-688.1	-690.6	-1 955.7	-1 945.0
8	$L_1/4$	13 431.8	13 379.2	5 095.9	5 113.0	171.7	167.4	-1 061.0	-1 052.9
12	$3L_1/8$	14 941.4	14 880.4	3 293.1	3 318.8	1 048.3	1 042.1	-177.2	-170.6
15	$L_1/2$	13 050.0	12 989.9	-1 430.4	-1 396.1	1 930.4	1 922.8	701.0	705.9
18	$5L_1/8$	7 798.1	7 746.1	-9 113.3	-9 070.4	2 823.1	2 813.6	1 579.0	1 582.4
20	$3L_1/4$	-843.5	-882.2	-19 854.4	-19 802.9	3 757.9	3 747.1	2 490.6	2 492.9
22	$7L_1/8$	-12 887.6	-12 908.7	-34 127.4	-34 067.4	4 773.7	4 761.8	3 476.0	3 477.0
25左	B	-27 991.7	-28 007.5	-52 412.1	-52 343.6	5 907.5	5 894.6	4 546.5	4 547.1
25右		-27 991.7	-28 007.5	-52 412.1	-52 343.6	-5 029.3	-5 030.7	-6 337.4	-6 324.6
29	L/8	-3 539.9	-3 563.8	-22 779.8	-22 746.3	-3 458.0	-3 459.4	-4 667.8	-4 656.0

续上表

节点号	截面	M_{max}(kN·m)		M_{min}(kN·m)		V_{max}(kN)		V_{min}(kN)	
		《通规(2015年)》	《通规(2004年)》	《通规(2015年)》	《通规(2004年)》	《通规(2015年)》	《通规(2004年)》	《通规(2015年)》	《通规(2004年)》
32	$L/4$	13 389.1	13 345.6	-2 880.0	-2 853.8	-2 072.0	-2 074.5	-3 226.2	-3 216.1
35	$3L/8$	23 339.0	23 281.9	9 021.4	9 040.4	-755.9	-760.2	-1 880.7	-1 872.2
38	$L/2$	26 764.3	26 702.3	13 021.7	13 033.4	556.7	550.2	-557.9	-551.4

注:《通规(2015年)》计算值引自表4-31。

由表4-45可知,本例按《通规(2015年)》和《通规(2004年)》计算的持久状况正常使用极限状态作用准永久/长期效应组合的主梁截面内力设计值有一定差异,例如中孔跨中截面最大弯矩设计值分别为26 764.3kN·m和26 702.3kN·m,增大了0.2%;中孔跨中截面最小弯矩设计值分别为13 021.7kN·m和13 033.4 kN·m,减小了0.1%;中支点左截面最大、最小剪力设计值基本不变。

三、计算与验算结果

《桥规》第5~7章规定预应力混凝土连续梁桥的验算包括:持久状况承载能力极限状态验算、持久状况正常使用极限状态验算及持久状况和短暂状况构件的应力验算等。其中,持久状况承载能力极限状态验算包括正截面抗弯承载力、斜截面抗剪承载力以及斜截面抗弯承载力验算;持久状况正常使用极限状态验算包括主梁截面抗裂和挠度验算;持久状况和短暂状况构件的应力验算包括使用阶段应力验算和施工阶段应力验算。

(一)持久状况承载能力极限状态

1. 正截面抗弯承载力

分别按《桥规(2018年)》和《桥规(2004年)》计算的持久状况承载能力极限状态主梁正截面抗弯承载力见表4-46。

持久状况承载能力极限状态主梁正截面抗弯承载力计算结果对比 表4-46

节点号	截面	最大/最小	弯矩设计值 $\gamma_0 M_d$(kN·m)		截面承载力计算值 M_u(kN·m)	
			《桥规(2018年)》	《桥规(2004年)》	《桥规(2018年)》	《桥规(2004年)》
$2_左$	A	最大	-50.1	-50.1	24 149.9	19 145.5
		最小	-1 097.1	-1 067.8	24 149.9	19 145.5
$2_右$		最大	-50.1	-50.1	24 144.5	19 125.5
		最小	-1 097.1	-1 067.8	24 144.5	19 125.5
4	$L_1/8$	最大	15 255.7	15 177.1	36 606.3	32 600.2
		最小	3 011.9	3 022.5	36 606.3	32 600.2
8	$L_1/4$	最大	24 167.4	24 064.2	38 513.0	34 189.6
		最小	2 848.8	2 869.0	38 513.0	34 189.6
12	$3L_1/8$	最大	26 926.5	26 846.5	39 871.7	35 701.8
		最小	-509.2	-478.9	24 949.6	18 885.6

续上表

节点号	截面	最大/最小	弯矩设计值 $\gamma_0 M_d$ (kN·m)		截面承载力计算值 M_u (kN·m)	
			《桥规(2018年)》	《桥规(2004年)》	《桥规(2018年)》	《桥规(2004年)》
15	$L_1/2$	最大	23 817.1	23 799.9	40 816.8	36 218.5
		最小	-7 079.9	-7 039.5	34 550.6	27 864.4
18	$5L_1/8$	最大	15 903.7	15 978.9	41 103.0	34 489.0
		最小	-17 688.6	-17 638.0	47 561.6	43 752.2
20	$3L_1/4$	最大	3 892.6	4 082.4	29 342.8	23 164.5
		最小	-33 004.4	-32 943.7	81 648.1	72 484.9
22	$7L_1/8$	最大	-12 149.7	-11 827.9	116 219.4	110 777.9
		最小	-53 621.9	-53 551.1	116 219.4	110 777.9
25$_左$	B	最大	-29 701.3	-29 299.1	156 855.4	143 982.1
		最小	-80 541.8	-80 461.0	156 855.4	143 982.1
25$_右$		最大	-29 701.3	-29 299.1	156 855.4	143 982.1
		最小	-80 541.8	-80 461.0	156 855.4	143 982.1
29	$L/8$	最大	-1 179.3	-810.7	93 840.9	83 856.8
		最小	-35 083.2	-35 149.1	93 840.9	83 856.8
32	$L/4$	最大	21 048.9	21 335.7	44 287.6	37 607.1
		最小	-7 118.8	-7 215.1	46 784.0	43 000.8
35	$3L/8$	最大	37 701.4	37 931.2	50 852.8	46 525.3
		最小	6 464.3	6 337.4	50 852.8	46 525.3
38	$L/2$	最大	43 490.0	43 699.1	51 821.4	47 498.0
		最小	11 466.0	11 308.6	51 821.4	47 498.0

注:《桥规(2018年)》计算值引自表4-32。

由表4-46可以看出,分别按《桥规(2018年)》和《桥规(2004年)》计算,结果规律一致,《桥规(2018年)》主梁截面弯矩设计值较《桥规(2004年)》计算值相差较小,且均能满足各自规范的持久状况承载能力极限状态正截面抗弯承载力要求。

2. 斜截面抗剪承载力

分别按《桥规(2018年)》和《桥规(2004年)》计算的持久状况承载能力极限状态主梁斜截面抗剪承载力见表4-47。

持久状况承载能力极限状态主梁斜截面抗剪承载力计算结果对比 表4-47

节点号	截面	最大/最小	剪力设计值 $\gamma_0 V_d$ (kN)		截面承载力计算值 V_u (kN)	
			《桥规(2018年)》	《桥规(2004年)》	《桥规(2018年)》	《桥规(2004年)》
2$_左$	A	最大	2 115.0	2 061.1	9 942.8	10 065.6
		最小	166.8	166.8	9 942.8	10 065.6
2$_右$		最大	-1 300.2	-1 303.9	9 942.8	10 189.0
		最小	-5 406.8	-5 368.9	9 942.8	10 189.0

续上表

节点号	截面	最大/最小	剪力设计值 $\gamma_0 V_d$ (kN)		截面承载力计算值 V_u (kN)	
			《桥规(2018年)》	《桥规(2004年)》	《桥规(2018年)》	《桥规(2004年)》
4	$L_1/8$	最大	-362.5	-366.2	6 572.4	6 160.8
		最小	-3 822.4	-3 793.6	6 572.4	6 160.8
8	$L_1/4$	最大	799.6	788.8	5 820.9	5 431.0
		最小	-2 342.2	-2 322.2	5 820.9	5 431.0
12	$3L_1/8$	最大	2 155.3	2 136.3	6 617.9	6 882.2
		最小	-1 037.7	-1 025.9	6 617.9	6 882.2
15	$L_1/2$	最大	3 560.5	3 535.2	7 245.3	7 623.6
		最小	173.8	178.4	7 245.3	7 623.6
18	$5L_1/8$	最大	4 969.9	4 937.4	9 726.8	9 401.2
		最小	1 344.1	1 342.3	9 726.8	9 401.2
20	$3L_1/4$	最大	6 426.2	6 388.3	10 819.3	12 274.8
		最小	2 514.1	2 506.9	11 789.6	11 754.5
22	$7L_1/8$	最大	7 982.6	7 939.9	13 351.4	14 621.9
		最小	3 733.7	3 722.0	13 351.4	14 621.9
$25_{左}$	B	最大	9 695.5	9 648.7	15 278.6	15 616.1
		最小	4 952.1	4 938.9	15 278.6	15 616.1
$25_{右}$		最大	-5 445.7	-5 451.7	15 278.6	15 616.1
		最小	-10 255.9	-10 202.0	15 278.6	15 616.1
29	$L/8$	最大	-3 709.2	-3 715.1	11 882.7	12 562.9
		最小	-7 764.0	-7 714.9	11 882.7	12 562.9
32	$L/4$	最大	-2 036.4	-2 047.1	9 132.6	8 665.3
		最小	-5 563.3	-5 520.0	9 132.6	8 665.3
35	$3L/8$	最大	-341.3	-359.6	7 290.1	7 370.0
		最小	-3 472.3	-3 436.6	7 290.1	7 370.0
38	$L/2$	最大	1 409.9	1 382.9	5 821.9	5 410.9
		最小	-1 411.1	-1 384.1	5 821.9	5 410.9

注:《桥规(2018年)》计算值引自表4-33。

由表4-47可知,按《桥规(2004年)》计算时,所有截面的斜截面抗剪承载力均满足要求,且除 A 截面和 $L/4$ 截面斜截面抗剪最小尺寸验算不满足要求外,其他截面最小尺寸亦满足要求;而按《桥规(2018年)》计算时,所有截面的斜截面抗剪承载力均满足要求,但 $3L_1/4$、$7L_1/8$、$L/8$ 及 $L/4$ 截面斜截面抗剪最小尺寸验算不满足要求。表4-47体现出的规律与表3-49相同。

(二)持久状况正常使用极限状态

1. 正截面抗裂验算

分别按《桥规(2018年)》(作用频遇组合)和《桥规(2004年)》(作用短期效应组合)进行

的持久状况正常使用极限状态主梁正截面混凝土法向应力计算结果见表4-48。

持久状况正常使用极限状态主梁正截面混凝土法向拉应力　　表4-48

节点号	截面	上缘最小(MPa)		下缘最小(MPa)	
		《桥规(2018年)》	《桥规(2004年)》	《桥规(2018年)》	《桥规(2004年)》
2	A	1.14	1.15	3.38	3.38
4	$L_1/8$	−0.36	−0.35	8.08	8.07
8	$L_1/4$	−0.52	−0.51	8.42	8.41
12	$3L_1/8$	−0.08	−0.07	9.80	9.78
15	$L_1/2$	−0.16	−0.14	10.35	10.33
18	$5L_1/8$	0.03	0.05	9.85	9.82
20	$3L_1/4$	9.04	9.03	1.44	1.45
22	$7L_1/8$	9.28	9.28	1.88	1.88
25	B	2.39	2.4	6.39	6.37
29	$L/8$	8.96	8.95	1.94	1.95
32	$L/4$	1.42	1.43	8.16	8.14
35	$3L/8$	9.81	9.78	0.91	0.96
38	$L/2$	9.68	9.65	−0.70	−0.65

注：《桥规(2018年)》计算值引自表4-34。

由表4-48可知,按《桥规(2018年)》和《桥规(2004年)》计算的持久状况正常使用极限状态主梁正截面混凝土法向应力值基本接近,且均满足相应规范正截面抗裂验算要求。

2. 斜截面抗裂验算

分别按《桥规(2018年)》和《桥规(2004年)》计算的持久状况正常使用极限状态主梁斜截面混凝土主拉应力见表4-49。

持久状况正常使用极限状态主梁斜截面混凝土主拉应力　　表4-49

节点号	截面	最大主拉应力(MPa)		节点号	截面	最大主拉应力(MPa)	
		《桥规(2018年)》	《桥规(2004年)》			《桥规(2018年)》	《桥规(2004年)》
2	A	−1.41	−1.40	22	$7L_1/8$	−0.10	−0.10
4	$L_1/8$	−0.73	−0.72	25	B	−1.08	−1.08
8	$L_1/4$	−0.56	−0.55	29	$L/8$	−0.37	−0.36
12	$3L_1/8$	−0.27	−0.27	32	$L/4$	−1.01	−1.00
15	$L_1/2$	−0.78	−0.77	35	$3L/8$	−0.78	−0.77
18	$5L_1/8$	−0.22	−0.22	38	$L/2$	−0.74	−0.69
20	$3L_1/4$	−0.19	−0.19				

注：《桥规(2018年)》计算值引自表4-35。

由表4-49可知,按《桥规(2018年)》和《桥规(2004年)》计算的持久状况正常使用极限状态主梁混凝土主拉应力差别不大,但总体上呈现出《桥规(2018年)》计算值略大一些,且均满足斜截面抗裂验算要求。

3. 挠度计算结果

分别按《桥规(2018年)》和《桥规(2004年)》计算的持久状况正常使用极限状态主梁挠度见表4-50。

持久状况正常使用极限状态主梁节点挠度计算结果 表4-50

节 点 号	截 面	频遇组合扣除自重后挠度 f_q(mm)		考虑反拱后挠度 f_c(mm)	
		《桥规(2018年)》	《桥规(2004年)》	《桥规(2018年)》	《桥规(2004年)》
2	A	0.00	0.00	0.00	0.00
4	$L_1/8$	4.34	4.26	-6.89	-6.97
8	$L_1/4$	7.81	7.67	-9.27	-9.41
12	$3L_1/8$	9.69	9.51	-2.02	-2.20
15	$L_1/2$	9.51	9.34	-2.41	-2.58
18	$5L_1/8$	7.79	7.66	-5.16	-5.29
20	$3L_1/4$	5.31	5.22	-4.15	-4.24
22	$7L_1/8$	2.62	2.58	-1.61	-1.66
25	B	0.00	0.00	0.01	0.01
29	$L/8$	5.44	5.36	9.57	9.49
32	$L/4$	11.60	11.41	20.63	20.45
35	$3L/8$	17.08	16.80	36.36	36.08
38	$L/2$	19.51	19.19	-8.17	-8.49

注:《桥规(2018年)》计算值引自表4-36。

由表4-50可知,按《桥规(2018年)》和《桥规(2004年)》计算的主梁频遇组合扣除自重后挠度,以及考虑反拱后的挠度值基本保持一致。

(三)持久状况与短暂状况主梁应力

1. 使用阶段正截面混凝土法向压应力

分别按《桥规(2018年)》和《桥规(2004年)》计算的使用阶段主梁正截面混凝土法向压应力见表4-51。

主梁使用阶段正截面混凝土法向压应力 表4-51

节 点 号	截 面	上缘最大法向压应力(MPa)		下缘最大法向压应力(MPa)	
		《桥规(2018年)》	《桥规(2004年)》	《桥规(2018年)》	《桥规(2004年)》
2	A	4.42	4.42	3.97	3.97
4	$L_1/8$	2.95	2.96	8.43	8.42
8	$L_1/4$	-1.16	-1.14	8.94	8.91
12	$3L_1/8$	-0.89	-0.87	10.56	10.53
15	$L_1/2$	-1.06	-1.04	11.26	11.22

续上表

节 点 号	截 面	上缘最大法向压应力(MPa)		下缘最大法向压应力(MPa)	
		《桥规(2018年)》	《桥规(2004年)》	《桥规(2018年)》	《桥规(2004年)》
18	$5L_1/8$	−0.92	−0.89	10.81	10.77
20	$3L_1/4$	10.05	10.03	0.81	0.84
22	$7L_1/8$	10.1	10.09	1.57	1.58
25	B	9.86	9.85	2.68	2.69
29	$L/8$	9.83	9.82	1.52	1.54
32	$L/4$	9.96	9.93	1.07	1.11
35	$3L/8$	11.47	11.42	−0.74	−0.68
38	$L/2$	11.57	11.52	−2.67	−2.62

注:1.《桥规(2018年)》计算值引自表4-37。
　　2.压应力为正、拉应力为负。

由表4-51可知,按《桥规(2018年)》和《桥规(2004年)》计算的使用阶段主梁正截面混凝土法向压应力差别不大,但总体上呈现出《桥规(2018年)》计算值普遍略大一些,且均满足相应规范的正截面验算要求。

2. 使用阶段混凝土主压应力

分别按《桥规(2018年)》和《桥规(2004年)》计算的使用阶段主梁截面混凝土主压应力见表4-52。

使用阶段主梁截面混凝土主压应力　　表4-52

节 点 号	截 面	主压应力最大值(MPa)	
		《桥规(2018年)》	《桥规(2004年)》
2	A	4.59	4.59
4	$L_1/8$	8.43	8.42
8	$L_1/4$	8.95	8.92
12	$3L_1/8$	10.57	10.54
15	$L_1/2$	11.28	11.24
18	$5L_1/8$	10.83	10.79
20	$3L_1/4$	10.07	10.05
22	$7L_1/8$	10.11	10.10
25	B	9.86	9.85
29	$L/8$	9.84	9.83
32	$L/4$	9.99	9.97
35	$3L/8$	11.52	11.47
38	$L/2$	11.64	11.58

注:《桥规(2018年)》计算值引自表4-39。

由表4-52可知,按《桥规(2018年)》和《桥规(2004年)》计算的使用阶段主梁截面混凝土主压应力差别不大,但总体上呈现出《桥规(2018年)》计算值普遍略大一些,且均满足相应规范验算要求。

3. 预应力钢束最大拉应力

分别按《桥规(2018年)》和《桥规(2004年)》计算的使用阶段预应力钢束的最大拉应力见表4-53。

使用阶段预应力钢筋最大拉应力 表4-53

钢束编号	拉应力(MPa)		钢束编号	拉应力(MPa)	
	《桥规(2018年)》	《桥规(2004年)》		《桥规(2018年)》	《桥规(2004年)》
N1	691.72	691.72	T11	863.14	863.04
N2	891.81	891.68	T12	864.48	864.38
N3	926.95	926.86	ac1	885.98	885.63
N4	955.41	955.28	ac2	874.84	874.44
N5	969.38	969.33	ac3	813.03	812.74
T1	811.86	811.81	ac4	775.14	775.08
T2	660.63	660.46	ac5	796.32	795.12
T3	843.86	843.79	ac6	912.21	911.09
T4	855.82	855.74	bc1	957.86	957.64
T5	863.04	862.91	bc2	901.35	901.13
T6	874.43	874.28	bc3	966.21	965.81
T7	864.41	864.33	bc4	951.84	951.42
T8	869.72	869.61	bc5	952.12	951.74
T9	856.33	856.24	d1	980.49	980.43
T10	846.52	846.46			

注：《桥规(2018年)》计算值引自表4-40。

由表4-53可知，按《桥规(2018年)》和《桥规(2004年)》计算的使用阶段预应力钢束的最大拉应力差别不大，且均满足相应规范验算要求。

4. 短暂状况混凝土应力

分别按《桥规(2018年)》和《桥规(2004年)》计算的短暂状况主梁正截面混凝土法向应力见表4-54。

主梁短暂状况混凝土正截面法向应力 表4-54

节点号	截面	最大/最小	上缘法向应力(MPa)		下缘法向应力(MPa)	
			《桥规(2018年)》	《桥规(2004年)》	《桥规(2018年)》	《桥规(2004年)》
2	A	最大	2.48	2.48	3.72	3.72
		最小	0.00	0.00	0.00	0.00
4	$L_1/8$	最大	0.42	0.42	9.59	9.59
		最小	−0.01	−0.01	0.01	0.01
8	$L_1/4$	最大	0.27	0.27	10.07	10.07
		最小	0.08	0.08	10.03	10.03
12	$3L_1/8$	最大	0.73	0.73	11.17	11.17
		最小	0.28	0.28	0.70	0.70

续上表

节 点 号	截 面	最大/最小	上缘法向应力(MPa)		下缘法向应力(MPa)	
			《桥规(2018年)》	《桥规(2004年)》	《桥规(2018年)》	《桥规(2004年)》
15	$L_1/2$	最大	1.03	1.10	11.23	11.72
		最小	0.82	0.80	0.40	0.39
18	$5L_1/8$	最大	1.70	1.70	10.01	10.01
		最小	1.10	1.10	0.71	0.71
20	$3L_1/4$	最大	4.04	4.04	6.15	6.15
		最小	0.55	0.55	0.10	0.10
22	$7L_1/8$	最大	6.81	6.81	2.79	2.79
		最小	0.92	0.92	0.06	0.06
25	B	最大	6.96	6.96	3.17	3.17
		最小	−0.10	−0.10	0.11	0.11
29	$L/8$	最大	6.01	6.01	3.63	3.63
		最小	0.63	0.63	0.07	0.07
32	$L/4$	最大	4.19	4.19	6.73	6.73
		最小	0.71	0.71	1.27	1.27
35	$3L/8$	最大	3.56	3.56	7.99	7.99
		最小	0.16	0.16	1.00	1.00
38	$L/2$	最大	2.42	2.42	7.75	7.75
		最小	2.42	2.42	7.75	7.75

注:1.《桥规(2018年)》计算值引自表4-41。
　　2.压应力为正,拉应力为负。

由表4-54可知,本例短暂状况截面边缘的混凝土最大/最小正应力按《桥规(2018年)》的计算值和按《桥规(2004年)》的计算结果一致,即施工阶段截面边缘的混凝土法向应力相同,且均满足相应规范的要求。

第十二节　设计图绘制

一、概述

本例的总体布置图、主梁一般构造与第三章设计实例相同(预制分段除外),这里仅给出主梁预应力钢束构造及主梁施工示意图。

二、主梁预应力钢束构造

本例为采用悬臂施工设计的连续梁桥,配置的预应力钢束主要包括箱梁顶板、腹板以及底板的预应力钢束。各类钢束的构造详见图4-25~图4-29。

三、主梁施工过程示意

预应力混凝土连续梁桥的结构内力、变形与形成结构的悬臂施工方法及合龙次序密切相关,正确给出施工的具体步骤至关重要。本例主梁施工过程示意详见图4-30及图4-31。

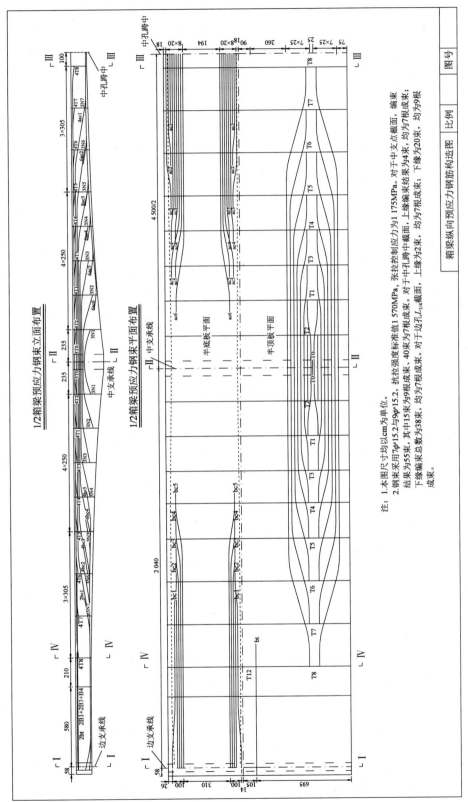

图4-25 预应力钢筋构造（一）

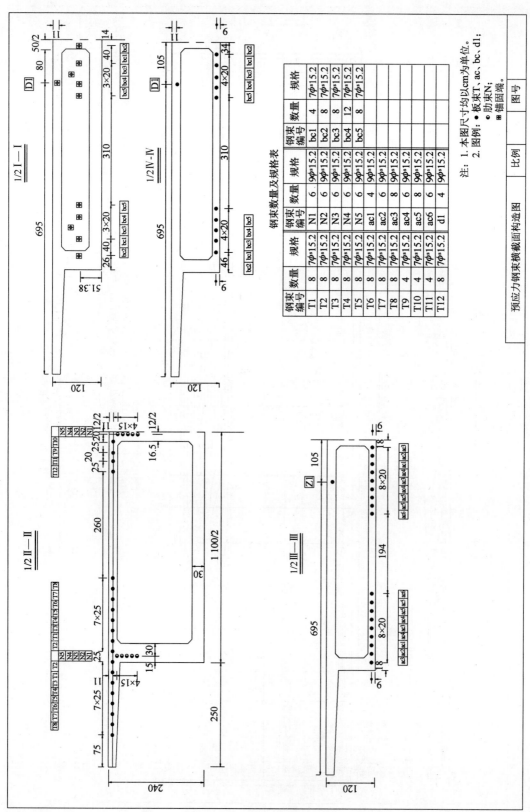

图 4-26 预应力钢筋构造 (二)

顶(腹)板钢束几何要素表

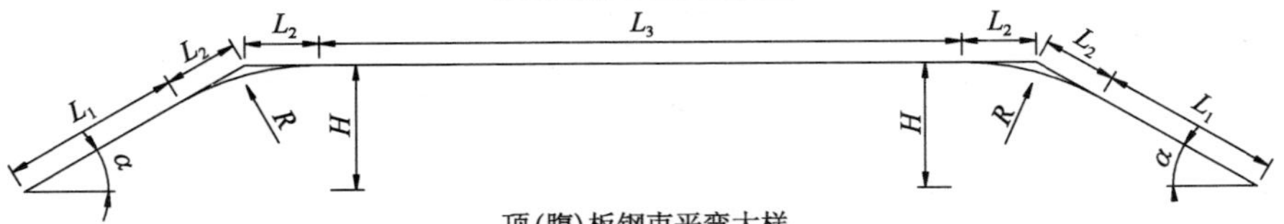

钢束	L_1	L_2	$L_3/2$	R	α	H	L_4
T1	76	35	335	600	7	29	58
T2	76	35	124	600	7	29	235
T3	76	35	624	600	7	29	58
T4	76	35	874	600	7	29	58
T5	76	35	1124	600	7	29	58
T6	76	35	1429	600	7	29	58
T7	76	35	1734	600	7	29	58
T8	76	35	2039	600	7	29	58
T9	76	35	874	600	7	29	485
T10	76	35	374	600	7	29	58
T11	76	35	1429	600	7	29	58
T12	76	35	2039	600	7	29	58
N1	10	215	10	600	22	80	
N2	173	88	224	600	17	75	
N3	233	57	445	600	11	55	
N4	225	67	693	600	13	65	
N5	280	62	893	600	12	65	
N6	340	72	1095	600	9	65	
N7	392	68	1290	600	10	70	

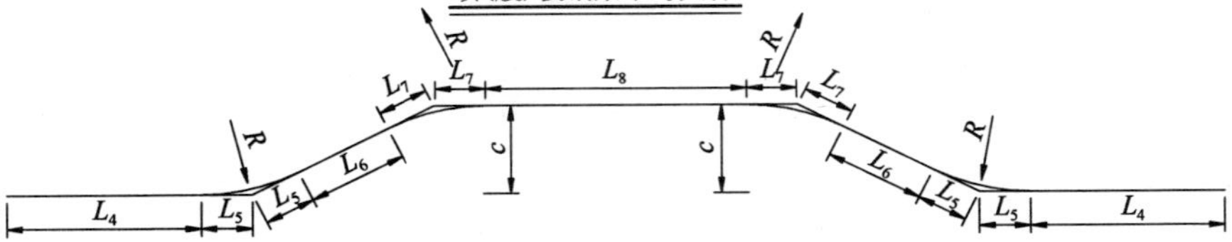

顶(腹)板钢束弯曲大样图及要素表

钢束	L_5	L_6	L_7	$L_8/2$	R	C	β
T1	42	20	42	284	600	12.5	16
T2	0	0	0	0	—	0	16
T3	42	42	42	551	600	17.5	16
T4	42	150	42	693	600	32.5	16
T5	42	257	42	836	600	47.5	16
T6	42	365	42	1033	600	62.5	16
T7	42	473	42	1230	600	77.5	16
T8	42	691	42	1317	600	92.5	16
T9	42	26	42	817	600	12.5	16
T10	0	0	0	0	—	0	16
T11	42	42	42	1356	600	17.5	16
T12	42	150	42	1858	600	32.5	16

注：本图尺寸单位：cm；角度单位：(°)。

图 4-27　预应力钢筋构造(三)

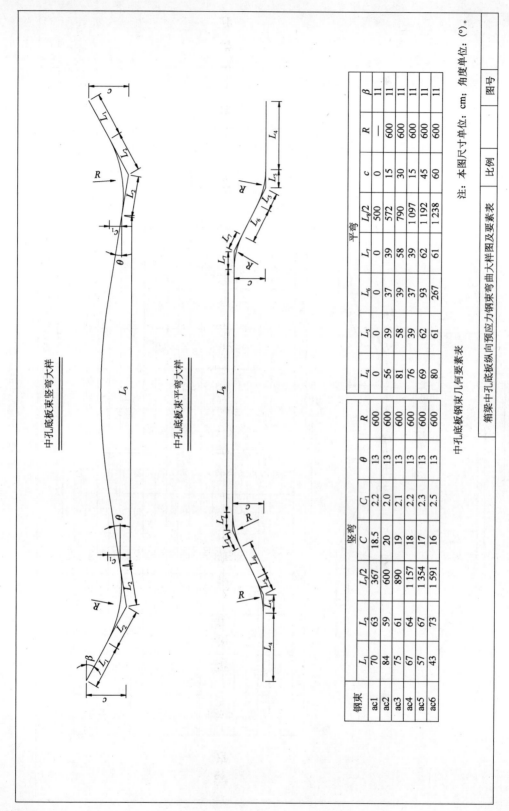

图4-28 预应力钢筋构造(四)

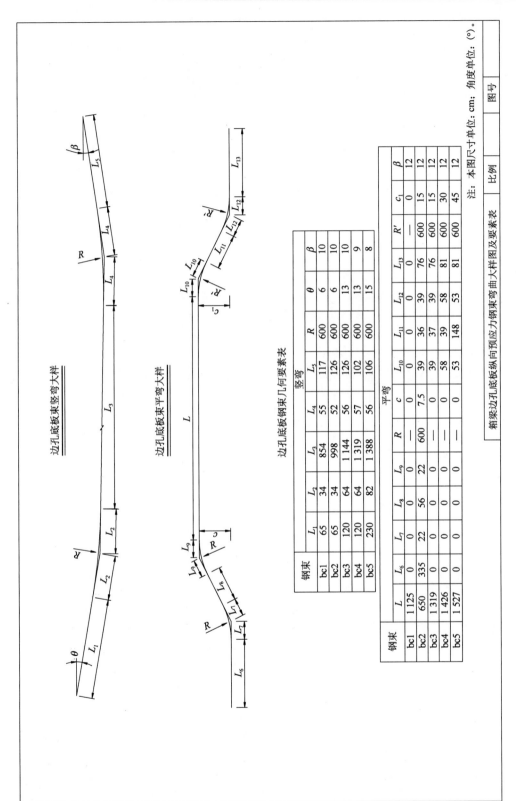

图 4-29 预应力钢筋构造（五）

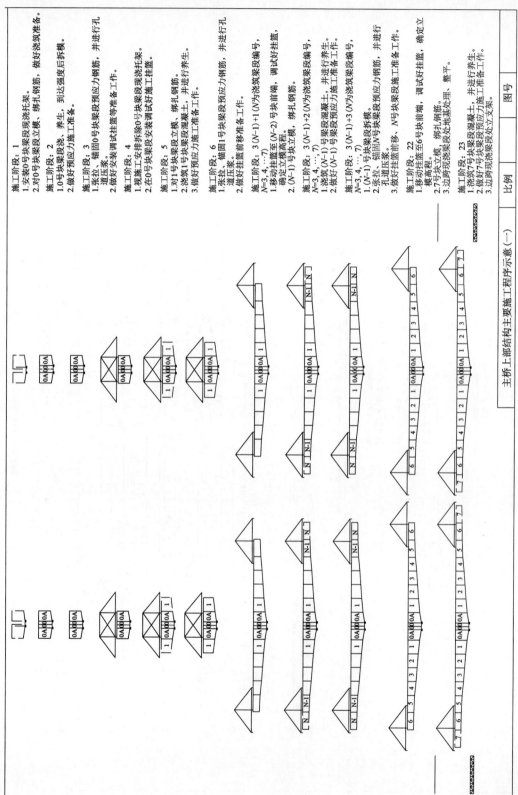

图 4-30 施工过程示意（一）

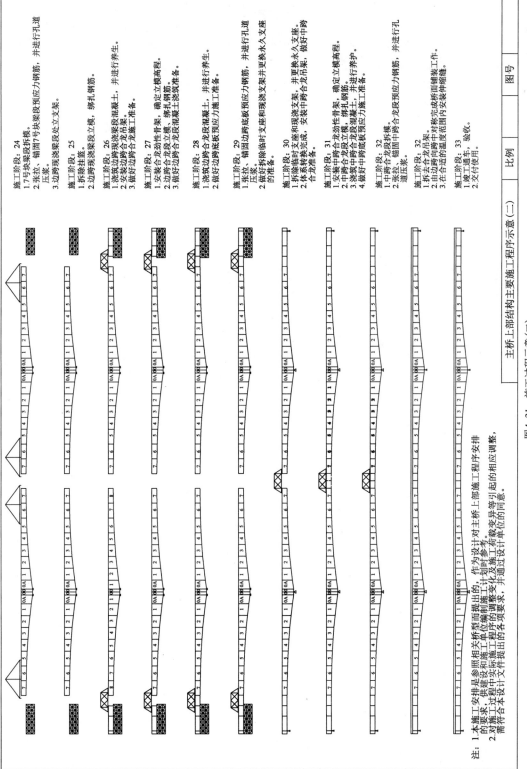

图4-31 施工过程示意(二)

本章参考文献

[1] 中华人民共和国交通运输部.公路桥涵设计通用规范:JTG D60—2015[S].北京:人民交通出版社股份有限公司,2015.
[2] 中华人民共和国交通运输部.公路钢筋混凝土及预应力混凝土桥涵设计规范:JTG 3362—2018[S].北京:人民交通出版社股份有限公司,2018.
[3] 中华人民共和国交通部.公路钢筋混凝土及预应力混凝土桥涵设计规范:JTG D62—2004[S].北京:人民交通出版社,2004.
[4] 中华人民共和国交通部.公路桥涵设计通用规范:JTG D60—2004[S].北京:人民交通出版社,2004.
[5] 徐岳,王亚君,万振江.预应力混凝土连续梁桥设计[M].北京:人民交通出版社,2000.
[6] 徐岳,邹存俊,张丽芳,等.连续梁桥[M].北京:人民交通出版社,2012.
[7] 中交公路规划设计院有限公司.《公路钢筋混凝土及预应力混凝土桥涵设计规范》应用指南[M].北京:人民交通出版社股份有限公司,2018.
[8] 刘效尧,徐岳.公路桥涵设计手册·梁桥[M].2版.北京:人民交通出版社,2011.

第五章 简支-连续施工连续梁桥设计

第一节 概　　述

一、设计特点

简支-连续施工是连续梁桥较为常见的一种施工方法。一般先架设预制主梁,形成简支梁状态,进而再将主梁在墩顶连成整体,最终形成连续梁体系。该施工方法的主要特点是,施工方法简便可行,施工质量可靠,实现了桥梁施工的工厂化、标准化和装配化。概括地讲,简支-连续施工是采用简支梁的主体施工工艺,进而达到建造连续梁桥的目的。随着高等级公路的发展,为改善桥梁行车的舒适性,简支-连续施工在中、小跨径的连续梁桥中得到了广泛的应用。

由第二章第二节之三可知,在简支-连续施工的桥梁中,由简支状态转换为连续状态的常见方法可扩展为以下几种:

(1)将主梁内的普通钢筋在墩顶连续。

(2)将主梁内纵向预应力钢束在墩顶采用特殊的连接器进行连接。

(3)在墩顶两侧一定范围内的主梁上部布设局部预应力短束来实现连续。

第一种方法虽然简单易行,但常在墩顶负弯矩区内发生横桥向裂缝,影响桥梁的耐久性和正常使用。方法二的效果最好,但施工很困难,故一般不采用。第三种方法不仅在施工上可行,并且具有方法二的优点,同时又克服了仅采用普通钢筋连续的主梁中支点截面上缘横桥向开裂问题。所以,一般简支-连续梁桥多采用墩顶短束与普通钢筋相结合的构造处理来实现简支转连续。

由于简支-连续梁桥在施工过程中常存在体系转换,那么必须依据具体的施工过程来分析结构的受力状态。施工的第一阶段是形成简支梁,该阶段主梁承受一期结构重力产生的内力及在简支梁上施加的预加力;第二阶段首先浇筑墩顶连续段混凝土,待混凝土达到要求的强度等级后张拉墩顶负弯矩束(局部短束),最终形成连续梁。连续梁成桥状态主要承受一期结构重力、二期结构重力、汽车荷载、温度作用、基础变位作用产生的内力以及正负弯矩束的预加力、预加力的二次矩、混凝土徐变二次矩等。由上面的分析可知,简支-连续梁桥跨中正弯矩要比悬臂施工大,而支点负弯矩要比现浇一次落架小。因此,在主梁内须配置足够数量的正弯矩束,以满足连续梁状态承载力要求和简支状态下承受结构自重和施工荷载的需要。

简支-连续施工工序对结构内力也有一定影响。目前施工有两种做法:一种是先将每片简支梁转换为连续梁后,再进行横桥向整体化;另外一种做法是先将简支梁横向整体化后,再进行结构的纵桥向体系转换。前者按平面结构进行计算分析较为合理;而后者体系转换前已属空间结构,要进行较为精确分析,比较繁杂。因此,本章介绍的设计示例采用第一种做法,以便同所采用的结构分析软件的基本模式相吻合,提高计算分析的可靠性。

采用简支-连续施工的预应力混凝土连续梁桥一般采用等高度的主梁。主梁截面形式可分为箱形、T 形、工字形等,主梁的高跨比一般为 $H/L = 1/16 \sim 1/25$。简支-连续梁桥常用跨径为 20~50m,国内最大跨径已达 85m,如港珠澳大桥的非通航孔桥采用 85m 跨简支-连续组合箱梁桥。此外,为使连续梁的内力分布更加合理,边、中孔跨径之比一般为 0.6~0.8,但考虑预制、安装的方便,也可采用等跨径。

二、示例设计基本资料

(一) 桥梁线形

(1) 平曲线半径:无平曲线。

(2) 竖曲线半径:无竖曲线,纵坡为 3%。

(二) 主要技术标准

(1) 设计荷载:公路—Ⅰ级。

(2) 桥面净宽:2×(净 11 + 2×0.5) m。

(3) 通航要求:无。

(4) 安全等级:一级。

(三) 主要材料

(1) 混凝土:主梁采用 C50 混凝土,基桩采用 C30 混凝土,其余构件采用 C40 混凝土。

(2) 预应力钢绞线:采用符合《桥规(2018 年)》的低松弛高强钢绞线,直径为 15.2mm,截面面积为 140mm², 标准强度为 1 860MPa, 弹性模量 $E_y = 1.95 \times 10^5$ MPa。

(3) 普通钢筋:采用符合《桥规(2018 年)》标准的钢筋,直径 $d \geq 12$mm 者采用 HRB400 级钢筋;直径 $d < 12$mm 者采用 HPB300 级钢筋。

(4) 钢板:锚垫板等预埋钢板采用低碳钢。

(5) 锚具:预制箱梁采用夹片群锚及其配套设备;箱梁接头顶板束采用扁锚及其配套设备。

(6) 预应力管道:采用钢波纹圆、扁管成型。

(7) 支座:采用板式橡胶支座。

(8) 伸缩缝:采用大变位伸缩缝。

(四) 桥面铺装

采用 10cm 沥青混凝土铺装。

(五) 施工方式

简支-连续施工。

(六) 设计规范

(1)《公路工程技术标准》(JTG B01—2014)。

(2)《通规(2015年)》。

(3)《桥规(2018年)》。

(七)基础变位作用

根据实际基础情况以及后期更换支座来考虑支座强迫位移,考虑各种不同工况组合。

(八)温度作用

按《通规(2015年)》规定的温度梯度取值。

三、桥型布置及构造设计

根据第二章第一节或《通规(2015年)》第3章桥型布置与构造设计的基本原则与方法,可进行桥型布置、孔径划分、截面形式及截面尺寸拟订等初步设计内容。

(一)桥型布置及孔径划分

该示例为某高速公路的FH大桥。为缩短工期,提高行车舒适性,经综合分析比较各类桥型后最终采用预应力混凝土连续梁桥,跨径为4×25m。

桥长为99.84m,即在每联桥的两头各设8cm的伸缩缝,两边孔计算跨径为2 452cm,两中孔计算跨径为2 500cm。连续梁两端至边支座中心线之间的距离为40cm。桥跨结构计算图式如图5-1所示。

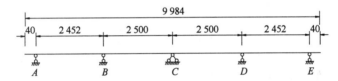

图5-1 桥跨结构计算图式(尺寸单位:cm)

(二)主梁截面形式及尺寸拟订

1.截面形式及梁高

本例采用等高度箱形截面。梁高1.40m,高跨比为$H/L = 1/18$。选用箱形截面主要是考虑箱梁突出的受力和构造特点。

2.横截面尺寸

每幅桥面全宽为12m。由于采用简支-连续施工方法,主梁先预制再运输、吊装就位,因此横截面布置时应考虑到施工中的吊运能力,将每幅桥做成四个单箱单室的组合截面。其中,预制中梁顶板宽210cm,底板宽100cm;预制边梁顶板宽255cm,底板宽100cm;预制主梁间采用90cm的混凝土湿接缝,以便减轻预制主梁的吊装重量。边、中梁均采用斜腹板,以通过减小底板宽度来减轻箱梁自重。

为满足顶板负弯矩钢束、普通钢筋的布置及轮载的局部作用,箱梁顶板取等厚度20cm。同时为防止应力集中和便于脱模,在腹板与顶板交界处设置20cm×10cm的承托。

主梁横截面构造如图5-2所示。

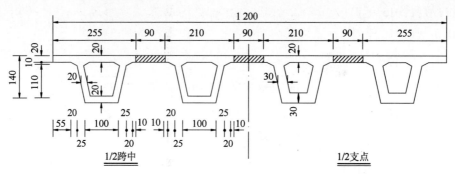

图 5-2 主梁横截面构造(尺寸单位:cm)

3. 箱梁底板厚度及腹板宽度

1) 底板厚度

简支-连续施工的连续梁桥跨中正弯矩较大,因此底板不宜过厚;同时中支点处也存在负弯矩,需要底板要有一定的厚度来提供受压面积。因此,将底板厚度在跨内大部分区域设为 20cm,仅在距边支点 160cm 和中支点 220cm 处开始加厚,加厚渐变区段长均为 150cm,且底板逐渐加厚至 30cm,这样的构造处理同时为锚固底板预应力束提供了空间。箱梁底板厚度变化如图 5-3 所示。

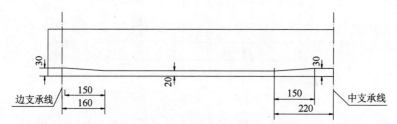

图 5-3 箱梁底板构造(尺寸单位:cm)

2) 腹板宽度

根据连续梁剪力变化规律,兼顾施工方便性,腹板宽度除在支点附近区域加宽外,其余均为 20cm。在距边支点 160cm、中支点 220cm 处开始加宽,加宽渐变区段长度均为 150cm,且腹板最终加宽至 30cm,如图 5-4 所示。

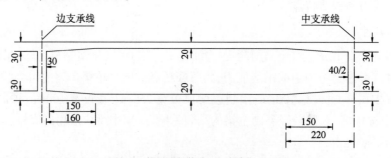

图 5-4 箱梁腹板构造(尺寸单位:cm)

4. 横隔梁(板)

为保证支座处主梁传力的可靠性,在边永久(临时)支承处设一道厚为 30cm 的端横隔梁,在中永久支承处设 40cm 的中横隔梁,此外在中临时支承处设 15cm 厚的箱内隔板,如图 5-5 所示。

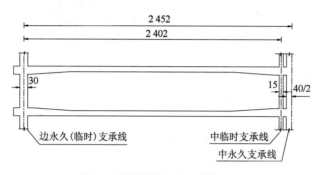

图 5-5　横隔板构造(尺寸单位:cm)

第二节　结构有限元建模

按照第二章第三节设计步骤和结构有限元建模的相关内容,对于简支-连续施工的预应力混凝土连续梁桥,采用有限元计算可按两阶段建模,第一阶段建模(记为有限元模型 1)是为了估算预应力钢束数量;根据钢束估算量,配置预应力钢束,并考虑施工过程与结构体系及截面特性的匹配关系,形成第二阶段模型(记为有限元模型 2),然后进行相应的计算和验算。以下详细介绍有限元模型 1 的建模情况。

一、结构离散

结构离散的基本原则详见第二章第三节。

结合本例施工、使用阶段的结构受力及预应力钢筋布置特点,节点设置方式为:

(1)为给出主梁的节点及单元信息,在各跨 $L/4$、$L/2$、$3L/4$ 控制截面分别设置节点;同时在各跨腹板宽度变化处设置节点,分别为节点 3、15、21、33、39、51、57、69;在各临时支座对应梁单元处设置节点,分别为节点 16、20、34、38、52、56;在各永久支座对应梁单元处设置节点,分别为节点 2、18、36、54、70,共将主梁划分为 70 个单元、71 个节点,如图 5-6a)所示。

(2)为保证主梁节点和支座节点变形协调,设置梁底支座顶节点、支座底节点共两类节点,通过节点连接模拟实桥支座。有限元建模时,在各永久、临时支座对应梁单元处节点之下,分别设置 4 个节点(2 个支座顶节点、2 个支座底节点),支座处节点位置关系如图 5-6b)所示。梁底支座顶节点号分别为 73、75、77、79、81、83、85、87、89、91、93、95、97、99、101、103、105、107、109、111、113、115(共 22 个),支座底节点号分别为节点 72、74、76、78、80、82、84、86、88、90、92、94、96、98、100、102、104、106、108、110、112、114(共 22 个),布置如图 5-6c)所示。值得注意的是,支座顶、底两类节点是为模拟支座并考虑施工特点专门设置,并非主梁结构的单元节点。

最终全桥有限元建模共包括 70 个单元、115 个节点。

主梁节点号与控制截面对应关系见表 5-1。

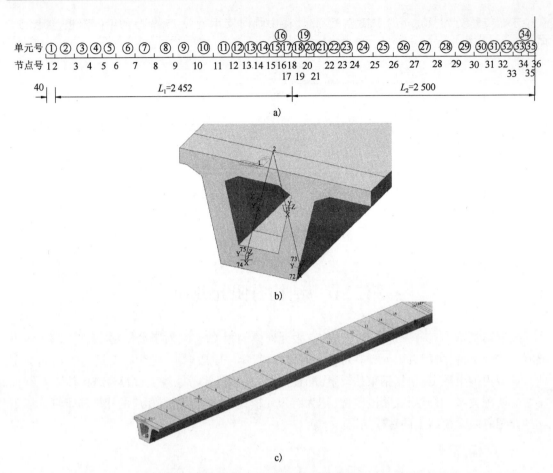

图 5-6 单元划分与支座模拟示意(尺寸单位:cm)
a)主梁单元划分;b)支座处的节点及位置;c)一跨梁段支座节点及位置

主梁节点号与控制截面对应关系　　　　　　　　　　　　　　表 5-1

节点号	2	3	6	9	12	15	16
控制截面	永久支点	腹板厚度变化点	$L_1/4$	$L_1/2$	$3L_1/4$	腹板厚度变化点	临时支点
节点号	18	20	21	24	27	30	33
控制截面	永久支点	临时支点	腹板厚度变化点	$L_2/4$	$L_2/2$	$3L_2/4$	腹板厚度变化点
节点号	34	36	38	39	42	45	48
控制截面	临时支点	永久支点	临时支点	腹板厚度变化点	$L_2/4$	$L_2/2$	$3L_2/4$
节点号	51	52	54	56	57	60	63
控制截面	腹板厚度变化点	临时支点	永久支点	临时支点	腹板厚度变化点	$L_1/4$	$L_1/2$
节点号	66	69	70				
控制截面	$3L_1/4$	腹板厚度变化点	永久支点				

全部节点的总体坐标见表 5-2。

节点编号与坐标

表 5-2

节点号	X 坐标(m)	Y 坐标(m)	Z 坐标(m)	节点号	X 坐标(m)	Y 坐标(m)	Z 坐标(m)
1	0.00	0.00	0.00	39	52.12	0.00	0.00
2	0.40	0.00	0.00	40	53.47	0.00	0.00
3	2.00	0.00	0.00	41	54.82	0.00	0.00
4	3.50	0.00	0.00	42	56.17	0.00	0.00
5	5.00	0.00	0.00	43	58.22	0.00	0.00
6	6.53	0.00	0.00	44	60.32	0.00	0.00
7	8.53	0.00	0.00	45	62.42	0.00	0.00
8	10.53	0.00	0.00	46	64.47	0.00	0.00
9	12.66	0.00	0.00	47	66.57	0.00	0.00
10	14.66	0.00	0.00	48	68.67	0.00	0.00
11	16.66	0.00	0.00	49	70.02	0.00	0.00
12	18.79	0.00	0.00	50	71.37	0.00	0.00
13	20.10	0.00	0.00	51	72.72	0.00	0.00
14	21.41	0.00	0.00	52	74.42	0.00	0.00
15	22.72	0.00	0.00	53	74.74	0.00	0.00
16	24.42	0.00	0.00	54	74.92	0.00	0.00
17	24.74	0.00	0.00	55	75.10	0.00	0.00
18	24.92	0.00	0.00	56	75.42	0.00	0.00
19	25.10	0.00	0.00	57	77.12	0.00	0.00
20	25.42	0.00	0.00	58	78.43	0.00	0.00
21	27.12	0.00	0.00	59	79.74	0.00	0.00
22	28.47	0.00	0.00	60	81.05	0.00	0.00
23	29.82	0.00	0.00	61	83.18	0.00	0.00
24	31.17	0.00	0.00	62	85.18	0.00	0.00
25	33.27	0.00	0.00	63	87.18	0.00	0.00
26	35.37	0.00	0.00	64	89.31	0.00	0.00
27	37.42	0.00	0.00	65	91.31	0.00	0.00
28	39.52	0.00	0.00	66	93.31	0.00	0.00
29	41.62	0.00	0.00	67	94.84	0.00	0.00
30	43.67	0.00	0.00	68	96.34	0.00	0.00
31	45.02	0.00	0.00	69	97.84	0.00	0.00
32	46.37	0.00	0.00	70	99.44	0.00	0.00
33	47.72	0.00	0.00	71	99.84	0.00	0.00
34	49.42	0.00	0.00	72	0.40	-0.35	-1.50
35	49.74	0.00	0.00	73	0.40	-0.35	-1.40
36	49.92	0.00	0.00	74	0.40	0.35	-1.50
37	50.10	0.00	0.00	75	0.40	0.35	-1.40
38	50.42	0.00	0.00	76	24.42	-0.35	-1.50

续上表

节点号	X 坐标(m)	Y 坐标(m)	Z 坐标(m)	节点号	X 坐标(m)	Y 坐标(m)	Z 坐标(m)
77	24.42	-0.35	-1.40	97	50.42	-0.35	-1.40
78	24.42	0.35	-1.50	98	50.42	0.35	-1.50
79	24.42	0.35	-1.40	99	50.42	0.35	-1.40
80	24.92	-0.35	-1.50	100	74.42	-0.35	-1.50
81	24.92	-0.35	-1.40	101	74.42	-0.35	-1.40
82	24.92	0.35	-1.50	102	74.42	0.35	-1.50
83	24.92	0.35	-1.40	103	74.42	0.35	-1.40
84	25.42	-0.35	-1.50	104	74.92	-0.35	-1.50
85	25.42	-0.35	-1.40	105	74.92	-0.35	-1.40
86	25.42	0.35	-1.50	106	74.92	0.35	-1.50
87	25.42	0.35	-1.40	107	74.92	0.35	-1.40
88	49.42	-0.35	-1.50	108	75.42	-0.35	-1.50
89	49.42	-0.35	-1.40	109	75.42	-0.35	-1.40
90	49.42	0.35	-1.50	110	75.42	0.35	-1.50
91	49.42	0.35	-1.40	111	75.42	0.35	-1.40
92	49.92	-0.35	-1.50	112	99.44	-0.35	-1.50
93	49.92	-0.35	-1.40	113	99.44	-0.35	-1.40
94	49.92	0.35	-1.50	114	99.44	0.35	-1.50
95	49.92	0.35	-1.40	115	99.44	0.35	-1.40
96	50.42	-0.35	-1.50				

二、节点截面几何特性

截面几何特性是计算结构内力进而估算配置预应力束的前提。本例采用有限元程序计算毛截面几何特性。由于本设计主梁截面变化不大,故只计算预制中梁、边梁和成桥后中梁、边梁的跨中及支点截面的毛截面几何特性,腹板厚度变化处采用支点和跨中截面进行线性内插。毛截面几何特性计算结果见表5-3。

主梁毛截面几何特性计算结果 表5-3

截面		截面面积 $A(m^2)$	截面惯性矩 $I(m^4)$	中性轴至梁底距离 $x(m)$
预制中梁	跨中	1.077	0.251	0.834
	支点	1.332	0.287	0.792
预制边梁	跨中	1.167	0.270	0.870
	支点	1.422	0.309	0.824
成桥后中梁	跨中	1.257	0.285	0.901
	支点	1.512	0.328	0.852
成桥后边梁	跨中	1.257	0.285	0.901
	支点	1.512	0.328	0.852

三、施工阶段及边界条件

对于先简支后连续施工的连续梁桥,结构体系在施工过程中发生变化,对结构内力影响较大,有限元计算时必须正确处理边界条件。边界条件处理之前必须明确施工过程,以便合理进行内力计算。

对于图5-1所示的连续梁桥,一般包括以下五个施工阶段:

第1施工阶段(CS1):本阶段施工内容为预制主梁,待混凝土强度等级达到设计要求后张拉正弯矩区预应力钢束,并管道压浆,再将各孔预制箱梁安装就位,形成由临时支座及两个边墩永久支座支承的简支梁。

第2施工阶段(CS2):首先浇筑第①、②孔间及第③、④孔间的湿接头连续段混凝土,待混凝土强度等级达到设计要求后,张拉梁顶负弯矩区预应力钢束并管道压浆,再分别安装18及54号节点处的永久支座,同时分别拆除16、20、52及56节点处的临时支座。严格地讲,此阶段形成了两联连续梁,且每联为2跨。

第3施工阶段(CS3):先浇筑第②、③孔间的连续段接头混凝土,强度等级达到设计要求后,再张拉负弯矩区预应力钢束并管道压浆,然后安装36节点处的永久支座,同时分别拆除34及38节点处的临时支座,并施加预制梁之间的纵桥向湿接缝荷载。此阶段形成了四跨连续梁,完成了体系转换。

第4施工阶段(CS4):防护栏及桥面铺装施工。

第5施工阶段(CS5):成桥3年。

需要强调的是,为明确表征后张预应力混凝土梁管道压浆前后净、换算截面变化,应在相关施工阶段将管道压浆并形成强度划作独立的子阶段。同时,为简化计算,湿接缝自重通常采用外加均布荷载的方式进行模拟,计算精度可以满足设计要求;当然,也可以采用施工阶段联合截面对湿接缝进行精细化的分析处理。另外,采用简支转连续施工方法的体系转换方式并不唯一,有限元分析时应根据实际施工顺序建模。

本例假定每个施工阶段持续20d,最后考虑混凝土1 095d的收缩徐变。

各阶段的施工内容、截面特性、边界条件、作用荷载及施工工期等要素匹配关系见表5-4,各孔(跨)编号以及与表5-4相匹配的施工阶段如图5-7所示。

施工阶段及相关要素匹配一览 表5-4

施工阶段编号	施工内容	单元模拟	截面特性	边界条件	作用荷载	施工时间(d)	累计时间(d)	备注
CS1	预制主梁,待混凝土强度等级达到设计要求后张拉正弯矩区预应力钢束,并注浆,然后将各跨预制箱梁安装就位,形成由临时支座支承的4孔简支梁	激活预制梁段节点和单元	净截面/换算截面	激活各孔临时支座及①孔左、④孔右永久支座	正弯矩区预应力钢束张拉力	20	20	
CS2	浇筑第①、②孔间及第③、④孔间连续段湿接头混凝土,待强度等级达到设计要求后,张拉负弯矩区预应力钢束并注浆,并进行体系转换,形成两联2跨连续梁	激活相应墩顶现浇段1、3节点和单元	换算截面	激活18及54节点处的永久支座,分别钝化16、20、52及56节点处的临时支座	18及54节点负弯矩区的预应力钢束张拉力	20	40	根据时间参数计算钢束预加力次内力、混凝土收缩徐变次内力

续上表

施工阶段编号	施工内容	单元模拟	截面特性	边界条件	作用荷载	施工时间(d)	累计时间(d)	备注
CS3	浇筑②、③孔间连续段湿接头混凝土,待强度等级达到设计要求后,张拉负弯矩区预应力钢束并注浆,再进行体系转换,形成一联4跨连续梁	激活相应墩顶现浇段2节点和单元	换算截面	激活36节点处的永久支座,钝化34、38节点处的临时支座	36节点负弯矩区预应力钢束张拉力;预制梁之间纵桥向梁间湿接缝重力	20	60	梁间纵桥向湿接缝自重以均布荷载形式模拟
CS4	护栏及桥面铺装施工	同CS3	换算截面	同CS3	二期恒载	20	80	桥面铺装只考虑作用效应,不考虑刚度贡献
CS5	成桥3年	同CS3	换算截面	同CS3	同CS4	1 095	1 175	计算3年期收缩徐变

注:1. 计算主梁截面内力时,对于有限元模型1,由于还没有配置预应力钢筋,因此CS1～CS3施工阶段均采用毛截面特性;对于有限元模型2,由于预应力钢筋已经分配给了相应单元,且设置了梁截面特性随钢束变化及下一施工阶段注浆选项,因此CS1施工阶段采用净截面特性,CS2～CS5均采用换算截面特性。
2. 估算模型与计算模型的差别在于是否给主梁单元分配预应力钢束,即估算模型作用组合方式不考虑钢束预加力作用效应。
3. 混凝土的收缩、徐变效应产生的位移会影响预应力损失,因此应准确定义混凝土收缩开始时的龄期和考虑徐变的加载龄期等时间参数。
4. 需要注意,对于非施工阶段荷载,如基础变位、车道荷载及温度荷载,应在成桥后加载,施工阶段不体现。

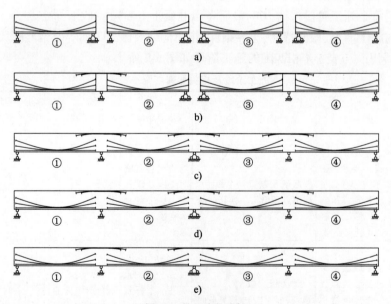

图5-7 施工阶段示意
a)第1施工阶段;b)第2施工阶段;c)第3施工阶段;d)第4施工阶段;e)第5施工阶段

表5-4各施工阶段不考虑预加力,即为有限元模型1的施工阶段及匹配要素。

根据以上结构体系随施工过程的变化,应分别设置不同的边界条件。现将边梁各施工阶段的边界条件列于表 5-5。

边 界 条 件　　　　　　　　　　　　　表 5-5

节点号	节点号	SDx	SDy	SDz	SRx	SRy	SRz	备　注
\multicolumn{9}{c}{第一施工阶段(CS1)}
2	73	∞	∞	∞	∞	∞	∞	①孔左永久支座顶刚性连接
2	75	∞	∞	∞	∞	∞	∞	
72	73	1×10^8	0	0	0	0	0	①孔左永久支座弹性连接
74	75	1×10^8	1×10^8	0	0	0	0	
16	77	∞	∞	∞	∞	∞	∞	①孔右临时支座顶刚性连接
16	79	∞	∞	∞	∞	∞	∞	
76	77	1×10^8	0	1×10^8	0	0	0	①孔右临时支座弹性连接
78	79	1×10^8	1×10^8	1×10^8	0	0	0	
20	85	∞	∞	∞	∞	∞	∞	②孔左临时支座顶刚性连接
20	87	∞	∞	∞	∞	∞	∞	
84	85	1×10^8	0	0	0	0	0	②孔左临时支座弹性连接
86	87	1×10^8	1×10^8	0	0	0	0	
34	89	∞	∞	∞	∞	∞	∞	②孔右临时支座顶刚性连接
34	91	∞	∞	∞	∞	∞	∞	
88	89	1×10^8	0	1×10^8	0	0	0	②孔右临时支座弹性连接
90	91	1×10^8	1×10^8	1×10^8	0	0	0	
38	97	∞	∞	∞	∞	∞	∞	③孔左临时支座顶刚性连接
38	99	∞	∞	∞	∞	∞	∞	
96	97	1×10^8	0	1×10^8	0	0	0	③孔左临时支座弹性连接
98	99	1×10^8	1×10^8	1×10^8	0	0	0	
52	101	∞	∞	∞	∞	∞	∞	③孔右临时支座顶刚性连接
52	103	∞	∞	∞	∞	∞	∞	
100	101	1×10^8	0	0	0	0	0	③孔右临时支座弹性连接
102	103	1×10^8	1×10^8	0	0	0	0	
56	109	∞	∞	∞	∞	∞	∞	④孔左临时支座顶刚性连接
56	111	∞	∞	∞	∞	∞	∞	
108	109	1×10^8	0	1×10^8	0	0	0	④孔左临时支座弹性连接
110	111	1×10^8	1×10^8	1×10^8	0	0	0	
70	113	∞	∞	∞	∞	∞	∞	④孔右永久支座顶刚性连接
70	115	∞	∞	∞	∞	∞	∞	
112	113	1×10^8	0	0	0	0	0	④孔右永久支座弹性连接
114	115	1×10^8	1×10^8	0	0	0	0	

续上表

			第二施工阶段(CS2)					
节点号	节点号	SDx	SDy	SDz	SRx	SRy	SRz	备 注
2	73	∞	∞	∞	∞	∞	∞	①孔左永久支座顶刚性连接
2	75	∞	∞	∞	∞	∞	∞	
72	73	1×10^8	0	0	0	0	0	①孔左永久支座弹性连接
74	75	1×10^8	1×10^8	0	0	0	0	
18	81	∞	∞	∞	∞	∞	∞	①孔右永久支座顶刚性连接
18	83	∞	∞	∞	∞	∞	∞	
80	81	1×10^8	0	0	0	0	0	①孔右永久支座弹性连接
82	83	1×10^8	1×10^8	0	0	0	0	
34	89	∞	∞	∞	∞	∞	∞	②孔右临时支座顶刚性连接
34	91	∞	∞	∞	∞	∞	∞	
88	89	1×10^8	0	1×10^8	0	0	0	②孔右临时支座弹性连接
90	91	1×10^8	1×10^8	1×10^8	0	0	0	
38	97	∞	∞	∞	∞	∞	∞	③孔左临时支座顶刚性连接
38	99	∞	∞	∞	∞	∞	∞	
96	97	1×10^8	0	1×10^8	0	0	0	③孔左临时支座弹性连接
98	99	1×10^8	1×10^8	1×10^8	0	0	0	
54	105	∞	∞	∞	∞	∞	∞	③孔右永久支座顶刚性连接
54	107	∞	∞	∞	∞	∞	∞	
104	105	1×10^8	0	0	0	0	0	③孔右永久支座弹性连接
106	107	1×10^8	1×10^8	0	0	0	0	
70	113	∞	∞	∞	∞	∞	∞	④孔右永久支座顶刚性连接
70	115	∞	∞	∞	∞	∞	∞	
112	113	1×10^8	0	0	0	0	0	④孔右永久支座弹性连接
114	115	1×10^8	1×10^8	0	0	0	0	
			第三、四、五施工阶段(CS3~CS5)					
节点号	节点号	SDx	SDy	SDz	SRx	SRy	SRz	备 注
2	73	∞	∞	∞	∞	∞	∞	①孔左永久支座顶刚性连接
2	75	∞	∞	∞	∞	∞	∞	
72	73	1×10^8	0	0	0	0	0	①孔左永久支座弹性连接
74	75	1×10^8	1×10^8	0	0	0	0	
18	81	∞	∞	∞	∞	∞	∞	①孔右永久支座顶刚性连接
18	83	∞	∞	∞	∞	∞	∞	
80	81	1×10^8	0	0	0	0	0	①孔右永久支座弹性连接
82	83	1×10^8	1×10^8	0	0	0	0	

续上表

节点号	节点号	SDx	SDy	SDz	SRx	SRy	SRz	备注
第三、四、五施工阶段(CS3~CS5)								
36	93	∞	∞	∞	∞	∞	∞	②孔右永久支座顶刚性连接
36	95	∞	∞	∞	∞	∞	∞	
92	93	$1×10^8$	0	$1×10^8$	0	0	0	②孔右永久支座弹性连接
94	95	$1×10^8$	$1×10^8$	$1×10^8$	0	0	0	
54	105	∞	∞	∞	∞	∞	∞	③孔右永久支座顶刚性连接
54	107	∞	∞	∞	∞	∞	∞	
104	105	$1×10^8$	0	0	0	0	0	③孔右永久支座弹性连接
106	107	$1×10^8$	$1×10^8$	0	0	0	0	
70	113	∞	∞	∞	∞	∞	∞	④孔右永久支座顶刚性连接
70	115	∞	∞	∞	∞	∞	∞	
112	113	$1×10^8$	0	0	0	0	0	④孔右永久支座弹性连接
114	115	$1×10^8$	$1×10^8$	0	0	0	0	

注:该模型采用弹性支承模拟双支座,通过刚性连接协调主梁变形;表中的 x、y、z 为局部坐标系,其中 x 为竖向,y 为横桥向,z 为纵桥向;SDx:单元局部坐标系 x 方向的刚度;SDy:单元局部坐标系 y 轴方向的刚度;SDz:单元局部坐标系 z 轴方向的刚度;SRx:绕单元局部坐标系 x 轴的转动刚度;SRy:绕单元局部坐标系 y 轴的转动刚度;SRz:绕单元局部坐标系 z 轴的转动刚度;SDx、SDy、SDz 的单位是 kN/m,SRx、SRy、SRz 的单位是 kN·m/(rad),通过取大值来模拟某方向的约束;支座底端节点 72、74、76、78、80、82、84、86、88、90、92、94、96、98、100、102、104、106、108、110、112、114(共 22 个)设置一般支承,约束为 1、1、1、1 和 1,表格中省略。

值得说明的是,表 5-5 中各支座的刚度宜根据桥梁的实际支座规格通过计算确定,现以支座的竖向刚度(SDx)为例:在竖向荷载的作用下,支座的压缩变形值一般不得大于支座总高度的 2%,则该支座的竖向刚度的大小应等于其设计承载力除以支座的最大压缩变形值,本例为简化起见,统一取支座的竖向约束刚度为 $1×10^8$ kN/m。

四、作用模拟

根据第二章第四节或《通规(2015 年)》4.1.1 条,公路桥涵设计采用的作用分为永久作用、可变作用、偶然作用和地震作用四类,本桥不考虑偶然作用和地震作用。以下作用均以标准值计。

(一)永久作用

本例的永久作用主要包括结构重力(一期结构重力、二期结构重力)、预加力、混凝土收缩徐变作用以及基础变位作用,可分别按照第二章第四节之一或《通规(2015 年)》4.2.1 条、4.2.2 条、4.2.4 条和 4.2.6 条计算。

1. 结构重力

由施工过程可知,本例结构重力是分阶段形成的,主要包括:预制箱梁一期结构重力集度(g_1')、成桥箱梁一期结构重力集度(g_1)、二期结构重力集度(g_2)。

针对本例主梁横截面的具体构造特点及有限元程序计算分析特点,将空间桥跨结构简化为平面结构进行计算,即只对由单片箱梁构成的四跨简支-连续梁进行平面结构分析。在汽车荷载计算时,采用荷载横向分布这一实用计算方法,结构重力空间效应按每片梁均分考虑(也可将其中的护栏按横向分布考虑)。

1) 预制箱梁一期结构重力集度(g'_1)

由预制箱梁的构造可知,横隔梁均位于支承处,横隔梁自重对于主梁不产生结构重力弯矩,因此将横隔梁作为集中力作用在支承节点上。那么,g'_1仅为预制箱梁自重集度,计算公式为:

$$g'_{1i} = A'_{1i} \times 25\text{kN/m}^3 \tag{5-1}$$

式中:i——单元号;

g'_{1i}——预制箱梁 i 号单元一期结构重力集度;

A'_{1i}——预制箱梁 i 号单元毛截面面积;对于截面变化的单元,A'_{1i}为该单元两端节点截面积的平均值。

按式(5-1)计算预制中、边箱梁各单元一期结构重力集度见表5-6和表5-7。结构重力集度主要用于主梁简支状态下的施工验算。

预制中梁一期结构重力集度(单位:kN/m)　　　　表5-6

单元号	1	2	3~14	15	16~19	20
集度	33.30	30.12	26.93	30.12	33.30	30.12
单元号	21~32	33	34~37	38	39~50	51
集度	26.93	30.12	33.30	30.12	26.93	30.12
单元号	52~55	56	57~58	69	70	
集度	33.30	30.12	26.93	30.12	33.30	

预制边梁一期结构重力集度(单位:kN/m)　　　　表5-7

单元号	1	2	3~14	15	16~19	20
集度	35.55	32.36	29.18	32.36	35.55	32.36
单元号	21~32	33	34~37	38	39~50	51
集度	29.18	32.36	35.55	32.36	29.18	32.36
单元号	52~55	56	57~58	69	70	
集度	35.55	32.36	29.18	32.36	35.55	

2) 成桥箱梁一期结构重力集度(g_1)

预制梁计入每片梁间纵桥向现浇湿接缝混凝土后的结构重力集度,即为成桥后箱梁一期结构重力集度。成桥后忽略横隔梁产生的结构内力,仅计及其产生的支反力,并且中、边箱梁的构造尺寸完全相同,因此成桥后中、边箱梁一期结构重力集度相同,记为g_1,计算公式为:

$$g_{1i} = A_i \times 25\text{kN/m}^3 \tag{5-2}$$

式中:i——单元号;

g_{1i}——成桥后箱梁一期结构重力集度;

A_i——成桥后箱梁 i 号单元毛截面面积,当 i 单元截面变化,A_i 为该单元两端节点截面积的平均值。

按式(5-2)计算成桥后箱梁各单元一期结构重力集度见表5-8。

成桥主梁一期结构重力集度(单位:kN/m)　　　　　表5-8

单元号	1	2	3~14	15	16~19	20
集度	37.80	34.62	31.43	34.62	37.80	34.62
单元号	21~32	33	34~37	38	39~50	51
集度	37.80	34.62	37.80	34.62	31.43	34.62
单元号	52~55	56	57~58	69	70	
集度	37.80	34.62	31.43	34.62	37.80	

3)二期结构重力集度(g_2)

二期结构重力集度为桥面铺装与护栏结构重力集度之和。

本例桥面铺装采用10cm厚的防水沥青混凝土铺装,铺装层宽为11m,沥青混凝土重度按23kN/m³计;一侧护栏按每延米0.2m³混凝土计,混凝土重度按25kN/m³计。因桥梁横断面由四片箱梁组成,按每片箱梁承担全部二期结构重力的四分之一,则二期结构重力集度为:

$$g_2 = 1/4 \times [(0.1 \times 11) \times 23 + 0.2 \times 2 \times 25] = 8.825(\text{kN/m})$$

2.预加力

本例采用简支-连续施工,首先张拉预制梁简支状态下的正弯矩区预应力钢束,待各孔接头混凝土浇筑并达到设计要求的强度等级后,张拉各支座处主梁顶板负弯矩区钢束,最终形成连续梁。预加力作用模拟可采用第二章第四节或《通规(2015年)》4.2.2条有关要求的方法处理。

第一阶段有限元建模目的是估算预应力钢束,故没有预应力钢束输入;预应力钢束估算及布置完成后,在第二阶段建模时输入钢束有关信息。

3.混凝土收缩及徐变作用

每个阶段施工周期按20d考虑,每个单元混凝土加载龄期为7d,混凝土收缩徐变总天数为1 095d。

4.基础变位作用

根据实际基础变位作用及后期更换支座的需要,分别考虑各种支座变位的组合,取其中最不利情况控制设计。基本参数为边支座沉降5mm、中支座沉降6mm。

(二)可变作用

可变作用包括汽车荷载、汽车冲击力及温度作用。

1.汽车荷载

汽车荷载可按第二章第四节介绍的方法,或按《通规(2015年)》4.3.1条的规定取用。这里综合考虑《通规(2015年)》和本例设计基本资料的规定,汽车荷载形式取公路—Ⅰ级车道荷载。当桥面行车道宽度大于10.5m且小于14m时,按3车道布载,可沿横桥向根据《通规(2015年)》采用中载或最不利偏载布置。

鉴于本例主梁具体构造特点,汽车作用内力设计值的计算考虑横向分布,并采用刚接梁法计算。

1)计算主梁的荷载横向分布系数

连续梁桥荷载横向分布的实用简化计算方法是按等刚度原则,将连续梁的某一孔等代为等跨径的等截面简支梁来计算荷载横向分布系数。所谓等刚度,是指在跨中施加一个集中荷载或一个集中扭矩,则连续梁和等代简支梁的跨中挠度或扭转角彼此相等。本例为四孔连续箱梁桥,边孔与中孔之比为 $L_1/L_2 = 24.52/25 \approx 1$,则可将此桥作为四等跨连续梁来分析,计算跨径取为25m;又因每片箱梁仅在支点附近很小区域内腹板、底板尺寸有所改变,仍可近似按等截面箱梁来考虑,这样带来的计算误差是很小的。综上所述,本例可简化为四等跨等截面连续箱梁桥。由《桥跨结构简化分析——荷载横向分布》(胡肇兹,人民交通出版社)给出的计算结果可知,对于等跨等截面连续梁等效简支梁抗弯惯性矩换算系数为:边跨 $\chi_1 = 1.432$、中跨 $\chi_2 = 1.860$。而抗扭惯性矩换算系数为:$\bar{\chi}_1 = \bar{\chi}_2 = 1$。

(1)边孔荷载横向分布系数计算。

①边孔等代简支梁主梁抗弯(抗扭)惯性矩计算。

四等跨等截面连续梁的边跨按等刚度原则变换为等截面简支梁,横断面布置不变,可按式(5-3)、式(5-4)进行等效换算:

$$I_1^* = \chi_1 I \tag{5-3}$$

$$I_{T1}^* = \bar{\chi}_1 I_T \tag{5-4}$$

式中:I_1^*——边孔的等刚度等截面简支梁的抗弯惯性矩;

χ_1——抗弯惯性矩修正系数;

I——连续箱梁一片主梁跨中截面抗弯惯性矩;

I_{T1}^*——边孔的等刚度等截面简支梁的抗扭惯性矩;

$\bar{\chi}_1$——抗扭惯性矩修正系数;

I_T——连续箱梁一片主梁跨中截面抗扭惯性矩。

抗弯惯性矩已在毛截面几何特性计算中给出,现补充抗扭惯性矩计算。在连续箱梁(一片主梁)跨中截面抗扭惯性矩计算时,闭合截面以外的翼板可以忽略不计,计算误差在1%左右,这样主截面简化成为一个对称梯形,如图5-8所示。

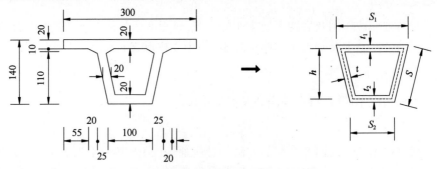

图5-8 主梁抗扭惯性矩计算简化示意(尺寸单位:cm)

抗扭惯性矩计算公式:

$$I_T = (S_1 + S_2)^2 h^2 \frac{1}{2\dfrac{S}{t} + \dfrac{S_1}{t_1} + \dfrac{S_2}{t_2}} \tag{5-5}$$

式(5-5)中的符号如图5-8所示,本例 $S_1=139\text{cm}$,$S_2=85\text{cm}$,$S=124\text{cm}$,$h=120\text{cm}$,$t_1=t_2=20\text{cm}$,$t=19.6\text{cm}$,则:

$$I_T = (139+85)^2 \times 120^2 \times \frac{1}{2\times\frac{124}{19.6}+\frac{139}{20}+\frac{85}{15}} = 0.303(\text{m}^4)$$

又 $\chi_1 = 1.432$,$\bar{\chi}_1 = 1$,$I = 0.285\text{m}^4$,则边孔的等刚度等截面简支梁的抗弯惯性矩和抗扭惯性矩按式(5-3)和式(5-4)计算,分别为:

$$I_1^* = 1.432 \times 0.285 = 0.408(\text{m}^4)$$

$$I_{T1}^* = 1 \times 0.303 = 0.303(\text{m}^4)$$

②比例参数 γ 和 β 计算。

主梁抗弯刚度与抗扭刚度比例参数 γ 和主梁与桥面的抗弯刚度比例参数 β 按式(5-6)、式(5-7)计算:

$$\gamma = \frac{\pi^2 EI}{4GI_T}\left(\frac{b_1}{l}\right)^2 = 5.8\frac{I}{I_T}\left(\frac{b_1}{l}\right)^2 \tag{5-6}$$

$$\beta = \frac{\pi^4 I d_1^3}{3l^4 I_1} = 390\frac{I d_1^3}{l^4 h_1^3} \tag{5-7}$$

式中:E——混凝土弹性模量;
$\quad G$——混凝土剪切弹性模量,取 $G = 0.43E$;
$\quad I$——主梁抗弯惯性矩;
$\quad I_T$——主梁抗扭惯性矩;
$\quad I_1$——单位宽度(沿桥纵向)的桥面板抗弯惯性矩;
$\quad l$——主梁的计算跨径;
$\quad b_1$——主梁间(横桥向)桥面板的跨径;
$\quad d_1$——主梁之间桥面板净跨径的一半;
$\quad h_1$——相当于 I_1 的等厚度桥面板的厚度 $I_1 = \frac{h_1^3}{12}$。

对于边孔等刚度等截面简支主梁:$I = I_1^* = 0.408\text{m}^4$,$I_T = I_{T1}^* = 0.303\text{m}^4$,$l = 25.0\text{m}$,$b_1 = 3.00\text{m}$,$d_1 = 0.75\text{m}$,$h_1 = 0.2\text{m}$。则按式(5-6)和式(5-7)计算比例参数 γ_1、β_1 为:

$$\gamma_1 = 5.8 \times \frac{0.408}{0.303} \times \left(\frac{3}{25}\right)^2 = 0.1125$$

$$\beta_1 = 390 \times \frac{0.408}{25^4} \times \left(\frac{0.75}{0.2}\right)^3 = 0.0215$$

③主梁荷载横向分布影响线 η 计算。

查阅《桥梁工程》(刘龄嘉,人民交通出版社股份有限公司)所列刚接板、梁桥荷载横向分布影响线表中四梁式的 G_η 表,在 $\beta = 0.01$、$\beta = 0.03$ 和 $\gamma = 0.1$、$\gamma = 0.15$ 之间按内插法得到表5-9所列的影响线竖标 η 值,并由此绘出图5-9所示的横向分布影响线。由结构的对称性,在图5-9仅示出1号、2号梁的横向分布影响线。

边孔等刚度简支梁主梁荷载横向分布影响线 η 值　　表 5-9

梁 号	β	γ	$P=1$ 位置(主梁轴线)			
			1 号	2 号	3 号	4 号
1	0.021 5	0.112 5	0.446	0.292	0.169	0.093
2	0.021 5	0.112 5	0.292	0.302	0.237	0.169
3	0.021 5	0.112 5	0.169	0.237	0.302	0.292
4	0.021 5	0.112 5	0.093	0.169	0.292	0.446

④荷载横向分布系数 m 计算。

图 5-9 所示为对各主梁最不利的汽车横桥向布置。为清楚起见，图 5-9 中仅给出轮载下的 η，但未注明其数值。计算所得荷载横向分布系数 m 列于表 5-10。

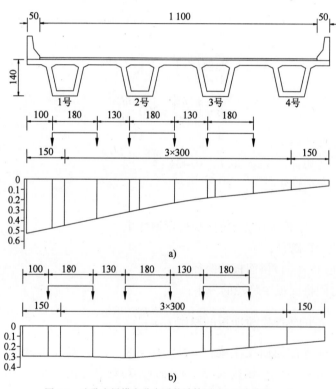

图 5-9　边孔主梁横向分布系数计算图式(尺寸单位:cm)
a)1 号梁荷载分布影响线;b)2 号梁荷载分布影响线

边孔的等刚度简支梁主梁荷载横向分布系数　　表 5-10

梁 号	荷载横向分布系数 m	梁 号	荷载横向分布系数 m
1	0.847 5(0.851)	3	0.804 9(0.784)
2	0.804 9(0.784)	4	0.847 5(0.851)

(2)中孔荷载横向分布系数计算。

①中孔等刚度等截面简支梁主梁抗弯、抗扭惯性矩计算。

计算原理同边孔，计算结果如下：

$$I_2^* = \chi_2 I = 1.860 \times 0.285 = 0.530 (\text{m}^4)$$
$$I_{T2}^* = \bar{\chi}_2 I_T = 1 \times 0.303 = 0.303 (\text{m}^4)$$

②主梁比例参数 γ、β 计算。

按式(5-6)和式(5-7)计算 γ_2、β_2：

$$\gamma_2 = 5.8 \times \frac{0.530}{0.303} \times \left(\frac{3}{25}\right)^2 = 0.1461$$

$$\beta_2 = 390 \times \frac{0.530}{25^4} \times \left(\frac{0.75}{0.2}\right)^3 = 0.0279$$

③主梁荷载横向分布影响线 η 计算。

计算方法同边孔，现将影响线竖标 η 值列于表5-11。

中孔的等刚度简支梁主梁荷载横向分布影响线 η 值   表5-11

梁 号	β	γ	$P=1$ 位置(主梁轴线)			
			1号	2号	3号	4号
1	0.0279	0.1461	0.482	0.295	0.153	0.070
2	0.0279	0.1461	0.295	0.315	0.237	0.153
3	0.0279	0.1461	0.153	0.237	0.315	0.295
4	0.0279	0.1461	0.070	0.153	0.295	0.482

④荷载横向分布系数 m 计算。

在图5-10中，各主梁横向影响线上按最不利布载，求得荷载横向分布系数列于表5-12。

中孔的等刚度简支梁主梁荷载横向分布系数   表5-12

梁 号	荷载横向分布系数 m	梁 号	荷载横向分布系数 m
1	0.8652(0.869)	3	0.8175(0.790)
2	0.8175(0.790)	4	0.8652(0.869)

2)连续梁桥荷载横向分布系数取值

通过前面的手工计算发现，对于本例四跨连续梁桥，边、中孔荷载横向分布系数不同，且中孔1号、2号主梁的荷载横向分布系数均大于边孔相应梁位的数值(图5-10)。另外，为了确保横向分布系数计算结果的正确性，还采用电算程序计算了边、中孔主梁的横向分布系数(表5-10及表5-12括号内的数值)。

因此，本例汽车荷载横向分布系数可按中孔边梁取值，并采用手工计算和程序计算结果的较大者。在以下的汽车荷载内力计算时，荷载横向分布系数具体取为0.869。

3)汽车荷载内力计算

主梁荷载横向分布系数确定之后，将汽车荷载乘以相应横向分布系数，在主梁内力影响线上将单列车道荷载按最不利位置加载，即可求得主梁最大、最小汽车荷载内力，计算公式为：

$$S_p = (1+\mu)\zeta \sum m_i P_i y_i \tag{5-8}$$

式中：S_p——主梁最大汽车荷载内力(弯矩或剪力)；

$1+\mu$——汽车荷载冲击系数。根据表2-16，冲击系数 μ 由结构基频 f 求得，并由《通规(2015年)》4.3.2条，计算汽车荷载的冲击系数；

ζ——车道折减系数,本例按单向 3 车道布载,$\zeta = 0.78$;

m_i——荷载横向分布系数;本例汽车横向分布系数对同一梁位的主梁在各跨内取相同值,具体见表 5-12,偏安全起见,取程序计算值 $m = 0.869$;

P_i——汽车荷载;

y_i——主梁内力影响线的竖标值。

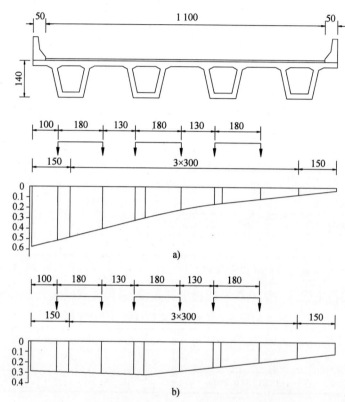

图 5-10 中孔主梁横向分布系数计算图式(尺寸单位:cm)
a)1 号梁荷载分布影响线;b)2 号梁荷载分布影响线

具体计算时,采用专用程序在主梁汽车荷载内力影响上动态加载,即可求得汽车荷载最大内力 S_p,输入方式如图 5-11 所示。

2. 汽车冲击力

根据《通规(2015 年)》4.3.2 条的条文说明,连续梁桥基频计算公式为:

$$f_1 = \frac{13.616}{2\pi l^2}\sqrt{\frac{EI_c}{m_c}} \tag{5-9}$$

$$f_2 = \frac{23.651}{2\pi l^2}\sqrt{\frac{EI_c}{m_c}} \tag{5-10}$$

式(5-9)和式(5-10)中,l 为计算跨径,选取为 25m;E 为混凝土弹性模量,本桥采用 C50 混凝土,弹性模量为 3.45×10^4 MPa;I_c 为跨中截面抗弯惯性矩,按表 5-3 的 0.285m⁴ 取用。m_c 为结构单位长度质量,按边梁跨中处取为 2 917.55kg/m。

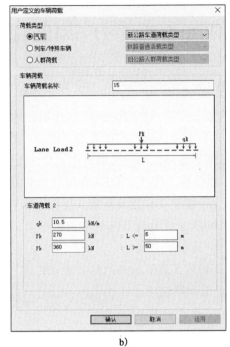

图 5-11 有限元模型移动荷载输入

a) 车道布置及横向分布；b) 车辆荷载定义；c) 横向车道布载系数

计算连续梁桥的冲击力引起的正弯矩效应和相应剪力效应时，采用 f_1；计算连续梁桥的冲击力引起的负弯矩效应和相应剪力效应时，采用 f_2。

根据第二章第四节或《通规(2015 年)》4.3.2 条第 5 款规定，由结构基频可得到冲击系数 μ，而汽车荷载的冲击力标准值为汽车荷载标准值乘以冲击系数 μ。

3. 温度作用

本桥设计不考虑均匀升降温。根据《通规(2015 年)》4.3.12 条规定，本例采用正、反温差梯度计算主梁结构的温度作用次内力，正温差梯度 $T_1 = 14℃$，$T_2 = 5.5℃$，反温差梯度 $T_1 = -7℃$，$T_2 = -2.75℃$，温度梯度模式如图 5-12 所示。

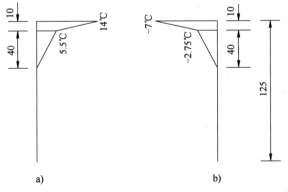

图 5-12 温度梯度模式（尺寸单位：cm）

a) 正温差梯度；b) 反温差梯度

第三节　作用组合及其效应设计值估算

一、作用标准值的效应计算

公路桥涵设计采用的作用分为永久作用、可变作用、偶然作用和地震作用,本例施加于主梁的作用仅考虑永久作用和可变作用,不考虑偶然作用和地震作用。配置预应力钢束之前,各种作用标准值的内力均按毛截面采用本章第二节建立的有限元模型 1 计算。

与第四章类似,对于本例简支-连续施工的连续梁桥,在配置预应力钢筋之前,永久作用标准值的效应仅包括结构重力、混凝土收缩徐变作用及基础变位作用标准值的内力,可变作用标准值的效应包括汽车荷载(含冲击力)和温度梯度作用标准值的内力,且各作用标准值的内力均可采用毛截面计算。

这里给出作用标准值的效应,一是为了直观检查所建有限元软件模型的正确性,二是对简支-连续施工连续梁桥的内力分布形成规律性的总体认识。

(一) 结构重力标准值的主梁截面内力

由施工过程可知,g_1' 适用于主梁第 1、2 施工阶段结构重力标准值的内力计算,g_1 适用于主梁第 3 施工阶段结构重力标准值的内力计算,$g_1 + g_2$ 适用于第 4、5 施工阶段结构重力标准值的内力计算。则根据单元划分及相应的结构重力集度,采用有限元模型 1 进行结构重力标准值的内力计算。表5-13、表5-14 及表5-15 分别给出 g_1'、g_1、$g_1 + g_2$ 作用下的边梁在第 1、3、5 施工阶段结构重力标准值的内力(限于篇幅,这里仅给出边梁的计算结果)。

g_1' 标准值在第 1 施工阶段末的主梁截面内力　　　　表 5-13

节点号 (截面)	剪力 V (kN)	弯矩 M (kN·m)	节点号 (截面)	剪力 V (kN)	弯矩 M (kN·m)	节点号 (截面)	剪力 V (kN)	弯矩 M (kN·m)	节点号 (截面)	剪力 V (kN)	弯矩 M (kN·m)
1	0.00	0.00	10	65.59	2 030.98	20左	8.90	-1.42	29	122.54	1 844.56
2左	14.22	-2.91	11	123.94	1 841.45	20右	-355.39	-1.88	30	182.35	1 532.05
2右	-355.41	-2.91	12	186.08	1 511.28	21	-300.51	554.27	31	221.73	1 259.30
3	-303.77	523.26	13	224.30	1 242.48	22	-261.12	933.37	32	261.12	933.37
4	-260.01	946.10	14	262.52	923.61	23	-221.73	1 259.30	33	300.40	554.24
5	-216.25	1 303.29	15	300.63	554.64	24	-182.35	1 532.05	34左	355.39	-1.82
6	-171.61	1 600.00	16左	355.63	-1.82	25	-121.08	1 850.65	34右	-11.38	-1.82
7	-113.26	1 884.87	16右	-11.38	-1.82	26	-59.81	2 040.58	35	0.00	0.00
8	-54.91	2 053.03	17	0.00	0.00	27	0.00	2 101.89			
9	7.24	2 103.80	19	0.00	0.00	28	61.27	2 037.55			

g_1 标准值在第 3 施工阶段末的主梁截面内力   表 5-14

节点号(截面)	剪力 V (kN)	弯矩 M (kN·m)	节点号(截面)	剪力 V (kN)	弯矩 M (kN·m)	节点号(截面)	剪力 V (kN)	弯矩 M (kN·m)	节点号(截面)	剪力 V (kN)	弯矩 M (kN·m)
1	0.00	0.00	10	73.35	2 092.00	19	−389.18	−221.05	29	128.18	1 878.31
2左	14.90	−3.05	11	135.08	1 883.57	20	−377.12	−98.48	30	191.45	1 550.69
2右	−371.74	−3.05	12	200.82	1 525.83	21	−319.37	492.18	31	233.12	1 264.10
3	−317.41	547.10	13	241.26	1 236.27	22	−277.70	895.20	32	274.79	921.26
4	−271.11	988.49	14	281.69	893.74	23	−236.03	1 241.97	33	316.34	522.14
5	−224.81	1 360.43	15	322.01	498.21	24	−194.37	1 532.49	34	374.35	−63.48
6	−177.59	1 668.27	16	380.01	−97.05	25	−129.55	1 872.60	35	386.26	−185.18
7	−115.86	1 961.71	17	391.93	−220.56	26	−64.73	2 076.59	36左	−386.26	−255.31
8	−54.13	2 131.69	18左	398.63	−291.71	27	−1.46	2 144.43	36右	−392.97	−255.31
9	11.62	2 176.96	18右	−395.88	−291.71	28	63.36	2 079.43			

$g_1 + g_2$ 标准值在第 5 施工阶段末的主梁截面内力   表 5-15

节点号(截面)	剪力 V (kN)	弯矩 M (kN·m)	节点号(截面)	剪力 V (kN)	弯矩 M (kN·m)	节点号(截面)	剪力 V (kN)	弯矩 M (kN·m)	节点号(截面)	剪力 V (kN)	弯矩 M (kN·m)
1	0.00	0.00	10	114.66	2 399.00	19	−504.81	−781.14	29	158.25	2 025.02
2左	18.20	−3.77	11	194.03	2 090.32	20	−489.89	−622.01	30	239.60	1 617.22
2右	−456.17	−3.77	12	278.56	1 587.01	21	−417.19	147.68	31	293.18	1 257.59
3	−387.76	670.25	13	330.55	1 188.05	22	−363.62	674.73	32	346.75	825.64
4	−328.23	1 207.25	14	382.53	720.98	23	−310.04	1 129.44	33	400.18	321.34
5	−268.70	1 654.95	15	434.36	185.80	24	−256.47	1511.84	34	473.21	−419.62
6	−207.99	2 019.62	16	507.40	−613.30	25	−173.13	1 962.91	35	487.95	−573.41
7	−128.62	2 356.22	17	522.14	−778.02	26	−89.79	2 238.96	36左	496.24	−661.98
8	−49.24	2 534.08	18左	530.43	−872.75	27	−8.43	2 339.64	36右	−496.24	−661.98
9	35.29	2 548.94	18右	−513.10	−872.75	28	74.91	2 269.83			

注:剪力以绕正梁截面微段顺时针为正;弯矩以主梁截面下缘受拉为正。

相应于表 5-15 的结构重力标准值的主梁截面内力分布如图 5-13 所示。

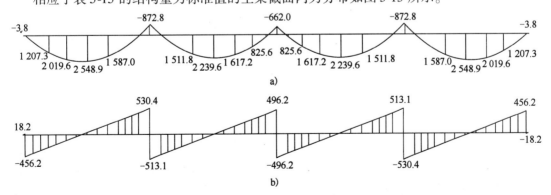

图 5-13 $g_1 + g_2$ 标准值产生的主梁截面内力分布
a)弯矩(单位:kN·m);b)剪力(单位:kN)

(二) 混凝土徐变及收缩标准值的主梁截面次内力

混凝土的徐变、收缩与混凝土的组成材料及其配合比、周围环境的温度、湿度、构件截面形式与混凝土养生条件,以及混凝土的龄期有关,计算方法详见第二章第六节。

进行预应力配筋估算之前,由于钢束未知,因而仅计算主梁混凝土徐变收缩产生的次内力。每个施工周期20d,混凝土的加载龄期为7d,混凝土的收缩徐变总天数按1 095d计。混凝土徐变收缩标准值的主梁截面次内力计算结果见表5-16。

混凝土徐变收缩标准值的主梁截面次内力　　　表5-16

节点号(截面)	弯矩 M (kN·m)	剪力 V (kN)	节点号(截面)	弯矩 M (kN·m)	剪力 V (kN)	节点号(截面)	弯矩 M (kN·m)	剪力 V (kN)	节点号(截面)	弯矩 M (kN·m)	剪力 V (kN)
1	0.00	0.00	10	-599.11	42.01	19	-1 026.94	-17.94	29	-730.55	-17.94
2左	0.00	0.00	11	-683.14	42.01	20	-1 021.15	-17.93	30	-693.77	-17.94
2右	0.01	42.00	12	-772.63	42.01	21	-990.70	-17.94	31	-669.55	-17.94
3	-67.22	42.01	13	-827.66	42.01	22	-966.48	-17.94	32	-645.33	-17.94
4	-130.24	42.01	14	-882.70	42.01	23	-942.26	-17.94	33	-621.07	-17.93
5	-193.26	42.01	15	-937.69	42.00	24	-918.04	-17.94	34	-590.61	-17.94
6	-257.54	42.01	16	-1 009.16	42.01	25	-880.36	-17.94	35	-584.87	-17.94
7	-341.57	42.01	17	-1 022.61	42.01	26	-842.68	-17.94	36左	-581.64	-17.94
8	-425.60	42.01	18左	-1 030.17	42.01	27	-805.90	-17.94	36右	-581.64	17.94
9	-515.08	42.01	18右	-1 030.17	-17.94	28	-768.23	-17.94			

相应于表5-16的混凝土徐变收缩标准值的主梁截面次内力分布如图5-14所示。

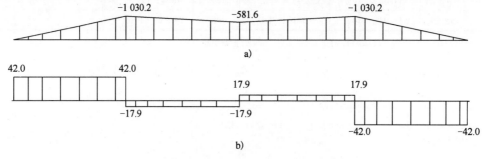

图5-14　混凝土徐变收缩标准值的主梁截面次内力分布
a) 弯矩(单位:kN·m); b) 剪力(单位:kN)

(三) 基础变位标准值的主梁截面次内力

根据实际基础变位及后期更换支座的需要,分别考虑各种支座变位的组合,取其中最不利情况进行控制设计。本例共有5个墩台,总计有$2^5-1=31$种沉降工况,可计算最不利基础变位作用标准值产生的主梁截面最不利次内力,结果见表5-17。

基础变位作用标准值产生的主梁截面次内力   表 5-17

节点号(截面)	M_{max} (kN·m)	M_{min} (kN·m)	V_{max} (kN)	V_{min} (kN)	节点号(截面)	M_{max} (kN·m)	M_{min} (kN·m)	V_{max} (kN)	V_{min} (kN)
1	0.00	0.00	0.00	0.00	19	388.80	-362.44	34.55	-32.95
2左	0.00	0.00	0.00	0.00	20	377.73	-351.88	34.54	-32.94
2右	0.00	0.00	15.02	-16.10	21	319.01	-295.87	34.55	-32.95
3	25.78	-24.04	15.02	-16.11	22	272.36	-251.39	34.55	-32.95
4	49.94	-46.57	15.02	-16.11	23	225.72	-206.90	34.55	-32.95
5	74.11	-69.11	15.02	-16.11	24	195.39	-178.73	34.55	-32.95
6	98.76	-92.09	15.02	-16.11	25	150.98	-137.67	34.55	-32.95
7	130.98	-122.14	15.02	-16.11	26	132.30	-122.35	34.55	-32.95
8	163.20	-152.19	15.02	-16.11	27	140.12	-133.45	34.55	-32.95
9	197.51	-184.19	15.02	-16.11	28	148.13	-144.82	34.55	-32.95
10	229.73	-214.23	15.02	-16.11	29	201.18	-201.22	34.55	-32.95
11	261.95	-244.28	15.02	-16.11	30	255.77	-259.09	34.55	-32.95
12	296.27	-276.28	15.02	-16.11	31	293.99	-299.46	34.55	-32.95
13	317.37	-295.96	15.02	-16.11	32	338.48	-346.11	34.55	-32.95
14	338.47	-315.64	15.02	-16.11	33	382.94	-392.73	34.54	-32.94
15	359.56	-335.30	15.02	-16.10	34	438.98	-451.49	34.55	-32.95
16	386.97	-360.86	15.02	-16.11	35	449.53	-462.55	34.55	-32.95
17	392.12	-365.67	15.02	-16.11	36左	455.46	-468.77	34.55	-32.95
18左	395.02	-368.37	15.02	-16.11	36右	455.46	-468.77	32.95	-34.55
18右	395.02	-368.37	34.55	-32.95					

与表 5-17 相应的基础变位作用标准值产生的主梁截面次内力包络图如图 5-15 所示。

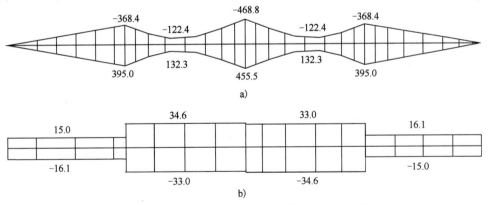

图 5-15　基础变位作用标准值产生的主梁截面次内力包络图
a) 弯矩(单位:kN·m); b) 剪力(单位:kN)

(四) 汽车荷载标准值的主梁截面内力

根据本章第四节汽车荷载作用效应计算原理,即可得到主梁截面的汽车荷载内力。限于篇幅,这里仅给出边梁在公路—Ⅰ级作用(未计入冲击系数)标准值产生的主梁截面内力,计算结果见表5-18。

汽车荷载(未计入冲击系数)标准值产生的主梁截面内力　　　表5-18

节点号 (截面)	M_{max} (kN·m)	M_{min} (kN·m)	V_{max} (kN)	V_{min} (kN)	节点号 (截面)	M_{max} (kN·m)	M_{min} (kN·m)	V_{max} (kN)	V_{min} (kN)
1	0.00	0.00	0.00	0.00	19	171.43	-1 050.34	39.89	-360.38
$2_左$	0.01	-85.60	257.93	0.00	20	161.06	-1 008.76	39.90	-355.67
$2_右$	0.01	-85.60	31.00	-333.86	21	305.31	-817.18	40.40	-330.62
3	429.01	-94.53	31.57	-301.87	22	475.44	-703.46	42.66	-309.67
4	763.63	-102.92	52.55	-272.71	23	655.97	-624.06	57.22	-288.11
5	1 033.61	-126.98	74.17	-244.57	24	844.79	-581.45	73.23	-266.14
6	1 243.65	-169.02	96.77	-217.00	25	1 076.87	-518.85	100.69	-231.62
7	1 421.72	-223.98	126.95	-182.85	26	1 220.47	-456.24	130.76	-197.35
8	1 495.45	-278.93	157.61	-150.99	27	1 269.46	-395.12	162.07	-164.79
9	1 466.89	-337.46	190.47	-119.77	28	1 224.67	-413.00	195.53	-132.99
10	1 348.32	-392.42	221.20	-93.16	29	1 086.61	-456.16	229.73	-103.39
11	1 150.96	-447.38	251.52	-69.31	30	868.87	-498.29	263.15	-77.17
12	866.92	-505.91	282.97	-47.09	31	692.30	-532.44	284.84	-61.60
13	662.77	-543.75	301.73	-35.11	32	525.61	-603.17	306.04	-52.64
14	471.47	-613.52	319.92	-24.45	33	371.23	-708.06	326.42	-51.79
15	301.99	-719.91	337.31	-15.14	34	286.31	-886.30	351.03	-51.36
16	174.84	-950.03	359.04	-8.23	35	293.74	-925.01	355.46	-51.34
17	176.44	-1 028.96	362.97	-8.22	$36_左$	298.26	-947.44	357.93	-51.33
$18_左$	177.64	-1 074.42	358.91	-8.23	$36_右$	298.26	-947.44	51.33	-357.94
$18_右$	177.64	-1 074.42	39.89	-362.93					

与表5-18相应的汽车荷载(未计入冲击系数)标准值产生的主梁截面内力包络图如图5-16所示。

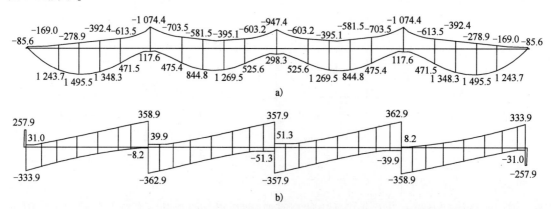

图5-16　汽车荷载(未计入冲击系数)标准值产生的主梁截面内力包络图
a)弯矩(单位:kN·m);b)剪力(单位:kN)

(五)温度作用标准值的主梁截面次内力

主梁受正温差和反温差梯度作用将导致结构产生次内力,计算方法详见第二章第六节。温度梯度作用标准值按本章第二节的图5-12取用,温度梯度作用标准值引起的主梁截面次内力计算结果见表5-19。

温度梯度作用标准值的主梁截面次内力　　　　表5-19

节点号(截面)	正温差梯度 弯矩 M (kN·m)	正温差梯度 剪力 V (kN)	反温差梯度 弯矩 M (kN·m)	反温差梯度 剪力 V (kN)	节点号(截面)	正温差梯度 弯矩 M (kN·m)	正温差梯度 剪力 V (kN)	反温差梯度 弯矩 M (kN·m)	反温差梯度 剪力 V (kN)
1	0.00	0.00	0.00	0.00	19	682.06	9.04	−341.03	−4.52
2$_左$	−0.01	0.00	0.00	0.00	20	679.13	9.04	−339.56	−4.52
2$_右$	−0.01	−27.87	0.00	13.94	21	663.80	9.04	−331.90	−4.52
3	44.61	−27.88	−22.31	13.94	22	651.59	9.04	−325.80	−4.52
4	86.44	−27.88	−43.22	13.94	23	639.39	9.04	−319.69	−4.52
5	128.26	−27.88	−64.13	13.94	24	627.18	9.04	−313.59	−4.52
6	170.92	−27.88	−85.46	13.94	25	608.20	9.04	−304.10	−4.52
7	226.69	−27.88	−113.34	13.94	26	589.21	9.04	−294.61	−4.52
8	282.45	−27.88	−141.23	13.94	27	570.68	9.04	−285.34	−4.52
9	341.84	−27.88	−170.92	13.94	28	551.69	9.04	−275.85	−4.52
10	397.61	−27.88	−198.80	13.94	29	532.71	9.04	−266.35	−4.52
11	453.37	−27.88	−226.69	13.94	30	514.18	9.04	−257.09	−4.52
12	512.76	−27.88	−256.38	13.94	31	501.97	9.04	−250.99	−4.52
13	549.29	−27.88	−274.64	13.94	32	489.77	9.04	−244.88	−4.52
14	585.82	−27.88	−292.91	13.94	33	477.54	9.04	−238.77	−4.52
15	622.31	−27.87	−311.16	13.94	34	462.19	9.04	−231.10	−4.52
16	669.74	−27.88	−334.87	13.94	35	459.30	9.04	−229.65	−4.52
17	678.67	−27.88	−339.33	13.94	36$_左$	457.67	9.04	−228.84	−4.52
18$_左$	683.68	−27.88	−341.84	13.94	36$_右$	457.67	−9.04	−228.84	4.52
18$_右$	683.68	9.04	−341.84	−4.52					

与表5-19相应的温度梯度作用标准值产生的主梁截面次内力分布如图5-17所示。

二、作用组合的效应设计值计算(一)

为了估算预应力钢束,需要首先确定主梁沿桥跨方向各个截面的控制内力,即确定各种作用组合的最不利内力。

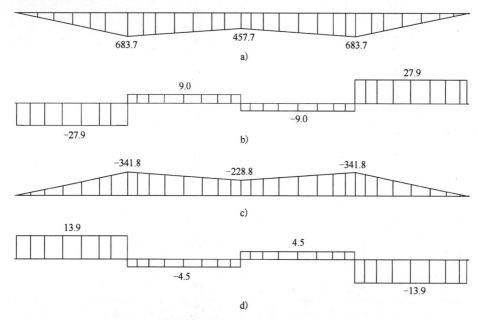

图 5-17 温度梯度作用标准值产生的主梁截面次内力分布
a)正温差梯度弯矩(单位:kN·m);b)正温差梯度剪力(单位:kN);
c)反温差梯度弯矩(单位:kN·m);d)反温差梯度剪力(单位:kN)

第二章第七节已经提到,对于简支-连续施工的预应力混凝土连续梁桥设计,需先进行预应力钢筋估算,配置钢筋后再进行各种状态下的计算和验算,故需进行两次作用组合的效应设计值计算。其中,第一次作用组合的效应设计值计算是为了估算预应力钢筋数量,所以没有考虑预加力次效应,且各种作用的效应设计值均采用毛截面计算;第二次作用组合的效应设计值计算时,必须计入预加力(包括混凝土收缩徐变影响)产生的次效应,计算各种作用的效应设计值时,应采用与施工过程相匹配的净截面或换算截面。因此,以下具体在计算主梁截面内力设计值时,将第一、二次作用组合的效应设计值分别记为内力设计值(一)、内力设计值(二)。

(一)持久状况承载能力极限状态

1.作用组合方式

根据本例的具体情况,作用组合方式取基本组合:永久作用设计值与可变作用设计值相组合。其中,永久作用设计值包括结构重力设计值、混凝土徐变和收缩作用设计值和基础变位设计值;可变作用设计值包括车道荷载(计入冲击力)设计值和温度梯度作用设计值。

2.作用基本组合的内力设计值

对于本例,作用基本组合的主梁截面内力设计值 S_{ud} 可按照式(2-90)或《通规(2015 年)》式(4.1.5-1),采用有限元模型 1 进行计算,结果见表 5-20。

与表 5-20 相应的持久状况承载能力极限状态作用基本组合的主梁截面内力设计值(一)包络图如图 5-18 所示。

持久状况承载能力极限状态作用基本组合的主梁截面内力设计值(一) 表5-20

节点号(截面)	$\gamma_0 M_{max}$ (kN·m)	$\gamma_0 M_{min}$ (kN·m)	$\gamma_0 V_{max}$ (kN)	$\gamma_0 V_{min}$ (kN)	节点号(截面)	$\gamma_0 M_{max}$ (kN·m)	$\gamma_0 M_{min}$ (kN·m)	$\gamma_0 V_{max}$ (kN)	$\gamma_0 V_{min}$ (kN)
1	0.00	0.00	0.00	0.00	19	-723.27	-4 371.49	-484.15	-1 264.42
2左	-4.114	-136.796	421.53	20.26	20	-553.86	-4 083.54	-467.73	-1 237.46
2右	-4.11	-136.80	-383.49	-1 111.14	21	517.50	-2 731.85	-386.99	-1 102.93
3	1 537.16	478.76	-307.35	-971.59	22	1 462.08	-1 918.82	-324.57	-999.94
4	2 753.59	950.69	-209.55	-848.09	23	2 327.20	-1 238.19	-243.21	-896.02
5	3 752.60	1 300.23	-110.77	-726.18	24	3 118.62	-702.76	-159.63	-791.46
6	4 549.55	1 528.64	-9.17	-603.58	25	4 066.52	-35.18	-25.67	-628.31
7	5 257.80	1 673.10	124.61	-446.22	26	4 661.31	425.74	112.31	-465.52
8	5 595.81	1 642.95	259.13	-292.38	27	4 893.00	675.66	250.02	-307.98
9	5 560.48	1 418.84	410.48	-140.48	28	4 755.81	617.50	409.71	-165.48
10	5 169.66	1 028.10	562.58	-12.20	29	4 268.73	303.12	572.37	-28.23
11	4 447.96	462.76	714.03	111.84	30	3 444.19	-191.02	731.24	101.64
12	3 335.20	-331.35	874.06	239.04	31	2 731.14	-627.70	835.36	184.55
13	2 487.44	-920.95	971.56	314.68	32	1 941.26	-1 203.75	938.73	257.28
14	1 569.56	-1 634.63	1 068.20	388.28	33	1 074.85	-1 911.90	1 040.63	317.37
15	595.39	-2 479.54	1 163.37	459.64	34	104.95	-3 083.72	1 174.93	398.37
16	-529.07	-3 967.93	1 293.28	550.62	35	-44.00	-3 344.41	1 201.21	414.61
17	-709.46	-4 329.50	1 318.78	566.85	36左	-129.54	-3 494.81	1 215.95	423.73
18左	-812.74	-4 537.26	1 333.09	575.97	36右	-129.54	-3 494.81	-423.73	-1 215.97
18右	-812.74	-4 537.26	-493.27	-1 279.29					

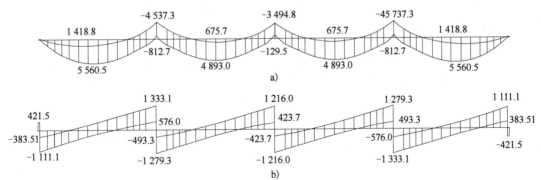

图5-18 持久状况承载能力极限状态作用基本组合的主梁截面内力设计值(一)包络图
a)弯矩(单位:kN·m);b)剪力(单位:kN)

由表5-20与图5-18可知,采用简支-连续施工时,持久状况承载能力极限状态作用基本组合下,主梁截面内力最大设计值及相应的位置分别为:18截面承受的最大和最小负弯矩设计值分别为4 537.26kN·m和812.74kN·m,9截面承受的最大和最小正弯矩设计值分别为5 560.48kN·m和1 418.84kN·m;18截面承受的最大和最小剪力设计值分别为1 333.09kN

和 $-1\,279.29$ kN。

持久状况承载能力极限状态作用基本组合的主梁截面弯矩设计值(一)包络图,主要用于初步确定预应力钢筋的长度布置范围,并为承载能力极限状态设计奠定基础。

(二)持久状况正常使用极限状态

1. 作用组合方式

作用组合方式分别取频遇组合及准永久组合。其中,作用的频遇组合为永久作用标准值与汽车荷载(不计冲击力)频遇值、其他可变作用准永久值相组合;作用的准永久组合为永久作用标准值与可变作用准永久值相组合。根据本例的具体情况,作用的频遇组合应为结构重力标准值、基础变位标准值与车道荷载(不计冲击力)频遇值、温度梯度准永久值相组合;作用的准永久组合应为结构重力标准值、基础变位标准值与车道荷载(不计冲击力)准永久值、温度梯度准永久值相组合。

2. 作用频遇组合的内力设计值

对于本例,作用频遇组合的主梁截面内力设计值 S_{fd} 可按照式(2-95)或《通规(2015年)》式(4.1.6-1),采用有限元模型1计算,结果见表5-21。

持久状况正常使用极限状态作用频遇组合的主梁截面内力设计值(一)　　表5-21

节点号(截面)	M_{max} (kN·m)	M_{min} (kN·m)	V_{max} (kN)	V_{min} (kN)	节点号(截面)	M_{max} (kN·m)	M_{min} (kN·m)	V_{max} (kN)	V_{min} (kN)
1	0.00	0.00	0.00	0.00	19	-646.07	-3 070.06	-457.95	-751.86
2左	-3.75	-49.29	155.58	18.42	20	-500.65	-2 871.01	-443.04	-734.41
2右	-3.75	-49.29	-368.74	-635.67	21	302.14	-1 905.32	-370.06	-648.41
3	901.54	506.42	-300.00	-550.26	22	885.02	-1 243.00	-315.28	-583.70
4	1 619.44	932.49	-229.31	-475.22	23	1 401.10	-671.25	-253.96	-518.65
5	2 213.67	1 260.93	-158.29	-400.73	24	1 865.58	-207.70	-191.87	-453.40
6	2 693.05	1 494.65	-85.55	-325.36	25	2 414.34	364.88	-93.94	-351.70
7	3 128.30	1 660.07	9.87	-227.82	26	2 766.77	736.72	5.39	-250.14
8	3 349.33	1 666.75	105.54	-131.51	27	2 919.56	904.84	103.40	-151.47
9	3 353.22	1 499.31	207.54	-30.38	28	2 852.65	861.33	204.53	-51.22
10	3 144.19	1 178.19	303.26	63.14	29	2 606.16	584.33	306.05	47.86
11	2 734.52	698.32	398.75	155.19	30	2 155.41	142.31	405.18	143.15
12	2 084.39	12.71	500.01	251.54	31	1 752.13	-245.53	470.29	205.01
13	1 579.47	-499.36	561.97	309.90	32	1 288.04	-731.42	535.14	263.35
14	1 013.27	-1 096.51	623.63	367.55	33	758.14	-1 307.74	599.39	317.25
15	390.56	-1 781.16	684.68	424.33	34	43.20	-2 164.11	685.52	390.49
16	-472.78	-2 823.36	769.30	501.05	35	-93.25	-2 342.34	702.62	405.24
17	-636.02	-3 052.77	786.13	515.79	36左	-171.89	-2 445.02	712.22	413.53
18左	-729.76	-3 184.45	795.58	524.09	36右	-171.89	-2 445.02	-413.53	-712.22
18右	-729.76	-3 184.45	-466.24	-761.50					

与表 5-21 相应的持久状况正常使用极限状态作用频遇组合的主梁截面内力设计值(一)包络图如图 5-19 所示。

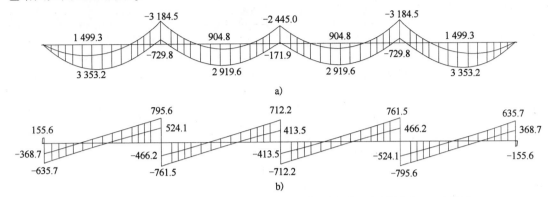

图 5-19 持久状况正常使用极限状态作用频遇组合的主梁截面内力设计值(一)包络图
a) 弯矩(单位:kN·m);b) 剪力(单位:kN)

由表 5-21 和图 5-19 可知,持久状况正常使用极限状态作用频遇组合下,主梁截面内力最大值及相应的位置分别为:18 截面承受的最大和最小负弯矩设计值分别为 3 184.45kN·m 和 729.76kN·m;9 截面承受的最大和最小正弯矩设计值分别为 3 353.22kN·m 和 1 499.31kN·m;18 截面承受的最大和最小剪力设计值分别为 795.58kN 和 -761.50kN。

3. 作用准永久组合的内力设计值

对于本例,作用准永久组合的主梁截面内力设计值 S_{qd} 可按照式(2-97)或《通规(2015 年)》式(4.1.6-2),采用有限元模型 1 计算,结果见表 5-22。

持久状况正常使用极限状态作用准永久组合的主梁截面内力设计值(一)　　表 5-22

节点号(截面)	M_{max} (kN·m)	M_{min} (kN·m)	V_{max} (kN)	V_{min} (kN)	节点号(截面)	M_{max} (kN·m)	M_{min} (kN·m)	V_{max} (kN)	V_{min} (kN)
1	0.00	0.00	0.00	0.00	14	905.83	-956.69	550.72	373.12
2左	-3.75	-29.78	96.80	18.42	15	321.74	-1 617.10	607.81	427.78
2右	-3.75	-29.78	-375.80	-559.59	16	-512.62	-2 606.86	687.48	502.92
3	803.77	527.96	-307.19	-481.47	17	-676.23	-2 818.28	703.41	517.67
4	1 445.41	955.94	-241.29	-413.08	18左	-770.24	-2 939.60	712.37	525.96
5	1 978.12	1 289.87	-175.19	-345.00	18右	-770.24	-2 939.60	-475.33	-678.80
6	2 409.64	1 533.17	-107.60	-275.90	19	-685.13	-2 830.70	-467.04	-669.73
7	2 804.31	1 711.11	-19.06	-186.15	20	-537.35	-2 641.12	-452.13	-653.36
8	3 008.53	1 730.32	69.62	-97.10	21	232.56	-1 719.09	-379.27	-573.07
9	3 018.93	1 576.21	164.14	-3.09	22	776.67	-1 082.68	-325.00	-513.13
10	2 836.92	1 267.61	252.85	84.37	23	1 251.61	-529.03	-267.00	-453.04
11	2 472.22	800.27	341.43	170.99	24	1 673.06	-75.19	-208.56	-392.75
12	1 886.83	128.00	435.52	262.27	25	2 168.93	483.12	-116.88	-298.92
13	1 428.43	-375.44	493.21	317.90	26	2 488.63	840.69	-24.40	-205.17

续上表

节点号 (截面)	M_{max} (kN·m)	M_{min} (kN·m)	V_{max} (kN)	V_{min} (kN)	节点号 (截面)	M_{max} (kN·m)	M_{min} (kN·m)	V_{max} (kN)	V_{min} (kN)
27	2 630.26	994.89	66.46	-113.92	33	673.54	-1 146.38	525.01	329.05
28	2 573.56	955.45	159.97	-20.92	34	-22.05	-1 962.13	605.52	402.19
29	2 358.53	688.29	253.70	71.42	35	-160.19	-2 131.54	621.61	416.94
30	1 957.40	255.87	345.21	160.74	36左	-239.86	-2 229.11	630.65	425.23
31	1 594.36	-124.19	405.38	219.05	36右	-239.86	-2 229.11	-425.23	-630.65
32	1 168.26	-593.96	465.40	275.34					

与表 5-22 相应的持久状况正常使用极限状态作用准永久组合的主梁截面内力设计值(一)包络图如图 5-20 所示。

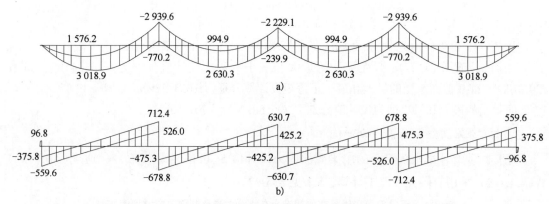

图 5-20 持久状况正常使用极限状态作用准永久组合的主梁截面内力设计值(一)包络图
a)弯矩(单位:kN·m);b)剪力(单位:kN)

由表 5-22 和图 5-20 可知,持久状况正常使用极限状态作用准永久组合下,主梁截面内力最大值及相应的位置分别为:18 截面承受的最大和最小负弯矩设计值分别为 2 939.60kN·m 和 770.24kN·m;9 截面承受的最大和最小正弯矩设计值分别为 3 018.93kN·m 和 1 576.21kN·m;18 截面承受的最大和最小剪力设计值分别为 712.37kN 和 -678.80kN。

持久状况正常使用极限状态的弯矩包络图(一)主要用于初步复核预应力钢筋的长度布置范围,并采用其中的作用频遇组合的内力设计值作为主梁截面预应力钢筋估算的依据。

第四节 预应力钢束估算及布置

对于简支-连续施工的预应力混凝土连续箱梁,预应力钢筋也分为三种,分别为纵向、横向和竖向预应力钢筋。本节将根据本章第三节计算的主梁截面弯矩设计值(一)的包络图计算并布置纵向预应力钢筋。横向预应力钢筋根据单位宽度桥面板计算并布置,如计算配筋仅需设置普通钢筋,则可不设置横向预应力钢筋。竖向预应力钢筋根据主梁主应力计算与验算结果设置,如计算结果无须设置竖向预应力钢筋,则仅需按构造要求设置非预应力箍筋,但如果计算的箍筋间距过小或单肢截面过大,则应考虑设置竖向预应力钢筋。

根据第二章第八节或《桥规(2018年)》第6.1节,预应力混凝土连续梁桥应满足使用荷载作用下的应力要求。因而,在进行预应力钢筋的数量估算时,应该以持久状况正常使用极限状态作用频遇组合的内力设计值作为截面配筋估算依据,按持久状况正常使用极限状态的应力要求进行预应力钢筋估算。

一、预应力钢束估算

(一)钢束估算的原理与方法

以持久状况正常使用极限状态作用频遇组合的内力设计值作为截面预应力配筋估算依据,采用第二章第八节的相关原理,并参照第三章第四节的方法和过程,按持久状况正常使用极限状态的应力要求,即可进行预应力钢筋估算,得到各个截面的预应力钢筋配置范围(即估算结果),应用第二章第三节的设计步骤4,即可确定相应截面实际取用预应力钢筋的数量。

(二)估算结果

按正常使用极限状态作用频遇组合的弯矩设计值进行配筋估算,预应力钢筋采用标准强度为1 860MPa的$\phi^s15.2$高强度、低松弛钢绞线,边梁估算结果列于表5-23。

边梁预应力钢筋估算结果　　　　表5-23

节点号(截面)	上缘最大根	上缘最小根	下缘最大根	下缘最小根	节点号(截面)	上缘最大根	上缘最小根	下缘最大根	下缘最小根
1	182	0	108	0	19	176	31	82	1
2	182	1	108	0	20	176	29	83	2
3	0	0	61	7	21	151	21	64	6
4	0	0	64	13	22	147	16	68	9
5	0	0	67	18	23	144	13	72	13
6	0	0	68	21	24	141	10	75	16
7	0	0	69	25	25	137	6	79	20
8	0	0	69	26	26	135	3	81	22
9	0	0	68	26	27	134	1	82	23
10	132	0	84	25	28	134	2	82	23
11	135	4	81	22	29	136	4	80	21
12	159	2	79	2	30	139	7	77	18
13	143	11	73	14	31	142	9	75	15
14	147	15	69	10	32	145	13	72	12
15	171	21	91	7	33	169	17	95	10
16	176	29	84	2	34	173	24	89	5
17	176	30	82	1	35	173	25	87	5
18	177	32	81	1	36	174	26	86	4

注:每根预应力钢筋为$\phi^s15.2$钢绞线。

根据表5-23,为方便钢束布置和施工,①、④孔主梁正弯矩预应力钢筋取用35根,负弯矩钢筋确定为15根,②、③孔梁正弯矩钢筋取用30根,负弯矩钢筋确定为15根。具体成束规格及钢束编号为:①、④孔正弯矩区采用2束7ϕ^s15.2钢绞线(15-7型锚具),记为N1;2束7ϕ^s15.2钢绞线(15-7型锚具),记为N2;1束7ϕ^s15.2钢绞线(15-7型锚具),记为N3;②、③孔正弯矩区采用2束6ϕ^s15.2钢绞线(15-6型锚具),记为N4;2束6ϕ^s15.2钢绞线(15-6型锚具),记为N5;1束6ϕ^s15.2钢绞线(15-6型锚具),记为N6。考虑平弯及竖弯特点,负弯矩束采用1束5ϕ^s15.2钢绞线(BM15-5型锚具),记为N7;2束5ϕ^s15.2钢绞线(BM15-5型锚具),记为N8。主梁各控制截面实取钢束结果见表5-24。

主梁控制截面实取钢束 表5-24

节点号(截面)	位 置	顶板束数	腹板束数	底板束数
2	边支座	0	4(2N1、2N2)	1N3
6	L/4	0	2N1	3(2N2、1N3)
9	L/2	0	2N1	3(2N2、1N3)
12	3L/4	3(1N7、2N8)	2N1	3(2N2、1N3)
16	临时支座	3(1N7、2N8)	4(2N1、2N2)	1N3
18	中永久支座	3(1N7、2N8)	0	0
20	临时支座	3(1N7、2N8)	4(2N4、2N5)	1N6
24	L/4	3(1N7、2N8)	2N4	3(2N5、1N6)
27	L/2	0	2N4	3(2N5、1N6)
30	3L/4	3(1N7、2N8)	2N4	3(2N5、1N6)
34	临时支座	3(1N7、2N8)	4(2N4、2N5)	1N6
36	中永久支座	3(1N7、2N8)	0	0

注:4(2N1、2N2)表示2束N1,2束N2,总数为4束,其余类似。

二、钢束布置及输入

(一)布置原则

钢束布置的一般原则在第二章第八节已有介绍。这里结合本例在施工、构造上的一些特点,给出在钢束布置时的要点。首先,本例为简支-连续梁桥,主梁在简支状态下主要承受主梁结构重力作用和预加力的作用,因此在正弯矩钢束布置时应满足简支状态下的受力要求。其次,支点截面上缘负弯矩钢束不仅用来承担二期结构重力、汽车荷载及结构次内力,同时又是结构体系转换的有效手段,因此在负弯矩钢束布置时应充分注意到这一点。

(二)钢束布置

遵循上述预应力钢束布置原则,结合本例施工特点,钢束布置结果如图5-21所示。

横截面布置时,各预应力束均以箱梁中心线对称布置。其中,跨中截面底层正弯矩钢束中心至截面下缘距离8cm,锚固截面底层正弯矩钢束中心至截面下缘距离12.5cm;此外,顶板负弯矩钢束中心在中支点处距截面上缘为10cm,在锚固截面处距截面上缘为15cm。

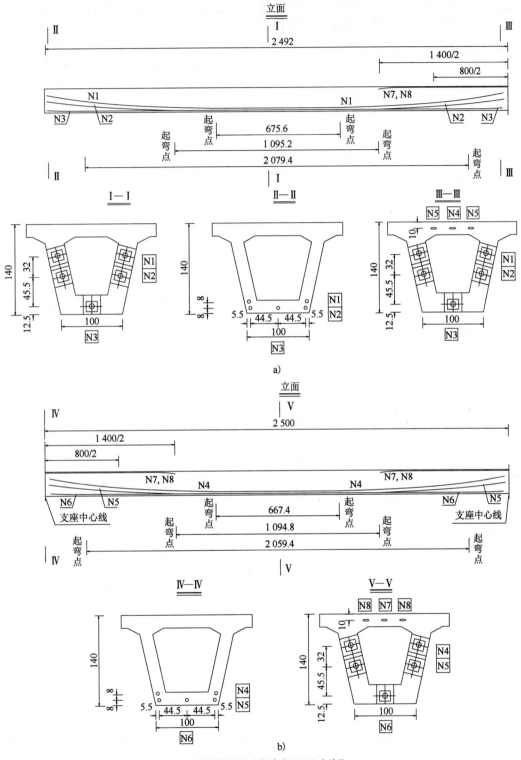

图 5-21 预制梁预应力钢束布置(尺寸单位：cm)
a)①、④孔钢束构造；b)②、③孔钢束构造

立面布置时,各孔正弯矩钢束 N1、N2、N3、N4、N5、N6 均以跨中中心线对称竖弯,其中边孔 N1、中孔 N4 钢束起弯点相距分别为 6.756m、6.674m;边孔 N2、中孔 N5 钢束起弯点相距分别为 10.952m、10.948m;边孔 N3、中孔 N6 钢束估算起弯点相距分别为 20.794m、20.594m。同时,边孔 N1、中孔 N4 钢束弯起半径均为 50m,弯起角度均为 7°;边孔 N2、中孔 N5 钢束弯起半径均为 45m,弯起角度均为 7°;边孔 N2、中孔 N5 钢束弯起半径均为 30m,弯起角度均为 1.8°。顶板负弯矩钢束 N7、N8 均在距锚固截面 1.263m 处开始下弯,且弯起半径均为 8m,弯起角度均为 5°。

钢束平面布置时,仅钢束 N1(N4)、N2(N5)由于构造与锚固的需要设置了平弯,平弯半径均为 25m,平弯角度均为 2°。

(三) 钢束输入

完成钢束估算及布置后,进行第二阶段建模,将所布置的钢束输入有限元模型 1。

纵向预应力钢筋采用 $\phi^s 15.2$ 标准强度为 1 860MPa 的高强度、低松弛钢绞线,公称直径为 15.24mm,公称截面面积为 140mm^2。预应力管道采用内径 70mm 圆形波纹管。

施工中应按一定顺序分别张拉各预应力钢束。第一施工阶段张拉各孔正弯矩区钢束,张拉顺序为 N1、N2、N3 及 N4、N5、N6,均采用两端同时张拉;第二施工阶段张拉两边中支点负弯矩区钢束,张拉顺序为 N7、N8,均采用对称单端张拉;第三施工阶段张拉中支点负弯矩区钢束,张拉顺序为 N7、N8,均采用对称单端张拉。

施工中各钢束均在各自张拉阶段末压浆,程序可按照不同的加载时间来模拟钢束张拉的先后次序。

有限元模型中预应力钢束的输入与张拉,可参照第三章第四节之三来实现。

输入预应力钢束后,即形成本章的有限元模型 2,便可进行主梁结构的相关计算和验算。

三、主梁净、换算截面几何特性计算

简支-连续施工过程中,预应力张拉及管道压浆前后主梁截面特性发生变化,因此在不同阶段需采用不同的截面特性来进行相关计算与验算。在未压浆前应采用净截面,而在压浆后应采用换算截面。当张拉钢束时,管道内未压浆,钢束的变形不受混凝土的约束,此时构件截面采用净截面来计算;随后对管道压浆,待整体强度形成,钢筋与混凝共同参与受力,此时构件应采用换算截面来计算。因而应根据作用的实际情况采用不同的截面特性。

采用有限元程序计算时,程序将根据定义的施工工序自动考虑截面特性变化,按相应截面特性进行计算。限于篇幅,净截面及换算截面计算结果从略。

第五节 预应力损失及有效预应力计算

预应力损失及有效预应力的基本计算原理和计算公式详见第二章第九节或《桥规(2018 年)》第 6.2 节。对于不同构造形式和配筋情况的具体桥梁,预应力损失计算又有各自的特性,现对本例桥梁的各项预应力损失计算作以简要介绍。

一、预应力损失计算

(一)张拉控制应力

本例预应力钢筋的张拉控制应力 $\sigma_{con} = 0.75 \times 1\,860 = 1\,395\,\text{MPa}$。

(二)钢筋的各项预应力损失及计算原则

由第二章第九节或《桥规(2018年)》6.2.1条可知,预应力混凝土构件在正常使用极限状态计算中应考虑由以下6种因素引起的预应力损失:

(1)预应力钢筋与管道壁之间的摩擦损失 σ_{l1}:根据表2-32,本例取管道偏差系数 $k = 0.001\,5$,摩阻系数 $\mu = 0.22$,各截面钢束的弯曲影响角 θ 可根据钢束形状由程序自动计入,按式(2-111)可计算由摩阻损失引起的预应力损失。

(2)锚具变形、钢筋回缩和接缝压缩损失 σ_{l2}:预应力钢筋由锚具变形、钢筋回缩和接缝压缩引起的预应力损失可按式(2-112)不考虑反摩阻影响计算,也可按式(2-113)~式(2-117)考虑反向摩阻影响计算。本例取 $\sum \Delta L = 6\,\text{mm}$,弹性模量 $E = 1.95 \times 10^5\,\text{MPa}$,采用考虑反摩阻影响计算。

(3)张拉台座温差损失 σ_{l3}:对后张法预应力混凝土构件,该项损失为零。

(4)混凝土的弹性压缩损失 σ_{l4}:此项损失包括后张拉钢束对已锚固钢束的弹性压缩损失以及结构外载增量引起的弹性压缩损失,并考虑张拉钢束对二次矩的影响。

(5)钢束松弛损失 σ_{l5}:损失终值按式(2-122)计算,并考虑超张拉,低松弛。本例为超张拉钢束,取张拉系数 $\psi = 0.9$,采用低松弛预应力钢筋时取 $\zeta = 0.3$。

(6)混凝土的收缩徐变引起的损失 σ_{l6}:混凝土的收缩徐变引起的预应力损失可分别按受拉区和受压区考虑,其中,受拉区采用式(2-125)计算、受压区采用式(2-126)计算。

此外,按《通规(2015年)》及一般做法,将 σ_{l5}、σ_{l6} 定为使用阶段的预应力损失,而本例在施工阶段预应力损失计算时已将部分 σ_{l5}、σ_{l6} 计入,这样处理应该与实际情况更加吻合。

(三)预应力损失值的组合

根据表2-34或《桥规(2018年)》6.2.8条,钢筋的预应力损失值可按传力锚固时(预加应力)和传力锚固后(使用应力)两个阶段进行组合。

二、有效预应力计算

有效预应力计算同预应力损失一样,也应按传力锚固时(预加应力)和传力锚固后(使用应力)两个阶段进行计算。各阶段有效预应力值为张拉控制应力减去该阶段相应预应力损失累计值,其中,传力锚固时(预加应力阶段)的有效预应力按式(2-127)计算;传力锚固后的有效预应力按式(2-128)计算。

本设计分施工阶段进行计算,各阶段有效预应力值为张拉控制应力减去前几个阶段预应力损失累计值。这样为进行各施工阶段验算提供了较为确切的基本数据,也增加了计算结果可靠性。使用阶段永存预应力为最后一个施工阶段有效预应力减去使用阶段钢束松弛、混凝土收缩徐变损失。

三、计算结果

本例各施工阶段时间为20d,最后考虑1 175d的混凝土收缩徐变。限于篇幅,仅给出传力锚固后的边孔边梁N1钢束(几何形状及相关单元如图5-22所示)在不同施工阶段的各项预应力损失及有效预应力计算结果,详见表5-25~表5-29。其他各钢束计算方法类似,结果从略。钢束张拉控制应力 σ_{con} = 1 395 MPa。

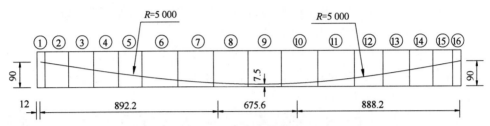

图5-22 1号钢束几何形状及相关单元(尺寸单位:cm)

N1钢束第一施工阶段末各项预应力损失及有效预应力(单位:MPa)　　表5-25

节点号(截面)	σ_{l1}	σ_{l2}	σ_{l4}	σ_{l5}	σ_{l6}	有效预应力
1	57.69	231.09	1.19	49.41	17.91	1 037.71
2	58.49	188.73	1.94	51.27	25.36	1 069.21
3	51.42	175.08	2.83	52.19	32.55	1 080.92
4	38.91	166.38	3.81	53.14	37.33	1 095.44
5	31.52	144.33	4.68	54.46	41.14	1 118.87
6	29.42	118.01	5.18	55.72	42.58	1 144.08
7	28.27	137.04	5.11	54.93	41.13	1 128.53
8	21.86	160.62	5.01	54.16	40.05	1 113.31
9	20.89	141.58	5.11	55.05	41.24	1 131.13
10	16.76	138.69	5.09	55.37	42.16	1 136.93
11	23.20	165.54	4.37	53.88	39.60	1 108.42
12	24.08	184.34	3.58	53.00	36.12	1 093.87
13	26.65	201.35	2.73	52.13	31.78	1 080.37
14	34.44	212.58	1.98	51.28	27.38	1 067.34
15	47.38	227.92	1.17	50.01	19.03	1 049.49

N1钢束第二施工阶段末各项预应力损失及有效预应力(单位:MPa)　　表5-26

节点号(截面)	σ_{l1}	σ_{l2}	σ_{l4}	σ_{l5}	σ_{l6}	有效预应力
1	57.69	231.09	1.37	54.87	22.64	1 027.35
2	58.49	188.73	2.20	56.93	31.55	1 057.10
3	51.42	175.08	2.92	57.96	40.33	1 067.29

续上表

节点号（截面）	σ_{l1}	σ_{l2}	σ_{l4}	σ_{l5}	σ_{l6}	有效预应力
4	38.91	166.38	3.56	59.01	46.01	1 081.13
5	31.52	144.33	3.99	60.47	50.66	1 104.03
6	29.42	118.01	3.88	61.88	52.72	1 129.10
7	28.27	137.04	3.26	60.99	51.43	1 114.00
8	21.86	160.62	2.60	60.14	50.65	1 099.13
9	20.89	141.58	2.20	61.13	52.48	1 116.72
10	16.76	138.69	1.74	61.48	54.00	1 122.33
11	23.20	165.54	0.89	59.83	52.29	1 093.26
12	24.08	184.34	2.99	58.85	49.12	1 075.62
13	26.65	201.35	5.62	57.88	45.15	1 058.36
14	34.44	212.58	8.23	56.94	41.05	1 041.76
15	47.38	227.92	9.74	55.54	30.58	1 023.84
16	57.69	206.22	8.76	56.10	28.85	1 037.38

N1 钢束第三施工阶段末各项预应力损失及有效预应力（单位：MPa） 表5-27

节点号（截面）	σ_{l1}	σ_{l2}	σ_{l4}	σ_{l5}	σ_{l6}	有效预应力
1	57.69	231.09	1.50	58.53	26.30	1 019.90
2	58.49	188.73	2.44	60.72	36.33	1 048.29
3	51.42	175.08	3.51	61.82	46.08	1 057.09
4	38.91	166.38	4.59	62.94	52.09	1 070.09
5	31.52	144.33	5.47	64.50	56.95	1 092.23
6	29.42	118.01	5.76	66.00	58.95	1 116.86
7	28.27	137.04	5.30	65.06	57.39	1 101.94
8	21.86	160.62	4.74	64.15	56.43	1 087.21
9	20.89	141.58	4.38	65.21	58.42	1 104.52
10	16.76	138.69	3.87	65.58	60.12	1 109.98
11	23.20	165.54	0.85	63.82	58.55	1 083.05
12	24.08	184.34	1.63	62.78	55.40	1 066.78
13	26.65	201.35	4.71	61.74	51.47	1 049.08
14	34.44	212.58	7.76	60.73	47.46	1 032.02
15	47.38	227.92	9.76	59.24	36.19	1 014.51
16	57.69	206.22	8.81	59.84	34.06	1 028.38

N1 钢束第四施工阶段末各项预应力损失及有效预应力(单位:MPa)　　表 5-28

节点号(截面)	σ_{l1}	σ_{l2}	σ_{l4}	σ_{l5}	σ_{l6}	有效预应力
1	57.69	231.09	1.60	61.19	29.19	1 014.24
2	58.49	188.73	2.69	63.49	40.02	1 041.58
3	51.42	175.08	4.63	64.64	50.14	1 049.09
4	38.91	166.38	6.86	65.81	55.94	1 061.10
5	31.52	144.33	8.83	67.44	60.53	1 082.34
6	29.42	118.01	9.98	69.01	62.19	1 106.39
7	28.27	137.04	9.66	68.02	60.43	1 091.58
8	21.86	160.62	8.84	67.07	59.53	1 077.08
9	20.89	141.58	7.93	68.18	61.98	1 094.45
10	16.76	138.69	6.48	68.57	64.33	1 100.17
11	23.20	165.54	1.98	66.73	63.51	1 074.05
12	24.08	184.34	1.36	65.64	60.67	1 058.91
13	26.65	201.35	4.94	64.55	56.85	1 040.66
14	34.44	212.58	7.82	63.50	52.58	1 024.08
15	47.38	227.92	8.15	61.94	39.54	1 010.07
16	57.69	206.22	6.82	62.57	36.95	1 024.75

N1 钢束正常使用阶段各项预应力损失及永存预应力(单位:MPa)　　表 5-29

节点号(截面)	σ_{l1}	σ_{l2}	σ_{l4}	σ_{l5}	σ_{l6}	永存预应力(成桥3年)
1	57.69	231.09	2.80	91.58	67.15	944.69
2	58.49	188.73	4.61	95.02	85.23	962.92
3	51.42	175.08	7.48	96.73	100.49	963.80
4	38.91	166.38	10.76	98.49	108.46	972.01
5	31.52	144.33	13.70	100.93	114.59	989.93
6	29.42	118.01	15.58	103.28	116.24	1 012.48
7	28.27	137.04	15.43	101.80	113.12	999.34
8	21.86	160.62	14.81	100.38	111.55	985.78
9	20.89	141.58	14.24	102.03	115.44	1 000.82
10	16.76	138.69	13.03	102.61	119.43	1 004.48
11	23.20	165.54	7.94	99.86	118.90	979.57
12	24.08	184.34	3.77	98.23	115.62	968.96
13	26.65	201.35	0.90	96.61	110.97	958.53
14	34.44	212.58	4.98	95.03	105.51	942.45
15	47.38	227.92	7.19	92.69	85.97	933.85
16	57.69	206.22	6.03	93.64	80.96	950.47

第六节 钢束布置后作用组合的效应设计值计算

钢束布置后作用组合的效应设计值计算原理、方法与本章第三节类似,不同之处在于:
(1)作用种类增加了预加力(原理方法同第三章第四节)。
(2)按照一般构造要求并借鉴已有设计成果,配置了普通钢筋及箍筋,以边梁支点截面为例,如图5-23所示,具体数量详见本章第七节。

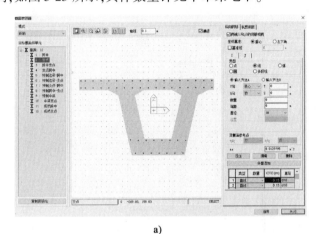
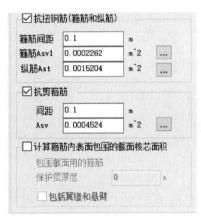

a)　　　　　　　　　　　　　　　　b)

图5-23　左边梁支点截面普通钢筋输入示意
a)纵向钢筋;b)抗剪、抗扭钢筋

(3)计算各个作用的效应设计值时,相应的截面几何特性不尽相同,如在布置预应力钢束之前的第一次作用的效应计算时,主梁恒载、基础变位等作用的效应设计值对应于毛截面,而在布置预应力钢束之后的第二次作用组合的效应设计值计算时,主梁恒载、基础变位及预加力等作用的效应对应于净截面或换算截面。而净截面、换算截面以预应力管道压浆并形成强度为分界点。

一、永久作用标准值的效应计算

本例配置预应力钢束后的永久作用包括:结构重力、预加力作用、收缩徐变作用及基础变位作用。

(一)结构重力标准值的主梁截面内力

结构重力标准值的主梁截面内力应根据实际预应力管道压浆时间,采用相应的截面几何特性计算,计算结果与表5-13～表5-15相差不大,为节省篇幅,此处从略。

(二)预加力标准值的主梁截面次内力

对于预应力混凝土连续梁桥,根据第二章第四节或《通规(2015年)》4.2.2条有关要求,预加力作用的效应可按正常使用极限状态和承载能力极限状态两种情况分别考虑。其中,进行正常使用极限状态设计时的构件应力和变形计算时,应将预加力作为永久作用并计入主效应和次效应;进行结构承载能力极限状态设计时,预加力不作为作用,预应力钢筋仅作为结构抗力的组成部分,但应计入预加力引起的次效应。具体详见本章第七~九节。

根据图5-7,第1施工阶段相当于四座简支梁桥,均为静定结构,张拉正弯矩区预应力钢束(简称为简支束)时预加力不会产生次内力;第2施工阶段相当于两联,每联为2孔连续梁,并为超静定结构,张拉负弯矩区预应力钢束(简称为连续束)时将会产生次内力;第3施工阶段相当于4孔连续梁,并为超静定结构,张拉34、38截面负弯矩区连续束时也会产生次内力。对于本例,预加力标准值产生的次内力为简支束后期损失次内力与连续束永存预应力引起的次内力之和,计算结果见表5-30。

永存预加力标准值引起的主梁截面次内力　　　　　　　表5-30

节点号(截面)	$M(kN \cdot m)$	$V(kN)$	节点号(截面)	$M(kN \cdot m)$	$V(kN)$
1	0.00	0.00	19	-929.38	-1.38
$2_左$	0.01	0.00	20	-928.77	-1.38
$2_右$	0.01	37.90	21	-926.61	-1.38
3	-60.66	37.91	22	-924.75	-1.38
4	-117.53	37.91	23	-922.89	-1.38
5	-174.40	37.91	24	-921.03	-1.38
6	-232.41	37.91	25	-918.14	-1.38
7	-308.24	37.91	26	-915.25	-1.38
8	-384.06	37.91	27	-912.43	-1.38
9	-464.82	37.91	28	-909.54	-1.38
10	-540.64	37.91	29	-906.65	-1.38
11	-616.47	37.91	30	-903.83	-1.38
12	-697.23	37.91	31	-901.97	-1.38
13	-746.89	37.91	32	-900.11	-1.38
14	-796.56	37.91	33	-898.07	-1.38
15	-846.06	37.90	34	-895.91	-1.38
16	-910.68	37.91	35	-895.48	-1.38
17	-922.81	37.91	$36_左$	-895.23	-1.38
$18_左$	-929.64	37.91	$36_右$	-895.23	1.35
$18_右$	-929.64	-1.38			

与表5-30相应的预加力标准值产生的主梁截面次内力分布如图5-24所示。

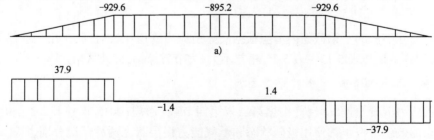

图5-24 永存预加力标准值引起的主梁截面次内力分布
a)弯矩(单位:kN·m);b)剪力(单位:kN)

(三) 混凝土收缩徐变标准值的主梁截面次内力

配置预应力钢束后，混凝土收缩及徐变作用标准值的次内力应按换算截面计算。本例每个施工周期20d，混凝土的加载龄期为7d，混凝土的徐变及收缩总天数1 095d。考虑预加力作用后边梁徐变及收缩次内力计算结果见表5-31。

基于换算截面的混凝土收缩徐变作用标准值的主梁截面次内力　　　表5-31

节点号(截面)	M(kN·m)	V(kN)	节点号(截面)	M(kN·m)	V(kN)
1	0.00	0.00	19	795.31	11.39
$2_{左}$	0.00	0.00	20	791.65	11.39
$2_{右}$	-0.01	-32.51	21	772.30	11.39
3	52.03	-32.52	22	756.92	11.39
4	100.81	-32.52	23	741.54	11.39
5	149.59	-32.52	24	726.16	11.39
6	199.34	-32.52	25	702.24	11.39
7	264.38	-32.52	26	678.32	11.39
8	329.41	-32.52	27	654.97	11.39
9	398.68	-32.52	28	631.05	11.39
10	463.72	-32.52	29	607.13	11.39
11	528.75	-32.52	30	583.77	11.39
12	598.02	-32.52	31	568.40	11.39
13	640.62	-32.52	32	553.02	11.39
14	683.22	-32.52	33	537.60	11.39
15	725.81	-32.51	34	518.27	11.39
16	781.10	-32.52	35	514.63	11.39
17	791.50	-32.52	$36_{左}$	512.58	11.39
$18_{左}$	797.36	-32.52	$36_{右}$	512.58	-11.39
$18_{右}$	797.36	11.39			

与表5-31相应的徐变及收缩标准值产生的主梁截面次内力分布如图5-25所示。

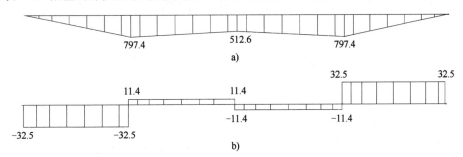

图5-25　基于换算截面的混凝土收缩徐变标准值的主梁截面次内力分布
a)弯矩(单位:kN·m);b)剪力(单位:kN)

对比表5-31、图5-25与表5-16、图5-13可以发现，配置预应力钢束前后，混凝土收缩徐变作用标准值的次内力的数值和分布规律均发生了变化，表明预应力钢束及施工方法对于收缩徐变作用标准值的次内力影响显著。

（四）基础变位标准值的主梁截面次内力

基础变位标准值的主梁截面次内力按换算截面进行计算，结果见表5-32。

基于换算截面的基础变位标准值的主梁截面次内力 表5-32

节点号（截面）	M_{max}（kN·m）	M_{min}（kN·m）	V_{max}（kN）	V_{min}（kN）	节点号（截面）	M_{max}（kN·m）	M_{min}（kN·m）	V_{max}（kN）	V_{min}（kN）
1	0.00	0.00	0.00	0.00	19	422.80	-394.11	37.54	-35.81
2左	0.00	0.00	0.00	0.00	20	410.78	-382.64	37.53	-35.79
2右	0.00	0.00	16.33	-17.51	21	346.97	-321.78	37.54	-35.81
3	28.03	-26.14	16.34	-17.52	22	296.29	-273.45	37.54	-35.81
4	54.31	-50.64	16.34	-17.52	23	245.61	-225.11	37.54	-35.81
5	80.59	-75.14	16.34	-17.52	24	212.83	-194.68	37.54	-35.81
6	107.39	-100.14	16.34	-17.52	25	164.53	-150.02	37.54	-35.81
7	142.43	-132.81	16.34	-17.52	26	144.12	-133.27	37.54	-35.81
8	177.47	-165.48	16.34	-17.52	27	152.57	-145.27	37.54	-35.81
9	214.78	-200.28	16.34	-17.52	28	161.22	-157.57	37.54	-35.81
10	249.82	-232.95	16.34	-17.52	29	218.48	-218.47	37.54	-35.81
11	284.86	-265.62	16.34	-17.52	30	277.77	-281.33	37.54	-35.81
12	322.17	-300.42	16.34	-17.52	31	319.14	-325.04	37.54	-35.81
13	345.12	-321.82	16.34	-17.52	32	367.47	-375.72	37.54	-35.81
14	368.07	-343.22	16.34	-17.52	33	415.79	-426.38	37.53	-35.79
15	391.00	-364.60	16.33	-17.51	34	476.68	-490.22	37.54	-35.80
16	420.80	-392.39	16.34	-17.52	35	488.14	-502.24	37.54	-35.81
17	426.41	-397.62	16.34	-17.52	36左	494.58	-508.99	37.54	-35.81
18左	429.56	-400.56	16.34	-17.52	36右	494.58	-508.99	35.81	-37.54
18右	429.56	-400.56	37.54	-35.81					

与表5-32相应的基础变位作用标准值的主梁截面次内力包络图如图5-26所示。

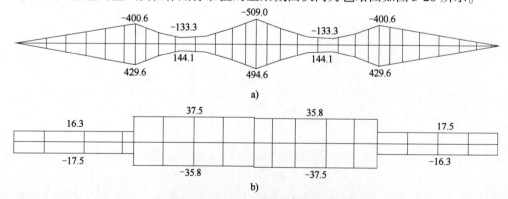

图5-26 基于换算截面的基础变位标准值的主梁截面次内力包络图
a)弯矩(单位:kN·m);b)剪力(单位:kN)

第五章 简支-连续施工连续梁桥设计

对比表5-32、图5-26与表5-17、图5-15可以看出,基础变位作用标准值的次内力按照换算截面计算结果变化很小。

(五)施工阶作用标准值的主梁截面内力

配束后各施工阶段作用标准值的主梁截面内力主要包括:主梁自重内力、预加力产生的初预矩及次内力、混凝土收缩徐变产生的次内力。这些作用效应的计算原理与方法第二章已有介绍,这里不再赘述。若将各施工阶段的这些作用标准值的效应全部展示出来,其篇幅是可想而知的,因此这里仅给出边梁其中3个施工阶段末的累计内力,以便对施工过程和相应的主梁截面内力分布有一个总体认识。对于图5-7所示的不同结构体系的桥梁,仅给出其中第1、2和3施工阶段末作用标准值的累计内力,计算结果见表5-33～表5-35。

第 1 施工阶段末作用标准值的主梁截面累计内力　　　　　　表 5-33

节点号(截面)	轴力 N (kN)	剪力 V (kN)	弯矩 M (kN·m)	节点号(截面)	轴力 N (kN)	剪力 V (kN)	弯矩 M (kN·m)
1	-0.02	0.00	0.00	19	-1 976.22	228.50	-188.33
$2_左$	-5 099.79	499.10	-475.81	$20_左$	-4 951.57	544.34	-455.40
$2_右$	-5 085.82	275.89	-475.81	$20_右$	-4 912.37	288.71	-455.40
3	-5 218.46	191.46	-1 002.29	21	-4 929.30	167.36	-936.00
4	-5 326.77	102.23	-1 286.90	22	-4 972.24	76.20	-1 137.62
5	-5 411.90	61.84	-1 454.85	23	-4 999.77	33.76	-1 239.99
6	-5 533.34	-69.72	-1 533.19	24	-5 030.56	-11.67	-1 260.71
7	-5 638.22	-103.94	-1 451.49	25	-5 081.60	-76.41	-1 162.33
8	-5 624.31	-54.64	-1 286.05	26	-5 113.86	-59.81	-1 005.57
9	-5 581.41	7.51	-1 211.04	27	-5 131.20	0.00	-954.58
10	-5 631.14	65.86	-1 313.03	28	-5 113.70	61.27	-1 008.49
11	-5 614.47	70.25	-1 469.71	29	-5 083.48	77.85	-1 167.15
12	-5 481.74	-1.84	-1 494.09	30	-5 031.63	11.63	-1 261.44
13	-5 400.69	-53.37	-1 419.01	31	-5 001.41	-33.85	-1 240.80
14	-5 322.39	-99.93	-1 262.59	32	-4 973.83	-76.34	-1 138.44
15	-5 224.68	-338.84	-1 010.55	33	-4 934.53	-302.79	-937.31
$16_左$	-5 130.81	-317.12	-466.01	$34_左$	-4 913.81	-288.98	-458.62
$16_右$	-5 195.39	-506.27	-466.01	$34_右$	-4 951.40	-544.32	-458.62

第 2 施工阶段末作用标准值的主梁截面累计内力　　　　　　表 5-34

节点号(截面)	轴力 N (kN)	剪力 V (kN)	弯矩 M (kN·m)	节点号(截面)	轴力 N (kN)	剪力 V (kN)	弯矩 M (kN·m)
1	-0.02	0.00	0.00	5	-5 334.64	85.33	-1 540.90
$2_左$	-5 088.68	498.99	-470.61	6	-5 450.01	-43.83	-1 653.49
$2_右$	-5 032.30	296.71	-470.61	7	-5 549.26	-76.72	-1 621.19
3	-5 153.93	212.82	-1 026.33	8	-5 531.68	-27.28	-1 508.14
4	-5 255.77	124.90	-1 341.26	9	-5 484.25	34.87	-1 488.69

续上表

节点号(截面)	轴力 N (kN)	剪力 V (kN)	弯矩 M (kN·m)	节点号(截面)	轴力 N (kN)	剪力 V (kN)	弯矩 M (kN·m)
10	-5 527.59	93.22	-1 641.60	23	-7 329.68	0.38	-600.60
11	-5 505.13	98.61	-1 849.95	24	-7 315.44	109.89	-645.78
12	-7 759.06	-123.31	-858.04	25	-4 980.25	-104.55	-1 543.02
13	-7 720.49	-19.53	-774.93	26	-5 016.70	-87.11	-1 331.20
14	-7 640.11	-63.15	-663.07	27	-5 037.88	-27.30	-1 226.56
15	-7 547.79	-361.20	-463.93	28	-5 024.62	33.97	-1 225.69
16	-7 542.46	-100.82	107.47	29	-4 998.58	51.27	-1 329.80
17	-2 457.15	394.46	437.29	30	-4 951.77	-13.04	-1 373.86
18$_左$	-2 515.20	-409.64	365.86	31	-4 926.09	-57.43	-1 322.83
18$_右$	-2 457.44	-400.6	365.86	32	-4 903.59	-99.06	-1 191.69
19	-4 398.43	-170.15	256.35	33	-4 873.13	-322.80	-964.30
20	-7 263.14	312.16	116.82	34$_左$	-4 910.83	-324.73	-453.24
21	-7 259.08	127.46	-393.49	34$_右$	-4 900.63	-538.94	-453.24
22	-7 302.16	40.23	-543.38				

第 3 施工阶段末作用标准值的主梁截面累计内力   表 5-35

节点号(截面)	轴力 N (kN)	剪力 V (kN)	弯矩 M (kN·m)	节点号(截面)	轴力 N (kN)	剪力 V (kN)	弯矩 M (kN·m)
1	-0.03	0.00	0.00	19	-4 368.73	-154.23	327.93
2$_左$	-5 013.10	491.57	-466.97	20	-7 216.05	325.81	182.09
2$_右$	-4 994.88	267.77	-466.97	21	-7 207.70	145.09	-352.69
3	-5 109.63	187.10	-976.75	22	-7 250.53	60.74	-526.92
4	-5 211.20	102.87	-1 255.68	23	-7 277.09	23.50	-611.89
5	-5 290.75	66.61	-1 425.08	24	-7 262.62	134.22	-687.15
6	-5 407.01	-58.51	-1 512.50	25	-4 945.58	-74.50	-1 630.76
7	-5 508.28	-87.28	-1 455.91	26	-4 977.96	-53.22	-1 483.86
8	-5 493.15	-34.40	-1 326.64	27	-4 994.20	10.06	-1 449.29
9	-5 447.25	31.35	-1 296.77	28	-4 974.86	74.87	-1 526.95
10	-5 489.90	93.08	-1 445.62	29	-4 942.10	96.19	-1 716.86
11	-5 466.44	102.23	-1 656.64	30	-7 273.53	-115.40	-800.41
12	-7 690.69	-113.22	-689.50	31	-7 290.53	-3.36	-750.31
13	-7 649.90	-8.33	-619.54	32	-7 266.00	-40.61	-692.12
14	-7 568.32	-48.93	-523.85	33	-7 239.92	-323.63	-547.46
15	-7 479.24	-341.86	-345.54	34	-7 285.26	-134.57	-46.52
16	-7 476.65	-80.59	191.21	35	-2 449.30	397.48	270.69
17	-2 431.64	411.35	513.81	36$_左$	-2 450.81	-404.18	199.39
18$_左$	-2 432.23	-418.06	439.46	36$_右$	-2 451.01	-404.31	199.39
18$_右$	-2 432.23	-384.37	439.46				

值得注意,施工阶段的主梁截面内力仅用于后续持久及短暂状况的应力及变形验算,不能用于内力组合。

二、可变作用标准值的效应计算

本例的可变作用包括汽车荷载和温度梯度作用。

(一)汽车荷载标准值(未计入冲击系数)的主梁截面内力

汽车荷载标准值(未计入冲击系数)的主梁截面内力应按换算截面进行计算,计算结果见表5-36。

基于换算截面的汽车荷载标准值(未计入冲击系数)的主梁截面内力　　　表5-36

节点号(截面)	M_{max} (kN·m)	M_{min} (kN·m)	V_{max} (kN)	V_{min} (kN)	节点号(截面)	M_{max} (kN·m)	M_{min} (kN·m)	V_{max} (kN)	V_{min} (kN)
1	0.00	0.00	0.00	0.00	19	170.11	-1 044.61	39.71	-360.25
2左	0.01	-85.60	257.93	0.00	20	159.80	-1 003.15	39.71	-355.56
2右	0.01	-85.60	30.94	-333.92	21	305.09	-812.17	40.21	-330.50
3	429.13	-94.51	31.52	-301.95	22	475.65	-699.04	42.60	-309.55
4	763.92	-102.86	52.48	-272.81	23	656.67	-620.28	57.16	-287.99
5	1 034.13	-126.74	74.07	-244.69	24	845.91	-578.30	73.17	-266.02
6	1 244.47	-168.71	96.64	-217.15	25	1 078.11	-516.23	100.61	-231.52
7	1 423.02	-223.57	126.79	-183.02	26	1 221.80	-454.17	130.66	-197.26
8	1 497.26	-278.42	157.41	-151.18	27	1 270.88	-393.58	161.95	-164.71
9	1 469.23	-336.84	190.25	-119.96	28	1 226.17	-411.75	195.39	-132.92
10	1 351.10	-391.70	220.97	-93.34	29	1 088.14	-454.79	229.58	-103.33
11	1 154.03	-446.55	251.28	-69.48	30	870.31	-496.80	263.00	-77.10
12	870.02	-504.98	282.75	-47.82	31	693.10	-530.41	284.70	-61.51
13	665.45	-542.53	301.53	-35.21	32	525.58	-600.56	305.92	-52.24
14	473.06	-611.50	319.74	-24.52	33	370.40	-704.94	326.33	-51.39
15	302.64	-717.35	337.19	-15.15	34	282.96	-882.74	350.94	-50.95
16	173.52	-944.37	358.94	-8.17	35	290.31	-921.38	355.38	-50.93
17	175.10	-1 023.22	362.87	-8.16	36左	294.79	-943.78	357.85	-50.93
18左	176.30	-1 068.63	365.06	-8.15	36右	294.79	-943.78	50.93	-357.86
18右	176.30	-1 068.63	39.70	-362.80					

与表5-36相应的汽车荷载标准值的主梁截面内力包络图如图5-27所示。

对比表5-36、图5-27与表5-18、图5-16可以看出,汽车荷载标准值(未计入冲击系数)的主梁截面内力按照换算截面计算结果变化很小。

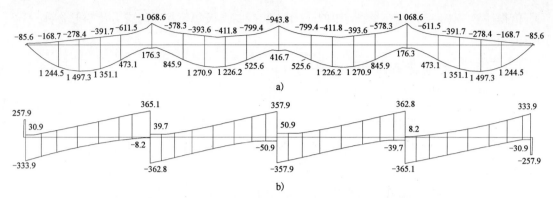

图 5-27 基于换算截面的汽车荷载标准值(未计入冲击系数)的主梁截面内力包络图
a) 弯矩包络图 (单位: kN·m); b) 剪力包络图 (单位: kN)

(二) 温度作用标准值的主梁截面次内力

温度作用标准值的主梁截面次内力应按换算截面进行计算,其中正、反温差作用标准值的次内力计算结果见表 5-37。

基于换算截面的温度作用标准值的主梁截面次内力　　　　表 5-37

节点号(截面)	正温差梯度 M(kN·m)	正温差梯度 V(kN)	反温差梯度 M(kN·m)	反温差梯度 V(kN)	节点号(截面)	正温差梯度 M(kN·m)	正温差梯度 V(kN)	反温差梯度 M(kN·m)	反温差梯度 V(kN)
1	0.00	0.00	0.00	0.00	19	675.13	8.88	-337.57	-4.44
2左	0.00	0.00	0.00	0.00	20	672.26	8.88	-336.13	-4.44
2右	-0.01	-27.59	0.00	13.79	21	657.19	8.88	-328.60	-4.44
3	44.16	-27.60	-22.08	13.80	22	645.20	8.88	-322.60	-4.44
4	85.56	-27.60	-42.78	13.80	23	633.20	8.88	-316.60	-4.44
5	126.96	-27.60	-63.48	13.80	24	621.21	8.88	-310.60	-4.44
6	169.18	-27.60	-84.59	13.80	25	602.55	8.88	-301.28	-4.44
7	224.38	-27.60	-112.19	13.80	26	583.90	8.88	-291.95	-4.44
8	279.58	-27.60	-139.79	13.80	27	565.68	8.88	-282.84	-4.44
9	338.37	-27.60	-169.18	13.80	28	547.03	8.88	-273.51	-4.44
10	393.57	-27.60	-196.78	13.80	29	528.37	8.88	-264.19	-4.44
11	448.77	-27.60	-224.38	13.80	30	510.16	8.88	-255.08	-4.44
12	507.55	-27.60	-253.78	13.80	31	498.17	8.88	-249.08	-4.44
13	543.71	-27.60	-271.85	13.80	32	486.17	8.88	-243.09	-4.44
14	579.86	-27.60	-289.93	13.80	33	474.15	8.88	-237.08	-4.44
15	615.99	-27.59	-307.99	13.80	34	459.08	8.88	-229.54	-4.44
16	662.94	-27.60	-331.47	13.80	35	456.23	8.88	-228.12	-4.44
17	671.77	-27.60	-335.88	13.80	36左	454.63	8.88	-227.32	-4.44
18左	676.74	-27.60	-338.37	13.80	36右	454.63	-8.88	-227.32	4.44
18右	676.74	8.88	-338.37	-4.44					

对比表5-37与表5-19可以看出,温度作用标准值的主梁截面次内力按照换算截面计算结果变化很小。

需要说明,尽管主梁截面特征(毛截面、净截面及换算截面)对内力计算结果影响不明显,但设计经验表明,对应力计算结果影响明显,甚至将直接影响验算结论。因此,为保证设计计算结果的一致性和可靠性,对于预应力混凝土连续梁桥,必须在设计计算时充分重视并切实做到与施工过程及主梁截面特征相匹配。

三、作用组合的效应设计值计算(二)

基于本节上述配束后各作用标准值的效应计算结果,可按照第二章第七节或《通规(2015年)》第4.1节计算第二次作用组合的效应设计值,包括承载能力极限状态基本组合的截面内力设计值,正常使用极限状态作用频遇值组合和作用准永久组合的截面内力设计值。形成作用组合的主梁截面内力设计值包络图时,均不考虑预加力的主效应,但须计入预加力的次效应。具体方法应根据《通规(2015年)》4.1.5条和4.1.6条进行作用组合的效应设计值计算。

(一)持久状况承载能力极限状态作用基本组合的效应设计值

组合方法详见第二章第七节,作用基本组合的效应设计值采用式(2-90)或《通规(2015年)》式(4.1.5-1)计算。持久状况承载能力极限状态作用基本组合的主梁截面内力设计值(二)计算结果见表5-38。

持久状况承载能力极限状态基本组合的主梁截面内力设计值(二)   表5-38

节点号(截面)	$\gamma_0 M_{max}$ (kN·m)	$\gamma_0 M_{min}$ (kN·m)	$\gamma_0 V_{max}$ (kN)	$\gamma_0 V_{min}$ (kN)	节点号(截面)	$\gamma_0 M_{max}$ (kN·m)	$\gamma_0 M_{min}$ (kN·m)	$\gamma_0 V_{max}$ (kN)	$\gamma_0 V_{min}$ (kN)
1	0.00	0.00	0.00	0.00	19	348.90	-4 266.24	-432.70	-1 410.60
$2_左$	-4.11	-191.38	547.22	20.26	20	489.70	-3 961.23	-416.32	-1 381.41
$2_右$	-4.11	-191.38	-408.08	-1 306.17	21	1 559.18	-2 506.01	-335.29	-1 234.62
3	1 797.97	481.86	-331.63	-1 151.04	22	2 427.89	-1 545.18	-271.52	-1 121.43
4	3 226.11	1 007.83	-223.65	-1 013.38	23	3 283.18	-799.65	-183.07	-1 006.98
5	4 405.46	1 401.79	-114.39	-877.79	24	4 124.98	-279.04	-91.69	-891.73
6	5 354.62	1 664.09	-1.85	-741.81	25	5 120.08	364.13	55.62	-711.78
7	6 215.00	1 852.87	146.58	-567.85	26	5 720.07	799.45	208.22	-532.32
8	6 654.37	1 867.03	295.97	-398.53	27	5 913.69	1 023.10	361.14	-358.94
9	6 674.80	1 690.11	471.65	-239.80	28	5 691.18	887.27	536.82	-200.71
10	6 291.47	1 343.69	638.70	-98.53	29	5 075.21	478.03	716.14	-49.04
11	5 538.59	822.66	804.93	37.16	30	4 084.78	-108.80	890.89	93.29
12	4 356.35	75.99	979.90	174.92	31	3 245.50	-609.35	1 005.61	183.83
13	3 450.96	-484.83	1 086.59	256.45	32	2 351.44	-1 290.07	1 119.34	261.56
14	2 497.45	-1 206.05	1 192.14	335.32	33	1 480.30	-2 217.96	1 231.26	322.08
15	1 610.24	-2 193.80	1 295.95	411.37	34	485.43	-3 627.71	1 377.52	403.26
16	530.13	-3 809.47	1 436.44	505.81	35	330.70	-3 923.19	1 405.99	419.53
17	363.57	-4 211.06	1 463.85	522.06	$36_左$	242.09	-4 093.58	1 421.94	428.65
$18_左$	268.22	-4 442.02	1 479.24	531.19	$36_右$	242.09	-4 093.58	-428.79	-1 422.14
$18_右$	268.22	-4 442.02	-441.83	-1 426.71					

与表 5-38 相应的持久状况承载能力极限状态作用基本组合的主梁截面内力设计值(二)包络图如图 5-28 所示。

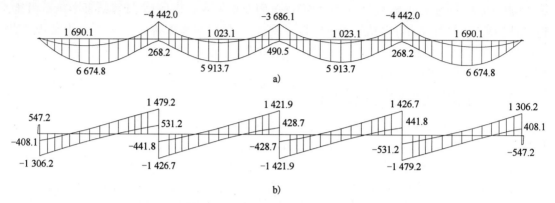

图 5-28　持久状况承载能力极限状态作用基本组合的主梁截面内力设计值(二)包络图
a)弯矩(单位:kN·m);b)剪力(单位:kN)

由表 5-38 和图 5-28 可知,持久状况承载能力极限状态作用基本组合下,主梁内力最大值及相应的位置分别为:18 截面承受的最大和最小弯矩设计值分别为 268.22kN·m 和 −4 442.02kN·m,9 截面承受的最大和最小弯矩设计值分别为 6 674.80kN·m 和 1 690.11kN·m;18 截面承受的最大和最小剪力设计值分别为 1 479.24 和 −1 426.71kN。

持久状况承载能力极限状态作用基本组合的主梁截面弯矩设计值(二)包络图,主要用于核定预应力钢筋的长度布置范围,并为承载能力极限状态验算提供基本资料。

(二)持久状况正常使用极限状态作用组合的效应设计值

1.持久状况正常使用极限状态作用频遇组合

组合方法详见第二章第七节,作用频遇组合的效应设计值采用式(2-95)或《通规(2015年)》式(4.1.6-1)计算。持久状况正常使用极限状态作用频遇组合的主梁截面内力设计值(二)的计算结果见表 5-39。

持久状况正常使用极限状态作用频遇组合的主梁截面内力设计值(二)　　表 5-39

节点号(截面)	M_{max}(kN·m)	M_{min}(kN·m)	V_{max}(kN)	V_{min}(kN)	节点号(截面)	M_{max}(kN·m)	M_{min}(kN·m)	V_{max}(kN)	V_{min}(kN)
1	0.00	0.00	0.00	0.00	9	4 079.53	1 854.18	206.31	−89.64
2左	−3.75	−69.19	201.93	18.42	10	3 924.69	1 590.97	307.54	8.67
2右	−3.75	−69.19	−398.52	−733.34	11	3 554.96	1 169.01	408.48	105.02
3	1 038.89	540.95	−329.66	−642.17	12	2 934.11	545.30	515.10	205.07
4	1 873.46	1 018.05	−255.22	−561.91	13	2 441.86	71.31	580.44	265.61
5	2 572.78	1 393.99	−180.33	−482.37	14	1 890.17	−494.80	645.39	325.20
6	3 147.66	1 672.01	−103.55	−402.06	15	1 286.11	−1 157.00	709.65	383.74
7	3 690.45	1 895.35	−2.74	−298.41	16	462.85	−2 189.90	798.15	461.70
8	4 000.29	1 959.94	98.42	−196.38	17	312.01	−2 426.20	815.68	476.45

续上表

节点号 (截面)	M_{max} (kN·m)	M_{min} (kN·m)	V_{max} (kN)	V_{min} (kN)	节点号 (截面)	M_{max} (kN·m)	M_{min} (kN·m)	V_{max} (kN)	V_{min} (kN)
18左	225.30	-2 562.00	825.53	484.74	28	3 568.30	1 241.93	270.52	-49.74
18右	225.30	-2 562.00	-428.26	-801.30	29	3 242.53	891.29	378.18	54.66
19	302.34	-2 446.59	-419.96	-791.20	30	2 700.19	376.98	483.02	154.37
20	436.14	-2 245.98	-405.08	-772.95	31	2 230.51	-59.37	552.04	219.04
21	1 212.85	-1 279.41	-331.99	-682.41	32	1 702.39	-602.95	620.71	279.21
22	1 784.85	-625.31	-276.71	-613.93	33	1 110.80	-1 244.85	688.66	333.28
23	2 291.95	-69.80	-212.78	-545.01	34	336.51	-2 194.91	779.19	406.58
24	2 750.48	367.37	-147.81	-475.80	35	193.40	-2 391.99	797.09	421.34
25	3 278.44	898.50	-44.95	-367.92	36左	111.08	-2 505.42	807.14	429.63
26	3 596.30	1 226.72	59.77	-260.21	36右	111.08	-2 505.42	-429.76	-807.28
27	3 701.28	1 349.94	163.39	-155.69					

与表5-39相应的持久状况正常使用极限状态作用频遇组合的主梁截面内力设计值(二)包络图如图5-29所示。

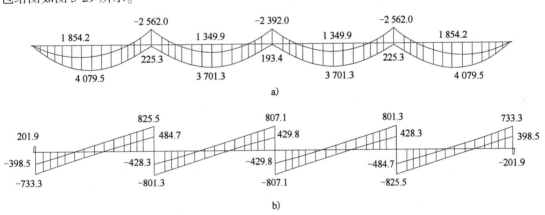

图5-29 持久状况正常使用状态作用频遇组合的主梁截面内力设计值(二)包络图
a)弯矩(单位:kN·m);b)剪力(单位:kN)

由表5-39和图5-29可知,持久状况正常使用极限状态作用频遇组合下,主梁内力最大值及相应的位置分别为:9截面承受的最大和最小弯矩设计值分别为4 079.53kN·m和1 854.18kN·m,18截面承受的最大和最小弯矩设计值分别为225.30kN·m和-2 562.00kN·m;18截面承受的最大和最小剪力设计值分别为825.53kN和-801.30kN。

2.持久状况正常使用极限状态作用准永久组合

组合方法详见第二章第七节,作用准永久组合的效应设计值采用式(2-97)或《通规(2015年)》式(4.1.6-2)计算。持久状况正常使用极限状态作用准永久组合的主梁截面内力设计值

(二)计算结果见表 5-40。

持久状况正常使用极限状态作用准永久组合的主梁截面内力设计值(二)　　表 5-40

节点号(截面)	M_{max} (kN·m)	M_{min} (kN·m)	V_{max} (kN)	V_{min} (kN)	节点号(截面)	M_{max} (kN·m)	M_{min} (kN·m)	V_{max} (kN)	V_{min} (kN)
1	0.00	0.00	0.00	0.00	19	250.47	-2 104.47	-432.07	-681.35
2左	-3.75	-41.15	123.29	18.42	20	387.42	-1 917.43	-417.19	-664.54
2右	-3.75	-41.15	-407.95	-631.52	21	1 119.83	-1 013.41	-344.25	-581.64
3	908.04	571.90	-339.27	-550.10	22	1 639.81	-396.36	-289.70	-519.54
4	1 640.52	1 051.74	-271.22	-478.73	23	2 091.72	133.35	-230.21	-457.20
5	2 257.45	1 435.51	-202.92	-407.77	24	2 492.55	556.78	-170.12	-394.69
6	2 768.20	1 727.27	-133.02	-335.85	25	2 949.70	1 067.58	-75.63	-297.33
7	3 256.55	1 968.57	-41.40	-242.60	26	3 223.76	1 375.46	19.93	-200.06
8	3 543.75	2 051.13	50.43	-150.29	27	3 313.77	1 478.85	114.01	-105.47
9	3 631.53	1 964.50	148.31	-53.07	28	3 194.42	1 376.78	210.94	-9.21
10	3 512.72	1 719.25	240.17	37.13	29	2 910.74	1 040.24	308.18	86.16
11	3 203.08	1 315.27	331.86	126.20	30	2 434.81	539.70	402.83	177.88
12	2 668.83	710.69	428.88	219.47	31	2 019.18	114.35	465.23	237.80
13	2 238.95	249.00	488.50	276.34	32	1 542.13	-406.26	527.43	295.14
14	1 745.92	-294.52	547.89	332.68	33	997.86	-1 013.97	589.16	348.95
15	1 193.83	-922.06	606.83	388.36	34	250.23	-1 905.80	672.18	422.12
16	409.93	-1 880.61	688.70	464.19	35	104.88	-2 090.22	688.73	436.87
17	258.61	-2 091.08	705.03	478.94	36左	21.19	-2 196.32	698.03	445.16
18左	171.55	-2 212.01	714.22	487.23	36右	21.19	-2 196.32	-445.29	-698.16
18右	171.55	-2 212.01	-440.36	-690.68					

与表 5-40 相应的持久状况正常使用极限状态作用准永久组合的主梁截面内力设计值(二)包络图如图 5-30 所示。

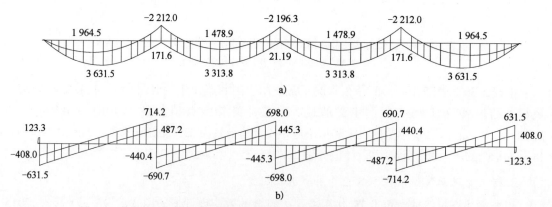

图 5-30　持久状况正常使用极限状态作用准永久组合的主梁截面内力设计值(二)包络图
a)弯矩(单位:kN·m);b)剪力(单位:kN)

由表 5-40 和图 5-30 可见,持久状况正常使用极限状态作用准永久组合下,主梁内力最大值及相应的位置分别为:9 截面承受的最大和最小弯矩设计值分别为 3 631.53kN·m 和 1 964.50kN·m,18 截面承受的最大和最小弯矩设计值分别为 171.55kN·m 和 -2 212.01kN·m;18 截面承受的最大和最小剪力设计值分别为 714.22kN 和 -690.68kN。

持久状况正常使用极限状态作用频遇组合与准永久组合的主梁截面弯矩设计值(二)包络图,主要用于校核预应力钢筋的长度布置范围。

第七节 持久状况承载能力极限状态计算及验算

基于作用组合的内力设计值(二)的计算结果,可依据第二章第十节之一或《桥规(2018 年)》5.1 节、5.2 节及 5.7 节对于进行持久状况承载能力极限状态采用作用基本组合进行计算与验算。简支-连续施工预应力混凝土连续梁桥的主梁作为受弯构件,持久状况承载能力极限状态计算主要包括四大类,即正截面抗弯承载力、斜截面抗剪承载力、斜截面抗弯承载力和局部抗压承载力。持久状况承载能力极限状态计算与验算不考虑预加力的主效应,但应考虑预加力产生的次效应。

一、正截面抗弯承载力计算及验算

对于本例的箱形截面,可参照 I 形截面采用式(2-138)~式(2-140)或《桥规(2018 年)》5.2.3 条进行主梁正截面抗弯承载力计算,并满足式(2-135)(防止超筋脆性破坏)及式(2-136)或式(2-137)的要求。

确定截面抗弯承载力计算值时,除考虑截面的混凝土及预应力钢束外,还应计入箱梁顶、底板纵向普通钢筋(顶、底板均设上、下层)。这里,普通钢筋包括纵向底板钢筋,分两层($\Phi 18$)的 HRB400 级热轧螺纹钢筋,分别距底板边缘 5cm 和 10cm 双层(每层 7 根)等间距 15cm 布置;顶板采用两层($\Phi 18$)的 HRB400 级热轧螺纹钢筋,分别距顶板边缘 5cm 和 10cm 双层(每层 17 根)等间距 15cm 布置。正截面抗弯承载力验算采用软件完成,通过持久状况承载能力极限状态作用基本组合的效应设计值与截面承载力计算值比较来验算正截面抗弯承载力。

持久状况承载能力极限状态主梁正截面抗弯承载力计算及验算结果见表 5-41。

持久状况承载能力极限状态主梁正截面抗弯承载力计算与验算 表 5-41

节点号 (截面)	最大/最小	作用基本组合矩设计值 $\gamma_0 M_d (kN·m)$	截面承载力计算值 $M_u (kN·m)$	是否满足
1	最大弯矩	0.00	3 447.73	是
1	最小弯矩	0.00	3 447.73	是
2	最大弯矩	-4.11	6 244.87	是
2	最小弯矩	-191.38	6 244.87	是
3	最大弯矩	1 797.97	5 862.22	是
3	最小弯矩	481.86	5 862.22	是

续上表

节点号（截面）	最大/最小	作用基本组合矩设计值 $\gamma_0 M_d$ (kN·m)	截面承载力计算值 M_u (kN·m)	是否满足
4	最大弯矩	3 226.11	6 664.99	是
	最小弯矩	1 007.83	6 664.99	是
5	最大弯矩	4 405.46	7 238.28	是
	最小弯矩	1 401.79	7 238.28	是
6	最大弯矩	5 354.62	7 596.96	是
	最小弯矩	1 664.09	7 596.96	是
7	最大弯矩	6 215.00	7 758.43	是
	最小弯矩	1 852.87	7 758.43	是
8	最大弯矩	6 654.37	7 767.22	是
	最小弯矩	1 867.03	7 767.22	是
9	最大弯矩	6 674.80	7 767.22	是
	最小弯矩	1 690.11	7 767.22	是
10	最大弯矩	6 291.47	7 767.22	是
	最小弯矩	1 343.69	7 767.22	是
11	最大弯矩	5 538.59	7 743.11	是
	最小弯矩	822.66	7 743.11	是
12	最大弯矩	4 356.35	7 480.61	是
	最小弯矩	75.99	6 569.28	是
13	最大弯矩	3 450.96	7 111.13	是
	最小弯矩	−484.83	6 776.33	是
14	最大弯矩	2 497.45	6 590.88	是
	最小弯矩	−1 206.05	7 016.34	是
15	最大弯矩	1 610.24	5 982.93	是
	最小弯矩	−2 193.80	7 487.00	是
16	最大弯矩	530.13	4 473.88	是
	最小弯矩	−3 809.47	8 989.91	是
17	最大弯矩	363.57	1 390.25	是
	最小弯矩	−4 211.06	6 544.41	是
18	最大弯矩	268.22	1 390.18	是
	最小弯矩	−4 442.02	6 544.41	是
19	最大弯矩	348.90	2 596.70	是
	最小弯矩	−4 266.24	7 242.60	是
20	最大弯矩	489.70	4 099.86	是
	最小弯矩	−3 961.23	8 790.26	是

续上表

节点号（截面）	最大/最小	作用基本组合矩设计值 $\gamma_0 M_d$ (kN·m)	截面承载力计算值 M_u (kN·m)	是否满足
21	最大弯矩	1 559.18	5 253.04	是
	最小弯矩	-2 506.01	7 335.82	是
22	最大弯矩	2 427.89	5 868.99	是
	最小弯矩	-1 545.18	6 996.12	是
23	最大弯矩	3 283.18	6 319.43	是
	最小弯矩	-799.65	6 743.25	是
24	最大弯矩	4 124.98	6 647.03	是
	最小弯矩	-279.04	6 518.25	是
25	最大弯矩	5 120.08	6 843.30	是
	最小弯矩	364.13	6 843.30	是
26	最大弯矩	5 720.07	6 858.76	是
	最小弯矩	799.45	6 858.76	是
27	最大弯矩	5 913.69	6 858.76	是
	最小弯矩	1 023.10	6 858.76	是
28	最大弯矩	5 691.18	6 858.76	是
	最小弯矩	887.27	6 858.76	是
29	最大弯矩	5 075.21	6 840.97	是
	最小弯矩	478.03	6 840.97	是
30	最大弯矩	4 084.78	6 646.96	是
	最小弯矩	-108.80	6 518.29	是
31	最大弯矩	3 245.50	6 319.23	是
	最小弯矩	-609.35	6 743.33	是
32	最大弯矩	2 351.44	5 868.77	是
	最小弯矩	-1 290.07	6 996.36	是
33	最大弯矩	1 480.30	5 347.47	是
	最小弯矩	-2 217.96	7 497.89	是
34	最大弯矩	485.43	4 114.82	是
	最小弯矩	-3 627.71	8 793.28	是
35	最大弯矩	330.70	1 390.43	是
	最小弯矩	-3 923.19	6 544.41	是
36	最大弯矩	242.09	1 390.31	是
	最小弯矩	-4 093.58	6 544.41	是

由表 5-41 可知,持久状况承载能力极限状态作用基本组合的主梁截面最大正弯矩设计值发生在 9 截面,为 6 674.80 kN·m,小于相应截面的承载力计算值 7 767.22 kN·m;最大负弯矩

设计值发生在 18 截面,为 4 442.02kN·m,小于相应截面的承载力计算值 6 544.41kN·m;其他截面类似,故主梁正截面抗弯承载力均满足《桥规(2018 年)》要求。

二、斜截面抗剪承载能力计算及验算

(一)计算原理及方法

斜截面抗剪验算包括抗剪承载力验算和截面尺寸校核。

斜截面抗剪承载力可按式(2-143)~式(2-148)或《桥规(2018 年)》5.2.9 条进行计算,并满足式(2-149)和式(2-150)的要求,如果式(2-149)不满足,应首先加大截面尺寸;如果式(2-150)满足,则按构造要求配置箍筋即可。为提高设计计算效率,普通钢筋暂按以下构造设置:在箱梁顶底板设置 ⌽18 的 HRB400 水平纵向钢筋,钢筋间距 15cm;箍筋采用直径为 ⌽12 的 HRB400 钢筋,箍筋间距支点截面取 10cm,其余截面取 15cm,箍筋构造形式为封闭式双箍四肢箍筋。

需要特别强调,《桥规(2018 年)》5.2.11 条及 5.2.12 条要求进行斜截面的抗剪承载力验算之前,应对每个截面进行上、下限校核;如果截面尺寸验算不通过,即使斜截面抗剪承载力验算满足要求,该斜截面抗剪承载力计算结果仍不满足要求。为节省篇幅,这里仅对 18 截面进行截面尺寸校核。如有未通过截面尺寸校核的截面也不再进行尺寸调整,但实际工程设计时应严格遵守《桥规(2018 年)》有关要求。

对于 18 截面,截面上限条件按式(2-149)进行校核,即:

$$0.51 \times 10^{-3} \sqrt{f_{cu,k}} bh_0 = 0.51 \times 10^{-3} \times \sqrt{50} \times 600 \times 1\,325$$
$$= 2\,866.96 (kN) > |r_0 V_d| = 1\,479.24 (kN)$$

说明截面最小尺寸满足要求,故无须进行尺寸调整。

截面下限条件按式(2-150)进行校核,即:

$$0.5 \times 10^{-3} \alpha_2 f_{td} bh_0 = 0.50 \times 10^{-3} \times 1.25 \times 1.83 \times 600 \times 1\,325$$
$$= 909.28 (kN) < |r_0 V_d| = 1\,479.24 (kN)$$

因此,需按照式(2-143)进行斜截面抗剪承载力验算。

(二)计算结果

持久状况承载能力极限状态主梁斜截面抗剪承载能力计算及验算结果见表 5-42。

持久状况承载能力极限状态主梁斜截面抗剪承载能力计算与验算 表 5-42

节点号(截面)	最大/最小	作用基本组合的剪力设计值 $\gamma_0 V_d$ (kN)	截面承载力计算值 V_u (kN)	是否满足
2左	最大	547.22	3 340.76	是
	最小	20.26	3 340.76	是
2右	最大	-408.08	2 442.83	是
	最小	-1 306.17	2 442.83	是
4	最大	-223.65	2 041.74	是
	最小	-1 013.38	2 041.74	是

续上表

节点号（截面）	最大/最小	作用基本组合的剪力设计值 $\gamma_0 V_d$(kN)	截面承载力计算值 V_u(kN)	是否满足
6	最大	-1.85	2 087.68	是
	最小	-741.81	2 087.68	是
8	最大	295.97	2 130.88	是
	最小	-398.53	2 130.88	是
10	最大	638.7	2 130.88	是
	最小	-98.53	2 130.88	是
12	最大	979.9	2 183.80	是
	最小	174.92	2 183.80	是
14	最大	1 192.14	2 035.70	是
	最小	335.32	2 035.70	是
16	最大	1 436.44	3 417.68	是
	最小	505.81	2 523.31	是
$18_{左}$	最大	1 479.24	3 140.46	是
	最小	531.19	2 966.41	是
$18_{右}$	最大	-441.83	2 966.41	是
	最小	-1 426.71	3 140.46	是
20	最大	-416.32	2 643.05	是
	最小	-1 381.41	3 463.89	是
22	最大	-271.52	1 999.75	是
	最小	-1 121.43	1 999.75	是
24	最大	-91.69	2 165.83	是
	最小	-891.73	2 165.83	是
26	最大	208.22	2 105.48	是
	最小	-532.32	2 105.48	是
28	最大	536.82	2 105.48	是
	最小	-200.71	2 105.48	是
30	最大	890.89	2 165.83	是
	最小	93.29	2 165.83	是
32	最大	1 119.34	1 999.75	是
	最小	261.56	1 999.75	是
34	最大	1 377.52	3 391.50	是
	最小	403.26	3 391.50	是
$36_{左}$	最大	1 421.94	3 140.46	是
	最小	428.65	3 140.46	是

续上表

节点号 (截面)	最大/最小	作用基本组合的剪力 设计值 $\gamma_0 V_d$ (kN)	截面承载力计算值 V_u (kN)	是否满足
36右	最大	−324.62	3 140.46	是
	最小	−1 422.14	3 140.46	是

注：剪力以绕截面微段顺时针为正。

由表 5-42 可知，持久状况承载能力极限状态作用基本组合的主梁斜截面最大剪力设计值发生在 18 左侧截面，为 1 479.24 kN，小于相应截面的承载力计算值 3 140.46kN·m，符合《桥规(2018 年)》要求。类似地，可知主梁斜截面抗剪承载力均满足《桥规(2018 年)》要求。

三、斜截面抗弯承载力计算与验算

持久状况承载能力极限状态主梁斜截面抗弯承载力可按式(2-151)及式(2-152)或《桥规(2018 年)》5.2.14 条进行计算与验算。考虑到本例主梁纵向普通钢筋和箍筋均满足《桥规(2018 年)》9.1.4 条、9.3.8~9.3.12 条的构造要求，故可不进行斜截面抗弯承载力验算。

四、局部承压计算与验算

对于简支-连续施工的预应力混凝土连续梁桥，持久状况承载能力极限状态主梁局部承压计算的具体部位包括锚下和支座处，验算内容分别为局部承压区的截面尺寸和局部抗压承载力。其中，局部承压区的截面尺寸可采用式(2-153)和式(2-154)或《桥规(2018 年)》5.7.1 条进行计算与验算；局部抗压承载力可采用式(2-155)~式(2-158)或《桥规(2018 年)》5.7.2 条进行计算与验算，限于篇幅本例不作详尽描述，具体计算可参考第三章第十节。

五、最小配筋率计算与验算

为了防止配筋过少而发生脆性破坏，可根据《桥规(2018 年)》9.1.13 条，采用与第三章第七节之五相同的方法，进行简支-连续施工预应力混凝土连续梁桥主梁截面最小配筋率的计算与验算，限于篇幅，本例结果从略。

第八节　持久状况正常使用极限状态计算与验算

根据第二章第十节之二或《桥规(2018 年)》6.1.1 条，简支-连续施工的预应力混凝土连续梁桥按持久状况正常使用极限状态设计时，应采用作用频遇组合、作用准永久组合或作用频遇组合(各种组合均不计汽车荷载的冲击作用)并考虑作用长期效应的影响，对构件的抗裂、裂缝宽度和挠度进行计算，均应计入预加力的主效应和次效应，并充分考虑作用与主梁截面几何特性的匹配关系，使各项计算值不超过《桥规(2018 年)》规定的相应限值。

一、正截面与斜截面抗裂验算

(一) 正截面抗裂验算

预应力混凝土构件应进行持久状况正常使用极限状态作用频遇(准永久)组合方式下的预应力混凝土受弯构件正截面应力计算。对于本例，作用频遇(准永久)组合方式下的主梁正截面混凝土法向应力应按式(2-178)或式(2-179)或《桥规(2018年)》6.3.2条计算,若计算结果为混凝土全截面受压,正截面抗裂自然满足要求;若截面出现拉应力,则应满足式(2-171)或式(2-172)、式(2-173)或《桥规(2018年)》6.3.1条的要求,后者即为A类预应力混凝土构件。对于A类预应力混凝土构件,应同时进行作用频遇组合及准永久组合方式下的主梁混凝土正截面应力计算。

持久状况正常使用极限状态主梁正截面混凝土法向应力计算结果见表5-43。

持久状况正常使用极限状态主梁正截面混凝土法向应力(单位:MPa)　　表5-43

节点号(截面)	作用频遇值组合		作用准永久值组合		节点号(截面)	作用频遇值组合		作用准永久值组合	
	上缘最小	下缘最小	上缘最小	下缘最小		上缘最小	下缘最小	上缘最小	下缘最小
1	−1.51	−0.35	0.00	0.00	19	−1.15	6.11	0.84	5.77
2	0.68	3.97	2.25	4.24	20	0.51	8.03	2.47	7.74
3	0.76	5.90	2.30	6.15	21	1.15	9.95	2.89	9.86
4	0.54	6.44	2.08	6.69	22	1.38	9.62	2.99	9.75
5	0.43	6.77	1.98	7.00	23	1.67	9.17	3.17	9.49
6	0.41	7.04	1.98	7.24	24	1.84	8.86	3.28	9.28
7	0.56	7.02	2.15	7.18	25	−1.13	9.03	0.20	9.60
8	0.66	6.85	2.28	6.97	26	−0.58	8.22	0.72	8.85
9	0.48	7.05	2.12	7.13	27	−0.36	7.92	0.95	8.53
10	0.00	7.89	1.66	7.93	28	−0.55	8.18	0.82	8.69
11	−0.72	8.96	0.97	8.97	29	−1.15	9.05	0.39	9.31
12	2.17	8.72	3.89	8.69	30	1.86	8.83	3.55	8.81
13	1.94	9.02	3.67	8.96	31	1.69	9.13	3.50	8.93
14	1.64	9.37	3.40	9.25	32	1.42	9.55	3.38	9.10
15	1.43	9.64	3.22	9.43	33	1.26	9.85	3.35	9.13
16	0.68	7.90	2.63	7.62	34	0.65	7.94	3.01	7.06
17	−2.06	4.37	−0.08	4.03	35	−2.02	4.29	0.38	3.34
18	−2.29	4.71	−0.29	4.33	36	−2.21	4.58	0.21	3.59

注:1.压应力为正,拉应力为负。

2.最小应力指在压应力为正,拉压力为负的前提下,代数值最小的应力值。

由表5-43可知,频遇组合下多个截面上缘或下缘出现了拉应力(除17、18、35、36截面外均小于应力限值),其余均全截面受压,因此,本例主梁为A类预应力混凝土构件。根据《桥规(2018年)》6.3.1条,应对主梁正截面混凝土法向拉应力进行验算,A类预应力混凝土构件在作用准永久组合下拉应力应满足:

$$\sigma_{lt} - \sigma_{pc} \leq 0$$

在频遇效应组合下应满足:

$$\sigma_{st} - \sigma_{pc} \leq 0.7 f_{tk} = 0.7 \times 2.65 = 1.855 \text{ (MPa)}$$

由表5-43可知,除17、18、35、36号截面外,作用准永久组合下主梁截面均受压,没有出现拉应力,满足《桥规(2018年)》要求,作用频遇组合下最大拉应力出现在18截面上缘,拉应力为2.29MPa,大于拉应力限值1.855MPa,对于17、18、35、36截面上缘,可通过调整预应力钢束来满足,限于篇幅,这里不再调束,感兴趣的读者不妨自行练习调束,以便满足《桥规(2018年)》要求。因此,主梁除17、18、35、36截面上缘外,正截面抗裂验算均满足《桥规(2018年)》要求。

（二）斜截面抗裂验算

持久状况正常使用极限状态的斜截面抗裂验算,通过主梁截面混凝土主拉应力 σ_{tp} 控制。其中,混凝土主拉应力由作用频遇组合(包括永存预加力)产生,可按式(2-180)~式(2-184)或《桥规(2018年)》6.3.3条计算,并应满足式(2-177)或《桥规(2018年)》6.3.1条的要求。

持久状况正常使用极限状态主梁斜截面混凝土主拉应力计算结果见表5-44。

持久状况正常使用极限状态主梁斜截面混凝土主拉应力计算结果　　表5-44

节点号(截面)	最大主拉应力(MPa)	节点号(截面)	最大主拉应力(MPa)
1	-1.51	19	-1.77
2	-0.34	20	-0.05
3	-0.42	21	-0.06
4	-0.56	22	-0.09
5	-0.58	23	-0.09
6	-0.52	24	-0.03
7	-0.26	25	-1.45
8	-0.06	26	-0.86
9	-0.04	27	-0.61
10	-0.36	28	-0.78
11	-0.91	29	-1.37
12	-0.03	30	-0.04
13	-0.09	31	-0.10
14	-0.09	32	-0.10
15	-0.07	33	-0.08
16	-0.07	34	-0.06
17	-3.02	35	-2.73
18	-3.26	36	-3.13

根据第二章第十节之二或《桥规(2018年)》6.3.1条,A类构件采用现场预制时,在作用频遇组合下主拉应力应满足:

$$\sigma_{tp} \leqslant 0.7 f_{tk} = 0.7 \times 2.65 = 1.855 (\text{MPa})$$

由表5-44可知,只有17、18、35及36截面最大主拉应力大于限值1.855MPa,因此,除17、18、35及36截面外,主梁其余各截面在作用频遇组合下的斜截面抗裂验算均满足《桥规(2018年)》要求。对于17、18、35及36截面上缘,可通过调整预应力钢束来满足。限于篇幅,这里不再调束,感兴趣的读者不妨自行练习调束,以便满足《桥规(2018年)》要求。

二、挠度计算与验算

(一)计算方法

根据第二章第十节之二或《桥规(2018 年)》6.5.3 条,预应力混凝土受弯构件在使用阶段的挠度应考虑长期效应的影响,即按作用频遇组合与《桥规(2018 年)》6.5.2 条的规定刚度计算的挠度值,乘以挠度长期增长系数 η_θ。挠度长期增长系数可按下列规定取用:

当采用 C40 以下混凝土时,$\eta_\theta = 1.60$。

当采用 C40 ~ C80 混凝土时,$\eta_\theta = 1.45 \sim 1.35$,中间强度等级可按直线内插入取用。

本设计采用 C50 混凝土,按直线内插得 $\eta_\theta = 1.425$。

对于全预应力及 A 类预应力混凝土构件,计算挠度时采用的刚度为 $0.95 E_c I_o$。

预应力混凝土受弯构件按上述计算的长期挠度,在消除结构自重产生的长期挠度后,对于梁式桥主梁的最大挠度不应超过计算跨径的 1/600。其中,作用频遇组合中汽车荷载为标准值的 0.7 倍并且不计入冲击系数。

根据《桥规(2018 年)》6.5.4 条,预应力混凝土受弯构件由预加力引起的反拱值,可采用结构力学方法按刚度 $E_c I_o$ 进行计算,并乘以长期增长系数。计算使用阶段预加力反拱值时,预应力钢筋的预加力应扣除全部预应力损失,长期增长系数取用 2.0。

(二)预拱度设置方法

根据《桥规(2018 年)》6.5.5 条,预应力混凝土受弯构件的预拱度可按下列规定设置:

(1)当预加应力产生的长期反拱值大于按作用频遇组合计算的长期挠度时,可不设预拱度。

(2)当预加应力的长期反拱值小于按作用频遇组合计算的长期挠度时应设预拱度,其值应按该项荷载的挠度值与预加应力长期反拱值之差采用。预拱度的设置应按最大的预拱值沿纵桥向做成平顺的曲线。

(三)计算结果

依据上述挠度计算方法,利用从有限元软件计算得到的变形值,可由以下公式计算各挠度。

自重、汽车荷载与人群荷载作用频遇组合的挠度:

$$f_a = \frac{\eta_\theta}{0.95} \times \left(\delta_g + \frac{0.7 \times \delta_q}{1+\mu} + \delta_r \right)$$

式中:f_a——由自重、汽车荷载与人群荷载作用频遇组合的挠度值;

δ_g——按照全截面刚度计算的恒载变形值,包括箱梁自重与二期荷载;

δ_q——按照全截面刚度计算的汽车荷载引起的变形;

δ_r——按照全截面刚度计算的人群荷载引起的变形。

可见,扣除恒载后的挠度值为:

$$f_q = \frac{\eta_\theta}{0.95} \times \left(\frac{0.7 \times \delta_q}{1+\mu} + \delta_r \right)$$

考虑预加力反拱后的挠度为:

$$f_c = \frac{\eta_\theta}{0.95} \times \left(\delta_g + \frac{0.7 \times \delta_q}{1+\mu} + \delta_r \right) + 2.0 \times \delta_p$$

式中：f_c——考虑预加力反拱后的挠度值；

δ_p——按照全截面刚度计算的预应力上拱值，符号为负。

当f_c小于0时，代表预应力反拱值大于频遇组合挠度，可不设置预拱度；当f_c大于0时，代表预应力反拱值小于频遇组合挠度，预拱度值为$-f_c$。

现以9截面为例，说明各挠度值的具体计算方法和结果。

自重、汽车荷载与人群荷载作用频遇组合的挠度为：

$$f_a = \frac{\eta_\theta}{0.95} \times \left(\delta_g + \frac{0.7 \times \delta_q}{1+\mu} + \delta_r \right) = \frac{1.425}{0.95} \times \left(15.13 + \frac{0.7 \times 9.51}{1+0.30} + 0 \right) = 30.38(\text{mm})$$

扣除恒载后的挠度值为：

$$f_q = \frac{\eta_\theta}{0.95} \times \left(\frac{0.7 \times \delta_q}{1+\mu} + \delta_r \right) = \frac{1.425}{0.95} \times \left(\frac{0.7 \times 9.51}{1+0.30} \right) = 7.68(\text{mm})$$

考虑预加力反拱后的挠度为：

$$f_c = \frac{\eta_\theta}{0.95} \times \left(\delta_g + \frac{0.7 \times \delta_q}{1+\mu} + \delta_r \right) + 2.0 \times \delta_p$$

$$= \frac{1.425}{0.95} \times \left(15.13 + \frac{0.7 \times 9.51}{1+0.30} + 0 \right) + 2 \times (-22.17) = -13.96(\text{mm})$$

类似地，可得持久状况正常使用极限状态主梁挠度值，计算结果见表5-45。

持久状况正常使用极限状态主梁挠度（单位：mm） 表5-45

节点号（截面）	自重、汽车荷载与人群作用频遇组合挠度f_a	扣除自重后挠度f_q	考虑反拱后挠度f_c
1	−1.62	−0.41	0.89
2	0.00	0.00	0.00
3	6.58	1.66	−3.39
4	12.47	3.16	−6.20
5	17.80	4.52	−8.58
6	22.45	5.71	−10.52
7	27.07	6.89	−12.33
8	29.78	7.58	−13.43
9	30.38	7.68	−13.96
10	28.78	7.20	−13.81
11	25.27	6.24	−12.77
12	19.75	4.82	−10.37
13	15.65	3.81	−8.43
14	11.18	2.74	−6.13
15	6.50	1.67	−3.44
16	0.47	0.36	0.68
17	−0.86	−0.10	1.27
18	0.00	0.00	0.00

续上表

节点号 (截面)	自重、汽车荷载与人群作用频遇组合挠度 f_a	扣除自重后挠度 f_q	考虑反拱后挠度 f_c
19	-0.92	-0.12	0.90
20	-0.33	-0.32	-0.55
21	5.72	1.43	-5.25
22	10.06	2.37	-8.95
23	14.18	3.30	-12.17
24	17.91	4.16	-14.97
25	22.62	5.28	-18.30
26	25.65	6.01	-20.06
27	26.72	6.28	-20.51
28	25.74	6.02	-19.82
29	22.80	5.28	-17.85
30	18.25	4.20	-14.47
31	14.52	3.34	-11.63
32	10.37	2.41	-8.42
33	5.96	1.46	-4.79
34	0.36	0.31	0.36
35	-0.89	-0.10	1.14
36	0.00	0.00	0.00

注：预加力变形和其他作用挠度值向下为正，向上为负。

(四) 变形验算及预拱度设置

1. 第①孔

1) 变形验算

由表 4-45 可知，第①孔在除去自重作用的频遇组合下的最大挠度为 7.68mm，发生在 9 截面处，小于挠度限值 $L/600 = 24\,520/600 = 40.86(\mathrm{mm})$，根据《桥规(2018 年)》6.5.3 条，第①孔挠度满足要求。

2) 预拱度设置

由表 4-45 可知，第①孔考虑预加应力反拱后的挠度 f_c 值大都小于 0，表明预应力反拱值大于频遇组合挠度，根据《桥规(2018 年)》6.5.5 条，第①孔不设置设计预拱度。

2. 第②孔

1) 变形验算

由表 5-45 可知，第②孔在除去自重作用的频遇组合下的最大挠度为 6.28mm，发生在 27 截面处，小于挠度限值 $L/600 = 24\,520/600 = 40.86(\mathrm{mm})$，第②孔挠度满足《桥规(2018 年)》要求。

2) 预拱度设置

由表 4-45 可知，第②孔考虑预加应力反拱后的挠度 f_c 值大都小于 0，表明预应力反拱值大于频遇组合挠度，根据《桥规(2018 年)》6.5.5 条，第②孔不设置设计预拱度。

第九节 持久状况和短暂状况构件的应力计算与验算

一、持久状况应力计算与验算

根据第二章第十节之三或《桥规(2018年)》7.1.1条,简支-连续施工的预应力混凝土连续梁桥按持久状况设计时,应计算使用阶段主梁正截面混凝土法向压应力、斜截面混凝土主压应力和受拉区钢筋拉应力(均应计入预加力的主效应和次效应),并且不得超过《桥规(2018年)》规定的限值。计算时作用取标准值,汽车荷载考虑冲击系数,并充分考虑作用与主梁截面几何特性的匹配关系。

(一)混凝土应力计算与验算

1.使用阶段混凝土正截面法向压应力

预应力混凝土连续梁使用阶段应力计算时,作用(或荷载)均取其标准值,并应考虑预加力主效应和预加力、温度等引起的次效应。预加力和预加力次效应的分项系数取1.0,汽车荷载应考虑冲击系数。

使用阶段预应力混凝土构件正截面混凝土法向压应力,应采用作用标准值组合的弯矩值按式(2-206)或《桥规(2018年)》7.1.3条计算,并应满足式(2-213)或《桥规(2018年)》7.1.5条的要求。

使用阶段主梁正截面混凝土法向压应力计算结果见表5-46。

使用阶段主梁混凝土正截面法向压应力 表5-46

节点号(截面)	上缘最大(MPa)	下缘最大(MPa)	节点号(截面)	上缘最大(MPa)	下缘最大(MPa)
1	3.02	0.70	19	8.31	-0.05
2	5.38	4.85	20	9.85	2.11
3	6.60	4.63	21	0.18	11.55
4	7.42	3.51	22	0.54	10.99
5	8.19	2.43	23	11.11	2.01
6	8.94	1.47	24	11.52	1.33
7	9.87	0.22	25	-1.76	10.04
8	10.49	-0.80	26	9.54	0.07
9	10.62	-1.08	27	9.78	-0.28
10	10.20	-0.35	28	9.50	0.14
11	-1.26	9.82	29	-1.69	9.94
12	11.90	1.17	30	11.46	1.43
13	11.41	1.85	31	11.04	2.12
14	10.93	2.46	32	10.61	2.75
15	0.58	11.05	33	0.42	11.24
16	9.98	2.01	34	9.83	2.21
17	7.37	-1.79	35	7.26	-1.63
18	7.23	-1.57	36	7.12	-1.43

注:压应力为正,拉应力为负。

通过本章上一节的截面抗裂验算可知,本例主梁为 A 类预应力混凝土未开裂构件,根据式(2-213)或《桥规(2018年)》7.1.5 条,未开裂构件混凝土正截面法向压应力限值为 $0.5 \times f_{ck} = 0.5 \times 32.4 = 16.2(\mathrm{MPa})$,表 5-46 中使用阶段混凝土法向压应力最大值出现在 12 截面上缘,为 11.90MPa,小于应力限值 16.20MPa,故使用阶段主梁截面混凝土法向压应力满足《桥规(2018年)》要求。

需要说明:本例拉应力控制指标已经通过持久状况正常使用极限状态主梁正截面抗裂(表 5-43)和斜截面抗裂(表 5-44)的计算与验算结果充分体现,使用阶段主梁截面混凝土法向压应力计算结果(表 4-46)出现的拉应力不应作为抗裂指标判断依据,主要原因是正(斜)截面抗裂计算采用频遇组合与准永久组合(汽车荷载均不计冲击作用),而混凝土法向压应力计算采用标准值组合(且汽车荷载计入冲击作用),标准值组合的效应一般大于频遇组合及准永久组合的效应,用标准值组合结果验算拉应力不妥。总之,表 5-46 在保证数据正确的前提下,使用阶段只控制混凝土法向压应力,不必顾及其中的拉应力是否超限。

2. 使用阶段混凝土主应力

1) 使用阶段斜截面混凝土主压应力

对于预应力混凝土受弯构件,使用阶段由作用标准值和预加力产生的混凝土主压应力 σ_{cp} 和主拉应力 σ_{tp} 应按式(2-180)或《桥规(2018年)》7.1.6 条计算与验算,但其中涉及的式(2-181)及式(2-184)中的 M_s 和 V_s 应分别以 M_k、V_k 代替。此处,M_k 和 V_k 为按作用标准值组合计算的弯矩值和剪力值。通过计算得到的混凝土主压应力 σ_{cp} 应满足式(2-217)。

使用阶段主梁斜截面混凝土主压应力计算结果见表 5-47。

使用阶段主梁混凝土斜截面主压应力　　　　　表 5-47

节点号(截面)	主压应力最大值(MPa)	节点号(截面)	主压应力最大值(MPa)
1	3.02	19	9.08
2	6.18	20	10.01
3	7.57	21	11.61
4	8.32	22	11.06
5	9.03	23	11.27
6	9.71	24	11.69
7	10.54	25	10.15
8	11.04	26	9.89
9	11.02	27	10.09
10	10.49	28	9.78
11	9.91	29	10.01
12	12.41	30	11.77
13	11.84	31	11.37
14	11.25	32	10.95
15	11.18	33	11.44
16	10.09	34	9.96
17	8.57	35	8.14
18	8.44	36	8.27

根据第二章式(2-217)或《桥规(2018年)》7.1.6条,预应力混凝土受弯构件在使用阶段斜截面的混凝土主压应力限值为 $0.6 \times f_{ck} = 0.6 \times 32.4 = 19.44(\text{MPa})$。由表5-47可知,使用阶段混凝土的主压应力最大值出现在12截面,为12.41MPa,小于主压应力限值19.44MPa,故使用阶段主梁斜截面混凝土主压应力均满足《桥规(2018年)》要求。

2)使用阶段斜截面混凝土主拉应力

对于预应力混凝土受弯构件,使用阶段由作用标准值和预加力产生的混凝土主拉应力 σ_{tp} 的计算方法与主压应力类似。根据《桥规(2018年)》7.1.6条,主拉应力 σ_{tp} 主要用于箍筋设计,具体方法为:在 $\sigma_{tp} \leq 0.50 f_{tk}$ 区段,箍筋可仅按构造要求设置;在 $\sigma_{tp} > 0.50 f_{tk}$ 区段,箍筋的间距 S_v 可按式(2-218)计算设置,如果按式(2-218)计算的箍筋用量少于按斜截面抗剪承载力计算的箍筋用量时,应采用后者的箍筋用量。

使用阶段主梁斜截面混凝土主拉应力计算结果见表5-48。

使用阶段主梁斜截面混凝土主拉应力　　　　表5-48

节点号(截面)	主拉应力最大值(MPa)	节点号(截面)	主拉应力最大值(MPa)
1	-1.51	19	-1.44
2	-0.56	20	-0.96
3	-0.68	21	-0.75
4	-0.74	22	-0.16
5	-0.76	23	-0.17
6	-0.73	24	-0.18
7	-0.99	25	-1.32
8	-1.26	26	-1.07
9	-1.23	27	-1.40
10	-1.45	28	-1.28
11	-1.61	29	-1.92
12	-0.19	30	-1.24
13	-0.19	31	-0.26
14	-0.19	32	-0.25
15	-0.56	33	-0.58
16	-0.77	34	-0.94
17	-0.37	35	-0.99
18	-1.84	36	-1.42

由表5-48可知,29截面主拉应力最大值为1.92MPa,中支点截面主拉应力最大值为1.84MPa,均大于 $0.5 f_{tk} = 0.5 \times 2.65 = 1.325(\text{MPa})$。对于使用阶段混凝土的主拉应力小于 $0.5 f_{tk} = 1.325 \text{MPa}$ 的截面,可按构造要求设置箍筋。对于大于主拉应力限值的截面,在 $\sigma_{tp} > 0.50 f_{tk}$ 的29号截面区段,由于每个腹板箍筋采用直径为 ⌀12 的双箍4肢HRB400钢筋,腹板宽20cm,箍筋间距为: $S_v = \dfrac{f_{sk} A_{sv}}{\sigma_{tp} b} = \dfrac{400 \times 113.1 \times 4 \times 2}{1.92 \times 200 \times 2} \approx 471.2(\text{mm})$;支点截面区段腹板宽

30cm,箍筋间距为:$S_v = \dfrac{f_{sk}A_{sv}}{\sigma_{tp}b} = \dfrac{400 \times 113.1 \times 4 \times 2}{1.84 \times 300 \times 2} \approx 327.8(\text{mm})$,相应的箍筋计算间距均大于本章第七节的按构造要求的支点处箍筋间距10cm、其余截面位置的箍筋间距为15cm,因此对于$\sigma_{tp} > 0.50 f_{tk}$的截面,采用本章第七节的箍筋配置即可满足结构安全性要求。

需要说明,《桥规(2018年)》7.1.1条只要求验算斜截面混凝土主压应力,而7.1.6条既要求验算斜截面主压应力又要求验算主拉应力,条文前后要求不一致。对于某些特殊构件,斜截面主拉应力可能控制设计,因此应计算并验算使用阶段主梁斜截面混凝土主拉应力,并采用按斜截面抗剪承载力计算的箍筋用量较大者。

(二)使用阶段预应力钢束应力计算与验算

使用阶段主梁预应力钢束的最大拉应力,应按作用标准值组合得到的主梁截面弯矩值采用式(2-207)或《桥规(2018年)》7.1.3条计算,并满足式(2-214)或《桥规(2018年)》7.1.5条的要求。

1. 计算结果

因篇幅限制,仅对边梁各钢束施工阶段和使用阶段最大应力进行计算,张拉控制应力取1 395MPa,计算结果见表5-49。

使用阶段预应力钢束最大拉应力(单位:MPa)　　　　表5-49

钢束名称	拉应力	钢束名称	拉应力
1-N1	1 063.04	4-N1	1 062.76
1-N1-2	1 069.55	4-N1-2	1 069.78
1-N2	1 061.60	4-N2	1 061.27
1-N2-2	1 066.78	4-N2-2	1 067.07
1-N3	1 098.19	4-N3	1 098.16
2-N4	1 170.91	(1-2)N7	1 138.32
2-N4-2	1 167.18	(1-2)N8	1 148.85
2-N5	1 166.18	(1-2)N8-2	1 145.61
2-N5-2	1 162.65	(2-3)N7	1 137.82
2-N6	1 175.51	(2-3)N8	1 147.08
3-N4	1 169.93	(2-3)N8-2	1 145.44
3-N4-2	1 167.87	(3-4)N7	1 136.88
3-N5	1 165.25	(3-4)N8	1 147.42
3-N5-2	1 163.30	(3-4)N8-2	1 144.02
3-N6	1 175.37		

注:"(1-2)N5"表示第1孔和第2孔接头处中支座顶板钢束N5;"1-N1"表示第1孔钢束N1。

2. 验算结果

本例主梁采用C50混凝土,施工阶段混凝土达到100%设计强度后方可张拉预应力束。且主梁预拉区均配置有非预应力钢筋。根据式(2-214)或《通规(2015年)》7.1.5条的规定,对于未开裂的A类构件,使用阶段受拉区预应力钢筋的最大拉应力限值为$0.65 f_{pk} = 0.65 \times 1 860 = 1 209(\text{MPa})$。

由表5-49知,最大拉应力出现在2-N3钢束,为1175.51MPa,小于拉应力限值1209MPa,故本例持久状况荷载作用下钢束拉应力均满足《桥规(2018年)》要求。

二、短暂状况主梁截面应力计算与验算

根据第二章第十节之三或《桥规(2018年)》7.2.1条,简支-连续施工的预应力混凝土桥梁按短暂状况设计时,应计算主梁在施工阶段由自重、施工荷载等引起的混凝土正截面和斜截面应力(均应计入预加力的主效应和次效应),并充分考虑施工过程作用与主梁截面几何特性的匹配关系,使应力计算结果不超过《桥规(2018年)》7.2.8条的限值。

1. 主梁正截面混凝土法向应力

短暂状况由预加力和作用标准值产生的主梁正截面混凝土法向应力可按式(2-162)~式(2-164)和式(2-206)或《桥规(2018年)》7.2.4条进行计算。此时,预应力钢筋应扣除相应阶段的预应力损失,作用采用施工荷载,截面性质按体内预应力管道压浆前采用净截面,管道压浆后采用换算截面;当计算由体内预加力引起的应力时采用净截面。根据《桥规(2018年)》7.2.8条,如果计算结果为压应力σ'_{cc},则应满足式(2-219)的要求;如果计算结果为拉应力σ'_{ct},则应验算拉应力是否超限并校核纵向普通钢筋的配筋率,具体方法为:①当$\sigma'_{ct} \leq 0.70 f'_{tk}$时,配置于预拉区纵向钢筋的配筋率不小于0.2%;②当$\sigma'_{ct} = 1.15 f'_{tk}$时,配置于预拉区纵向钢筋的配筋率不小于0.4%;③当$0.70 f'_{tk} < \sigma'_{ct} < 1.15 f'_{tk}$时,配置于预拉区纵向钢筋的配筋率按以上两者直线内插取用;④拉应力σ'_{ct}不应超过$1.15 f'_{tk}$。

根据本例的具体施工方法和工序,计算主梁在预应力、结构自重等施工荷载作用下截面边缘混凝土的法向应力时,作用均采用标准值,不考虑作用组合系数。

短暂状况(即施工阶段)主梁截面边缘混凝土的法向应力计算结果见表5-50。

短暂状况主梁正截面混凝土法向应力　　　　表5-50

节点号(截面)	最大/最小	上缘法向应力(MPa)	下缘法向应力(MPa)
1	最大	0.00	0.00
	最小	0.00	0.00
2	最大	2.55	4.57
	最小	2.32	4.15
3	最大	2.25	7.20
	最小	2.25	7.20
4	最大	1.76	8.19
	最小	1.76	8.19
5	最大	1.47	8.81
	最小	1.47	8.81
6	最大	1.36	9.20
	最小	1.36	9.20
7	最大	1.50	9.18
	最小	1.50	9.18

续上表

节点号(截面)	最大/最小	上缘法向应力(MPa)	下缘法向应力(MPa)
8	最大	1.69	8.83
	最小	1.69	8.83
9	最大	1.69	8.74
	最小	1.69	8.74
10	最大	1.45	9.22
	最小	1.45	9.22
11	最大	1.05	9.81
	最小	1.05	9.81
12	最大	4.63	8.78
	最小	1.67	8.82
13	最大	4.75	8.52
	最小	1.74	8.56
14	最大	4.89	8.14
	最小	1.96	8.06
15	最大	4.84	7.77
	最小	2.34	7.23
16	最大	4.48	5.65
	最小	2.65	4.65
17	最大	2.52	0.34
	最小	2.52	0.34
18	最大	2.38	0.52
	最小	2.38	0.52
19	最大	3.49	2.11
	最小	1.00	1.81
20	最大	4.30	5.54
	最小	2.49	4.44
21	最大	4.59	7.72
	最小	2.26	6.81
22	最大	4.52	7.90
	最小	1.92	7.43
23	最大	1.75	7.73
	最小	1.75	7.73
24	最大	1.75	7.80
	最小	1.75	7.80

续上表

节点号(截面)	最大/最小	上缘法向应力(MPa)	下缘法向应力(MPa)
25	最大	1.01	8.76
25	最小	1.01	8.76
26	最大	1.30	8.35
26	最小	1.30	8.35
27	最大	1.38	8.26
27	最小	1.38	8.26
28	最大	1.22	8.48
28	最小	1.22	8.48
29	最大	0.85	9.01
29	最小	0.85	9.01
30	最大	4.37	8.24
30	最小	1.47	8.07
31	最大	4.47	8.12
31	最小	1.54	7.92
32	最大	4.42	8.07
32	最小	1.92	7.43
33	最大	4.47	7.92
33	最小	2.25	6.79
34	最大	4.19	5.77
34	最小	2.48	4.43
35	最大	2.11	0.96
35	最小	2.11	0.96
36	最大	1.98	1.15
36	最小	1.33	2.08

由表5-50可知,短暂状况本例在预加力、主梁自重等施工荷载作用下的混凝土法向应力均为压应力,且最大压应力出现在11截面下缘,为9.81MPa,小于式(2-219)或《桥规(2018年)》7.2.8条规定的施工阶段混凝土压应力限值 $0.7f'_{ck} = 0.7 \times 0.8 \times 32.4 = 18.14$ MPa。因此,本例短暂状况主梁正截面混凝土法向应力验算均满足《桥规(2018年)》要求。

2. 主梁斜截面混凝土主应力

短暂状况主梁斜截面混凝土主应力计算原理与持久状况相同,只不过采用施工阶段的作用及相应的截面几何特性计算即可,结果见表5-51。

由表5-51可知,短暂状况下,本例主梁最大主压应力位于21截面,为4.83MPa;36截面主拉应力值较大,为0.22MPa。

需要指出,《桥规(2018年)》7.2.1条虽要求计算混凝土正截面和斜截面应力,但《桥规(2018年)》7.2.7条和7.2.8条只涉及混凝土法向压应力限值和拉应力设计措施,并没有给出混凝土斜截面主应力(主拉、主压)限值和处理措施,问题之一是条文要求不匹配,问题之二是缺失了短暂状况主梁斜截面混凝土主拉应力设计的可能控制项。因此,可参考持久状况主拉应力限值,合理设置箍筋,尤其是对于主拉应力较大的截面,防止短暂状况主梁破坏。

短暂状况主梁斜截面混凝土主应力 表5-51

节点号(截面)	主拉应力最大值(MPa)	主压应力最大值(MPa)
1	0.00	0.00
2	−0.06	1.42
3	−0.06	1.29
4	−0.02	1.25
5	−0.01	1.34
6	−0.02	1.54
7	−0.02	1.99
8	0.00	2.43
9	0.00	2.61
10	−0.02	2.46
11	−0.03	2.08
12	−0.01	4.72
13	−0.01	4.72
14	−0.02	4.71
15	−0.17	4.80
16	−0.16	4.76
17	−0.15	4.33
18	−0.18	3.29
19	−0.08	2.31
20	−0.06	4.54
21	−0.04	4.83
22	−0.01	4.72
23	0.00	4.79
24	−0.02	4.82
25	−0.02	1.57
26	−0.01	2.03
27	0.00	2.20
28	−0.01	2.08
29	−0.02	1.96
30	−0.01	4.61
31	−0.01	4.54
32	−0.02	4.43
33	−0.15	4.41
34	−0.19	4.66
35	−0.10	4.32
36	−0.22	4.11

注:主压应力为正值,主拉应力为负值。

第十节 应力扰动区计算和验算

根据第二章第十二节或《桥规(2018年)》第 8.2 节,预应力混凝土连续梁桥的应力扰动区应包括梁端锚固区、齿板锚固区、支座处横梁、墩台盖梁以及承台等部位。限于篇幅,本例不做计算,具体计算与验算可参照第三章第十节实施。

第十一节 对比分析

简支-连续施工的预应力混凝土连续梁桥在国内外长大桥梁均有广泛应用,针对本例,主要对比分析采用《桥规(2018年)》《通规(2015年)》与《桥规(2004年)》《通规(2004年)》进行设计计算的异同点,重点涉及工程材料、作用组合的效应及验算结果等方面,主要目的在于正确应用现行规范,同时总结在设计条件、设计结果等方面的差异,为新桥设计与旧桥加固改造积累经验。

一、建桥材料

本例在建桥材料方面的对比分析与第三章相同,这里从略。

二、作用、作用组合及其效应设计值

(一)汽车荷载

《通规(2015年)》和《通规(2004年)》关于汽车荷载的规定存在一定差别,具体见第三章第十一节。

本例基于换算截面的汽车荷载标准值(未计入冲击系数)的主梁截面内力计算结果对比见表 5-52。

基于换算截面的汽车荷载标准值(未计入冲击系数)的主梁截面内力　　表 5-52

节点号(截面)	M_{max}(kN·m)		M_{min}(kN·m)		V_{max}(kN)		V_{min}(kN)	
	《通规(2015年)》	《通规(2004年)》	《通规(2015年)》	《通规(2004年)》	《通规(2015年)》	《通规(2004年)》	《通规(2015年)》	《通规(2004年)》
1	0.00	0.00	0.00	0.00	0.00	0.00	0.00	0.00
$2_{左}$	0.01	0.01	-85.60	-71.89	257.93	216.79	0.00	0.00
$2_{右}$	0.01	0.01	-85.60	-71.89	30.94	27.56	-333.92	-292.80
3	429.13	378.80	-94.51	-81.93	31.52	28.12	-301.95	-264.21
4	763.92	674.61	-102.86	-91.34	52.48	45.91	-272.81	-238.24
5	1 034.13	913.65	-126.74	-113.78	74.07	64.37	-244.69	-213.26
6	1 244.47	1 100.02	-168.71	-151.43	96.64	83.78	-217.15	-188.87
7	1 423.02	1 258.68	-223.57	-200.65	126.79	109.91	-183.02	-158.76
8	1 497.26	1 325.22	-278.42	-249.87	157.41	136.66	-151.18	-130.79

续上表

节点号（截面）	M_{max}（kN·m）		M_{min}（kN·m）		V_{max}（kN）		V_{min}（kN）	
	《通规(2015年)》	《通规(2004年)》	《通规(2015年)》	《通规(2004年)》	《通规(2015年)》	《通规(2004年)》	《通规(2015年)》	《通规(2004年)》
9	1 469.23	1 301.16	-336.84	-302.28	190.25	165.56	-119.96	-103.51
10	1 351.10	1 196.76	-391.70	-351.50	220.97	192.82	-93.34	-80.35
11	1 154.03	1 021.50	-446.55	-400.72	251.28	219.92	-69.48	-59.70
12	870.02	767.58	-504.98	-453.14	282.75	248.30	-47.22	-40.54
13	665.45	583.99	-542.53	-486.99	301.53	265.35	-35.21	-30.25
14	473.06	413.69	-611.50	-552.28	319.74	282.00	-24.52	-21.13
15	302.64	265.77	-717.35	-654.44	337.19	298.05	-15.15	-13.17
16	173.52	155.31	-944.37	-869.50	358.94	318.21	-8.17	-7.26
17	175.10	156.65	-1 023.22	-941.06	362.87	321.88	-8.16	-7.25
18左	176.30	157.71	-1 068.63	-982.30	365.06	323.92	-8.15	-7.24
18右	176.30	157.71	-1 068.63	-982.30	39.70	35.26	-362.80	-321.67
19	170.11	152.19	-1 044.61	-959.06	39.71	35.26	-360.25	-319.32
20	159.80	143.06	-1 003.15	-919.01	39.71	35.27	-355.56	-315.01
21	305.09	265.09	-812.17	-735.45	40.21	35.77	-330.50	-292.10
22	475.65	412.10	-699.04	-628.22	42.60	37.91	-309.55	-273.10
23	656.67	571.31	-620.28	-555.36	57.16	50.34	-287.99	-253.67
24	845.91	741.23	-578.30	-519.27	73.17	64.07	-266.02	-233.98
25	1 078.11	949.73	-516.23	-466.38	100.61	87.73	-231.52	-203.25
26	1 221.80	1 078.86	-454.17	-413.48	130.66	113.82	-197.26	-172.96
27	1 270.88	1 123.51	-393.58	-361.85	161.95	141.15	-164.71	-144.37
28	1 226.17	1 084.51	-411.75	-376.25	195.39	170.55	-132.92	-116.63
29	1 088.14	962.13	-454.79	-411.51	229.58	200.81	-103.33	-90.96
30	870.31	768.04	-496.80	-445.93	263.00	230.61	-77.10	-68.35
31	693.10	610.20	-530.41	-474.54	284.70	250.09	-61.51	-54.99
32	525.58	464.27	-600.56	-539.69	305.92	269.24	-52.24	-47.00
33	370.40	332.08	-704.94	-639.07	326.33	287.79	-51.39	-46.15
34	282.96	260.66	-882.74	-810.57	350.94	310.34	-50.95	-45.71
35	290.31	267.64	-921.38	-848.03	355.38	314.43	-50.93	-45.69
36左	294.79	271.91	-943.78	-869.76	357.85	316.71	-50.93	-45.69
36右	294.79	271.91	-943.78	-869.76	50.93	45.69	-357.86	-316.72

注：《通规(2015年)》计算值引自表5-36。

由表 5-52 可知,本例按《通规(2015 年)》计算汽车荷载标准值计算的 8 截面最大弯矩为 1 497.26kN·m,按《通规(2004 年)》的计算值为 1 325.22kN·m,增大了 13%;按《通规(2015 年)》计算的 18 截面最小弯矩为 -1 068.63kN·m,按《通规(2004 年)》的计算值为 -982.3kN·m,增大了 9%。按《通规(2015 年)》计算的 18 左侧截面最大剪力为 365.06kN,按《通规(2004 年)》的计算值为 323.92kN,增大了 13%。由此可知,《通规(2015 年)》对跨径较小桥梁的汽车荷载标准值的效应计算值增加幅度较大,中、小跨径桥梁设计时应引起足够重视。

(二)作用组合及其效应设计值

相对于《通规(2004 年)》,由本书第一章第二节及第二章第七节可知,《通规(2015 年)》在作用组合方式及其效应设计值的计算方面都有较大改变。现针对本例,对比分析按《通规(2015 年)》和《通规(2004 年)》不同组合方式下的效应设计值。

1. 持久状况承载能力极限状态

持久状况承载能力极限状态下,主梁截面内力设计值按《通规(2015 年)》采用作用基本组合计算,按《通规(2004 年)》采用作用效应基本组合计算,结果见表 5-53。

持久状况承载能力极限状态基本组合的主梁截面内力设计值(二) 表 5-53

节点号(截面)	$\gamma_0 M_{max}$(kN·m)		$\gamma_0 M_{min}$(kN·m)		$\gamma_0 V_{max}$(kN)		$\gamma_0 V_{min}$(kN)	
	《通规(2015 年)》	《通规(2004 年)》	《通规(2015 年)》	《通规(2004 年)》	《通规(2015 年)》	《通规(2004 年)》	《通规(2015 年)》	《通规(2004 年)》
1	0.00	0.00	0.00	0.00	0.00	0.00	0.00	0.00
2左	-4.11	-4.13	-191.38	-161.52	547.22	463.83	20.26	20.26
2右	-4.11	-4.13	-191.38	-161.52	-408.08	-413.88	-1 306.17	-1 224.94
3	1 797.97	1 699.36	481.86	507.55	-331.63	-337.45	-1 151.04	-1 076.66
4	3 226.11	3 051.64	1 007.83	1 029.63	-223.65	-235.91	-1 013.38	-945.42
5	4 405.46	4 170.96	1 401.79	1 425.13	-114.39	-133.01	-877.79	-816.20
6	5 354.62	5 074.80	1 664.09	1 695.20	-1.85	-26.85	-741.81	-686.61
7	6 215.00	5 899.11	1 852.87	1 894.13	146.58	113.41	-567.85	-520.81
8	6 654.37	6 327.12	1 867.03	1 918.44	295.97	254.95	-398.53	-359.34
9	6 674.80	6 360.10	1 690.11	1 752.33	471.65	422.66	-239.80	-208.57
10	6 291.47	6 008.88	1 343.69	1 416.07	638.70	582.70	-98.53	-74.33
11	5 538.59	5 304.48	822.66	905.19	804.93	742.42	37.16	54.87
12	4 356.35	4 187.78	75.99	169.32	979.90	911.12	174.92	186.35
13	3 450.96	3 327.69	-484.83	-384.84	1 086.59	1 014.31	256.45	264.40
14	2 497.45	2 421.73	-1 206.05	-1 099.42	1 192.14	1 116.68	335.32	340.08
15	1 610.24	1 582.91	-2 193.80	-2 080.52	1 295.95	1 217.66	411.37	413.26
16	530.13	544.26	-3 809.47	-3 671.93	1 436.44	1 354.93	505.81	505.54
17	363.57	377.89	-4 211.06	-4 058.02	1 463.85	1 381.81	522.06	521.79

续上表

节点号（截面）	$\gamma_0 M_{max}$(kN·m)		$\gamma_0 M_{min}$(kN·m)		$\gamma_0 V_{max}$(kN)		$\gamma_0 V_{min}$(kN)	
	《通规（2015年）》	《通规（2004年）》	《通规（2015年）》	《通规（2004年）》	《通规（2015年）》	《通规（2004年）》	《通规（2015年）》	《通规（2004年）》
18左	268.22	282.65	-4 442.02	-4 280.09	1 479.24	1 396.90	531.19	530.90
18右	268.22	282.65	-4 442.02	-4 280.09	-441.83	-450.15	-1 426.71	-1 343.65
19	348.90	364.54	-4 266.24	-4 105.96	-432.70	-441.03	-1 410.60	-1 327.95
20	489.70	507.53	-3 961.23	-3 803.89	-416.32	-424.64	-1 381.41	-1 299.54
21	1 559.18	1 528.69	-2 506.01	-2 364.25	-335.29	-343.62	-1 234.62	-1 157.11
22	2 427.89	2 348.73	-1 545.18	-1 415.81	-271.52	-280.35	-1 121.43	-1 047.88
23	3 283.18	3 158.89	-799.65	-682.65	-183.07	-196.21	-1 006.98	-937.76
24	4 124.98	3 960.59	-279.04	-174.42	-91.69	-109.45	-891.73	-827.12
25	5 120.08	4 906.21	364.13	449.50	55.62	30.21	-711.78	-654.83
26	5 720.07	5 475.25	799.45	865.56	208.22	174.76	-532.32	-483.41
27	5 913.69	5 658.48	1 023.10	1 070.41	361.14	319.66	-358.94	-318.05
28	5 691.18	5 446.13	887.27	943.50	536.82	487.15	-200.71	-168.01
29	5 075.21	4 860.45	478.03	551.93	716.14	658.50	-49.04	-24.30
30	4 084.78	3 916.73	-108.80	-17.68	890.89	825.92	93.29	110.69
31	3 245.50	3 115.78	-609.35	-506.86	1 005.61	936.12	183.83	196.72
32	2 351.44	2 264.57	-1 290.07	-1 176.24	1 119.34	1 045.67	261.56	271.84
33	1 480.30	1 439.14	-2 217.96	-2 092.78	1 231.26	1 153.82	322.08	332.37
34	485.43	475.57	-3 627.71	-3 488.22	1 377.52	1 295.90	403.26	413.55
35	330.70	319.88	-3 923.19	-3 781.02	1 405.99	1 323.66	419.53	429.81
36左	242.09	230.71	-4 093.58	-3 949.90	1 421.94	1 339.22	428.65	438.93
36右	242.09	230.71	-4 093.58	-3 949.90	-428.79	-439.08	-1 422.14	-1 339.42

注：《通规（2015年）》计算值引自表5-38。

由表5-53可知,本例按《通规（2015年）》和《通规（2004年）》计算的持久状况承载能力极限状态基本组合的主梁截面内力设计值还是有差异的,例如9截面最大弯矩设计值分别为6 674.80kN·m和6 360.10kN·m,增大了4.9%;18支点截面最小剪力设计值分别为-1 426.71kN和-1 343.65kN,增大了6.2%;新桥设计或旧桥加固改造时应引起重视。

2.持久状况正常使用极限状态

1)作用频遇/短期效应组合的主梁截面内力设计值

持久状况正常使用极限状态下,主梁截面内力设计值按《通规（2015年）》采用作用频遇组合计算,按《通规（2004年）》采用作用短期效应组合计算,计算结果对比见表5-54。

持久状况正常使用极限状态作用频遇/短期效应组合的主梁截面内力设计值(二) 表5-54

节点号(截面)	M_{max}(kN·m)		M_{min}(kN·m)		V_{max}(kN)		V_{min}(kN)	
	《通规(2015年)》	《通规(2004年)》	《通规(2015年)》	《通规(2004年)》	《通规(2015年)》	《通规(2004年)》	《通规(2015年)》	《通规(2004年)》
1	0.00	0.00	0.00	0.00	0.00	0.0	0.00	0.00
2左	-3.75	-3.75	-69.19	-57.83	201.93	170.18	18.42	18.42
2右	-3.75	-3.75	-69.19	-57.83	-398.52	-401.24	-733.34	-700.72
3	1 038.89	998.74	540.95	551.57	-329.66	-332.4	-642.17	-612.29
4	1 873.46	1 802.18	1 018.05	1 027.98	-255.22	-260.42	-561.91	-534.58
5	2 572.78	2 476.57	1 393.99	1 405.31	-180.33	-187.97	-482.37	-457.57
6	3 147.66	3 032.26	1 672.01	1 687.08	-103.55	-113.66	-402.06	-379.77
7	3 690.45	3 559.09	1 895.35	1 915.33	-2.74	-16.01	-298.41	-279.33
8	4 000.29	3 862.69	1 959.94	1 984.84	98.42	82.09	-196.38	-180.38
9	4 079.53	3 945.01	1 854.18	1 884.31	206.31	186.85	-89.64	-76.75
10	3 924.69	3 801.15	1 590.97	1 626.02	307.54	285.31	8.67	18.83
11	3 554.96	3 448.95	1 169.01	1 208.98	408.48	383.65	105.02	112.66
12	2 934.11	2 852.43	545.30	590.5	515.10	487.73	205.07	210.29
13	2 441.86	2 377.20	71.31	119.75	580.44	551.66	265.61	269.48
14	1 890.17	1 843.18	-494.80	-442.73	645.39	615.3	325.2	327.86
15	1 286.11	1 256.83	-1 157.00	-1 100.86	709.65	678.38	383.74	385.30
16	462.85	448.11	-2 189.90	-2 121.97	798.15	765.52	461.70	462.43
17	312.01	297.08	-2 426.2	-2 351.82	815.68	782.82	476.45	477.18
18左	225.30	210.27	-2 562.00	-2 483.93	825.53	792.54	484.74	485.47
18右	225.30	210.27	-2 562.00	-2 483.93	-428.26	-431.83	-801.30	-768.35
19	302.34	287.84	-2 446.59	-2 369.4	-419.96	-423.53	-791.20	-758.41
20	436.14	422.59	-2 245.98	-2 170.35	-405.08	-408.65	-772.95	-740.49
21	1 212.85	1 181.35	-1 279.41	-1 211.72	-331.99	-335.56	-682.41	-651.74
22	1 784.85	1 734.90	-625.31	-563.44	-276.71	-280.48	-613.93	-584.87
23	2 291.95	2 224.66	-69.80	-13.34	-212.78	-218.21	-545.01	-517.69
24	2 750.48	2 667.50	367.37	418.88	-147.81	-155.02	-475.8	-450.33
25	3 278.44	3 176.20	898.50	942.35	-44.95	-55.12	-367.92	-345.48
26	3 596.30	3 482.23	1 226.72	1 262.9	59.77	46.48	-260.21	-240.94
27	3 701.28	3 583.54	1 349.94	1 378.65	163.39	146.97	-155.69	-139.57
28	3 568.30	3 455.08	1 241.93	1 273.69	270.52	250.89	-49.74	-36.81
29	3 242.53	3 141.84	891.29	929.43	378.18	355.41	54.66	64.50
30	2 700.19	2 618.61	376.98	421.35	483.02	457.33	154.37	161.39
31	2 230.51	2 164.53	-59.37	-10.82	552.04	524.54	219.04	224.32

续上表

节点号 (截面)	M_{max}(kN·m)		M_{min}(kN·m)		V_{max}(kN)		V_{min}(kN)	
	《通规 (2015年)》	《通规 (2004年)》	《通规 (2015年)》	《通规 (2004年)》	《通规 (2015年)》	《通规 (2004年)》	《通规 (2015年)》	《通规 (2004年)》
32	1 702.39	1 653.44	-602.95	-549.78	620.71	591.53	279.21	283.48
33	1 110.80	1 079.74	-1 244.85	-1 186.63	688.66	657.95	333.28	337.54
34	336.51	317.66	-2 194.91	-2 129.77	779.19	746.74	406.58	410.83
35	193.40	174.21	-2 391.99	-2 325.48	797.09	764.35	421.34	425.59
36左	111.08	91.69	-2 505.42	-2 438.14	807.14	774.24	429.63	433.88
36右	111.08	91.69	-2 505.42	-2 438.14	-429.76	-434.01	-807.28	-774.38

注：《通规(2015年)》计算值引自表5-39。

由表5-54可知，本例按《通规(2015年)》和《通规(2004年)》计算的持久状况正常使用极限状态作用频遇/短期效应组合的主梁截面内力设计值有一定差异，例如9截面最大弯矩设计值分别为4 079.53kN·m和3 945.01kN·m，增大了3.4%；18支点截面最小剪力设计值分别为-801.3kN和-768.35kN，增大了4.3%；设计时应给予适当关注。

2）作用准永久/长期效应组合的主梁截面内力设计值

持久状况正常使用极限状态下，主梁截面内力设计值按《通规(2015年)》采用作用准永久组合计算，按《通规(2004年)》采用作用长期效应组合计算，计算结果对比见表5-55。

持久状况正常使用极限状态作用准永久/长期效应组合的主梁截面内力设计值（二） 表5-55

节点号 (截面)	M_{max}(kN·m)		M_{min}(kN·m)		V_{max}(kN)		V_{min}(kN)	
	《通规 (2015年)》	《通规 (2004年)》	《通规 (2015年)》	《通规 (2004年)》	《通规 (2015年)》	《通规 (2004年)》	《通规 (2015年)》	《通规 (2004年)》
1	0.00	0.00	0.00	0.00	0.00	0.00	0.00	0.00
2左	-3.75	-3.75	-41.15	-34.66	123.29	105.14	18.42	18.42
2右	-3.75	-3.75	-41.15	-34.66	-407.95	-409.51	-631.52	-612.88
3	908.04	885.10	571.90	577.97	-339.27	-340.84	-550.10	-533.03
4	1 640.52	1 599.79	1 051.74	1 057.41	-271.22	-274.20	-478.73	-463.11
5	2 257.45	2 202.48	1 435.51	1 441.97	-202.92	-207.29	-407.77	-393.59
6	2 768.20	2 702.25	1 727.27	1 735.88	-133.02	-138.80	-335.85	-323.11
7	3 256.55	3 181.48	1 968.57	1 979.99	-41.40	-48.98	-242.60	-231.70
8	3 543.75	3 465.12	2 051.13	2 065.36	50.43	41.09	-150.29	-141.14
9	3 631.53	3 554.67	1 964.50	1 981.72	148.31	137.18	-53.07	-45.70
10	3 512.72	3 442.12	1 719.25	1 739.28	240.17	227.46	37.13	42.93
11	3 203.08	3 142.50	1 315.27	1 338.11	331.86	317.67	126.20	130.57
12	2 668.83	2 622.15	710.69	736.52	428.88	413.24	219.47	222.46
13	2 238.95	2 202.01	249.00	276.68	488.50	472.05	276.34	278.56
14	1 745.92	1 719.07	-294.52	-264.77	547.89	530.70	332.68	334.19

续上表

节点号（截面）	M_{max}(kN·m)		M_{min}(kN·m)		V_{max}(kN)		V_{min}(kN)	
	《通规(2015年)》	《通规(2004年)》	《通规(2015年)》	《通规(2004年)》	《通规(2015年)》	《通规(2004年)》	《通规(2015年)》	《通规(2004年)》
15	1 193.83	1 177.09	-922.06	-889.98	606.83	588.97	388.36	389.25
16	409.93	401.51	-1 880.61	-1 841.78	688.70	670.05	464.19	464.61
17	258.61	250.08	-2 091.08	-2 048.57	705.03	686.26	478.94	479.36
18左	171.55	162.95	-2 212.01	-2 167.39	714.22	695.37	487.23	487.65
18右	171.55	162.95	-2 212.01	-2 167.39	-440.36	-442.40	-690.68	-671.85
19	250.47	242.19	-2 104.47	-2 060.36	-432.07	-434.11	-681.35	-662.62
20	387.42	379.67	-1 917.43	-1 874.21	-417.19	-419.23	-664.54	-645.99
21	1 119.83	1 101.83	-1 013.41	-974.73	-344.25	-346.29	-581.64	-564.11
22	1 639.81	1 611.27	-396.36	-361.01	-289.70	-291.86	-519.54	-502.93
23	2 091.72	2 053.27	133.35	165.62	-230.21	-233.31	-457.20	-441.58
24	2 492.55	2 445.13	556.78	586.21	-170.12	-174.24	-394.69	-380.13
25	2 949.70	2 891.28	1 067.58	1 092.63	-75.63	-81.44	-297.33	-284.50
26	3 223.76	3 158.57	1 375.46	1 396.14	19.93	12.34	-200.06	-189.05
27	3 313.77	3 246.49	1 478.85	1 495.25	114.01	104.63	-105.47	-96.26
28	3 194.42	3 129.72	1 376.78	1 394.93	210.94	199.73	-9.21	-1.82
29	2 910.74	2 853.20	1 040.24	1062.03	308.18	295.17	86.16	91.79
30	2 434.81	2 388.20	539.70	565.05	402.83	388.15	177.88	181.89
31	2 019.18	1 981.47	114.35	142.09	465.23	449.52	237.80	240.81
32	1 542.13	1 514.16	-406.26	-375.87	527.43	510.75	295.14	297.58
33	997.86	980.11	-1 013.97	-980.70	589.16	571.61	348.95	351.38
34	250.23	239.46	-1 905.80	-1 868.58	672.18	653.64	422.12	424.55
35	104.88	93.91	-2 090.22	-2 052.22	688.73	670.02	436.87	439.30
36左	21.19	10.11	-2 196.32	-2 157.87	698.03	679.23	445.16	447.59
36右	21.19	10.11	-2 196.32	-2 157.87	-445.29	-447.72	-698.16	-679.36

注：《通规(2015年)》计算值引自表5-40。

由表5-55可知，本例按《通规(2015年)》和《通规(2004年)》计算的持久状况正常使用极限状态作用准永久/长期效应组合的主梁截面内力设计值有一定差异，例如9截面最大弯矩设计值分别为3 631.53kN·m和3 554.67kN·m，增大了2.2%；18截面最小剪力设计值分别为-690.68kN和-671.85kN，增大了2.8%；设计时应给予适当关注。

三、计算及验算结果

《桥规(2018年)》第5~7章规定预应力混凝土连续梁桥的验算包括：持久状况承载能力极限状态验算、持久状况正常使用极限状态验算及持久状况和短暂状况构件的应力验算等。其中，持久状况承载能力极限状态验算包括正截面抗弯承载力、斜截面抗剪承载力以及斜截面抗弯承载力验算；持久状况正常使用极限状态验算包括主梁截面抗裂和挠度验算；持久状况和短暂状况构件的应力验算包括使用阶段应力验算和施工阶段应力验算。

(一)持久状况承载能力极限状态

1. 正截面抗弯承载力

分别按《桥规(2018年)》和《桥规(2004年)》计算持久状况承载能力极限状态主梁正截面抗弯承载力,结果见表5-56。

持久状况承载能力极限状态主梁正截面抗弯承载力计算结果对比 表5-56

节点号(截面)	最大/最小	弯矩设计值 $\gamma_0 M_d$(kN·m)		截面承载力计算值 M_u(kN·m)	
		《桥规(2018年)》	《桥规(2004年)》	《桥规(2018年)》	《桥规(2004年)》
1	最大	0.00	0.00	3 447.73	2 925.35
	最小	0.00	0.00	3 447.73	2 925.35
2	最大	−4.11	−4.13	6 244.87	5 719.75
	最小	−191.38	−161.52	6 244.87	5 719.75
3	最大	1 797.97	1 699.36	5 862.22	5 648.89
	最小	481.86	507.55	5 862.22	5 648.89
4	最大	3 226.11	3 051.64	6 664.99	6 451.66
	最小	1 007.83	1 029.63	6 664.99	6 451.66
5	最大	4 405.46	4 170.96	7 238.28	7 024.95
	最小	1 401.79	1 425.13	7 238.28	7 024.95
6	最大	5 354.62	5 074.79	7 596.96	7 383.63
	最小	1 664.09	1 695.20	7 596.96	7 383.63
7	最大	6 215.00	5 899.11	7 758.43	7 545.10
	最小	1 852.87	1 894.13	7 758.43	7 545.10
8	最大	6 654.37	6 327.12	7 767.22	7 553.89
	最小	1 867.03	1 918.45	7 767.22	7 553.89
9	最大	6 674.80	6 360.11	7 767.22	7 553.89
	最小	1 690.11	1 752.34	7 767.22	7 553.89
10	最大	6 291.47	6 008.88	7 767.22	7 553.89
	最小	1 343.69	1 416.07	7 767.22	7 553.89
11	最大	5 538.59	5 304.48	7 743.11	7 529.78
	最小	822.66	905.19	7 743.11	7 529.78
12	最大	4 356.35	4 187.77	7 480.61	7 265.04
	最小	75.99	169.33	6 569.28	7 265.04
13	最大	3 450.96	3 327.69	7 111.13	6 892.80
	最小	−484.83	−384.84	6 776.33	6 937.58
14	最大	2 497.45	2 421.73	6 590.88	6 372.02
	最小	−1 206.05	−1 099.41	7 016.34	7 180.38

续上表

节点号（截面）	最大/最小	弯矩设计值 $\gamma_0 M_d$ (kN·m)		截面承载力计算值 M_u (kN·m)	
		《桥规(2018年)》	《桥规(2004年)》	《桥规(2018年)》	《桥规(2004年)》
15	最大	1 610.24	1 582.91	5 982.93	5 749.07
	最小	-2 193.80	-2 080.52	7 487.00	7 624.85
16	最大	530.13	559.80	4 473.88	4 247.58
	最小	-3 809.47	-3 671.94	8 989.91	9 166.20
17	最大	363.57	377.89	1 390.25	1 165.49
	最小	-4 211.06	-4 058.02	6 544.41	6 847.80
18	最大	268.22	282.65	1 390.18	1 165.45
	最小	-4 442.02	-4 280.09	6 544.41	6 847.80
19	最大	348.90	364.54	2 596.70	2 371.91
	最小	-4 266.24	-4 105.96	7 242.60	7 543.78
20	最大	489.70	507.53	4 099.86	3 872.31
	最小	-3 961.23	-3 803.89	8 790.26	8 973.27
21	最大	1 559.18	1 528.69	5 253.04	5 033.75
	最小	-2 506.01	-2 364.25	7 335.82	7 492.18
22	最大	2 427.89	2 348.73	5 868.99	5 650.21
	最小	-1 545.18	-1 415.81	6 996.12	7 152.01
23	最大	3 283.18	3 158.90	6 319.43	6 101.19
	最小	-799.65	-682.65	6 743.25	6 898.64
24	最大	4 124.98	3 960.60	6 647.03	6 432.46
	最小	-279.04	-174.41	6 518.25	6 658.66
25	最大	5 120.08	4 906.21	6 843.30	6 629.97
	最小	364.13	449.50	6 843.30	6 629.97
26	最大	5 720.07	5 475.26	6 858.76	6 645.42
	最小	799.45	865.55	6 858.76	6 645.42
27	最大	5 913.69	5 658.48	6 858.76	6 645.42
	最小	1 023.10	1 070.41	6 858.76	6 645.42
28	最大	5 691.18	5 446.13	6 858.76	6 645.42
	最小	887.27	943.50	6 858.76	6 645.42
29	最大	5 075.21	4 860.44	6 840.97	6 627.64
	最小	478.03	551.92	6 840.97	6 627.64
30	最大	4 084.78	3 916.73	6 646.96	6 432.39
	最小	-108.80	-17.67	6 518.29	6 658.78
31	最大	3 245.50	3 115.78	6 319.23	6 100.94
	最小	-609.35	-506.86	6 743.33	6 898.75

续上表

节点号（截面）	最大/最小	弯矩设计值 $\gamma_0 M_d$ (kN·m)		截面承载力计算值 M_u (kN·m)	
		《桥规(2018年)》	《桥规(2004年)》	《桥规(2018年)》	《桥规(2004年)》
32	最大	2 351.44	2 264.57	5 868.77	5 649.93
	最小	-1 290.07	-1 176.24	6 996.36	7 152.22
33	最大	1 480.30	1 439.14	5 347.47	5 113.65
	最小	-2 217.96	-2 092.79	7 497.89	7 625.60
34	最大	485.43	475.57	4 114.82	3 889.01
	最小	-3 627.71	-3 488.23	8 793.28	8 975.72
35	最大	330.70	319.88	1 390.43	1 165.85
	最小	-3 923.19	-3 781.02	6 544.41	6 847.80
36	最大	242.09	230.71	1 390.31	1 165.64
	最小	-4 093.58	-3 949.90	6 544.41	6 847.80

注：《桥规(2018年)》计算值引自表5-41。

由表5-56可以看出,分别按《桥规(2018年)》和《桥规(2004年)》计算,结果规律一致,《桥规(2018年)》持久状况主梁截面弯矩设计最大值较《桥规(2004年)》计算值普遍偏大,且均能满足各自规范的持久状况承载能力极限状态正截面抗弯承载力要求。

2. 斜截面抗剪承载力

分别按《桥规(2018年)》和《桥规(2004年)》计算的持久状况承载能力极限状态主梁斜截面抗剪承载力见表5-57。

持久状况承载能力极限状态主梁斜截面抗剪承载力计算结果对比　　　　表5-57

节点号（截面）	最大/最小	剪力设计值 $\gamma_0 V_d$ (kN·m)		截面承载力计算值 V_u (kN·m)	
		《桥规(2018年)》	《桥规(2004年)》	《桥规(2018年)》	《桥规(2004年)》
$2_{左}$	最大	547.22	463.83	3 340.76	3 095.56
	最小	20.26	20.26	3 340.76	3 095.56
$2_{右}$	最大	-408.08	-413.88	2 442.83	3 583.81
	最小	-1 306.17	-1 224.94	2 442.83	3 583.81
4	最大	-223.65	-235.91	2 041.74	2 023.63
	最小	-1 013.38	-945.42	2 041.74	2 023.63
6	最大	-1.85	-26.85	2 087.68	2 057.47
	最小	-741.81	-686.61	2 087.68	2 057.47
8	最大	295.97	254.95	2 130.88	2 092.80
	最小	-398.53	-359.34	2 130.88	2 092.80
10	最大	638.70	582.70	2 130.88	2 009.78
	最小	-98.53	-74.33	2 130.88	2 009.78
12	最大	979.90	911.12	2 183.80	1 963.62
	最小	174.92	186.35	2 183.80	1 963.62

续上表

节点号(截面)	最大/最小	剪力设计值 $\gamma_0 V_d$ (kN·m)		截面承载力计算值 V_u (kN·m)	
		《桥规(2018年)》	《桥规(2004年)》	《桥规(2018年)》	《桥规(2004年)》
14	最大	1 192.14	1 116.68	2 035.70	1 957.93
	最小	335.32	340.08	2 035.70	1 957.93
16	最大	1 436.44	1 354.93	3 417.68	1 957.93
	最小	505.81	505.54	2 523.31	1 957.93
18左	最大	1 479.24	1 396.90	2 966.41	1 957.93
	最小	531.19	530.90	3 140.46	1 957.93
18右	最大	-441.83	-450.15	2 966.41	1 997.66
	最小	-1 426.71	-1 343.65	3 140.46	1 997.66
20	最大	-416.32	-424.64	2 643.05	2 275.22
	最小	-1 381.41	-1 299.54	3 463.89	2 275.22
22	最大	-271.52	-280.35	1 999.75	1 934.01
	最小	-1 121.43	-1 047.88	1 999.75	1 934.01
24	最大	-91.69	-109.45	2 165.83	1 934.01
	最小	-891.73	-827.12	2 165.83	1 934.01
26	最大	208.22	174.76	2 105.48	1 934.01
	最小	-532.32	-483.41	2 105.48	1 964.98
28	最大	536.82	487.15	2 105.48	1 964.98
	最小	-200.71	-168.01	2 105.48	2 026.68
30	最大	890.89	825.92	2 165.83	1 992.46
	最小	93.29	110.69	2 165.83	1 961.33
32	最大	1 119.34	1 045.67	1 999.75	1 992.46
	最小	261.56	271.84	1 999.75	1 992.46
34	最大	1 377.52	1 295.90	3 391.50	2 026.68
	最小	403.26	413.55	3 391.50	2 026.68
36左	最大	1 421.94	1 339.22	3 140.46	2 235.53
	最小	428.65	438.93	3 140.46	2 235.53
36右	最大	-324.62	-439.08	3 140.46	1 965.49
	最小	-1 422.14	-1 339.42	3 140.46	1 965.49

注：《桥规(2018年)》计算值引自表5-42。

由表5-57可以发现，按《桥规(2018年)》和《桥规(2004年)》计算时，持久状况承载能力极限状态主梁斜截面抗剪承载力均满足要求。《桥规(2018年)》主梁截面剪力设计值较《桥规(2004年)》设计值普遍偏大。

(二)持久状况正常使用极限状态

1. 正截面抗裂验算

分别按《桥规(2018年)》(作用频遇组合)和《桥规(2004年)》(作用短期效应组合)进行的持久状况正常使用极限状态主梁正截面混凝土法向拉应力计算结果见5-58。

持久状况正常使用极限状态主梁正截面混凝土法向拉应力 表5-58

节点号(截面)	上缘最小(MPa)				下缘最小(MPa)			
	频遇/短期组合		准永久/长期组合		频遇/短期组合		准永久/长期组合	
	《桥规(2018年)》	《桥规(2004年)》	《桥规(2018年)》	《桥规(2004年)》	《桥规(2018年)》	《桥规(2004年)》	《桥规(2018年)》	《桥规(2004年)》
1	−1.51	−1.51	0.00	0.00	−0.35	−0.35	0.00	0.00
2	0.68	0.70	2.25	2.26	3.97	3.94	4.24	4.23
3	0.76	0.78	2.30	2.31	5.90	5.88	6.15	6.14
4	0.54	0.56	2.08	2.09	6.44	6.41	6.69	6.67
5	0.43	0.45	1.98	1.99	6.77	6.74	7.00	6.99
6	0.41	0.44	1.98	1.99	7.04	7.00	7.24	7.22
7	0.56	0.59	2.15	2.17	7.02	6.97	7.18	7.15
8	0.66	0.70	2.28	2.30	6.85	6.78	6.97	6.93
9	0.48	0.53	2.12	2.15	7.05	6.97	7.13	7.09
10	0.00	0.06	1.66	1.69	7.89	7.80	7.93	7.88
11	−0.72	−0.66	0.97	1.01	8.96	8.86	8.97	8.91
12	2.17	2.24	3.89	3.93	8.72	8.61	8.69	8.62
13	1.94	2.02	3.67	3.71	9.02	8.90	8.96	8.89
14	1.64	1.72	3.40	3.45	9.37	9.24	9.25	9.18
15	1.43	1.52	3.22	3.27	9.64	9.50	9.43	9.35
16	0.68	0.78	2.63	2.69	7.90	7.76	7.62	7.54
17	−2.06	−1.96	−0.08	−0.02	4.37	4.21	4.03	3.94
18	−2.29	−2.18	−0.29	−0.22	4.71	4.55	4.33	4.24
19	−1.15	−1.04	0.84	0.90	6.11	5.95	5.77	5.68
20	0.51	0.62	2.47	2.54	8.03	7.87	7.74	7.65
21	1.15	1.25	2.89	2.95	9.95	9.78	9.86	9.76
22	1.38	1.47	2.99	3.04	9.62	9.46	9.75	9.66
23	1.67	1.76	3.17	3.22	9.17	9.02	9.49	9.40
24	1.84	1.92	3.28	3.32	8.86	8.73	9.28	9.20
25	−1.13	−1.07	0.20	0.24	9.03	8.92	9.60	9.53
26	−0.58	−0.52	0.72	0.75	8.22	8.13	8.85	8.80
27	−0.36	−0.31	0.95	0.98	7.92	7.85	8.53	8.49
28	−0.55	−0.50	0.82	0.85	8.18	8.10	8.69	8.64
29	−1.15	−1.09	0.39	0.42	9.05	8.96	9.31	9.25
30	1.86	1.93	3.55	3.59	8.83	8.72	8.81	8.75
31	1.69	1.77	3.50	3.55	9.13	9.01	8.93	8.86
32	1.42	1.50	3.38	3.42	9.55	9.41	9.10	9.02

续上表

节点号(截面)	上缘最小(MPa)				下缘最小(MPa)			
	频遇/短期组合		准永久/长期组合		频遇/短期组合		准永久/长期组合	
	《桥规(2018年)》	《桥规(2004年)》	《桥规(2018年)》	《桥规(2004年)》	《桥规(2018年)》	《桥规(2004年)》	《桥规(2018年)》	《桥规(2004年)》
33	1.26	1.35	3.35	3.40	9.85	9.70	9.13	9.04
34	0.65	0.74	3.01	3.06	7.94	7.81	7.06	6.99
35	-2.02	-1.92	0.38	0.43	4.29	4.15	3.34	3.26
36	-2.21	-2.11	0.21	0.27	4.58	4.44	3.59	3.50

注：1.压应力为正，拉应力为负。
2.最小应力指在压应力为正、拉应力为负的前提下，代数值最小的应力值。
3.《桥规(2018年)》计算值引自表5-43。

由表5-58可知，按《桥规(2018年)》和《桥规(2004年)》计算的持久状况正常使用极限状态主梁正截面混凝土法向拉应力计算值总体基本接近，最大偏差出现在准永久组合下的21截面处下缘，仅为0.1MPa。在《桥规(2018年)》《桥规(2004年)》下除17、18、35及36截面仍如本章第八节所述不满足正截面抗裂验算要求外，其他截面均满足正截面抗裂要求。

2.斜截面抗裂验算

分别按《桥规(2018年)》和《桥规(2004年)》计算的持久状况正常使用极限状态主梁斜截面混凝土主拉应力见表5-59。

持久状况正常使用极限状态主梁斜截面混凝土主拉应力 表5-59

节点号(截面)	最大主拉应力(MPa)		节点号(截面)	最大主拉应力(MPa)	
	《桥规(2018年)》	《桥规(2004年)》		《桥规(2018年)》	《桥规(2004年)》
1	-1.51	-1.51	19	-1.77	-1.66
2	-0.34	-0.32	20	-0.05	-0.05
3	-0.42	-0.41	21	-0.06	-0.05
4	-0.56	-0.54	22	-0.09	-0.07
5	-0.58	-0.57	23	-0.09	-0.07
6	-0.52	-0.50	24	-0.03	-0.02
7	-0.26	-0.23	25	-1.45	-1.38
8	-0.06	-0.05	26	-0.86	-0.80
9	-0.04	-0.04	27	-0.61	-0.57
10	-0.36	-0.30	28	-0.78	-0.74
11	-0.91	-0.85	29	-1.37	-1.31
12	-0.03	-0.03	30	-0.04	-0.03
13	-0.09	-0.07	31	-0.10	-0.09
14	-0.09	-0.07	32	-0.10	-0.08
15	-0.07	-0.07	33	-0.08	-0.08
16	-0.07	-0.06	34	-0.06	-0.05
17	-3.02	-2.92	35	-2.73	-2.63
18	-3.26	-3.15	36	-3.13	-3.03

注：《桥规(2018年)》计算值引自表5-44。

从表 5-59 中可以看出,按《桥规(2018 年)》和《桥规(2004 年)》计算的持久状况正常使用极限状态主梁截面混凝土主拉应力差别不大,且《桥规(2004 年)》下的计算值普遍小于《桥规(2018 年)》下的计算值。各截面的斜截面最大主拉应力存在些许不同,最大偏差发生在 19 截面,为 1.1MPa,而 17、18、35 及 36 截面仍如前述不满足斜截面抗裂验算要求。

3. 挠度计算结果

分别按《桥规(2018 年)》和《桥规(2004 年)》计算的持久状况正常使用极限状态主梁挠度计算结果见表 5-60。

持久状况正常使用极限状态主梁节点挠度计算结果对比　　　　表 5-60

节点号 (截面)	频遇组合扣除自重后挠度 f_q (mm)		考虑反拱后挠度 f_c (mm)	
	《桥规(2018 年)》	《桥规(2004 年)》	《桥规(2018 年)》	《桥规(2004 年)》
1	−0.41	−0.37	0.89	0.94
2	0.00	0.00	0.00	0.00
3	1.66	1.49	−3.39	−3.57
4	3.16	2.83	−6.20	−6.53
5	4.52	4.05	−8.58	−9.05
6	5.71	5.11	−10.52	−11.12
7	6.89	6.17	−12.33	−13.05
8	7.58	6.79	−13.43	−14.23
9	7.68	6.88	−13.96	−14.76
10	7.20	6.45	−13.81	−14.55
11	6.24	5.60	−12.77	−13.41
12	4.82	4.33	−10.37	−10.86
13	3.81	3.43	−8.43	−8.81
14	2.74	2.47	−6.13	−6.40
15	1.67	1.51	−3.44	−3.61
16	0.36	0.32	0.68	0.65
17	−0.10	0.11	1.27	1.49
18	0.00	0.00	0.00	0.00
19	−0.12	−0.11	0.90	0.92
20	−0.32	−0.29	−0.55	−0.51
21	1.43	1.28	−5.25	−5.40
22	2.37	2.13	−8.95	−9.19
23	3.30	2.96	−12.17	−12.51
24	4.16	3.73	−14.97	−15.40
25	5.28	4.73	−18.30	−18.85

续上表

节点号(截面)	频遇组合扣除自重后挠度 f_q (mm)		考虑反拱后挠度 f_c (mm)	
	《桥规(2018年)》	《桥规(2004年)》	《桥规(2018年)》	《桥规(2004年)》
26	6.01	5.39	-20.06	-20.68
27	6.28	5.63	-20.51	-21.16
28	6.02	5.40	-19.82	-20.44
29	5.28	4.74	-17.85	-18.39
30	4.20	3.77	-14.47	-14.89
31	3.34	3.00	-11.63	-11.97
32	2.41	2.17	-8.42	-8.66
33	1.46	1.31	-4.79	-4.94
34	0.31	0.28	0.36	0.33
35	-0.10	0.10	1.14	1.35
36	0.00	0.00	0.00	0.00

注:1.挠度向下为正,向上为负。
2.《桥规(2018年)》计算值引自表5-45。

由表5-60可以看出,按《桥规(2018年)》和《桥规(2004年)》计算的主梁频遇组合扣除自重后挠度,以及考虑反拱后的挠度值基本保持一致。

(三)持久状况与短暂状况主梁应力

1.使用阶段正截面混凝土法向压应力

分别按《桥规(2018年)》和《桥规(2004年)》计算的使用阶段主梁正截面混凝土法向压应力见表5-61。

使用阶段主梁正截面混凝土法向压应力计算结果对比 表5-61

节点号(截面)	上缘法向最大(MPa)		下缘法向最大力(MPa)	
	《桥规(2018年)》	《桥规(2004年)》	《桥规(2018年)》	《桥规(2004年)》
1	3.02	3.02	0.70	0.70
2	5.38	5.38	4.85	4.85
3	6.60	6.48	4.63	4.82
4	7.42	7.20	3.51	3.85
5	8.19	7.90	2.43	2.89
6	8.94	8.60	1.47	2.03
7	9.87	9.47	0.22	0.85
8	10.49	10.08	-0.80	-0.14
9	10.62	10.21	-1.08	-0.44
10	10.20	9.83	-0.35	0.24

续上表

节点号(截面)	上缘法向最大(MPa)		下缘法向最大力(MPa)	
	《桥规(2018年)》	《桥规(2004年)》	《桥规(2018年)》	《桥规(2004年)》
11	-1.26	-1.14	9.82	9.63
12	11.90	11.65	1.17	1.56
13	11.41	11.22	1.85	2.16
14	10.93	10.79	2.46	2.69
15	0.58	0.74	11.05	10.78
16	9.98	9.94	2.01	2.08
17	7.37	7.33	-1.79	-1.73
18	7.23	7.18	-1.57	-1.51
19	8.31	8.27	-0.05	0.01
20	9.85	9.81	2.11	2.16
21	0.18	0.37	11.55	11.23
22	0.54	0.72	10.99	10.69
23	11.11	10.91	2.01	2.34
24	11.52	11.27	1.33	1.73
25	-1.76	-1.63	10.04	9.83
26	9.54	9.20	0.07	0.62
27	9.78	9.43	-0.28	0.29
28	9.50	9.16	0.14	0.68
29	-1.69	-1.58	9.94	9.76
30	11.46	11.22	1.43	1.82
31	11.04	10.84	2.12	2.44
32	10.61	10.47	2.75	2.99
33	0.42	0.59	11.24	10.96
34	9.83	9.78	2.21	2.29
35	7.26	7.20	-1.63	-1.56
36	7.12	7.07	-1.43	-1.36

注:1.压应力为正、拉应力为负。
2.《桥规(2018年)》计算值引自表5-46。

从表5-61可以看出,按《桥规(2018年)》和《桥规(2004年)》计算的使用阶段主梁正截面混凝土法向压应力差别不大,且均满足相应规范的正截面验算要求。

2.使用阶段混凝土主压应力

分别按《桥规(2018年)》和《桥规(2004年)》计算的使用阶段主梁截面混凝土主压应力见表5-62。

使用阶段主梁截面混凝土主压应力计算结果对比 表 5-62

节点号（截面）	最大主压应力(MPa)		节点号（截面）	最大主压应力(MPa)	
	《桥规(2018年)》	《桥规(2004年)》		《桥规(2018年)》	《桥规(2004年)》
1	3.02	3.02	19	9.08	9.03
2	6.18	6.18	20	10.01	9.97
3	7.57	7.45	21	11.61	11.29
4	8.32	8.11	22	11.06	10.77
5	9.03	8.74	23	11.27	11.07
6	9.71	9.37	24	11.69	11.45
7	10.54	10.14	25	10.15	9.94
8	11.04	10.63	26	9.89	9.54
9	11.02	10.62	27	10.09	9.74
10	10.49	10.12	28	9.78	9.45
11	9.91	9.72	29	10.01	9.83
12	12.41	12.17	30	11.77	11.53
13	11.84	11.64	31	11.37	11.17
14	11.25	11.11	32	10.95	10.80
15	11.18	10.92	33	11.44	11.16
16	10.09	10.05	34	9.96	9.91
17	8.57	8.53	35	8.14	8.09
18	8.44	8.39	36	8.27	8.21

注：《桥规(2018年)》计算值引自表 5-47。

从表 5-62 可以看出，按《桥规(2018年)》和《桥规(2004年)》计算的使用阶段主梁截面混凝土主压应力相差不大，且均满足相应规范验算要求。

3. 预应力钢束最大拉应力

分别按《桥规(2018年)》和《桥规(2004年)》计算的使用阶段预应力钢束的最大拉应力见表 5-63。

使用阶段预应力钢筋最大拉应力对比 表 5-63

钢束编号	拉应力(MPa)		钢束编号	拉应力(MPa)	
	《桥规(2018年)》	《桥规(2004年)》		《桥规(2018年)》	《桥规(2004年)》
1-N1	1 063.04	1 060.85	3-N4	1 169.93	1 167.94
1-N1-2	1 069.55	1 067.36	3-N4-2	1 167.87	1 165.88
1-N2	1 061.60	1 058.86	3-N5	1 165.25	1 162.88
1-N2-2	1 066.78	1 064.04	3-N5-2	1 163.30	1 160.93
1-N3	1 098.19	1 095.51	3-N6	1 175.37	1 173.01
2-N4	1 170.91	1 168.93	4-N1	1 062.76	1 060.57
2-N4-2	1 167.18	1 165.20	4-N1-2	1 069.78	1 067.59
2-N5	1 166.18	1 163.82	4-N2	1 061.27	1 058.54
2-N5-2	1 162.65	1 160.29	4-N2-2	1 067.07	1 064.33
2-N6	1 175.51	1 173.15	4-N3	1 098.16	1 095.48

续上表

钢束编号	拉应力(MPa)		钢束编号	拉应力(MPa)	
	《桥规(2018年)》	《桥规(2004年)》		《桥规(2018年)》	《桥规(2004年)》
(1-2)N7	1 138.32	1 137.28	(2-3)N8-2	1 145.44	1 144.55
(1-2)N8	1 148.85	1 147.81	(3-4)N7	1 136.88	1 135.84
(1-2)N8-2	1 145.61	1 144.58	(3-4)N8	1 147.42	1 146.37
(2-3)N7	1 137.82	1 136.94	(3-4)N8-2	1 144.02	1 142.98
(2-3)N8	1 147.08	1 146.20			

注:1.《桥规(2018年)》计算值引自表5-49。

2."(1-2)N5"表示第1孔和第2孔接头处中支座顶板钢束N5;"1-N1"表示第1孔钢束N1。

由表5-63可知,按《桥规(2018年)》和《桥规(2004年)》计算的使用阶段预应力钢束的最大拉应力差别不大,且均满足相应规范验算要求。

4. 短暂状况混凝土应力

与本书其他章的示例计算结果类似,分别按《桥规(2018年)》和《桥规(2004年)》计算的短暂状况主梁正截面混凝土法向应力一致,且均满足相应规范验算要求,限于篇幅,此处从略。

第十二节 设计图绘制

一、概述

简支-连续施工的预应力混凝土连续梁桥设计图绘制的方法和内容与第三章类似。本节主要给出设计图中的总体布置图、主梁一般构造、主梁预应力钢束构造及施工程序示意图等。

二、总体布置图

总体布置图是桥梁设计图中必不可少的组成部分,是桥梁施工的重要依据。总体布置图一般包括立面、平面及横截面三部分。立面图应给出桥梁全长、桥梁起点与终点桩号、各孔跨径、基础顶面及底面高程、桥面设计高程、设计洪水位和地质剖面图等。平面图应示出桥宽、行车道宽、分隔带、护栏及下部结构平面尺寸。横截面图应明确主梁跨中、支点截面和下部结构的主要构造尺寸。本例的总体布置见图5-31。

三、主梁一般构造

一般构造图应详细给出主梁构造尺寸,并注意施工方法对主梁构造的要求。对于采用简支-连续施工的组合小箱梁应给出主梁横截面构造、各孔边(中)梁的详细构造尺寸,详见图5-32~图5-36。

四、主梁预应力钢束构造

预应力钢束构造图应给出主梁腹板、底板、顶板及横截面的钢束布置。结合本例特点,主要给出预制主梁钢束构造及中支点处主梁顶板钢束构造,详见图5-37~图5-39。

五、主梁施工示意

由于连续梁桥的结构内力及结构构造与施工方法密切相关,因此在连续梁桥设计图中应给出主梁施工示意图。本例采用简支-连续施工法,施工示意见图5-40。

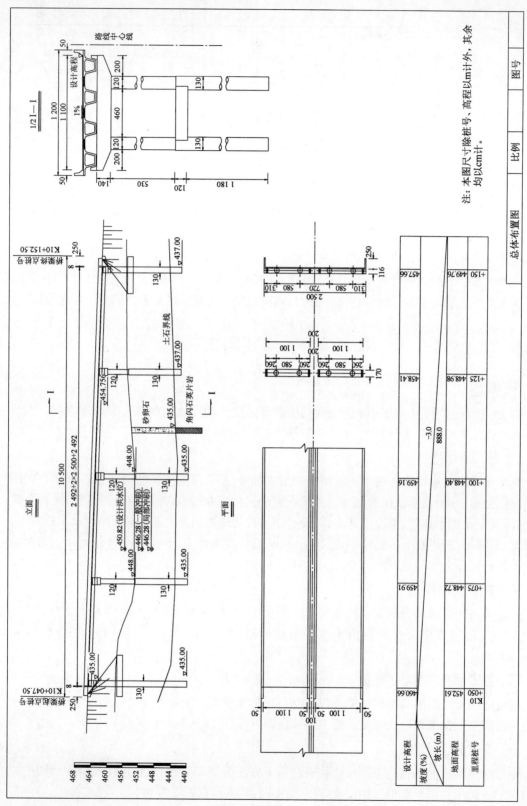

图 5-31 桥型总体布置

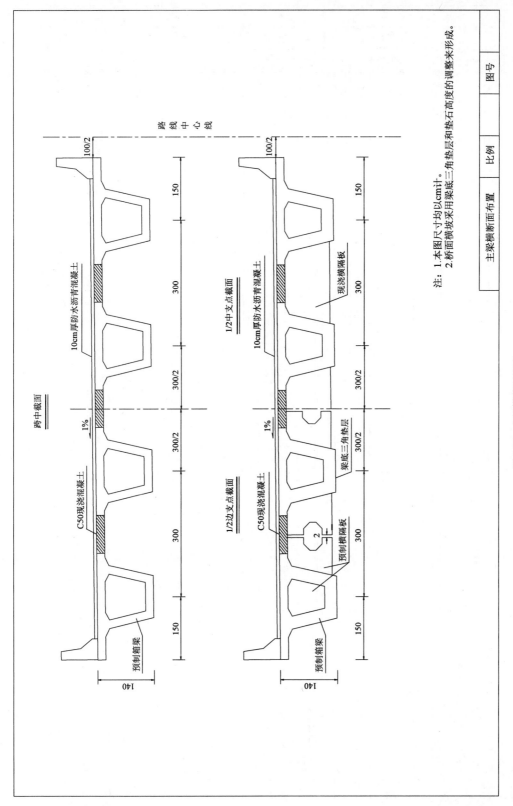

图5-32 主梁横截面构造

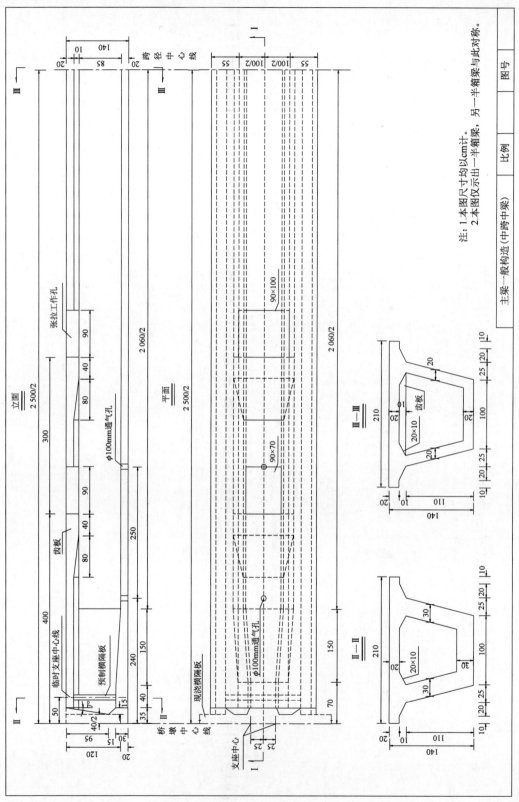

图 5-33 主梁一般构造(一)

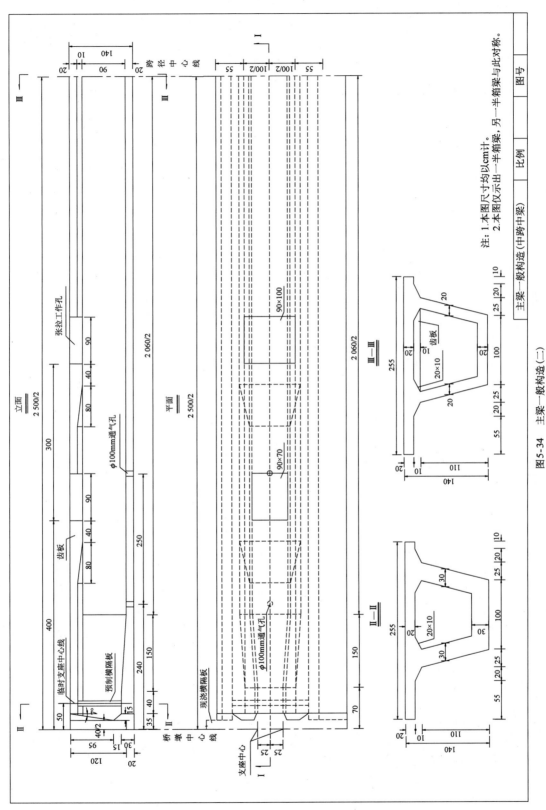

图5-34 主梁一般构造(二)

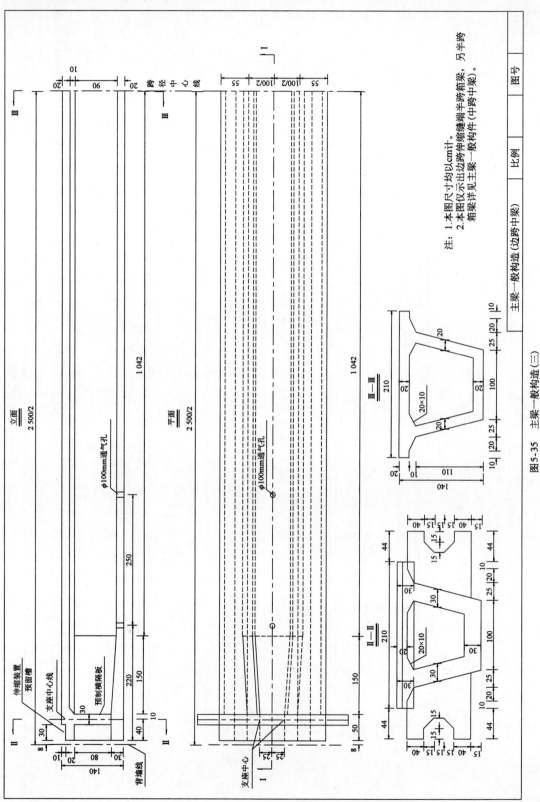

图 5-35 主梁一般构造(三)

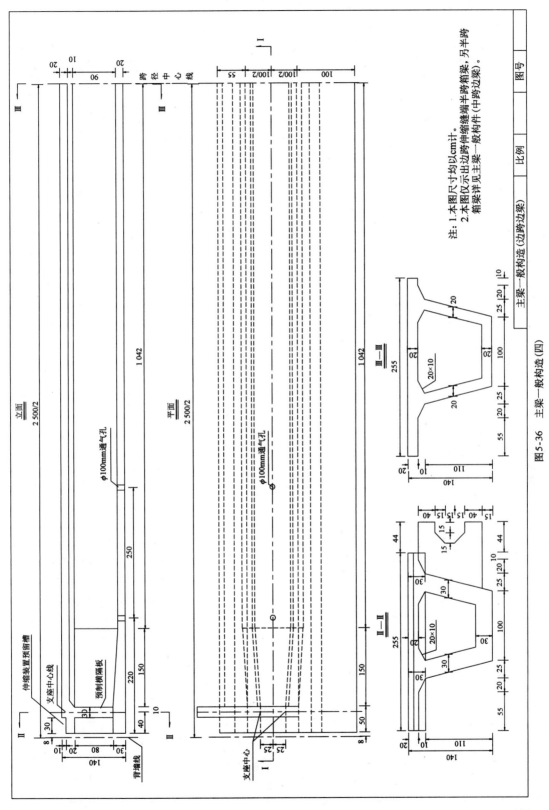

图 5-36 主梁一般构造（四）

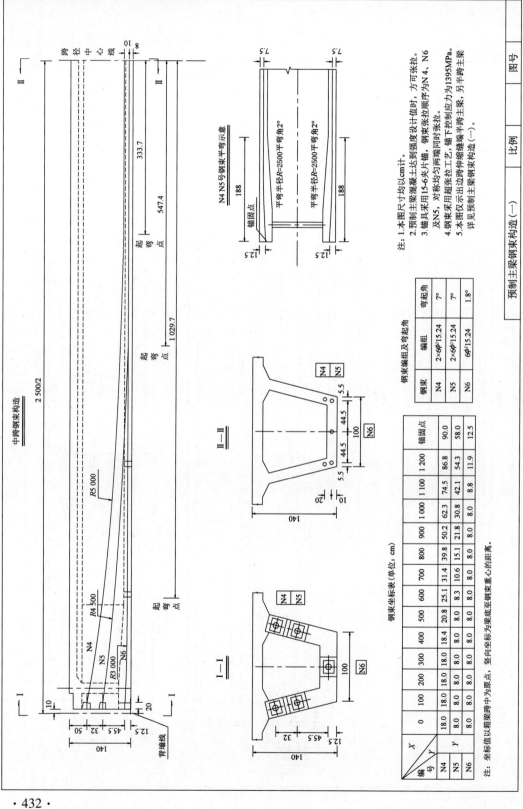

图5-37 预制主梁钢束构造（一）

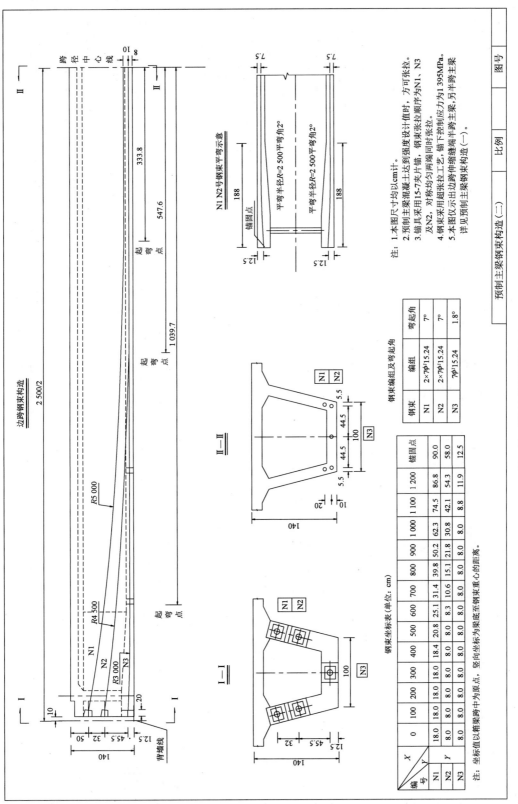

图5-38 预制主梁钢束构造(二)

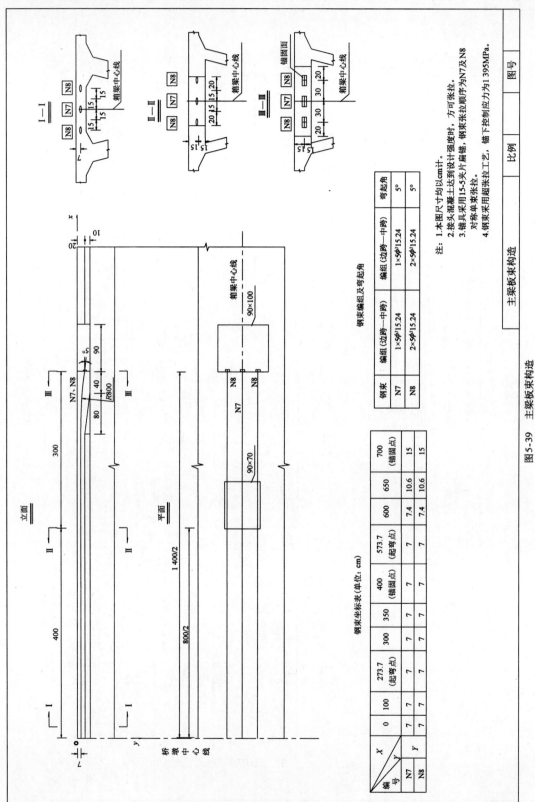

图 5-39 主梁板束构造

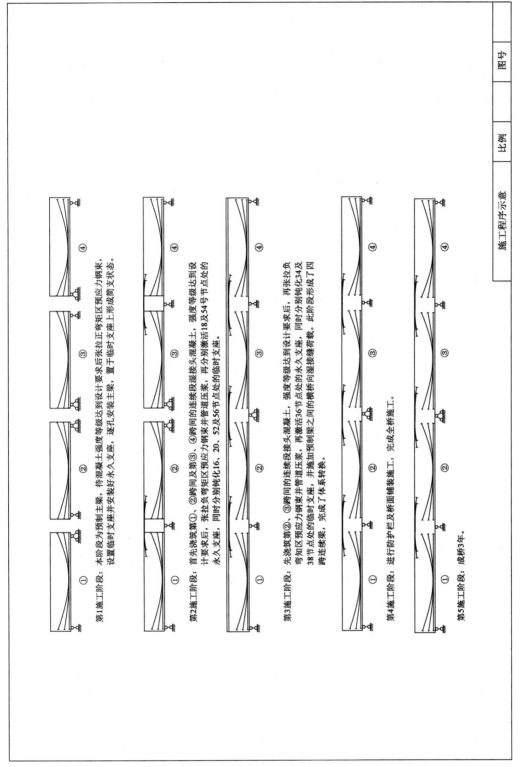

图 5-40 施工示意

本章参考文献

[1] 中华人民共和国交通运输部.公路桥涵设计通用规范:JTG D60—2015[S].北京:人民交通出版社股份有限公司,2015.

[2] 中华人民共和国交通运输部.公路钢筋混凝土及预应力混凝土桥涵设计规范:JTG 3362—2018[S].北京:人民交通出版社股份有限公司,2018.

[3] 中华人民共和国交通部.公路钢筋混凝土及预应力混凝土桥涵设计规范:JTG D62—2004[S].北京:人民交通出版社,2004.

[4] 中华人民共和国交通部.公路桥涵设计通用规范:JTG D60—2004[S].北京:人民交通出版社,2004.

[5] 刘龄嘉.桥梁工程[M].北京:人民交通出版社股份有限公司,2017.

[6] 范立础.预应力混凝土连续梁桥[M].北京:人民交通出版社,1988.

[7] 徐岳,王亚君,万振江.预应力混凝土连续梁桥设计[M].北京:人民交通出版社,2000.

[8] 徐岳,邹存俊,等.连续梁桥[M].北京:人民交通出版社,2012.

[9] 胡肇兹.桥跨结构简化分析——荷载横向分布[M].北京:人民交通出版社,1996.

[10] 李国豪,石洞.公路桥梁荷载横向分布计算[M].2版.北京:人民交通出版社,1987.

[11] 刘效尧,徐岳.公路桥涵设计手册·梁桥[M].2版.北京:人民交通出版社,2011.

[12] 朱新实,刘效尧.公路桥涵设计手册·预应力技术及材料设备[M].3版.北京:人民交通出版社,2012.

第六章 移动支架逐孔现浇施工连续梁桥设计

第一节 概 述

一、设计特点

随着科学技术和交通事业的快速发展,我国出现了大量长桥,如高架道路、跨越海湾和湖泊的桥梁等,有的桥梁总长达数十千米。这些桥梁大多对跨径无特殊要求,因而从经济上考虑选用中小跨径,有些大桥的引桥也常采用多跨中小跨径,有直桥也有弯桥。为了适应中等跨径长桥快速建设的需要,出现了移动支架逐孔施工方法,从桥梁一端开始或从中间向两端对称施工,采用一、二套施工设备逐孔施工,周期循环,直到全部完成。

移动支架逐孔现浇施工方法从20世纪50年代末以来得到了广泛应用和快速发展,主要是在一些欧洲国家大量采用。这种施工技术主要体现了省和快,可使施工标准化、工作周期化,最大限度地减少工费比例,降低造价;桥愈长,施工设备的周转次数愈多,经济效益愈高。

我国首先由中国路桥公司在伊拉克建造的摩索尔四号桥和五号桥上使用移动支架逐孔现浇施工。摩索尔四号桥和五号桥的成功建造,为我国积累了许多宝贵的经验。随后,逐孔施工开始在我国推广应用,如厦门高集海峡大桥为42孔预应力混凝土连续箱梁桥,总长2 070m;青岛女姑山大桥,总长3 060m;苏通长江大桥引桥为3联11×50m;广州珠江黄埔大桥南引桥单孔跨径62.5m,总长920m。以上大桥均采用移动支架逐孔现浇施工方法。

从构造方面来讲,逐孔施工连续梁桥一般采用等截面,常适用于中等跨径(20~60)m。

从受力方面来讲,逐孔施工过程中,结构内力将随结构体系的改变而变化,即连续梁桥在施工过程中经过多次体系转换后,达到设计的结构形式。在体系转换中,不同的转换途径,主梁将对应不同的内力叠加过程,因而也有不同的结构内力分布。

下面结合具体示例,较系统地介绍移动支架逐孔现浇施工连续梁桥设计方法。

二、示例设计基本资料

(一)桥梁线形布置

平曲线半径:$R_1 = \infty$。

竖曲线半径:$R_2 = 10\ 000\text{m}$。

(二)主要技术标准

荷载标准:公路—Ⅰ级。

抗震标准:地震烈度8度。

桥面净宽:净12m + 2×0.5m。

安全等级:一级。

(三) 主要材料

混凝土：箱梁采用 C65 混凝土；基桩采用 C30 混凝土；其余均采用 C40 混凝土。

预应力钢材：纵向预应力钢筋采用 $\phi^s15.2$ 标准强度为 1 860MPa 的高强度、低松弛钢绞线，公称直径为 15.2mm，公称截面面积为 140mm^2。横向预应力钢筋采用 $\phi^s15.2$ 标准强度为 1 860MPa 的高强度、低松弛钢绞线，公称直径为 15.2mm，公称截面面积为 140mm^2。弹性模量 $E = 1.95 \times 10^5$ MPa。

普通钢筋：钢筋直径 $d \geqslant 12$mm 时采用 HRB400 钢筋，钢筋直径 $d < 12$mm 时采用 HPB300 钢筋。

钢板：锚头下垫板、灯具连接板等均采用低碳钢。

预应力锚具：采用夹片式锚具和连接器。

预应力管道：圆形波纹管。

支座：抗震盆式橡胶支座。

伸缩缝：J-75 型伸缩装置。

(四) 桥面铺装

平均厚度为 8cm 的沥青混凝土。

(五) 施工方式

落地式移动支架逐孔现浇施工。

(六) 温度作用

按《桥规(2018 年)》规定的温度梯度取值。

(七) 基础变位作用

各支座均下沉 0.5cm，考虑各种不同工况组合。

(八) 设计规范

(1)《通规(2015 年)》。

(2)《桥规(2018 年)》。

三、桥型布置与构造设计

根据第二章第一节或《通规(2015 年)》第 3 章桥型布置与构造设计的基本原则与方法，可进行桥型布置、孔径划分、截面形式及截面尺寸拟订等初步设计内容。

(一) 桥型选择及孔径划分

本例是某城市主干线上的一座桥梁，为了缩短施工周期，最大限度地减少施工费用，同时满足城市道路的有关要求、提高行车设计时速、保证行车舒畅，决定采用预应力混凝土连续梁桥。

根据具体地形及路线连接情况，充分考虑结构受力合理，标准跨径布置为 25m + 3 × 30.75m + 25m，总长 142.25m，计算跨径为 24.35m + 3 × 30.75m + 24.35m，如图 6-1 所示。

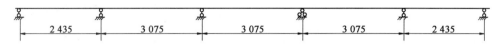

图6-1　桥跨结构计算简图(尺寸单位:cm)

本例采用移动支架逐孔浇筑施工,主梁接头位置设在弯矩较小的部位,本例边孔接头位置距近端支承中心线6.5m,中孔接头距近端支承中心线7.0m。

(二)主梁截面形式与梁高

截面形式的选用与桥梁跨径、静力体系、作用、使用要求和施工条件密切相关,有关选用的基本原理及方法详见第二章第一节。

本例采用单箱双室截面。与单箱单室相比,由于采用了三道腹板,可使桥面板的横向跨径减半,桥面板的正弯矩减少70%左右,负弯矩可减少50%,可大大节省桥面板用钢量;同时,布置腹板钢束也比较方便,使钢束平弯角度减小,或直接布置在腹板内避免平弯;而且,由于腹板总厚度增加,可使得主拉应力和剪应力减小。

本例采用等高度截面形式,梁高为1.5m,高跨比1.5/30.75=1/20.5。

(三)主梁截面细部尺寸拟订

1.翼缘板

本例桥面宽度为13m,拟采用横向预应力,为了充分发挥翼缘板悬臂部分作用,每侧翼缘板悬臂长度取3.5m,悬臂端部厚度取20cm,根部厚度取50cm。

2.顶板和底板

箱形主梁截面顶板和底板是结构承受正负弯矩的主要工作部位。

箱梁顶板厚度的选取主要考虑满足桥面横向弯矩和布置纵向预应力钢束的要求。跨中顶板厚度取20cm,支点处取40cm。

顶板和底板厚度呈阶梯形变化,具体构造如图6-2所示。

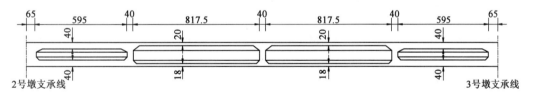

图6-2　主梁顶板和底板构造(尺寸单位:cm)

3.腹板

腹板主要用来承受结构的弯曲剪应力与扭转剪应力所引起的主拉应力。

考虑到由于偏载等因素所引起的主梁扭转,以及为了满足钢束管道的布置和混凝土浇筑的要求,腹板厚度采取局部加厚形式:跨中腹板厚度取40cm,支点处取50cm,并且为了满足钢束在纵向连接面的锚固要求,在连接面处腹板厚度取64cm,并逐渐向两端渐变。

腹板厚度变化形式如图6-3所示。

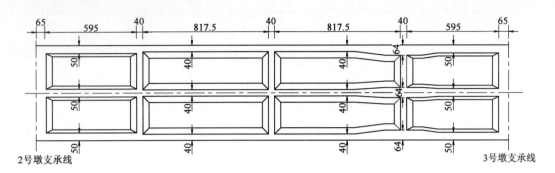

图 6-3 腹板及横隔板构造(尺寸单位:cm)

4. 横隔板

每孔设置 5 道横隔板,如图 6-3 所示。其中,支座处设置一道厚度为 130cm 的横隔板,主要用来承受和分布较大支承反力。纵向连接处设置一道厚度为 40cm 的横隔板,主要用来分布较大的锚下应力,增大截面抗扭刚度,限制畸变应力,方便预应力施工。同时,在纵向连接对称位置设置了一道厚度为 40cm 横隔板。另外,跨中也设置一道厚度为 40cm 的横隔板,以改善主梁横向受力。

5. 承托

承托可以提高截面的抗扭刚度和抗弯刚度,减少扭转剪应力和畸变应力,同时也为布置钢束提供了空间。腹板与底板相接处设置 20cm×20cm 承托,腹板与顶板相接处在跨中设置 30cm×40cm 承托,在支点处设置 20cm×20cm 的承托。

主梁横截面构造如图 6-4 所示。

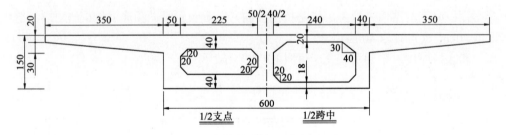

图 6-4 主梁横截面构造(尺寸单位:cm)

第二节 结构有限元建模

按照第二章第三节设计步骤和结构有限元建模的相关内容,对于移动支架逐孔现浇施工的预应力混凝土连续梁桥,采用有限元进行结构计算可按两阶段建模,第一阶段建模(记为有限元模型 1)是为了估算预应力钢束数量;根据钢束估算量,配置预应力钢束,并考虑施工过程与结构体系及截面特性的匹配关系,形成第二阶段模型(记为有限元模型 2),然后进行相应的计算和验算。以下详细介绍有限元模型 1 的建模情况。

一、结构离散

将桥跨结构离散为有限个梁单元,单元的长度及节点位置的选定,主要依据结构形式和受力特点、支承位置、施工方法等因素确定。单元划分得越小,计算精度越高,但增加了计算工作量;划分较大,虽可减少工作量,但精度较低,因而单元的大小应该从各方面综合考虑。

本例划分单元时,对节点位置的选定主要考虑以下几个方面:

(1)构造节点。主要根据桥梁结构本身的构造特征来确定。如支承点,本例有六个支承点,分别设置于2号、16号、32号、46号、62号和76号节点处,截面几何尺寸突变处分别设置10号、11号、13号等节点。

(2)非构造节点。诸如跨中点、四分点、集中恒载作用点等。其中,跨中点、四分点是为了直接求得该截面的内力而选定,荷载作用点是为了保证结构只承受节点集中作用力而作为一个节点荷载来处理,在横隔板处设置2号、5号、8号等节点。

通过分析,全桥共划分为76个单元、77个节点。由于连续梁桥在对称荷载作用下产生的内力也对称,因而为了节省篇幅,仅示意半桥长节点划分情况,如图6-5、表6-1所示。

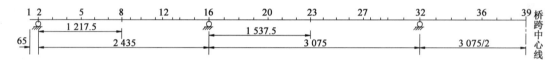

图6-5 单元划分(尺寸单位:cm)

为了方便有限元建模或校核模型的正确性,现将节点号、节点坐标与桥跨构造特征对应关系一并列于表6-1。

节点号、节点坐标与桥跨构造特征对应关系　　表6-1

节点号	1	2	3	4	5	6	7	8	9	10	11	12	13
X 坐标(m)	0	0.65	2.75	4.85	6.95	8.925	10.875	12.825	14.025	15.5	17.5	18.5	19.9
横隔板及工作面	阶段三工作面	1号墩中心横隔板			横隔板			边跨中心横隔板				阶段二工作面横隔板	
顶板厚(m)	0.4	0.4	0.4	0.4	0.4左 0.2右	0.2	0.2	0.2	0.2	0.2	0.2	0.2左 0.4右	0.4
底板厚(m)	0.4	0.4	0.4	0.4	0.4左 0.18右	0.18	0.18	0.18	0.18	0.18	0.18	0.18左 0.4右	0.4
腹板厚(m)	0.5	0.5	0.5	0.5	0.5左 0.4右	0.4	0.4	0.4	0.4	0.4	0.64	0.64	0.64

续上表

节点号	14	15	16	17	18	19	20	21	22	23	24	25	26
X 坐标(m)	20.9	22.95	25	27.3	29.55	31.8	33.95	36.0875	38.225	40.375	42.15	43.95	45.75
横隔板及工作面			2号墩中心横隔板			横隔板				次边跨中心横隔板			
顶板厚(m)	0.4	0.4	0.4	0.4	0.4	0.4 左 0.2 右	0.2	0.2	0.2	0.2	0.2	0.2	0.2
底板厚(m)	0.4	0.4	0.4	0.4	0.4	0.4 左 0.18 右	0.18	0.18	0.18	0.18	0.18	0.18	0.18
腹板厚(m)	0.5	0.5	0.5	0.5	0.5	0.5 左 0.4 右	0.4	0.4	0.4	0.4	0.4	0.4	0.4

节点号	27	28	29	30	31	32	33	34	35	36	37	38	39
X 坐标(m)	47.75	48.75	50.15	51.15	53.45	55.75	58.05	60.3	62.35	64.7	66.8375	68.975	71.125
横隔板及工作面	横隔板	阶段一工作面横隔板				3号墩支承中心横隔板			横隔板				桥跨中心横隔板
顶板厚(m)	0.2	0.2 左 0.4 右	0.4	0.4	0.4	0.4	0.4	0.4	0.4 左 0.2 右	0.2	0.2	0.2	0.2
底板厚(m)	0.18	0.18 左 0.4 右	0.4	0.4	0.4	0.4	0.4	0.4	0.4 左 0.18 右	0.18	0.18	0.18	0.18
腹板厚(m)	0.64	0.64	0.64	0.5	0.5	0.5	0.5	0.5	0.5 左 0.4 右	0.4	0.4	0.4	0.4

二、主梁截面几何特性

主梁节点截面几何特性是桥梁结构内力计算、配筋计算及挠度计算的前提。在配置预应力钢筋之前,可仅按拟订的混凝土截面尺寸计算毛截面几何特性。本示例的单元毛截面几何特性计算结果见表6-2。

毛截面几何特性　　　　表6-2

单元	位置	梁高 H (m)	顶板厚 (m)	底板厚 (m)	面积 A (m^2)	惯性矩 I (m^4)	中性轴距下缘距离 y(m)
1~4	左截面	1.5	0.4	0.4	8.46	2.16	0.91
	右截面	1.5	0.4	0.4	8.46	2.16	0.91
5~9	左截面	1.5	0.2	0.18	6.39	1.65	0.98
	右截面	1.5	0.2	0.18	6.39	1.65	0.98
10	左截面	1.5	0.2	0.18	6.39	1.65	0.98
	右截面	1.5	0.4	0.4	7.14	1.78	0.96

续上表

单元	位置	梁高 H (m)	顶板厚 (m)	底板厚 (m)	面积 A (m²)	惯性矩 I (m⁴)	中性轴距下缘距离 y(m)
11	左截面	1.5	0.4	0.4	7.14	1.78	0.96
	右截面	1.5	0.4	0.4	7.14	1.78	0.96
12	左截面	1.5	0.4	0.4	8.75	2.18	0.91
	右截面	1.5	0.4	0.4	8.75	2.18	0.91
13	左截面	1.5	0.4	0.4	8.75	2.18	0.91
	右截面	1.5	0.4	0.4	8.46	2.16	0.91
14~18	左截面	1.5	0.4	0.4	8.46	2.16	0.91
	右截面	1.5	0.4	0.4	8.46	2.16	0.91
19~25	左截面	1.5	0.2	0.18	6.39	1.65	0.98
	右截面	1.5	0.2	0.18	6.39	1.65	0.98
26	左截面	1.5	0.2	0.18	6.39	1.65	0.98
	右截面	1.5	0.2	0.18	7.14	1.78	0.96
27	左截面	1.5	0.2	0.18	7.14	1.78	0.96
	右截面	1.5	0.2	0.18	7.14	1.78	0.96
28~34	左截面	1.5	0.4	0.4	8.75	2.18	0.91
	右截面	1.5	0.4	0.4	8.75	2.18	0.91
35~39	左截面	1.5	0.2	0.18	6.39	1.65	0.98
	右截面	1.5	0.2	0.18	6.39	1.65	0.98

三、施工阶段及边界条件

(一) 施工阶段

本例采用移动支架逐孔现浇施工,可分为五个施工阶段。计算时可不考虑移动支架的约束作用,只考虑永久支座的约束作用(约束节点),各施工阶段结构体系如图6-6所示,各阶段的施工内容详见表6-3。

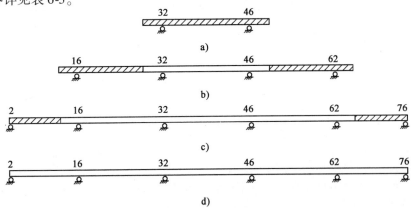

图6-6 桥梁施工顺序示意(数字表示节点号)

第 1 施工阶段(CS1):在支架上浇筑中孔混凝土,形成双悬臂简支梁体系。此阶段需在一个支点 32 节点处施加竖向、横向、纵向位移和转动约束,另外一个支点 46 节点处约束横向和竖向位移,如图 6-6a)所示。

第 2 施工阶段(CS2):在支架上浇筑两个次边孔混凝土,形成带悬臂的 3 孔连续梁体系。不改变上一阶段的约束,在新加的两个支点 16 和 62 节点处约束横向和竖向位移,如图 6-6b)所示。

第 3 施工阶段(CS3):在支架上浇筑边孔混凝土,形成桥梁最终结构体系——5 跨连续梁体系,也不改变前面阶段的约束,只在两个支点 2 号和 76 号节点处约束横向和竖向位移,如图 6-6c)所示。

第 4 施工阶段(CS4):铺装桥面、安装防撞护栏,约束条件与阶段 3(CS3)相同。

第 5 施工阶段(CS5):成桥 3 年。

需要说明的是,为明确表征后张预应力混凝土梁管道压浆前后净截面、换算截面变化,应在相关施工阶段将管道压浆并形成强度划作独立的子阶段。

施工阶段及相关要素匹配一览　　　　　　　　　表 6-3

施工阶段	施工内容	单元模拟	截面特性	作用荷载	施工时间(d)	累计时间(d)	备注
CS1	在支架上浇筑中孔混凝土	激活中孔主梁单元和节点	毛截面/净截面	施加箱梁自重、横隔板自重和预应力钢筋荷载	14	14	形成双悬臂简支梁体系
CS2	在支架上浇筑两个次边孔混凝土	在 CS1 基础上激活次边孔主梁单元和节点	毛截面/净截面	同 CS1	14	28	形成带悬臂的 3 孔连续梁体系
CS3	在支架上浇筑边孔混凝土	在 CS2 基础上激活边孔主梁单元和节点	毛截面/净截面	同 CS1	14	42	形成桥梁最终结构体系——5 跨连续梁体系
CS4	铺装桥面、安装防撞护栏	同 CS3	换算截面	施加二期恒载	14	56	无
CS5	成桥 3 年	同 CS3	换算截面	同 CS4	986	1 042	计算收缩徐变效应

注:1. 计算主梁截面内力时,对于有限元模型 1,由于还没有配置预应力钢筋,因此 CS1~CS4 施工阶段均采用毛截面特性;对于有限元模型 2,由于预应力钢筋已经分配了相应单元,且设置了梁截面特性随钢束变化及下一施工阶段注浆选项,因此均采用换算截面特性。

2. 估算模型与计算模型的差别在于是否给主梁单元分配预应力钢束,即估算模型作用组合方式不考虑钢束预加力作用效应。

3. 混凝土的收缩、徐变效应产生的位移会影响预应力损失,因此应准确定义混凝土收缩开始时的龄期和考虑徐变的加载龄期等时间参数。

4. 需要注意的是,对于非施工阶段荷载,如基础变位、车道荷载及温度荷载,应在成桥后加载,施工阶段不体现。

表 6-3 中不考虑施加预应力,即为有限元模型 1 的施工阶段及匹配要素。

(二)边界条件

有限元模型中,支点 32 节点处约束竖向、横向、纵向位移和绕桥梁纵轴线的转动,2、16、46、62、76 等节点处约束竖向、横向位移和绕桥梁纵轴线的转动,具体节点约束方式见表 6-4。

节 点 约 束 方 式   表 6-4

施工阶段	节 点 号	一 般 连 接					
		D_x	D_y	D_z	R_x	R_y	R_z
CS1	32	1	1	1	1	0	0
	46	0	1	1	1	0	0
CS2	16	0	1	1	1	0	0
	62	0	1	1	1	0	0
CS3	2	0	1	1	1	0	0
	76	0	1	1	1	0	0

注:0 表示不约束该方向的自由度,1 表示约束该方向的自由度。

四、作用模拟

根据第二章第四节或《通规(2015 年)》4.1.1 条,公路桥涵设计采用的作用分为永久作用、可变作用、偶然作用和地震作用四类,本例不考虑偶然作用和地震作用。以下作用均以标准值计。

(一)永久作用

永久作用包括结构重力、预加力、混凝土收缩及徐变作用和基础变位作用,可分别按照第二章第四节之一或《通规(2015 年)》4.2.1 条、4.2.2 条、4.2.4 条和 4.2.6 条计算。

1. 结构重力

1)一期结构重力

一期结构重力包括箱梁和横隔板自重。本示例箱梁自重作为分布荷载以自重荷载的形式由程序自动计入。横隔板作为集中力作用于横隔板中心线处。在计算横隔板处主梁截面几何特性时,不考虑横隔板对主梁截面特性的影响。

横隔板作用标准值 P_i 可按式(6-1)计算。

$$P_i = \gamma A_i d_i \tag{6-1}$$

式中:γ——横隔板材料重度(kN/m³);

A_i——横隔板面积(m²);

d_i——横隔板厚度(m)。

横隔板位于节点处,可按节点集中力施加。各横隔板重力标准值及其对应节点见表 6-5。

横隔板重力标准值及作用位置　　　　　　　　　　表 6-5

作用位置(节点号)	横隔板重力(kN)	作用位置(节点号)	横隔板重力(kN)
2	97.2	43	50.6
5	50.6	46	97.2
8	50.6	50	42.5
12	42.5	55	50.6
16	97.2	59	50.6
19	50.6	62	90.7
23	50.6	66	42.5
28	42.5	70	50.6
32	97.2	73	50.6
35	50.6	76	97.2
39	50.6		

2)二期结构重力

二期结构重力标准值主要包括桥面铺装和栏杆等,全桥可按均布力作用计算。二期结构重力集度 q_2 可按式(6-2)计算。

$$q_2 = 2 \times q_{栏} + q_{铺} \tag{6-2}$$

式中:$q_{栏}$——单侧栏杆每延米重力集度(kN/m);

$q_{铺}$——桥面铺装每延米重力集度(kN/m)。

本例桥面铺装按 8cm 计,铺装层宽度为 12m;单侧栏杆按每延米 0.301m³ 混凝土计,混凝土重度为 25kN/m³,铺装层重度为 23kN/m³。

$$q_{栏} = 0.301 \times 25 = 7.525 (kN/m)$$

$$q_{铺} = (0.08 \times 12) \times 23 = 22.08 (kN/m)$$

则二期结构重力集度标准值为:

$$q_2 = 2 \times 7.525 + 22.08 = 37.13 (kN/m)$$

2.预加力

本例采用移动支架逐孔现浇施工,前后节段预应力钢束通过连接器连接,建模时将连接器一端按固定处理,另外一端采用单端张拉。预加力作用的模拟可采用第二章第四节或《通规(2015年)》4.2.2 条的有关要求加以处理。

第一阶段建模的目的是估算预应力钢束,故没有预应力钢束输入,预应力钢束估算及布置完成后,在第二阶段建模时输入钢束有关信息。

3.混凝土收缩及徐变作用

每个施工阶段按两周考虑,每个节段单元混凝土加载龄期为 14d,混凝土收缩徐变总天数为 1 000d。

4.基础变位作用

根据墩台基础地质情况并考虑施工因素,按各排支座沉降 0.5cm,考虑到各排支座均有可能产生沉降,至少一排支座产生沉降,最多6排支座均产生沉降,共有 $2^6 - 1 = 63$ 种不同的工况。

(二) 可变作用

本例可变作用包括汽车荷载、汽车冲击力和温度作用。

1. 汽车荷载

汽车荷载可按第二章第四节介绍的方法,或按《通规(2015年)》4.3.1条的规定取用。这里综合考虑《通规(2015年)》和本示例设计基本资料的规定,汽车荷载形式取公路—Ⅰ级车道荷载。当桥面行车道宽度大于10.5m且小于14m时,按三车道布载,具体沿横桥向箱梁顶板中心对称布置,横向车道布载系数为0.78。同时考虑汽车偏载作用及箱梁扭转作用,将汽车荷载内力提高10%,即系数为1.1(多车道折减系数程序可自行考虑)。

2. 汽车冲击力

根据《通规(2015年)》4.3.2条的条文说明,连续梁桥基频计算公式为:

$$f_1 = \frac{13.616}{2\pi l^2} \sqrt{\frac{EI_c}{m_c}} \qquad (6\text{-}3)$$

$$f_2 = \frac{23.651}{2\pi l^2} \sqrt{\frac{EI_c}{m_c}} \qquad (6\text{-}4)$$

式(6-3)和式(6-4)中,l为计算跨径,取为30.75m;E为混凝土弹性模量,本例采用C65混凝土,弹性模量为3.65×10^4MPa;I_c为截面抗弯惯性矩,按表6-2中的2.16m^{4}选用;m_c为结构单位长度质量,按每孔跨中段选取为15 600kg/m。

计算冲击力引起的连续梁桥正弯矩效应和相应剪力效应时,采用f_1;计算冲击力引起的连续梁桥负弯矩效应和相应剪力效应时,采用f_2。

根据计算的结构基频,由第二章第四节或《通规(2015年)》4.3.2条第5款可得到冲击系数μ,汽车荷载的冲击力标准值为汽车荷载标准值乘以冲击系数μ。

3. 温度作用

本示例均匀升降温按±20℃考虑。温度梯度根据《通规(2015年)》4.3.12条分为正温差梯度和反温差梯度,如图6-7所示。

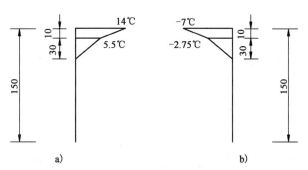

图6-7 竖向温度梯度模式(尺寸单位:cm)
a)正温差梯度;b)反温差梯度

第三节　作用组合及其效应设计值估算

一、作用标准值的效应计算

公路桥涵设计采用的作用分为永久作用、可变作用、偶然作用和地震作用，本示例施加于主梁的作用仅考虑永久作用和可变作用，不考虑偶然作用和地震作用。配置预应力钢束之前，各种作用标准值的内力均按毛截面采用本章第二节建立的有限元模型1计算。

与前面各章类似，对于移动支架逐孔现浇施工的连续梁桥，在配置预应力钢筋之前，永久作用标准值的效应包括结构重力、混凝土收缩徐变作用及基础变位作用标准值的内力，可变作用标准值的效应包括汽车荷载和梯度温度作用标准值的内力，且各作用标准值的内力均可采用毛截面计算。

这里给出作用标准值的效应，一是为了直观检查所建有限元模型的正确性，二是对移动支架施工连续梁桥的内力分布形成规律性的总体认识。

(一)结构重力标准值的主梁截面内力

结构重力标准值的内力，包括主梁一期重力标准值引起的内力和二期重力标准值(如桥面铺装、栏杆等)引起的内力。

主梁结构重力随结构体系逐步形成而产生相应的效应，因此成桥内力与施工方法有密切关系。特别对于超静定连续梁桥，施工过程中不断发生体系转化，因此必须分阶段进行结构重力产生的内力计算。对于移动支架施工的连续梁桥，应根据实际施工工序进行主梁截面内力计算，本示例各施工阶段结构重力产生的弯矩如图6-8所示，其中图6-8a)为阶段1的弯矩图，图6-8b)为阶段2的弯矩图，图6-8d)为阶段3的弯矩图，图6-8f)为阶段4的弯矩图；图6-8c)为图6-8a)与图6-8b)叠加，图6-8e)为图6-8c)与图6-8d)叠加，图6-8g)为图6-8e)与图6-8f)叠加。

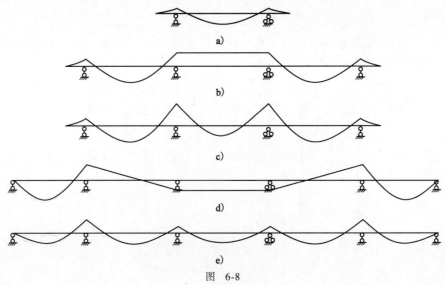

图 6-8

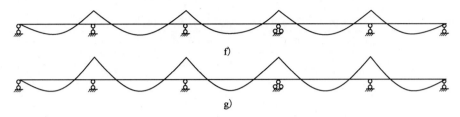

图6-8 结构重力作用下的主梁截面弯矩分布示意

根据本章第二节建立的有限元模型1,可分别求出主梁截面各施工阶段一期结构重力标准值的内力和成桥一、二期结构重力标准值的内力,计算结果详见表6-6~表6-10。与表6-10相应的成桥阶段结构重力标准值作用下主梁截面的内力分布如图6-9所示。

CS1末一期结构重力标准值产生的主梁截面内力　　　　表6-6

节点号(截面)	剪力 V(kN)	弯矩 M(kN·m)	节点号(截面)	剪力 V(kN)	弯矩 M(kN·m)
28	42.5	0.0	34	-1 898.7	5 300.4
29	345.4	-271.5	35	-1 377.9	9 043.5
30	558.1	-723.9	36	-1 038.7	11 641.3
31	1 038.8	-2 560.2	37	-701.6	13 501.3
32左	1 519.5	-5 502.1	38	-364.4	14 640.6
32右	-2 849.7	-5 502.1	39	-25.30	15 059.52
33	-2 369.0	499.3			

CS2末一期结构重力标准值产生的主梁截面累计内力　　　　表6-7

节点号(截面)	剪力 V(kN)	弯矩 M(kN·m)	节点号(截面)	剪力 V(kN)	弯矩 M(kN·m)
12	42.5	0.0	26	1 083.9	9 001.5
13	345.7	-271.7	27	1 418.2	6 505.5
14	558.5	-724.4	28	1 637.1	4 999.1
15	987.4	-2 308.9	29	1 940.0	2 495.1
16左	1 416.2	-4 772.6	30	2 152.7	448.2
16右	-2 640.0	-4 772.6	31	2 633.4	-5 055.7
17	-2 158.9	746.1	32左	3 114.1	-11 665.3
18	-1 688.2	5 074.0	32右	-2 849.7	-11 665.3
19	-1 166.9	8 342.9	33	-2 369.0	-5 663.9
20	-827.8	10 487.2	34	-1 898.7	-862.7
21	-490.6	11 896.2	35	-1 377.9	2 880.3
22	-153.5	12 584.6	36	-1 038.7	5 478.2
23	236.3	12 550.0	37	-701.6	7 338.1
24	516.2	11 882.1	38	-364.4	8 477.4
25	800.2	10 697.4	39	-25.30	8 896.40

CS3末一期结构重力标准值产生的主梁截面累计内力   表6-8

节点号(截面)	剪力 V(kN)	弯矩 M(kN·m)	节点号(截面)	剪力 V(kN)	弯矩 M(kN·m)
1	0	0	20	-1 031.4	7 143.4
2左	136.1	-44.2	21	-694.2	8 987.7
2右	-1 931.0	-44.2	22	-357.1	10 111.3
3	-1 491.2	3 549.1	23	32.6	10 514.5
4	-1 051.5	6 219.0	24	312.6	10 208.1
5	-561.2	7 965.5	25	596.5	9 389.8
6	-249.7	8 766.3	26	880.3	8 060.5
7	57.9	8 953.4	27	1 214.6	5 971.7
8	416.1	8 540.6	28	1 433.5	4 669.0
9	605.3	7 927.8	29	1 736.3	2 450.1
10	837.9	6 863.3	30	1 949.0	606.8
11	1 172.1	4 859.4	31	2 429.7	-4 428.8
12	1 391.0	3 599.1	32左	2 910.4	-10 570.0
13	1 694.2	1 439.5	32右	-2 849.7	-10 570.0
14	1 907.0	-361.7	33	-2 369.0	-4 568.6
15	2 335.9	-4 710.7	34	-1 898.7	232.5
16左	2 764.7	-9 938.8	35	-1 377.9	3 975.6
16右	-2 843.6	-9 938.8	36	-1 038.7	6 573.4
17	-2 362.5	-3 951.8	37	-701.6	8 433.4
18	-1 891.8	834.3	38	-364.4	9 572.7
19	-1 370.5	4 561.4	39	-25.30	9 991.64

二期结构重力标准值产生的主梁截面内力   表6-9

节点号(截面)	剪力 V(kN)	弯矩 M(kN·m)	节点号(截面)	剪力 V(kN)	弯矩 M(kN·m)
1	0	0	11	297.6	248.1
2左	24.1	-7.8	12	334.8	-68.1
2右	-328.0	-7.8	13	386.7	-573.2
3	-250.0	599.1	14	423.9	-978.5
4	-172.1	1 042.3	15	500.0	-1 925.5
5	-94.1	1 321.8	16左	576.1	-3 028.5
6	-20.8	1 435.2	16右	-568.8	-3 028.5
7	51.7	1 405.1	17	-483.4	-1 818.4
8	124.1	1 233.8	18	-399.9	-824.8
9	168.6	1 058.2	19	-316.3	-19.1
10	223.3	769.1	20	-236.5	575.2

续上表

节点号(截面)	剪力 V(kN)	弯矩 M(kN·m)	节点号(截面)	剪力 V(kN)	弯矩 M(kN·m)
21	-157.1	995.8	31	487.6	-1 872.8
22	-77.8	1 246.8	32$_左$	573.0	-3 092.4
23	2.1	1 328.2	32$_右$	-570.9	-3 092.4
24	68.0	1 266.0	33	-485.5	-1 877.6
25	134.8	1 083.5	34	-401.9	-879.2
26	201.6	780.7	35	-318.4	-68.9
27	275.9	303.1	36	-238.6	529.9
28	313.0	8.6	37	-159.2	955.0
29	365.0	-466.0	38	-79.8	1 210.4
30	402.2	-849.6	39	0	1 296.2

CS4 末结构重力标准值的主梁截面累计内力   表 6-10

节点号(截面)	剪力 V(kN)	弯矩 M(kN·m)	节点号(截面)	剪力 V(kN)	弯矩 M(kN·m)
1	0	0	20	-1 267.9	7 718.6
2$_左$	160.2	-52.1	21	-851.4	9 983.5
2$_右$	-2 259.0	-52.1	22	-434.8	11 358.1
3	-1 741.3	4 148.2	23	34.7	11 842.7
4	-1 223.6	7 261.3	24	380.6	11 474.1
5	-655.3	9 287.3	25	731.4	10 473.3
6	-270.5	10 201.5	26	1 082.0	8 841.2
7	109.5	10 358.4	27	1 490.5	6 274.8
8	540.1	9 774.4	28	1 746.5	4 677.6
9	773.9	8 985.9	29	2 101.4	1 984.0
10	1 061.2	7 632.4	30	2 351.2	-242.9
11	1 469.8	5 107.5	31	2 917.3	-6 301.6
12	1 725.8	3 531.0	32$_左$	3 483.4	-13 662.4
13	2 080.9	866.3	32$_右$	-3 420.5	-13 662.4
14	2 330.9	-1 340.2	33	-2 854.4	-6 446.2
15	2 835.9	-6 636.2	34	-2 300.6	-646.7
16$_左$	3 340.8	-12 967.3	35	-1 696.3	3 906.7
16$_右$	-3 412.4	-12 967.3	36	-1 277.3	7 103.3
17	-2 845.9	-5 770.2	37	-860.8	9 388.3
18	-2 291.7	9.5	38	-444.3	10 783.1
19	-1 686.8	4 542.3	39	-25.30	11 287.9

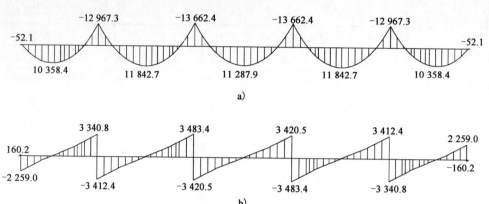

图6-9 成桥阶段结构重力标准值作用下的主梁截面内力分布
a)弯矩(单位:kN·m);b)剪力(单位:kN)

(二)混凝土收缩及徐变标准值的主梁截面次内力

混凝土的收缩、徐变与混凝土的组成材料及其配合比、周围环境的温度、湿度、构件截面形式、混凝土养生条件以及混凝土的龄期有关,计算方法详见第二章第六节。

进行配筋估算之前,由于钢束未知,因而仅计算结构重力作用下混凝土收缩徐变产生的主梁截面次内力。本示例支架逐孔现浇施工条件下,每个施工周期为14d,混凝土加载龄期为7d,混凝土收缩徐变终止龄期按1 000d计,混凝土收缩徐变标准值的主梁截面次内力计算结果见表6-11,相应的内力分布如图6-10所示。

结构重力下混凝土收缩徐变标准值的主梁截面次内力   表6-11

节点号(截面)	剪力 V(kN)	弯矩 M(kN·m)	节点号(截面)	剪力 V(kN)	弯矩 M(kN·m)
1	0.0	0.0	20	-14.3	-2 671.6
$2_{左}$	0.0	0.0	21	-14.3	-2 641.1
$2_{右}$	115.0	0.0	22	-14.3	-2 610.6
3	115.0	-241.4	23	-14.3	-2 579.9
4	115.0	-482.9	24	-14.3	-2 554.5
5	115.0	-724.3	25	-14.3	-2 528.8
6	115.0	-951.3	26	-14.3	-2 503.1
7	115.0	-1 175.5	27	-14.3	-2 474.6
8	115.0	-1 399.7	28	-14.3	-2 460.3
9	115.0	-1 537.7	29	-14.3	-2 440.3
10	115.0	-1 707.2	30	-14.3	-2 426.0
11	115.0	-1 937.2	31	-14.3	-2 393.2
12	115.0	-2 052.1	$32_{左}$	-14.3	-2 360.4
13	115.0	-2 213.1	$32_{右}$	0.0	-2 360.4
14	115.0	-2 328.0	33	0.0	-2 360.4
15	115.0	-2 563.7	34	0.0	-2 360.4
$16_{左}$	115.0	-2 799.4	35	0.0	-2 360.4
$16_{右}$	-14.3	-2 799.4	36	0.0	-2 360.4
17	-14.3	-2 766.6	37	0.0	-2 360.4
18	-14.3	-2 734.4	38	0.0	-2 360.4
19	-14.3	-2 702.3	39	0.0	-2 360.4

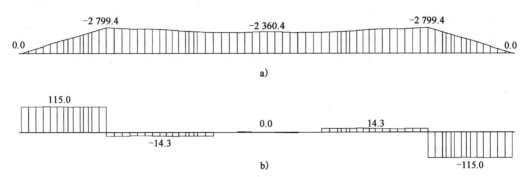

图 6-10 结构重力下混凝土收缩徐变标准值的主梁截面次内力分布
a) 弯矩 (单位:kN·m); b) 剪力 (单位:kN)

(三) 基础变位标准值的主梁截面次内力

对于本章第二节考虑墩台基础沉降或人工调整支座可能出现的 63 种支座变位工况,取各种可能工况的主梁截面次内力最不利值,计算结果见表 6-12,相应的次内力分布如图 6-11 所示。

基础变位标准值作用下的主梁截面次内力包络值　　　　表 6-12

节点号 (截面)	V_{max} (kN)	M_{max} (kN·m)	V_{min} (kN)	M_{min} (kN·m)	节点号 (截面)	V_{max} (kN)	M_{max} (kN·m)	V_{min} (kN)	M_{min} (kN·m)
1	0.0	0.0	0.0	0.0	20	143.7	942.2	-143.7	-942.2
2左	0.0	0.0	0.0	0.0	21	143.7	772.9	-143.7	-772.9
2右	86.8	0.0	-86.8	0.0	22	143.7	688.7	-143.7	-688.7
3	86.8	182.3	-86.8	-182.3	23	143.7	718.8	-143.7	-718.8
4	86.8	364.6	-86.8	-364.6	24	143.7	743.7	-143.7	-743.7
5	86.8	546.9	-86.8	-546.9	25	143.7	784.2	-143.7	-784.2
6	86.8	718.4	-86.8	-718.4	26	143.7	977.3	-143.7	-977.3
7	86.8	887.7	-86.8	-887.7	27	143.7	1 191.9	-143.7	-1 191.9
8	86.8	1 057.0	-86.8	-1 057.0	28	143.7	1 299.1	-143.7	-1 299.1
9	86.8	1 161.2	-86.8	-1 161.2	29	143.7	1 499.5	-143.7	-1 499.5
10	86.8	1 289.2	-86.8	-1 289.2	30	143.7	1 643.2	-143.7	-1 643.2
11	86.8	1 462.9	-86.8	-1 462.9	31	143.7	1 973.7	-143.7	-1 973.7
12	86.8	1 549.7	-86.8	-1 549.7	32左	143.7	2 304.1	-143.7	-2 304.1
13	86.8	1 671.2	-86.8	-1 671.2	32右	149.9	2 304.1	-149.9	-2 304.1
14	86.8	1 758.0	-86.8	-1 758.0	33	149.9	1 959.5	-149.9	-1 959.5
15	86.8	1 936.0	-86.8	-1 936.0	34	149.9	1 622.3	-149.9	-1 622.3
16左	86.8	2 114.0	-86.8	-2 114.0	35	149.9	1 285.1	-149.9	-1 285.1
16右	143.7	2 114.0	-143.7	-2 114.0	36	149.9	1 073.0	-149.9	-1 073.0
17	143.7	1 783.5	-143.7	-1 783.5	37	149.9	876.2	-149.9	-876.2
18	143.7	1 460.2	-143.7	-1 460.2	38	149.9	784.2	-149.9	-784.2
19	143.7	1 137.0	-143.7	-1 137.0	39	149.9	784.2	-149.9	-710.7

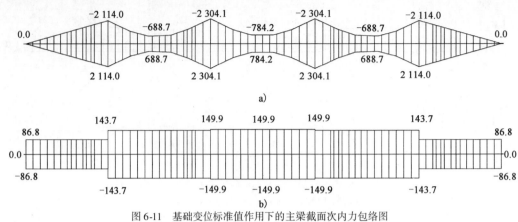

图 6-11 基础变位标准值作用下的主梁截面次内力包络图
a)弯矩(单位:kN·m);b)剪力(单位:kN)

(四)汽车荷载标准值的主梁截面内力

汽车荷载内力计算基本原理及方法详见第二章第四节。将本章第二节确定的车道荷载标准值作用于主梁结构,采用有限元模型1,可计算得到主梁截面内力。汽车荷载标准值(计入冲击系数)的主梁截面内力计算结果见表6-13,相应的内力包络图如图6-12所示。

汽车荷载标准值(计入冲击系数)作用下的主梁截面内力　　　表6-13

节点号(截面)	V_{max} (kN)	M_{max} (kN·m)	V_{min} (kN)	M_{min} (kN·m)	节点号(截面)	V_{max} (kN)	M_{max} (kN·m)	V_{min} (kN)	M_{min} (kN·m)
1	0.0	0.0	0.0	0.0	20	437.4	5 640.2	-1 282.8	-2 738.5
2左	1 287	0.0	0.0	-745.6	21	556.8	6 717.0	-1 132.7	-2 558.1
2右	237.61	0	-1 655.6	-745.6	22	686.728	7 411.2	-983.6	-2 377.8
3	241.52	2 717.9	-1 450.5	-857.16	23	826.0	7 696.4	-837.3	-2 348.3
4	373.01	4 809.2	-1 254.2	-968.7	24	946.0	7 612.1	-720.9	-2 642.3
5	525.97	6 284.8	-1 067.7	-1 444.4	25	1 070.8	7 234.1	-608.4	-2 940.4
6	673.42	7 130.1	-902.5	-1 894.74	26	1 197.2	6 573.2	-502.5	-3 238.6
7	820.74	7 477.02	-750.3	-2 339.4	27	1 338.0	5 530.0	-394.4	-3 569.9
8	968.44	7 372.7	-609.8	-2 784.0	28	1 407.9	4 895.8	-344.5	-3 735.5
9	1 058.91	7 101.4	-529.4	-3 057.6	29	1 504.8	4 013.6	-279.1	-4 102.8
10	1 168.96	6 570.5	-437.3	-3 394.0	30	1 573.4	3 393.9	-235.8	-4 464.0
11	1315.53	5 539.74	-324.7	-3 850.0	31	1 727.1	2 057.6	-206.3	-5 626.8
12	1 387.18	4 905.4	-273.8	-4 078.1	32左	1 873.2	1 752.4	-204.2	-7 234.4
13	1 485.68	3 895.9	-208.1	-4 397.3	32右	238.3	1 752.4	-1 885.8	-7 234.4
14	1 554.79	3 144.8	-165.2	-4 679.2	33	240.4	2 004.3	-1 741.1	-5 536.4
15	1 692.17	1 770.0	-87.5	-5 621.0	34	246.9	3 258.3	-1 592.1	-4 362.4
16左	1 822.55	1 481.2	-68.5	-6 956.4	35	344.9	4 620.5	-1 438.3	-3 627.3
16右	233.44	1 481.2	-1 874.8	-6 956.4	36	453.4	5 974.0	-1 288.4	-3 328.4
17	235.43	1 665.2	-1 732.3	-4 778.0	37	573.6	6 985.7	-1 138.2	-3 046.4
18	241.72	2 898.5	-1 584.8	-3 649.8	38	704.1	7 609.9	-989.5	-2 764.5
19	330.15	4 249.6	-1 432.1	-2 956.9	39	844.9	7 756.2	-844.9	-2 483.0

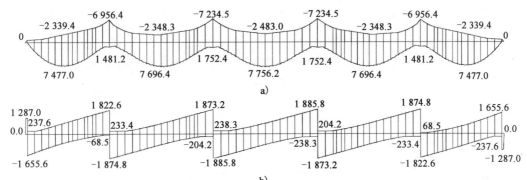

图 6-12 汽车荷载标准值(计入冲击系数)作用下的主梁截面内力包络图
a) 弯矩(单位:kN·m) ; b) 剪力(单位:kN)

(五) 温度作用标准值的主梁截面次内力

对于预应力混凝土连续梁桥,年温差只引起结构的均匀伸缩,并不导致结构产生温度次内力。本例设计伸缩缝时按均匀升降温 ±20℃ 考虑。但主梁结构受正温差和反温差作用将导致结构产生次内力,计算方法详见第二章第六节。温度梯度作用标准值按图 6-7 取用,温度梯度作用标准值的主梁截面次内力计算结果见表 6-14,相应的次内力分布如图 6-13 所示。

温度梯度标准值引起的主梁截面次内力　　　　　　表 6-14

节点号 (截面)	正温差 V (kN)	正温差 M (kN·m)	反温差 V (kN)	反温差 M (kN·m)	节点号 (截面)	正温差 V (kN)	正温差 M (kN·m)	反温差 V (kN)	反温差 M (kN·m)
1	0.0	0.0	0.0	0.0	20	25.7	2 900.0	−12.9	−1 450.0
2左	0.0	0.0	0.0	0.0	21	25.7	2 845.0	−12.9	−1 422.5
2右	−128.6	0.0	64.3	0.0	22	25.7	2 790.0	−12.9	−1 395.0
3	−128.6	270.0	64.3	−135.0	23	25.7	2 734.7	−12.9	−1 367.4
4	−128.6	539.9	64.3	−270.0	24	25.7	2 689.1	−12.9	−1 344.5
5	−128.6	809.8	64.3	−404.9	25	25.7	2 642.8	−12.9	−1 321.4
6	−128.6	1 063.7	64.3	−531.9	26	25.7	2 596.5	−12.9	−1 298.3
7	−128.6	1 314.4	64.3	−657.2	27	25.7	2 545.1	−12.9	−1 272.5
8	−128.6	1 565.1	64.3	−782.5	28	25.7	2 519.4	−12.9	−1 259.7
9	−128.6	1 719.3	64.3	−859.7	29	25.7	2 483.4	−12.9	−1 241.7
10	−128.6	1 908.9	64.3	−954.5	30	25.7	2 457.6	−12.9	−1 228.8
11	−128.6	2 166.0	64.3	−1 083.0	31	25.7	2 398.5	−12.9	−1 199.2
12	−128.6	2 294.6	64.3	−1 147.3	32左	25.7	2 339.3	−12.9	−1 169.7
13	−128.6	2 474.5	64.3	−1 237.3	32右	0.0	2 339.3	0.0	−1 169.7
14	−128.6	2 603.1	64.3	−1 301.5	33	0.0	2 339.3	0.0	−1 169.7
15	−128.6	2 866.6	64.3	−1 565.1	34	0.0	2 339.3	0.0	−1 169.7
16左	−128.6	3 130.1	64.3	−1 565.1	35	0.0	2 339.3	0.0	−1 169.7
16右	25.7	3 130.1	−12.9	−1 535.5	36	0.0	2 339.3	0.0	−1 169.7
17	25.7	3 071.0	−12.9	−1 506.6	37	0.0	2 339.3	0.0	−1 169.7
18	25.7	3 013.1	−12.9	−1 477.6	38	0.0	2 339.3	0.0	−1 169.7
19	25.7	2 955.2	−12.9	−1 565.1	39	0.0	2 339.3	0.0	−1 169.7

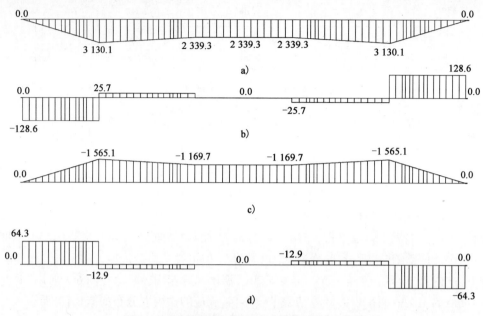

图 6-13 温度梯度标准值引起的主梁截面次内力分布
a)正温差梯度弯矩(单位:kN·m);b)正温差梯度剪力(单位:kN);
c)反温差梯度弯矩(单位:kN·m);d)反温差梯度剪力(单位:kN)

二、作用组合的效应设计值计算(一)

为了估算预应力钢束,需要先确定主梁沿桥跨方向各个截面的控制内力,即确定各种作用组合的最不利内力设计值。

第二章第七节已经提到,对于移动支架逐孔现浇施工的预应力混凝土连续梁桥设计,需先进行预应力钢筋估算,配置钢筋后再进行各种状态下的计算和验算,故需进行两次作用组合的效应设计值计算。其中,第一次作用组合的效应设计值计算是为了估算预应力钢筋数量,所以没有考虑预加力次效应,且各种作用的效应设计值均采用毛截面计算;第二次作用组合的效应设计值计算时,必须计入预加力(包括混凝土收缩徐变影响)产生的次效应,计算各种作用的效应设计值时,应采用与施工进程相匹配的净截面或换算截面。因此,以下具体在计算主梁截面内力设计值时,将第一、二次作用组合的效应设计值分别记为内力设计值(一)、内力设计值(二)。

(一)持久状况承载能力极限状态

1.作用组合方式

根据本例具体情况,作用组合方式取基本组合:即永久作用设计值与可变作用设计值相组合,其中,永久作用设计值包括结构重力设计值、基础变位设计值和混凝土收缩及徐变作用设计值;可变作用设计值包括车道荷载(计入冲击力)设计值和温度梯度作用设计值。

2.作用基本组合的内力设计值

对于本示例,作用基本组合的主梁截面内力设计值 S_{ud} 可按照式(2-90)或《通规(2015年)》式(4.1.5-1),采用有限元模型1计算,结果见表6-15。

持久状况承载能力极限状态作用基本组合的主梁截面内力设计值(一) 表6-15

节点号(截面)	$\gamma_0 V_{max}$ (kN)	$\gamma_0 V_{min}$ (kN)	$\gamma_0 M_{max}$ (kN·m)	$\gamma_0 M_{min}$ (kN·m)	节点号(截面)	$\gamma_0 V_{max}$ (kN)	$\gamma_0 V_{min}$ (kN)	$\gamma_0 M_{max}$ (kN·m)	$\gamma_0 M_{min}$ (kN·m)
1	0.0	0.0	0.0	0.0	20	-628.7	-3 764.4	19 883.2	-892.5
2左	2 194.6	176.6	-57.4	-1 217.0	21	14.0	-2 982.5	24 405.2	2 041.9
2右	-1 869.9	-5 611.2	-57.4	-1 217.0	22	673.1	-2 202.1	27 210.9	3 948.2
3	-1 293.5	-4 610.4	9 826.6	2 724.3	23	1 412.8	-1 363.5	28 276.8	4 574.7
4	-522.0	-3 623.3	17 318.0	5 451.1	24	2 055.1	-802.8	27 651.6	3 748.9
5	340.2	-2 584.5	22 422.0	6 414.8	25	2 711.3	-242.8	25 749.2	2 212.4
6	992.0	-1 820.7	25 075.4	6 229.1	26	3 369.4	306.7	22 662.6	-104.0
7	1 661.9	-1 107.6	25 958.5	5 223.9	27	4 126.5	923.3	17 763.0	-3 507.6
8	2 458.7	-416.9	25 168.4	3 402.0	28	4 572.6	1 282.4	14 723.9	-5 555.6
9	2 907.2	-35.6	23 797.6	1 808.1	29	5 191.0	1 774.0	9 912.1	-9 175.7
10	3 456.3	422.4	21 302.4	-574.8	30	5 626.8	2 116.0	6 137.9	-12 295.5
11	4 221.9	1 045.3	16 531.1	-4 565.8	31	6 612.2	2 783.4	-2 436.9	-22 225.1
12	4 670.5	1 405.5	13 547.6	-6 907.5	32左	7 585.9	3 410.3	-10 840.6	-34 555.8
13	5 291.3	1 897.5	8 578.6	-10 689.7	32右	-3 316.1	-7 510.8	-10 840.6	-34 555.8
14	5 728.0	2 238.9	4 882.2	-14 109.5	33	-2 689.2	-6 539.6	-2 729.8	-22 169.5
15	6 607.0	2 914.6	-2 905.7	-23 089.3	34	-2 069.1	-5 578.0	5 384.2	-12 489.4
16左	7 475.3	3 498.6	-10 137.3	-34 037.6	35	-1 254.9	-4 542.6	13 143.6	-5 985.9
16右	-3 301.4	-7 510.9	-10 137.3	-34 037.6	36	-626.2	-3 757.7	19 315.5	-1 868.9
17	-2 674.2	-6 542.4	-2 179.9	-20 889.8	37	17.8	-2 975.5	23 778.9	1 196.0
18	-2 053.9	-5 582.6	5 867.0	-11 253.4	38	678.0	-2 195.3	26 529.3	3 221.9
19	-1 255.3	-4 548.2	13 700.5	-4 917.9	39	1 355.7	-1 416.9	27 382.0	4 213.6

相应于表6-15的持久状况承载能力极限状态作用基本组合的主梁截面内力设计值(一)包络图如图6-14所示。

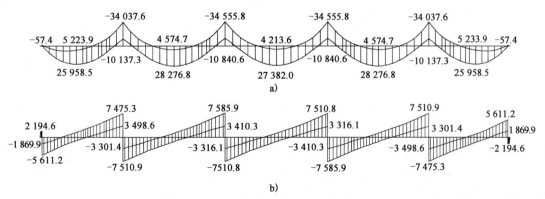

图6-14 持久状况承载能力极限状态作用基本组合的主梁截面内力设计值(一)包络图
a)弯矩(单位:kN·m);b)剪力(单位:kN)

由表6-15和图6-14可知,持久状况承载能力极限状态作用基本组合下,主梁截面内力最大设计值及相应的位置分别为:32截面,截面承受的最大和最小负弯矩设计值分别为10 840.6kN·m和34 555.8kN·m,次边孔23截面,截面承受的最大和最小正弯矩设计值分别为28 276.8kN·m和4 574.7kN·m;32截面承受的最大和最小剪力设计值分别为7 585.9kN和-7 510.8kN。

持久状况承载能力极限状态作用基本组合的主梁截面弯矩设计值(一)包络图,主要用于初步确定预应力钢筋的长度布置范围,并为承载能力极限状态设计奠定基础。

(二)持久状况正常使用极限状态

1. 作用组合方式

作用组合方式分别取频遇组合及准永久组合。其中,作用的频遇组合为永久作用标准值与汽车荷载(不计冲击力)频遇值、其他可变作用准永久值相组合;作用的准永久组合为永久作用标准值与可变作用准永久值相组合。根据本例的具体情况,作用的频遇组合应为结构重力标准值、基础变位标准值与车道荷载(不计冲击力)频遇值、温度梯度准永久值相组合;作用的准永久组合应为结构重力标准值、基础变位标准值与车道荷载(不计冲击力)准永久值、温度梯度准永久值相组合。

2. 作用频遇组合的内力设计值

对于本示例,作用频遇组合的主梁截面内力设计值 S_{fd} 可按照式(2-95)或《通规(2015年)》式(4.1.6-1),采用有限元模型1计算,结果见表6-16。

持久状况正常使用极限状态作用频遇组合的主梁截面内力设计值(一) 表6-16

节点号(截面)	V_{max} (kN)	V_{min} (kN)	M_{max} (kN·m)	M_{min} (kN·m)	节点号(截面)	V_{max} (kN)	V_{min} (kN)	M_{max} (kN·m)	M_{min} (kN·m)
1	0.0	0.0	0.0	0.0	20	-879.1	-2 144.0	11 484.6	1 435.0
2左	867.9	160.5	-52.2	-461.8	21	-396.3	-1 644.2	14 159.1	4 025.6
2右	-1 877.3	-3 250.6	-52.2	-461.8	22	92.4	-1 145.0	15 817.8	5 639.0
3	-1 356.7	-2 619.2	5 812.4	3 150.9	23	639.4	-594.2	16 475.3	6 162.6
4	-766.4	-1 992.7	10 243.0	5 672.9	24	1 051.9	-183.6	16 073.8	5 648.0
5	-113.1	-1 321.0	13 246.0	6 904.4	25	1 471.9	229.7	14 893.5	4 483.2
6	353.8	-844.5	14 779.0	7 069.8	26	1 892.6	639.2	13 078.9	2 532.9
7	815.5	-380.1	15 277.6	6 486.0	27	2 379.3	1 107.9	10 139.1	-388.5
8	1 328.1	128.4	14 786.6	5 159.7	28	2 674.0	1 391.7	8 292.6	-2 163.8
9	1 612.0	406.8	13 941.4	3 913.8	29	3 082.7	1 783.1	5 306.1	-5 236.1
10	1 960.2	745.1	12 409.7	1 997.2	30	3 370.6	2 057.1	2 874.9	-7 788.2
11	2 449.9	1 216.0	9 472.1	-1 292.6	31	4 022.1	2 639.7	-3 610.7	-14 775.6
12	2 745.6	1 500.3	7 623.5	-3 252.1	32左	4 669.5	3 207.8	-10 827.5	-23 309.6
13	3 155.3	1 891.9	4 510.8	-6 453.6	32右	-3 144.7	-4 612.7	-10 827.5	-23 309.6
14	3 443.6	2 165.8	1 969.6	-9 077.1	33	-2 576.5	-3 966.2	-3 818.3	-14 789.6
15	4 024.7	2 714.1	-3 926.3	-15 424.9	34	-2 018.3	-3 329.7	2 336.0	-7 992.0
16左	4 602.1	3 229.8	-10 253.7	-23 023.6	35	-1 360.1	-2 640.0	7 297.3	-2 679.5
16右	-3 137.7	-4 617.1	-10 253.7	-23 023.6	36	-880.8	-2 137.9	11 024.4	904.5
17	-2 569.2	-3 971.3	-3 303.4	-14 222.1	37	-397.4	-1 638.0	13 670.3	3 546.8
18	-2 010.7	-3 335.2	2 819.9	-7 428.6	38	91.7	-1 138.9	15 317.5	5 191.9
19	-1 357.8	-2 645.7	7 754.3	-2 119.5	39	588.8	-639.39	15 845.4	5 842.8

相应于表6-16的持久状况正常使用极限状态作用频遇组合的主梁截面内力设计值(一)包络图如图6-15所示。

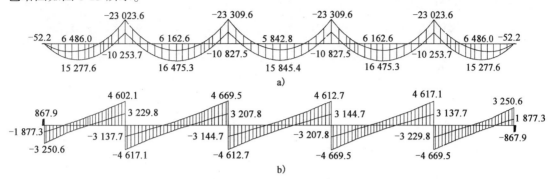

图6-15 持久状况正常使用极限状态作用频遇组合的主梁截面内力设计值(一)包络图
a)弯矩(单位:kN·m);b)剪力(单位:kN)

由表6-16和图6-15可知,持久状况正常使用极限状态作用频遇组合下,主梁截面内力最大值及相应的位置分别为:32截面,截面承受的最大和最小负弯矩设计值分别为10 827.5kN·m和23 309.6kN·m;次边孔23截面,截面承受的最大和最小正弯矩设计值分别为16 475.3kN·m和6 162.6kN·m;32截面,截面承受的最大和最小剪力设计值分别为4 669.5kN和−4 612.7kN。

3. 作用准永久组合的内力设计值

对于本示例,作用准永久组合的主梁截面内力设计值 S_{qd} 可按照式(2-97)或《通规(2015年)》式(4.1.6-2),采用有限元模型1计算,结果见表6-17。

持久状况正常使用极限状态作用准永久组合的主梁截面内力设计值(一) 表6-17

节点号(截面)	V_{max} (kN)	V_{min} (kN)	M_{max} (kN·m)	M_{min} (kN·m)	节点号(截面)	V_{max} (kN)	V_{min} (kN)	M_{max} (kN·m)	M_{min} (kN·m)
1	0.0	0.0	0.0	0.0	20	−982.3	−1 841.5	10 164.9	2 084.2
2左	564.7	160.5	−52.2	−286.3	21	−527.6	−1 377.1	12 586.8	4 632.1
2右	−1 933.9	−2 860.7	−52.2	−286.3	22	−69.5	−912.9	14 082.4	6 202.6
3	−1 414.2	−2 277.7	5 172.5	3 353.2	23	444.7	−396.6	14 672.5	6 719.6
4	−854.7	−1 697.5	9 111.1	5 902.8	24	828.9	−13.4	14 290.1	6 275.3
5	−237.4	−1 069.8	11 767.2	7 248.2	25	1 219.6	373.4	13 197.5	5 181.9
6	194.6	−632.2	13 102.0	7 520.9	26	1 610.5	757.9	11 536.9	3 303.0
7	621.7	−203.7	13 519.7	7 042.8	27	2 064.0	1 201.1	8 840.8	460.9
8	1 099.4	271.8	13 053.6	5 822.4	28	2 342.4	1 473.2	7 142.6	−1 274.8
9	1 362.1	531.2	12 272.4	4 641.6	29	2 728.2	1 849.2	4 360.8	−4 257.6
10	1 684.4	847.9	10 865.4	2 805.1	30	2 999.9	2 113.0	2 073.9	−6 722.9
11	2 139.6	1 292.4	8 169.6	−376.1	31	3 615.2	2 688.9	−4 099.0	−13 434.1
12	2 418.5	1 564.8	6 469.9	−2 281.4	32左	4 228.2	3 256.5	−11 248.5	−21 587.8
13	2 805.0	1 941.0	3 593.8	−5 406.9	32右	−3 201.4	−4 168.3	−11 248.5	−21 587.8
14	3 077.1	2 204.8	1 228.2	−7 961.9	33	−2 633.7	−3 555.9	−4 292.5	−13 473.9
15	3 625.9	2 734.9	−4 345.9	−14 085.5	34	−2 077.0	−2 954.5	1 570.0	−6 955.4
16左	4 172.6	3 246.3	−10 610.8	−21 368.2	35	−1 441.5	−2 301.0	6 216.0	−1 820.5
16右	−3 193.5	−4 175.3	−10 610.8	−21 368.2	36	−987.7	−1 834.2	9 628.1	1 690.4
17	−2 625.5	−3 563.1	−3 697.6	−13 083.5	37	−532.7	−1 369.7	12 037.0	4 265.6
18	−2 068.4	−2 961.7	2 137.9	−6 558.2	38	−74.3	−905.2	13 538.1	5 843.7
19	−1 435.7	−2 308.1	6 758.7	−1 416.4	39	389.84	−440.4	14 018.9	6 427.5

相应于表6-17的持久状况正常使用极限状态作用准永久组合的主梁截面内力设计值（一）包络图如图6-16所示。

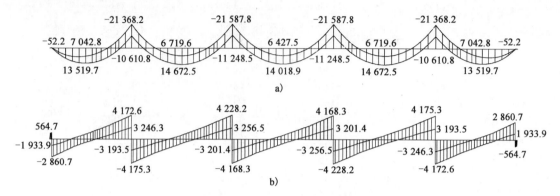

图6-16 持久状况正常使用极限状态作用准永久组合的主梁截面内力设计值（一）包络图
a）弯矩（单位：kN·m）；b）剪力（单位：kN）

由表6-16和图6-15可知，持久状况正常使用极限状态作用准永久组合下，主梁截面内力最大值及相应的位置分别为：32截面，截面承受的最大和最小负弯矩设计值分别为11 248.5kN·m和21 587.8kN·m，次边孔23截面，截面承受的最大和最小正弯矩设计值分别为14 672.5kN·m和6 719.6kN·m；32截面，截面承受的最大和最小剪力设计值分别为4 228.2kN和-4 168.3kN。

持久状况正常使用极限状态的弯矩包络图（一）主要用于初步复核预应力钢筋的长度布置范围，并采用其中的作用频遇组合的内力设计值作为截面预应力钢筋估算的依据。

第四节 预应力钢束估算及布置

对于移动支架逐孔现浇施工的预应力混凝土连续箱梁，预应力钢筋也分为纵向、横向和竖向预应力钢筋三种。本节将根据本章第三节计算的主梁截面弯矩设计值（一）的包络图计算并布置纵向预应力钢筋。横向预应力钢筋根据单位宽度桥面板计算并布置，如计算配筋仅需设置普通钢筋，则可不设置横向预应力钢筋。竖向预应力钢筋根据主梁主应力计算与验算结果设置，如计算结果无须设置竖向预应力钢筋，则仅需按构造要求设置非预应力箍筋。但如果计算的箍筋间距过小或单肢截面过大，则应考虑设置竖向预应力钢筋。

根据第二章第八节或《桥规（2018年）》第6.1节，预应力混凝土连续梁桥应满足使用荷载作用下的应力要求。因而，在进行预应力钢筋的数量估算时，应该以持久状况正常使用极限状态作用频遇组合的内力设计值作为截面配筋估算依据，按持久状况正常使用极限状态的应力要求进行预应力钢筋估算。

一、预应力钢束估算

（一）计算原理及方法

以持久状况正常使用极限状态作用频遇组合的主梁截面内力设计值作为截面预应力配筋

估算依据,采用第二章第八节的相关原理,并参照第三章第四节的方法和过程,按持久状况正常使用极限状态的应力要求,即可进行预应力钢筋估算,得到主梁各个截面的预应力钢筋配置范围(即估算结果),应用第二章第三节的设计步骤 4,即可确定相应截面实际取用预应力钢筋的数量。

(二)计算结果

按正常使用极限状态作用频遇组合的弯矩设计值进行配筋估算,每束预应力钢筋采用标准强度为 1 860MPa 的 $9\phi^s 15.2$ 高强度、低松弛钢绞线,估算结果见表 6-18。

主梁截面预应力钢束估算及实取结果　　　　　表 6-18

节点号 (截面)	上缘钢束数		钢束取用数 (束)	下缘钢束数		钢束取用数 (束)
	最小	最大		最小	最大	
1	0.0	0.0		0.0	0.0	
2	0.4	96.7	12	0.0	52.7	10
3	0.0	0.0		5.0	45.1	
4	0.0	0.0		8.8	47.3	
5	0.0	0.0	0	9.8	31.0	22
6	0.0	0.0		10.9	31.1	
7	0.0	0.0		11.3	30.7	
8	0.0	0.0	0	10.9	29.7	22
9	0.8	64.4		10.4	37.4	
10	2.2	65.3		9.4	36.2	
11	4.4	76.6		8.3	37.1	
12	6.0	78.0	10	6.9	35.7	16
13	8.6	80.3		4.4	33.1	
14	10.6	82.3		2.4	31.1	
15	16.4	77.0		0.0	0.0	
16	18.6	83.8	22	0.0	0.0	4
17	15.1	76.3		0.0	0.0	
18	9.0	81.9		3.1	32.4	
19	4.7	68.4		6.3	33.6	
20	2.4	66.0	6	8.8	35.9	16
21	0.8	64.2		10.6	37.6	
22	0.0	0.0		11.8	30.0	
23	0.0	0.0	0	12.2	30.4	22
24	0.0	0.0		11.9	30.0	
25	0.4	62.3		11.0	37.2	
26	1.8	63.6		9.9	35.9	

续上表

节点号(截面)	上缘钢束数 最小	上缘钢束数 最大	钢束取用数(束)	下缘钢束数 最小	下缘钢束数 最大	钢束取用数(束)
27	4.1	73.4	6	8.3	40.4	16
28	5.0	90.2		7.8	51.9	
29	7.4	92.6		5.4	49.6	
30	9.4	94.3		3.7	47.6	
31	15.6	84.3		0.0	0.0	
32	18.1	91.9	22	0.0	0.0	4
33	15.6	84.6		0.0	0.0	
34	9.6	94.9		3.1	47.4	
35	5.0	67.4		6.0	32.6	
36	2.7	65.0	6	8.4	34.9	16
37	1.0	63.2		10.2	36.7	
38	0.0	0.0		11.3	29.6	
39	0.0	0.0	0	11.7	30.0	22

注:表中数值代表 $9\phi^s$ 的预应力钢束数。

根据表 6-18 钢束估算实取结果,结合主梁混凝土截面构造并考虑移动支架逐孔现浇施工特点,主梁控制截面实际配束结果见表 6-19。

主梁控制截面钢束实际配置(束) 表 6-19

节点号(截面)	上缘		下缘	
2	12	顶板 6	10	腹板 0
		腹板 6		底板 10
5	0	顶板 0	22	腹板 12
		腹板 0		底板 10
8	0	顶板 0	22	腹板 12
		腹板 0		底板 10
12	10	顶板 4	16	腹板 12
		腹板 6		底板 4
16	22	顶板 16	4	腹板 0
		腹板 6		底板 4
20	6	顶板 0	16	腹板 6
		腹板 6		底板 10
23	0	顶板 0	22	腹板 6
		腹板 0		底板 16
27	6	顶板 0	16	腹板 12
		腹板 6		底板 4

续上表

节点号(截面)	上 缘		下 缘	
32	22	顶板16	4	腹板0
		腹板6		底板4
36	6	顶板0	16	腹板6
		腹板6		底板10
39	0	顶板0	22	腹板6
		腹板0		底板16

注:表中数值为 $9\phi^s15.2$ 预应力钢束数。

二、预应力钢束布置

根据钢束估算及控制截面钢束实际配置结果(表6-19),即可进行主梁钢束横截面、立面及平面布置,布置原则详见第二章第八节。

(一)横截面布置

预应力钢束的横截面布置应以主梁配筋控制截面(钢束最多的截面)为出发点。非配筋控制截面的横截面构造,均是在控制截面布置结果的基础上,结合立面和平面布置的导出结果,主要用于施工放样。因此,配筋控制截面的钢束横截面布置,是移动支架逐孔现浇施工连续梁桥设计的关键环节,应给予充分重视。限于篇幅,以下仅给出本例配筋控制截面的钢束横截面布置方法及结果。

对于移动支架逐孔现浇施工的预应力混凝土连续梁桥,主梁横截面预应力钢束布置不仅应满足移动支架逐孔现浇施工进程和结构的受力要求,同时还应充分考虑立面及平面布置的锚固和构造要求。

由表6-19可知,配筋控制截面分别为:16及32截面(内支点)截面,均为上缘布筋,钢束数量均为 22 束 $9\phi^s15.2$ 钢绞线;8 及 23 截面(边孔及次边孔跨中)截面,均为下缘布筋,钢束数量均为 22 束 $9\phi^s15.2$ 钢绞线;39 截面(全桥跨中)截面,为下缘布筋,钢束数量均为 18 束 $9\phi^s15.2$ 钢绞线。

遵循预应力钢束的布置原则,结合本示例移动支架逐孔现浇施工的特点,根据表6-19的钢束配置结果,同时为方便施工、减少平弯、满足抗裂和抗剪要求,全桥各截面均布置 18 束 $9\phi^s15.2$ 钢绞线。同时,为了抵抗内支点(16及32)截面较大的负弯矩,分别在各相应截面上缘沿桥长 13m(16 截面)、14m(32 截面)范围增布 4 束 $9\phi^s15.2$ 钢绞线作为负弯矩局部加强筋。另外,为了抵抗边孔、次边孔及中孔跨中(8、23 及 39)截面较大的正弯矩,分别在各相应截面下缘沿全桥设置通长 4 束 $9\phi^s15.2$ 钢绞线。

横截面布置时,各预应力束均以箱梁截面中心线对称布置,其中各孔跨中截面每层钢束中心至截面下缘距离分别为 10cm、24cm 和 38cm;内支点截面每层钢束中心距截面上缘分别为 12cm、26cm 和 40cm;边支点截面每层钢束中心距截面上缘分别为 20cm、60cm 和 110cm。配筋控制截面及边支点截面的预应力钢束横截面布置结果如图6-17所示。

(二)立面及平面布置

以横截面布置结果为基础,全桥立面均布置 18 束 $9\phi^s15.2$ 钢绞线曲线连续钢束(6N1、

6N2 和 6N3),工作面纵向连接处采用连接器连接,其中,内支点负弯矩预应力钢束均关于相应的支座中心线对称下弯,且仅在各工作面区域设置平弯;次边孔(N_1^y-2、N_2^y-2 和 N_3^y-2)及中孔(N_1^y-1、N_2^y-1 和 N_3^y-1)的正弯矩预应力钢束均以各自的跨径中心线对称上弯;边孔的正弯矩预应力钢束(N_1^y-3、N_2^y-3 和 N_3^y-3)则根据 1 截面、8 截面及 16 截面的预应力钢束横截面布置结果设置立面线形。对于分别增设的 4 束 9ϕ^s15.2 钢绞线负弯矩局部加强筋(N5、N4),分别布置在各相应截面沿桥长 13m(16 截面)、14m(32 截面)范围对称下弯,且在相应的工作面区域设置平弯。对于沿全桥通长设置的 4 束 9ϕ^s15.2 钢绞线底板束(N6)对称上弯,只设置竖弯不设平弯。

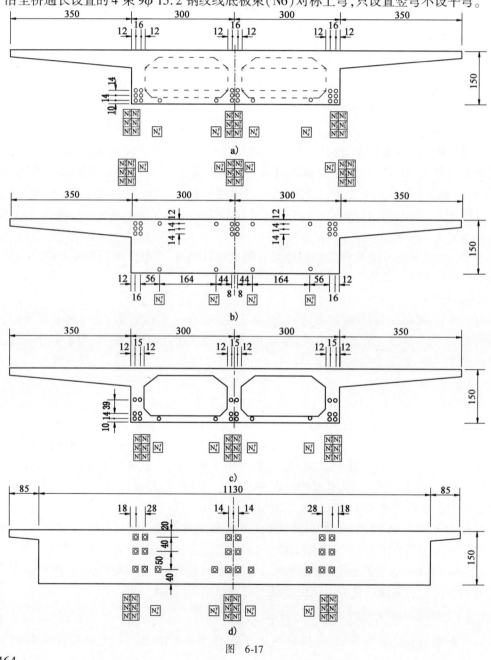

图 6-17

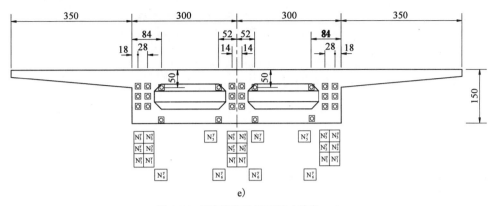

图 6-17 钢束横截面布置(尺寸单位:cm)
a)23、39 号截面;b)16、32 号截面;c)8 号截面;d)1 号截面;e)工作面

限于篇幅,现仅以第 1 施工阶段为例,说明预应力钢束布置的详细过程,其他孔方法类似,此处从略。

立面布置时,N1、N2、N3 均以内支点(32 截面)或中孔跨中(39 截面)对称竖弯,其中 N1 钢束第 1 施工阶段的钢束 N_1^y-1 在中孔跨中(39 截面)正弯矩区起弯点相距 7m,上弯半径均为 28.26m,上弯角均为 6°;在内支点(32 截面)负弯矩区下弯终点相距 4.99m,下弯半径为 22.83m,下弯角均为 12.5°。N2 钢束第 1 施工阶段的钢束 N_2^y-1 在 39 截面正弯矩区起弯点相距 2.00m,上弯半径均为 34.36m,上弯角均为 5°;在 32 截面负弯矩区弯终点相距 5.43m,下弯半径为 30.86m,下弯角均为 10°。N3 钢束第 1 施工阶段的钢束 N_3^y-1 在 39 截面起弯,上弯半径为 21.73m,上弯角均为 10°;在 32 截面弯矩区下弯起弯点相距 3m,下弯半径均为 34.36m,下弯角均为 5°。

平面布置时,由于构造与锚固的需要,N1、N2、N3 在工作面区域设置了平弯,第 1 阶段端部平弯半径分别为 22.91m、11.81m,平弯角分别为 2.5°、7°,详见本章第十二节预应力钢束大样。

鉴于内支点(32 截面)承受较大负弯矩,故在中支点顶板设置局部加强钢束,第 1 施工阶段设置关于 32 截面对称的 N_4^y 钢束,N_4^y 立面布置时,起弯点距支点 5.05m,下弯半径 4.625m,下弯角度为 16°;平面布置时,N_4^y 未设置平弯。第 2 施工阶段新增加的内支点(16 截面)顶板布置 N_5^y 钢束,布置情况与 N_4^y 类似,这里不再详述。

另外,对于 N_6^y 钢束仅在第 3 施工阶段(记为 N_6^y-3)设置竖弯,在 4 截面起弯,上弯半径为 21.73m,上弯角均为 10°。

第 1 施工阶段预应力钢束立面和平面布置结果如图 6-18 和图 6-19 所示。

三、钢束输入

完成钢束估算及布置后,可进行第 2 阶段建模,将所布置的钢束输入有限元模型 1。

为了方便建立有限元模型 2,根据本示例施工特点,现将预应力钢束按施工阶段归类为:第 1 施工阶段按 N_1^y-1、N_2^y-1、N_3^y-1、N_4^y 和 N_6^y-1 的顺序分别张拉,其中,N_1^y-1、N_2^y-1、N_3^y-1 和 N_6^y-1 采用该阶段工作面两端张拉,N_4^y 采用该阶段工作面单端张拉;第 2 施工阶段按 N_1^y-2、N_2^y-2、N_3^y-2、N_5^y 和 N_6^y-2 的顺序分别张拉,均采用该阶段工作面单端张拉;第 3 施工阶段按 N_1^y-3、N_2^y-3、N_3^y-3 和 N_6^y-3 的顺序分别张拉钢束,均采用该阶段工作面单端张拉。根据张拉方式,可分为两端

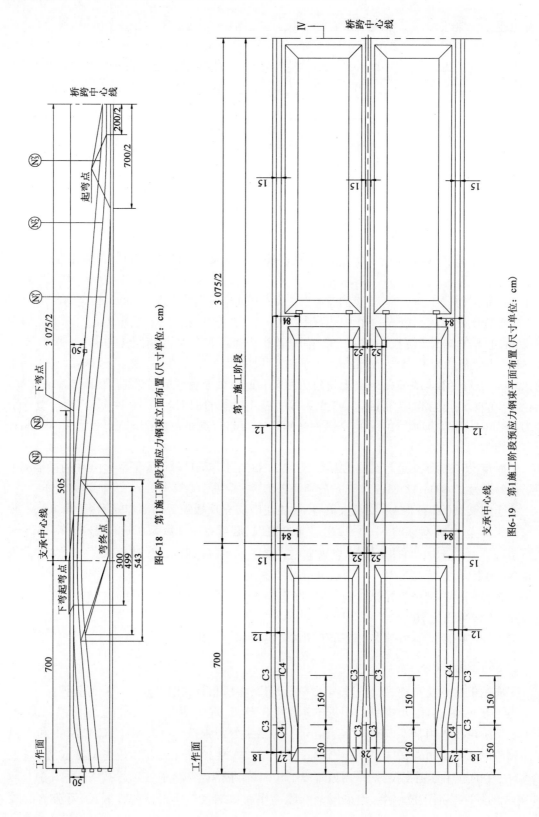

图6-18 第1施工阶段预应力钢束立面布置(尺寸单位：cm)

图6-19 第1施工阶段预应力钢束平面布置(尺寸单位：cm)

张拉和单端张拉两种钢束特性。

本示例预应力钢筋采用 $\phi^s15.2$ 钢绞线,$f_{pk} = 1\ 860\text{MPa}$,$A_{pl} = 140\text{mm}^2$,$E = 1.95 \times 10^5\text{MPa}$。钢束的锚具规格为夹片式锚具,预应力管道采用波纹管成型,管道直径为 80mm。预应力钢束与管道的摩擦系数取为 0.35,管道每米局部偏差的摩擦影响系数取为 0.003,锚具变形、钢筋回缩和接缝压缩值取为 6mm。

有限元模型中预应力钢束的输入与张拉,可参照第三章第四节之三来实现。

与第三章类似,预应力钢束输入完成之后,便可进行主梁净截面及换算截面几何特性计算。其中,净截面为扣除预应力管道的截面,换算截面为管道压浆后钢束与混凝土梁形成整体后的截面。显然,预加力阶段(即施工阶段)应采用净截面,使用阶段(即运营阶段)应采用换算截面。这里程序可自动计入,无须单独计算,为节省篇幅,主梁净截面及换算截面几何特性计算结果从略。

输入预应力钢束后,即形成有限元模型 2,便可进行主梁结构的相关计算和验算。

第五节　预应力损失及有效预应力计算

预应力损失及有效预应力的基本计算原理和计算公式详见第二章第九节或《桥规(2018 年)》第 6.2 节。对于不同构造形式和配筋情况的具体桥梁,预应力损失计算又有各自的特性,现对本示例移动支架逐孔现浇施工连续梁桥的各项预应力损失计算作一简要介绍。

一、预应力损失计算及组合

(一)张拉控制应力

本示例预应力钢筋的张拉控制应力 $\sigma_{con} = 0.70 \times 1\ 860 = 1\ 302(\text{MPa})$。

(二)钢筋的各项预应力损失及计算原则

由第二章第九节或《桥规(2018 年)》6.2.1 条可知,预应力混凝土构件在正常使用极限状态计算中应考虑由以下 6 种因素引起的预应力损失:

(1)预应力钢筋与管道壁之间的摩擦损失 σ_{l1}。参照表 2-32,本示例实取管道偏差系数 $k = 0.003$,摩阻系数 $\mu = 0.35$,各截面钢束的弯曲影响角 θ 可根据钢束形状由程序自动计入,按式(2-111)可计算出由摩阻损失引起的预应力损失。

(2)锚具变形、钢筋回缩和接缝压缩损失 σ_{l2}。预应力钢筋由锚具变形、钢筋回缩和接缝压缩引起的预应力损失可按式(2-112)不考虑反摩阻影响计算,也可按式(2-113)~式(2-117)考虑反向摩阻影响计算。本示例取 $\sum \Delta L = 6\text{mm}$,弹性模量 $E = 1.95 \times 10^5\text{MPa}$,采用考虑反摩阻影响计算。

(3)预应力钢筋与台座之间的温差损失 σ_{l3}。预应力钢筋与台座之间的温差损失可按式(2-118)计算。本示例为后张法预应力混凝土构件,不计该项损失。

(4)混凝土的弹性压缩损失 σ_{l4}。对于后张法预应力混凝土构件,当采用分批张拉时,先张拉锚固的钢筋由于后批张拉钢筋导致混凝土弹性压缩引起的预应力损失,可按式(2-121)计算,也可按《桥规(2018 年)》附录 H 的简化计算方法采用式(H.0.1)计算。本示例采用简化计算方法按式(H.0.1)计算。

(5) 预应力钢筋的应力松弛损失 σ_{l5}。当采用预应力钢丝或钢绞线时,由于松弛引起的预应力损失可按式(2-122)计算。本示例为超张拉钢束,取张拉系数 $\psi=0.9$,采用低松弛预应力钢筋取 $\zeta=0.3$ 进行计算。

(6) 混凝土的收缩徐变引起的损失 σ_{l6}。混凝土的收缩徐变引起的预应力损失可分别按受拉区和受压区考虑,其中,受拉区采用式(2-125)计算,受压区采用式(2-126)计算。

(三) 预应力损失值的组合

根据第二章第九节表 2-34 或《桥规(2018 年)》6.2.8 条,钢筋的预应力损失值可按传力锚固时(预加应力)和传力锚固后(使用应力)两个阶段进行组合。

二、有效预应力计算

有效预应力计算同预应力损失一样,也应按传力锚固时(预加应力)和传力锚固后(使用应力)两个阶段进行计算。各阶段有效预应力值为张拉控制应力减去该阶段相应预应力损失累计值,其中,传力锚固时(预加应力阶段)的有效预应力按式(2-127)计算;传力锚固后(使用应力阶段,这里按成桥 3 年考虑)的有效预应力(也称为永存预应力)按式(2-128)计算。

三、计算结果

将各项预应力损失的相关参数输入有限元计算模型 2,软件可计算出所有预应力钢束在传力锚固时和传力锚固后的各项预应力损失。为节省篇幅,此处仅给出预应力钢束 N_1^v-1 在传力锚固时和传力锚固后的各项预应力损失,其余钢束的预应力损失计算原理、方法与此类似,结果从略。

各钢束张拉控制应力均为 $\sigma_{con}=0.70f_{pk}=0.70\times1\,860=1\,302(\text{MPa})$,预应力钢束 N_1^v-1 传力锚固时的各项预应力损失及有效预应力计算结果见表 6-20;传力锚固后的各项预应力损失及永存预应力(考虑成桥 3 年)计算结果见表 6-21。

N_1^v-1 钢束传力锚固时的预应力损失和有效预应力(单位:MPa)　　　　表 6-20

节点号(截面)	σ_{con}	σ_{l1}	σ_{l2}	σ_{l4}	σ_{lI}	有效预应力
28	1 302	0	221	11.8	232.8	1 069.2
29	1 302	13.9	193.6	9.8	217.3	1 084.7
30	1 302	25.5	174.7	10.7	210.9	1 091.1
31	1 302	49.2	133.5	14.6	197.3	1 104.7
32	1 302	55.2	98	12.9	166.1	1 135.9
33	1 302	120.8	3	9.3	133.1	1 168.9
34	1 302	123.3	0	9.3	132.6	1 169.4
35	1 302	137.4	0	18.8	156.2	1 145.8
36	1 302	157.7	0	28.4	186.1	1 115.9
37	1 302	165.4	0	34.6	200	1 102.0
38	1 302	168.2	0	38.6	206.8	1 095.2
39	1 302	168.4	0	38.6	207	1 095.0

N_1^y-1 钢束传力锚固后的预应力损失及有效预应力（单位：MPa）　　　表 6-21

节点号(截面)	σ_{con}	σ_{l5}	σ_{l6}	σ_{lI}	σ_{lII}	永存预应力
28	1 302	11.0	41.6	232.8	52.6	1 016.6
29	1 302	12.7	41.1	217.3	53.8	1 030.9
30	1 302	13.6	43.9	210.9	57.5	1 033.6
31	1 302	15.5	47.4	197.3	62.9	1 041.8
32	1 302	18.7	46.5	166.1	65.2	1 070.7
33	1 302	21.8	47.3	133.1	69.1	1 099.8
34	1 302	21.5	45.5	132.6	67.0	1 102.4
35	1 302	19.7	72.3	156.2	92.0	1 053.8
36	1 302	17.4	77.9	186.1	95.3	1 020.6
37	1 302	16.5	77.9	200.0	94.4	1 007.6
38	1 302	16.1	78.1	206.8	94.2	1 001.0
39	1 302	16.1	78.1	207.0	94.2	1 000.8

需要说明的是，有限元程序一揽子给出了 σ_{l1} 和 σ_{l2} 计算结果的和。本节采用式(2-111)计算了 σ_{l1}，然后用有限元程序结果减去 σ_{l1} 的值，计算得到了锚具变形、钢筋回缩和接缝压缩预应力损失 σ_{l2}。

第六节　钢束布置后作用组合的效应设计值计算

桥梁实际受力较为复杂，混凝土和钢束共同作用，相互影响、相互制约，因而在设计计算时，应考虑混凝土和钢束共同作用。

对于移动支架逐孔现浇施工的连续梁桥，预应力钢束布置后作用组合的效应设计值计算原理、方法与本章第三节类似，不同之处在于：①作用种类增加了预加力；②计算各个作用的效应设计值时，相应的截面几何特性不尽相同，如在布置预应力钢束之前的第一次作用的效应计算时，主梁恒载、基础变位等作用的效应对应于毛截面，而在布置预应力钢束之后的第二次作用组合的效应计算时，主梁恒载、基础变位及预加力等作用的效应对应于净截面或换算截面。而净截面、换算截面的取用以预应力管道压浆并形成强度为分界点。

一、永久作用标准值的效应计算

本示例配置钢束后永久作用包括：结构重力、预加力、基础变位作用和混凝土收缩及徐变作用。本例永久作用标准值的效应计算，应根据移动支架逐孔现浇施工特点充分考虑永久作用与主梁截面几何特性的匹配关系。

（一）结构重力标准值的主梁截面内力

结构重力标准值的主梁截面内力根据实际的预应力孔道压浆时间，采用相应的截面几何特性计算，计算结果与表 6-6 ~ 表 6-10 相差不大，为节省篇幅，此处从略。

(二) 预加力标准值的主梁截面次内力

对于逐孔现浇施工的预应力混凝土连续梁桥,根据第二章第六节或《通规(2015 年)》4.2.2 条有关要求,预加力作用的主梁截面次内力可按正常使用极限状态和承载能力极限状态两种情况分别考虑。其中,进行正常使用极限状态设计时的构件应力和变形计算时,应将预加力作为永久作用并计入主效应和次效应;进行结构承载能力极限状态设计时,预加力不作为作用,预应力钢筋仅作为结构抗力的组成部分,但应计入预加力引起的次效应。具体详见本章第七~九节。

第 1 施工阶段形成双悬臂简支梁体系,为静定结构,预加力不会引起次内力;第 2 施工阶段形成带悬臂的 3 孔连续梁体系,为超静定结构,张拉第二批预应力钢束将会产生次内力;第 3 施工阶段形成桥梁最终结构体系——5 孔连续梁体系,为超静定结构,张拉第三批预应力钢束也会产生次内力。计算施工阶段预加力次内力同时考虑各项预应力损失对有效预应力的影响,使用阶段应考虑混凝土收缩及徐变引起的预应力损失对最终结构体系预加力次内力的影响。限于篇幅,这里仅给出使用阶段永存预加力标准值引起的次内力,计算结果见表 6-22。

使用阶段永存预加力标准值引起的主梁截面次内力 表 6-22

节点号(截面)	剪力 V(kN)	弯矩 M(kN·m)	节点号(截面)	剪力 V(kN)	弯矩 M(kN·m)
1	0.0	0.0	20	74.2	6 579.2
$2_左$	0.0	0.0	21	74.2	6 420.6
$2_右$	-297.5	0.0	22	74.2	6 262.0
3	-297.5	624.7	23	74.2	6 102.4
4	-297.5	1 249.4	24	74.2	5 970.7
5	-297.5	1 874.0	25	74.2	5 837.2
6	-297.5	2 461.5	26	74.2	5 703.6
7	-297.5	3 041.6	27	74.2	5 555.2
8	-297.5	3 621.6	28	74.2	5 481.0
9	-297.5	3 978.6	29	74.2	5 377.1
10	-297.5	4 417.3	30	74.2	5 302.9
11	-297.5	5 012.3	31	74.2	5 132.3
12	-297.5	5 309.7	$32_左$	74.2	4 961.6
13	-297.5	5 726.2	$32_右$	0	4 961.6
14	-297.5	6 023.6	33	0	4 960.3
15	-297.5	6 633.4	34	0	4 959.0
$16_左$	-297.5	7 243.2	35	0	4 957.7
$16_右$	74.2	7 243.2	36	0	4 956.5
17	74.2	7 072.6	37	0	4 955.3
18	74.2	6 905.6	38	0	4 954.1
19	74.2	6 738.7	39	0	4 951.6

与表6-22相应的次内力分布如图6-20所示。

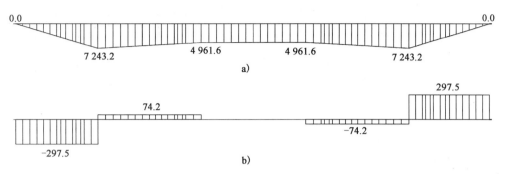

图6-20 永存预加力标准值引起的主梁截面次内力分布
a)弯矩(单位:kN·m);b)剪力(单位:kN)

(三)混凝土收缩及徐变作用标准值的主梁截面次内力

配置预应力钢束后，混凝土收缩及徐变作用标准值的次内力应按换算截面计算。本示例每个施工阶段按两周考虑，各阶段相应单元混凝土加载龄期为14d，使用阶段混凝土收缩徐变总天数为1 000d，混凝土收缩徐变作用标准值的主梁截面次内力计算结果见表6-23。

基于换算截面的混凝土收缩徐变作用标准值的主梁截面次内力　　表6-23

节点号(截面)	剪力 V(kN)	弯矩 M(kN·m)	节点号(截面)	剪力 V(kN)	弯矩 M(kN·m)
1	0.0	0.0	20	-6.1	943.5
2左	0.0	0.0	21	-6.1	956.4
2右	36.5	0.0	22	-6.1	969.4
3	36.5	76.7	23	-6.1	982.4
4	36.5	153.4	24	-6.1	993.1
5	36.5	230.1	25	-6.1	1 004.0
6	36.5	302.2	26	-6.1	1 014.9
7	36.5	373.4	27	-6.1	1 027.1
8	36.5	444.7	28	-6.1	1 033.1
9	36.5	488.5	29	-6.1	1 041.6
10	36.5	542.3	30	-6.1	1 047.6
11	36.5	615.4	31	-6.1	1 061.6
12	36.5	651.9	32左	-6.1	1 075.5
13	36.5	703.0	32右	0.0	1 075.5
14	36.5	739.6	33	0.0	1 075.5
15	36.5	814.4	34	0.0	1 075.5
16左	36.5	889.3	35	0.0	1 075.5
16右	-6.1	889.3	36	0.0	1 075.4
17	-6.1	903.2	37	0.0	1 075.4
18	-6.1	916.9	38	0.0	1 075.4
19	-6.1	930.5	39	0.0	1 075.4

与表6-23相应的次内力分布如图6-21所示。

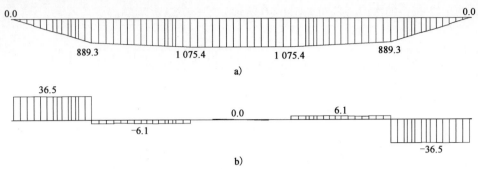

图 6-21 配置预应力钢束后混凝土收缩徐变标准值的主梁截面次内力分布
a) 弯矩(单位:kN·m); b) 剪力(单位:kN)

将表 6-23(图 6-21)与表 6-11(图 6-10)对比可以出现,配置预应力钢束前后,混凝土收缩徐变作用标准值的次内力的数值和分布规律均发生了变化,表明预应力钢束及施工方法对于混凝土收缩徐变作用标准值的主梁截面次内力影响显著。

(四)基础变位作用标准值的主梁截面次内力

基础变位作用标准值的主梁截面次内力应按换算截面进行计算,计算结果与表 6-12 相差不大,为节省篇幅,此处从略。

(五)施工阶段作用标准值的主梁截面内力

1. 施工阶段荷载种类

本例采用移动支架逐孔现浇施工,施工阶段的荷载为:混凝土主梁自重、横隔板作用力、预加力、施工阶段混凝土收缩及徐变作用等。

2. 施工阶段作用标准值的主梁截面累计内力

施工阶段作用标准值的主梁截面累计内力是指在施工阶段各种作用内力的叠加,表征各个施工阶段末的主梁截面内力状态。四个施工阶段末的主梁截面累计内力分别见表 6-24 ~ 表 6-27。

第一施工阶段末作用标准值的主梁截面累计内力   表 6-24

节点号(截面)	轴力 N (kN)	剪力 V (kN)	弯矩 M (kN·m)	节点号(截面)	轴力 N (kN)	剪力 V (kN)	弯矩 M (kN·m)
28	-34 622.9	-3 664.5	-8 096.1	39	-30 813.7	391.4	-7 996.8
29	-35 484.0	-2 394.0	-3 382.2	40	-31 008.6	228.1	-7 588.8
30	-35 933.8	-1 737.7	-1 526.2	41	-31 328.4	612.0	-7 052.3
31	-36 507.9	-286.2	1 226.2	42	-31 684.3	1 155.7	-5 292.0
32左	-37 051.3	1 826.4	-583.2	43	-37 668.1	1 126.5	2 010.6
32右	-37 050.9	-2 576.9	-583.2	44	-37 469.6	-359.7	3 079.0
33	-37 469.6	-359.7	3 079.0	45	-37 050.9	-2 576.9	-583.2
34	-37 668.1	1 126.5	2 010.6	46左	-37 473.5	-396.5	3 079.1
35	-31 683.0	1 167.2	-5 298.9	46右	-36 507.9	-286.2	1 226.2
36	-31 328.5	600.6	-7 056.6	47	-35 933.8	-1 737.7	-1 526.2
37	-31 008.6	228.1	-7 588.8	48	-35 483.9	-2 394.0	-3 388.6
38	-30 813.7	391.4	-7 996.8	49	-34 622.9	-3 664.5	-8 096.1

第二施工阶段末作用标准值的主梁截面累计内力 表6-25

节点号（截面）	轴力 N（kN）	剪力 V（kN）	弯矩 M（kN·m）	节点号（截面）	轴力 N（kN）	剪力 V（kN）	弯矩 M（kN·m）
12	-32 270.5	-2 835	-8 324.88	39	-30 652.3	386.38	-6 946.59
13	-32 905.5	-1 981.88	-4 695.97	40	-30 842.9	221.93	-6 547.89
14	-33 259.7	-1 642.69	-3 058.36	41	-31 154.1	601.6	-6 023.96
15	-33 633.7	-931.17	-213.89	42	-31 500.9	1 140.17	-4 288.42
16左	-34 227.8	1 331.53	-478.56	43	-37 447.9	1 108.28	2 940.66
16右	-34 227.8	-2 999.08	-478.56	44	-37 236.1	-373.15	3 972.57
17	-34 670.9	-766.3	4 099.33	45	-36 824	-2 579.4	300.2
18	-34 930.6	529.7	4 231.54	46左	-37 240	-409.72	3 972.69
19	-31 997.2	1 051.76	-947.2	46右	-36 256.8	1 105.88	5 227.85
20	-31 864	1 331.67	-3 429.63	47	-35 754.9	-341.99	5 636.3
21	-31 543.1	1 022.59	-5 693.35	48	-35 365.4	-993.95	5 150.94
22	-31 200.4	644.92	-7 145.92	49	-34 688.2	-2 274.19	2 381.24
23	-30 912.2	-1.72	-7 553.55	50	-30 226.6	-1 079.55	-560.89
24	-30 719.3	-591.75	-7 017.4	51	-30 552.3	-1 576.73	-3 839.13
25	-30 669.1	-814.11	-5 731.31	52	-30 621.6	-809.77	-5 712.76
26	-30 599.3	-1 582.24	-3 863.71	53	-30 670.7	-590.03	-6 992.4
27	-30 310.2	-1 087.51	-570.56	54	-30 863.4	-1.09	-7 526.86
28	-34 688.5	-2 274.82	2 395.81	55	-31 151.2	643.94	-7 118.49
29	-35 365.4	-994.55	5 172.76	56	-31 493	1 018.88	-5 670.8
30	-35 754.9	-342.61	5 652.32	57	-31 817.2	1 328.35	-3 416.09
31	-36 256.5	1 105.27	5 245.22	58	-31 953.5	1 048.71	-941.29
32左	-36 824.1	3 206.1	319.01	59	-34 886.5	526.64	4 227.67
32右	-36 823.7	-2 578.15	318.96	60	-3 4627	-769.08	4 088.79
33	-37 235.9	-371.91	3 988.55	61左	-34 886.5	526.64	4 227.67
34	-37 448	1 109.54	2 953.88	61右	-34 184.8	-2 998.44	-491.19
35	-31 500.1	1 152.92	-4 285.03	62	-33 591.7	-928.24	-223.23
36	-31 154.7	591.56	-6 020.56	63	-33 208.2	-1 638.04	-3 060.86
37	-30 843.3	223.18	-6 542.84	64	-32 829.1	-1 975.38	-4 699.43
38	-30 652.5	387.63	-6 944.07	65	-32 174.8	-2 826.19	-8 310.1

第三施工阶段末作用标准值的主梁截面累计内力

表 6-26

节点号 (截面)	轴力 N (kN)	剪力 V (kN)	弯矩 M (kN·m)	节点号 (截面)	轴力 N (kN)	剪力 V (kN)	弯矩 M (kN·m)
1	-30 508.9	2 373.45	-6 033.6	39	-30 428.1	381.35	-7 341.97
2左	-30 723.9	2 533.03	-7 623.72	40	-30 621	215.97	-6 954.36
2右	-30 653.4	108.96	-7 601.9	41	-30 934.5	590.84	-6 446.73
3	-31 007.6	486.54	-8 352.97	42	-31 290.8	1 124.04	-4 744.21
4	-31 181.9	228.24	-9 368.49	43	-37 257	1 092.8	2 406.21
5	-31 114.8	-406.61	-11 279	44	-37 055.4	-383	3 409.11
6	-31 330.2	-582.49	-10 392.1	45	-36 657.4	-2 580.72	-268.77
7	-31 460.4	-333.15	-9 640.17	46左	-36 657.8	3 314.17	-268.72
8	-31 747	-697.68	-8 889.35	46右	-36 092	1 220.36	4 903.42
9	-31 878.1	-1 043.76	-7 946.01	47	-35 600.3	-223.76	5 576.47
10	-32 059.2	-1 882.72	-6 266.02	48	-35 222.2	-874.35	5 208.11
11	-31 779.3	-1 421.66	-2 301.98	49	-34 564.7	-2 152.77	2 608.47
12	-32 328.8	-1 796.91	1 086.56	50	-30 071	-959.76	-189.02
13	-32 827.7	-935.1	3 276.27	51	-30 386	-1 455.01	-3 217.59
14	-33 125.7	-595.34	3 881.61	52	-30 459	-693.8	-4 882.23
15	-33 417.8	120.55	4 596.56	53	-30 517.5	-476.92	-5 962.43
16左	-33 998.3	2 368.24	2 225.69	54	-30 719.8	107.64	-6 308.56
16右	-33 998.3	-2 889.69	2 225.69	55	-31 019.7	747.66	-5 682.58
17	-34 442.3	-669.67	6 563.94	56	-31 370.4	1 119.86	-4 025.43
18	-34 732.8	622.76	6 490.53	57	-31 692.8	1 427.04	-1 560.81
19	-31 856.8	1 148.07	1 117.52	58	-31 814.1	1 145.06	1 122.99
20	-31 738.5	1 430.31	-1 573.75	59	-34 689.6	619.75	6 486.41
21	-31 419.3	1 123.5	-4 047.17	60	-34 399.3	-672.41	6 553.26
22	-31 067.8	748.63	-5 709.12	61左	-34 689.5	619.75	6 486.41
23	-30 767.5	107.04	-6 334.42	61右	-33 956.2	-2 889.07	2 212.93
24	-30 565	-478.59	-5 986.68	62	-33 376.5	123.44	4 587.05
25	-30 505.5	-698.04	-4 900.23	63	-33 075.1	-590.76	3 878.83
26	-30 431.9	-1 460.4	-3 241.72	64	-32 752.8	-928.7	3 272.44
27	-30 153	-967.55	-198.4	65	-32 234.9	-1 788.24	1 100.74
28	-34 565	-2 153.38	2 622.79	66	-31 778.9	-1 421.61	-2 302.13
29	-35 222.2	-874.92	5 229.62	67	-32 059.7	-1 882.73	-6 251.01
30	-35 600.3	-224.36	5 592.17	68	-31 877.9	-1 043.74	-7 946.08
31	-36 091.8	1 219.78	4 920.42	69	-31 746.8	-697.66	-8 889.41
32左	-36 657.5	3 313.57	-250.4	70	-31 460.2	-333.14	-9 640.2
32右	-36 657.1	-2 579.5	-250.4	71	-31 330	-582.48	-10 392.1
33	-37 055.3	-381.79	3 424.71	72	-31 114.6	-406.59	-11 278.9
34	-37 257.2	1 094.04	2 419.13	73	-31 181.7	228.25	-9 368.45
35	-31 290.1	1 136.68	-4 741	74	-31 007.4	486.53	-8 352.93
36	-30 935.1	580.86	-6 443.47	75左	-31 181.7	232.27	-9 368.42
37	-30 621.4	217.2	-6 949.45	75右	-30 653	108.94	-7 601.83
38	-30 428.3	382.57	-7 339.52	76	-30 508.5	2 373.4	-6 033.56

第四施工阶段末作用标准值的主梁截面累计内力 表6-27

节点号 （截面）	轴力 N （kN）	剪力 V （kN）	弯矩 M （kN·m）	节点号 （截面）	轴力 N （kN）	剪力 V （kN）	弯矩 M （kN·m）
1	-30 364.5	2 363.2	-5 994.1	39	-30 449.2	301.4	-6 083.3
2左	-30 570.5	2 546.2	-7 582.4	40	-30 619.0	56.0	-5 936.3
2右	-30 481.5	-232.4	-7 555.4	41	-30 899.0	350.0	-5 832.9
3	-30 841.3	223.4	-7 682.8	42	-31 221.5	800.2	-4 712.4
4	-31 030.0	47.3	-8 241.5	43	-37 192.3	685.5	1 613.1
5	-30 954.2	-504.5	-9 844.2	44	-37 009.3	-870.9	1 627.1
6	-31 180.3	-604.2	-8 848.2	45	-36 642.6	-3 151.6	-3 237.7
7	-31 310.2	-282.1	-8 124.6	46左	-37 013.7	-907.2	1 627.2
8	-31 580.4	-570.2	-7 536.1	46右	-36 052.8	1 707.6	3 120.2
9	-31 698.7	-868.3	-6 765.7	47	-35 543.0	180.5	4 797.4
10	-31 864.8	-1 645.6	-5 374.9	48	-35 164.4	-506.6	4 807.9
11	-31 582.9	-1 111.2	-1 958.9	49	-34 516.8	-1 835.6	2 682.1
12	-32 206.6	-1 453.1	1 070.0	50	-29 951.6	-676.8	218.1
13	-32 687.1	-540.4	2 748.6	51	-30 289.0	-1 246.9	-2 330.5
14	-32 979.1	-163.5	2 947.2	52	-30 374.7	-556.1	-3 694.6
15	-33 280.3	625.9	2 717.1	53	-30 447.6	-408.0	-4 598.3
16左	-33 876.1	2 943.6	-735.6	54	-30 652.0	108.3	-4 884.6
16右	-33 876.1	-3 459.6	-735.6	55	-30 939.1	665.1	-4 338.0
17	-34 286.4	-1 161.2	4 789.5	56	-31 263.4	954.8	-2 927.9
18	-34 557.5	209.5	5 715.0	57	-31 551.0	1 178.4	-883.3
19	-31 683.7	817.1	1 190.0	58	-31 641.8	814.2	1 195.2
20	-31 595.8	1 181.6	-895.9	59	-34 515.2	206.5	5 710.8
21	-31 311.4	958.3	-2 949.1	60	-34 244.2	-1 163.9	4 778.8
22	-30 986.2	666.0	-4 363.9	61左	-34 515.5	206.5	5 710.8
23	-30 698.8	107.8	-4 909.8	61右	-33 834.7	-3 459.0	-748.3
24	-30 494.2	-409.6	-4 622.0	62	-33 239.8	628.7	2 707.6
25	-30 420.3	-560.3	-3 712.2	63	-32 929.3	-159.0	2 944.3
26	-30 334.1	-1 252.2	-2 354.4	64	-32 613.4	-534.1	2 744.6
27	-30 032.2	-684.4	208.9	65	-32 114.2	-1 444.6	1 083.8
28	-34 517.1	-1 836.2	2 696.2	66	-31 582.5	-1 111.2	-1 959.2
29	-35 164.5	-507.1	4 829.2	67	-31 865.3	-1 645.6	-5 360.1
30	-35 543.0	180.0	4 812.8	68	-31 698.4	-868.3	-6 765.9
31	-36 052.6	1 707.0	3 136.9	69	-31 580.2	-570.1	-7 536.2
32左	-36 642.7	3 885.1	-3 219.6	70	-31 310.0	-282.1	-8 124.7
32右	-36 642.3	-3 150.4	-3 219.7	71	-31 180.1	-604.2	-8 848.3
33	-37 009.2	-869.7	1 642.4	72	-30 954.0	-504.5	-9 844.2
34	-37 192.4	686.7	1 625.8	73	-31 029.8	47.3	-8 241.4
35	-31 220.8	812.8	-4 709.4	74	-30 841.1	223.4	-7 682.7
36	-30 899.6	340.0	-5 829.8	75左	-31 029.7	51.3	-8 241.4
37	-30 619.4	57.2	-5 931.5	75右	-30 481.1	-232.4	-7 555.3
38	-30 449.4	302.6	-6 080.9	76	-30 364.1	2 363.1	-5 994.0

施工阶段的主梁截面内力主要用于后续持久及短暂状况的构件应力(或变形)计算与验算。

二、可变作用标准值的效应计算

本示例的可变作用包括汽车荷载和温度作用。

(一)汽车荷载标准值(计入冲击系数)的主梁截面内力

汽车荷载标准值(计入冲击系数)的主梁截面内力应按换算截面进行计算,计算结果与表6-13相差不大,为节省篇幅,此处从略。

(二)温度作用标准值的主梁截面次内力

温度作用标准值的主梁截面次内力应按换算截面进行计算,其中正、反温差梯度作用标准值的次内力计算结果与表6-14相差不大,为节省篇幅,此处从略。

三、作用组合的效应设计值计算(二)

基于本节上述配束后各作用标准值的效应计算结果,可按照第二章第七节或《通规(2015年)》第4.1节计算第二次作用组合的效应设计值,包括承载能力极限状态基本组合的截面内力设计值,正常使用极限状态作用频遇值组合和作用准永久组合的截面内力设计值。形成作用组合的主梁截面内力设计值包络图时,均不考虑预加力的主效应,但须计入预加力的次效应。具体方法应根据《通规(2015年)》4.1.5条和4.1.6条进行作用组合的效应设计值计算。

(一)持久状况承载能力极限状态作用基本组合的效应设计值

组合方法详见第二章第七节,作用基本组合的效应设计值采用式(2-90)或《通规(2015年)》式(4.1.5-1)计算。持久状况承载能力极限状态作用基本组合的主梁截面内力设计值(二)计算结果见表6-28。

持久状况承载能力极限状态作用基本组合的主梁截面内力设计值(二) 表6-28

节点号(截面)	$\gamma_0 V_{max}$ (kN)	$\gamma_0 V_{min}$ (kN)	$\gamma_0 M_{max}$ (kN·m)	$\gamma_0 M_{min}$ (kN·m)	节点号(截面)	$\gamma_0 V_{max}$ (kN)	$\gamma_0 V_{min}$ (kN)	$\gamma_0 M_{max}$ (kN·m)	$\gamma_0 M_{min}$ (kN·m)
1	0.0	0.0	0.0	0.0	20	-547.5	-3 668.3	32 477.8	10 338.2
2左	2 196.0	177.8	-57.8	-1 217.6	21	99.5	-2 881.3	36 796.1	13 095.2
2右	-2 383.0	-6 185.7	-57.8	-1 217.6	22	762.7	-2 095.9	39 387.2	14 812.2
3	-1 802.7	-5 180.7	11 028.5	3 792.1	23	1 523.4	-1 269.4	40 222.4	15 243.1
4	-1 025.9	-4 189.1	19 714.0	7 584.2	24	2 169.6	-705.5	39 395.2	14 255.0
5	-160.3	-3 146.0	26 003.9	9 608.9	25	2 829.9	-142.2	37 277.4	12 547.8
6	494.7	-2 378.0	29 764.4	10 409.6	26	3 492.3	410.7	33 968.7	10 051.4
7	1 144.1	-1 636.6	31 731.3	10 370.0	27	4 254.0	1031.1	28 812.3	6 440.4
8	1 904.8	-901.5	32 014.5	9 507.1	28	4 702.3	1392.2	25 641.9	4 286.0
9	2 356.1	-517.7	31 298.3	8 499.6	29	5 324.7	1 886.9	20 630.7	526.2
10	2 909.0	-56.3	29 601.1	6 833.9	30	5 763.3	2 231.2	16 664.7	-2 649.1

续上表

节点号（截面）	$\gamma_0 V_{max}$ (kN)	$\gamma_0 V_{min}$ (kN)	$\gamma_0 M_{max}$ (kN·m)	$\gamma_0 M_{min}$ (kN·m)	节点号（截面）	$\gamma_0 V_{max}$ (kN)	$\gamma_0 V_{min}$ (kN)	$\gamma_0 M_{max}$ (kN·m)	$\gamma_0 M_{min}$ (kN·m)
11	3 679.5	571.0	25 901.2	3 808.6	31	6 754.9	2 905.7	6 730.1	-11 804.5
12	4 130.5	933.5	23 449.1	1 947.1	32左	7 734.7	3 537.9	-1 977.5	-24 466.4
13	4 755.2	1 428.7	19 220.3	-1 166.7	32右	-3 348.7	-7 549.7	-1 977.5	-24 466.4
14	5 194.6	1 772.4	15 749.8	-3 810.4	33	-2 716.5	-6 572.1	6 232.7	-12 033.9
15	6 079.0	2 452.6	7 887.2	-10 675.3	34	-2 091.1	-5 604.1	15 334.2	-3 220.1
16左	6 952.7	3 042.6	1 564.2	-20 541.4	35	-1 269.2	-4 562.0	23 311.6	3 162.5
16右	-3 242.7	-7 437.5	1 564.2	-20 541.4	36	-636.2	-3 772.2	29 541.1	7 292.9
17	-2 610.6	-6 463.2	9 668.6	-7 848.1	37	11.9	-2 985.2	34 034.1	10 377.6
18	-1 985.6	-5 497.7	18 811.3	352.4	38	676.0	-2 200.2	36 803.4	12 411.3
19	-1 178.4	-4 457.2	26 473.9	6 497.9	39	1 356.9	-1 416.7	37 801.6	13 407.4

与表6-28相应的持久状况承载能力极限状态作用基本组合的主梁截面内力设计值（二）包络图如图6-22所示。

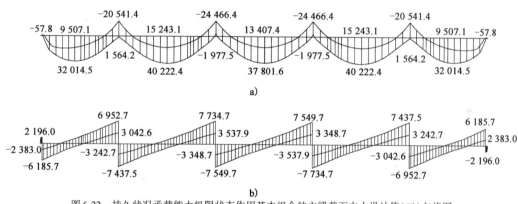

图6-22 持久状况承载能力极限状态作用基本组合的主梁截面内力设计值（二）包络图
a）弯矩（单位：kN·m）；b）剪力（单位：kN）

由表6-28和图6-22可知，持久状况承载能力极限状态作用基本组合下，主梁内力最大值及相应的位置分别为：32截面承受的最大和最小负弯矩设计值分别为1 977.5kN·m和24 466.4kN·m，次边孔23截面承受的最大和最小正弯矩设计值分别为40 222.4kN·m和15 243.1kN·m；32截面承受的最大和最小剪力设计值分别为7 734.7kN和7 549.7kN。

持久状况承载能力极限状态作用基本组合的主梁截面弯矩设计值（二）包络图，主要用于核定预应力钢筋的长度布置范围，并为承载能力极限状态验算提供基本资料。

(二)持久状况正常使用极限状态作用组合的效应设计值

1.持久状况正常使用极限状态作用频遇组合

组合方法详见第二章第七节，作用频遇组合的效应设计值采用式（2-95）或《通规（2015年）》式（4.1.6-1）计算。持久状况正常使用极限状态作用频遇组合的主梁截面内力设计值

(二)的计算结果见表6-29。

持久状况正常使用极限状态作用频遇组合的主梁截面内力设计值(二)　　表6-29

节点号 (截面)	V_{max} (kN)	V_{min} (kN)	M_{max} (kN·m)	M_{min} (kN·m)	节点号 (截面)	V_{max} (kN)	V_{min} (kN)	M_{max} (kN·m)	M_{min} (kN·m)
1	0	0	0	0	20	-802.2	-2 073.5	21 631.6	11 603.3
2左	869.0	161.6	-52.5	-462.2	21	-315.6	-1 569.9	24 142.5	14 037.0
2右	-2 340.0	-3 712.9	-52.5	-462.2	22	176.9	-1 067.0	25 633.8	15 480.1
3	-1 815.7	-3 078.1	6 779.4	4 116.4	23	727.5	-512.5	26 114.3	15 825.0
4	-1 221.3	-2 448.1	12 170.5	7 598.5	24	1 143.1	-98.9	25 559.4	15 158.7
5	-564.6	-1 772.9	16 126.8	9 784.0	25	1 566.2	317.5	24 216.7	13 834.7
6	-94.5	-1 293.1	18 549.9	10 838.1	26	1 990.1	730.1	22 239.0	11 714.0
7	370.6	-825.3	19 920.6	11 125.1	27	2 480.2	1 202.2	19 110.8	8 596.6
8	886.4	-313.4	20 294.3	10 663.0	28	2 776.7	1 487.8	17 167.6	6 720.7
9	1 172.5	-32.9	19 977.4	9 945.6	29	3 188.3	1 882.0	14 038.6	3 509.0
10	1 523.4	308.2	19 090.9	8 675.3	30	3 478.4	2 158.2	11 505.5	852.6
11	2 016.7	782.7	17 021.1	6 255.8	31	4 134.7	2 746.3	4 781.8	-6 385.9
12	2 314.2	1 068.9	15 603.6	4 728.9	32左	4 786.8	3 319.3	-2 690.5	-15 184.0
13	2 726.6	1 463.3	13 091.1	2 129.8	32右	-3 170.0	-4 645.4	-2 690.5	-15 184.0
14	3 017.0	1 739.2	10 974.0	-62.3	33	-2 597.0	-3 994.1	4 382.3	-6 607.1
15	3 602.1	2 291.6	5 944.8	-5 535.8	34	-2 034.1	-3 352.7	10 582.4	242.8
16左	4 183.5	2 811.7	467.7	-12 270.3	35	-1 370.2	-2 658.2	15 583.1	5 593.0
16右	-3 079.0	-4 563.6	467.7	-12 270.3	36	-887.1	-2 152.4	19 343.0	9 199.9
17	-2 506.1	-3 913.4	7 287.7	-3 603.8	37	-400.0	-1 648.8	22 004.1	11 865.8
18	-1 943.2	-3 272.9	13 265.7	3 050.4	38	92.8	-1 146.0	23 663.2	13 520.7
19	-1 284.7	-2 579.0	18 049.6	8 206.7	39	592.9	-642.4	24 288.3	14 185.0

与表6-29相应的持久状况正常使用极限状态作用频遇组合的主梁截面内力设计值(二)包络图如图6-23所示。

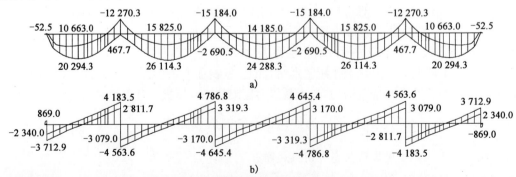

图6-23　持久状况正常使用状态作用频遇组合的主梁截面内力设计值(二)包络图
a)弯矩(单位:kN·m);b)剪力(单位:kN)

由表6-29和图6-23可知,持久状况正常使用极限状态作用频遇组合下,主梁内力最大值及相应的位置分别为:32截面承受的最大和最小负弯矩设计值分别为15 184.0kN·m和2 690.5kN·m,次边孔23截面承受的最大和最小正弯矩设计值分别为26 114.3kN·m和15 825.0kN·m;32截面承受的最大和最小剪力设计值分别为4 786.8kN和-4 645.4kN。

2. 持久状况正常使用极限状态作用准永久组合

组合方法详见第二章第七节,作用准永久组合的效应设计值采用式(2-97)或《通规(2015年)》式(4.1.6-2)计算。持久状况正常使用极限状态作用准永久组合的主梁截面内力设计值(二)计算结果见表6-30。

持久状况正常使用极限状态作用准永久组合的主梁截面内力设计值(二) 表6-30

节点号(截面)	V_{max} (kN)	V_{min} (kN)	M_{max} (kN·m)	M_{min} (kN·m)	节点号(截面)	V_{max} (kN)	V_{min} (kN)	M_{max} (kN·m)	M_{min} (kN·m)
1	0	0	0	0	20	-905.2	-1 771.4	20 303.7	12 248.2
2左	565.9	161.6	-52.5	-286.6	21	-446.7	-1 303.2	22 561.0	14 639.5
2右	-2 395.9	-3 323.0	-52.5	-286.6	22	15.2	-835.4	23 888.8	16 040.1
3	-1 872.6	-2 736.5	6 139.4	4 318.3	23	533.0	-315.3	24 302.2	16 378.0
4	-1 309.2	-2 152.7	11 038.0	7 826.7	24	920.3	70.9	23 767.1	15 781.0
5	-688.4	-1 521.5	14 646.9	10 124.2	25	1 314.1	460.8	22 513.4	14 527.3
6	-253.1	-1 080.6	16 870.9	11 284.4	26	1 708.1	848.4	20 691.3	12 476.8
7	177.3	-648.7	18 159.9	11 676.1	27	2 165.1	1 295.1	17 808.7	9 437.4
8	658.4	-169.8	18 558.2	11 318.8	28	2 445.2	1 569.0	16 014.8	7 600.5
9	923.2	91.8	18 305.2	10 665.9	29	2 834.0	1 947.8	13 093.5	4 475.4
10	1 248.1	411.2	17 543.7	9 474.7	30	3 107.9	2 213.8	10 706.3	1 904.1
11	1 706.9	859.2	15 716.6	7 162.7	31	3 728.0	2 794.9	4 297.2	-5 060.5
12	1 987.5	1 133.3	14 448.5	5 689.4	32左	4 345.7	3 367.4	-3 103.3	-13 480.0
13	2 376.8	1 512.3	12 173.7	3 165.6	32右	-3 226.2	-4 201.3	-3 103.3	-13 480.0
14	2 650.8	1 778.1	10 233.4	1 039.9	33	-2 653.7	-3 584.1	3 910.2	-5 303.1
15	3 203.6	2 312.2	5 528.0	-4 211.7	34	-2 092.2	-2 977.8	9 815.1	1 270.3
16左	3 754.3	2 827.9	118.7	-10 631.8	35	-1 451.4	-2 319.5	14 495.2	6 447.3
16右	-3 134.0	-4 122.1	118.7	-10 631.8	36	-993.8	-1 849.0	17 936.4	9 983.7
17	-2 561.6	-3 505.5	6 895.5	-2 478.4	37	-535.1	-1 380.8	20 359.4	12 583.2
18	-2 000.2	-2 899.7	12 583.2	3 910.0	38	-73.0	-913.0	21 871.4	14 171.7
19	-1 362.4	-2 241.8	17 049.1	8 903.1	39	394.3	-443.7	22 446.6	14 769.2

与表6-30相应的持久状况正常使用极限状态作用准永久组合的主梁截面内力设计值

(二)包络图如图 6-24 所示。

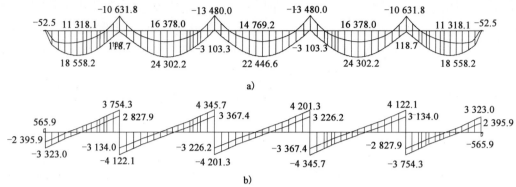

图 6-24 持久状况正常使用极限状态作用准永久组合的主梁截面内力设计值(二)包络图
a)弯矩(单位:kN·m) b)剪力(单位:kN)

由表 6-30 和图 6-24 可见,持久状况正常使用极限状态作用准永久组合下,主梁内力最大值及相应的位置分别为:32 截面承受的最大和最小负弯矩设计值分别为 13 480kN·m 和 3 103.3kN·m,次边孔 23 截面承受的最大和最小正弯矩设计值分别为 24 302.2kN·m 和 16 378.0kN·m;32 截面承受的最大和最小剪力设计值分别为 4 345.7kN 和 -4 201.3kN。

持久状况正常使用极限状态作用频遇组合与准永久组合的主梁截面弯矩设计值(二)包络图,主要用于校核预应力钢筋的长度布置范围。

第七节 持久状况承载能力极限状态计算及验算

基于作用组合的内力设计值(二)的计算结果,可依据第二章第十节之一或《桥规(2018年)》第 5.1 节、5.2 节及 5.7 节进行持久状况承载能力极限状态,采用作用基本组合进行计算与验算。移动支架逐孔现浇施工的预应力混凝土连续梁桥的主梁作为受弯构件,持久状况承载能力极限状态计算主要包括四大类,即正截面抗弯承载力、斜截面抗剪承载力、斜截面抗弯承载力和局部抗压承载力。持久状况承载能力极限状态计算与验算不考虑预加力的主效应,但应考虑预加力产生的次效应。

一、正截面抗弯承载力计算及验算

对于本示例的箱形截面,可参照 I 形截面,采用式(2-138)~式(2-140)或《桥规(2018年)》5.2.3 条进行主梁正截面抗弯承载力计算,并满足式(2-135)(防止超筋脆性破坏)及式(2-136)或式(2-137)的要求。

确定截面抗弯承载力计算值时,除考虑截面的混凝土及预应力钢束外,还应计入箱梁顶、底板纵向普通钢筋(顶、底板均设上、下层)。这里,普通钢筋包括纵向底板钢筋,分上、下两层均为 ⌀12 的 HRB400 热轧螺纹钢筋,分别距底板下缘 4.0cm 和 8.0cm,每层 40 根等间距 20cm 布置;顶板采用双层 80⌀12 的 HRB400 热轧螺纹钢筋(间距及距顶板上缘位置对称于底板设置)。本示例正截面抗弯承载力验算由软件完成,通过持久状况承载能力极限状态作用基本组合的内力设计值与截面承载力计算值比较来验算正截面抗弯承载力。

持久状况承载能力极限状态主梁正截面抗弯承载力的计算与验算结果见表 6-31。

持久状况承载能力极限状态主梁正截面抗弯承载力计算与验算 表6-31

节点号(截面)	性　质	$\gamma_0 M_d (kN \cdot m)$	$M_u (kN \cdot m)$	是否满足
1	最大弯矩	0.0	25 486.8	是
	最小弯矩	0.0	25 486.8	是
$2_左$	最大弯矩	−57.8	28 503.2	是
	最小弯矩	−1 217.6	28 503.2	是
$2_右$	最大弯矩	−57.8	28 429.4	是
	最小弯矩	−1 217.6	28 429.4	是
3	最大弯矩	11 028.5	31 984.2	是
	最小弯矩	3 792.1	31 984.2	是
4	最大弯矩	19 714.0	38 536.0	是
	最小弯矩	7 584.2	38 536.0	是
5	最大弯矩	26 003.9	41 092.0	是
	最小弯矩	9 608.9	41 092.0	是
6	最大弯矩	29 764.4	41 605.8	是
	最小弯矩	10 409.2	41 605.8	是
7	最大弯矩	31 731.3	41 594.9	是
	最小弯矩	10 370.0	41 594.9	是
8	最大弯矩	32 014.5	40 823.3	是
	最小弯矩	9 507.1	40 823.3	是
9	最大弯矩	31 298.3	39 449.1	是
	最小弯矩	8 499.6	39 449.1	是
10	最大弯矩	29 601.1	36 779.3	是
	最小弯矩	6 833.9	36 779.3	是
11	最大弯矩	25 901.0	30 020.7	是
	最小弯矩	3 808.6	30 020.7	是
12	最大弯矩	23 449.0	28 165.4	是
	最小弯矩	1 947.1	28 165.4	是
13	最大弯矩	19 220.3	24 475.9	是
	最小弯矩	−1 166.7	31 515.3	是
14	最大弯矩	15 749.8	20 035.4	是
	最小弯矩	−3 810.4	37 694.8	是
15	最大弯矩	7 887.2	14 142.1	是
	最小弯矩	−10 675.3	45 230.3	是
$16_左$	最大弯矩	1 564.2	13 005.4	是
	最小弯矩	−20 541.4	47 648.7	是
$16_右$	最大弯矩	1 564.2	13 005.4	是

续上表

节点号(截面)	性　　质	$\gamma_0 M_d$ (kN·m)	M_u (kN·m)	是否满足
16$_右$	最小弯矩	−20 541.4	47 648.7	是
17	最大弯矩	9 668.6	14 123.2	是
	最小弯矩	−7 848.1	45 813.2	是
18	最大弯矩	18 811.3	20 099.2	是
	最小弯矩	352.4	20 099.2	是
19	最大弯矩	26 473.9	27 315.3	是
	最小弯矩	6 497.9	27 315.3	是
20	最大弯矩	32 477.8	34 723.4	是
	最小弯矩	10 338.2	34 723.4	是
21	最大弯矩	36 796.1	39 629.4	是
	最小弯矩	13 095.1	39 629.4	是
22	最大弯矩	39 387.2	42 817.7	是
	最小弯矩	14 812.2	42 817.7	是
23	最大弯矩	40 222.4	43 984.3	是
	最小弯矩	15 243.1	43 984.3	是
24	最大弯矩	39 395.2	43 209.2	是
	最小弯矩	14 255.0	43 209.2	是
25	最大弯矩	37 277.4	40 878.5	是
	最小弯矩	12 547.8	40 878.5	是
26	最大弯矩	33 968.7	37 290.1	是
	最小弯矩	10 051.4	37 290.1	是
27	最大弯矩	28 812.3	32 116.7	是
	最小弯矩	6 440.4	32 116.7	是
28	最大弯矩	25 641.9	27 519.4	是
	最小弯矩	4 286.0	27 519.4	是
29	最大弯矩	20 630.7	24 564.6	是
	最小弯矩	526.2	24 564.6	是
30	最大弯矩	16 664.7	19 988.3	是
	最小弯矩	−2 649.1	40 739.1	是
31	最大弯矩	6 730.1	14 046.4	是
	最小弯矩	−11 804.5	49 191.1	是
32$_左$	最大弯矩	−1 977.5	50 432.8	是
	最小弯矩	−24 466.4	50 432.8	是
32$_右$	最大弯矩	−1 977.5	50 432.8	是
	最小弯矩	−24 466.4	50 432.8	是

续上表

节点号(截面)	性 质	$\gamma_0 M_d (kN \cdot m)$	$M_u (kN \cdot m)$	是否满足
33	最大弯矩	6 232.7	17 614.6	是
33	最小弯矩	-12 033.9	45 124.7	是
34	最大弯矩	15 334.2	25 286.2	是
34	最小弯矩	-3 220.1	37 337.5	是
35	最大弯矩	23 311.5	31 450.7	是
35	最小弯矩	3 162.5	31 450.7	是
36	最大弯矩	29 541.1	38 220.6	是
36	最小弯矩	7 292.9	38 220.6	是
37	最大弯矩	34 034.1	41 128.8	是
37	最小弯矩	10 377.6	41 128.8	是
38	最大弯矩	36 803.4	36 399.4	是
38	最小弯矩	12 411.3	36 399.4	是
39	最大弯矩	37 801.6	42 983.2	是
39	最小弯矩	13 407.4	42 983.2	是

由表6-31可知,持久状况承载能力极限状态作用基本组合的主梁截面最大正弯矩设计值发生在23截面,为40 222.4kN·m,小于相应截面的承载力计算值43 984.3kN·m;最大负弯矩设计值发生在32截面,为24 466.4kN·m,小于相应截面的承载力计算值50 432.8kN·m;其他截面类似,故主梁正截面抗弯承载力均满足《桥规(2018年)》要求。

二、斜截面抗剪承载力计算及验算

斜截面抗剪验算包括抗剪承载力验算和截面尺寸校核。

需要特别强调的是,《桥规(2018年)》5.2.11条及5.2.12条要求进行斜截面的抗剪承载力验算之前,应对每个截面进行上、下限校核;如果截面尺寸验算通不过,即使斜截面抗剪承载力验算满足要求,该斜截面抗剪承载力仍不满足要求。为节省篇幅,这里仅对4截面进行截面尺寸校核,对未通过截面尺寸校核的截面也不再进行尺寸调整,但实际工程设计时应严格遵守的《桥规(2018年)》的有关要求。

对于4截面,截面上限条件按式(2-149)进行校核,即:

$$0.51 \times 10^{-3} \sqrt{f_{cu,k}} bh_0 = 0.51 \times 10^{-3} \times \sqrt{65} \times 1\ 200 \times 1\ 440$$
$$= 7\ 105(kN) > |\gamma_0 V_d| = 4\ 189.1(kN)$$

故截面最小尺寸满足要求。

截面下限条件按式(2-150)进行校核,即:

$$0.50 \times 10^{-3} \alpha_2 f_{td} bh_0 = 0.50 \times 10^{-3} \times 1.25 \times 2.02 \times 1\ 200 \times 1\ 440$$
$$= 2\ 181.6(kN) < |\gamma_0 V_d| = 4\ 189.1(kN)$$

因此需按照式(2-143)进行斜截面抗剪承载力验算。

斜截面抗剪承载力可按式(2-143)~式(2-148)或《桥规(2018年)》5.2.9条进行计算,并满足式(2-149)和式(2-150)的要求,如果式(2-149)不满足,应首先加大截面尺寸;如果式(2-150)满足,则按构造要求配置箍筋即可。为提高设计计算效率,普通钢筋暂按以下构造设置:在箱梁顶底板设置Φ12 的 HRB400 水平纵向钢筋,钢筋间距 10cm;箍筋采用Φ12 的 HRB400 钢筋,箍筋间距支点截面取 10cm,其余截面取 15cm,箍筋构造形式为封闭式双箍四肢箍筋。持久状况承载能力极限状态主梁斜截面抗剪承载能力计算及验算结果见表 6-32。

持久状况承载能力极限状态主梁斜截面抗剪承载力计算与验算   表 6-32

节点号(截面)	性 质	$\gamma_0 V_d$(kN)	V_u(kN)	是否满足
1	最大剪力	0.0	8 735.0	是
	最小剪力	0.0	8 735.0	是
2左	最大剪力	2 196.0	11 419.2	是
	最小剪力	177.8	11 419.2	是
2右	最大剪力	-2 383.0	9 959.7	是
	最小剪力	-6 185.7	9 959.7	是
3	最大剪力	-1 802.7	9 959.7	是
	最小剪力	-5 180.7	9 959.7	是
4	最大剪力	-1 026.0	9 325.9	是
	最小剪力	-4 189.1	9 325.9	是
5	最大剪力	-160.4	7 136.7	是
	最小剪力	-3 146.0	7 136.7	是
6	最大剪力	494.7	7 171.7	是
	最小剪力	-2 378.0	7 171.7	是
7	最大剪力	1 144.1	7 170.2	是
	最小剪力	-1 636.6	7 170.2	是
8	最大剪力	1 838.0	6 957.5	是
	最小剪力	-957.1	6 957.5	是
9	最大剪力	2 356.1	7 156.7	是
	最小剪力	-517.7	7 156.7	是
10	最大剪力	2 909.3	7 253.8	是
	最小剪力	-56.3	7 253.8	是
11	最大剪力	3 679.4	7 598.6	是
	最小剪力	571.0	7 598.6	是
12	最大剪力	4 074.4	8 876.6	是
	最小剪力	886.7	8 876.6	是
13	最大剪力	4 755.2	7 720.8	是
	最小剪力	1 428.7	7 720.8	是
14	最大剪力	5 194.6	8 751.6	是
	最小剪力	1 772.4	8 751.6	是

续上表

节点号(截面)	性　　质	$\gamma_0 V_d$(kN)	V_u(kN)	是否满足
15	最大剪力	6 079.0	11 009.5	是
	最小剪力	2 452.6	10 438.0	是
16左	最大剪力	6 952.7	9 334.9	是
	最小剪力	3 042.6	9 994.1	是
16右	最大剪力	-3 242.8	10 704.2	是
	最小剪力	-7 437.5	10 218.7	是
17	最大剪力	-2 610.6	10 704.2	是
	最小剪力	-6 463.2	10 218.7	是
18	最大剪力	-1 985.6	8 824.3	是
	最小剪力	-5 497.6	8 824.3	是
19	最大剪力	-1 178.5	7 032.7	是
	最小剪力	-4 457.2	7 032.7	是
20	最大剪力	-547.5	7 066.5	是
	最小剪力	-3 668.3	7 066.5	是
21	最大剪力	99.4	7 195.2	是
	最小剪力	-2 881.3	7 195.2	是
22	最大剪力	762.7	7 439.5	是
	最小剪力	-2 095.9	7 439.5	是
23	最大剪力	1 523.4	7 499.8	是
	最小剪力	-1 269.4	7 499.8	是
24	最大剪力	2 169.6	7 383.0	是
	最小剪力	-705.5	7 481.5	是
25	最大剪力	2 829.9	7 481.5	是
	最小剪力	-142.2	7 481.5	是
26	最大剪力	3 492.7	7 470.7	是
	最小剪力	410.7	7 470.7	是
27	最大剪力	4 254.0	6 865.6	是
	最小剪力	1 031.1	6 865.6	是
28	最大剪力	4 646.3	9 636.8	是
	最小剪力	1 345.4	9 636.8	是
29	最大剪力	5 324.7	8 118.3	是
	最小剪力	1 886.9	8 118.3	是
30	最大剪力	5 763.2	8 906.9	是
	最小剪力	2 231.1	10 968.2	是
31	最大剪力	6 755.0	10 498.0	是

续上表

节点号(截面)	性质	$\gamma_0 V_d$(kN)	V_u(kN)	是否满足
31	最小剪力	2 905.7	10 162.9	是
32左	最大剪力	7 734.8	10 010.9	是
	最小剪力	3 537.9	10 010.9	是
32右	最大剪力	−3 348.7	8 022.9	是
	最小剪力	−7 549.7	11 046.2	是
33	最大剪力	−2 716.6	8 022.9	是
	最小剪力	−6 572.1	11 046.2	是
34	最大剪力	−2 091.2	8 991.8	是
	最小剪力	−5 604.1	12 138.5	是
35	最大剪力	−1 324.8	7 897.9	是
	最小剪力	−4 628.8	7 897.9	是
36	最大剪力	−636.2	6 929.3	是
	最小剪力	−3 772.2	6 929.3	是
37	最大剪力	12.0	7 129.5	是
	最小剪力	−2 985.2	7 129.5	是
38	最大剪力	676.1	7 618.6	是
	最小剪力	−2 200.2	7 618.6	是
39	最大剪力	1 356.9	7 618.6	是
	最小剪力	−1 416.7	7 618.6	是

由表6-32可知,持久状况承载能力极限状态作用基本组合的主梁斜截面最大剪力设计值发生在32左侧截面,为7 734.8kN,小于相应截面的承载力计算值10 010.9kN·m,符合《桥规(2018年)》要求。类似地,主梁斜截面抗剪承载力验算均满足《桥规(2018年)》要求。

三、斜截面抗弯承载力计算与验算

持久状况承载能力极限状态主梁斜截面抗弯承载力可按式(2-151)及式(2-152)或《桥规(2018年)》5.2.14条进行计算与验算。考虑到本例主梁纵向普通钢筋和箍筋均满足《桥规(2018年)》9.1.4条、9.3.8~9.3.12条的构造要求,故可不进行斜截面抗弯承载力验算。

四、局部承压计算与验算

对于移动支架逐孔现浇施工的预应力混凝土连续梁桥,持久状况承载能力极限状态主梁局部承压计算的具体部位包括锚下和支座处,验算内容分别为局部承压区的截面尺寸和局部抗压承载力。其中,局部承压区的截面尺寸可采用式(2-153)和式(2-154)或《桥规(2018年)》5.7.1条进行计算与验算;局部抗压承载力可采用式(2-155)~式(2-158)或《桥规(2018年)》5.7.2条进行计算与验算,限于篇幅,本例不作详尽描述,具体计算可参考第三章第十节实施。

五、最小配筋率计算与验算

为了防止配筋过少而发生脆性破坏,可根据《桥规(2018年)》9.1.13条,采用与第三章第七节之五相同的方法,进行移动支架逐孔现浇施工预应力混凝土连续梁桥主梁截面最小配筋率的计算与验算,限于篇幅,本示例结果从略。

第八节 持久状况正常使用极限状态计算及验算

根据第二章第十节之二或《桥规(2018年)》6.1.1条,移动支架逐孔现浇施工的预应力混凝土连续梁桥按持久状况正常使用极限状态设计时,应采用作用频遇组合、作用准永久组合或作用频遇组合(各种组合均不计汽车荷载的冲击作用)并考虑作用长期效应的影响,对构件的抗裂、裂缝宽度和挠度进行计算,均应计入预加力的主效应和次效应,并充分考虑作用与主梁截面几何特性的匹配关系,使各项计算值不超过《桥规(2018年)》规定的相应限值。

一、正截面与斜截面抗裂验算

(一)正截面抗裂验算

预应力混凝土构件应进行持久状况正常使用极限状态作用频遇(准永久)组合方式下的预应力混凝土受弯构件正截面应力计算。对于本例,作用频遇(准永久)组合方式下的主梁正截面混凝土法向应力应按式(2-178)或式(2-179)或《桥规(2018年)》6.3.2条计算,若计算结果为混凝土全截面受压,正截面抗裂自然满足要求;若截面出现拉应力,则应满足式(2-171)或式(2-172)、式(2-173)或《桥规(2018年)》6.3.1条的要求,后者即为A类预应力混凝土构件。对于A类预应力混凝土构件,应同时进行作用频遇组合及准永久组合方式下的主梁混凝土正截面应力计算与验算。

持久状况正常使用极限状态主梁正截面混凝土法向拉应力计算结果见表6-33。

持久状况正常使用极限状态主梁正截面混凝土法向应力(单位:MPa)   表6-33

节点号(截面)	作用频遇值组合		作用准永久值组合	
	上缘最小应力	下缘最小应力	上缘最小应力	下缘最小应力
1	0.38	5.63	1.91	5.84
2	−0.12	6.37	1.45	6.51
3	−0.15	6.48	1.49	6.51
4	−0.31	6.75	1.39	6.68
5	−0.02	9.97	1.73	9.62
6	0.16	9.70	2.01	9.18
7	0.24	9.61	2.18	8.91
8	0.29	9.65	2.32	8.78
9	0.42	9.49	2.50	8.51
10	0.70	9.12	2.85	8.01

续上表

节点号(截面)	作用频遇值组合		作用准永久值组合	
	上缘最小应力	下缘最小应力	上缘最小应力	下缘最小应力
11	0.95	6.96	3.21	5.81
12	8.51	0.94	4.08	2.64
13	8.89	0.46	4.45	2.20
14	9.00	0.58	4.56	2.38
15	8.83	0.91	4.35	2.78
16	0.18	6.99	2.78	5.47
17	9.48	0.17	4.99	2.07
18	9.90	−0.39	5.42	1.48
19	9.83	0.66	5.29	3.36
20	9.43	1.34	4.86	4.07
21	1.59	7.11	3.52	6.44
22	1.23	7.60	3.11	7.02
23	1.05	7.81	2.92	7.23
24	1.04	7.76	2.94	7.14
25	1.22	7.45	3.14	6.79
26	1.46	7.06	3.45	6.26
27	9.03	0.66	4.45	3.10
28	9.22	0.49	4.72	2.31
29	9.72	−0.14	5.22	1.68
30	9.79	0.06	5.31	1.92
31	9.25	1.04	4.78	2.90
32	−0.09	8.24	2.45	6.82
33	1.57	5.68	4.54	3.59
34	9.15	1.55	4.71	3.36
35	0.75	8.80	2.82	7.86
36	0.56	8.90	2.54	8.13
37	0.64	8.57	2.54	7.95
38	0.66	8.40	2.52	7.87
39	0.66	8.40	2.52	7.87

注:1. 压应力为正、拉应力为负;
　　2. 最小应力指在压应力为正、拉应力为负的前提下,代数值最小的应力值。

由表6-33可知,持久状况正常使用极限状态作用频遇组合下,多个截面上缘或下缘出现了拉应力(均小于应力限值),其余均全截面受压。因此,本示例主梁为A类预应力混凝土构件。根据《桥规(2018年)》6.3.1条,应对主梁正截面混凝土法向拉应力进行验算,A类预应力混凝土构件在作用准永久组合下拉应力应满足:

$$\sigma_{lt} - \sigma_{pc} \leq 0$$

在作用频遇组合下应满足：

$$\sigma_{st} - \sigma_{pc} \leq 0.7 f_{tk} = 0.7 \times 2.93 = 2.05 (\text{MPa})$$

由表 6-33 可知，在作用频遇组合下主梁截面的最大拉应力发生在 18 号节点截面下缘，为 0.39MPa，小于限值 2.05MPa，在作用准永久组合下主梁截面均没有出现拉应力，满足《桥规(2018 年)》要求。因此，本例作为 A 类预应力混凝土构件，主梁混凝土正截面抗裂验算均满足《桥规(2018 年)》要求。

(二) 斜截面抗裂验算

持久状况正常使用极限状态的斜截面抗裂验算，通过主梁截面混凝土主拉应力 σ_{tp} 控制。其中，混凝土主拉应力由作用频遇组合(包括永存预加力)产生，可按式(2-180)～式(2-184)或《桥规(2018 年)》6.3.3 条计算，并应满足式(2-177)或《桥规(2018 年)》6.3.1 条的要求。

持久状况正常使用极限状态主梁截面混凝土主拉应力计算结果见表 6-34。

持久状况正常使用极限状态主梁斜截面混凝土主拉应力　　表 6-34

节点号(截面)	最大主拉应力(MPa)	节点号(截面)	最大主拉应力(MPa)
1	-0.52	21	-0.35
2	-0.29	22	-0.28
3	-0.23	23	-0.15
4	-0.37	24	-0.21
5	-0.38	25	-0.23
6	-0.27	26	-0.45
7	-0.15	27	-0.19
8	-0.19	28	-0.40
9	-0.26	29	-0.34
10	-0.52	30	-0.35
11	-0.23	31	-0.90
12	-0.27	32	-1.70
13	-0.12	33	-0.66
14	-0.14	34	-0.28
15	-0.36	35	-0.85
16	-1.71	36	-0.26
17	-0.63	37	-0.25
18	-0.51	38	-0.24
19	-0.56	39	-0.22
20	-0.45		

根据第二章第十节之二或《桥规(2018 年)》6.3.1 条，A 类预应力浇筑混凝土构件在持久状况正常使用极限状态作用频遇组合下，混凝土截面主拉应力限值为 $\sigma_{tp} \leq 0.5 f_{tk} = 0.5 \times 2.93 =$

1.47(MPa)。由表 6-26 可知,除 16 和 32 截面外,所有斜截面抗裂验算均满足《桥规(2018年)》要求;16 截面主拉应力为 1.71MPa,32 截面主拉应力为 1.70MPa,大于主拉应力限值 1.47MPa,不能通过斜截面抗裂验算。16 和 32 截面均为支点截面,本例主拉应力计算时未考虑支点截面横隔板作用,考虑横隔板作用后 16 和 32 截面可以通过斜截面抗裂验算。

二、挠度计算及验算

(一)计算方法

根据第二章第十节之二或《桥规(2018年)》6.5.3 条,预应力混凝土受弯构件在使用阶段的挠度应考虑长期效应的影响,即按作用频遇组合与《桥规(2018年)》6.5.2 条的规定刚度计算的挠度值,乘以挠度长期增长系数 η_θ。挠度长期增长系数可按下列规定取用:

当采用 C40 以下混凝土时,$\eta_\theta = 1.60$。

当采用 C40～C80 混凝土时,$\eta_\theta = 1.45 \sim 1.35$,中间强度等级可按直线内插入取用。

本例采用 C65 混凝土,按直线内插得 $\eta_\theta = 1.3875$。

对于全预应力及 A 类预应力混凝土构件,计算频遇组合产生的挠度时刚度采用 $0.95 E_c I_0$。

预应力混凝土受弯构件按上述计算的长期挠度,在消除结构自重产生的长期挠度后,对于梁式桥主梁的最大挠度不应超过计算跨径的 1/600。其中,作用频遇组合中汽车荷载为标准值的 0.7 倍并且不计入冲击系数。

根据《桥规(2018年)》6.5.4 条,预应力混凝土受弯构件由预加力引起的反拱值,可用结构力学方法按刚度 $E_c I_0$ 进行计算,并乘以长期增长系数。计算使用阶段预加力反拱值时,预应力钢筋的预加力应扣除全部预应力损失,长期增长系数取用 2.0。

(二)预拱度设置方法

根据《桥规(2018年)》6.5.5 条,预应力混凝土受弯构件的预拱度可按下列规定设置。

(1)当预加应力产生的长期反拱值大于按作用频遇组合计算的长期挠度时,可不设预拱度。

(2)当预加应力的长期反拱值小于按作用频遇组合计算的长期挠度时应设预拱度,其值应按该项荷载的挠度值与预加应力长期反拱值之差采用。预拱度的设置应按最大的预拱值沿纵桥向做成平顺的曲线。

(三)计算结果

依据上述挠度计算方法,利用从有限元软件计算得到的变形值,可由以下公式计算各挠度。

自重、汽车荷载与人群荷载作用频遇组合的挠度:

$$f_a = \frac{\eta_\theta}{0.95} \times \left(\delta_g + \frac{0.7 \times \delta_q}{1+\mu} + \delta_r \right)$$

式中:f_a——由自重、汽车荷载与人群荷载作用频遇组合的挠度值;

δ_g——按照全截面刚度计算的恒载变形值,包括箱梁自重与二期荷载;

δ_q——按照全截面刚度计算的汽车荷载引起的变形;

δ_r——按照全截面刚度计算的人群荷载引起的变形。

可见,扣除恒载后的挠度值为:

$$f_q = \frac{\eta_\theta}{0.95} \times \left(\frac{0.7 \times \delta_q}{1+\mu} + \delta_r\right)$$

考虑预加力反拱后的挠度为:

$$f_c = \frac{\eta_\theta}{0.95} \times \left(\delta_g + \frac{0.7 \times \delta_q}{1+\mu} + \delta_r\right) + 2.0 \times \delta_p$$

式中:f_c——考虑预加力反拱后的挠度值;

δ_p——按照全截面刚度计算的预应力上拱值,符号为负。

当f_c小于0时,代表预应力反拱值大于频遇组合挠度,可不设置预拱度;当f_c大于0时,代表预应力反拱值小于频遇组合挠度,预拱度值为$-f_c$。

现以39截面为例,说明各挠度值的具体计算方法和结果。

自重、汽车荷载与人群荷载作用频遇组合的挠度为:

$$f_a = \frac{\eta_\theta}{0.95} \times \left(\delta_g + \frac{0.7 \times \delta_q}{1+\mu} + \delta_r\right) = \frac{1.3875}{0.95} \times \left(14.03 + \frac{0.7 \times 7.85}{1+0.274} + 0\right) = 26.8(\text{mm})$$

扣除恒载后的挠度值为:

$$f_q = \frac{\eta_\theta}{0.95} \times \left(\frac{0.7 \times \delta_q}{1+\mu} + \delta_r\right) = \frac{1.3875}{0.95} \times \left(\frac{0.7 \times 7.85}{1+0.274} + 0\right) = 6.3(\text{mm})$$

考虑预加力反拱后的挠度为:

$$f_c = \frac{\eta_\theta}{0.95} \times \left(\delta_g + \frac{0.7 \times \delta_q}{1+\mu} + \delta_r\right) + 2.0 \times \delta_p$$

$$= \frac{1.3875}{0.95} \times \left(14.03 + \frac{0.7 \times 7.85}{1+0.274} + 0\right) + 2.0 \times (-22.75) = -18.7(\text{mm})$$

类似地,可得持久状况正常使用极限状态主梁挠度值,计算结果见表6-35。

持久状况正常使用极限状态主梁挠度(单位:mm) 表6-35

节点号(截面)	自重、汽车荷载与人群作用频遇组合挠度f_a	扣除自重后挠度f_q	考虑预加力反拱后挠度f_c
2	0.0	0.0	0
3	4.7	1.1	-4.3
4	9.0	2.2	-7.8
5	12.5	3.2	-10.5
6	14.9	3.7	-11.9
7	16.1	4.0	-12.3
8	16.1	4.1	-11.7
9	15.6	4.0	-10.8
10	14.3	3.7	-9.4
11	11.8	3.1	-7
12	-9.1	-1.9	0.8

续上表

节点号(截面)	自重、汽车荷载与人群作用频遇组合挠度 f_a	扣除自重后挠度 f_q	考虑预加力反拱后挠度 f_e
13	-7.4	-1.6	0.8
14	-6.2	-1.4	0.7
15	-3.4	-0.8	0.5
16	0.0	0.0	0
17	5.0	1.1	-0.7
18	10.5	2.3	-1.9
19	16.1	3.5	-3.7
20	20.8	4.5	-5.7
21	24.5	5.3	-7.3
22	26.8	5.8	-8.4
23	27.7	6.1	-8.7
24	27.1	6.0	-8.4
25	25.4	5.6	-7.5
26	22.8	5.1	-6.1
27	18.8	4.2	-4.4
28	-8.8	-2.4	10
29	-7.3	-2.1	8.2
30	-6.2	-1.8	6.9
31	-3.5	-1.0	3.6
32	0.0	0.0	0
33	4.7	1.1	-3.7
34	10.1	2.5	-7.3
35	15.4	3.6	-11.3
36	20.1	4.8	-14.4
37	23.7	5.6	-16.8
38	26.0	6.1	-18.2
39	26.8	6.3	-18.7

注:符号规定为下挠为正,上拱为负。

(四)挠度验算及预拱度设置

1.挠度验算

1)第1孔(边孔)

由表6-35可知,边孔8截面在除去自重作用的频遇组合下的最大挠度为4.1mm,小于挠度限值 $L_1/600 = 25\,000/600 = 41.7(\text{mm})$,根据《桥规(2018年)》6.5.3条,边孔挠度验算满足《桥规(2018年)》要求。

2)第 2 孔(次边孔)

由表 6-35 可知,第 2 孔 23 截面在除去自重作用的频遇组合下的最大挠度为 6.1mm,小于挠度限值 $L/600 = 30\,750/600 = 51.25(\text{mm})$,根据《桥规(2018 年)》6.5.3 条,第 2 孔挠度验算满足《桥规(2018 年)》要求。

3)第 3 孔(中孔)

由表 6-35 可知,中孔 39 截面在除去自重作用的频遇组合下的最大挠度为 6.3mm,小于挠度限值 $L/600 = 30\,750/600 = 51.25(\text{mm})$,根据《桥规(2018 年)》6.5.3 条,中孔挠度验算满足《桥规(2018 年)》要求。

2. 预拱度设置

由表 6-35 可知,f_c 大都小于 0,表明预加应力产生的长期反拱值总体上大于按作用频遇组合计算的长期挠度,根据《桥规(2018 年)》6.5.5 条,全桥可不设置设计预拱度。

第九节　持久状况和短暂状况构件的应力计算与验算

一、持久状况主梁应力计算及验算

根据第二章第十节之三或《桥规(2018 年)》7.1.1 条,移动支架逐孔现浇施工的预应力混凝土连续梁桥按持久状况设计时,应计算主梁使用阶段正截面混凝土法向压应力、斜截面混凝土主压应力和受拉区钢筋拉应力(均应计入预加力的主效应和次效应),并且不得超过《桥规(2018 年)》规定的限值。计算时作用取标准值,汽车荷载计入冲击系数,并充分考虑作用与主梁截面几何特性的匹配关系。

(一)混凝土应力计算与验算

1. 使用阶段混凝土正截面法向压应力

预应力混凝土连续梁使用阶段应力计算时,作用(或荷载)均取其标准值,并应考虑预加力主效应和预加力、温度等引起的次效应。预加力和预加力次效应的分项系数取 1.0,汽车荷载应考虑冲击系数。

使用阶段预应力混凝土构件正截面混凝土法向压应力,应采用作用标准值组合的弯矩值按式(2-206)或《桥规(2018 年)》7.1.3 条计算,并应满足式(2-213)或《桥规(2018 年)》7.1.5 条的要求。

使用阶段主梁正截面混凝土法向压应力计算结果见表 6-36。

使用阶段主梁正截面混凝土法向压应力　　　　表 6-36

节点号(截面)	上缘最大值(MPa)	下缘最大值(MPa)
1	5.72	6.36
2	5.13	7.23
3	5.19	7.20
4	5.11	7.33
5	7.46	3.74

续上表

节点号(截面)	上缘最大值(MPa)	下缘最大值(MPa)
6	−0.49	10.19
7	−0.48	10.22
8	−0.49	10.39
9	−0.41	10.31
10	−0.18	10.04
11	10.14	0.65
12	9.97	−0.04
13	10.23	−0.34
14	10.27	−0.12
15	9.95	0.44
16	9.14	1.91
17	10.60	−0.29
18	11.15	−1.08
19	10.96	−0.77
20	11.09	−0.33
21	10.76	0.15
22	10.50	0.49
23	10.38	0.58
24	10.40	0.47
25	10.52	0.24
26	10.71	−0.12
27	10.66	−0.80
28	10.70	−0.51
29	11.07	−0.97
30	11.08	−0.67
31	10.38	0.56
32	−1.37 MPa	9.64
33	10.11	1.29
34	10.42	0.85
35	9.81	1.68
36	−0.31	9.83
37	9.82	1.60
38	9.92	1.29
39	9.89	1.25

注:1.压应力为正、拉应力为负。
2.最大应力指在压应力为正、拉应力为负的前提下,代数值最大的应力值。

通过本章上一节的截面抗裂验算可知,本例主梁为 A 类预应力混凝土未开裂构件,根据式(2-213)或《桥规(2018 年)》7.1.5 条,未开裂构件混凝土正截面法向压应力限值为 $0.5f_{ck}=0.5\times41.5=20.75(\mathrm{MPa})$,表 6-36 中使用阶段混凝土法向压应力最大值发生在 18 截面,为 11.15MPa,小于应力限值 20.75MPa,故使用阶段主梁截面混凝土法向压应力均满足《桥规(2018 年)》要求。

需要说明:本例的拉应力控制指标已经通过持久状况正常使用极限状态主梁正截面抗裂(表 6-33)和斜截面抗裂(表 6-34)的计算与验算结果充分体现;使用阶段主梁截面混凝土法向压应力计算时出现的拉应力(表 6-36)不应作为抗裂指标判断依据,主要原因是正(斜)截面抗裂采用频遇组合与准永久组合(汽车荷载均不计冲击作用),而混凝土法向压应力计算采用标准值组合(且汽车荷载计入冲击作用),标准值组合的效应一般大于频遇组合及准永久组合的效应,用标准值组合结果验算拉应力不妥。总之,表 6-36 在保证数据正确的前提下,使用阶段只控制混凝土法向压应力,不必顾及其中的拉应力是否超限。

2. 使用阶段斜截面混凝土主应力

1)使用阶段斜截面混凝土主压应力

对于预应力混凝土受弯构件,使用阶段由作用标准值和预加力产生的混凝土主压应力 σ_{cp} 和主拉应力 σ_{tp} 应按式(2-180)或《桥规(2018 年)》7.1.6 条计算与验算,但其中涉及的式(2-181)及式(2-184)中的 M_s 和 V_s 应分别以 M_k、V_k 代替。此处,M_k 和 V_k 为按作用标准值组合计算的弯矩值和剪力值。通过计算得到的混凝土主压应力 σ_{cp} 应满足式(2-217)。

使用阶段主梁斜截面混凝土主压应力计算结果见表 6-37。

使用阶段主梁斜截面混凝土主压应力　　　　表 6-37

节点号(截面)	主压应力最大值(MPa)	节点号(截面)	主压应力最大值(MPa)
1	6.39	21	10.79
2	7.24	22	10.52
3	7.21	23	10.41
4	7.34	24	10.43
5	10.45	25	10.55
6	10.20	26	10.75
7	10.23	27	10.68
8	10.40	28	10.72
9	10.32	29	11.09
10	10.06	30	11.11
11	10.15	31	10.42
12	9.98	32	9.72
13	10.24	33	10.18
14	10.28	34	10.49
15	9.96	35	9.88
16	9.15	36	9.90
17	10.62	37	9.89
18	11.17	38	9.99
19	10.98	39	9.95
20	11.11		

根据式(2-217)或《桥规(2018年)》7.1.6条,预应力混凝土受弯构件在使用阶段斜截面的混凝土主压应力限值为 $0.6f_{ck}=0.6\times41.5=24.9(\text{MPa})$。由表6-37可知,使用阶段混凝土的主压应力最大值发生在18截面,为11.17MPa,小于应力限值24.9MPa,故使用阶段主梁斜截面混凝土主压应力均满足《桥规(2018年)》要求。

2)使用阶段斜截面混凝土主拉应力

对于预应力混凝土受弯构件,使用阶段由作用标准值和预加力产生的混凝土主拉应力 σ_{tp} 的计算方法与主压应力类似。根据《桥规(2018年)》7.1.6条,主拉应力 σ_{tp} 主要用于箍筋设计,具体方法为:在 $\sigma_{tp}\leqslant 0.50f_{tk}$ 区段,箍筋可仅按构造要求设置;在 $\sigma_{tp}>0.50f_{tk}$ 区段,箍筋的间距 S_v 可按式(2-218)计算设置,如果按式(2-218)计算的箍筋用量少于按斜截面抗剪承载力计算的箍筋用量时,应采用后者的箍筋用量。

使用阶段主梁斜截面混凝土主拉应力计算结果见表6-38。

使用阶段主梁斜截面混凝土主拉应力　　　　表6-38

节点号(截面)	主拉力最大值(MPa)	节点号(截面)	主拉应力最大值(MPa)
1	-0.53	21	-0.82
2	-0.67	22	-0.68
3	-0.72	23	-0.52
4	-0.90	24	-0.46
5	-0.72	25	-0.47
6	-0.64	26	-0.66
7	-0.64	27	-0.94
8	-0.67	28	-0.80
9	-0.60	29	-1.18
10	-0.46	30	-1.04
11	-0.24	31	-1.57
12	-0.32	32	-2.51
13	-0.53	33	-1.29
14	-0.47	34	-0.55
15	-0.85	35	-0.95
16	-2.34	36	-1.01
17	-1.14	37	-0.93
18	-1.24	38	-0.88
19	-0.93	39	-0.85
20	-0.93		

由表6-38可知,对于使用阶段混凝土的主拉应力小于 $0.5f_{tk}=0.5\times 2.93=1.465(\text{MPa})$ 的截面,可按构造要求设置箍筋;对于32支点截面,使用阶段混凝土的主拉应力最大值为2.51MPa,大于主拉应力限值1.465MPa,应按式(2-218)计算设置箍筋间距,并与按斜截面抗剪承载力计算的箍筋用量进行比较,采用较大者。

对于主梁 32 截面，每个腹板箍筋采用直径为 ϕ12 的双箍 4 肢 HRB400 钢筋，腹板宽 50cm，按式（2-218）计算的箍筋间距为：$S_v = \dfrac{f_{sk}A_{sv}}{\sigma_{tp}b} = \dfrac{400 \times 113.1 \times 4 \times 3}{2.51 \times 500 \times 3} = 144.2(\text{mm})$，相应的箍筋用量小于本章第七节按斜截面抗剪承载力计算要求的间距 10cm 箍筋用量，因此箍筋间距仍取 10cm。

需要说明的是，《桥规（2018 年）》7.1.1 条只要求验算斜截面混凝土主压应力，而 7.1.6 条既要求验算斜截面主压应力又要求验算主拉应力，前后要求不一致。对于某些特殊构件，斜截面主拉应力可能控制设计，因此应计算并验算使用阶段主梁斜截面混凝土主拉应力，并采用与按斜截面抗剪承载力计算的箍筋用量较大者。

（二）预应力钢束最大拉应力计算与验算

使用阶段主梁预应力钢筋的最大拉应力，应按作用标准值组合得到的主梁截面弯矩值采用式（2-207）或《桥规（2018 年）》7.1.3 条计算，并满足式（2-214）或《桥规（2018 年）》7.1.5 条的要求。

限于篇幅，此处仅以中跨底板束 N1～N5 为例进行验算，各钢束使用阶段的最大拉应力计算结果见表 6-39。

使用阶段钢束最大拉应力　　　　　　　　　　　　表 6-39

钢束名称	预应力钢筋的拉应力（MPa）
N_1^y-1	1 083.05
N_2^y-1	1 094.0
N_3^y-1	1 133.7
N_1^y-2	1 095.8
N_2^y-2	1 133.0
N_3^y-2	1 143.2
N_1^y-3	1 088.9
N_2^y-3	1 128.4
N_3^y-3	1 145.1
N_4^y	1 099.5
N_5^y	1 085.2

注：钢束名称中的后缀 1、2 和 3 代表第一、二和三施工阶段钢束。

根据式（2-214）或《桥规（2018 年）》7.1.5 条，对于未开裂 A 类现浇构件，受拉区预应力钢束的最大拉应力应符合：

$$\sigma_{po} + \sigma_p \leqslant 0.65 f_{pk} = 0.65 \times 1860 = 1209(\text{MPa})$$

由表 6-39 可知，使用阶段钢束的最大拉应力均小于预应力钢筋拉应力限值 1 209MPa，故持久状况受拉区预应力钢筋拉应力均满足《桥规（2018 年）》要求。

二、短暂状况主梁截面应力计算及验算

根据第二章第十节之三或《桥规(2018年)》7.2.1条,移动支架逐孔现浇施工的预应力混凝土桥梁结构在进行短暂状况设计时,应计算主梁在施工阶段,由自重、施工荷载等引起的混凝土正截面和斜截面应力(均应计入预加力的主效应和次效应),并充分考虑施工过程作用与主梁截面几何特性的匹配关系,使应力计算结果不超过《桥规(2018年)》7.2.8条的限值。

1. 主梁正截面混凝土法向应力

短暂状况由预加力和作用标准值产生的主梁正截面混凝土法向应力可按式(2-162)~式(2-164)和式(2-206)或《桥规(2018年)》7.2.4条进行计算,此时,预应力钢束应扣除相应阶段的预应力损失,作用采用施工荷载,主梁截面性质按体内预应力管道压浆前采用净截面,管道压浆后采用换算截面;当计算由体内预加力引起的应力时采用净截面。根据《桥规(2018年)》7.2.8条,如果计算结果为压应力 σ'_{cc},则应满足式(2-219)的要求;如果计算结果为拉应力 σ'_{ct},则应验算拉应力是否超限并校核纵向钢筋的配筋率,具体方法为:

(1) 当 $\sigma'_{ct} \leqslant 0.7\sqrt{f'_{tk}}$ 时,配置于预拉区纵向钢筋的配筋率不小于0.2%。

(2) 当 $\sigma'_{ct} = 1.15 f'_{tk}$ 时,配置于预拉区纵向钢筋的配筋率不小于0.4%。

(3) 当 $0.70 f'_{tk} < \sigma'_{ct} < 1.15 f'_{tk}$ 时,配置于预拉区纵向钢筋的配筋率按以上两者直线内插取用。

(4) 拉应力 σ'_{ct} 不应超过 $1.15 f'_{tk}$。

根据本例的具体施工方法和工序,计算主梁在预应力、结构自重等施工荷载作用下截面边缘混凝土的法向应力时,作用均采用标准值,不考虑作用组合系数。本例短暂状况主梁截面边缘混凝土的法向应力计算结果见表6-40。

短暂状况主梁正截面混凝土法向应力　　　　表6-40

节点号(截面)	性　质	上缘法向应力(MPa)	下缘法向应力(MPa)
1	最大	1.94	6.02
1	最小	1.91	5.84
2	最大	1.55	6.69
2	最小	1.51	6.41
3	最大	1.42	6.97
3	最小	1.42	6.97
4	最大	1.19	7.35
4	最小	1.19	7.35
5	最大	1.24	7.34
5	最小	1.24	7.34
6	最大	1.75	10.37
6	最小	1.75	10.37
7	最大	1.99	9.95
7	最小	1.99	9.95

续上表

节点号(截面)	性　　质	上缘法向应力(MPa)	下缘法向应力(MPa)
8	最大	2.25	9.59
	最小	2.25	9.59
9	最大	2.55	9.11
	最小	2.55	9.11
10	最大	3.06	8.25
	最小	3.06	8.25
11	最大	3.69	5.44
	最小	3.69	5.44
12	最大	1.43	7.00
	最小	1.43	7.00
13	最大	2.44	5.61
	最小	4.52	2.35
14	最大	3.04	5.13
	最小	4.84	2.23
15	最大	5.04	1.98
	最小	5.04	1.98
16	最大	4.47	3.05
	最小	4.47	3.05
17	最大	5.69	1.26
	最小	5.69	1.26
18	最大	5.72	1.30
	最小	5.72	1.30
19	最大	4.99	2.41
	最小	4.96	2.17
20	最大	3.87	6.52
	最小	3.87	6.52
21	最大	3.18	7.63
	最小	3.18	7.63
22	最大	2.71	8.33
	最小	2.71	8.33
23	最大	2.55	8.50
	最小	2.55	8.50
24	最大	2.68	8.20
	最小	2.68	8.20
25	最大	3.04	7.54

续上表

节点号(截面)	性 质	上缘法向应力(MPa)	下缘法向应力(MPa)
25	最小	3.04	7.54
26	最大	3.56	6.58
	最小	3.56	6.58
27	最大	4.00	4.31
	最小	4.24	3.45
28	最大	1.76	7.17
	最小	1.76	7.17
29	最大	3.07	5.37
	最小	5.15	1.78
30	最大	5.59	1.81
	最小	5.59	1.81
31	最大	5.53	2.05
	最小	5.53	2.05
32	最大	3.37	5.62
	最小	3.32	5.43
33	最大	5.34	2.66
	最小	5.34	2.66
34	最大	5.11	3.07
	最小	5.11	3.07
35	最大	3.71	5.18
	最小	3.71	5.18
36	最大	2.75	8.38
	最小	2.75	8.38
37	最大	2.56	8.53
	最小	2.56	8.53
38	最大	2.42	8.66
	最小	2.42	8.66
39	最大	2.29	8.79
	最小	2.29	8.79

注:压应力为正,拉应力为负。

由表 6-40 可知,短暂状况本例在预加力、主梁自重等施工荷载作用下的混凝土法向应力均为压应力,最大值发生在 6 截面下缘,为 10.37MPa,小于式(2-219)或《桥规(2018年)》7.2.8 条规定的施工阶段混凝土压应力限值 $\sigma'_{cc} \leq 0.7 f'_{ck} = 0.7 \times 0.8 \times 41.5 = 23.24 (\text{MPa})$。因此,本例短暂状况主梁正截面混凝土法向应力均满足《桥规(2018年)》要求。

2. 主梁斜截面混凝土主应力

短暂状况主梁斜截面混凝土主应力计算原理与持久状况相同,只不过采用施工阶段的作用及相应的截面几何特性计算即可,结果见表6-41。

短暂状况主梁斜截面混凝土主应力　　　　　表6-41

节点号 (截面)	主压应力 最大值 (MPa)	节点号 (截面)	主压应力 最大值 (MPa)	节点号 (截面)	主拉应力 最大值 (MPa)	节点号 (截面)	主拉应力 最大值 (MPa)
1	6.02	21	7.63	1	-0.47	21	-0.12
2	6.69	22	8.33	2	-0.01	22	-0.05
3	6.97	23	8.50	3	-0.02	23	0.00
4	7.35	24	8.20	4	0.00	24	-0.03
5	10.88	25	7.54	5	-0.03	25	-0.06
6	10.37	26	6.58	6	-0.04	26	-0.23
7	9.95	27	4.32	7	-0.01	27	-0.05
8	9.59	28	7.17	8	-0.04	28	-0.62
9	9.11	29	5.36	9	-0.10	29	-0.28
10	8.25	30	5.59	10	-0.31	30	-0.23
11	5.45	31	5.53	11	-0.09	31	-0.25
12	7.00	32	5.62	12	-0.42	32	-0.72
13	5.61	33	5.34	13	-0.21	33	-0.07
14	5.13	34	5.11	14	-0.22	34	-0.09
15	5.04	35	7.60	15	-0.07	35	-0.12
16	4.84	36	8.38	16	-0.89	36	-0.03
17	5.69	37	8.53	17	-0.15	37	0.00
18	5.72	38	8.66	18	-0.04	38	-0.01
19	5.25	39	8.66	19	-0.12	39	-0.01
20	6.52			20	-0.18		-0.12

由表6-41可知,短暂状况下,本例主梁最大主压应力发生在5截面,为10.88MPa;16支点和32支点斜截面混凝土主拉应力值较大,分别为0.89MPa和0.72MPa。

需要指出,《桥规(2018年)》7.2.1条虽要求计算混凝土正截面和斜截面应力,但《桥规(2018年)》7.2.7条和7.2.8条只涉及混凝土法向压应力限值和拉应力设计措施,并没有给出混凝土斜截面主应力(主拉、主压)限值和处理措施,问题之一是条文要求不匹配,问题之二是缺失了短暂状况主梁斜截面混凝土主拉应力设计的可能控制项。因此,可参考持久状况主拉应力限值,合理设置箍筋,尤其是对于主拉应力较大的截面,防止短暂状况主梁破坏。

第十节 应力扰动区的计算与验算

根据第二章第十二节或《桥规(2018年)》第8.2节,预应力混凝土连续梁桥的应力扰动区应包括梁端锚固区、齿板锚固区、支座处横梁、墩台盖梁以及承台等部位。限于篇幅,本例不做计算,具体计算与验算可参照第三章第十节。

第十一节 对 比 分 析

移动支架逐孔施工的预应力混凝土连续梁桥在国内外均有广泛应用,针对本例,主要对比采用《桥规(2018年)》与《桥规(2004年)》分别进行设计计算的异同点,重点涉及工程材料、作用组合的效应及验算等方面,主要目的在于正确理解应用《桥规(2018年)》与《桥规(2004年)》,同时总结在设计条件、设计结果等方面的差异,为新桥设计与旧桥加固改造积累经验。

一、建桥材料

按移动支架逐孔施工方法设计的预应力混凝土连续梁桥主要由混凝土、普通钢筋和预应力钢筋等材料组成。

(一) 混凝土

鉴于历史原因,本例实桥当时按《桥规(1985年)》设计时采用50号混凝土,轴心抗压强度设计值为28.5MPa。因此,本书上一版按《桥规(2004年)》和本次按《桥规(2018年)》设计均采用C65混凝土,轴心抗压强度设计值也为28.5MPa。本例主要用于计算示例以及和历史资料进行对比分析,实桥工程中,对于中小跨径的预应力混凝土桥梁,不宜采用C65混凝土。

(二) 预应力钢筋

预应力钢筋采用公称直径为15.2mm、截面面积为140mm²的高强度、低松弛钢绞线,标准强度均为1860MPa。

(三) 普通钢筋

按《桥规(2018年)》设计计算时,普通钢筋分别采用HPB300级和HRB400级钢筋;按《桥规(2004年)》普通钢筋分别采用R235级和HRB335级钢筋。

对于本例,建桥材料对应关系见表6-42。

主要材料对比表   表6-42

材 料 种 类	《桥规(2004年)》	《桥规(2018年)》
混凝土	C65	C65
预应力钢筋	$E_p = 1.95 \times 10^5$ MPa	$E_y = 1.95 \times 10^5$ MPa
普通钢筋	R235	HPB300
	HRB335	HRB400

二、作用、作用组合及其效应设计值

(一)汽车荷载

《通规(2015年)》和《通规(2004年)》关于汽车荷载的规定存在一定差别,具体见第三章第十一节。

本例汽车荷载标准值(未计冲击系数)产生的主梁截面内力计算结果对比见表6-43。

汽车荷载标准值(未计冲击系数)产生的主梁截面内力对比 表6-43

节点号(截面)	M_{max}(kN·m)		V_{max}(kN)		M_{min}(kN·m)		V_{min}(kN)	
	《通规(2015年)》	《通规(2004年)》	《通规(2015年)》	《通规(2004年)》	《通规(2015年)》	《通规(2004年)》	《通规(2015年)》	《通规(2004年)》
2	0.00	0.0	1 010.62	891.8	-585.29	-515.94	-0.00	0
5	4 933.53	4 505.25	412.91	376.64	-1 134.16	-1 067.05	-838.14	-756.63
8	5 787.43	5 289.52	760.27	691.69	-2 186.08	-2 056.38	-478.65	-429.86
12	3 850.73	3 522.63	1 088.97	993.53	-3 202.18	-3 012.03	-214.93	-193.31
16	1 163.31	1 110.30	183.31	172.20	-5 462.16	-5 215.28	-1 471.77	-1 354.15
20	4 426.77	4 006.84	343.39	314.17	-2 149.88	-2 005.96	-1 007.02	-919.75
23	6 040.92	5 506.94	648.45	590.31	-1 843.66	-1 753.31	-657.33	-598.81
27	4 340.77	3 960.60	1 050.35	959.28	-2 802.96	-2 635.90	-309.67	-283.95
32	1 376.25	1 328.42	187.13	175.60	-5 680.34	-5 448.48	-1 480.39	-1 362.46
36	4 688.80	4 256.68	355.97	326.02	-2 612.93	-2 437.73	-1 011.44	-924.41
39	6 088.64	5 592.42	663.24	603.77	-1 949.18	-1 844.55	-663.24	-603.77

由表6-43可知,本例按《通规(2015年)》计算汽车荷载标准值计算的39截面最大弯矩为6 088.64kN·m,按《通规(2004年)》的计算值为5 592.42kN·m,增大了8.9%;按《通规(2015年)》计算的32截面最小弯矩为-5 680.34kN·m,按《通规(2004年)》的计算值为-5 448.48kN·m,增大了4.3%。按《通规(2015年)》计算的2截面最大剪力为1 010.62kN,按《通规(2004年)》的计算值为891.8kN,增大了13.3%。由此可知,《通规(2015年)》对跨径较小桥梁的汽车荷载计算标准有一定提高,中小跨径桥梁设计时应引起足够重视。

(二)作用组合及其效应设计值

相对于《通规(2004年)》,由本书第一章第二节及第二章第七节可知,《通规(2015年)》在作用组合方式及其效应设计值的计算方面都有较大改变。现针对本例,对比分析按《通规(2015年)》和《通规(2004年)》不同组合方式下计算的效应设计值。

1. 持久状况承载能力极限状态

持久状况承载能力极限状态下,主梁截面内力设计值按《通规(2015年)》采用作用基本组合计算,按《通规(2004年)》采用作用效应基本组合计算,结果见表6-44。

持久状况承载能力极限状态基本组合的主梁截面内力设计值(二) 表 6-44

节点号(截面)	$\gamma_0 M_{max}$(kN·m)		$\gamma_0 M_{min}$(kN·m)		$\gamma_0 V_{max}$(kN)		$\gamma_0 V_{min}$(kN)	
	《通规(2015年)》	《通规(2004年)》	《通规(2015年)》	《通规(2004年)》	《通规(2015年)》	《通规(2004年)》	《通规(2015年)》	《通规(2004年)》
2	-57.8	-57.8	-1 217.6	-1 081.5	-2 383.0	-2 406.3	-6 185.7	-5 962.3
5	26 003.9	25 234.3	9 608.9	9 736.9	-160.4	-230.2	-3 146.0	-2 997.4
8	32 014.5	31 180.4	9 507.1	9 754.4	1 904.8	1 770.5	-901.5	-817.2
12	23 449.0	22 993.3	1 947.1	2 309.6	4 130.5	3 944.7	933.5	966.0
16	1 564.2	1 639.9	-20 541.4	-20 046.8	-3 242.8	-3 268.7	-7 437.5	-7 205.2
20	32 477.8	31 941.7	10 338.2	10 541.0	-547.5	-604.5	-3 668.3	-3 494.8
23	40 222.4	39 456.2	15 243.1	15 344.5	1 523.4	1 409.9	-1 269.4	-1 152.5
27	28 812.3	28 293.8	6 440.4	6 733.2	4 254.0	4 075.9	1 031.1	1 083.5
32	-1 977.5	-1 953.9	-24 466.4	-23 965.8	-3 348.7	-3 375.9	-7 549.7	-7 316.4
36	29 541.1	28 949.7	7 292.9	7 563.8	-636.2	-696.3	-3 772.2	-3 599.0
39	37 801.6	37 000.5	13 407.4	13 522.0	1 355.6	1 238.9	-1 418.2	-1 301.5

注:《通规(2015年)》计算值引自表6-28。

由表6-44可知,本例按《通规(2015年)》和《通规(2004年)》计算的持久状况承载能力极限状态基本组合的主梁截面内力设计值还是有差异的,例如中孔跨中39截面最大弯矩设计值分别为37 801.6kN·m和37 000.5kN·m,增加了2.2%;中支点32截面最小剪力设计值分别为7 549.7kN和7 316.4kN,增加了3.2%;新桥设计或旧桥加固改造时应引起重视。

2. 持久状况正常使用极限状态

1) 作用频遇/短期效应组合的主梁截面内力设计值

持久状况正常使用极限状态下,主梁截面内力设计值按《通规(2015年)》采用作用频遇组合计算,按《通规(2004年)》采用作用短期效应组合计算,计算结果对比见表6-45。

持久状况正常使用极限状态作用频遇/短期效应组合的主梁截面内力设计值(二) 表 6-45

节点号(截面)	M_{max}(kN·m)		M_{min}(kN·m)		V_{max}(kN)		V_{min}(kN)	
	《通规(2015年)》	《通规(2004年)》	《通规(2015年)》	《通规(2004年)》	《通规(2015年)》	《通规(2004年)》	《通规(2015年)》	《通规(2004年)》
2	-52.5	-52.5	-462.2	-413.7	-2 340.0	-2 350.0	-3 712.9	-3 629.6
5	16 126.8	15 830.1	9 784.0	9 840.7	-564.6	-591.3	-1 772.9	-1 716.4
8	20 294.2	19 953.7	10 663.0	10 772.7	886.4	836.8	-313.4	-279.9
12	15 603.6	15 378.1	4 728.9	4 889.7	2 314.2	2 246.1	1 068.9	1 084.0
16	467.6	408.8	-12 270.3	-12 050.9	-3 079.0	-3 089.0	-4 563.6	-4 480.3
20	21 631.6	21 360.7	11 603.3	11 715.5	-802.2	-823.2	-2 073.5	-2 011.2
23	26 114.3	25 765.8	15 825.0	15 898.7	727.5	686.3	-512.5	-470.4
27	19 110.8	18 855.8	8 596.6	8 736.1	2480.2	2 416.0	1 202.2	1 221.2

续上表

节点号（截面）	M_{max}(kN·m)		M_{min}(kN·m)		V_{max}(kN)		V_{min}(kN)	
	《通规（2015年）》	《通规（2004年）》	《通规（2015年）》	《通规（2004年）》	《通规（2015年）》	《通规（2004年）》	《通规（2015年）》	《通规（2004年）》
32	-2 690.5	-2 746.6	-15 184.0	-14 973.2	-3 170.0	-3 179.7	-4 645.4	-4 562.2
36	19 343.0	19 067.6	9 199.9	9 328.8	-887.1	-908.5	-2 152.4	-2 090.6
39	24 288.3	23 938.0	14 185.0	14 258.1	591.8	550.2	-643.6	-602.0

注：《通规（2015年）》计算值引自表6-29。

由表6-45可知，本例按《通规（2015年）》和《通规（2004年）》计算的持久状况正常使用极限状态作用频遇/短期效应组合的主梁截面内力设计值有一定差异，例如中孔跨中39截面最大弯矩设计值分别为24 288.3kN·m和23 938.0kN·m，增加了1.5%；中支点32截面最小剪力设计值分别为4 645.4kN和4 562.2kN，增加了1.8%；设计时应给予适当关注。

2)作用准永久/长期效应组合的主梁截面内力设计值

持久状况正常使用极限状态下，主梁截面内力设计值按《通规（2015年）》采用作用准永久组合计算，按《通规（2004年）》采用作用长期效应组合计算，计算结果对比见表6-46。

持久状况正常使用极限状态作用准永久/长期效应组合的主梁截面内力设计值(二) 表6-46

节点号（截面）	M_{max}(kN·m)		M_{min}(kN·m)		V_{max}(kN)		V_{min}(kN)	
	《通规（2015年）》	《通规（2004年）》	《通规（2015年）》	《通规（2004年）》	《通规（2015年）》	《通规（2004年）》	《通规（2015年）》	《通规（2004年）》
2	-52.5	-52.5	-286.6	-258.9	-2 395.9	-2 401.7	-3 323.0	-3 275.5
5	14 646.9	14 477.3	10 124.2	10 156.6	-688.4	-703.7	-1 521.5	-1 489.2
8	18 558.2	18 363.6	11 318.8	11 381.5	658.4	630.0	-169.8	-150.7
12	14 448.5	14 319.6	5 689.4	5 781.3	1 987.5	1 948.6	1 133.3	1 142.0
16	118.7	85.1	-10 631.8	-10 506.4	-3 134.0	-3 139.7	-4 122.1	-4 074.5
20	20 303.7	20 148.9	12 248.2	12 312.3	-905.2	-917.2	-1 771.4	-1 735.8
23	24 302.2	24 103.1	16 378.0	16 420.1	533.0	509.2	-315.3	-291.3
27	17 808.7	17 663.0	9 437.4	9 517.1	2 165.1	2 128.4	1 295.1	1 306.0
32	-3 103.3	-3 135.4	-13 480.0	-13 359.56	-3 226.2	-3 231.7	-4 201.3	-4 153.8
36	17 936.4	17 779.1	9 983.7	10 057.4	-993.8	-1 006.1	-1 849.0	-1 813.7
39	22 446.6	22 246.4	14 769.2	14 811.0	393.1	369.4	-444.9	-421.1

注：《通规（2015年）》计算值引自表6-30。

由表6-46可知，本例按《通规（2015年）》和《通规（2004年）》计算的持久状况正常使用极限状态作用准永久/长期效应组合的主梁截面内力设计值有一定差异，例如中孔跨中39截面最大弯矩设计值分别为22 446.6kN·m和22 246.4kN·m，增大了0.9%；中支点32截面最小剪力设计值分别为4 153.8kN和4 201.3kN，增大了1.1%；设计时应给予适当关注。

三、计算与验算结果

《桥规（2018年）》第5~7章规定预应力混凝土连续梁桥的验算包括：持久状况承载

能力极限状态验算、持久状况正常使用极限状态验算及持久状况和短暂状况构件的应力验算等。其中,持久状况承载能力极限状态验算包括正截面抗弯承载力、斜截面抗剪承载力以及斜截面抗弯承载力验算;持久状况正常使用极限状态验算包括主梁抗裂和挠度验算;持久状况和短暂状况构件的应力验算包括使用阶段应力验算和施工阶段应力验算。

(一)持久状况承载能力极限状态

1. 正截面抗弯承载力

分别按《桥规(2018 年)》和《桥规(2004 年)》计算的持久状况承载能力极限状态主梁正截面抗弯承载力见表 6-47。

持久状况承载能力极限状态主梁正截面抗弯承载力计算结果 表 6-47

节点号(截面)	最大/最小	弯矩设计值 $\gamma_0 M_d$(kN·m)		截面承载力计算值 M_u(kN·m)	
		《桥规(2018 年)》	《桥规(2004 年)》	《桥规(2018 年)》	《桥规(2004 年)》
2	最大	-57.8	-57.8	28 503.2	26 643.1
	最小	-1 217.6	-1 081.5	28 503.2	26 643.1
5	最大	26 003.9	25 234.3	41 092	40 994.4
	最小	9 608.9	9 736.9	41 092	40 994.4
8	最大	32 014.5	31 180.4	40 823.3	40 725.6
	最小	9 507.1	9 754.4	40 823.3	40 725.6
12	最大	23 449.0	22 993.3	28 165.4	28 079.5
	最小	1 947.1	2 309.6	28 165.4	28 079.5
16	最大	1 564.2	1 639.9	13 005.4	12 948.1
	最小	-20 541.4	-20 046.8	47 648.7	45 960.9
20	最大	32 477.8	31 941.7	34 723.4	34 625.8
	最小	10 338.2	10 541.0	34 723.4	34 625.8
23	最大	40 222.4	39 456.2	43 984.3	43 886.6
	最小	15 243.1	15 344.5	43 984.3	43 886.6
27	最大	28 812.3	28 293.8	32 116.7	32 019.1
	最小	6 440.4	6 733.2	32 116.7	32 019.1
32	最大	-1 977.5	-1 953.9	50 432.8	48 769.9
	最小	-24 466.4	-23 965.8	50 432.8	48 769.9
36	最大	29 541.1	28 949.7	38 220.6	38 123.0
	最小	7 292.9	7 563.7	38 220.6	38 123.0
39	最大	37 801.6	37 023.5	42 983.2	42 885.6
	最小	13 407.4	13 575.5	42 983.2	42 885.6

注:《桥规(2018 年)》计算值引自表 6-31。

由表 6-47 可以看出,分别按《桥规(2018 年)》和《桥规(2004 年)》计算,结果规律一致,且均能满足各自规范的持久状况承载能力极限状态正截面抗弯承载力要求。

2. 斜截面抗剪承载力

分别按《桥规(2018年)》和《桥规(2004年)》计算的持久状况承载能力极限状态主梁斜截面抗剪承载力见表6-48。

持久状况承载能力极限状态主梁斜截面抗剪承载力计算结果　　表6-48

节点号（截面）	最大/最小	剪力设计值 $\gamma_0 V_d$ (kN)		截面承载力计算值 V_u (kN)	
		《桥规(2018年)》	《桥规(2004年)》	《桥规(2018年)》	《桥规(2004年)》
2	最大	2 196	1 962.7	11 419.2	12 654.2
	最小	177.8	177.8	11 419.2	12 654.2
5	最大	−160.4	−230.2	7 136.7	6 956.3
	最小	−3 146	−2 997.4	7 136.7	6 956.3
8	最大	1 838	1 770.5	6 957.5	7 147.1
	最小	−957.1	−817.2	6 957.5	7 147.1
12	最大	4 074.4	3 944.6	8 876.6	9 340.9
	最小	886.7	966	8 876.6	9 340.9
16	最大	6 952.7	6 724.3	9 334.9	9 895.0
	最小	3 042.6	3 040.8	9 994.1	10 258.2
20	最大	−547.5	−604.5	7 066.5	7 708.1
	最小	−3 668.3	−3 494.8	7 066.5	7 708.1
23	最大	1 523.4	1 409.9	7 499.8	6 908.7
	最小	−1 269.4	−1 152.5	7 499.8	6 908.7
27	最大	4 254	4 075.9	6 865.6	8 278.0
	最小	1 031.1	1 083.5	6 865.6	8 278.0
32	最大	7 734.8	7 503.4	10 010.9	10 340.1
	最小	3 537.9	3 560.5	10 010.9	10 340.1
36	最大	−636.2	−696.3	6 929.3	7 546.6
	最小	−3 772.2	−3 599	6 929.3	7 546.6
39	最大	1 356.9	1 127.6	7 618.6	7 403.9
	最小	−1 416.7	−1 265.6	7 618.6	7 403.9

注：《桥规(2018年)》计算值引自表6-32。

由表6-48可以发现,按《桥规(2018年)》和《桥规(2004年)》计算时,持久状况承载能力极限状态主梁斜截面抗剪承载力均满足要求。但《桥规(2018年)》主梁截面剪力设计值较《桥规(2004年)》设计值普遍偏大,且截面承载力计算值《桥规(2018年)》较《桥规(2004年)》部分偏小,因此总体来讲,《桥规(2018年)》关于斜截面抗剪承载力的要求较《桥规(2004年)》严格了一些。

(二)持久状况正常使用极限状态

1. 正截面抗裂验算

分别按《桥规(2018年)》(作用频遇组合)和《桥规(2004年)》(作用短期效应组合)进行的持久状况正常使用极限状态主梁正截面混凝土法向拉应力计算结果见表6-49。

持久状况正常使用极限状态主梁正截面混凝土法向拉应力　　表6-49

节点号(截面)	上缘最小应力(MPa)		下缘最小应力(MPa)	
	《桥规(2018年)》	《桥规(2004年)》	《桥规(2018年)》	《桥规(2004年)》
2	-0.12	-0.10	6.37	6.35
5	-0.02	-0.01	9.97	9.94
8	0.29	0.32	9.65	9.59
12	8.51	8.45	0.94	1.03
16	0.18	0.23	6.99	6.90
20	9.43	9.35	1.34	1.50
23	1.05	1.07	7.81	7.77
27	9.03	8.96	0.66	0.80
32	-0.09	-0.04	8.24	8.15
36	0.56	0.60	8.90	8.83
39	0.66	0.69	8.40	8.35

注:1. 压应力为正、拉应力为负。
　2. 最小应力指在压应力为正、拉应力为负的前提下,代数值最小的应力值。
　3.《桥规(2018年)》计算值引自表6-33。

由表6-49可知,按《桥规(2018年)》和《桥规(2004年)》计算的持久状况正常使用极限状态正截面混凝土法向拉应力计算值基本接近,且均满足相应规范正截面抗裂验算要求。

2. 斜截面抗裂验算

分别按《桥规(2018年)》和《桥规(2004年)》计算的持久状况正常使用极限状态主梁斜截面混凝土主拉应力见表6-50。

持久状况正常使用极限状态主梁斜截面混凝土主拉应力　　表6-50

节点号(截面)	最大主拉应力(MPa)		节点号(截面)	最大主拉应力(MPa)	
	《桥规(2018年)》	《桥规(2004年)》		《桥规(2018年)》	《桥规(2004年)》
2	-0.29	-0.25	23	-0.15	-0.14
5	-0.38	-0.36	27	-0.19	-0.18
8	-0.19	-0.19	32	-1.70	-1.65
12	-0.27	-0.26	36	-0.26	-0.24
16	-1.71	-1.65	39	-0.22	-0.21
20	-0.45	-0.42			

注:《桥规(2018年)》计算值引自表6-34。

由表 6-50 可知,按《桥规(2018 年)》和《桥规(2004 年)》计算的持久状况正常使用极限状态主梁混凝土主拉应力差别不大,但总体上呈现出《桥规(2018 年)》计算值略大一些,除 16 和 32 截面外,所有截面均满足斜截面抗裂验算要求。

3. 挠度计算结果

分别按《桥规(2018 年)》和《桥规(2004 年)》计算的持久状况正常使用极限状态主梁挠度见表 6-51。

持久状况正常使用极限状态主梁挠度计算结果 表 6-51

节点号 (截面)	频遇组合扣除自重后挠度 f_q(mm)		考虑反拱后挠度 f_c(mm)	
	《桥规(2018 年)》	《桥规(2004 年)》	《桥规(2018 年)》	《桥规(2004 年)》
2	0.00	0.00	0.00	0.00
5	3.21	3.19	−10.52	−10.51
8	4.15	4.14	−11.71	−11.70
12	−1.90	−1.90	0.83	0.83
16	0.00	0.00	0.00	0.00
20	4.52	4.51	−5.72	−5.71
23	6.13	6.13	−8.73	−8.72
27	4.24	4.22	−4.41	−4.41
32	0.00	0.00	0.00	0.00
36	4.82	4.80	−14.42	−14.41
39	6.33	6.32	−18.71	−18.70

注:1.《桥规(2018 年)》计算值引自表 6-35。
  2. 下挠为正,上挠为负。

由表 6-51 可知,按《桥规(2018 年)》和《桥规(2004 年)》计算的频遇组合扣除自重后挠度与考虑反拱后的挠度值基本保持一致。

(三)持久状况与短暂状况主梁应力

1. 使用阶段正截面混凝土法向压应力

分别按《桥规(2018 年)》和《桥规(2004 年)》计算的使用阶段主梁正截面混凝土法向压应力见表 6-52。

使用阶段主梁正截面混凝土法向压应力 表 6-52

节点号 (截面)	上缘最大(MPa)		下缘最大(MPa)	
	《桥规(2018 年)》	《桥规(2004 年)》	《桥规(2018 年)》	《桥规(2004 年)》
2	5.13	5.15	7.23	7.20
5	7.46	7.32	3.74	3.96
8	−0.49	−0.43	10.39	10.28
12	9.97	9.86	−0.04	0.13
16	9.14	9.11	1.91	1.95

续上表

节点号(截面)	上缘最大(MPa)		下缘最大(MPa)	
	《桥规(2018年)》	《桥规(2004年)》	《桥规(2018年)》	《桥规(2004年)》
20	11.09	10.94	−0.33	−0.05
23	10.38	10.19	0.58	0.93
27	10.66	10.52	−0.8	−0.53
32	−1.37	−1.27	9.64	9.48
36	−0.31	−0.24	9.83	9.69
39	9.89	9.74	1.25	1.64

注:1.《桥规(2018年)》计算值引自表6-36。
　　2.压应力为正,拉应力为负。

由表6-52可知,按《桥规(2018年)》和《桥规(2004年)》计算的使用阶段主梁正截面混凝土法向压应力差别不大,但总体上呈现出《桥规(2018年)》计算值普遍略大一些,且均满足相应规范的正截面验算要求。

2.使用阶段混凝土主压应力

分别按《桥规(2018年)》和《桥规(2004年)》计算的使用阶段主梁截面混凝土主压应力见表6-53。

使用阶段主梁截面混凝土主压应力　　　　表6-53

节点号(截面)	主压应力最大值(MPa)		节点号(截面)	主压应力最大值(MPa)	
	《桥规(2018年)》	《桥规(2004年)》		《桥规(2018年)》	《桥规(2004年)》
2	7.24	7.20	23	10.41	10.22
5	10.45	10.39	27	10.68	10.53
8	10.4	10.29	32	9.72	9.55
12	9.98	9.87	36	9.9	9.76
16	9.15	9.12	39	9.95	9.80
20	11.11	10.96			

注:《桥规(2018年)》计算值引自表6-37。

由表6-53可知,按《桥规(2018年)》和《桥规(2004年)》计算的使用阶段主梁截面混凝土主压应力差别不大,但总体上呈现出《桥规(2018年)》计算值普遍略大一些,且均满足相应规范验算要求。

3.预应力钢束最大拉应力

以部分钢束为代表,分别按《桥规(2018年)》和《桥规(2004年)》计算的使用阶段预应力钢束的最大拉应力见表6-54。

使用阶段预应力钢束最大拉应力 表 6-54

钢束编号	拉应力(MPa)	
	《桥规(2018 年)》	《桥规(2004 年)》
N_1^y-1	1 083.05	1 082.8
N_2^y-1	1 094.0	1 093.6
N_3^y-1	1 133.7	1 133.5
N_1^y-2	1 095.8	1 092.1
N_2^y-2	1 133.0	1 130.6
N_3^y-2	1 143.2	1 141.1

注:《桥规(2018 年)》计算值引自表 6-39。

由表 6-54 可知,按《桥规(2018 年)》和《桥规(2004 年)》计算的使用阶段预应力钢筋的最大拉应力差别不大,且均满足相应规范验算要求。

4. 短暂状况混凝土应力

分别按《桥规(2018 年)》和《桥规(2004 年)》计算的短暂状况主梁正截面混凝土法向应力见表 6-55。

短暂状况主梁混凝土正截面法向应力 表 6-55

节点号(截面)	最大/最小	上缘法向应力(MPa)		下缘法向应力(MPa)	
		《桥规(2018 年)》	《桥规(2004 年)》	《桥规(2018 年)》	《桥规(2004 年)》
2	最大	1.55	1.55	6.69	6.69
	最小	1.51	1.51	6.41	6.41
5	最大	1.24	1.24	7.34	7.34
	最小	1.24	1.24	7.34	7.34
8	最大	2.25	2.25	9.59	9.59
	最小	2.25	2.25	9.59	9.59
12	最大	1.43	1.43	7.00	7.00
	最小	1.43	1.43	7.00	7.00
16	最大	4.47	4.47	3.05	3.05
	最小	4.47	4.47	3.05	3.05
20	最大	3.87	3.87	6.52	6.52
	最小	3.87	3.87	6.52	6.52

续上表

节点号（截面）	最大/最小	上缘法向应力（MPa）		下缘法向应力（MPa）	
		《桥规（2018年）》	《桥规（2004年）》	《桥规（2018年）》	《桥规（2004年）》
23	最大	2.55	2.55	8.50	8.50
	最小	2.55	2.55	8.50	8.50
27	最大	4.00	4.00	4.31	4.31
	最小	4.24	4.24	3.45	3.45
32	最大	3.37	3.37	5.62	5.62
	最小	3.32	3.32	5.43	5.43
36	最大	2.75	2.75	8.38	8.38
	最小	2.75	2.75	8.38	8.38
39	最大	2.29	2.29	8.79	8.79
	最小	2.29	2.29	8.79	8.79

注：《桥规（2018年）》计算值引自表6-40。

由表6-55可知，本例短暂状况截面边缘的混凝土最大/最小正应力按《桥规（2018年）》的计算值和按《桥规（2004年）》的计算结果一致，即施工阶段截面边缘的混凝土法向应力相同，且均满足相应规范的要求。

第十二节 设计图绘制

一、概述

本节仅给出桥梁设计图中的总体布置、主梁一般构造、主梁预应力钢束构造及主梁施工示意图。

二、桥型总体布置

桥型总体布置在桥梁设计图中占有重要地位，主要包括桥梁的立面、平面及横断面总体构造，详见图6-25、图6-26。

三、主梁一般构造

一般构造图主要给出主梁的主要细部构造尺寸，详见图6-27～图6-29。

四、主梁预应力钢束构造

主梁预应力钢束构造图包括腹板、顶板、底板及横截面的钢束布置，详见图6-30～图6-34。

五、主梁施工示意

施工方法对连续梁内力影响较大，因此在设计图中应给出具体的施工方法和步骤。本例采用逐孔施工法，主梁施工示意见图6-35。

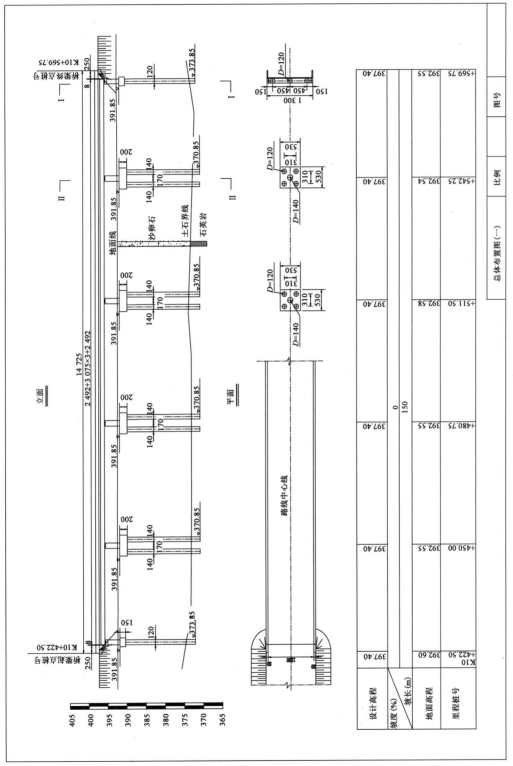

图6-25 桥型总体布置(一)

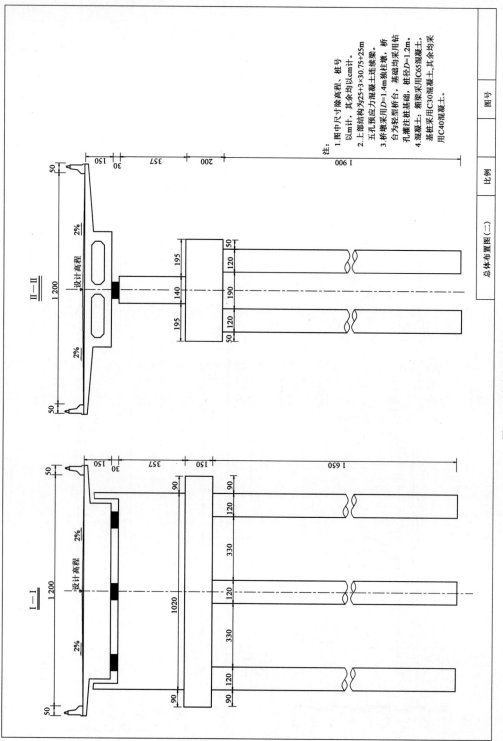

图6-26 桥型总体布置(二)

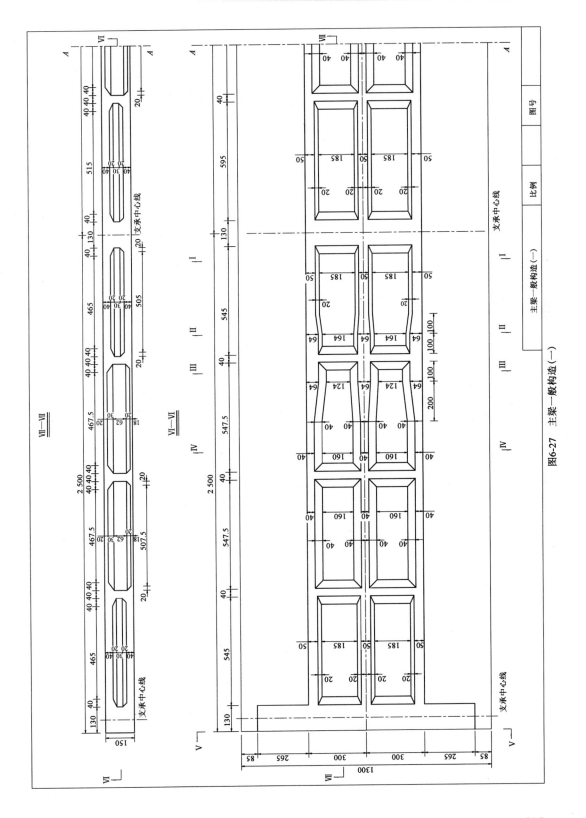

图6-27 主梁一般构造(一)

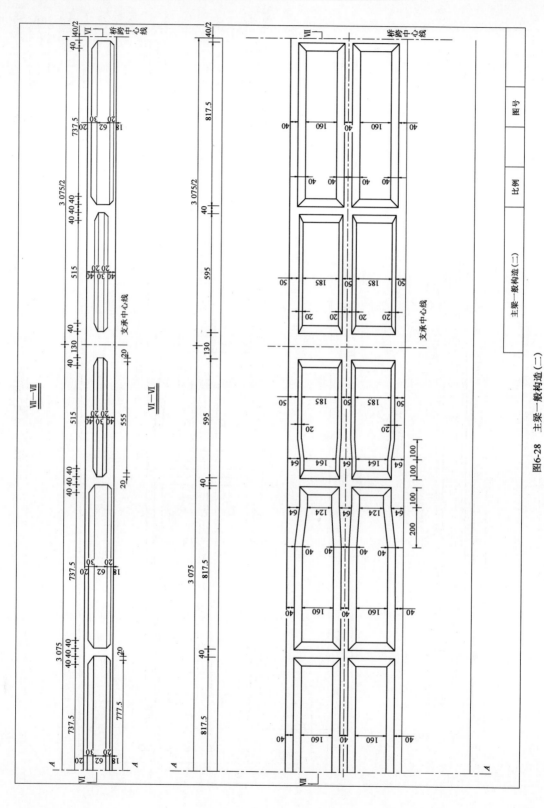

图6-28 主梁一般构造(二)

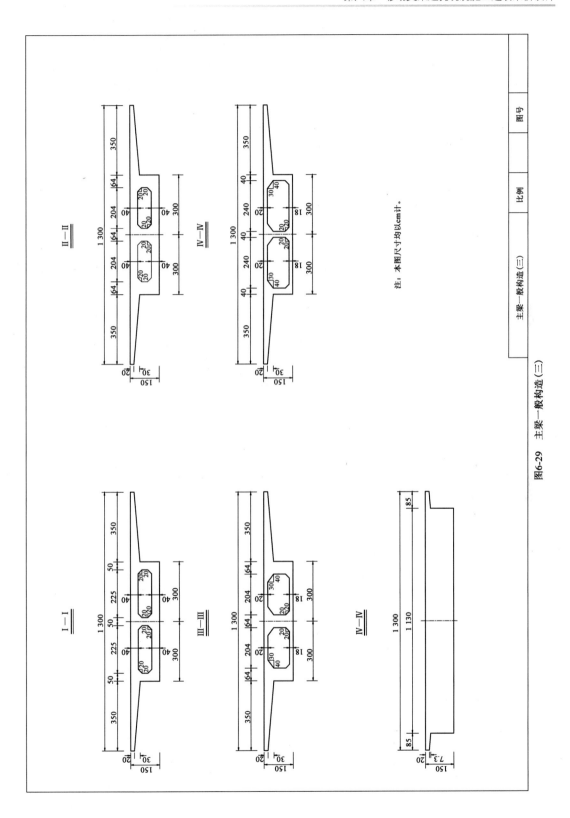

图6-29 主梁一般构造(三)

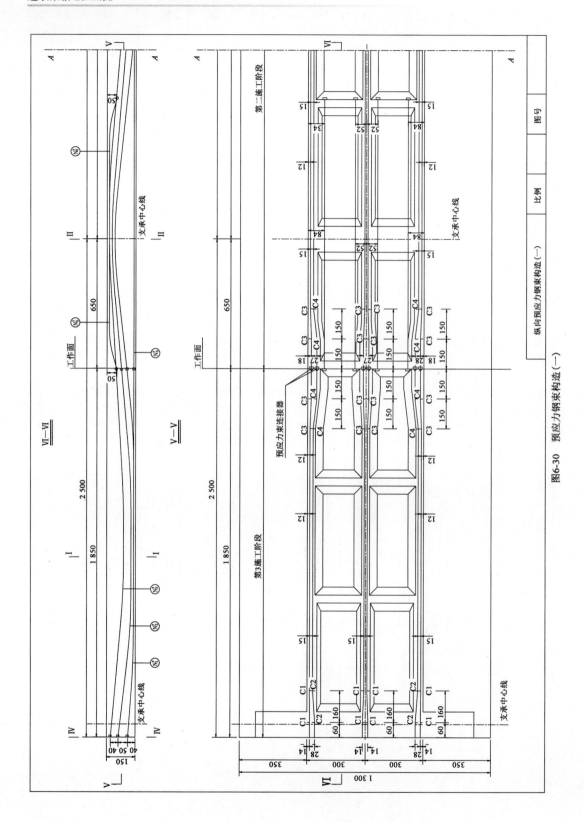

图6-30 预应力钢束构造（一）

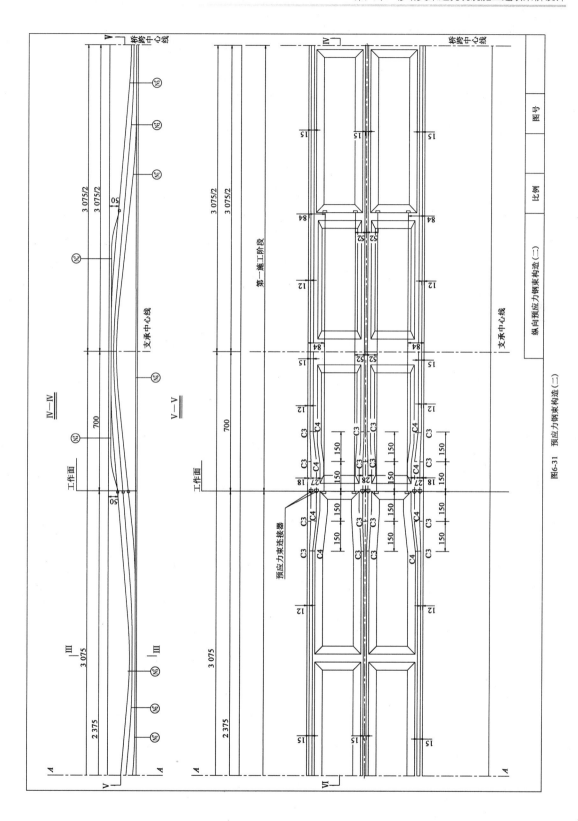

图6-31 预应力钢束构造（二）

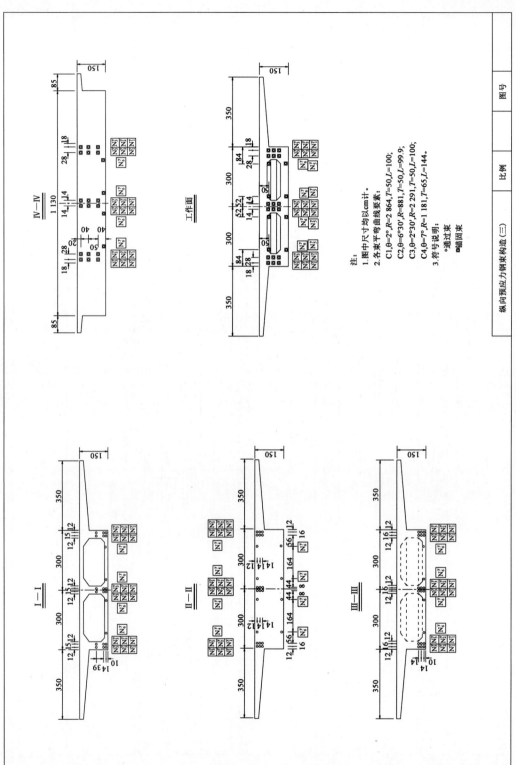

图6-32 预应力钢束构造(三)

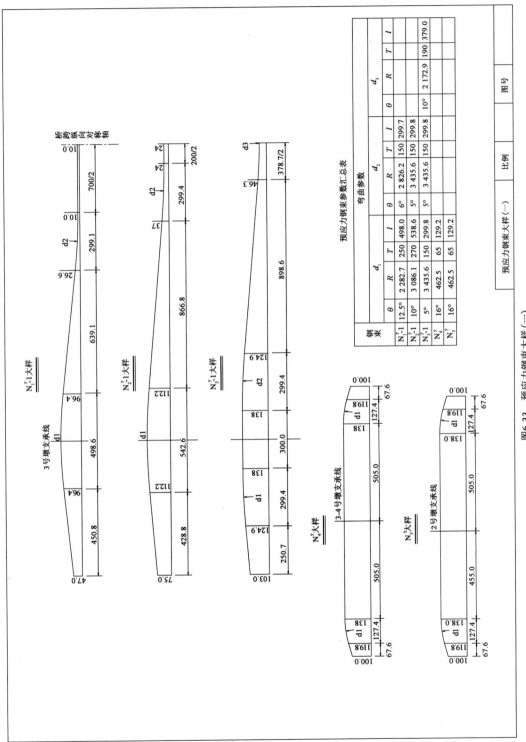

图6-33 预应力钢束大样(一)

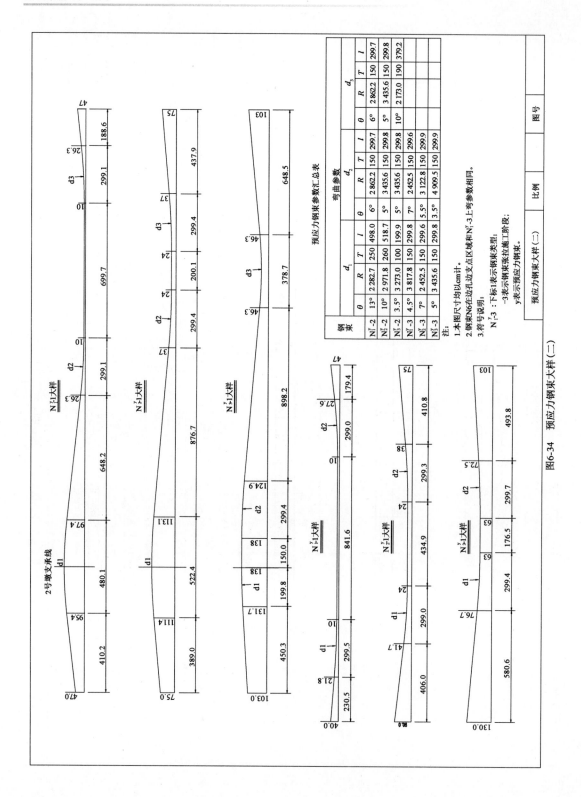

图6-34 预应力钢束大样(二)

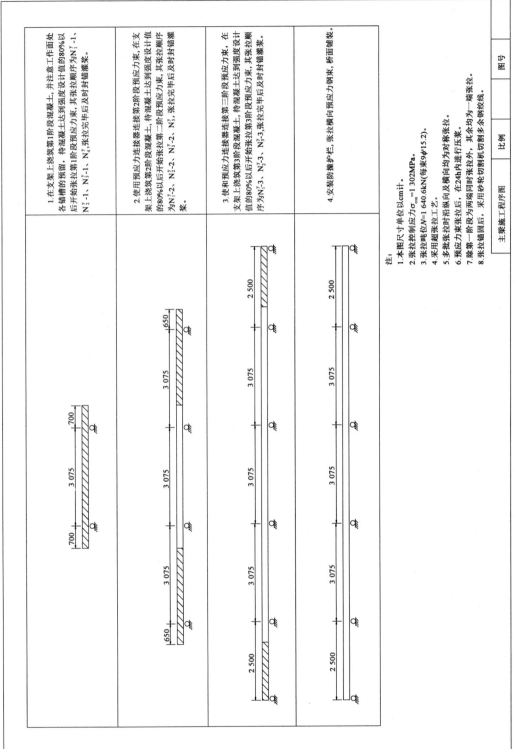

图6-35 桥梁施工示意

本章参考文献

[1] 中华人民共和国交通运输部.公路桥涵设计通用规范:JTG D60—2015[S].北京:人民交通出版社股份有限公司,2015.
[2] 中华人民共和国交通运输部.公路钢筋混凝土及预应力混凝土桥涵设计规范:JTG 3362—2018[S].北京:人民交通出版社股份有限公司,2018.
[3] 中华人民共和国交通部.公路钢筋混凝土及预应力混凝土桥涵设计规范:JTG D62—2004[S].北京:人民交通出版社,2004.
[4] 中华人民共和国交通部.公路桥涵设计通用规范:JTG D60—2004[S].北京:人民交通出版社,2004.
[5] 徐岳,王亚君,万振江.预应力混凝土连续梁桥设计[M].北京:人民交通出版社,2000.
[6] 徐岳,邹存俊,张丽芳,等.连续梁桥[M].北京:人民交通出版社,2012.
[7] 中交公路规划设计院有限公司.《公路钢筋混凝土及预应力混凝土桥涵设计规范》应用指南[M].北京:人民交通出版社股份有限公司,2018.
[8] 刘效尧,徐岳.公路桥涵设计手册·梁桥[M].2版.北京:人民交通出版社,2011.

第七章 顶推施工连续梁桥设计

第一节 概　　述

预应力混凝土连续梁桥采用顶推施工在世界各地颇为盛行。连续梁桥顶推施工是在沿桥纵轴向的台后开辟预制场地,分节段预制混凝土梁体,并采用纵向预应力钢筋连成整体,然后通过水平千斤顶、不锈钢板及聚四氟乙烯板等滑动装置,将梁逐段向对岸顶进,就位后落架、更换支座、完成桥梁施工。顶推法施工费用较低、施工平稳、无噪声,可在水深、山谷和高桥墩上采用,也可用于弯桥和坡桥。主梁分段预制,连续作业,结构整体性好。顶推法宜在等截面连续梁桥采用,多用于中等跨径,推荐顶推跨径为$(40\sim60)\,m$。顶推法施工的优点很多,其主要缺点是施工阶段的主梁内力状态与使用阶段不一致,不利于节约材料。

一、设计特点

关于顶推施工连续梁桥的设计特点在第二章中已有所介绍,为方便示例设计,下面仅针对主梁受力及构造特点归纳如下。

(一)受力特点

顶推施工的连续梁桥具有行车平顺、受力性能好、整体性好等优点,考虑施工过程,又具有以下特点:

(1)在施工过程中结构体系不断发生改变,施工时的结构体系与成桥后的结构体系有较大差别,因此施工内力也要参与控制设计。

(2)顶推施工形成的最终结构体系自重内力与采用一次落架施工形成的结构体系自重内力一致。

(3)顶推前端主梁承受较大的正、负弯矩,顶推只对施工过程中与导梁相接的前三跨主梁内力产生较大影响。

(二)构造特点

关于主梁构造的一般要求,在第二章已有详细阐述,而针对顶推这一特定施工方法,在构造上又有以下特殊要求:

(1)主梁一般宜采用等截面箱梁,推荐采用等高度箱梁。

(2)主梁配筋由施工过程内力包络图及使用阶段内力包络图共同确定。主梁一般可配置两种预应力钢束:永久先期束和后期束。其中,永久先期束为在施工过程中张拉且不拆除的钢束,主要承受施工内力;后期束为主梁顶推最终就位后张拉锚固的钢束,主要承受二期恒载、汽车荷载及其他作用。

(3)考虑张拉方便,永久先期束宜采用直短束。为了有利于受力,后期束宜采用弯束。

(4)为减小施工时主梁最大悬臂状态负弯矩,主梁前端应接钢导梁,导梁长度一般取主梁跨径的 2/3 左右,刚度取主梁刚度的 1/12～1/5,每延米导梁自重取主梁的 1/10 左右。

(5)现浇主梁节段间的接缝应避开弯矩峰值出现的位置及重要控制截面,如中跨支点、跨中及边跨的四分之一点位置等。

二、设计基本资料

(一)桥梁线型布置

平曲线半径:$R_1 = \infty$。

竖曲线半径:$R_2 = 10\,000\text{m}$。

(二)主要技术标准

设计荷载:公路—I 级。

桥面宽度:$2 \times (\text{净}11 + 2 \times 0.5)\text{m}$。

通航要求:六级 $4 \times 20\text{m}$。

安全等级:一级。

(三)主要材料

混凝土:主梁采用 C50;基桩采用 C30;其余构件采用 C40。

预应力钢绞线:采用公称直径为 15.2mm 的预应力钢绞线,标准强度 1 860MPa,弹性模量 $E = 1.95 \times 10^5 \text{MPa}$,钢绞线面积 $A_y = 140\text{mm}^2$。

普通钢筋:直径 $d \geqslant 12\text{mm}$ 者采用 HRB400 级热轧螺纹钢筋;直径 $d < 12\text{mm}$ 者采用 HPB300 级热轧圆钢筋。

钢导梁:采用符合国家标准的 A3 钢,重度 $\gamma = 78.5\text{kN/m}^3$,弹性模量 $E_p = 2.0 \times 10^5 \text{MPa}$。

锚具及连接器:采用夹片锚及配套设备。

预应力管道:采用预埋金属波纹管。

支座:采用盆式橡胶支座。

伸缩缝:采用大变位伸缩缝。

(四)桥面铺装

采用 8cm 厚沥青混凝土。

(五)施工方法

采用顶推施工。

(六)设计规范

(1)《通规(2015 年)》。

(2)《桥规(2018 年)》。

(3)《公路桥涵地基与基础设计规范》(JTG D63—2007)。

(七)基础变位作用

边支座:下降 0.6cm;中支座:下沉 0.9cm,并考虑各种组合工况。

(八) 温度作用

按《通规(2015年)》规定的温度梯度取值。

三、桥型布置与构造设计

根据第二章第一节或《通规(2015年)》第3章桥型布置与构造设计的基本原则与方法,可进行桥型布置、孔径划分、截面形式及截面尺寸拟订等初步设计内容。

(一) 桥型布置及孔径划分

本例是某高速公路的一座双幅桥,为减小建筑高度及提高行车舒适性,设计为五跨连续梁桥,考虑六级通航要求,确定跨径布置为30m + 3×40m + 30m,总长为180m,全桥为一联。边墩中心距梁端为0.45m,因此,边孔的计算跨径为29.55m,为简化计算仍取边孔跨径为30m。导梁长取25m,与主梁跨径之比为5/8。

桥面宽布置为2×(净11 + 2×0.5m护栏) + 1m中央分隔带,总宽为25m。

桥梁下部构造采用双柱式桥墩及桩基础,桥墩直径为1.6m,基桩直径为1.5m。

桥梁立面及平面布置如图7-1所示。

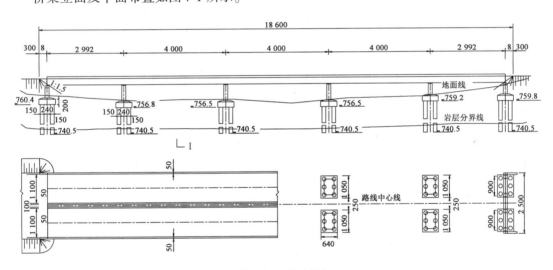

图7-1 桥型布置(尺寸单位:cm)

(二) 横截面形式及截面尺寸拟订

本例采用顶推法施工,要求主梁整体性好、刚度大且能承受较大的正、负弯矩,同时主梁上、下缘都要有足够的空间用于配置预应力钢筋。根据各种截面形式的构造特点,选定单箱单室截面。根据顶推法施工对截面的一般要求,采用等截面箱梁。

由于等截面箱梁高度一般为跨径的1/30～1/15,且顶推法由于施工过程内力偏大,要求主梁偏高,故选定主梁梁高为2.5m,此时$H/L = 1/16$。单幅桥面总宽为12m,包括中间净11m的行车道及两边各0.5m的防撞护栏,故主梁顶板宽度取12m,根据翼缘宽占总宽度1/4左右的原则,确定翼缘宽为2.7m,底板宽为6.3m,且采用受力较为合理的斜腹板形式,腹板倾斜水平距离为0.15m。考虑到顶推施工配筋量较大,顶、底板厚度不宜过薄,故确定顶板厚为

25cm,底板厚为27.5cm,考虑到支点部位的受力情况,底板在支点部位加厚至55cm。腹板跨中段采用50cm,支点段腹板宽度增加到75cm。借鉴设计经验,由于设置防撞护栏,箱梁顶板翼缘端部厚度取15cm,根部厚度取55cm。为减缓转角处的应力集中并利于脱模,在箱梁内部四角均设置承托,翼缘则采用二次加腋。考虑局部承压需要,在一联主梁的两端各设置50cm厚的横隔板,中墩墩顶的主梁内各设置80cm厚的横隔板,横隔板上设过人洞。

主梁横截面构造如图7-2所示。

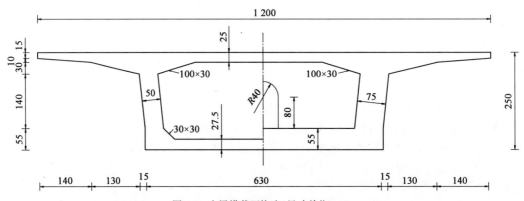

图7-2 主梁横截面构造(尺寸单位:cm)

四、主梁截面几何特性计算

本例主梁毛截面几何特性采用节线法计算。所谓节线法就是把一个截面在宽度方向发生变化处用节线截开(其中在有突变处要再加取一条),这样可得到一个个梯形,按梯形分别计算其截面特性,再进行累加及偏移等一些综合运算,就可得到整个截面的几何特性。关于节线法的计算原理在其他参考书中可查到详细资料,此处不再赘述。下面给出本例一般截面及支点截面的节线划分情况,见表7-1。

主梁一般截面及支点截面节线　　　　表7-1

节线号	一般截面		支点截面	
	高(mm)	宽(mm)	高(mm)	宽(mm)
1	0	6 300	0	6 300
2	275	6 300	550	6 300
3	276	1 550	551	1 500
4	550	1 000	1 950	1 500
5	1 950	1 000	2 250	5 550
6	2 250	5 550	2 251	9 200
7	2 251	9 200	2 350	12 000
8	2 350	12 000	2 500	12 000
9	2 500	12 000		

当计算图式为超静定结构时,结构的作用效应按刚度分配,因而必须先计算出各节点截面几何特性。按节线法计算的主梁混凝土毛截面几何特性见表7-2。

主梁毛截面几何特性　　　　　　　表 7-2

截 面 位 置	面积(m^2)	惯性矩(m^4)	重心距下缘(m)
一般截面	7.554	6.928	1.469
支点截面	9.776	8.346	1.347

主梁施工内力与导梁的构造及力学参数密切相关。本例根据第二章第二节之五的导梁构造要求,取导梁长度为 25m,将导梁简化为两个工字钢截面,如图 7-3 所示,其节线划分见表 7-3。

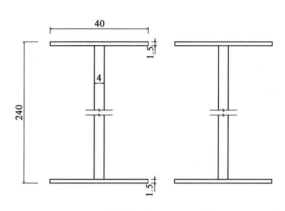

图 7-3　导梁简化截面构造(尺寸单位:cm)

导 梁 节 线 划 分　　　　　　　表 7-3

节　线　号	高(mm)	宽(mm)
1	0	800
2	15	800
3	16	80
4	2 385	80
5	2 386	800
6	2 400	800

按节线法计算得:导梁截面面积 $A = 0.213\,6\,m^2$,惯性矩 $I = 0.123\,m^4$,故导梁与主梁(按一般截面考虑)的刚度比为:$E_s I_s / E_c I_c = 1.95 \times 10^5 \times 0.123/(3.5 \times 10^4 \times 6.928) = 1/10.11$,导梁与主梁自重比为:$\gamma = 0.213\,6 \times 78.5/216.16 = 0.077\,6$。

第二节　结构有限元建模

按照第二章第三节设计步骤和结构有限元建模的相关内容,对于顶推施工的预应力混凝土连续梁桥,采用有限元进行结构计算可按两阶段建模,第一阶段建模(记为有限元模型 1)是为了估算预应力钢束数量;根据钢束估算量,配置预应力钢束,并考虑施工过程与结构体系及截面特性的匹配关系,形成第二阶段模型(记为有限元模型 2),然后进行相应的计算和验算。以下详细介绍有限元模型 1 的建模情况。

由于顶推施工工况比较复杂,为了准确计算施工作用效应,必须合理划分主梁单元,明确施工阶段,客观描述各施工过程的边界条件并精确模拟各施工阶段的作用情况。

一、结构离散

结构离散是将结构进行单元划分。单元划分是结构计算的起点,划分的恰当与否,直接关系到计算的精度和效率。考虑顶推施工具体情况与计算要求,单元划分宜遵守以下几条原则:

(1)成桥状态墩顶及跨中等特殊位置应设置节点。

(2)每一现浇顶推主梁节段应划分成等长度的整数单元。

(3)为了能够更好地模拟施工状况,单元长度不宜太大。

根据以上三条原则,确定钢导梁和主梁单元长度均为 2.5m。钢导梁长为 25m,刚好配合了单元的划分,可划分为 10 个单元,节点号为 1~11。主梁全长为 180m,划分为 72 个单元,节点号为 11~83,全桥单元划分如图 7-4 所示。

图 7-4 全桥单元划分

将坐标原点取在 1 号节点,得到钢导梁和主梁各节点坐标见表 7-4。

节点坐标(单位:m)　　　　　　　　　表 7-4

节点号	1	2	3	4	5	6	7	8	9	10	11	12	13	14
x 坐标	0	2.5	5	7.5	10	12.5	15	17.5	20	22.5	25	27.5	30	32.5
节点号	15	16	17	18	19	20	21	22	23	24	25	26	27	28
x 坐标	35	37.5	40	42.5	45	47.5	50	52.5	55	57.5	60	62.5	65	67.5
节点号	29	30	31	32	33	34	35	36	37	38	39	40	41	42
x 坐标	70	72.5	75	77.5	80	82.5	85	87.5	90	92.5	95	97.5	100	102.5
节点号	43	44	45	46	47	48	49	50	51	52	53	54	55	56
x 坐标	105	107.5	110	112.5	115	117.5	120	122.5	125	127.5	130	132.5	135	137.5
节点号	57	58	59	60	61	62	63	64	65	66	67	68	69	70
x 坐标	140	142.5	145	147.5	150	152.5	155	157.5	160	162.5	165	167.5	170	172.5
节点号	71	72	73	74	75	76	77	78	79	80	81	82	83	
x 坐标	175	177.5	180	182.5	185	187.5	190	192.5	195	197.5	200	202.5	205	

二、施工阶段

本例顶推方向从 1 号台向 0 号台进行,在 1 号台后 20m 范围内为混凝土梁段预制场地。主梁顶推节段的划分为 10m + 5m + 15 × 10m + 5m + 10m,标准节段长为 10m。这样的节段划分方式刚好满足了前面已提到过的节段划分要求。

计算施工过程效应时采用与顶推节段划分相应的模式,共分 100 个施工阶段,顶推过程模拟时按主梁单元划分每 2.5m 向前顶推一次。其中,第 1 施工阶段包括安装导梁及台后设施,浇筑第一节段梁体混凝土,并进行该节段预应力钢束的张拉、锚固及孔道压浆等工序,此时导梁跨过桥台的长度为25m,见表7-5中浇筑第一节段10m;第2施工阶段向前顶推2.5m,见表7-5中顶推1-1;第3施工阶段再向前顶推2.5m,此时导梁前端即将搭上第一个桥墩,即导梁处于最大悬臂状态,见表7-5中顶推1-2P;第4~96施工阶段按单元划分的情况向前顶推,其中第83施工阶段导梁前端刚好搭上对面桥台,第96施工阶段全桥各梁段就位,导梁全部跨过对面桥台;第97施工阶段拆除临时墩;第98施工阶段拆除导梁;第99阶段张拉后期束;第100施工阶段进行桥面铺装。全部施工阶段划分见表7-5。

施 工 阶 段 划 分 表7-5

施工阶段号	安装单元	施工周期	施 工 描 述	施工阶段号	安装单元	施工周期	施 工 描 述
1	1~14	10d	浇筑第1节段10m	30		12d	顶推6-4
2		0	顶推1-1	31	33~36	10d	浇筑第7节段10m
3		0	顶推1-2P	32		0	顶推7-1
4		0	顶推1-2	33		0	顶推7-2
5		0	顶推1-3	34		0	顶推7-3
6		12d	顶推1-4	35		12d	顶推7-4
7	15~16	10d	浇筑第2节段5m	36	37~40	10d	浇筑第8节段10m
8		0	顶推2-1	37		0	顶推8-1
9		12d	顶推2-2	38		0	顶推8-2
10	17~20	10d	浇筑第3节段10m	39		0	顶推8-3
11		0	顶推3-1	40		12d	顶推8-4
12		0	顶推3-2	41	41~44	10d	浇筑第9节段10m
13		0	顶推3-3	42		0	顶推9-1
14		12d	顶推3-4	43		0	顶推9-2
15	21~24	10d	浇筑第4节段10m	44		0	顶推9-3
16		0	顶推4-1	45		0	顶推9-4P
17		0	顶推4-2	46		12d	顶推9-4
18		0	顶推4-3	47	45~48	10d	浇筑第10节段10m
19		12d	顶推4-4	48		0	顶推10-1
20	25~28	10d	浇筑第5节段10m	49		0	顶推10-2
21		0	顶推5-1	50		0	顶推10-3
22		0	顶推5-2	51		12d	顶推10-4
23		0	顶推5-3	52	49~52	10d	浇筑第11节段10m
24		0	顶推5-4P	53		0	顶推11-1
25		12d	顶推5-4	54		0	顶推11-2
26	29~32	10d	浇筑第6节段10m	55		0	顶推11-3
27		0	顶推6-1	56		12d	顶推11-4
28		0	顶推6-2	57	53~56	10d	浇筑第12节段10m
29		0	顶推6-3	58		0	顶推12-1

续上表

施工阶段号	安装单元	施工周期	施工描述	施工阶段号	安装单元	施工周期	施工描述
59		0	顶推12-2	80		0	顶推16-2
60		0	顶推12-3	81		0	顶推16-3
61		12d	顶推12-4	82		0	顶推16-4P
62	57~60	10d	浇筑第13节段10m	83		12d	顶推16-4
63		0	顶推13-1	84	73~76	10d	浇筑第17节段10m
64		0	顶推13-2	85		0	顶推17-1
65		0	顶推13-3	86		0	顶推17-2
66		0	顶推13-4P	87		0	顶推17-3
67		12d	顶推13-4	88		12d	顶推17-4
68	61~64	10d	浇筑第14节段10m	89	77~78	10d	浇筑第18节段5m
69		0	顶推14-1	90		0	顶推18-1
70		0	顶推14-2	91		12d	顶推18-2
71		0	顶推14-3	92	79~82	10d	浇筑第19节段10m
72		12d	顶推14-4	93		0	顶推19-1
73	65~68	10d	浇筑第15节段10m	94		0	顶推19-2
74		0	顶推15-1	95		0	顶推19-3
75		0	顶推15-2	96		12d	顶推19-4
76		0	顶推15-3	97		10d	拆除临时墩
77		12d	顶推15-4	98		10d	拆除导梁
78	69~72	10d	浇筑第16节段10m	99		10d	张拉后期束
79		0	顶推16-1	100		10d	桥面铺装

注：第98施工阶段拆除导梁时即要将第1~10号单元拆除掉。

表7-5中，整个顶推施工过程考虑了先浇筑顶推段混凝土再进行相应阶段顶推。现以浇筑第一顶推节段混凝土并向前顶推为例。在装配导梁、预制平台、顶推设施及临时墩设置完成后，开始第1施工阶段第一顶推节段10m混凝土浇筑，张拉、锚固预应力钢束并进行孔道压浆，施工周期为10d。然后开始第2施工阶段第一次向前顶推2.5m，施工过程描述为顶推1-1；但考虑到第二次对第一顶推节段向前顶推2.5m时，导梁前端恰好搭上4号墩，为了模拟钢导梁处于最大悬臂状态这一特殊工况，为此分为两个施工阶段模拟，即第3施工阶段施工过程描述为顶推1-2P，此时导梁处于最大悬臂状态，第4施工阶段施工过程描述为顶推1-2，此时导梁刚搭上4号墩；第5施工阶段第三次向前顶推2.5m，施工过程描述为顶推1-3；第6施工阶段第四次向前顶推2.5m，此时，将第一顶推节段分四次顶推完毕。浇筑每一个顶推节段的施工周期为10d，顶推每一个主梁节段周期为12d，为了模拟方便，将顶推周期12d统一放在相应顶推节段顶推过程的最后一个施工阶段来考虑，如第2、3、4、5施工阶段施工周期为0d，第6施工阶段施工周期为12d，其余阶段以此类推。

三、边界条件

有限元模型建立过程中,边界条件的模拟至关重要,直接关系到施工过程及成桥阶段内力和位移的大小。因此,必须充分重视结构体系边界约束情况。

实际施工过程中,混凝土主梁节段在预制台座上浇筑,主梁节段与台座之间是面接触,为便于计算,模拟为临时墩,即预制平台对预制主梁节段的支承简化为两个临时墩。1号台和4号墩之间设置四个临时墩。所有临时墩在桥台两侧分5m等间距布置。在第1施工阶段,导梁全部位于1号台与4号墩之间的四个临时墩支承上,第一顶推主梁节段施工(含混凝土浇筑、预应力钢束的张拉和锚固及孔道压浆等)完成且与导梁匹配安装后,导梁和第一个主梁节段有6个临时支承和1个永久支承,6个临时支承分别位于节点3、5、7、9、13和15处,应在这些节点施加竖向线位移约束;11号节点在桥台处,应施加水平、竖向及横桥向线位移约束,此外还应施加竖向及纵桥向的转角位移约束(按右手螺旋法则考虑,以下类似)。第3施工阶段末,梁段已向前顶推了5m,此时导梁处于最大悬臂状态,1号节点不施加任何约束,节点5、7、9、11和15位于临时墩处,应施加竖向线位移约束,13号节点位于1号桥台支承处,应施加水平、竖向及横桥向线位移约束,以及竖向和纵桥向转角位移约束。第4施工阶段,1号节点通过4号墩,此时导梁结束最大悬臂状态,所以应在第3施工阶段边界条件的基础上,再在1号节点处施加竖向线位移约束。第5施工阶段到第96施工阶段的边界条件与前述类似,即每2.5m一个顶推阶段,在临时墩和中间墩处的节点施加竖向线位移约束,在顶推侧桥台处施加水平、竖向、横桥向线位移约束以及竖向和纵桥向的转角位移约束。第97施工阶段,梁体已顶推完毕,应拆除临时墩,完成体系转换,此时应在两侧桥台及中间1、2和4号墩(对应于11、23、55、71和83号节点)施加竖向线位移约束,在2号墩(39号节点)施加水平、竖向、横桥向线位移约束以及竖向和纵桥向转角位移约束。最后三个施工阶段的边界条件与第97施工阶段边界条件相同。各施工阶段示意及相应的边界条件见表7-6。

各施工阶段及相应的边界条件 表7-6

施工阶段	施工内容及相应的边界条件
1	
2	
4	
5	
6	
7	
25	
67	

续上表

施工阶段	施工内容及相应的边界条件
83	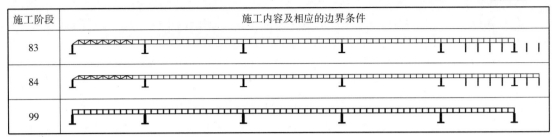
84	
99	

四、作用模拟

根据第二章第四节或《通规(2015 年)》4.1.1 条,公路桥涵设计采用的作用分为永久作用、可变作用、偶然作用和地震作用四类,本例不考虑偶然作用和地震作用。以下作用均以标准值计。

(一) 永久作用

本例永久作用包括结构重力(含结构附加重力)、预加力、混凝土收缩及徐变作用和基础变位作用,可分别按照第二章第四节之一或《通规(2015 年)》4.2.1 条、4.2.2 条、4.2.4 条和 4.2.6 条计算。

1. 结构重力

一期结构重力集度仅按主梁跨中截面考虑,横隔板及相应的承托待主梁全部顶推就位后计入(横隔板及相应的承托只影响支反力,不影响主梁弯矩及剪力)。各单元结构重力可由软件按实际自行考虑,程序根据前面列出的节线输入数据及所采用的材料能自动计算得到。

一期主梁结构重力集度:

$$q_1 = 216.16 \text{kN/m}$$

二期结构重力主要是桥面铺装和栏杆等,全桥可按均布力作用计算。本例桥面铺装采用 8cm 厚沥青混凝土,单侧栏杆按每延米 0.301m³ 混凝土计。

二期结构重力集度:

桥面铺装

$$q_{21} = 25 \times 0.08 \times 11 = 22(\text{kN/m})$$

防撞护栏

$$q_{22} = 0.301 \times 25 \times 2 = 15.05(\text{kN/m})$$

总集度

$$q_2 = q_{21} + q_{22} = 37.05(\text{kN/m})$$

2. 预加力

本例采用顶推法施工,施工中使用连接器将需要连接的预应力直钢束连接起来。预加力作用的模拟可采用第二章第四节或《通规(2015 年)》4.2.2 条的有关要求加以处理。

第一阶段建模的目的是估算预应力钢束,故没有预应力钢束输入。预应力钢束估算及布置完成后,在第二阶段建模时输入钢束相关信息。

3. 混凝土收缩及徐变作用

每个节段施工周期按 22d 考虑，每个单元混凝土加载龄期为 7d，混凝土收缩徐变总天数为 1 000d。

4. 基础变位作用

根据墩台基础地质情况并考虑施工因素，边支座沉降 0.6cm，中支座沉降 0.9cm。考虑到各排支座均有可能发生沉降，故至少有 1 排支座发生沉降，最多为 6 排支座均同时发生沉降，基础变位总工况详见本章第三节。

(二) 可变作用

可变作用包括汽车荷载、汽车冲击力、人群荷载、温度作用等 12 种。本例为高速公路桥梁，没有人群荷载，所以可变作用仅包括汽车荷载、汽车冲击力和温度梯度作用，其他作用在本实例主梁设计中可不予考虑。

1. 汽车荷载

汽车荷载可按第二章第四节介绍的方法，或根据《通规(2015 年)》4.3.1 条，当车辆单向行驶，桥面宽度大于或等于 10.5m 且小于 14m 时，按 3 车道布载，具体沿横桥向箱梁顶板中心对称布置，计算时考虑折减系数为 0.78，且同时考虑汽车偏载及箱梁扭转作用，将汽车荷载内力提高 10%，即乘以系数 1.1，得计算车道系数为 2.574。另外，根据表 2 – 15，本例桥梁计算跨径小于 150m，不考虑纵向折减。

2. 汽车冲击力

根据《通规(2015 年)》4.3.2 条规定，预应力混凝土桥的上部结构及盆式橡胶支座应计算汽车的冲击作用。

根据《通规(2015 年)》4.3.2 条的条文说明，连续梁桥基频计算公式为：

$$\left. \begin{array}{l} f_1 = \dfrac{13.616}{2\pi l^2}\sqrt{\dfrac{EI_c}{m_c}} \\[2mm] f_2 = \dfrac{23.651}{2\pi l^2}\sqrt{\dfrac{EI_c}{m_c}} \end{array} \right\} \tag{7-1}$$

式中：l——结构的计算跨径(m)；

E——结构材料的弹性模量(N/m^2)；

I_c——结构跨中处截面的截面惯性矩(m^4)；

m_c——结构跨中处的单位长度质量(kg/m)。

本设计中，取 $l = 40m$，$E = 3.45 \times 10^4 MPa$，$I_c = 6.928m^4$，$m_c = 20\ 020.8 kg/m$。

计算连续梁的冲击力引起的正弯矩效应和剪力效应时，采用 f_1；计算连续梁的冲击力引起的负弯矩效应时，采用 f_2。

根据《通规(2015 年)》4.3.2 条，冲击系数 μ 可按式(7-2)计算：

$$\left.\begin{array}{l}\text{当} f < 1.5\,\text{Hz 时}, \mu = 0.05\,; \\ \text{当} 1.5\,\text{Hz} \leqslant f \leqslant 14\,\text{Hz 时}, \mu = 0.176\,7\ln f - 0.015\,7\,; \\ \text{当} f > 14\,\text{Hz 时}, \mu = 0.45\,。\end{array}\right\} \quad (7\text{-}2)$$

式中：f——结构基频（Hz）。

根据以上数据可计算本例结构基频及冲击系数，结果见表 7-7。

结构基频及冲击系数   表 7-7

项　目	结 构 基 频	冲 击 系 数
正弯矩效应	4.679 9	0.257 0
负弯矩效应	8.129 0	0.354 6

根据计算的结构基频，由第二章第四节或《通规（2015 年）》4.3.2 条第 5 款即可得到冲击系数 μ，而汽车荷载冲击力标准值为汽车荷载标准值乘以冲击系数 μ。

3. 温度作用

本设计温度作用按《通规（2015 年）》4.3.12 条规定取值，桥面铺装采用 8cm 厚沥青混凝土，混凝土上部结构的竖向日照反温差为正温差乘以 -0.5。计算桥梁结构由于梯度温度引起的效应时，可采用图 7-5 所示的竖向温度梯度曲线，其中，正温差梯度：$T_1 = 16.4\,℃$，$T_2 = 6\,℃$；反温差梯度：$T_1 = -8.2\,℃$，$T_2 = -3\,℃$。

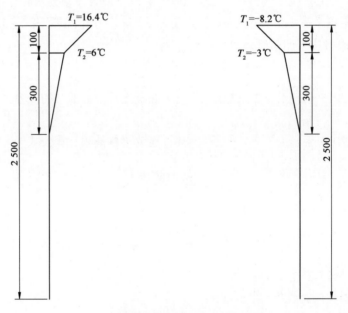

图 7-5　竖向温度梯度模式（尺寸单位：mm）

第三节　作用组合及其效应设计值估算

公路桥涵设计采用的作用分为永久作用、可变作用、偶然作用和地震作用，本例施加于主梁的作用仅考虑永久作用和可变作用，不考虑偶然作用和地震作用。配置预应力钢束之前，各种作用标准值的内力均按毛截面采用本章第二节建立的有限元模型1计算。

与前面各章类似,对于本例顶推施工的连续梁桥,在配置预应力钢筋之前,永久作用标准值的效应包括结构重力、混凝土收缩徐变作用及基础变位作用标准值的内力,可变作用标准值的效应包括汽车荷载和梯度温度作用标准值的内力,且各作用标准值的内力均可采用毛截面计算。

这里给出作用标准值的效应,一是为了直观检查所建有限元计算模型的正确性,二是对顶推施工连续梁桥的内力分布形成规律性的总体认识。

一、永久作用标准值的效应计算

(一)结构重力标准值的主梁截面内力

结构重力标准值的内力,包括主梁一期重力标准值引起的内力和二期重力标准值(如桥面铺装、栏杆等)引起的内力。根据顶推施工的特点,其中一期重力标准值引起的内力随着施工过程进行计算,二期重力标准值引起的内力按整个梁体顶推就位后将二期重力集度作用在连续梁结构体系,均按毛截面特性进行计算。另一方面,顶推施工过程中,主梁内力不断发生变化,梁段各截面会交错地出现正、负弯矩,主梁施工结构重力标准值产生的内力比最终结构体系下的内力还要不利,这就导致主梁施工过程的内力亦要参与控制设计。因此,顶推施工连续梁桥的恒载内力计算要分两个层面进行:一是计算各施工阶段内力,绘制施工过程弯矩包络图,以此来控制施工过程的配筋量;二是按成桥状态计算结构重力标准值的内力,并与其他各种作用组合的效应来控制使用阶段的配筋量,然后按实际施工过程进行配筋及验算。

1.主梁截面施工过程控制内力估算

本例施工过程共划分为100个施工阶段,每一施工阶段结构体系都在发生变化,每一施工阶段结构重力标准值产生的主梁截面内力亦有所不同。因此,应计算出每一个施工阶段主梁各截面的内力,从各个施工阶段中挑出各截面内力的最大、最小值,即可得到整个施工过程的内力控制数据,据此即可绘制施工过程主梁截面内力包络图。

对于施工过程主梁弯矩包络图中的一些特征数据,可根据第二章第五节的相关公式及图表进行估算。

(1)前伸导梁刚推过墩顶,此时可取得包络图中的最大正弯矩值:

$$M_{max}^+ = q_1 l^2 (0.933 - 2.96\gamma\beta^2)/12$$

式中:$q_1 = 216.16 \text{kN/m}$ $l = 40\text{m}$

$\gamma = 0.0776$ $\beta = 25/40 = 0.625$

$M_{max}^+ = 216.16 \times 40^2 \times (0.933 - 2.96 \times 0.0776 \times 0.625^2)/12 = 24\,304.31(\text{kN} \cdot \text{m})$

(2)前伸导梁刚达到墩顶前面,此时可取得一个最大负弯矩值:

$$M_{min} = -q_1 l^2 [6\alpha^2 + 6\gamma(1-\alpha^2)]/12$$

式中:$q_1 = 216.16 \text{kN/m}$ $l = 40\text{m}$

$\gamma = 0.0776$ $\alpha = 1 - \beta = 1 - 25/40 = 0.375$

$M_{min} = -216.16 \times 40^2 \times [6 \times 0.375^2 + 6 \times 0.0776 \times (1 - 0.375^2)]/12 = -35\,850.14(\text{kN} \cdot \text{m})$

(3)前伸导梁刚搁上墩顶,此时梁内可能再次出现最大负弯矩:
$$M_{\min} = -\mu q_1 l^2/12$$
式中:$q_1 = 216.16 \text{kN/m}$ $l = 40\text{m}$

查图 2-31 中的 K 与 β 曲线。
由 $K = E_s I_s/E_c I_c = 1/10.11 = 0.0989$ $\beta = 25/40 = 0.625$
查得: $\mu = 1.35$
$$M_{\min} = -1.35 \times 216.16 \times 40^2/12 = -38908.8(\text{kN} \cdot \text{m})$$

比较两个最大负弯矩值,取 $M_{\max}^- = \max\begin{Bmatrix} 35850.14 \\ 38908.8 \end{Bmatrix} = -38908.8(\text{kN} \cdot \text{m})$

对于弯矩包络图的平缓区段,由 $M^- = -q_1 l^2/12$ 及 $M^+ = -q_1 l^2/24$ 来估算。

即:$M^- = -q_1 l^2/12 = -216.16 \times 40^2/12 = -28821.33(\text{kN} \cdot \text{m})$
$M^+ = q_1 l^2/24 = 216.16 \times 40^2/24 = 14410.67(\text{kN} \cdot \text{m})$

2. 主梁截面施工控制内力计算及包络图

本设计施工过程内力采用软件进行计算。计算原理是把每顶推 2.5m 形成的结构体系作为一个计算体系来求出各节点(本章以下均称为截面)的内力(剪力 V 和弯矩 M),循环计算可得到整个顶推过程 72 个结构体系的内力值,将各截面在不同结构体系下的内力进行比较,挑选出最大、最小值,即可得到顶推施工过程的控制内力。由于数据太多,在此只给出第 1、7、10 和 15 施工阶段对应的截面内力,见表 7-8。

部分施工阶段主梁一期结构重力标准值产生的主梁截面内力   表 7-8

节点号(截面)	第 1 施工阶段		第 7 施工阶段		第 10 施工阶段		第 15 施工阶段	
	$V(\text{kN})$	$M(\text{kN}\cdot\text{m})$	$V(\text{kN})$	$M(\text{kN}\cdot\text{m})$	$V(\text{kN})$	$M(\text{kN}\cdot\text{m})$	$V(\text{kN})$	$M(\text{kN}\cdot\text{m})$
1	0	0	0	0	0	0	0	0
2	41.92	-52.4	41.92	-52.4	41.92	-52.4	41.92	-52.4
3	-86.49	-209.6	-96.07	-209.6	83.84	-209.6	83.84	-209.6
4	-44.57	-45.62	-54.16	-21.81	125.76	-471.59	125.76	-471.59
5	-28.64	13.55	-12.24	61.18	-183	-838.38	167.68	-838.38
6	13.27	32.07	29.68	39.38	-141.08	-433.28	209.6	-1309.97
7	-50.44	-54.21	-59.24	-87.23	-99.16	-132.98	251.51	-1886.36
8	-8.52	22.14	-17.32	8.47	-57.24	62.52	293.43	-2567.54
9	-21.1	-6.31	-18.08	-0.63	25.89	153.23	-808.07	-3353.52
10	20.82	-15.84	23.84	-7.84	67.81	36.11	-766.15	-1385.74
11	-562.08	-130.16	-558.05	-119.85	-568.35	-185.8	-724.23	477.24
12	48.88	491.59	52.91	511.57	42.62	471.36	-113.24	1524.1

续上表

节点号 (截面)	第1施工阶段		第7施工阶段		第10施工阶段		第15施工阶段	
	V(kN)	M(kN·m)	V(kN)	M(kN·m)	V(kN)	M(kN·m)	V(kN)	M(kN·m)
13	−567.77	−385.97	−545.63	−356.32	−541.83	−370.8	−300.83	1 071.65
14	−60.24	412.03	−38.08	358.76	−34.28	334.78	206.83	1 174.46
15	411.89	0	−499.36	−136.2	−469.59	−169.69	−429.31	67.22
16			−27.24	522.06	2.53	414.14	42.81	550.34
17			444.88	0	−453.38	−182.34	−441	−146.84
18					18.74	360.95	31.12	365.52
19					−533.28	−276.06	−498.01	−302.43
20					−61.13	466.99	−25.87	352.44
21					446.44	0	−537.52	−202.73
22							39.61	433.84
23							−691.13	−428.9
24							−80.14	535.2
25							496.98	0

从各施工阶段内力值中挑选出各截面出现过的最大、最小内力值,作为该截面在整个施工过程的内力控制值,这样就可以得到施工过程主梁截面的控制内力,计算结果见表7-9。

施工过程主梁截面控制内力 表7-9

节点号 (截面)	V_{max} (kN)	M_{max} (kN·m)	V_{min} (kN)	M_{min} (kN·m)	节点号 (截面)	V_{max} (kN)	M_{max} (kN·m)	V_{min} (kN)	M_{min} (kN·m)
11	419.19	14 155.1	−3 039.69	−5 239.88	20	4 174.03	23 895.74	−4 147.37	−37 048.12
12	1 030.16	17 192.14	−2 976.5	−7 051.57	21	4 378.52	23 451.47	−4 223.11	−37 985.84
13	1 607.11	19 884.66	−2 987.07	−10 362.57	22	4 591.6	22 430.12	−4 332.6	−37 719.09
14	2 114.22	21 606.35	−3 105.64	−15 030.66	23	4 781.38	21 305.34	−4 272.54	−36 684.72
15	2 587.31	23 055.62	−3 301.21	−20 908.78	24	4 927.93	19 807.13	−4 066.97	−35 481.24
16	3 059.43	23 916.03	−3 534.66	−27 967.2	25	5 011.18	18 084.25	−3 821.89	−34 630.62
17	3 531.55	24 324.48	−3 807.78	−36 205.94	26	5 003.45	17 395.24	−3 789.55	−34 295.56
18	3 646	24 491.67	−4 305.01	−31 317.88	27	4 938.46	15 776.02	−3 814.15	−34 159.36
19	3 939.56	24 187.94	−3 994.05	−34 774.78	28	4 832.29	14 370.7	−3 843.41	−33 647.75

续上表

节点号 (截面)	V_{max} (kN)	M_{max} (kN·m)	V_{min} (kN)	M_{min} (kN·m)	节点号 (截面)	V_{max} (kN)	M_{max} (kN·m)	V_{min} (kN)	M_{min} (kN·m)
29	4 688.76	13 857.6	−3 859.66	−32 822.25	57	4 090.88	17 607.22	−3 491.33	−21 010
30	4 536.43	14 765.9	−3 865.52	−31 692.35	58	4 077.59	17 032.7	−2 890.2	−20 839.01
31	4 385.22	15 302.56	−3 861.76	−30 253.12	59	4 036.13	16 455.32	−2 614.93	−20 740.32
32	4 241.24	14 427.34	−3 848.46	−28 523.98	60	3 992.19	15 892.73	−2 601.38	−20 654.08
33	4 120.26	12 897.43	−3 825.56	−28 918.92	61	3 950.4	15 318.66	−2 595.12	−20 596.43
34	4 033.85	13 660.09	−3 876.51	−27 817.54	62	3 906.73	14 747.17	−2 592.16	−20 512.55
35	3 983.02	14 381.39	−3 876.48	−27 118.8	63	3 863.2	15 303.72	−2 580.33	−20 415.18
36	3 954.99	15 218.05	−3 880.74	−27 057.01	64	3 820.21	14 767.23	−2 568.83	−20 299.13
37	3 964.1	16 131.06	−3 852.95	−27 007.09	65	3 778.82	12 932.65	−2 562.99	−20 179.18
38	4 160.99	16 979.21	−3 765.29	−26 901.03	66	3 740.46	10 442.5	−2 560.55	−20 085.23
39	4 865.32	17 626.9	−3 654.85	−31 993.24	67	3 706.12	6 772.04	−2 565.86	−20 046.9
40	3 977.36	18 053.06	−4 094.01	−26 117.37	68	3 676.52	1 921.28	−2 600.92	−20 102.98
41	4 080.27	18 286.93	−3 498.19	−26 572.02	69	3 684.66	877.21	−2 656.87	−20 251.78
42	4 097.44	17 546.39	−3 512.21	−26 916.05	70	4 025.52	920.24	−2 694.73	−20 387.2
43	4 073.72	16 829.91	−3 561.65	−27 152.19	71	4 729.83	950.57	−2 688.09	−29 282.24
44	4 057.96	16 361.52	−3 604.97	−27 425.33	72	782.59	933.88	−3 940.59	−18 551.27
45	4 050.5	15 837.04	−3 648.91	−27 726.18	73	700.95	855.16	−3 270.16	−9 551.17
46	4 032.13	15 311.88	−3 693.57	−27 906.08	74	640.05	813.01	−2 669.1	−2 687.5
47	4 025.71	15 030.92	−3 734.37	−28 151.56	75	631.09	3 830.15	−2 105.57	−302.7
48	4 017.49	15 054.05	−3 777.9	−28 357.17	76	613.54	8 388.14	−1 540.82	−590.15
49	4 003.77	15 406.68	−3 820.89	−28 494.39	77	597.95	11 534.26	−976.07	−161.55
50	3 981.69	15 989.5	−3 862.27	−28 536.77	78	527.64	13 268.52	−411.33	−590.15
51	3 950.67	16 619.84	−3 900.64	−28 473.83	79	500.78	13 590.9	0	−173.49
52	3 913.31	17 225.46	−3 934.98	−28 315.75	80	718.17	12 501.41	28.92	−303.61
53	3 908.11	17 815.75	−3 927.1	−28 100.5	81	1 317.99	9 970.33	80.41	−347.84
54	4 093.29	18 217.76	−3 848.97	−27 918.57	82	1 988.09	5 850.6	−75.18	−763.72
55	4 797.61	18 317.28	−3 737.82	−31 993.43	83	2 692.04	0	0	0
56	4 037.19	18 098.93	−4 161.79	−21 184.76					

根据表 7-9 的施工过程主梁截面控制内力，即可绘出施工过程主梁截面弯矩包络图，如图 7-6 所示。由图 7-6 可以看出，最大正弯矩出现在顶推前进方向的最后一跨，而最大负弯矩则出现在该跨的左支点附近。

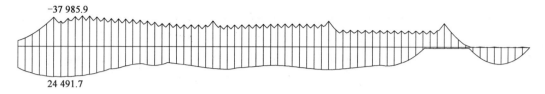

图 7-6 施工过程主梁截面弯矩包络图(单位:kN·m)

现将软件计算所得施工过程主梁截面控制内力与前面估算的结果一并列于表 7-10,以便分析两者的差异。

软件计算与公式估算值比较   表 7-10

项　　目	M_{max}	M_{min}
公式估算值(kN·m)	24 304.31	-38 908.80
软件计算值(kN·m)	24 491.67	-37 985.94
相对误差(%)	0.76	2.43

由表 7-10 可见,软件计算结果与公式估算值相差基本上不超过 2.5%,可认为软件计算结果是稳定、可靠的。

以上即为全部施工过程的主梁截面内力分析与计算过程,且只考虑一期结构重力标准值产生的内力。

3. 使用阶段主梁结构重力标准值产生的主梁截面内力

使用阶段结构重力标准值产生的主梁截面内力可采用一次落架施工模型,包括一期及二期结构重力效应,计算结果见表 7-11。

使用阶段结构重力标准值作用下的主梁截面内力   表 7-11

节点号(截面)	V (kN)	M (kN·m)	节点号(截面)	V (kN)	M (kN·m)	节点号(截面)	V (kN)	M (kN·m)
11	-2 692.0	0.0	24	-4 025.6	-18 339.5	38	4 161.7	-20 709.4
12	-1 988.0	5 850.4	25	-3 354.9	-9 125.1	39左	4 865.3	-31 993.2
13	-1 317.9	9 969.9	26	-2 756.0	-1 499.4	39右	-4 797.6	-31 993.2
14	-718.1	12 500.8	27	-2 191.3	4 684.7	40	-4 093.3	-20 878.7
15	-153.3	13 590.1	28	-1 626.5	9 457.0	41	-3 422.6	-11 495.1
16	411.4	13 267.5	29	-1 061.8	12 817.4	42	-2 823.7	-3 700.1
17	976.2	11 533.0	30	-497.0	14 765.9	43	-2 259.0	2 653.3
18	1 540.9	8 386.7	31	67.7	15 302.6	44	-1 694.2	7 594.8
19	2 105.7	3 828.5	32	632.5	14 427.3	45	-1 129.5	11 124.5
20	2 669.2	-2 141.6	33	1 197.2	12 140.3	46	-564.7	13 242.3
21	3 270.3	-9 553.3	34	1 762.0	8 441.3	47	0.0	13 948.2
22	3 940.7	-18 553.6	35	2 326.7	3 330.5	48	564.8	13 242.3
23左	4 644.3	-29 284.8	36	2 890.1	-3 192.2	49	1 129.5	11 124.5
23左	-4 729.9	-29 284.8	37	3 491.3	-11 156.5	50	1 694.3	7 594.8

续上表

节点号(截面)	V (kN)	M (kN·m)	节点号(截面)	V (kN)	M (kN·m)	节点号(截面)	V (kN)	M (kN·m)
51	2 259.0	2 653.2	62	-632.5	14 428.3	73	-3 269.3	-9 551.2
52	2 822.5	-3 700.2	63	-67.8	15 303.7	74	-2 670.3	-2 139.7
53	3 423.6	-11 495.2	64	497.0	14 767.2	75	-2 105.6	3 830.2
54	4 094.0	-20 878.9	65	1 061.7	12 818.9	76	-1 540.8	8 388.1
55左	4 797.6	-31 993.4	66	1 626.5	9 458.7	77	-976.1	11 534.3
55右	-4 865.4	-31 993.4	67	2 191.2	4 686.6	78	-411.3	13 268.5
56	-4 161.1	-20 709.5	68	2 754.7	-1 497.4	79	153.4	13 590.9
57	-3 490.4	-11 156.4	69	3 355.8	-9 123.0	80	717.8	12 501.4
58	-2 891.5	-3 191.9	70	4 026.2	-18 337.2	81	1 318.4	9 970.3
59	-2 326.8	3 331.0	71左	4 729.8	-29 282.2	82	1 988.4	5 850.6
60	-1 762.0	8 442.0	71右	-4 644.2	-29 282.2	83	2 692.0	0.0
61	-1 197.3	12 141.1	72	-3 939.9	-18 551.3			

根据表 7-11 可绘制相应的主梁截面内力分布,如图 7-7 所示。

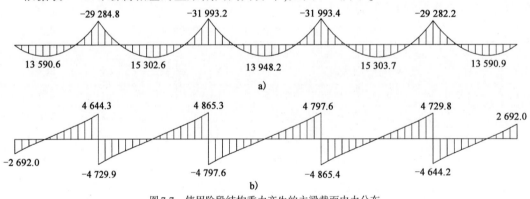

图 7-7 使用阶段结构重力产生的主梁截面内力分布
a) 弯矩(单位:kN·m);b) 剪力(单位:kN)

(二)混凝土徐变收缩作用标准值的主梁截面次内力

混凝土徐变、收缩与混凝土的组成材料及配合比、周围环境的温度、湿度、构件截面形式、混凝土养护条件以及混凝土的龄期等因素有关,计算方法详见第二章第六节。

进行配筋估算之前,由于钢束未知,因而仅计算结构重力作用下混凝土徐变收缩标准值产生的主梁截面次内力。本例混凝土加载龄期为 7d,终止龄期为 1 000d,混凝土徐变收缩标准值的主梁截面次内力计算结果见表 7-12,相应的次内力分布如图 7-8 所示。

混凝土徐变收缩标准值的主梁截面次内力　　　　表7-12

节点号(截面)	V (kN)	M (kN·m)	节点号(截面)	V (kN)	M (kN·m)	节点号(截面)	V (kN)	M (kN·m)
11	8.29	0	35	0.3	−257.56	59	12.65	−246.07
12	8.28	−20.71	36	0.3	−258.31	60	12.65	−277.7
13	8.28	−41.42	37	0.3	−259.06	61	12.65	−309.33
14	8.28	−62.14	38	0.3	−259.81	62	12.65	−340.96
15	8.28	−82.85	39左	0.3	−260.56	63	12.65	−372.59
16	8.28	−103.56	39右	−3.53	−260.56	64	12.65	−404.22
17	8.28	−124.27	40	−3.52	−251.75	65	12.65	−435.85
18	8.28	−144.98	41	−3.52	−242.94	66	12.65	−467.48
19	8.28	−165.7	42	−3.53	−234.13	67	12.65	−499.11
20	8.28	−186.41	43	−3.53	−225.31	68	12.65	−530.74
21	8.28	−207.12	44	−3.53	−216.5	69	12.65	−562.37
22	8.28	−227.83	45	−3.53	−207.69	70	12.65	−593.99
23左	8.28	−248.54	46	−3.53	−198.87	71左	12.65	−625.62
23右	0.3	−248.54	47	−3.53	−190.06	71右	−20.85	−625.62
24	0.3	−249.3	48	−3.53	−181.25	72	−20.85	−573.49
25	0.3	−250.05	49	−3.53	−172.44	73	−20.84	−521.35
26	0.3	−250.8	50	−3.53	−163.62	74	−20.85	−469.22
27	0.3	−251.55	51	−3.53	−154.81	75	−20.85	−417.08
28	0.3	−252.3	52	−3.52	−146	76	−20.85	−364.95
29	0.3	−253.05	53	−3.52	−137.18	77	−20.85	−312.81
30	0.3	−253.8	54	−3.53	−128.37	78	−20.85	−260.68
31	0.3	−254.55	55左	−3.53	−119.56	79	−20.85	−208.54
32	0.3	−255.31	55右	12.65	−119.56	80	−20.84	−156.41
33	0.3	−256.06	56	12.65	−151.19	81	−20.85	−104.27
34	0.3	−256.81	57	12.65	−182.82	82	−20.85	−52.14
35	0.3	−257.56	58	12.65	−214.45	83	−20.85	0

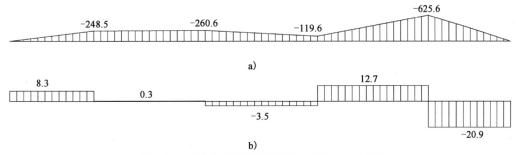

图7-8　混凝土徐变收缩标准值的主梁截面次内力分布
a)弯矩(单位:kN·m);b)剪力(单位:kN)

(三)基础变位作用标准值的主梁截面次内力

墩台基础沉降或人工调整支座位移都可能使连续梁桥产生次内力。墩台基础(支座)沉降从理论上来讲具有多种可能,本设计有6个墩台,共有$2^6-1=63$种沉降工况,详见表7-13。

墩台变位工况组合 表7-13

工况	类型	工况组合 11	23	39	55	71	83	工况	类型	工况组合 11	23	39	55	71	83
1	单支座沉降	√						33	双支座沉降	√	√				
2			√					34		√		√			
3				√				35		√			√		
4					√			36		√				√	
5						√		37		√					√
6							√	38			√	√			
7	三支座沉降	√	√	√				39			√		√		
8		√	√		√			40			√			√	
9		√	√			√		41			√				√
10		√	√				√	42				√	√		
11		√		√	√			43				√		√	
12		√		√		√		44				√			√
13		√		√			√	45					√	√	
14		√			√	√		46					√		√
15		√			√		√	47						√	√
16		√				√	√	48	四支座沉降		√	√	√		
17			√	√	√			49			√	√		√	
18			√	√		√		50			√	√			√
19			√	√			√	51			√		√	√	
20			√		√	√		52			√		√		√
21			√		√		√	53		√			√	√	
22			√			√	√	54		√			√		√
23				√	√	√		55		√				√	√
24				√	√		√	56		√		√	√		
25				√		√	√	57		√	√			√	
26					√	√	√	58		√	√				√
27	五支座沉降		√	√	√	√		59		√		√		√	
28		√		√	√	√		60		√		√			√
29		√	√		√	√		61		√	√	√			
30		√	√	√		√		62		√	√		√		
31		√	√	√	√		√	63	六支座沉降	√	√	√	√	√	√
32		√	√	√	√	√									

根据各种可能发生的墩台沉降情况进行次内力计算,取各主梁截面次内力最不利值,结果列于表7-14。

基础变位标准值的主梁截面次内力包络值 表7-14

节点号（截面）	V_{max}（kN）	V_{min}（kN）	M_{max}（kN·m）	M_{min}（kN·m）	节点号（截面）	V_{max}（kN）	V_{min}（kN）	M_{max}（kN·m）	M_{min}（kN·m）
11	229.35	-267.74	0	0	48	405.81	-405.81	2 784.96	-3 012.81
12	229.31	-267.69	669.36	-573.37	49	405.81	-405.81	2 903.15	-3 131
13	229.24	-267.62	1 338.71	-1 146.74	50	405.81	-405.81	3 544.57	-3 772.41
14	229.35	-267.74	2 008.07	-1 720.1	51	405.81	-405.81	4 185.98	-4 413.83
15	229.35	-267.74	2 677.42	-2 293.47	52	405.63	-405.63	4 958.76	-5 186.6
16	229.35	-267.74	3 346.78	-2 866.84	53	405.74	-405.74	5 973.29	-6 201.14
17	229.35	-267.74	4 016.13	-3 440.21	54	405.81	-405.81	6 987.83	-7 215.68
18	229.35	-267.74	4 685.49	-4 013.57	55左	405.81	-405.81	8 002.37	-8 230.21
19	229.35	-267.74	5 354.84	-4 586.94	55右	372.07	-406.56	8 002.37	-8 230.21
20	229.24	-267.62	6 024.2	-5 160.31	56	372	-406.49	7 072.19	-7 213.81
21	229.31	-267.69	6 693.55	-5 733.68	57	371.9	-406.38	6 142.02	-6 197.4
22	229.35	-267.74	7 362.91	-6 307.04	58	372.07	-406.56	5 211.85	-5 181
23左	229.35	-267.74	8 032.26	-6 880.41	59	372.07	-406.56	4 404.18	-4 287.1
23右	406.56	-372.07	8 032.26	-6 880.41	60	372.07	-406.56	3 659.64	-3 456.33
24	406.49	-372.07	7 015.86	-5 950.24	61	372.07	-406.56	2 928.01	-2 638.47
25	406.38	-371.9	5 999.45	-5 020.06	62	372.07	-406.56	2 868.82	-2 493.05
26	406.56	-372.07	4 983.05	-4 089.89	63	372.07	-406.56	2 809.64	-2 347.63
27	406.56	-372.07	4 166.71	-3 359.78	64	372.07	-406.56	2 750.45	-2 202.21
28	406.56	-372.07	3 568.42	-2 847.72	65	372.07	-406.56	2 970.12	-2 335.66
29	406.56	-372.07	2 970.12	-2 335.66	66	372.07	-406.56	3 568.42	-2 847.72
30	406.56	-372.07	2 750.45	-2 202.21	67	372.07	-406.56	4 166.71	-3 359.78
31	406.56	-372.07	2 809.64	-2 347.63	68	371.9	-406.38	4 983.05	-4 089.89
32	406.56	-372.07	2 868.82	-2 493.05	69	372	-406.49	5 999.45	-5 020.06
33	406.56	-372.07	2 928.01	-2 638.47	70	372.07	-406.56	7 015.86	-5 950.24
34	406.56	-372.07	3 659.64	-3 456.33	71左	372.07	-406.56	8 032.26	-6 880.41
35	406.56	-372.07	4 404.18	-4 287.1	71右	267.74	-229.35	8 032.26	-6 880.41
36	406.38	-371.9	5 211.85	-5 181	72	267.69	-229.31	7 362.91	-6 307.04
37	406.49	-372	6 142.02	-6 197.4	73	267.62	-229.24	6 693.55	-5 733.68
38	406.56	-372.07	7 072.19	-7 213.81	74	267.74	-229.35	6 024.2	-5 160.31
39左	406.56	-372.07	8 002.37	-8 230.21	75	267.74	-229.35	5 354.84	-4 586.94
39右	405.81	-405.81	8 002.37	-8 230.21	76	267.74	-229.35	4 685.49	-4 013.57
40	405.74	-405.74	6 987.83	-7 215.68	77	267.74	-229.35	4 016.13	-3 440.21
41	405.63	-405.63	5 973.29	-6 201.14	78	267.74	-229.35	3 346.78	-2 866.84
42	405.81	-405.81	4 958.76	-5 186.6	79	267.74	-229.35	2 677.42	-2 293.47
43	405.81	-405.81	4 185.98	-4 413.83	80	267.62	-229.24	2 008.07	-1 720.1
44	405.81	-405.81	3 544.57	-3 772.41	81	267.69	-229.31	1 338.71	-1 146.74
45	405.81	-405.81	2 903.15	-3131	82	267.74	-229.35	669.36	-573.37
46	405.81	-405.81	2 784.96	-3 012.81	83	267.74	-229.35	0	0

与表7-14相应的基础变位次内力分布如图7-9所示。

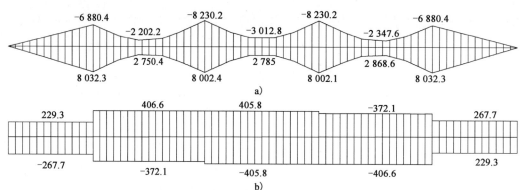

图7-9 基础变位标准值的主梁截面次内力包络图
a)弯矩(单位:kN·m);b)剪力(单位:kN)

二、可变作用标准值的效应计算

本设计可变作用包括汽车荷载(含冲击力)和温度作用。

(一)汽车荷载标准值的主梁截面内力

汽车荷载内力计算基本原理及方法详见第二章第四节。将本章第二节确定的车道荷载标准值作用于主梁结构,采用有限元模型1,可计算得到主梁截面内力。

汽车荷载标准值(计入冲击系数及偏载系数)的主梁截面内力计算结果见表7-15。

汽车荷载标准值(计入冲击系数及偏载系数)作用下的主梁截面内力 表7-15

节点号(截面)	V_{max} (kN)	M_{max} (kN·m)	V_{min} (kN)	M_{min} (kN·m)	节点号(截面)	V_{max} (kN)	M_{max} (kN·m)	V_{min} (kN)	M_{min} (kN·m)
11	245.4	0.0	−1 587.6	0.0	26	272.7	4 521.7	−1 462.4	−3 325.6
12	249.2	3 141.1	−1 396.8	−552.6	27	357.8	6 212.3	−1 328.8	−2 993.6
13	352.7	5 600.5	−1 214.4	−1 105.2	28	453.5	7 773.2	−1 194.2	−2 877.6
14	489.0	7 387.6	−1 042.0	−1 657.7	29	558.7	8 946.3	−1 060.5	−2 761.9
15	630.0	8 522.2	−879.2	−2 210.3	30	672.3	9 701.0	−929.2	−2 645.8
16	774.2	9 033.5	−727.6	−2 762.9	31	793.0	10 018.1	−801.7	−2 778.7
17	920.6	8 958.1	−587.7	−3 315.5	32	919.6	9 889.4	−679.5	−3 144.6
18	1 067.6	8 341.0	−460.4	−3 868.1	33	1 050.7	9 318.3	−564.0	−3 510.6
19	1 214.1	7 235.0	−346.1	−4 420.6	34	1 184.8	8 319.3	−456.3	−3 876.5
20	1 357.8	5 701.2	−245.3	−4 973.2	35	1 320.4	6 918.2	−357.7	−4 242.5
21	1 498.9	3 836.1	−158.6	−5 553.3	36	1 455.1	5 229.8	−269.0	−4 686.1
22	1 635.5	2 163.0	−85.5	−6 623.7	37	1 589.0	3 651.3	−191.7	−5 557.1
23左	1 766.7	1 727.9	−64.0	−8 209.9	38	1 719.5	2 266.7	−173.5	−6 895.6
23右	218.1	1 727.9	−1 842.2	−8 209.9	39左	1 845.5	1 977.0	−178.1	−8 668.4
24	219.6	1 808.9	−1 719.9	−5 491.6	39右	220.5	1 977.0	−1 858.2	−8 668.4
25	224.5	3 062.3	−1 592.6	−4 182.6	40	222.1	2 199.7	−1 733.1	−6 806.5

续上表

节点号(截面)	V_{max}(kN)	M_{max}(kN·m)	V_{min}(kN)	M_{min}(kN·m)	节点号(截面)	V_{max}(kN)	M_{max}(kN·m)	V_{min}(kN)	M_{min}(kN·m)
41	227.2	3 519.4	-1 603.6	-5 439.6	63	801.7	10 018.1	-793.0	-2 778.7
42	287.2	5 040.9	-1 472.0	-4 541.9	64	929.2	9 701.0	-672.3	-2 645.8
43	374.1	6 762.9	-1 337.6	-4 156.0	65	1 060.5	8 946.3	-558.7	-2 761.7
44	471.2	8 247.4	-1 202.9	-3 891.8	66	1 194.2	7 773.2	-453.5	-2 877.6
45	577.3	9 334.9	-1 069.4	-3 627.5	67	1 328.8	6 212.3	-357.8	-2 993.6
46	691.4	9 998.2	-938.7	-3 363.3	68	1 461.7	4 521.7	-272.5	-3 325.6
47	812.3	10 221.2	-812.3	-3 099.1	69	1 593.0	3 062.3	-224.5	-4 182.6
48	938.7	9 998.2	-691.4	-3 363.3	70	1 720.3	1 808.9	-219.6	-5 491.6
49	1 069.4	9 334.9	-577.3	-3 627.5	71左	1 842.2	1 727.9	-218.1	-8 209.9
50	1 202.9	8 247.4	-471.2	-3 891.8	71右	64.0	1 727.9	-1 766.7	-8 209.9
51	1 337.6	6 762.9	-374.1	-4 156.0	72	85.5	2 163.0	-1 635.2	-6 623.7
52	1 471.3	5 040.9	-287.0	-4 541.9	73	158.5	3 836.1	-1 498.5	-5 553.3
53	1 604.1	3 519.4	-227.3	-5 439.6	74	245.4	5 701.2	-1 358.4	-4 973.2
54	1 733.4	2 199.7	-222.1	-6 806.5	75	346.1	7 235.0	-1 214.1	-4 420.6
55左	1 858.2	1 977.0	-220.5	-8 668.4	76	460.4	8 341.0	-1 067.6	-3 868.1
55右	171.8	1 977.0	-1 845.5	-8 668.4	77	587.7	8 958.1	-920.6	-3 315.5
56	173.4	2 266.7	-1 719.2	-6 895.6	78	727.6	9 033.5	-774.2	-2 762.9
57	191.7	3 651.3	-1 588.5	-5 557.1	79	879.2	8 522.2	-630.0	-2 210.3
58	269.2	5 229.8	-1 455.8	-4 686.1	80	1 041.5	7 387.6	-488.8	-1 657.7
59	357.7	6 918.2	-1 320.4	-4 242.5	81	1 214.8	5 600.5	-352.8	-1 105.2
60	456.3	8 319.3	-1 184.8	-3 876.5	82	1 397.1	3 141.1	-249.2	-552.6
61	564.0	9 318.3	-1 050.7	-3 510.6	83	1 587.6	0.0	-245.4	0.0
62	679.5	9 889.4	-919.6	-3 144.6					

与表 7-15 相应的汽车荷载标准值作用下的主梁截面内力包络如图 7-10 所示。

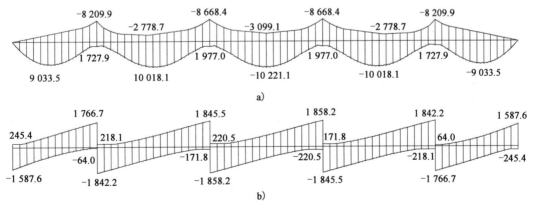

图 7-10 汽车荷载标准值作用下的主梁截面内力包络图
a) 弯矩(单位:kN·m);b) 剪力(单位:kN)

(二)温度作用标准值的主梁截面次内力

主梁受正温差和反温差梯度作用将导致结构产生次内力,计算方法详见第二章第六节。温度梯度作用标准值按图7-5取用,温度梯度作用标准值产生的主梁截面次内力计算结果见表7-16,相应的次内力分布如图7-11所示。

温度梯度标准值引起的主梁截面次内力　　　　表7-16

节点号(截面)	正温差梯度 V (kN)	正温差梯度 M (kN·m)	反温差梯度 V (kN)	反温差梯度 M (kN·m)	节点号(截面)	正温差梯度 V (kN)	正温差梯度 M (kN·m)	反温差梯度 V (kN)	反温差梯度 M (kN·m)
11	-321.99	0	160.99	0	38	52.59	7 687.63	-26.29	-3 843.82
12	-321.93	804.97	160.97	-402.48	39左	52.59	7 556.17	-26.29	-3 778.08
13	-321.84	1 609.93	160.92	-804.97	39右	0	7 556.17	0	-3 778.08
14	-321.99	2 414.9	160.99	-1 207.45	40	0	7 556.17	0	-3 778.08
15	-321.99	3 219.87	160.99	-1 609.93	41	0	7 556.17	0	-3 778.08
16	-321.99	4 024.84	160.99	-2 012.42	42	0	7 556.17	0	-3 778.08
17	-321.99	4 829.8	160.99	-2 414.9	43	0	7 556.17	0	-3 778.08
18	-321.99	5 634.77	160.99	-2 817.38	44	0	7 556.17	0	-3 778.08
19	-321.99	6 439.74	160.99	-3 219.87	45	0	7 556.17	0	-3 778.08
20	-321.84	7 244.7	160.92	-3 622.35	46	0	7 556.17	0	-3 778.08
21	-321.93	8 049.67	160.97	-4 024.84	47	0	7 556.17	0	-3 778.08
22	-321.99	8 854.64	160.99	-4 427.32	48	0	7 556.17	0	-3 778.08
23左	-321.99	9 659.6	160.99	-4 829.8	49	0	7 556.17	0	-3 778.08
23右	52.59	9 659.6	-26.29	-4 829.8	50	0	7 556.17	0	-3 778.08
24	52.58	9 528.14	-26.29	-4 764.07	51	0	7 556.17	0	-3 778.08
25	52.56	9 396.67	-26.28	-4 698.34	52	0	7 556.17	0	-3 778.08
26	52.59	9 265.21	-26.29	-4 632.6	53	0	7 556.17	0	-3 778.08
27	52.59	9 133.74	-26.29	-4 566.87	54	0	7 556.17	0	-3 778.08
28	52.59	9 002.28	-26.29	-4 501.14	55左	0	7 556.17	0	-3 778.08
29	52.59	8 870.81	-26.29	-4 435.41	55右	-52.59	7 556.17	26.29	-3 778.08
30	52.59	8 739.35	-26.29	-4 369.67	56	-52.58	7 687.63	26.29	-3 843.82
31	52.59	8 607.88	-26.29	-4 303.94	57	-52.56	7 819.1	26.28	-3 909.55
32	52.59	8 476.42	-26.29	-4 238.21	58	-52.59	7 950.56	26.29	-3 975.28
33	52.59	8 344.95	-26.29	-4 172.48	59	-52.59	8 082.02	26.29	-4 041.01
34	52.59	8 213.49	-26.29	-4 106.74	60	-52.59	8 213.49	26.29	-4 106.74
35	52.59	8 082.02	-26.29	-4 041.01	61	-52.59	8 344.95	26.29	-4 172.48
36	52.56	7 950.56	-26.28	-3 975.28	62	-52.59	8 476.42	26.29	-4 238.21
37	52.58	7 819.1	-26.29	-3 909.55	63	-52.59	8 607.88	26.29	-4 303.94

续上表

节点号 (截面)	正温差梯度		反温差梯度		节点号 (截面)	正温差梯度		反温差梯度	
	V (kN)	M (kN·m)	V (kN)	M (kN·m)		V (kN)	M (kN·m)	V (kN)	M (kN·m)
64	-52.59	8 739.35	26.29	-4 369.67	74	321.99	7 244.7	-160.99	-3 622.35
65	-52.59	8 870.81	26.29	-4 435.41	75	321.99	6 439.74	-160.99	-3 219.87
66	-52.59	9 002.28	26.29	-4 501.14	76	321.99	5 634.77	-160.99	-2 817.38
67	-52.59	9 133.74	26.29	-4 566.87	77	321.99	4 829.8	-160.99	-2 414.9
68	-52.56	9 265.21	26.28	-4 632.6	78	321.99	4 024.84	-160.99	-2 012.42
69	-52.58	9 396.67	26.29	-4 698.34	79	321.99	3 219.87	-160.99	-1 609.93
70	-52.59	9 528.14	26.29	-4 764.07	80	321.84	2 414.9	-160.92	-1 207.45
71左	-52.59	9 659.6	26.29	-4 829.8	81	321.93	1 609.93	-160.97	-804.97
71右	321.99	9 659.6	-160.99	-4 829.8	82	321.99	804.97	-160.99	-402.48
72	321.93	8 854.64	-160.97	-4 427.32	83	321.99	0	-160.99	0
73	321.84	8 049.67	-160.92	-4 024.84					

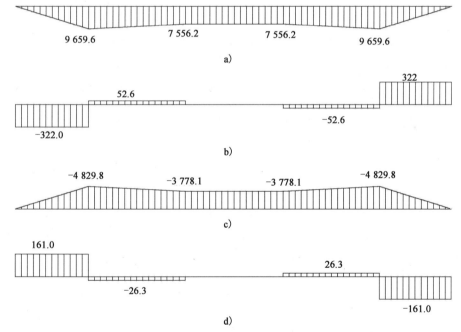

图 7-11 温度梯度标准值引起的主梁截面次内力分布
a)正温差梯度弯矩(单位:kN·m);b)正温差梯度剪力(单位:kN);
c)反温差梯度弯矩(单位:kN·m);d)反温差梯度剪力(单位:kN)

三、作用组合的效应设计值计算(一)

为了进行钢束估算,需首先确定主梁沿桥跨方向各个截面的控制内力,即确定各种作用组合的最不利内力设计值。

第二章第七节已经提到,对于顶推施工的预应力混凝土连续梁桥设计,需先进行预应力钢筋估算，配置钢筋后再进行各种状态下的计算和验算，故需进行两次作用组合的效应设计值计算。其中，第一次作用组合的效应设计值计算是为了估算预应力钢筋数量，所以没有考虑预加力次效应，且各种作用的效应设计值均采用毛截面计算；第二次作用组合的效应设计值计算时，必须计入预加力（包括混凝土收缩徐变影响）产生的次效应，计算各种作用的效应设计值时，应采用与施工进程相匹配的部分换算截面或换算截面（具体详见本章第六节）。因此，以下具体计算主梁截面内力设计值时，将第一、二次作用组合的效应设计值分别记为内力设计值（一）、内力设计值（二）。

（一）持久状况承载能力极限状态

1. 作用组合方式

根据本例具体情况，作用组合方式取基本组合：永久作用设计值与可变作用设计值相组合。其中，永久作用设计值包括结构重力设计值、基础变位设计值和混凝土收缩及徐变作用设计值；可变作用设计值包括车道荷载（计入冲击力）设计值和温度梯度作用设计值。

2. 作用基本组合的内力设计值

对于本例，作用基本组合的主梁截面内力设计值 S_{ud} 可按式（2-90）或《通规（2015年）》式（4.1.5-1），采用有限元模型1计算，结果见表7-17。

持久状况承载能力极限状态作用基本组合的主梁截面内力设计值（一） 表7-17

节点号（截面）	$\gamma_0 V_{max}$ (kN)	$\gamma_0 V_{min}$ (kN)	$\gamma_0 M_{max}$ (kN·m)	$\gamma_0 M_{min}$ (kN·m)	节点号（截面）	$\gamma_0 V_{max}$ (kN)	$\gamma_0 V_{min}$ (kN)	$\gamma_0 M_{max}$ (kN·m)	$\gamma_0 M_{min}$ (kN·m)
11	−2 056.5	−5 916.6	0	0	28	−732.8	−3 837.1	3 3215.3	−973.9
12	−1 347.3	−4 804.8	12 577.3	4 346.8	29	−20.8	−2 972.2	38 452.1	2 873
13	−532.3	−3 745.2	22 123	6 962.8	30	703	−2 110.6	41 598.3	5118.8
14	258.5	−2 784.2	28 821.3	7 990.1	31	1 450.3	−1 268	42 576.9	5 464.9
15	1 020.6	−1 878.6	32 876	7 575.8	32	2 305.2	−532.2	41 237.3	4 072.9
16	1 869.6	−1 070.8	34 363.9	5 749.6	33	3 166.4	194.3	37 584	1 269
17	2 752.2	−310.4	33 336.3	2 511.6	34	4 031.9	909.8	31 973.6	−3 283
18	3 635.8	432.6	29 855.9	−2 138.4	35	4 899.4	1 612.6	24 112.5	−9 253.4
19	4 518.5	1 157.4	23 996.9	−8 200.1	36	5 764.1	2 300.3	14 825	−17 414.3
20	5 395.8	1 862.3	16 273.1	−16 102.1	37	6 672.9	3 009.6	4 976.9	−28 630.8
21	6 314.7	2 584.6	7 409.5	−26 538.2	38	7 660.1	3 705.6	−6 188.1	−42 408.2
22	7 310.5	3 357.3	−2 703	−3 9567.1	39左	8 680.9	4 411.5	−17 551.3	−58 870.7
23左	8 338.5	4 067.9	−11 993.3	−55 395.2	39右	−4 289.5	−8 565.1	−17551.3	−58 870.7
23右	−4 165.7	−8 468.3	−11 993.3	−55 395.2	40	−3 583	−7 544.7	−6 623.5	−42 410.6
24	−3 459.4	−7 451.2	−1 741.1	−37 922	41	−2 905.2	−6 558.5	4 109.3	−28 720.4
25	−2 782	−6 468.7	7 778.7	−24 498.8	42	−2 222.3	−5 655.7	13 536	−17 593.6
26	−2 115.5	−5 567.9	16 800.5	−13 614.8	43	−1 535.8	−4 789.9	22 453.3	−9 564.8
27	−1 431.5	−4 703.1	25 741.4	−6 232.7	44	−835.2	−3 923.5	30 149.5	−3 923.8

续上表

节点号 (截面)	$\gamma_0 V_{max}$ (kN)	$\gamma_0 V_{min}$ (kN)	$\gamma_0 M_{max}$ (kN·m)	$\gamma_0 M_{min}$ (kN·m)	节点号 (截面)	$\gamma_0 V_{max}$ (kN)	$\gamma_0 V_{min}$ (kN)	$\gamma_0 M_{max}$ (kN·m)	$\gamma_0 M_{min}$ (kN·m)
45	-121.9	-3 059	35 595.7	305.4	65	2 985	33.7	3 8271	2 691.6
46	602.6	-2 198.4	39 015.4	2 861	66	3 850	745.7	33 002	-1 187.5
47	1 336.6	-1 343.6	40 183.5	3 945.7	67	4 716	1 444.4	25 495.9	-6 478.6
48	2 191.3	-609.6	39 033.1	2 878.6	68	5 578.2	2 127.4	16 522.4	-13 892.5
49	3 052	114.9	35 630.9	340.6	69	6 483.4	2 795.7	7 468.4	-24 808.7
50	3 916.5	828.2	30 202.4	-3 870.9	70	7 466.1	3 472.9	-2 083.6	-38 264.1
51	4 782.8	1 528.8	22 523.7	-9 494.3	71左	8 481.2	4 178.6	-12 368	-55 769.4
52	5 646.1	2 214.3	13 624	-17 505.6	71右	-4 080.4	-8 351	-12 368	-55 769.4
53	6 553.3	2 899	4 214.9	-28 614.8	72	-3 369.2	-7 321.7	-3 046.6	-39 910.2
54	7 538.9	3 576.6	-6 500.2	-42 287.3	73	-2 596.4	-6 325.4	7 097.2	-26 850.1
55左	8 858	4 285.5	-1 7410.5	-58 729.8	74	-1 875.7	-5 410.7	15 992	-16 382.8
55右	-4 398.6	-8 668	-17 410.5	-58 729.8	75	-1 169.9	-4 530.9	23 747.4	-8 450
56	-3 692	-7 645.9	-6 079.4	-42 299.6	76	-445.1	-3 648.2	29 637.6	-2 357
57	-2 995.8	-6 658.1	5 053.3	-2 8554.4	77	297.9	-2 764.6	33 149.2	2 324.2
58	-2 288.4	-5 753.8	14 869.2	-17 370.1	78	1 058.4	-1 882.1	34 208	5 593.4
59	-1 599.7	-4 886.5	24 124.6	-9 241.4	79	1 866.1	-1 033.6	32 751.3	7 450.8
60	-896.9	-4 019	31 953.5	-3 303.3	80	2 770.4	-270.9	28 727.7	7 896.4
61	-181.4	-3 153.5	37 531.7	1 216.5	81	3 733.7	520	22 060.6	6 900.3
62	545.1	-2 292.3	41 152.8	3 988.2	82	4 793.2	1 335	12 546.1	4 315.6
63	1 280.9	-1 437.4	42 460.2	5 348	83	5 904.2	2 044	0	0
64	2 123.5	-690.1	41 449.4	4 969.6					

相应于表 7-17 的持久状况承载能力极限状态作用基本组合的主梁截面内力设计值(一)包络图如图 7-12 所示。

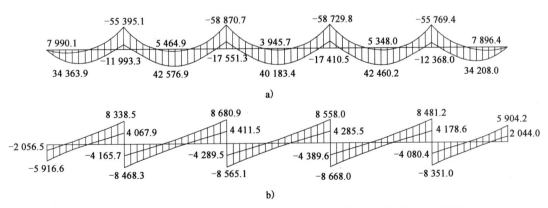

图 7-12 持久状况承载能力极限状态作用基本组合的主梁截面内力设计值(一)包络图
a)弯矩(单位:kN·m);b)剪力(单位:kN)

由表 7-17 和图 7-12 可知,持久状况承载能力极限状态作用基本组合下,主梁最大内力设计值及相应的位置分别为:39 截面承受的最大和最小负弯矩设计值分别为 58 870.7kN·m 和 17 551.3kN·m,次边孔 31 截面承受的最大和最小正弯矩设计值分别为 42 576.9kN·m 和 5 464.9kN·m;39 截面承受的最大和最小剪力设计值分别为 8 680.9kN 和 −8 565.1kN。

持久状况承载能力极限状态作用基本组合的主梁截面弯矩设计值(一)包络图,主要用于初步确定成桥状态预应力钢筋的长度布置范围,并为承载能力极限状态设计奠定基础。

(二)持久状况正常使用极限状态

1. 作用组合方式

作用组合方式分别取频遇组合及准永久组合。其中,作用的频遇组合为永久作用标准值与汽车荷载(不计冲击力)频遇值、其他可变作用准永久值相组合;作用的准永久组合为永久作用标准值与可变作用准永久值相组合。根据本例具体情况,作用的频遇组合应为结构重力标准值、基础变位标准值与车道荷载(不计冲击力)频遇值、温度梯度准永久值相组合;作用的准永久组合应为结构重力标准值、基础变位标准值与车道荷载(不计冲击力)准永久值、温度梯度准永久值相组合。

2. 作用频遇组合的内力设计值

对于本例,作用频遇组合的主梁截面内力设计值可按式(2-95)或《通规(2015 年)》式(4.1.6-1),采用有限元模型 1 计算,结果见表 7-18。

3. 作用准永久组合的内力设计值

对于本例,作用准永久组合的主梁截面内力设计值可按式(2-97)或《通规(2015 年)》式(4.1.6-2),采用有限元模型 1 计算,结果见表 7-18。

持久状况正常使用极限状态作用频遇/准永久组合的主梁截面内力设计值(一)　　表 7-18

节点号(截面)	作用频遇组合				作用准永久组合			
	V_{max} (kN)	V_{min} (kN)	M_{max} (kN·m)	M_{min} (kN·m)	V_{max} (kN)	V_{min} (kN)	M_{max} (kN·m)	M_{min} (kN·m)
11	−2 184.8	−4 119.8	0.0	0.0	−2 245.1	−3 729.5	0.0	0.0
12	−1 478.3	−3 306.3	8 945.0	4 617.4	−1 540.0	−2 962.9	8 172.8	4 753.2
13	−749.4	−2 531.4	15 768.1	7 503.9	−836.1	−2 232.8	14 391.2	7 775.6
14	−71.1	−1 832.9	20 616.9	8 801.7	−191.4	−1 576.7	18 800.5	9 209.3
15	574.5	−1 174.8	23 649.7	8 657.9	419.6	−958.6	21 554.4	9 201.4
16	1 222.0	−523.0	24 913.1	7 102.3	1 031.6	−344.2	22 692.1	7 781.6
17	1 870.7	121.9	24 428.0	4 134.8	1 644.3	266.4	22 225.6	4 950.0
18	2 519.8	759.7	22 220.3	−244.5	2 257.3	872.9	20 169.6	706.5
19	3 168.5	1 390.0	18 320.3	−6 035.8	2 870.1	1 475.1	16 541.5	−4 948.9
20	3 814.4	2 011.7	12 763.0	−13 238.9	3 480.5	2 072.0	11 361.3	−12 016.1
21	4 496.5	2 662.3	5 574.0	−21 899.4	4 128.0	2 701.3	4 630.8	−20 534.0
22	5 245.3	3 374.6	−3 093.5	−32 429.8	4 843.2	3 395.6	−3 625.3	−30 801.2

续上表

节点号(截面)	作用频遇组合				作用准永久组合			
	V_{max} (kN)	V_{min} (kN)	M_{max} (kN·m)	M_{min} (kN·m)	V_{max} (kN)	V_{min} (kN)	M_{max} (kN·m)	M_{min} (kN·m)
23左	6 024.2	4 090.5	−12 781.6	−44 986.9	5 589.8	4 106.2	−13 206.5	−42 968.4
23右	−4 155.8	−6 179.5	−12 781.6	−44 986.9	−4 209.5	−5 726.6	−13 206.5	−42 968.4
24	−3 450.7	−5 405.0	−2 912.3	−31 500.3	−3 504.7	−4 982.1	−3 357.1	−30 150.1
25	−2 777.4	−4 661.1	5 898.8	−20 553.1	−2 832.6	−4 269.6	5 145.9	−19 524.7
26	−2 150.7	−3 987.8	13 239.3	−11 453.7	−2 217.7	−3 628.2	12 127.6	−10 636.1
27	−1 537.0	−3 346.3	19 471.0	−4 297.2	−1 625.0	−3 019.7	17 943.6	−3 561.2
28	−917.4	−2 704.4	24 434.4	1 105.4	−1 028.9	−2 410.8	22 523.3	1 812.9
29	−292.3	−2 063.0	27 763.5	5 096.1	−429.7	−1 802.2	25 564.0	5 775.1
30	337.6	−1 422.9	29 819.4	7 296.4	172.3	−1 194.4	27 434.3	7 946.9
31	971.6	−785.0	30 491.1	7 663.2	776.6	−587.9	28 028.0	8 346.3
32	1 609.0	−150.2	29 495.3	6 484.4	1 382.9	16.9	27 063.9	7 257.5
33	2 248.9	480.9	26 833.8	3 893.7	1 990.6	619.5	24 542.8	4 756.8
34	2 890.6	1 107.4	23 187.4	−781.3	2 599.3	1 219.6	21 142.0	171.8
35	3 533.1	1 728.7	17 911.3	−6 881.0	3 208.5	1 816.7	16 210.4	−5 838.0
36	4 173.7	2 343.2	11 121.7	−14 500.3	3 815.9	2 409.3	9 835.9	−13 348.2
37	4 851.7	2 988.6	3 076.0	−23 928.9	4 461.0	3 035.7	2 178.3	−22 562.6
38	5 597.1	3 669.4	−6 447.0	−35 214.3	5 174.4	3 712.1	−7 004.3	−33 519.0
39左	6 373.0	4 374.0	−17 072.8	−48 479.8	5 919.2	4 416.2	−17 558.9	−46 348.6
39右	−4 268.8	−6 273.0	−17 072.8	−48 479.8	−4 323.0	−5 816.1	−17 558.9	−46 348.6
40	−3 563.7	−5 496.8	−6 836.3	−35 273.8	−3 618.3	−5 070.7	−7 377.1	−33 600.3
41	−2 890.1	−4 751.7	2 298.7	−24 082.6	−2 946.0	−4 357.4	1 433.5	−22 745.3
42	−2 256.7	−4 077.5	9 960.9	−14 749.3	−2 327.3	−3 715.6	8 721.5	−13 632.6
43	−1 642.1	−3 435.7	16 538.2	−7 393.0	−1 734.1	−3 106.8	14 875.5	−6 371.1
44	−1 021.7	−2 793.6	21 698.8	−1 649.6	−1 137.5	−2 497.9	19 671.1	−692.8
45	−396.0	−2 152.3	25 219.7	2 681.9	−538.0	−1 889.4	22 924.6	3 573.8
46	234.2	−1 512.6	27 608.7	5 078.3	64.2	−1 281.8	25 150.5	5 905.2
47	868.3	−875.3	28 451.3	5 944.6	668.6	−675.6	25 938.3	6 706.6
48	1 505.6	−241.2	27 626.3	5 095.4	1 274.8	−71.2	25 168.1	5 922.8
49	2 145.3	389.0	25 254.9	2 717.1	1 882.4	530.9	22 959.8	3 609.0
50	2 786.6	1 014.6	21 751.6	−1 596.8	2 490.9	1 130.5	19 723.9	−639.9
51	3 428.6	1 635.0	16 608.7	−7 322.5	3 099.8	1 727.0	14 945.9	−6 300.7
52	4 068.6	2 248.6	10 049.0	−14 661.3	3 706.9	2 319.2	8 809.6	−13 544.6
53	4 746.0	2 883.9	2 404.4	−23 977.0	4 351.6	2 939.8	1 539.1	−22 639.6

续上表

节点号 (截面)	作用频遇组合				作用准永久组合			
	V_{max} (kN)	V_{min} (kN)	M_{max} (kN·m)	M_{min} (kN·m)	V_{max} (kN)	V_{min} (kN)	M_{max} (kN·m)	M_{min} (kN·m)
54	5 490.7	3 557.2	-6 713.0	-35 150.5	5 064.5	3 611.9	-7 253.8	-33 477.1
55左	6 265.9	4 261.8	-16 931.9	-48 338.9	5 809.1	4 316.0	-17 418.0	-46 207.7
55右	-4 361.1	-6 360.1	-16 931.9	-48 338.9	-4 403.3	-5 906.4	-17 418.0	-46 207.7
56	-3 655.9	-5 583.2	-6 338.3	-35 105.7	-3 698.5	-5 160.6	-6 895.6	-33 410.3
57	-2 974.8	-4 837.5	3 152.5	-23 852.5	-3 022.0	-4 446.9	2 254.8	-22 486.2
58	-2 331.4	-4 162.7	11 165.9	-14 456.1	-2 397.6	-3 804.8	9 880.1	-13 304.0
59	-1 715.8	-3 520.2	17 923.3	-6 869.1	-1 803.8	-3 195.6	16 222.4	-5 826.0
60	-1 094.5	-2 877.7	23 167.1	-801.5	-1 206.7	-2 586.4	21 121.7	151.6
61	-468.0	-2 236.0	26 781.3	3 841.2	-606.7	-1 977.7	24 490.3	4 704.3
62	163.0	-1 596.1	29 410.6	6 399.7	-4.0	-1 370.0	26 979.1	7 172.8
63	797.9	-958.7	30 374.2	7 546.2	600.8	-763.7	27 911.1	8 229.4
64	1 435.7	-324.7	29 670.2	7 147.2	1 207.3	-159.4	27 285.1	7 797.7
65	2 075.8	305.2	27 582.1	4 914.7	1 815.1	442.6	25 382.6	5 593.7
66	2 717.3	930.3	24 220.8	891.8	2 423.7	1 041.8	22 309.7	1 599.3
67	3 359.2	1 549.9	19 225.1	-4 543.1	3 032.5	1 637.9	17 697.8	-3 807.1
68	3 998.8	2 162.6	12 961.2	-11 731.8	3 639.4	2 229.6	11 849.5	-10 914.2
69	4 675.3	2 791.1	5 588.4	-20 863.4	4 283.7	2 846.3	4 835.5	-19 835.0
70	5 418.8	3 464.2	-3 254.9	-31 842.9	4 995.9	3 518.2	-3 699.6	-30 492.7
71左	6 192.4	4 168.7	-13 156.4	-45 361.7	5 739.5	4 222.3	-13 581.2	-43 343.2
71右	-4 103.0	-6 036.7	-13 156.4	-45 361.7	-4 118.7	-5 602.3	-13 581.2	-43 343.2
72	-3 386.5	-5 256.9	-3 437.0	-32 773.3	-3 407.5	-4 854.9	-3 968.8	-31 144.8
73	-2 674.0	-4 507.7	5 261.7	-22 211.7	-2 713.0	-4 139.3	4 318.5	-20 846.3
74	-2 025.1	-3 828.6	12 481.9	-13 520.0	-2 085.4	-3 494.6	11 080.2	-12 297.2
75	-1 402.5	-3 181.0	18 070.4	-6 285.6	-1 487.6	-2 882.6	16 291.6	-5 198.8
76	-772.2	-2 532.3	22 001.7	-463.2	-885.4	-2 269.8	19 951.0	487.9
77	-134.4	-1 883.2	24 240.5	3 947.4	-278.9	-1 656.8	22 038.2	4 762.6
78	510.5	-1 234.5	24 756.9	6 946.2	331.7	-1 044.1	22 535.9	7 625.5
79	1 162.3	-587.0	23 524.8	8 533.0	946.1	-432.1	21 429.5	9 076.5
80	1 819.6	58.6	20 523.2	8 708.0	1 563.5	178.8	18 706.9	9 115.6
81	2 519.6	737.1	15 705.6	7 441.4	2 221.0	823.8	14 328.7	7 713.1
82	3 294.4	1 466.5	8 913.8	4 586.1	2 950.9	1 527.8	8 141.5	4 722.0
83	4 107.3	2 172.3	0.0	0.0	3 717.0	2 232.6	0.0	0.0

相应于表7-18的持久状况正常使用极限状态作用频遇及准永久组合的主梁截面内力设计值(一)包络图分别如图7-13及图7-14所示。

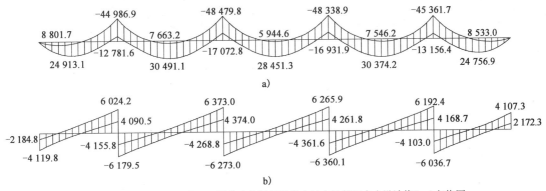

图7-13 持久状况正常使用极限状态作用频遇组合的主梁截面内力设计值(一)包络图
a)弯矩(单位:kN·m);b)剪力(单位:kN)

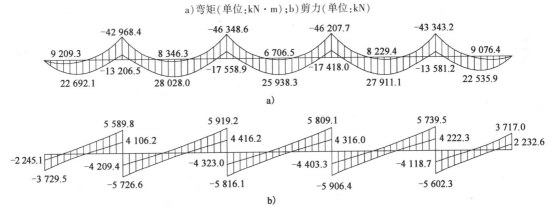

图7-14 持久状况正常使用极限状态作用准永久组合的主梁截面内力设计值(一)包络图
a)弯矩(单位:kN·m);b)剪力(单位:kN)

由上述正常使用极限状态下作用频遇组合与准永久组合的主梁截面弯矩设计值包络图的数值及形状对比可以看出,作用频遇组合最不利。另外,按成桥状态计算的作用频遇组合的主梁截面弯矩设计值包络图(图7-12)与施工过程一期结构重力标准值产生的主梁截面内力包络图(图7-6)从数值到分布规律都相差很大。因此,应分别以作用频遇组合的主梁截面弯矩设计值包络图及顶推施工过程弯矩包络图控制预应力配筋设计。

第四节 预应力钢束估算及布置

一、一般原则

关于配筋计算原理及一般原则在第二章第八节中已有详细介绍,在此不再赘述。对于顶推施工的预应力混凝土连续梁桥,为了能同时满足施工及使用阶段要求,应分别由施工过程弯矩包络图及作用频遇组合的弯矩设计值包络图分别进行配筋估算,然后再确定钢束用量。

顶推施工连续梁桥的预应力钢束可分两种类型,第一种是兼顾运营与施工要求所需的钢束,即先期永久束;第二种是施工完成以后,为满足运营状态需要而增加的钢束,即后期束。第一种钢束在主梁施工时张拉,要求构造简单、便于施工,这样对加快施工速度是有利的,所以常采用直束,布置在截面的上、下缘,相当于对主梁施加一个近于中心受压的预加力。由于临时束在施工阶段张拉,成桥阶段又要拆除,施工工序特别烦琐,鉴于现在的桥梁专业计算软件成熟高效,可以很方便地钢束调整布置,故本例不设置临时束。至于顶推完成后增配的后期束(第二种钢束),可采用弯束,与成桥弯矩包络图吻合。在钢束布置和张拉施工时,有以下几条原则。

(1)在同一截面上,钢束的布置要对称、均匀,不要过于集中,并靠近梁肋布置。

(2)肋束的布置尽量减小平弯角度,并锚固在齿板上。

(3)为加强箱梁与导梁的连接,同时为抵抗主梁前端悬臂应力状态,在导梁附近的箱梁应多配一些钢束。

(4)张拉顺序宜先长束后短束,先直束后弯束,上下交错,左右对称地进行。

二、计算方法及结果

由于本例跨径较小,钢束用量不是很大,故先按照全部采用 $12\phi^s15.2$ 钢绞线的钢束规格(即12根钢绞线组成1束), $f_{pk}=1\,860\mathrm{MPa}$,相应的锚具为 15-12 型夹片锚,顶、底板直束在相接处用预应力钢束连接器连接。如前所述,本设计按两次配束估算(为节省篇幅,仅选取半桥长控制截面弯矩进行配筋估算),一是针对施工控制内力应用第二章第八节中相关公式进行配束计算,结果见表 7-19。为便于描述,将顶推施工控制内力要求的实际配束结果记作配束量 A。

按顶推施工控制内力估算及实际布置的钢束 表 7-19

节点号 (截面)	预应力钢筋估算值($\phi^s15.2$)				实际配束量 A($12\phi^s15.2$)	
	上缘最小	上缘最大	下缘最小	下缘最大	上缘	下缘
11	41	589	68	522	12	8
14	88	449	98	306	12	8
17	185	415	122	218	16	10
20	188	416	121	215	16	10
23	194	517	131	376	16	10
27	167	455	86	231	16	10
31	150	461	82	248	16	10
35	135	468	76	261	14	10
39	168	539	110	400	14	10
43	138	458	86	260	14	10
47	140	464.46	80	257	14	10

二是针对正常使用极限状态作用频遇组合的弯矩设计值进行配筋估算,结果见表 7-20。相应的实际配束结果记作配束量 B。

按成桥状态作用频遇组合的弯矩设计值估算的钢束　　　　表7-20

节点号（截面）	预应力钢筋估算值($\phi^s15.2$)				实际配束量 B($12\phi^s15.2$)	
	上缘最小	上缘最大	下缘最小	下缘最大	上缘	下缘
11	0.0	658	0.0	559	0	8
14			86	455	0	8
17	7	456	97	382	0	12
20	72	490	61	319	16	10
23	195	565			26	0
27	39	469	82	350	16	12
31			120	330	0	12
35	49	473	77	341	14	12
39	210	584			14	0
43	50	479	72	340	14	12
47	3	438	113	387	0	12

三、钢束布置

(一) 配束量的确定

根据以上实际采用的配束量 A 及 B，可进一步确定先期束和后期束，其中 A 为先期束，B 减 A 为正值作为后期束。将上、下缘配束按顶、底板和腹板上、下缘分别布置，部分控制截面配束结果见表7-21。

控制截面钢束用量一览　　　　表7-21

节点号（截面）	先期束		后期束		
	顶板	底板	顶板	腹板	
				上	下
11	12	8	0	2	0
14	12	8	0	0	2
17	16	10	0	0	2
19	16	10	0	0	4
23	16	10	4	4	0
27	16	10	0	2	2
31	16	10	0	0	2
35	14	10	0	0	2
39	14	10	4	4	0
43	14	10	0	0	2
47	14	10	0	0	2

(二) 钢束布置

根据前面提到的一般配束原则,采用先期束均为直线束,在钢束相接处用预应力钢筋连接器接长,与顶推阶段匹配张拉。先期束具体布置时,根据顶、底板的厚度确定顶、底板钢束距上、下缘距离均为13cm,沿箱梁平面纵桥向中轴线对称布置。

后期束分为顶板直束和腹板(梁肋)弯束,均在成桥后张拉,形状与成桥后的弯矩包络图基本吻合,均沿箱梁立面纵桥向中轴线对称布置。顶板直束只设竖弯,不设平弯,竖弯时只在锚固端弯起,起弯半径为10m,弯起角为19°。后期束腹板束设平弯,也设竖弯,沿腹板倾斜角度为11°;腹板束在弯起锚固时的平弯起弯半径为30m,弯起角为15°,锚固于相应部位腹板内侧齿板处。腹板束竖弯段根据具体情况确定了不同的弯起半径及弯起角度,见表7-22,表中各参数的几何意义如图7-15所示。

竖弯束参数　　　　　　表7-22

钢束名称	弯起角度						弯起半径(m)					
	θ_1	θ_2	θ_3	θ_4	θ_5	θ_6	R_1	R_2	R_3	R_4	R_5	R_6
F1	16.2°	12.8°	12.8°	12.8°	—	—	30	20	30	20		
F2	12.8°	12.8°	12.8°	12.8°	12.8°	12.8°	20	30	20	20	30	20
F3	12.8°	12.8°	12.8°	12.8°	12.8°	12.8°	20	30	20	20	30	20
F4	12.8°	12.8°	12.8°	12.8°	12.8°	12.8°	20	30	20	20	30	20
F5	12.8°	12.8°	12.8°	16.2°	—	—	20	30	20	30		

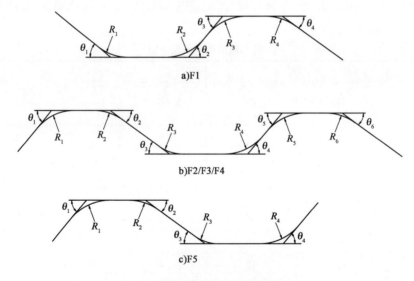

图7-15　腹板束竖弯线形几何参数示意

基于以上考虑,并根据上、下缘的配筋量,便可以确定每个截面的钢束布置。限于篇幅,只给出主梁几个典型截面的钢束布置,如图7-16~图7-21所示。如将钢束在主梁各横截面上的位置对应连接就可得到钢束的平面及立面布置(详见本章第十二节图7-36~图7-41),进而就可以确定钢束的具体形状,据此绘制全部预应力钢束构造图并计算钢束工程量。

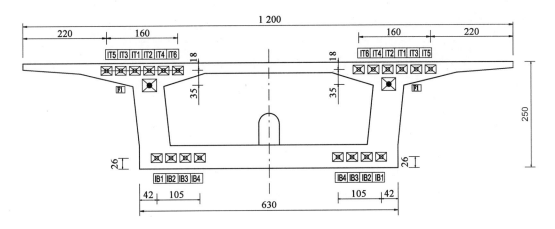

图 7-16 11 截面钢束布置(尺寸单位:cm)

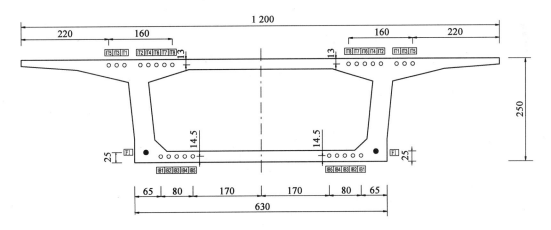

图 7-17 17 截面钢束布置(尺寸单位:cm)

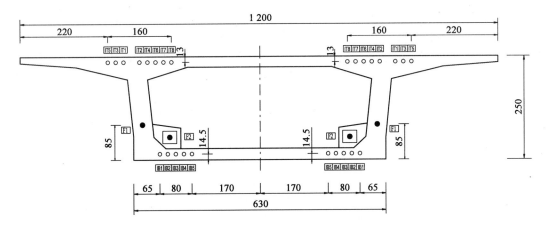

图 7-18 19 截面钢束布置(尺寸单位:cm)

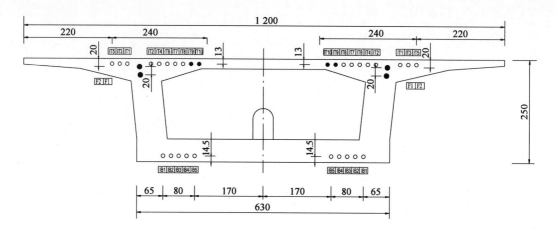

图 7-19 23 截面钢束布置(尺寸单位:cm)

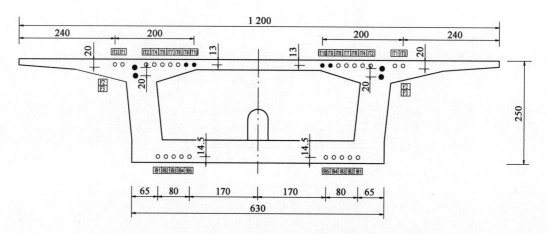

图 7-20 39 截面钢束布置(尺寸单位:cm)

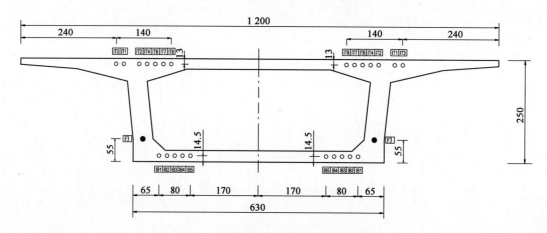

图 7-21 47 截面钢束布置(尺寸单位:cm)

四、预应力钢束输入

钢束估算及布置完成后,将所布置的钢束输入有限元模型1,即可进行第二阶段建模。

本例预应力钢筋采用 $\phi^s15.2$ 钢绞线,$f_{pk} = 1\,860\mathrm{MPa}$,$A_{pl} = 140\mathrm{mm}^2$,$E = 1.95 \times 10^5 \mathrm{MPa}$。钢束的锚具规格为 15-12 型锚具,预应力管道采用波纹管成型,管道直径为90mm。预应力钢束与管道的摩擦系数示意性取为0.3,管道每米局部偏差的摩擦影响系数为0.0066,锚具变形、钢筋回缩和接缝压缩值取为6mm;实桥设计时,读者可根据《桥规(2018年)》或相关产品厂家的推荐值选取。本例预应力钢束分为两端张拉和单端张拉两种张拉方式。将预应力钢束输入到有限元模型需要的基本信息有:钢束编号、钢束名称、钢束数目、张拉控制应力、相关单元号以及张拉方式等,相关信息详见表7-23。

钢束基本信息 表7-23

钢束编号	钢束名称	相关单元	钢束编号	钢束名称	相关单元	钢束编号	钢束名称	相关单元	钢束编号	钢束名称	相关单元	钢束编号	钢束名称	相关单元
1	IB1	11~14	25	IB2	25~32	49	IB3	45~52	73	IB4	65~72	97	IT1	29~36
2	IB1	11~14	26	IB2	25~32	50	IB3	45~52	74	IB4	65~72	98	IT1	29~36
3	IB1	15~20	27	IB2	33~40	51	IB3	53~60	75	IB4	73~78	99	IT1	37~44
4	IB1	15~20	28	IB2	33~40	52	IB3	53~60	76	IB4	73~78	100	IT1	37~44
5	IB1	21~28	29	IB2	41~48	53	IB3	61~68	77	IB5	14~20	101	IT1	45~52
6	IB1	21~28	30	IB2	41~48	54	IB3	61~68	78	IB5	14~20	102	IT1	45~52
7	IB1	29~36	31	IB2	49~56	55	IB3	69~76	79	IB5	21~28	103	IT1	53~60
8	IB1	29~36	32	IB2	49~56	56	IB3	69~76	80	IB5	21~28	104	IT1	53~60
9	IB1	37~44	33	IB2	57~64	57	IB3	77~82	81	IB5	29~36	105	IT1	61~68
10	IB1	37~44	34	IB2	57~64	58	IB3	77~82	82	IB5	29~36	106	IT1	61~68
11	IB1	45~52	35	IB2	65~72	59	IB4	11~16	83	IB5	37~44	107	IT1	69~76
12	IB1	45~52	36	IB2	65~72	60	IB4	11~16	84	IB5	37~44	108	IT1	69~76
13	IB1	53~60	37	IB2	73~78	61	IB4	17~24	85	IB5	45~52	109	IT1	77~82
14	IB1	53~60	38	IB2	73~78	62	IB4	17~24	86	IB5	45~52	110	IT1	77~82
15	IB1	61~68	39	IB3	11~14	63	IB4	25~32	87	IB5	53~60	111	IT2	11~14
16	IB1	61~68	40	IB3	11~14	64	IB4	25~32	88	IB5	53~60	112	IT2	11~14
17	IB1	69~76	41	IB3	15~20	65	IB4	33~40	89	IB5	61~68	113	IT2	15~20
18	IB1	69~76	42	IB3	15~20	66	IB4	33~40	90	IB5	61~68	114	IT2	15~20
19	IB1	77~82	43	IB3	21~28	67	IB4	41~48	91	IT1	11~14	115	IT2	21~28
20	IB1	77~82	44	IB3	21~28	68	IB4	41~48	92	IT1	11~14	116	IT2	21~28
21	IB2	11~16	45	IB3	29~36	69	IB4	49~56	93	IT1	15~20	117	IT2	29~36
22	IB2	11~16	46	IB3	29~36	70	IB4	49~56	94	IT1	15~20	118	IT2	29~36
23	IB2	17~24	47	IB3	37~44	71	IB4	57~64	95	IT1	21~28	119	IT2	37~44
24	IB2	17~24	48	IB3	37~44	72	IB4	57~64	96	IT1	21~28	120	IT2	37~44

续上表

钢束编号	钢束名称	相关单元	钢束编号	钢束名称	相关单元	钢束编号	钢束名称	相关单元	钢束编号	钢束名称	相关单元	钢束编号	钢束名称	相关单元	钢束编号	钢束名称	相关单元
121	IT2	45~52	145	IT3	65~72	169	IT5	17~24	193	IT7	29~36	217	IT8	61~68			
122	IT2	45~52	146	IT3	65~72	170	IT5	17~24	194	IT7	29~36	218	IT8	61~68			
123	IT2	53~60	147	IT3	73~78	171	IT5	25~32	195	IT7	37~44	219	IT8	69~76			
124	IT2	53~60	148	IT3	73~78	172	IT5	25~32	196	IT7	37~44	220	IT8	69~76			
125	IT2	61~68	149	IT4	11~16	173	IT6	11~16	197	IT7	45~52	221	F1	11~16			
126	IT2	61~68	150	IT4	11~16	174	IT6	11~16	198	IT7	45~52	222	F1	11~16			
127	IT2	69~76	151	IT4	17~24	175	IT6	17~24	199	IT7	53~60	223	F2	19~42			
128	IT2	69~76	152	IT4	17~24	176	IT6	17~24	200	IT7	53~60	224	F2	19~42			
129	IT2	77~82	153	IT4	25~32	177	IT6	25~32	201	IT7	61~68	225	F3	35~58			
130	IT2	77~82	154	IT4	25~32	178	IT6	25~32	202	IT7	61~68	226	F3	35~58			
131	IT3	11~16	155	IT4	33~40	179	IT6	33~40	203	IT7	69~76	227	F4	51~74			
132	IT3	11~16	156	IT4	33~40	180	IT6	33~40	204	IT7	69~76	228	F4	51~74			
133	IT3	17~24	157	IT4	41~48	181	IT6	41~48	205	IT8	15~20	229	F5	67~82			
134	IT3	17~24	158	IT4	41~48	182	IT6	41~48	206	IT8	15~20	230	F5	67~82			
135	IT3	25~32	159	IT4	49~56	183	IT6	49~56	207	IT8	21~28	231	IT10	21~24			
136	IT3	25~32	160	IT4	49~56	184	IT6	49~56	208	IT8	21~28	232	IT10	37~40			
137	IT3	33~40	161	IT4	57~64	185	IT6	57~64	209	IT8	29~36	233	IT10	53~56			
138	IT3	33~40	162	IT4	57~64	186	IT6	57~64	210	IT8	29~36	234	IT10	69~72			
139	IT3	41~48	163	IT4	65~72	187	IT6	65~72	211	IT8	37~44	235	IT9	20~25			
140	IT3	41~48	164	IT4	65~72	188	IT6	65~72	212	IT8	37~44	236	IT9	36~41			
141	IT3	49~56	165	IT4	73~78	189	IT7	15~20	213	IT8	45~52	237	IT9	52~57			
142	IT3	49~56	166	IT4	73~78	190	IT7	15~20	214	IT8	45~52	238	IT9	68~73			
143	IT3	57~64	167	IT5	11~16	191	IT7	21~28	215	IT8	53~60	239	IB6	77~82			
144	IT3	57~64	168	IT5	11~16	192	IT7	21~28	216	IT8	53~60	240	IB6	77~82			

表 7-23 中，钢束的张拉控制应力均为 1 395MPa。钢束编号 1~220 及 239 和 240 为先期束，钢束数均为 1 束，其中钢束编号为每一单号和随后紧邻双号的钢束关于箱梁纵桥向中轴线对称输入，如钢束编号为 1 和 2 的钢束关于箱梁纵桥向中轴线对称输入。钢束编号为 1~20 的钢束的钢束名均为 IB1，其中钢束编号为 1 和 2 的钢束为两端张拉，钢束编号为 3~20 的钢束为结束端张拉；钢束编号为 21~38 的钢束的钢束名均为 IB2，其中钢束编号为 21 和 22 的钢束为两端张拉，钢束编号为 23~38 的钢束为结束端张拉；其余属于同一钢束名所包括的对应钢束编号的钢束张拉方式依此类推，不再赘述。

为提高建模效率，采用"标准钢束"输入法，即同一形状钢束只输入一个"标准"线形，并赋予其实际的钢束根数；对于腹板束，不计齿板锚固段钢束平弯的影响。

此外，钢束编号 221~238 的钢束为后期束，包括墩顶顶板束 IT9 与 IT10，以及腹板束

F1～F5。后期束除了 F1 与 F5 采用单端张拉外,其余均为两端张拉。后期束和先期束类似,也关于箱梁纵桥向中轴线对称输入。

由于顶推施工连续梁桥的施工阶段很多,必须按相应施工阶段张拉预应力钢束。施工阶段与张拉预应力钢束匹配关系见表 7-24。

施工阶段与张拉钢束匹配关系 表 7-24

施 工 阶 段	张拉钢束号
1	1,2,39,40,91,92,111,112
7	21,22,59,60,131,132,149,150,167,168,173,174
10	3,4,41,42,77,78,93,94,113,114,189,190,205,206
15	23,24,61,62,133,134,151,156,169,170,175,176
20	5,6,43,44,79,80,95,96,115,116,191,192,207,208
26	25,26,63,64,135,136,153,154,171,172,177,178
31	7,8,45,46,81,82,97,98,117,118,193,194,209,210
36	27,28,65,66,137,138,155,156,179,180
41	9,10,47,48,83,84,99,100,119,120,195,196,211,212
47	29,30,67,68,139,140,157,158,181,182
52	11,12,49,50,85,86,101,102,121,122,197,198,213,214
57	31,32,69,70,141,142,159,160,183,184
62	13,14,51,52,87,88,103,104,123,124,199,200,215,216
68	33,34,71,72,143,144,161,162,185,186
73	15,16,53,54,89,90,105,106,125,126,201,202,217,218
78	35,36,73,74,145,146,163,164,187,188
84	17,18,55,56,107,108,127,128,203,204,219,220
89	37,38,75,76,147,148,165,166
92	19,20,57,58,109,110,129,130,239,240
99	221～238

预应力钢束输入后,便形成第二阶段的有限元模型 2,即可进行主梁的相关计算和验算。

第五节 预应力损失及有效预应力计算

一、预应力损失计算

预应力损失的计算原理及方法可参照第二章第九节或《桥规(2018 年)》第 6.2 节。在顶推施工预应力混凝土连续梁桥中,各施工阶段各钢束的预应力损失亦各不相同。本例采用软件计算,针对实际施工过程,计算了每个施工阶段各钢束的预应力损失,数据量相当庞大。为节省篇幅,这里仅给出第 99 施工阶段 225 号钢束的预应力损失及永存预应力。

二、有效预应力计算

预应力钢束的有效预应力 σ_{pe} 定义为预应力钢筋锚下控制应力 σ_{con} 扣除相应阶段的应力

损失 σ_l 后实际存余的预拉应力值。但应力损失在不同施工阶段出现预应力损失的项目是不同的,故应按施工阶段进行组合,然后才能确定不同施工阶段的有效预应力。本例各预应力钢束采用的张拉控制应力为 $\sigma_{con} = 1\,395\text{MPa}$。

根据第二章第九节表 2-34 或《桥规(2018 年)》6.2.8 条,本例各阶段的预应力损失值可按表 7-25 进行组合。

各阶段预应力损失值的组合 表 7-25

预应力损失值的组合	后张法构件
传力锚固时的损失(第一批)$\sigma_{l\text{I}}$	$\sigma_{l1} + \sigma_{l2} + \sigma_{l4}$
传力锚固后的损失(第二批)$\sigma_{l\text{II}}$	$\sigma_{l5} + \sigma_{l6}$

传力锚固时的有效预应力为

$$\sigma_{pe} = \sigma_{pe} = \sigma_{con} - \sigma_{l\text{I}} \tag{7-3}$$

传力锚固后的有效预应力,即永存预应力为

$$\sigma_{pe} = \sigma_{p\text{II}} = \sigma_{con} - (\sigma_{l\text{I}} + \sigma_{l\text{II}}) \tag{7-4}$$

第 99 施工阶段 225 号钢束 F3 的预应力损失和永存预应力可按上述方法求得,结果见表 7-26。其他施工阶段各钢束的计算方法类似,不再一一给出。

第 99 施工阶段 225 号钢束 F3 预应力损失及永存预应力(单位:MPa) 表 7-26

节点号(截面)	σ_{l1}	σ_{l2}	σ_{l4}	σ_{l5}	σ_{l6}(三年)	永存预应力
35	0	−234.2	−6.0	−22.4	−25.0	1 106.8
36	−18.3	−193.2	−6.0	−25.2	−24.4	1 128.0
37	−35.6	−152.8	−5.8	−28.0	−22.7	1 150.0
38	−89.7	−110.2	−5.4	−36.5	−21.1	1 132.1
39	−145.9	−29.0	−4.8	−29.7	−12.5	1 173.2
40	−204.8	0.0	−5.4	−26.0	−21.0	1 137.8
41	−253.7	0.0	−5.8	−20.2	−25.8	1 089.4
42	−300.8	0.0	−6.0	−15.1	−24.6	1 048.6
43	−327.4	0.0	−6.1	−12.3	−23.4	1 025.8
44	−379.3	0.0	−6.1	−7.3	−22.8	979.5
45	−429.2	0.0	−6.1	−2.9	−21.4	935.5
46	−445.0	0.0	−5.7	−1.6	−20.5	922.2
47	−460.5	0.0	−5.6	−0.4	−20.1	908.5
48	−445.0	0.0	−5.7	−1.6	−20.0	922.7
49	−429.2	0.0	−5.9	−2.9	−21.9	935.1
50	−379.3	0.0	−5.9	−7.3	−23.5	979.0
51	−327.4	0.0	−11.3	−12.3	−27.5	1 016.5
52	−300.8	0.0	−11.3	−15.1	−26.3	1 041.5
53	−253.7	0.0	−11.5	−20.2	−26.0	1 083.5

续上表

节点号(截面)	σ_{l1}	σ_{l2}	σ_{l4}	σ_{l5}	σ_{l6}(三年)	永存预应力
54	−204.8	0.0	−12.0	−26.0	−23.8	1 128.4
55	−174.9	0.0	−12.2	−29.7	−14.3	1 163.9
56	−91.7	−81.2	−12.0	−36.5	−23.9	1 149.7
57	−64.6	−123.8	−11.5	−28.0	−29.7	1 137.4
58	−47.3	−164.2	−11.3	−25.2	−31.1	1 116.1
59	0	−234.2	−11.2	−22.4	−33.0	1 093.6

注：表中 σ_{l1} 已计入钢束平弯影响。

第六节 钢束布置后作用组合的效应设计值计算

对于顶推施工的连续梁桥，配置预应力钢束后，各顶推过程（含体系转换与拆除导梁）作用的效应设计值按先期束与混凝土形成的换算截面计算（也即应扣除后期束孔道面积）；施加二期恒载以后的各种作用的效应设计值按先期束、后期束与混凝土组成的全部换算截面计算。所有这些关键点均可由设计软件在前述施工阶段划分仔细正确的前提下自动完成。

为了方便后续内容介绍，这里定义主梁先期束压浆形成强度与扣除后期束孔道面积的混凝土组成的截面称为部分换算截面；先期束、后期束均压浆形成强度与混凝土共同组成的截面称为换算截面。

一、永久作用标准值的效应计算

配置预应力钢束后的永久作用包括：结构重力作用、基础变位作用、拆除临时墩和拆除导梁结构重力作用、预加力作用及混凝土收缩徐变作用。本例永久作用标准值的效应计算，应根据顶推施工特点充分考虑永久作用与主梁截面几何特性的匹配关系。

(一) 结构重力标准值的主梁截面内力

一期结构重力（即结构自重）标准值的主梁截面内力按部分换算截面计算，二期结构重力标准值的效应按换算截面计算，二者的计算结果与表 7-11 相差不大，为节省篇幅，此处从略。

(二) 基础变位标准值的主梁截面次内力

基础变位标准值的主梁截面次内力按换算截面计算，其计算结果与表 7-14 相差不大，为节省篇幅，此处从略。

(三) 拆除临时墩和拆除导梁结构重力标准值的主梁截面内力

整个桥梁梁体顶推就位后，随后要将临时墩和导梁分别拆除，其间在拆除临时墩和拆除导梁前后整个梁体在结构重力标准值的效应均应按部分换算截面计算，且计算结果有显著差异。拆除临时墩之前（第 96 施工阶段）、拆除临时墩之后且拆除导梁之前（第 97 施工阶段）和拆除导梁之后（第 98 施工阶段）施工阶段的主梁截面内力计算结果见表 7-27。

拆除临时墩和拆除导梁前、后结构重力标准值的主梁截面内力 表 7-27

节点号（截面）	第96施工阶段 V(kN)	第96施工阶段 M(kN·m)	第97施工阶段 V(kN)	第97施工阶段 M(kN·m)	第98施工阶段 V(kN)	第98施工阶段 M(kN·m)
1	0.0	0.0	0.0	0.0		
2	41.9	-52.4	41.9	-52.4		
3	83.8	-209.6	83.8	-209.6		
4	125.8	-471.6	125.8	-471.6		
5	167.7	-838.4	167.7	-838.4		
6	209.6	-1 309.9	209.6	-1 309.9		
7	251.5	-1 886.3	251.5	-1 886.3		
8	293.4	-2 567.5	293.4	-2 567.5		
9	335.3	-3 353.5	335.3	-3 353.5		
10	377.3	-4 244.2	377.3	-4 244.2		
11	-2 460.0	-5 239.8	-2 462.7	-5 239.8	-2 249.6	0.0
12	-1 848.7	146.8	-1 851.5	153.6	-1 638.3	4 860.5
13	-1 275.4	4 038.3	-1 278.1	4 051.9	-1 065.1	8 225.9
14	-780.7	6 593.1	-783.4	6 613.6	-570.3	10 254.6
15	-323.3	7 973.1	-326.0	8 000.4	-112.8	11 108.5
16	134.1	8 209.6	131.4	8 243.7	344.6	10 818.9
17	591.5	7 302.5	588.8	7 343.5	802.0	9 385.7
18	1 048.9	5 251.9	1 046.2	5 299.7	1 259.4	6 809.0
19	1 506.4	2 057.8	1 503.6	2 112.4	1 716.8	3 088.8
20	1 961.4	-2 278.9	1 958.6	-2 217.5	2 171.6	-1 774.1
21	2 456.7	-7 788.3	2 454.0	-7 720.0	2 667.1	-7 809.5
22	3 028.3	-14 629.9	3 025.6	-14 554.8	3 238.7	-15 177.2
23左	3 730.8	-22 961.6	3 635.2	-22 879.7	3 848.5	-24 035.0
23右	-3 879.9	-22 961.6	-3 870.6	-22 879.7	-3 907.2	-24 035.0
24	-3 270.2	-14 022.9	-3 260.9	-13 964.2	-3 297.4	-15 028.1
25	-2 697.9	-6 574.4	-2 688.7	-6 538.8	-2 725.2	-7 511.4
26	-2 205.8	-458.1	-2 196.6	-445.6	-2 233.1	-1 326.9
27	-1 749.1	4 485.6	-1 739.9	4 474.9	-1 776.4	3 685.1
28	-1 291.7	8 286.6	-1 282.5	8 252.9	-1 319.0	7 554.3
29	-834.3	10 944.2	-825.1	10 887.3	-861.6	10 280.1
30	-376.9	12 458.2	-367.6	12 378.1	-404.2	11 862.3
31	80.5	12 828.7	89.8	12 725.5	53.2	12 301.0
32	537.9	12 055.6	547.2	11 929.3	510.6	11 596.2
33	995.3	10 139.0	1 004.6	9 989.6	968.0	9 747.8

续上表

节点号(截面)	第96施工阶段		第97施工阶段		第98施工阶段	
	$V(kN)$	$M(kN \cdot m)$	$V(kN)$	$M(kN \cdot m)$	$V(kN)$	$M(kN \cdot m)$
34	1 452.7	7 078.9	1 462.0	6 906.3	1 425.5	6 756.0
35	1 910.2	2 875.3	1 919.4	2 679.6	1 882.9	2 620.6
36	2 364.8	-2 470.9	2 374.1	-2 689.8	2 337.6	-2 657.5
37	2 860.4	-8 989.8	2 869.7	-9 231.8	2 833.1	-9 108.1
38	3 432.1	-16 840.9	3 441.4	-17 106.0	3 404.8	-16 891.0
39左	4 414.5	-26 182.2	4 050.0	-26 470.4	4 013.4	-26 164.0
39右	-3 935.8	-26 182.2	-3 970.0	-26 470.4	-3 960.3	-26 164.0
40	-3 326.0	-17 103.7	-3 360.3	-17 306.4	-3 350.6	-17 024.2
41	-2 753.8	-9 515.4	-2 788.0	-9 632.5	-2 778.3	-9 374.6
42	-2 261.7	-3 259.4	-2 296.0	-3 290.9	-2 286.3	-3 057.2
43	-1 805.0	1 824.1	-1 839.3	1 878.2	-1 829.6	2 087.5
44	-1 347.6	5 764.9	-1 381.9	5 904.6	-1 372.2	6 089.7
45	-890.2	8 562.2	-924.4	8 787.4	-914.7	8 948.3
46	-432.8	10 216.0	-467.0	10 526.8	-457.3	10 663.4
47	24.6	10 726.2	-9.6	11 122.6	0.1	11 235.0
48	482.0	10 093.0	447.8	10 574.9	457.5	10 663.0
49	939.4	8 316.2	905.2	8 883.7	914.9	8 947.5
50	1 396.8	5 395.8	1 362.6	6 048.9	1 372.3	6 088.5
51	1 854.2	1 332.0	1 820.0	2 070.6	1 829.7	2 086.0
52	2 309.0	-3 874.5	2 274.8	-3 050.3	2 284.5	-3 059.2
53	2 804.5	-10 253.6	2 770.3	-9 343.8	2 780.0	-9 377.0
54	3 376.2	-17 964.9	3 342.0	-16 969.5	3 351.7	-17 027.0
55左	4 132.0	-27 166.4	3 950.7	-26 085.5	3 960.5	-26 167.2
55右	-4 139.7	-27 166.4	-4 010.9	-26 085.5	-4 013.5	-26 167.2
56	-3 530.0	-17 578.1	-3 401.2	-16 819.2	-3 403.8	-16 894.3
57	-2 957.6	-9 479.9	-2 828.8	-9 043.0	-2 831.5	-9 111.6
58	-2 465.7	-2 713.9	-2 336.9	-2 599.2	-2 339.5	-2 661.2
59	-2 009.0	2 879.4	-1 880.2	2 672.1	-1 882.8	2 616.7
60	-1 551.6	7 330.2	-1 422.8	6 800.8	-1 425.4	6 751.9
61	-1 094.2	10 637.4	-965.3	9 785.9	-968.0	9 743.5
62	-636.8	12 801.0	-507.9	11 627.5	-510.6	11 591.7
63	-179.4	13 821.2	-50.5	12 325.6	-53.1	12 296.3
64	278.1	13 697.8	406.9	11 880.1	404.3	11 857.4
65	735.5	12 430.9	864.3	10 291.2	861.7	10 275.0

续上表

节点号（截面）	第96施工阶段		第97施工阶段		第98施工阶段	
	$V(kN)$	$M(kN \cdot m)$	$V(kN)$	$M(kN \cdot m)$	$V(kN)$	$M(kN \cdot m)$
66	1 192.9	10 020.5	1 321.7	7 558.7	1 319.1	7 549.1
67	1 650.3	6 466.5	1 779.1	3 682.6	1 776.5	3 679.6
68	2 105.2	1 769.9	2 233.9	−1 336.0	2 231.3	−1 332.5
69	2 600.6	−4 099.3	2 729.4	−7 527.3	2 726.8	−7 517.2
70	3 172.2	−11 300.7	3 301.1	−15 050.8	3 298.5	−15 034.2
71左	3 799.3	−19 992.3	3 910.1	−24 064.5	3 907.4	−24 041.3
71右	−3 186.4	−19 992.3	−3 848.5	−24 064.5	−3 847.7	−24 041.3
72	−2 576.8	−12 787.4	−3 238.8	−15 204.2	−3 238.0	−15 182.9
73	−2 005.0	−7 072.7	−2 666.6	−7 834.0	−2 665.8	−7 814.7
74	−1 512.3	−2 690.2	−2 174.5	−1 796.1	−2 173.7	−1 778.7
75	−349.9	519.7	−1 717.8	3 069.2	−1 717.0	3 084.6
76	107.5	822.8	−1 260.4	6 791.9	−1 259.6	6 805.4
77	−431.8	−17.7	−803.0	9 371.0	−802.2	9 382.6
78	25.6	490.0	−345.5	10 806.6	−344.8	10 816.3
79	−425.8	−145.8	111.9	11 098.7	112.6	11 106.4
80	31.6	346.8	568.8	10 247.3	569.6	10 253.1
81	−646.1	−335.5	1 064.7	8 221.0	1 065.5	8 224.8
82	−73.5	579.8	1 637.8	4 858.0	1 638.6	4 860.0
83	537.3	0.0	2 248.6	0.0	2 249.4	0.0

与表7-27相应的主梁截面弯矩分布如图7-22～图7-24所示。

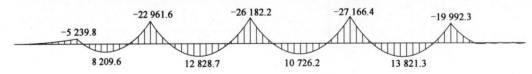

图7-22 第96施工阶段结构重力标准值产生的主梁截面弯矩分布(单位:kN·m)

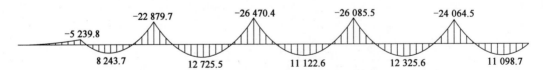

图7-23 第97施工阶段结构重力标准值产生的主梁截面弯矩分布(单位:kN·m)

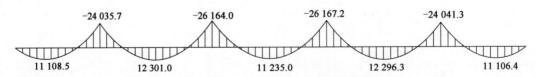

图7-24 第98施工阶段结构重力标准值产生的主梁截面弯矩分布(单位:kN·m)

(四)预加力标准值的主梁截面次内力

预加力产生的次内力计算方法有力法和等效荷载法,在第二章第六节之二或《通规(2015年)》4.2.2 条已有详细介绍,本算例采用软件进行计算。

由于先期束是顶推前在台座上张拉的,此时梁段尚未形成超静定结构,该类钢束对结构不产生次内力。后期束在成桥后张拉,此时结构已形成超静定体系,故后期束要产生次内力。使用阶段应考虑混凝土收缩及徐变引起的预应力损失对最终结构体系预加力次内力的影响。限于篇幅,这里仅给出使用阶段永存预应力标准值引起的主梁截面次内力,计算结果见表7-28,相应的内力分布如图7-25所示。

预应力标准值在使用阶段产生的主梁截面次内力　　　　表7-28

节点号(截面)	V(kN)	M(kN·m)	节点号(截面)	V(kN)	M(kN·m)	节点号(截面)	V(kN)	M(kN·m)
11	135.0	0.0	36	−120.1	−146.2	59	−27.2	380.6
12	135.0	−337.4	37	−120.1	154.0	60	−27.2	448.7
13	134.8	−674.9	38	−120.1	454.3	61	−27.2	516.7
14	135.0	−1 012.3	39$_左$	−120.1	754.5	62	−27.2	584.8
15	135.0	−1 349.7	39$_右$	16.2	754.5	63	−27.2	652.8
16	135.0	−1 687.2	40	16.2	714.1	64	−27.2	720.9
17	135.0	−2 024.6	41	16.2	673.7	65	−27.2	788.9
18	135.0	−2 362.1	42	16.2	633.3	66	−27.2	857.0
19	135.0	−2 699.5	43	16.2	593.0	67	−27.2	925.0
20	134.8	−3 036.9	44	16.2	552.6	68	−27.3	993.1
21	134.9	−3 374.4	45	16.2	512.2	69	−27.2	1 061.1
22	135.0	−3 711.8	46	16.2	471.8	70	−27.2	1 129.2
23$_左$	135.0	−4 049.2	47	16.2	431.4	71$_左$	−27.2	1 197.3
23$_右$	−120.1	−4 049.2	48	16.2	391.0	71$_右$	39.9	1 197.3
24	−120.0	−3 749.0	49	16.2	350.7	72	39.9	1 097.5
25	−120.0	−3 448.8	50	16.2	310.3	73	39.9	997.7
26	−120.1	−3 148.5	51	16.2	269.9	74	39.9	897.9
27	−120.1	−2 848.3	52	16.0	229.5	75	39.9	798.2
28	−120.1	−2 548.1	53	16.2	189.1	76	39.9	698.4
29	−120.1	−2 247.8	54	16.2	148.8	77	39.9	598.6
30	−120.1	−1 947.6	55$_左$	16.2	108.4	78	39.9	498.9
31	−120.1	−1 647.4	55$_右$	−27.2	108.4	79	39.9	399.1
32	−120.1	−1 347.1	56	−27.2	176.4	80	39.9	299.3
33	−120.1	−1 046.9	57	−27.2	244.5	81	39.9	199.5
34	−120.1	−746.7	58	−27.2	312.5	82	39.9	99.8
35	−120.1	−446.4	59	−27.2	380.6	83	39.9	0.0

与表7-28 相应的内力分布如图7-25 所示。

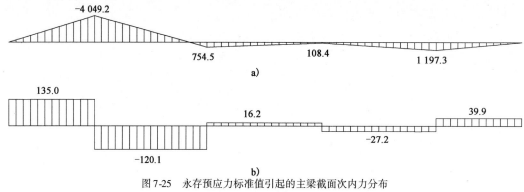

图 7-25 永存预应力标准值引起的主梁截面次内力分布
a)弯矩(单位:kN·m);b)剪力(单位:kN)

(五)混凝土收缩徐变标准值的主梁截面次内力

配置预应力钢束后,混凝土收缩及徐变作用标准值的次内力应按换算截面计算,本例每个施工阶段按22d考虑,各阶段相应单元混凝土加载龄期为15d,使用阶段混凝土收缩徐变总天数为1000d,混凝土收缩徐变作用标准值的主梁截面次内力计算结果见表7-29。

混凝土收缩徐变作用标准值的主梁截面次内力 表7-29

节点号(截面)	V(kN)	M(kN·m)	节点号(截面)	V(kN)	M(kN·m)	节点号(截面)	V(kN)	M(kN·m)
11	4.9	0	36	-4.09	-13.7	59	1.73	127.95
12	4.9	-12.25	37	-4.1	-3.45	60	1.73	123.63
13	4.9	-24.49	38	-4.1	6.8	61	1.73	119.32
14	4.9	-36.74	39左	-4.1	17.05	62	1.73	115.01
15	4.9	-48.98	39右	-3.2	17.05	63	1.73	110.69
16	4.9	-61.23	40	-3.2	25.06	64	1.73	106.38
17	4.9	-73.47	41	-3.2	33.06	65	1.73	102.07
18	4.9	-85.72	42	-3.2	41.07	66	1.73	97.75
19	4.9	-97.96	43	-3.2	49.08	67	1.73	93.44
20	4.9	-110.21	44	-3.2	57.09	68	1.73	89.13
21	4.89	-122.45	45	-3.2	65.1	69	1.72	84.81
22	4.9	-134.7	46	-3.2	73.11	70	1.73	80.5
23左	4.9	-146.95	47	-3.2	81.12	71左	1.73	76.19
23右	-4.1	-146.95	48	-3.2	89.13	71右	2.54	76.19
24	-4.1	-136.7	49	-3.2	97.14	72	2.54	69.84
25	-4.09	-126.45	50	-3.2	105.15	73	2.54	63.49
26	-4.1	-116.2	51	-3.2	113.16	74	2.54	57.14
27	-4.1	-105.95	52	-3.2	121.17	75	2.54	50.79
28	-4.1	-95.7	53	-3.21	129.18	76	2.54	44.44
29	-4.1	-85.45	54	-3.2	137.19	77	2.54	38.09
30	-4.1	-75.2	55左	-3.2	145.2	78	2.54	31.75
31	-4.1	-64.95	55右	1.73	145.2	79	2.54	25.4
32	-4.1	-54.7	56	1.73	140.89	80	2.54	19.05
33	-4.1	-44.45	57	1.73	136.57	81	2.54	12.7
34	-4.1	-34.2	58	1.73	132.26	82	2.54	6.35
35	-4.1	-23.95	59	1.73	127.95	83	2.54	0

与表 7-29 相应的主梁截面次内力分布如图 7-26 所示。

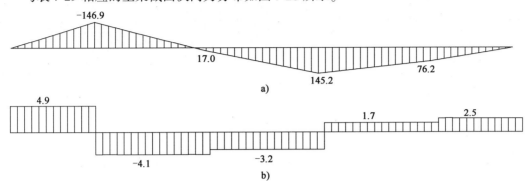

图 7-26 配置预应力钢束后混凝土徐变标准值的主梁截面次内力分布
a) 弯矩(单位:kN·m);b) 剪力(单位:kN)

对比表 7-29(图 7-26)与表 7-12(图 7-8)发现,配置预应力钢束前、后徐变次内力分布区别明显,未配置钢束时徐变次内力弯矩最大值出现在 4 号墩顶,最大值为 −625.6kN·m;配置钢束后徐变次内力弯矩最大值出现在 1 号墩顶,最大值为 −146.9kN·m。

二、可变作用标准值的效应计算

可变作用种类与钢束布置前相同,包括汽车荷载和温度作用。

(一)汽车荷载标准值(计入冲击系数)的主梁截面内力

汽车荷载标准值(计入冲击系数)的主梁截面内力应按换算截面进行计算,结果与表 7-15 相差不大,为节省篇幅,此处从略。

(二)温度作用标准值的主梁截面次内力

温度作用标准值的主梁截面次内力应按照换算截面进行计算,结果与表 7-16 相差不大,为节省篇幅,此处从略。

三、作用组合的效应设计值计算(二)

基于本节上述配束后各作用标准值的效应计算结果,可按照第二章第七节或《通规(2015年)》第 4.1 节计算第二次作用组合的效应设计值,包括承载能力极限状态基本组合的截面内力设计值,正常使用极限状态作用频遇值组合和作用准永久组合的截面内力设计值。形成作用组合的主梁截面内力设计值包络图时,均不考虑预加力的主效应,但须计入预加力的次效应。具体方法应根据《通规(2015 年)》4.1.5 条和 4.1.6 条进行作用组合的效应设计值计算。

(一)持久状况承载能力极限状态作用基本组合的效应设计值

组合方法详见第二章第七节,作用基本组合的效应设计值采用式(2-90)或《通规(2015年)》式(4.1.5-1)计算。持久状况承载能力极限状态作用基本组合的主梁截面内力设计值(二)计算结果见表 7-30。

持久状况承载能力极限状态作用基本组合的主梁截面内力设计值(二)　　表 7-30

节点号(截面)	$\gamma_0 V_{max}$ (kN)	$\gamma_0 V_{min}$ (kN)	$\gamma_0 M_{max}$ (kN·m)	$\gamma_0 M_{min}$ (kN·m)	节点号(截面)	$\gamma_0 V_{max}$ (kN)	$\gamma_0 V_{min}$ (kN)	$\gamma_0 M_{max}$ (kN·m)	$\gamma_0 M_{min}$ (kN·m)
11	-2 068.7	-6 274.1	0.0	0.0	48	2 421.1	-674.6	42 873.1	3 425.6
12	-1 287.9	-5 049.5	13 247.9	4 298.0	49	3 349.5	107.1	39 150.4	638.1
13	-396.8	-3 887.8	23 162.9	6 694.8	50	4 282.1	876.4	33 250.8	-3 956.4
14	461.1	-2 846.6	29 968.8	7 364.7	51	5 216.6	1 631.7	24 924.3	-10 065.5
15	1 284.3	-1 868.7	33 910.0	6 485.5	52	6 145.5	2 369.2	15 288.8	-18 747.3
16	2 232.6	-1 028.2	35 073.7	4 091.7	53	7 129.6	3 108.2	5 145.7	-30 805.6
17	3 185.2	-207.1	33 517.0	183.5	54	8 209.5	3 849.8	-6 421.4	-45 652.2
18	4 138.7	594.7	29 309.9	-5 239.3	55左	9 331.2	4 626.9	-18 190.6	-63 537.5
19	5 091.1	1 376.2	22 535.1	-12 176.7	55右	-4 775.2	-9 473.2	-18 190.6	-63 537.5
20	6 035.2	2 134.9	14 444.1	-21 784.4	56	-3 997.0	-8 347.3	-5 907.1	-45 612.9
21	7 032.0	2 916.9	4 509.0	-33 503.9	57	-3 236.6	-7 264.1	6 170.9	-30 632.6
22	8 122.8	3 762.7	-6 850.9	-48 057.3	58	-2 472.5	-6 287.2	16 812.7	-18 437.9
23左	9 254.2	4 548.1	-17 262.5	-65 677.2	59	-1 730.4	-5 351.7	26 910.9	-9 593.4
23右	-4 621.0	-9 377.6	-17 262.5	-65 677.2	60	-972.7	-4 415.9	35 452.9	-3 083.8
24	-3 843.0	-8 257.9	-5 880.2	-46 290.1	61	-201.0	-3 482.2	41 563.2	1 908.1
25	-3 101.1	-7 179.8	4 770.9	-31 356.0	62	582.9	-2 553.2	45 580.8	5 003.1
26	-2 384.3	-6 206.8	14 794.7	-19 183.4	63	1 377.0	-1 631.0	47 100.7	6 583.6
27	-1 647.6	-5 274.2	24 069.5	-10 118.3	64	2 280.4	-819.0	46 117.3	6 279.0
28	-894.4	-4 340.0	32 539.0	-4 109.4	65	3 209.8	-38.1	42 802.3	3 920.9
29	-126.6	-3 407.0	38 596.1	385.1	66	4 142.9	729.8	37 238.0	-163.0
30	654.2	-2 477.5	42 402.6	3 155.3	67	5 077.1	1 482.9	29 261.4	-5 761.5
31	1 446.1	-1 554.0	43 879.2	3 868.8	68	6 004.9	2 217.9	19 567.7	-13 504.3
32	2 356.0	-747.6	42 852.7	2 699.1	69	6 986.7	2 938.5	9 954.7	-25 184.5
33	3 285.1	36.3	39 328.0	14.8	70	8 063.3	3 679.7	-283.7	-39 626.4
34	4 218.8	808.1	33 709.1	-4 565.1	71左	9 180.6	4 456.5	-11 254.5	-58 512.3
35	5 154.7	1 565.8	25 660.4	-10 664.5	71右	-4 347.8	-9 015.4	-11 254.5	-58 512.3
36	6 085.2	2 306.0	16 154.2	-19 197.3	72	-3 561.5	-7 881.9	-1 347.5	-41 489.2
37	7 071.0	3 074.0	5 923.8	-30 899.6	73	-2 715.3	-6 789.7	9 509.1	-27 531.0
38	8 152.7	3 833.9	-5 742.1	-45 388.2	74	-1 936.7	-5 801.5	18 941.8	-16 407.5
39左	9 276.2	4 611.0	-17 612.5	-62 821.1	75	-1 176.3	-4 852.6	27 300.5	-8 165.6
39右	-4 598.0	-9 295.3	-17 612.5	-62 821.1	76	-394.8	-3 900.2	33 478.8	-1 729.6
40	-3 819.9	-8 171.3	-5 916.3	-45 023.5	77	406.9	-2 946.7	37 089.7	3 191.8
41	-3 077.6	-7 089.9	5 579.1	-30 266.7	78	1 228.0	-1 994.2	38 050.7	6 598.7
42	-2 342.5	-6 114.6	15 650.2	-18 298.2	79	2 106.9	-1 084.2	36 291.8	8 491.0
43	-1 602.9	-5 180.7	25 284.8	-9 777.2	80	3 082.4	-260.6	31 755.6	8 868.8
44	-847.7	-4 246.2	33 521.4	-3 740.2	81	4 128.0	597.2	24 354.4	7 697.6
45	-78.3	-3 313.6	39 331.0	782.3	82	5 289.3	1 488.8	13 843.8	4 799.4
46	703.3	-2 385.2	42 963.2	3 498.3	83	6 512.5	2 269.3	0.0	0.0
47	1 499.1	-1 466.8	44 169.8	4 629.8					

与表7-30相应的持久状况承载能力极限状态作用基本组合的主梁截面内力设计值(二)包络图如图7-27所示。

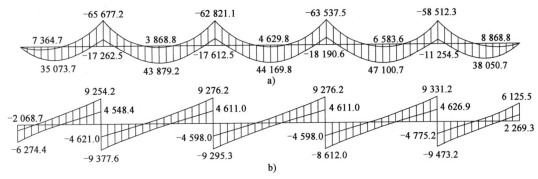

图7-27 持久状况承载能力极限状态作用基本组合的主梁截面内力设计值(二)包络图
a)弯矩(单位:kN·m);b)剪力(单位:kN)

由表7-30和图7-27可见,持久状况承载能力极限状态作用基本组合下,23截面承受的最大和最小负弯矩设计值分别为65 677.2kN·m和17 262.5kN·m,次边孔31截面承受的最大和最小正弯矩设计值分别为43 879.2kN·m和3 868.8kN·m;23截面承受的最大和最小剪力设计值分别为9 254.2kN和-9 377.6kN。

(二)持久状况正常使用极限状态作用组合的效应设计值

1.持久状况正常使用极限状态作用频遇组合

组合方法详见第二章第七节,作用频遇组合的效应设计值采用式(2-95)或《通规(2015年)》式(4.1.6-1)计算。持久状况正常使用极限状态作用频遇组合的主梁截面内力设计值(二)的计算结果见表7-31。

2.持久状况正常使用极限状态作用准永久组合

组合方法详见第二章第七节,作用准永久组合的效应设计值采用式(2-97)或《通规(2015年)》式(4.1.6-2)计算。持久状况正常使用极限状态作用准永久组合的主梁截面内力设计值(二)计算结果见表7-31。

持久状况正常使用极限状态作用频遇/准永久组合的主梁截面内力设计值(二)　　表7-31

节点号(截面)	作用频遇组合的效应				作用准永久组合的效应			
	V_{max} (kN)	V_{min} (kN)	M_{max} (kN·m)	M_{min} (kN·m)	V_{max} (kN)	V_{min} (kN)	M_{max} (kN·m)	M_{min} (kN·m)
11	-2 006.9	-3 947.4	0.0	0.0	-2 067.7	-3 557.0	0.0	0.0
12	-1 300.2	-3 133.0	8 513.1	4 172.2	-1 361.9	-2 789.6	7 741.0	4 309.2
13	-574.9	-2 361.3	14 906.2	6 615.9	-661.9	-2 062.9	13 529.7	6 889.9
14	92.0	-1 674.7	19 343.1	7 489.7	-28.7	-1 418.7	17 527.9	7 900.8
15	723.7	-1 030.5	21 997.1	6 955.3	568.4	-814.5	19 903.6	7 503.4
16	1 357.3	-392.7	22 916.6	5 044.1	1 166.5	-214.1	20 698.2	5 729.1

续上表

节点号 （截面）	作用频遇组合的效应				作用准永久组合的效应			
	V_{max} （kN）	V_{min} （kN）	M_{max} （kN·m）	M_{min} （kN·m）	V_{max} （kN）	V_{min} （kN）	M_{max} （kN·m）	M_{min} （kN·m）
17	1 992.1	238.2	22 122.8	1 756.0	1 765.2	382.5	19 923.7	2 578.0
18	2 627.2	862.0	19 641.9	−2 909.0	2 364.2	975.0	17 595.1	−1 949.9
19	3 261.9	1 478.2	15 504.7	−8 950.8	2 962.9	1 563.1	13 729.8	−7 854.7
20	3 892.2	2 084.7	9 746.9	−16 369.4	3 557.9	2 144.9	8 348.4	−15 136.4
21	4 563.7	2 724.4	2 394.6	−25 214.3	4 194.8	2 763.4	1 452.5	−23 836.6
22	5 309.2	3 433.1	−6 415.0	−35 912.9	4 906.8	3 454.2	−6 949.1	−34 268.8
23左	6 088.5	4 149.1	−16 238.9	−48 632.2	5 653.9	4 165.1	−16 671.1	−46 596.5
23右	−4 187.6	−6 232.5	−16 238.9	−48 632.2	−4 241.7	−5 779.3	−16 671.1	−46 596.5
24	−3 481.6	−5 456.9	−6 300.1	−35 009.6	−3 536.1	−5 033.8	−6 746.8	−33 644.6
25	−2 811.2	−4 715.7	2 588.0	−23 924.2	−2 866.9	−4 324.0	1 836.3	−22 883.3
26	−2 197.9	−4 055.5	10 021.3	−14 665.5	−2 265.1	−3 695.6	8 915.2	−13 838.7
27	−1 598.4	−3 428.1	16 373.9	−7 309.8	−1 686.5	−3 101.1	14 856.8	−6 568.7
28	−992.8	−2 800.2	21 520.2	−1 698.7	−1 104.4	−2 506.3	19 619.8	−986.5
29	−381.7	−2 172.7	25 068.1	2 535.6	−519.2	−1 911.6	22 879.2	3 218.9
30	234.2	−1 546.5	27 380.8	5 011.7	68.8	−1 317.8	25 006.3	5 666.2
31	854.3	−922.6	28 358.3	5 676.5	659.2	−725.2	25 905.5	6 363.1
32	1 477.7	−301.7	27 703.5	4 827.2	1 251.5	−134.4	25 281.9	5 604.6
33	2 103.8	315.4	25 418.2	2 601.0	1 845.2	454.3	23 136.5	3 469.3
34	2 731.5	928.0	22 204.0	−1 694.9	2 440.0	1 040.3	20 167.2	−735.8
35	3 360.1	1 535.3	17 391.9	−7 376.7	3 035.2	1 623.4	15 698.6	−6 326.7
36	3 985.2	2 134.9	11 112.0	−14 552.6	3 627.3	2 201.2	9 830.5	−13 390.9
37	4 652.7	2 769.4	3 611.0	−23 504.8	4 261.9	2 816.8	2 713.3	−22 125.7
38	5 394.8	3 446.2	−5 351.3	−34 293.0	4 971.9	3 489.3	−5 911.8	−32 582.5
39左	6 171.2	4 151.2	−15 410.0	−47 056.4	5 717.3	4 193.9	−15 904.1	−44 908.8
39右	−4 156.0	−6 182.7	−15 410.0	−47 056.4	−4 210.8	−5 725.6	−15 904.1	−44 908.8
40	−3 450.0	−5 405.4	−5 464.4	−34 073.8	−3 505.2	−4 979.1	−6 008.3	−32 385.8
41	−2 779.5	−4 663.0	3 386.2	−23 102.5	−2 835.9	−4 268.6	2 521.0	−21 752.9
42	−2 159.4	−4 001.9	10 779.6	−13 967.9	−2 230.2	−3 639.7	9 544.9	−12 842.4
43	−1 558.8	−3 374.1	17 120.7	−6 774.7	−1 650.9	−3 044.9	15 466.5	−5 747.4
44	−952.4	−2 746.1	22 100.0	−1 178.4	−1 068.4	−2 450.0	20 081.6	−216.6
45	−340.8	−2 118.7	25 475.5	3 041.1	−482.9	−1 855.5	23 190.0	3 937.3
46	275.5	−1 492.9	27 761.9	5 353.0	105.3	−1 261.9	25 313.6	6 183.6
47	895.7	−869.6	28 545.3	6 161.7	695.8	−669.6	26 042.2	6 926.9

与表 7-31 相应的持久状况正常使用极限状态作用频遇组合的主梁截面内力设计值(二)包络图如图 7-28,持久状况正常使用极限状态作用准永久组合的主梁截面内力设计值(二)包络图如图 7-29 所示。

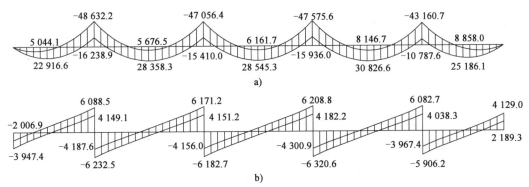

图 7-28 持久状况正常使用状态作用频遇组合的主梁截面内力设计值(二)包络图
a)弯矩(单位:kN·m);b)剪力(单位:kN)

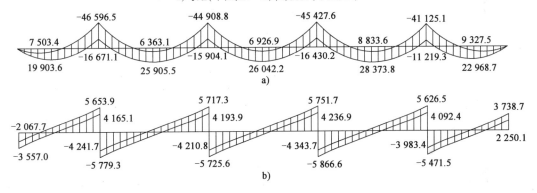

图 7-29 持久状况正常使用极限状态作用准永久组合的主梁截面内力设计值(二)包络图
a)弯矩(单位:kN·m);b)剪力(单位:kN)

由表 7-31 和图 7-28 可见,持久状况正常使用极限状态作用频遇组合下,23 截面承受的最大和最小负弯矩设计值分别为 48 632.2kN·m 和 16 238.9kN·m,次边孔 31 截面承受的最大和最小正弯矩设计值分别为 28 358.3kN·m 和 5 676.5kN·m;23 截面承受的最大和最小剪力设计值分别为 6 088.5kN 和 -6 232.5kN。

由表 7-31 和图 7-29 可见,持久状况正常使用极限状态作用准永久组合下,23 截面承受的最大和最小负弯矩设计值分别为 46 596.5kN·m 和 16 671.1kN·m,次边孔 31 截面承受的最大和最小正弯矩设计值分别为 25 905.5kN·m 和 6 363.1 kN·m;23 截面承受的最大和最小剪力设计值分别为 5 653.9kN 和 -5 779.3kN。

第七节 持久状况承载能力极限状态计算及验算

基于作用组合的内力设计值(二)的计算结果,可依据第二章第十节之一或《桥规(2018年)》第 5.1 节、5.2 节及 5.7 节对于持久状况承载能力极限状态采用作用基本组合进行计算与验算。顶推施工预应力混凝土连续梁桥的主梁作为受弯构件,持久状况承载能力极限状态计算主要包括四大类,即正截面抗弯承载力、斜截面抗剪承载力、斜截面抗弯承载力和局部抗压承载力。持久状况承载能力极限状态计算与验算不考虑预加力的主效应,但应考虑预加力产生的次效应。

一、正截面抗弯承载力计算及验算

对于本例的箱形截面,可参照 I 形截面采用式(2-138)~式(2-140)或《桥规(2018年)》5.2.3条进行主梁正截面抗弯承载力计算,并满足式(2-135)(防止超筋脆性破坏)及式(2-136)或式(2-137)的要求。

确定截面承载力计算值时,除考虑截面的混凝土及预应力钢束外,还应计入箱梁顶、底板纵向普通钢筋(顶、底板均设上、下层)。这里,普通钢筋包括纵向底板钢筋,分两层(下层为Φ25、上层为Φ16)的 HRB400 级热轧螺纹钢筋,分别距底板边缘 5.8cm 和 21.7cm 双层(每层31根)等间距 20cm 布置;顶板采用双层 60Φ16 的 HRB400 级热轧螺纹钢筋。本设计正截面抗弯承载力验算由软件完成,通过持久状况承载能力极限状态作用基本组合的内力设计值与截面承载力计算值比较来验算正截面抗弯承载力,计算结果见表 7-32,表中 $\gamma_0 M_d$ 为作用(或荷载)基本组合的主梁截面内力设计值,M_u 为主梁截面承载力计算值。表中截面承载力计算值为永久束(即先、后期永久束)、普通钢筋与混凝土所构成截面的承载力。

持久状况承载能力极限状态主梁正截面抗弯承载能力计算结果(单位:kN·m)　　表 7-32

节点号(截面)	内力属性	$\gamma_0 M_d$	M_u	节点号(截面)	内力属性	$\gamma_0 M_d$	M_u
11	弯矩最大	0.0	69 055.8	20	弯矩最大	14 444.1	59 838.7
11	弯矩最小	0.0	69 055.8	20	弯矩最小	-21 784.4	82 145.8
12	弯矩最大	13 247.9	50 475.9	21	弯矩最大	4 509	55 449.7
12	弯矩最小	4 298	50 475.9	21	弯矩最小	-33 503.9	100 810.2
13	弯矩最大	23 162.9	52 949.6	22	弯矩最大	-6 850.9	103 405.2
13	弯矩最小	6 694.8	52 949.6	22	弯矩最小	-48 057.3	103 405.2
14	弯矩最大	29 968.8	54 485.5	23	弯矩最大	-17 262.5	103 934.3
14	弯矩最小	7 364.6	54 485.5	23	弯矩最小	-65 677.2	103 934.3
15	弯矩最大	33 910	61 832.7	24	弯矩最大	-5 880.2	103 241.9
15	弯矩最小	6 485.5	61 832.7	24	弯矩最小	-46 290.1	103 241.9
16	弯矩最大	35 073.7	61 836.8	25	弯矩最大	4 770.9	55 170.8
16	弯矩最小	4 091.7	61 836.8	25	弯矩最小	-31 356	100 567.6
17	弯矩最大	33 517	61 828.6	26	弯矩最大	14 794.7	60 448.5
17	弯矩最小	183.5	61 828.6	26	弯矩最小	-19 183.4	83 014.1
18	弯矩最大	29 309.9	61 085.1	27	弯矩最大	24 069.5	61 235
18	弯矩最小	-5 239.3	75 465.6	27	弯矩最小	-10 118.3	75 364.4
19	弯矩最大	22 535.1	66 766.2	28	弯矩最大	32 539	61 857.2
19	弯矩最小	-12 176.7	77 114	28	弯矩最小	-4 109.4	75 096.8

续上表

节点号(截面)	内力属性	$\gamma_0 M_d$	M_u	节点号(截面)	内力属性	$\gamma_0 M_d$	M_u
29	弯矩最大	38 596.1	61 847.3	39	弯矩最大	-17 612.5	97 548.2
	弯矩最小	385.1	61 847.3		弯矩最小	-62 821.1	97 548.2
30	弯矩最大	42 402.6	61 854.2	40	弯矩最大	-5 916.3	96 874.9
	弯矩最小	3 155.3	61 854.2		弯矩最小	-45 023.5	96 874.9
31	弯矩最大	43 879.2	61 854.1	41	弯矩最大	5 579.1	550 84.2
	弯矩最小	3 868.8	61 854.1		弯矩最小	-30 266.7	94 213.8
32	弯矩最大	42 852.7	61 854.4	42	弯矩最大	15 650.2	60 372.4
	弯矩最小	2 699.1	61 854.4		弯矩最小	-18 298.2	76 704.9
33	弯矩最大	39 328	61 787.6	43	弯矩最大	25 284.8	61 174
	弯矩最小	14.8	61 787.6		弯矩最小	-9 777.2	68 698.1
34	弯矩最大	33 709.1	61 053.9	44	弯矩最大	33 521.4	61 794.9
	弯矩最小	-4 565.1	68 735.7		弯矩最小	-2 621.94	68 917.7
35	弯矩最大	25 660.4	66 744.7	45	弯矩最大	39 599.55	69 468.53
	弯矩最小	-10 664.5	70 534.6		弯矩最小	1 302.9	69 468.53
36	弯矩最大	16 154.2	59 788.6	46	弯矩最大	42 881.35	69 668.84
	弯矩最小	-19 197.3	75 857.9		弯矩最小	3 710.421	69 668.84
37	弯矩最大	5 923.8	55 378.3	47	弯矩最大	44 169.8	69 668.39
	弯矩最小	-30 899.6	94 391.1		弯矩最小	4 629.8	69 668.39
38	弯矩最大	-5 742.1	97 002.2				
	弯矩最小	-45 388.2	97 002.2				

由表 7-32 可知,持久状况承载能力极限状态作用基本组合的主梁截面最大正弯矩设计值发生在 47 截面,为 44 016.67kN·m,小于相应截面的承载力计算值 69 668.39kN·m;最大负弯矩设计值发生在 23 截面,为 65 677.2kN·m,小于相应截面的承载力计算值 103 934.3kN·m;其他截面类似,故主梁正截面抗弯承载力均满足《桥规(2018 年)》要求。

二、斜截面抗剪承载力计算及验算

斜截面抗剪验算包括抗剪承载力验算和截面尺寸校核。

需要特别强调,《桥规(2018 年)》5.2.11 条及 5.2.12 条要求进行斜截面的抗剪承载力验算之前,应对每个截面进行上、下限校核;如果截面尺寸验算不通过,即使斜截面抗剪承载力验算满足要求,该斜截面抗剪承载力仍不满足要求,需进行截面调整或改变混凝土强度等级。为节省篇幅,这里仅对 1 号墩顶 23 截面进行截面尺寸校核。

对于 23 截面,截面上限条件按式(2-149)进行校核,即:

$$0.51 \times 10^{-3} \sqrt{f_{cu,k}} bh_0 = 0.51 \times 10^{-3} \times \sqrt{50} \times 1500 \times 2350 = 12712 \text{kN} > |\gamma_0 V_d|$$
$$= 9377.6(\text{kN})$$

说明截面最小尺寸满足要求。

截面下限条件按式(2-150)进行校核,即:

$$0.50 \times 10^{-3} \alpha_2 f_{td} b h_0 = 0.50 \times 10^{-3} \times 1.25 \times 1.83 \times 1\,500 \times 2\,350$$
$$= 4\,032 (kN) < |\gamma_0 V_d| = 9\,377.6 (kN)$$

因此需按照式(2-143)进行斜截面抗剪承载力验算。

斜截面抗剪承载力可按式(2-143)~式(2-148)或《桥规(2018年)》5.2.9条进行计算,并满足式(2-149)和式(2-150)的要求,如果式(2-149)不满足,应首先加大截面尺寸;如果式(2-150)满足,则按构造要求配置箍筋即可。为提高设计计算效率,普通钢筋暂按以下构造设置:在箱梁顶底板设置⌀12的HRB400水平纵向钢筋,钢筋间距10cm;箍筋采用直径为⌀12的HRB400钢筋,箍筋间距支点截面取10cm,其余截面取15cm,箍筋构造形式为封闭式双箍四肢箍筋。持久状况承载能力极限状态主梁斜截面抗剪承载能力计算结果见表7-33,表中$\gamma_0 V_d$为作用(或荷载)基本组合的主梁截面内力设计值,V_u为主梁截面抗剪承载力计算值。

持久状况承载能力极限状态主梁斜截面抗剪承载力计算结果(单位:kN)　　表7-33

节点号(截面)	内力属性	$\gamma_0 V_d$	V_u	节点号(截面)	内力属性	$\gamma_0 V_d$	V_u
11	剪力最大	-2 068.7	12 815.2	23左	剪力最大	9 254.2	12 534.9
	剪力最小	-6 274.1	12 815.2		剪力最小	4 548.1	12 534.9
12	剪力最大	-1 287.9	13 309.3	23右	剪力最大	-4 621	12 534.9
	剪力最小	-5 049.5	13 309.3		剪力最小	-9 377.6	12 534.9
13	剪力最大	-396.8	12 934.1	24	剪力最大	-3 843	12 741.2
	剪力最小	-3 887.8	12 934.1		剪力最小	-8 257.9	12 741.2
14	剪力最大	461.1	9 171.3	25	剪力最大	-3 101.1	14 318.3
	剪力最小	-2 846.6	9 171.3		剪力最小	-7 179.8	12 857.1
15	剪力最大	1 284.3	9 296.7	26	剪力最大	-2 384.3	9 830.3
	剪力最小	-1 868.7	9 296.7		剪力最小	-6 206.8	9 489.2
16	剪力最大	2 232.6	9 296.7	27	剪力最大	-1 647.6	9 467.1
	剪力最小	-1 028.2	9 296.7		剪力最小	-5 274.2	9 467.1
17	剪力最大	3 185.2	9 296.3	28	剪力最大	-894.4	9 296.7
	剪力最小	-207.1	9 296.3		剪力最小	-4 340	9 296.7
18	剪力最大	4 138.7	9 489.9	29	剪力最大	-126.6	9 296.7
	剪力最小	594.7	9 489.9		剪力最小	-3 407	9 296.7
19	剪力最大	5 091.1	10 131.2	30	剪力最大	654.2	9 296.7
	剪力最小	1 376.2	10 131.2		剪力最小	-2 477.5	9 296.7
20	剪力最大	6 035.2	12 167.2	31	剪力最大	1 446.1	9 296.7
	剪力最小	2 134.9	12 821.2		剪力最小	-1 554	9 296.7
21	剪力最大	7 032	12 251	32	剪力最大	2 356	9 296.7
	剪力最小	2 916.9	13 708		剪力最小	-747.6	9 296.7
22	剪力最大	8 122.8	12 714.9	33	剪力最大	3 285.1	9 296.4
	剪力最小	3 762.7	12 714.9		剪力最小	36.3	9 296.4

续上表

节点号（截面）	内力属性	$\gamma_0 V_d$	V_u	节点号（截面）	内力属性	$\gamma_0 V_d$	V_u
34	剪力最大	4 218.8	9 487.2	41	剪力最大	-3 077.6	14 222.8
	剪力最小	808.1	9 487.2		剪力最小	-7 089.9	12 736.8
35	剪力最大	5 154.7	10 125.7	42	剪力最大	-2 342.5	9 830.3
	剪力最小	1 565.8	10 125.7		剪力最小	-6 114.6	9 389.2
36	剪力最大	6 085.2	12 729.5	43	剪力最大	-1 602.9	9 467.1
	剪力最小	2 306	12 729.5		剪力最小	-5 180.7	9 467.1
37	剪力最大	7 071	12 169	44	剪力最大	-847.7	9 296.7
	剪力最小	3 074	12 169		剪力最小	-4 246.2	9 296.7
38	剪力最大	8 152.7	12 609.9	45	剪力最大	-78.3	9 296.7
	剪力最小	3 833.9	12 609.9		剪力最小	-3 313.6	9 296.7
39左	剪力最大	9 276.2	12 434.4	46	剪力最大	703.3	9 296.7
	剪力最小	4 611	12 434.4		剪力最小	-2 385.2	9 296.7
39右	剪力最大	-4 598	12 434.4	47	剪力最大	1 499.1	9 296.7
	剪力最小	-9 295.3	12 434.4		剪力最小	-1 466.8	9 296.7
40	剪力最大	-3 819.9	12 664.2				
	剪力最小	-8 171.3	12 664.2				

由表 7-33 可知,持久状况承载能力极限状态作用基本组合的主梁斜截面最大剪力设计值发生在 23 截面,为 9 377.6kN,小于相应截面的承载力计算值 1 2534.9kN·m,符合《桥规(2018 年)》要求。类似地,主梁斜截面抗剪承载力验算均满足《桥规(2018 年)》要求。

三、斜截面抗弯承载力计算与验算

持久状况承载能力极限状态主梁斜截面抗弯承载力可按式(2-151)及式(2-152)或《桥规(2018 年)》5.2.14 条进行计算与验算。考虑到本例主梁纵向普通钢筋和箍筋满足《桥规(2018 年)》9.1.4 条、9.3.9~9.3.12 条的构造要求,故可不进行斜截面抗弯承载力验算。

四、局部承压计算与验算

对于顶推施工的预应力混凝土连续梁桥,持久状况承载能力极限状态主梁局部承压计算的具体部位包括锚下和支座处,验算内容分别为局部承压区的截面尺寸和局部抗压承载力。其中,局部承压区的截面尺寸可采用式(2-153)和式(2-154)或《桥规(2018 年)》5.7.1 条进行计算与验算;局部抗压承载力可采用式(2-155)~式(2-158)或《桥规(2018 年)》5.7.2 条进行计算与验算,限于篇幅本例不作详尽描述,具体计算可参考第三章第十节实施。

五、最小配筋率计算与验算

为了防止配筋过少而发生脆性破坏,可根据《桥规(2018 年)》9.1.13 条,采用与第三章第七节之五相同的方法,进行顶推施工预应力混凝土连续梁桥主梁截面最小配筋率的计算与验算,限于篇幅,本例结果从略。

第八节 持久状况正常使用极限状态计算及验算

根据第二章第十节之二或《桥规(2018年)》6.1.1条,顶推施工的预应力混凝土连续梁桥按持久状况正常使用极限状态设计时,应采用作用频遇组合、作用准永久组合或作用频遇组合(各种组合均不计汽车荷载的冲击作用)并考虑作用长期效应的影响,对构件的抗裂、裂缝宽度和挠度进行计算,均应计入预加力的主效应和次效应,并充分考虑作用与主梁截面几何特性的匹配关系,使各项计算值不超过《桥规(2018年)》规定的相应限值。

一、正截面与斜截面抗裂验算

(一)正截面抗裂验算

预应力混凝土构件应进行持久状况正常使用极限状态作用频遇(准永久)组合方式下的预应力混凝土受弯构件正截面应力计算。对于本例,作用频遇(准永久)组合方式下的主梁正截面混凝土法向应力应按式(2-178)或式(2-179)或《桥规(2018年)》6.3.2条计算,若计算结果为混凝土全截面受压,正截面抗裂自然满足要求;若截面出现拉应力,则应满足式(2-171)或式(2-172)、式(2-173)或《桥规(2018年)》6.3.1条的要求,后者即为A类预应力混凝土构件。对于A类预应力混凝土构件,应同时进行作用频遇组合及准永久组合方式下的主梁混凝土正截面应力计算。

持久状况正常使用极限状态主梁正截面混凝土法向应力计算结果见表7-34。

(二)斜截面抗裂验算

持久状况正常使用极限状态的斜截面抗裂验算,通过主梁截面混凝土主拉应力 σ_{tp} 控制。其中,混凝土主拉应力由作用频遇组合(包括永存预加力)产生,可按式(2-180)~式(2-184)或《桥规(2018年)》6.3.3条计算,并应满足式(2-175)或《桥规(2018年)》6.3.1条的要求。

持久状况正常使用极限状态主梁斜截面混凝土主拉应力计算结果见表7-34。

持久状况正常使用极限状态主梁正截面及斜截面混凝土抗裂计算与验算(单位:MPa) 表7-34

节点号(截面)	正截面抗裂(频遇组合)			正截面抗裂(准永久组合)			斜截面抗裂	
	上缘最小拉应力	下缘最小拉应力	应力限值	上缘最小拉应力	下缘最小拉应力	应力限值	主拉应力	应力限值
11	2.39	1.99	-1.855	3.87	2.19	0	-0.31	-1.325
12	3.08	1.28	-1.855	4.38	1.67	0	-0.08	-1.325
13	3.86	1.33	-1.855	4.98	1.91	0	-0.08	-1.325
14	9.11	1.51	-1.855	5.44	2.40	0	-0.15	-1.325
15	10.64	2.11	-1.855	6.74	3.34	0	-0.07	-1.325
16	10.87	1.85	-1.855	6.76	3.40	0	-0.05	-1.325
17	10.78	1.99	-1.855	6.48	3.83	0	-0.13	-1.325

续上表

节点号(截面)	正截面抗裂(频遇组合)			正截面抗裂(准永久组合)			斜截面抗裂	
	上缘最小拉应力	下缘最小拉应力	应力限值	上缘最小拉应力	下缘最小拉应力	应力限值	主拉应力	应力限值
18	10.63	2.34	−1.855	6.17	4.43	0	−0.16	−1.325
19	2.49	8.91	−1.855	5.15	7.23	0	−0.09	−1.325
20	2.05	9.71	−1.855	4.88	7.78	0	−0.06	−1.325
21	2.54	7.83	−1.855	5.48	6.12	0	−0.09	−1.325
22	1.37	7.67	−1.855	4.44	6.01	0	−0.40	−1.325
23	−0.13	9.58	−1.855	3.12	7.71	0	−0.90	−1.325
24	1.46	7.62	−1.855	4.47	6.03	0	−0.29	−1.325
25	2.73	7.73	−1.855	5.55	6.13	0	−0.06	−1.325
26	2.46	9.11	−1.855	5.16	7.37	0	−0.31	−1.325
27	2.55	7.66	−1.855	5.10	6.13	0	−0.35	−1.325
28	10.85	1.99	−1.855	6.21	4.34	0	−0.30	−1.325
29	11.22	1.19	−1.855	6.64	3.44	0	−0.23	−1.325
30	11.60	0.75	−1.855	7.05	2.97	0	−0.13	−1.325
31	11.73	0.64	−1.855	7.17	2.87	0	−0.06	−1.325
32	11.69	0.80	−1.855	7.13	3.01	0	−0.10	−1.325
33	10.65	1.47	−1.855	6.12	3.65	0	−0.20	−1.325
34	10.33	2.06	−1.855	5.74	4.34	0	−0.24	−1.325
35	2.02	8.72	−1.855	4.70	7.00	0	−0.13	−1.325
36	1.58	9.39	−1.855	4.43	7.43	0	−0.05	−1.325
37	1.98	7.71	−1.855	4.95	5.96	0	−0.14	−1.325
38	0.83	7.61	−1.855	3.96	5.88	0	−0.54	−1.325
39	−0.65	9.52	−1.855	2.68	7.56	0	−1.01	−1.325
40	0.88	7.68	−1.855	3.98	5.96	0	−0.35	−1.325
41	2.12	7.78	−1.855	5.04	6.06	0	−0.07	−1.325
42	1.81	9.17	−1.855	4.60	7.28	0	−0.35	−1.325
43	1.87	7.76	−1.855	4.52	6.07	0	−0.38	−1.325
44	10.19	2.04	−1.855	5.68	4.19	0	−0.32	−1.325
45	10.55	1.23	−1.855	6.10	3.31	0	−0.23	−1.325
46	10.93	0.80	−1.855	6.47	2.88	0	−0.13	−1.325
47	11.04	0.73	−1.855	6.58	2.82	0	−0.06	−1.325

注:1.压应力为正,拉应力为负。
2.最小应力指在压应力为正,拉应力为负的前提下,代数值最小的应力值。

关于主梁混凝土正截面抗裂,由表7-34可知,持久状况正常使用极限状态作用频遇组合下,分别在23、39截面上缘出现了拉应力(小于应力限值),其余均全截面受压,因此,本例主梁为 A 类预应力混凝土构件。根据《桥规(2018 年)》6.3.1 条,对主梁正截面混凝土拉应力进行验算时,A 类预应力混凝土构件在作用准永久组合下拉应力应满足:

$$\sigma_{lt} - \sigma_{pc} \leq 0 \tag{7-5}$$

在作用频遇组合下应满足:

$$\sigma_{st} - \sigma_{pc} \leq 0.7 f_{tk} = 0.7 \times 2.65 = 1.855 (\text{MPa})$$

由表 7-34 可知,在作用频遇组合下主梁截面的最大拉应力发生在 39 截面上缘,为 0.65MPa,小于限值 1.855MPa;在作用准永久组合下主梁截面均没有出现拉应力,满足《桥规(2018 年)》要求。因此,本例作为 A 类预应力混凝土构件,主梁混凝土正截面抗裂验算均满足《桥规(2018 年)》要求。

关于主梁混凝土斜截面抗裂,根据第二章第十节之二或《桥规(2018 年)》6.3.1 条,A 类预应力浇筑混凝土构件在作用频遇组合下,斜截面混凝土主拉应力限值为 $\sigma_{tp} \leq 0.5 f_{tk} = 0.5 \times 2.65 = 1.325 (\text{MPa})$。由表 7-34 可知,主拉应力最大值发生在 39 截面,为 1.01MPa,小于主拉应力限值 1.325MPa,因此,主梁混凝土斜截面抗裂验算均满足《桥规(2018 年)》要求。

二、挠度计算与验算

(一)计算方法

根据第二章第十节之二或《桥规(2018 年)》6.5.3 条,预应力混凝土受弯构件在使用阶段的挠度应考虑长期效应的影响,即按作用频遇组合与《桥规(2018 年)》6.5.2 条的规定刚度计算的挠度值,乘以挠度长期增长系数 η_θ。挠度长期增长系数可按下列规定取用:

当采用 C40 以下混凝土时,$\eta_\theta = 1.60$。

当采用 C40~C80 混凝土时,$\eta_\theta = 1.45 \sim 1.35$,中间强度等级可按直线内插入取用。

本设计采用 C50 混凝土,按直线内插 $\eta_\theta = 1.425$。

对于全预应力及 A 类预应力混凝土构件,计算挠度时采用的刚度为 $0.95 E_c I_0$。

预应力混凝土受弯构件按上述计算的长期挠度,在消除结构自重产生的长期挠度后,对于梁式桥主梁的最大挠度不应超过计算跨径的 1/600。其中,作用频遇组合中汽车荷载为标准值的 0.7 倍并且不计入冲击系数。

根据《桥规(2018 年)》6.5.4 条,预应力混凝土受弯构件由预加力引起的反拱值,可采用结构力学方法按刚度 $E_c I_0$ 进行计算,并乘以长期增长系数。计算使用阶段预加力反拱值时,预应力钢筋的预加力应扣除全部预应力损失,长期增长系数取用 2.0。

(二)预拱度设置方法

根据《桥规(2018 年)》6.5.5 条,预应力混凝土受弯构件的预拱度可按下列规定设置。

(1)当预加应力产生的长期反拱值大于按作用频遇组合计算的长期挠度时,可不设预拱度。

(2)当预加应力的长期反拱值小于按作用频遇组合计算的长期挠度时应设预拱度,其值应按该项荷载的挠度值与预加应力长期反拱值之差采用。预拱度的设置应按最大的预拱值沿纵桥向做成平顺的曲线。

(三)计算结果

依据上述挠度计算方法,利用从有限元软件计算得到的变形值,可由式(7-6)~式(7-8)计算各项挠度。

自重、汽车荷载与人群作用频遇组合的挠度:

$$f_a = \frac{\eta_\theta}{0.95} \times \left(\delta_g + \frac{0.7 \times \delta_q}{1+\mu} + \delta_r \right) \tag{7-6}$$

式中:f_a——由自重、汽车荷载与人群荷载作用频遇组合的挠度值;

δ_g——按照全截面刚度计算的恒载变形值,包括箱梁自重与二期荷载;

δ_q——按照全截面刚度计算的汽车荷载引起的变形;

δ_r——按照全截面刚度计算的人群荷载引起的变形。

可见扣除恒载后的挠度值为:

$$f_q = \frac{\eta_\theta}{0.95} \times \left(\frac{0.7 \times \delta_q}{1+\mu} + \delta_r \right) \tag{7-7}$$

考虑预加力反拱后的挠度为:

$$f_c = \frac{\eta_\theta}{0.95} \times \left(\delta_g + \frac{0.7 \times \delta_q}{1+\mu} + \delta_r \right) + 2.0 \times \delta_p \tag{7-8}$$

式中:f_c——考虑预加力反拱后的挠度值;

δ_p——按照全截面刚度计算的预应力上拱值,符号为负。

当 f_c 小于 0 时,代表预应力反拱值大于频遇组合挠度,可不设置预拱度;当 f_c 大于 0 时,代表预应力反拱值小于频遇组合挠度,预拱度值为 $-f_c$。

现以 47 截面为例,说明各挠度值的具体计算方法和结果。

自重、汽车荷载与人群作用频遇组合的挠度为:

$$f_a = \frac{\eta_\theta}{0.95} \times \left(\delta_g + \frac{0.7 \times \delta_q}{1+\mu} + \delta_r \right) = \frac{1.425}{0.95} \times \left(6.77 + \frac{0.7 \times 5.48}{1+0.257} + 0 \right) = 14.73 (\text{mm})$$

扣除恒载后的挠度值为:

$$f_q = \frac{\eta_\theta}{0.95} \times \left(\frac{0.7 \times \delta_q}{1+\mu} + \delta_r \right) = \frac{1.425}{0.95} \times \left(\frac{0.7 \times 5.48}{1+0.257} + 0 \right) = 4.58 (\text{mm})$$

考虑预加力反拱后的挠度为:

$$f_c = \frac{\eta_\theta}{0.95} \times \left(\delta_g + \frac{0.7 \times \delta_q}{1+\mu} + \delta_r \right) + 2.0 \times \delta_p = \frac{1.425}{0.95} \times \left(6.77 + \frac{0.7 \times 5.48}{1+0.257} + 0 \right) + 2.0 \times (-3.76)$$

$$= 7.21 (\text{mm})$$

类似地,可得持久状况正常使用极限状态主梁挠度值,计算结果见表 7-35。

持久状况正常使用极限状态主梁挠度(单位:mm)　　　　表 7-35

节点号 (截面)	自重、汽车荷载与人群作用 频遇组合挠度 f_a	扣除自重后挠度 f_q	考虑反拱后挠度 f_c
11	0.00	0.00	0.00
12	2.71	0.67	1.75
13	5.15	1.30	3.05
14	7.12	1.85	3.90
15	8.43	2.28	4.69
16	9.00	2.54	4.31
17	8.79	2.60	3.49
18	7.86	2.44	3.13
19	6.37	2.11	2.61
20	4.52	1.66	2.25
21	2.63	1.12	2.31
22	1.04	0.55	1.33
23	0.00	0.00	0.00
24	1.92	0.66	0.95
25	4.43	1.39	1.62
26	7.28	2.14	2.73
27	10.11	2.85	4.28
28	12.60	3.48	5.93
29	14.52	3.97	7.38
30	15.74	4.30	7.68
31	16.14	4.44	7.48
32	15.66	4.34	6.69
33	14.36	4.05	5.38
34	12.38	3.59	4.57
35	9.85	2.98	3.66
36	7.02	2.27	2.97
37	4.20	1.50	2.71
38	1.78	0.73	1.51
39	0.00	0.00	0.00
40	1.53	0.73	1.00
41	3.70	1.50	1.74
42	6.29	2.29	2.69
43	8.92	3.02	4.14
44	11.27	3.65	5.70
45	13.11	4.14	7.10
46	14.31	4.46	7.38
47	14.73	4.58	7.21

注:挠度值向下为正、向上为负。

(四)挠度验算及预拱度设置结果

1.挠度验算

1)第1孔(边孔)

由表7-35可知,边孔在除去自重作用的频遇组合下的最大挠度发生在17截面,为2.60mm,小于挠度限值 $L_1/600 = 30\,000/600 = 50(\text{mm})$,根据《桥规(2018年)》6.5.3条,边孔挠度验算满足《桥规(2018年)》要求。

2)第2孔(次边孔)

由表7-35可知,第2孔在除去自重作用的频遇组合下的最大挠度发生在31截面,为4.44mm,小于挠度限值 $L/600 = 40\,000/600 = 66.67(\text{mm})$,根据《桥规(2018年)》6.5.3条,第2孔挠度验算满足《桥规(2018年)》要求。

3)第3孔(中孔)

由表7-35可知,中孔在除去自重作用的频遇组合下的最大挠度发生在47截面,为4.58mm,小于挠度限值 $L/600 = 40\,000/600 = 66.67(\text{mm})$,根据《桥规(2018年)》6.5.3条,中孔挠度验算满足《桥规(2018年)》要求。

2.预拱度设置

由表7-35可知,各截面考虑反拱后挠度 f_c 均大于0,表明预加力产生的长期反拱值均小于按作用频遇组合计算的长期挠度,根据《桥规(2018年)》6.5.5条,应按 $-f_c$ 设置预拱度,具体的预拱度最大设计值为:边孔4.69mm,次边孔7.68mm,中孔7.21mm。总体上看,设计预拱度较小(7mm左右),且考虑到顶推施工的特殊性,为方便施工,全桥可不设置设计预拱度。

第九节 持久状况和短暂状况构件的应力计算及验算

一、持久状况主梁应力计算与验算

根据第二章第十节之三或《桥规(2018年)》7.1.1条,顶推施工的预应力混凝土连续梁桥按持久状况设计时,应计算主梁在使用阶段正截面混凝土的法向压应力、受拉区钢筋的拉应力和斜截面混凝土的主压应力(均应计入预加力的主效应和次效应),并不超过《桥规(2018年)》规定的限值。计算时作用取标准值,汽车荷载应计入冲击系数,并充分考虑作用与主梁截面几何特性的匹配关系。

(一)混凝土应力计算与验算

1.使用阶段混凝土正截面法向压应力

预应力混凝土连续梁使用阶段应力计算时,作用(或荷载)均取其标准值,并应考虑预加力主效应和预加力、温度等引起的次效应。预加力和预加力次效应的分项系数取1.0,汽车荷载应考虑冲击系数。

使用阶段预应力混凝土构件正截面混凝土法向压应力,应采用作用标准值组合的弯矩值按式(2-206)或《桥规(2018年)》7.1.3条计算,并应满足式(2-213)或《桥规(2018年)》7.1.5

条的要求。

使用阶段主梁正截面混凝土压应力计算结果见表7-36。

使用阶段主梁正截面混凝土法向压应力（单位：MPa） 表7-36

节点号（截面）	上缘最大	下缘最大	节点号（截面）	上缘最大	下缘最大	节点号（截面）	上缘最大	下缘最大
11	7.56	2.70	35	11.27	2.90	59	11.16	1.86
12	8.53	1.61	36	10.94	3.51	60	11.86	0.69
13	9.48	1.20	37	11.31	2.96	61	10.91	0.03
14	10.35	0.78	38	10.26	3.34	62	12.76	−0.83
15	11.98	1.24	39	−1.63	10.18	63	12.92	−0.96
16	12.27	0.90	40	10.22	3.46	64	12.86	−0.77
17	12.19	1.02	41	11.22	3.16	65	12.53	−0.23
18	12.03	1.39	42	10.92	3.55	66	12.17	0.45
19	11.69	3.17	43	10.96	2.16	67	11.67	2.32
20	11.49	3.70	44	11.63	1.02	68	11.40	2.84
21	11.96	2.97	45	12.06	0.12	69	11.80	2.28
22	10.90	3.29	46	12.48	−0.38	70	10.83	2.64
23	−1.11	10.24	47	12.61	−0.47	71	9.80	4.03
24	10.83	3.38	48	12.52	−0.24	72	10.79	2.76
25	11.83	3.10	49	12.14	0.38	73	11.07	2.59
26	11.56	3.52	50	11.73	1.12	74	10.71	2.90
27	11.60	2.14	51	11.17	3.06	75	10.56	1.82
28	12.30	0.96	52	10.82	3.69	76	10.99	1.15
29	12.74	0.05	53	11.21	3.09	77	9.91	−0.29
30	13.17	−0.45	54	10.18	3.43	78	9.98	−0.28
31	13.31	−0.59	55	−1.69	10.26	79	8.21	0.50
32	13.26	−0.42	56	10.22	3.45	80	7.76	1.43
33	12.18	0.32	57	11.30	3.06	81	6.92	1.95
34	11.80	1.01	58	11.08	3.31	82	5.97	2.54
35	11.27	2.90	59	11.16	1.86	83	4.90	3.69

注：压应力为正，拉应力为负。

通过本章上一节的截面抗裂验算可知，本例主梁为 A 类预应力混凝土未开裂构件，根据式(2-213)或《桥规(2018年)》7.1.5条，未开裂构件混凝土正截面法向压应力限值为 $0.5f_{ck} = 0.5 \times 32.4 = 16.2(\text{MPa})$，表7-36中，使用阶段主梁上缘正截面混凝土法向压应力最大值为 13.31MPa，出现在次边孔跨中31截面；正截面下缘混凝土压应力最大值为10.26MPa，出现在中孔墩顶55截面，均小于正截面混凝土压应力限值16.2MPa，故使用阶段主梁正截面混凝土法向压应力均满足《桥规(2018年)》要求。

需要说明：本例拉应力控制指标已经通过持久状况正常使用极限状态主梁正截面抗裂和

斜截面抗裂(表7-34)的计算与验算结果充分体现;使用阶段主梁截面混凝土法向压应力计算结果(表7-36)出现的拉应力不应作为抗裂指标判断依据,主要原因是正(斜)截面抗裂计算采用频遇组合与准永久组合(汽车荷载均不计冲击作用),而混凝土法向压应力计算采用标准值组合(且汽车荷载计入冲击作用),标准值组合的效应一般大于频遇组合及准永久组合的效应,用标准值组合结果验算拉应力不妥。总之,表7-36在保证数据正确的前提下,使用阶段只控制混凝土法向压应力,不必顾及其中的拉应力是否超限。

2. 使用阶段斜截面混凝土主应力

1)使用阶段斜截面混凝土主压应力

对于预应力混凝土受弯构件,使用阶段由作用标准值和预加力产生的混凝土主压应力 σ_{cp} 和主拉应力 σ_{tp} 应按式(2-180)或《桥规(2018年)》7.1.6条计算与验算,但其中涉及的式(2-181)及式(2-184)中的 M_s 和 V_s 应分别以 M_k、V_k 代替。此处,M_k 和 V_k 为按作用标准值组合计算的弯矩值和剪力值。通过计算得到的混凝土主压应力 σ_{cp} 应满足式(2-217)。

使用阶段主梁斜截面混凝土主压应力计算结果见表7-37。

使用阶段主梁斜截面混凝土主压应力(单位:MPa)　　　表7-37

节点号(截面)	主压应力最大值	节点号(截面)	主压应力最大值	节点号(截面)	主压应力最大值
11	7.57	35	11.17	59	11.06
12	8.51	36	10.84	60	11.75
13	9.43	37	11.22	61	10.81
14	10.27	38	10.18	62	12.64
15	11.88	39	10.03	63	12.80
16	12.15	40	10.14	64	12.74
17	12.07	41	11.14	65	12.42
18	11.90	42	10.83	66	12.07
19	11.57	43	10.86	67	11.58
20	11.38	44	11.52	68	11.31
21	11.86	45	11.95	69	11.72
22	10.81	46	12.36	70	10.75
23	10.11	47	12.49	71	9.72
24	10.75	48	12.40	72	10.71
25	11.75	49	12.03	73	10.98
26	11.47	50	11.62	74	10.60
27	11.50	51	11.07	75	10.45
28	12.19	52	10.73	76	10.87
29	12.63	53	11.12	77	9.81
30	13.05	54	10.10	78	9.88
31	13.19	55	10.11	79	8.13
32	13.14	56	10.14	80	7.69
33	12.07	57	11.21	81	6.87
34	11.69	58	10.98	82	5.94
35	11.17	59	11.06	83	4.91

根据第二章式(2-217)或《桥规(2018年)》7.1.6条，预应力混凝土受弯构件在使用阶段斜截面的混凝土主压应力限值为 $\sigma_{cp} \leq 0.6 f_{ck} = 0.6 \times 32.4 = 19.44(\mathrm{MPa})$。由表7-37可知，持久状况混凝土主压应力最大值出现在次边孔跨中31截面，为13.19MPa，小于主压应力限值19.44MPa，因此使用阶段主梁混凝土主压应力均满足《桥规(2018年)》要求。

2)使用阶段斜截面混凝土主拉应力

对于预应力混凝土受弯构件，使用阶段由作用标准值和预加力产生的混凝土主拉应力 σ_{tp} 的计算方法与主压应力类似。根据《桥规(2018年)》7.1.6条，主拉应力 σ_{tp} 主要用于箍筋设计，具体方法为：在 $\sigma_{tp} \leq 0.50 f_{tk}$ 区段，箍筋可仅按构造要求设置；在 $\sigma_{tp} > 0.50 f_{tk}$ 区段，箍筋的间距 S_v 可按式(2-218)计算设置，如果按式(2-218)计算的箍筋用量少于按斜截面抗剪承载力计算的箍筋用量时，应采用后者的箍筋用量。

使用阶段主梁斜截面混凝土主拉应力计算结果见表7-38。

使用阶段主梁斜截面混凝土主拉应力(单位:MPa)　　表7-38

节点号(截面)	主拉应力最大值	节点号(截面)	主拉应力最大值	节点号(截面)	主拉应力最大值
11	0.49	35	0.24	59	0.58
12	0.18	36	0.09	60	0.50
13	0.06	37	0.25	61	0.44
14	0.31	38	0.73	62	0.61
15	0.12	39	1.48	63	0.74
16	0.04	40	0.51	64	0.55
17	0.13	41	0.16	65	0.25
18	0.20	42	0.51	66	0.28
19	0.14	43	0.54	67	0.18
20	0.06	44	0.47	68	0.06
21	0.15	45	0.34	69	0.20
22	0.54	46	0.19	70	0.63
23	1.10	47	0.25	71	0.99
24	0.43	48	0.15	72	0.33
25	0.12	49	0.25	73	0.11
26	0.45	50	0.33	74	0.36
27	0.45	51	0.24	75	0.37
28	0.35	52	0.10	76	0.28
29	0.24	53	0.26	77	0.16
30	0.24	54	0.75	78	0.10
31	0.36	55	1.54	79	0.31
32	0.19	56	0.54	80	0.19
33	0.30	57	0.18	81	0.31
34	0.37	58	0.55	82	0.57
35	0.24	59	0.58	83	1.02

由表 7-38 可知,对于使用阶段混凝土的主拉应力小于 $0.5f_{tk}=0.5\times2.65=1.325(\text{MPa})$ 的截面,可按构造要求设置箍筋;对于 39、55 支点截面,使用阶段混凝土的主拉应力最大值分别为 1.48MPa 与 1.54MPa,大于主拉应力限值 1.325MPa,应按式(2-218)或《桥规(2018 年)》7.1.6 条的 $S_v = \dfrac{f_{sk}A_{sv}}{\sigma_{tp}b}$ 计算设置箍筋间距,并与按斜截面抗剪承载力计算的箍筋用量进行比较,采用较大者。

对于主梁 39、55 支点截面,每个腹板箍筋采用直径为 C12 的双箍 4 肢 HRB400 钢筋,腹板宽 75cm,按式(2-218)计算的箍筋间距为:

$$S_v = \frac{f_{sk}A_{sv}}{\sigma_{tp}b} = \frac{400\times113.1\times4\times2}{1.54\times750\times2} = 156(\text{mm})$$

相应的箍筋用量小于本章第七节按斜截面抗剪承载力计算要求的间距 10cm 箍筋用量,因此主梁支点截面箍筋间距仍取 10cm。

需要说明的是,《桥规(2018 年)》7.1.1 条只要求验算斜截面混凝土主压应力,而 7.1.6 条既要求验算斜截面主压应力又要求验算主拉应力,条文要求不一致。对于某些特殊构件,斜截面主拉应力可能控制设计,因此应计算并验算使用阶段主梁斜截面混凝土主拉应力,并采用与按斜截面抗剪承载力计算的箍筋用量较大者。

(二)预应力钢束最大拉应力计算与验算

使用阶段主梁预应力钢束的最大拉应力,应按作用标准值组合得到的主梁截面弯矩值采用式(2-207)或《桥规(2018 年)》7.1.3 条计算,并满足式(2-214)或《桥规(2018 年)》7.1.5 条的要求。

使用阶段受拉区预应力钢束最大拉应力计算结果见表 7-39。

使用阶段预应力钢束最大拉应力验算(单位:MPa)　　　　表 7-39

钢束名称	拉应力	应力限值	验算结果
IB1	1 144.56	1 209	满足
IB2	1 136.88	1 209	满足
IB3	1 144.56	1 209	满足
IB4	1 136.88	1 209	满足
IB5	1 144.56	1 209	满足
IB6	1 103.65	1 209	满足
IT1	1 125.91	1 209	满足
IT2	1 125.91	1 209	满足
IT3	1 120.76	1 209	满足
IT4	1 120.76	1 209	满足
IT5	1 115.66	1 209	满足
IT6	1 120.76	1 209	满足
IT7	1 126.92	1 209	满足

续上表

钢束名称	拉应力	应力限值	验算结果
IT8	1 126.92	1 209	满足
IT9	1 090.97	1 209	满足
IT10	1 090.97	1 209	满足
F1	1 094.43	1 209	满足
F2	1 094.28	1 209	满足
F3	1 092.12	1 209	满足
F4	1 086.83	1 209	满足
F5	1 064.99	1 209	满足

注：钢束拉应力考虑了因采用"标准钢束"而未计入的钢束平弯引起的预应力损失。

根据式(2-214)或《桥规(2018年)》7.1.5条，对于未开裂构件，受拉区预应力钢束的最大拉应力应符合：

$$\sigma_{pe} + \sigma_p \leq 0.65 f_{pk} = 0.65 \times 1\,860 = 1\,209 (\text{MPa})$$

由表7-39可知，IB1预应力钢束拉应力最大，为1 144.56MPa，小于限值1 209MPa，故使用阶段预应力钢束最大拉应力均满足《桥规(2018年)》要求。

二、短暂状况主梁截面应力计算与验算

根据第二章第十节之三或《桥规(2018年)》7.2.1条，顶推施工的预应力混凝土桥梁按短暂状况设计时，应计算主梁在施工阶段由自重、施工荷载等引起的正截面和斜截面的应力(均应计入预加力的主效应和次效应)，并充分考虑施工过程作用与主梁截面几何特性的匹配关系，使应力计算结果不超过《桥规(2018年)》7.2.8条规定的限值。

1. 主梁正截面混凝土法向应力

短暂状况由预加力和作用标准值产生的主梁正截面混凝土法向应力可按式(2-162)~式(2-164)和式(2-206)或《桥规(2018年)》7.2.4条进行计算，此时，预应力钢束应扣除相应阶段的预应力损失，作用采用施工荷载，主梁截面性质取部分换算截面或换算截面，具体详见本章第六节。根据《桥规(2018年)》7.2.8条，如果计算结果为压应力σ'_{cc}，则应满足式(2-219)的要求；如果计算结果为拉应力σ'_{ct}，则应验算拉应力是否超限并校核纵向钢筋的配筋率，具体方法为：

(1) 当$\sigma'_{ct} \leq 0.70 f'_{tk}$时，配置于预拉区纵向钢筋的配筋率不小于0.2%。

(2) 当$\sigma'_{ct} = 1.15 f'_{tk}$时，配置于预拉区纵向钢筋的配筋率不小于0.4%。

(3) 当$0.70 f'_{tk} < \sigma'_{ct} < 1.15 f'_{tk}$时，配置于预拉区纵向钢筋的配筋率按以上两者直线内插取用。

(4) 拉应力σ'_{ct}不应超过$1.15 f'_{tk}$。

根据本例的具体施工方法和工序，计算主梁在预应力、结构自重等施工荷载作用下截面边缘混凝土的法向应力时，作用均采用标准值，不考虑作用组合系数。

按表7-5的100个施工阶段，每个截面法向压应力取最大值、法向拉应力取最小值(绝对值最大)提取包络值，可得到本例短暂状况(即施工阶段)主梁截面边缘混凝土的法向应力，计算结果见表7-40。

短暂状况主梁正截面混凝土法向应力（单位:MPa）　　　　　　　表 7-40

节点号(截面)	属性	上缘应力	下缘应力	节点号(截面)	属性	上缘应力	下缘应力	节点号(截面)	属性	上缘应力	下缘应力
11	最大	5.09	0.12	35	最大	0.85	10.81	59	最大	2.00	9.13
	最小	5.09	0.12		最小	0.85	10.81		最小	7.01	1.57
12	最大	5.54	-0.31	36	最大	0.92	10.58	60	最大	1.97	9.08
	最小	5.54	-0.31		最小	0.92	10.58		最小	6.83	1.74
13	最大	6.19	-0.46	37	最大	0.92	7.97	61	最大	0.22	9.53
	最小	6.19	-0.46		最小	1.72	0.34		最小	0.22	9.53
14	最大	1.73	6.96	38	最大	0.90	6.72	62	最大	1.97	8.94
	最小	6.66	-0.49		最小	6.23	0.54		最小	1.49	1.01
15	最大	2.21	9.37	39	最大	3.08	7.10	63	最大	2.10	8.84
	最小	3.08	-0.46		最小	1.64	0.17		最小	1.93	0.28
16	最大	1.33	10.79	40	最大	0.84	6.97	64	最大	2.27	8.68
	最小	3.17	-0.60		最小	2.16	-0.46		最小	2.36	-0.42
17	最大	0.16	12.51	41	最大	1.03	8.20	65	最大	2.29	8.70
	最小	0.14	12.48		最小	6.90	0.69		最小	2.29	8.70
18	最大	0.72	11.85	42	最大	0.98	10.69	66	最大	2.42	8.59
	最小	8.38	0.32		最小	0.98	10.69		最小	2.42	8.59
19	最大	0.20	12.76	43	最大	0.89	10.73	67	最大	2.30	8.72
	最小	0.20	12.76		最小	0.89	10.73		最小	2.30	8.72
20	最大	-0.21	13.37	44	最大	0.78	10.80	68	最大	2.21	8.75
	最小	-0.21	13.37		最小	0.78	10.80		最小	2.20	6.19
21	最大	-0.10	10.12	45	最大	0.63	10.79	69	最大	1.82	6.87
	最小	-0.10	10.12		最小	1.85	0.43		最小	1.71	0.34
22	最大	-0.11	8.60	46	最大	0.75	10.74	70	最大	1.69	5.84
	最小	7.45	-0.23		最小	0.75	10.74		最小	1.21	0.71
23	最大	0.00	8.55	47	最大	0.66	10.97	71	最大	3.50	6.58
	最小	7.32	0.00		最小	1.93	0.28		最小	1.64	0.17
24	最大	0.20	8.39	48	最大	0.61	11.13	72	最大	5.26	4.68
	最小	2.91	-0.65		最小	2.36	-0.42		最小	2.16	-0.46
25	最大	0.28	9.94	49	最大	0.70	11.04	73	最大	5.15	5.48
	最小	0.28	9.94		最小	0.70	11.03		最小	2.93	3.84
26	最大	0.44	12.50	50	最大	0.68	11.14	74	最大	4.55	6.76
	最小	0.44	12.50		最小	0.68	11.14		最小	3.57	4.37
27	最大	0.49	12.34	51	最大	0.75	10.95	75	最大	4.27	5.82
	最小	0.49	12.34		最小	0.75	10.95		最小	2.97	5.08
28	最大	0.56	12.14	52	最大	0.70	10.90	76	最大	2.16	6.13
	最小	0.56	12.14		最小	0.70	10.90		最小	2.16	6.13
29	最大	0.61	11.84	53	最大	0.62	8.37	77	最大	2.48	4.31
	最小	0.61	11.84		最小	1.72	0.34		最小	1.80	-0.59
30	最大	0.85	11.63	54	最大	0.58	7.12	78	最大	4.11	3.03
	最小	0.85	11.63		最小	6.51	0.22		最小	1.59	-0.24
31	最大	1.05	11.40	55	最大	3.04	7.29	79	最大	2.29	3.84
	最小	2.59	0.36		最小	1.64	0.17		最小	1.93	3.27
32	最大	1.33	11.05	56	最大	6.61	0.24	80	最大	2.17	4.16
	最小	3.17	-0.60		最小	2.16	-0.46		最小	2.17	4.16
33	最大	0.53	11.29	57	最大	1.75	7.34	81	最大	1.89	3.38
	最小	0.53	11.29		最小	6.85	0.76		最小	1.46	3.07
34	最大	0.72	11.07	58	最大	1.96	9.30	82	最大	0.52	3.49
	最小	0.72	11.07		最小	7.10	1.56		最小	0.52	3.49
35	最大	0.85	10.81	59	最大	2.00	9.13	83	最大	0.59	3.35
	最小	0.85	10.81		最小	7.01	1.57		最小	0.59	3.27

注:压应力为正,拉应力为负。

表 7-40 为按表 7-5 的 100 个施工阶段,主梁每个截面法向压应力取最大值、法向拉应力取最小值(绝对值最大)提取的包络值。由表 7-40 可知,短暂状况(即施工阶段)本例在预加力、构件自重等施工荷载作用下的主梁截面混凝土法向应力即有压应力、又有拉应力。根据《桥规(2018 年)》7.2.8 条,预应力混凝土受弯构件在预应力和构件自重等施工荷载作用下截面边缘混凝土的法向应力应符合:

压应力
$$\sigma_{cc}^t \leq 0.70 f_{ck}' = 0.7 \times 0.8 \times 32.4 = 18.144(\text{MPa})$$

拉应力
$$\sigma_{ct}^t \leq 0.7 f_{tk}' = 0.7 \times 0.8 \times 2.65 = 1.484(\text{MPa})$$

表 7-40 中,主梁最大压应力出现在 20 截面下缘,为 13.37MPa,小于限值 18.144MPa;最大拉应力力出现在 24 截面下缘,为 0.65MPa,小于限值 1.484MPa,按照预拉区纵向普通钢筋配筋率不小于 0.2% 配置即可。因此,本例短暂状况主梁截面混凝土法向应力均满足《桥规(2018 年)》要求。

2. 主梁斜截面混凝土主应力

短暂状况主梁斜截面混凝土主应力计算原理与持久状况相同,只不过采用施工阶段的作用及相应的截面几何特性计算即可,结果见表 7-41。

短暂状况主梁斜截面混凝土主应力(单位:MPa) 表 7-41

节点号(截面)	主拉应力最大值	主压应力最大值	节点号(截面)	主拉应力最大值	主压应力最大值
11	-0.41	5.09	30	-0.86	11.63
12	-0.31	5.54	31	-0.87	11.40
13	-0.46	6.19	32	-0.84	11.05
14	-0.69	6.96	33	-0.93	11.29
15	-0.70	9.37	34	-0.91	11.07
16	-0.84	10.79	35	-0.88	10.81
17	-1.01	12.51	36	-1.43	10.58
18	-0.92	11.85	37	-0.98	8.00
19	-1.00	12.76	38	-0.56	6.72
20	-1.71	13.37	39	-0.57	7.10
21	-1.29	10.56	40	-0.51	6.97
22	-0.78	8.60	41	-0.80	8.47
23	-0.73	8.55	42	-0.76	10.69
24	-0.72	8.39	43	-0.76	10.73
25	-1.09	9.94	44	-0.79	10.80
26	-0.86	12.5	45	-0.87	10.79
27	-0.85	12.34	46	-0.86	10.74
28	-0.84	12.14	47	-0.91	10.97
29	-0.95	11.85	48	-0.93	11.13

续上表

节点号（截面）	主拉应力最大值	主压应力最大值	节点号（截面）	主拉应力最大值	主压应力最大值
49	-0.95	11.34	67	-0.52	8.68
50	-0.92	11.14	68	-0.68	8.75
51	-0.92	11.12	69	-0.64	6.87
52	-1.47	10.90	70	-0.49	5.84
53	-1.04	8.37	71	-0.49	6.58
54	-0.62	7.12	72	-0.46	5.26
55	-0.62	7.29	73	-0.06	5.48
56	-0.47	6.61	74	-0.21	6.76
57	-0.73	7.34	75	-0.19	5.82
58	-0.48	9.3	76	-0.20	6.13
59	-0.49	9.13	77	-0.59	4.31
60	-0.51	9.08	78	-0.28	4.11
61	-0.83	9.53	79	-0.09	3.84
62	-0.51	8.94	80	-0.07	4.16
63	-0.51	8.84	81	-0.19	3.38
64	-0.43	8.68	82	-0.19	3.49
65	-0.38	8.70	83	-0.23	3.24
66	-0.39	8.59			

由表7-41可知，短暂状况下，本例主梁最大主压应力发生在20截面，为13.37MPa；最大主拉应力发生在20截面，为-1.71MPa。

需要指出，《桥规(2018年)》7.2.1条虽要求计算混凝土正截面和斜截面应力，但《桥规(2018年)》7.2.7条和7.2.8条只涉及混凝土法向压应力限值和拉应力设计措施，并没有给出混凝土斜截面主应力(主拉、主压)限值和处理措施，问题之一是条文要求不匹配，问题之二是缺失了短暂状况主梁斜截面混凝土主拉应力设计的可能控制项。因此，可参考持久状况主拉应力限值，合理设置箍筋，尤其是对于主拉应力较大的截面，防止短暂状况主梁破坏。

第十节 应力扰动区的计算与验算

根据第二章第十二节或《桥规(2018年)》第8.2节，预应力混凝土连续梁桥的应力扰动区应包括梁端锚固区、齿板锚固区、支座处横梁、墩台盖梁以及承台等部位。限于篇幅，本例不做计算，具体计算与验算可参照第三章第十节。

第十一节 对比分析

顶推施工的预应力混凝土连续梁桥在国内外均有应用，针对顶推施工方法分别与本书上一版的相关内容进行对比分析,主要涉及材料特性取值、作用组合的效应及验算等方面,主要目的在于总结《通规(2015年)》《桥规(2018年)》与《通规(2004年)》《桥规(2004年)》在设计条件、设计结果等方面的差异,目的在于正确应用现行规范,为新桥设计与旧桥加固改造积累经验并提供借鉴。

一、建桥材料

按顶推施工方法设计的预应力混凝土连续梁桥主要由混凝土、普通钢筋和预应力钢筋等材料组成。

(一) 混凝土

鉴于历史原因,本例实桥当时按《桥规(1985年)》设计时采用50号混凝土,轴心抗压强度设计值为28.5MPa,本书上一版按《桥规(2004年)》计算时对应轴心抗压设计强度采用了C65混凝土。鉴于中小跨径桥梁不宜采用C65混凝土,故本次设计及本节的对比分析均调整为采用C50混凝土。

(二) 预应力钢筋

预应力钢筋采用公称直径为15.2mm、截面面积为140mm²的高强度、低松弛钢绞线,标准强度均为1 860MPa。

(三) 普通钢筋

按《桥规(2018年)》设计计算时,普通钢筋分别采用HPB300级和HRB400级钢筋;按《桥规(2004年)》普通钢筋分别采用R235级和HRB335级钢筋。

对于本例,建桥材料对应关系见表7-42。

主要材料对比表 表7-42

采用材料种类	《桥规(2018年)》	《桥规(2004年)》
混凝土	C50	C50
预应力钢筋	$E_y = 1.95 \times 10^5$ MPa	$E_p = 1.95 \times 10^5$ MPa
普通纵向钢筋(主筋)	HRB400	HRB335
箍筋	HPB300	R235

二、作用、作用组合及其效应设计值

(一) 汽车荷载

《通规(2015年)》和《通规(2004年)》关于汽车荷载的规定存在一定差别,具体见第三章第十一节。

本例汽车荷载标准值(计入冲击系数)在主梁截面产生的内力计算结果见表7-43。

汽车荷载标准值(计入冲击系数)产生的主梁截面内力计算结果　　　表7-43

节点号(截面)	V_{max}(kN)		M_{max}(kN·m)		V_{min}(kN)		M_{min}(kN·m)	
	《通规(2015年)》	《通规(2004年)》	《通规(2015年)》	《通规(2004年)》	《通规(2015年)》	《通规(2004年)》	《通规(2015年)》	《通规(2004年)》
11	245.4	238.8	0.0	0.0	-1 587.6	-1 519.0	0.0	0.0
14	489.0	469.7	7 387.6	7 085.7	-1 042.0	-993.8	-1 657.7	-1 617.6
17	920.6	882.3	8 958.1	8 592.8	-587.7	-558.8	-3 315.5	-3 235.3
20	1 357.8	1 302.7	5 701.2	5 466.1	-245.3	-233.0	-4 973.2	-4 852.9
23左	1 766.7	1 699.5	1 727.9	1 700.1	-64.0	-62.8	-8 209.9	-8 063.6
23右	218.1	212.5	1 727.9	1 700.1	-1 842.2	-1 774.7	-8 209.9	-8 063.6
27	357.8	344.0	6 212.3	5 911.7	-1 328.8	-1 275.9	-2 993.6	-2 907.0
31	793.0	759.9	10 018.1	9 598.6	-801.7	-767.9	-2 778.7	-2 720.1
35	1 320.4	1 267.9	6 918.2	6 619.7	-357.7	-343.3	-4 242.5	-4 133.6
39左	1 845.5	1 777.7	1 977.0	1 956.8	-171.8	-167.9	-8 668.4	-8 533.2
39右	220.5	215.2	1 977.0	1 956.8	-1 858.2	-1 790.7	-8 668.4	-8 533.2
43	374.1	360.0	6 762.9	6 460.6	-1 337.6	-1 285.1	-4 156.0	-4 043.0
47	812.3	778.9	10 221.2	9 798.6	-812.3	-778.9	-3 099.1	-3 039.7

注:《通规(2015年)》计算值引自表7-15。

由表7-43可知,本例按《通规(2015年)》计算的47截面汽车荷载标准值(计入冲击系数)最大弯矩为10 221.2kN·m,较《通规(2004年)》计算的9 798.6kN·m增大了4.3%;按《通规(2015年)》计算的23左侧截面最小弯矩值为-8 209.9kN·m,较《通规(2004年)》计算的-8 063.6kN·m增大了1.8%。按《通规(2015年)》计算的23左侧截面最大剪力值为1 766.7kN,较《通规(2004年)》计算的1 699.5kN增大了4.0%。由此可知,《通规(2015年)》对跨径较小桥梁的汽车荷载标准值的效应提高比较明显,中小跨径桥梁设计时应引起足够重视。

(二)作用组合及其效应设计值

相对于《通规(2004年)》,由本书第一章第二节及第二章第七节可知,《通规(2015年)》在作用组合方式及其效应设计值的计算方面都有较大改变。现针对本例,对比分析按《通规(2015年)》和《通规(2004年)》不同组合方式下的效应设计值。

1. 持久状况承载能力极限状态

持久状况承载能力极限状态下,主梁截面内力设计值按《通规(2015年)》采用作用基本组合计算,按《通规(2004年)》采用作用效应基本组合计算,结果见表7-44。

持久状况承载能力极限状态基本组合的主梁截面内力设计值(二)　　　表7-44

节点号(截面)	$\gamma_0 V_{max}$(kN)		$\gamma_0 V_{min}$(kN)		$\gamma_0 M_{max}$(kN·m)		$\gamma_0 M_{min}$(kN·m)	
	《通规(2015年)》	《通规(2004年)》	《通规(2015年)》	《通规(2004年)》	《通规(2015年)》	《通规(2004年)》	《通规(2015年)》	《通规(2004年)》
11	-2 068.7	-2 069.9	-6 274.1	-6 192.8	0	0	0	0
14	461.1	441.0	-2 846.6	-2 797.5	29 968.8	29 692.7	7 364.7	7 357.0

续上表

节点号(截面)	$\gamma_0 V_{max}$(kN)		$\gamma_0 V_{min}$(kN)		$\gamma_0 M_{max}$(kN·m)		$\gamma_0 M_{min}$(kN·m)	
	《通规(2015年)》	《通规(2004年)》	《通规(2015年)》	《通规(2004年)》	《通规(2015年)》	《通规(2004年)》	《通规(2015年)》	《通规(2004年)》
17	3 185.2	3 135.1	-207.1	-188.0	33 517.0	33 339.4	183.5	168.1
20	6 035.2	5 960.1	2 134.9	2 128.9	14 444.1	14 648.7	-21 784.4	-21 807.4
23左	9 254.2	9 160.8	4 548.1	4 548.1	-17 262.5	-17 262.5	-65 677.2	-65 707.9
23右	-4 621.0	-4 629.0	-9 377.6	-9 274.1	-17 262.5	-17 262.5	-65 677.2	-65 707.9
27	-1 647.6	-1 665.4	-5 274.2	-5 192.6	24 069.5	24 358.6	-10 118.3	-10 296.8
31	1 446.1	1 398.2	-1 554.0	-1 502.4	43 879.3	43 944.8	3 868.8	3 656.3
35	5 154.7	5 076.3	1 565.8	1 586.9	25 660.4	25 855.4	-10 664.5	-10 756.9
39左	9 276.2	9 174.7	4 611.0	4 618.1	-17 612.5	-17 127.1	-62 821.1	-62 793.6
39右	-4 598.0	-4 609.6	-9 295.3	-9 189.7	-17 612.5	-17 127.1	-62 821.1	-62 793.6
43	-1 602.9	-1 625.6	-5 180.7	-5 097.8	25 284.8	25 440.0	-9 777.2	-9 852.3
47	1 499.1	1 446.4	-1 466.8	-1 414.0	44 169.8	44 147.9	4 629.7	4 458.1

注:《通规(2015年)》计算值引自表7-30。

由表7-44可知,本例按《通规(2015年)》和《通规(2004年)》计算的持久状况承载能力极限状态基本组合的主梁截面内力设计值有差异,例如中孔39截面最大弯矩设计值分别为17 612.5kN·m和17 127.1kN·m,增大了2.83%;中孔39右侧截面最小剪力设计值分别为-9 295.3kN和-9 189.7kN,增加了1.15%;新桥设计或旧桥加固改造时应引起重视。

2. 持久状况正常使用极限状态

1) 作用频遇/短期效应组合的主梁截面内力设计值

持久状况正常使用极限状态下,主梁截面内力设计值按《通规(2015年)》采用作用频遇组合计算,按《通规(2004年)》采用作用短期效应组合计算,计算结果见表7-45。

持久状况正常使用极限状态作用频遇/短期效应组合的主梁截面内力设计值(二) 表7-45

节点号(截面)	V_{max}(kN)		V_{min}(kN)		M_{max}(kN·m)		M_{min}(kN·m)	
	《通规(2015年)》	《通规(2004年)》	《通规(2015年)》	《通规(2004年)》	《通规(2015年)》	《通规(2004年)》	《通规(2015年)》	《通规(2004年)》
11	-2 006.9	-2 011.8	-3 947.4	-3 908.0	0.0	0.0	0.0	0.0
14	92.0	80.0	-1 674.7	-1 647.4	19 343.1	19 172.4	7 489.7	7 520.8
17	1 992.1	1 968.9	238.2	254.4	22 122.8	21 921.1	1 756.0	1 818.1
20	3 892.2	3 859.7	2 084.7	2 091.5	9 746.8	9 619.7	-16 369.4	-16 276.4
23左	6 088.5	6 049.2	4 149.1	4 150.4	-16 238.9	-16 271.9	-48 632.2	-48 508.1
23右	-4 187.6	-4 192.0	-6 232.5	-6 193.2	-16 238.9	-16 271.9	-48 632.2	-48 508.1
27	-1 598.4	-1 606.6	-3 428.1	-3 397.0	16 373.9	16 225.4	-7 309.8	-7 248.2
31	854.3	835.0	-922.6	-902.6	28 358.3	28 141.6	5 676.5	5 718.0
35	3 360.1	3 329.4	1 535.3	1 543.9	17 391.9	17 238.4	-7 376.7	-7 298.1

续上表

节点号（截面）	$V_{\max}$(kN)		$V_{\min}$(kN)		$M_{\max}$(kN·m)		$M_{\min}$(kN·m)	
	《通规（2015年）》	《通规（2004年）》	《通规（2015年）》	《通规（2004年）》	《通规（2015年）》	《通规（2004年）》	《通规（2015年）》	《通规（2004年）》
39左	6 171.2	6 131.9	4 151.2	4 154.6	-15 410.0	-15 440.4	-47 056.4	-46 940.5
39右	-4 156.0	-4 160.4	-6 182.7	-6 143.3	-15 410.0	-15 440.4	-47 056.4	-46 940.5
43	-1 558.8	-1 567.3	-3 374.1	-3 343.2	17 120.7	16 967.3	-6 774.7	-6 697.1
47	895.7	876.0	-869.6	-849.9	28 545.3	28 325.9	6 161.7	6 203.4

注:《通规(2015年)》计算值引自表7-31。

由表7-45可知,本例按《通规(2015年)》和《通规(2004年)》计算的持久状况正常使用极限状态作用频遇/短期效应组合的主梁截面内力设计值有一定差异,例如边孔17截面最大弯矩设计值分别为22 122.8kN·m和21 921.1kN·m,增大了0.92%;边支点23左截面最大剪力设计值分别为6 088.5kN和6 049.2kN,增大了0.65%;设计时应给予适当关注。

2)作用准永久/长期效应组合的主梁截面内力设计值

持久状况正常使用极限状态下,主梁截面内力设计值按《通规(2015年)》采用作用准永久组合计算,按《通规(2004年)》采用作用长期效应组合计算,计算结果见表7-46。

持久状况正常使用极限状态作用准永久/长期效应组合的主梁截面内力设计值(二) 表7-46

节点号（截面）	$V_{\max}$(kN)		$V_{\min}$(kN)		$M_{\max}$(kN·m)		$M_{\min}$(kN·m)	
	《通规（2015年）》	《通规（2004年）》	《通规（2015年）》	《通规（2004年）》	《通规（2015年）》	《通规（2004年）》	《通规（2015年）》	《通规（2004年）》
11	-2 067.7	-2 070.5	-3 557.0	-3 534.6	0.0	0.0	0.0	0.0
14	-28.7	-35.5	-1 418.7	-1 403.1	17 527.9	17 430.3	7 900.8	7 918.5
17	1 765.2	1 752.0	382.5	391.7	19 923.7	19 808.4	2 578.5	2 613.5
20	3 557.9	3 539.4	2 144.9	2 148.7	8 348.4	8 275.8	-15 136.4	-15 083.2
23左	5 653.9	5 631.4	4 165.1	4 165.8	-16 671.1	-16 689.9	-46 596.5	-46 525.6
23右	-4 241.7	-4 244.3	-5 779.3	-5 756.9	-16 671.1	-16 689.9	-46 596.5	-46 525.6
27	-1 686.5	-1 691.2	-3 101.1	-3 083.3	14 856.8	14 772.0	-6 568.7	-6 533.5
31	659.2	648.1	-725.2	-713.8	25 905.5	25 781.6	6 363.1	6 386.7
35	3 035.2	3 017.7	1 623.4	1 628.4	15 698.6	15 610.5	-6 326.7	-6 281.8
39左	5 717.3	5 694.8	4 193.9	4 195.9	-15 904.1	-15 921.5	-44 908.8	-44 842.5
39右	-4 210.8	-4 213.3	-5 725.6	-5 703.1	-15 904.1	-15 921.5	-44 908.8	-44 842.5
43	-1 650.9	-1 655.8	-3 044.9	-3 027.3	15 466.5	15 378.9	-5 747.6	-5 703.1
47	695.8	684.5	-669.6	-658.4	26 042.2	25 916.8	6 926.9	6 950.7

注:《通规(2015年)》计算值引自表7-31。

由表7-46可知,本例按《通规(2015年)》和《通规(2004年)》计算的持久状况正常使用极限状态作用准永久/长期效应组合的主梁截面内力设计值有一定差异,例如中跨跨中47截面最大弯矩设计值分别为26 042.2kN·m和25 916.8kN·m,增大了0.48%;中墩39左截面最大剪力设计值分别为 5 717.3kN 和 5 694.8kN,增大了 0.4%;设计时应给予适当关注。

三、计算及验算结果

《桥规(2018 年)》第 5~7 章规定预应力混凝土连续梁桥的验算包括:持久状况承载能力极限状态验算、持久状况正常使用极限状态验算及持久状况和短暂状况构件的应力验算等。其中,持久状况承载能力极限状态验算包括正截面抗弯承载力、斜截面抗剪承载力以及斜截面抗弯承载力验算;持久状况正常使用极限状态验算包括主梁截面抗裂和挠度验算;持久状况和短暂状况构件的应力验算包括使用阶段应力验算和施工阶段应力验算。

(一)持久状况承载能力极限状态

1. 正截面抗弯承载力

分别按《桥规(2018 年)》和《桥规(2004 年)》计算的持久状况承载能力极限状态主梁正截面抗弯承载力见表 7-47。

持久状况承载能力极限状态主梁正截面抗弯承载力计算结果　　表 7-47

节点号(截面)	最大/最小	弯矩设计值 $\gamma_0 M_d$ (kN·m)		正截面承载力计算值 M_u (kN·m)	
		《桥规(2018 年)》	《桥规(2004 年)》	《桥规(2018 年)》	《桥规(2004 年)》
11	最大	0.0	0.0	69 055.8	66 279.8
	最小	0.0	0.0	69 055.8	66 279.8
14	最大	29 968.8	29 692.7	54 485.5	51 988.0
	最小	7 364.6	7 357.0	54 485.5	51 988.0
17	最大	33 517.0	33 339.3	61 828.6	59 331.1
	最小	183.5	168.1	61 828.6	59 331.1
20	最大	14 444.1	14 648.7	59 838.7	57 419.2
	最小	-21 784.4	-21 807.4	82 145.8	79 396.4
23	最大	-17 262.5	-17 262.5	103 934.3	101 176.9
	最小	-65 677.1	-65 707.9	103 934.3	101 176.9
27	最大	24 069.5	24 358.6	61 235.0	58 737.5
	最小	-10 118.3	-10 296.8	75 364.4	72 580.8
31	最大	43 879.2	43 944.8	61 854.1	59 356.6
	最小	3 868.8	3 656.3	61 854.1	59 356.6
35	最大	25 660.4	25 855.4	66 744.7	64 247.2
	最小	-10 664.5	-10 756.9	70 534.6	67 750.4
39	最大	-17 612.5	-17 127.1	97 548.2	94 787.9
	最小	-62 821.1	-62 793.6	97 548.2	94 787.9
43	最大	25 284.8	25 440.0	61 174.0	58 676.5
	最小	-9 777.2	-9 852.3	68 698.1	65 911.7
47	最大	44 169.8	44 147.9	69 668.39	59 294.8
	最小	4 629.8	4 458.1	69 668.39	59 294.8

注:《桥规(2018 年)》计算值引自表 7-32。

由表7-47可以看出,分别按《桥规(2018年)》和《桥规(2004年)》计算,结果规律一致,且均能满足各自规范的持久状况承载能力极限状态正截面抗弯承载力要求。

2. 斜截面抗剪承载力

分别按《桥规(2018年)》(箍筋为HRB400级)和《桥规(2004年)》(箍筋为HPB235)计算的持久状况承载能力极限状态主梁斜截面抗剪承载力见表7-48。

持久状况承载能力极限状态主梁斜截面抗剪承载力计算结果 表7-48

节点号(截面)	最大/最小	剪力设计值 $\gamma_0 V_d$ (kN)		斜截面承载力计算值 V_u (kN)	
		《桥规(2018年)》	《桥规(2004年)》	《桥规(2018年)》	《桥规(2004年)》
11	最大	-2 068.7	-2 069.9	12 815.2	11 190.6
	最小	-6 274.1	-6 192.8	12 815.2	11 190.6
14	最大	461.1	441.0	9 171.3	7 179.9
	最小	-2 846.6	-2 797.6	9 171.3	7 179.9
17	最大	3 185.2	3 135.1	9 296.3	7 139.9
	最小	-207.1	-188.0	9 296.3	7 139.9
20	最大	6 035.2	5 960.1	12 167.2	11 963.2
	最小	2 134.9	2 128.9	12 821.2	11 742.7
23左	最大	9 254.2	9 160.8	12 534.9	10 700.5
	最小	4 548.1	4 548.1	12 534.9	10 700.5
23右	最大	-4 621.0	-4 629.0	12 534.9	10 700.5
	最小	-9 377.6	-9 274.1	12 534.9	10 700.5
27	最大	-1 647.6	-1 665.4	9 467.1	7 463.8
	最小	-5 274.2	-5 192.6	9 467.1	7 463.8
31	最大	1 446.1	1 398.2	9 296.7	7 140.2
	最小	-1 554.0	-1 502.4	9 296.7	7 140.2
35	最大	5 154.7	5 076.3	10 125.7	8 308.8
	最小	1 565.8	1 586.9	10 125.7	8 308.8
39左	最大	9 276.2	9 174.7	12 434.4	10 614.1
	最小	4 611.0	4 618.1	12 434.4	10 614.1
39右	最大	-4 621.0	-4 629.0	12 434.4	10 614.1
	最小	-9 377.6	-9 274.1	12 434.4	10 614.1
43	最大	-1 602.9	-1 625.6	9 467.1	7 463.8
	最小	-5 180.7	-5 097.8	9 467.1	7 463.8
47	最大	1 499.1	1 446.4	9 296.7	7 140.2
	最小	-1 466.8	-1 414.0	9 296.7	7 140.2

注:《桥规(2018年)》计算值引自表7-33。

由表7-48可以发现,按《桥规(2018年)》和《桥规(2004年)》计算时,持久状况承载能力极限状态主梁斜截面抗剪承载力均满足要求。但《桥规(2018年)》主梁截面剪力设计值较

《桥规(2004年)》设计值普遍偏大,且支点截面承载力计算值《桥规(2018年)》较《桥规(2004年)》普遍较大。总体来讲,采用《桥规(2018年)》计算的剪力设计值较《桥规(2004年)》略有增大,但因钢筋等级均提高到 HRB400 后,由《桥规(2018年)》计算的抗剪承载力较《桥规(2004年)》计算的抗剪承载力增加更为明显。

(二)持久状况正常使用极限状态

1. 正截面抗裂验算

分别按《桥规(2018年)》(作用频遇组合)与《桥规(2004年)》(作用短期效应组合)进行持久状况正常使用极限状态主梁正截面混凝土法向最大拉应力计算,结果见表 7-49。

持久状况正常使用极限状态主梁正截面混凝土法向最大拉应力(单位:MPa) 表 7-49

节点号(截面)	频遇/短期组合		准永久/长期组合	
	《桥规(2018年)》	《桥规(2004年)》	《桥规(2018年)》	《桥规(2004年)》
11	1.99	1.92	2.19	2.16
12	1.28	1.29	1.67	1.68
13	1.33	1.35	1.91	1.93
14	1.51	1.54	2.40	2.42
15	2.11	2.15	3.34	3.36
16	1.85	1.90	3.40	3.43
17	1.99	2.03	3.83	3.85
18	2.34	2.38	4.43	4.45
19	2.49	2.50	5.15	5.15
20	2.05	2.06	4.88	4.89
21	2.54	2.56	5.48	5.48
22	1.37	1.39	4.44	4.45
23	−0.13	−0.12	3.12	3.13
24	1.46	1.48	4.47	4.48
25	2.73	2.74	5.55	5.55
26	2.46	2.48	5.16	5.17
27	2.55	2.56	5.10	5.11
28	1.99	2.03	4.34	4.36
29	1.19	1.23	3.44	3.46
30	0.75	0.80	2.97	3.00
31	0.64	0.69	2.87	2.89
32	0.80	0.84	3.01	3.04
33	1.47	1.52	3.65	3.68
34	2.06	2.10	4.34	4.36
35	2.02	2.03	4.70	4.71
36	1.58	1.59	4.43	4.44
37	1.98	1.99	4.95	4.96
38	0.83	0.85	3.96	3.97
39	−0.65	−0.63	2.68	2.69

续上表

节点号 (截面)	频遇/短期组合		准永久/长期组合	
	《桥规(2018年)》	《桥规(2004年)》	《桥规(2018年)》	《桥规(2004年)》
40	0.88	0.89	3.98	3.99
41	2.12	2.13	5.04	5.04
42	1.81	1.83	4.60	4.61
43	1.87	1.88	4.52	4.53
44	2.04	2.08	4.19	4.22
45	1.23	1.28	3.31	3.33
46	0.80	0.85	2.88	2.91
47	0.73	0.78	2.82	2.85

注:1. 压应力为正,拉应力为负。
　　2. 最小应力指在压应力为正,拉应力为负的前提下,代数值最小的应力值。
　　3. 《桥规(2018年)》计算值引自表7-34。

由表7-49可知,按《桥规(2018年)》和《桥规(2004年)》计算的持久状况正常使用极限状态主梁正截面混凝土法向拉应力计算值基本接近,且均满足相应规范正截面抗裂验算要求。

2. 斜截面抗裂验算

分别按《桥规(2018年)》和《桥规(2004年)》计算的持久状况正常使用极限状态主梁斜截面混凝土主拉应力见表7-50。

持久状况正常使用极限状态主梁斜截面混凝土主拉应力(单位:MPa)　　表7-50

节点号 (截面)	最大主拉应力		节点号 (截面)	最大主拉应力	
	《桥规(2018年)》	《桥规(2004年)》		《桥规(2018年)》	《桥规(2004年)》
11	-0.31	-0.30	30	-0.13	-0.13
12	-0.08	-0.07	31	-0.06	-0.06
13	-0.08	-0.08	32	-0.10	-0.10
14	-0.15	-0.14	33	-0.20	-0.19
15	-0.07	-0.07	34	-0.24	-0.23
16	-0.05	-0.05	35	-0.13	-0.13
17	-0.13	-0.13	36	-0.05	-0.05
18	-0.16	-0.16	37	-0.14	-0.14
19	-0.09	-0.08	38	-0.54	-0.54
20	-0.06	-0.06	39	-1.01	-1.00
21	-0.09	-0.09	40	-0.35	-0.34
22	-0.40	-0.40	41	-0.07	-0.07
23	-0.90	-0.89	42	-0.35	-0.34
24	-0.29	-0.29	43	-0.38	-0.37
25	-0.06	-0.06	44	-0.32	-0.32
26	-0.31	-0.31	45	-0.23	-0.22
27	-0.35	-0.34	46	-0.13	-0.13
28	-0.30	-0.29	47	-0.06	-0.05
29	-0.23	-0.22			

注:《桥规(2018年)》计算值引自表7-34。

由表 7-50 可知,按《桥规(2018 年)》和《桥规(2004 年)》计算的持久状况正常使用极限状态主梁混凝土主拉应力差别不大,但总体上呈现出《桥规(2018 年)》计算值略大一些,所有截面均满足相应规范斜截面抗裂验算要求。

3. 挠度计算结果

分别按《桥规(2018 年)》和《桥规(2004 年)》计算的持久状况正常使用极限状态主梁挠度见表 7-51。

持久状况正常使用极限状态主梁挠度计算结果 表 7-51

节点号（截面）	频遇组合扣除自重后挠度 f_q (mm)		考虑反拱后挠度 f_c (mm)	
	《桥规(2018 年)》	《桥规(2004 年)》	《桥规(2018 年)》	《桥规(2004 年)》
11	0	0	0	0
12	0.67	0.67	1.75	1.75
13	1.3	1.29	3.05	3.04
14	1.85	1.84	3.9	3.89
15	2.28	2.27	4.69	4.67
16	2.54	2.52	4.31	4.29
17	2.6	2.58	3.49	3.47
18	2.44	2.42	3.13	3.11
19	2.11	2.1	2.61	2.59
20	1.66	1.65	2.25	2.24
21	1.12	1.11	2.31	2.3
22	0.55	0.55	1.33	1.33
23	0	0	0	0
24	0.66	0.66	.95	0.95
25	1.39	1.39	1.62	1.62
26	2.14	2.13	2.73	2.73
27	2.85	2.84	4.28	4.27
28	3.48	3.46	5.93	5.92
29	3.97	3.95	7.38	7.37
30	4.3	4.28	7.68	7.67
31	4.44	4.42	7.48	7.46
32	4.34	4.32	6.69	6.67
33	4.05	4.04	5.38	5.36
34	3.59	3.58	4.57	4.55
35	2.98	2.97	3.66	3.66
36	2.27	2.26	2.97	2.97
37	1.5	1.49	2.71	2.71
38	0.73	0.73	1.51	1.51
39	0	0	0	0
40	0.73	0.73	1	1
41	1.5	1.5	1.74	1.73

续上表

节点号 (截面)	频遇组合扣除自重后挠度 f_q (mm)		考虑反拱后挠度 f_c (mm)	
	《桥规(2018年)》	《桥规(2004年)》	《桥规(2018年)》	《桥规(2004年)》
42	2.29	2.28	2.69	2.69
43	3.02	3.01	4.14	4.13
44	3.65	3.64	5.7	5.69
45	4.14	4.13	7.1	7.08
46	4.46	4.44	7.38	7.36
47	4.58	4.56	7.21	7.19

注：《桥规(2018年)》计算值引自表7-35。

由表7-51可知，按《桥规(2018年)》和《桥规(2004年)》计算的主梁频遇组合扣除自重后挠度，以及考虑反拱后的挠度值基本保持一致。

(三) 持久状况与短暂状况主梁应力

1. 使用阶段正截面混凝土法向压应力

分别按《桥规(2018年)》和《桥规(2004年)》计算的使用阶段主梁正截面混凝土法向压应力最大值见表7-52。

使用阶段主梁正截面混凝土法向最大压应力(单位：MPa)　　　表7-52

节点号 (截面)	《桥规(2018年)》	《桥规(2004年)》	节点号 (截面)	《桥规(2018年)》	《桥规(2004年)》
11	7.56	7.62	30	13.17	13.11
12	8.53	8.52	31	13.31	13.26
13	9.48	9.45	32	13.26	13.20
14	10.35	10.31	33	12.18	12.13
15	11.98	11.93	34	11.80	11.75
16	12.27	12.21	35	11.27	11.23
17	12.19	12.14	36	10.94	10.90
18	12.03	11.98	37	11.31	11.29
19	11.69	11.64	38	10.26	10.25
20	11.49	11.45	39	10.18	10.15
21	11.96	11.93	40	10.22	10.21
22	10.90	10.88	41	11.22	11.20
23	10.24	10.21	42	10.92	10.89
24	10.83	10.82	43	10.96	10.92
25	11.83	11.81	44	11.63	11.58
26	11.56	11.53	45	12.06	12.01
27	11.60	11.56	46	12.48	12.43
28	12.30	12.25	47	12.61	12.55
29	12.74	12.69			

注：《桥规(2018年)》计算值引自表7-36。

由表7-52可知，按《桥规(2018年)》和《桥规(2004年)》计算的使用阶段主梁正截面混凝土法向压应力差别不大，但总体上呈现出《桥规(2018年)》计算值普遍略大一些，且均满足相应规范的正截面验算要求。

2. 使用阶段混凝土主压应力

分别按《桥规(2018年)》和《桥规(2004年)》计算的使用阶段主梁截面混凝土主压应力见表7-53。

使用阶段主梁截面混凝土主压应力(单位:MPa)　　表7-53

节点号(截面)	最大主压应力		节点号(截面)	最大主压应力	
	《桥规(2018年)》	《桥规(2004年)》		《桥规(2018年)》	《桥规(2004年)》
11	7.57	7.57	29	12.63	12.58
12	8.51	8.49	30	13.05	13.00
13	9.43	9.39	31	13.19	13.14
14	10.27	10.23	32	13.14	13.08
15	11.88	11.83	33	12.07	12.02
16	12.15	12.10	34	11.69	11.64
17	12.07	12.02	35	11.17	11.13
18	11.90	11.86	36	10.84	10.81
19	11.57	11.53	37	11.22	11.20
20	11.38	11.34	38	10.18	10.17
21	11.86	11.84	39	10.03	10.00
22	10.81	10.80	40	10.14	10.13
23	10.11	10.07	41	11.14	11.12
24	10.75	10.74	42	10.83	10.80
25	11.75	11.73	43	10.86	10.82
26	11.47	11.44	44	11.52	11.48
27	11.50	11.46	45	11.95	11.90
28	12.19	12.14	46	12.36	12.31
29	12.63	12.58	47	12.49	12.44

注:《桥规(2018年)》计算值引自表7-37。

由表7-53可知,按《桥规(2018年)》和《桥规(2004年)》计算的使用阶段主梁截面混凝土主压应力差别不大,但总体上呈现出《桥规(2018年)》计算值普遍略大一些,且均满足相应规范验算要求。

3. 预应力钢束最大拉应力

分别按《桥规(2018年)》和《桥规(2004年)》计算的使用阶段预应力钢束的最大拉应力见表7-54。

使用阶段预应力钢束最大拉应力(单位:MPa)　　表7-54

钢束名称	《桥规(2018年)》	《桥规(2004年)》
IB1	1 144.56	1 144.23
IB2	1 136.88	1 136.47
IB3	1 144.56	1 144.32
IB4	1 136.88	1 136.79

续上表

钢束名称	《桥规(2018年)》	《桥规(2004年)》
IB5	1 144.56	1 144.46
IB6	1 103.65	1 103.39
IT1	1 125.91	1 125.93
IT2	1 125.91	1 125.93
IT3	1 120.76	1 120.85
IT4	1 120.76	1 120.85
IT5	1 115.66	1 115.64
IT6	1 120.76	1 120.64
IT7	1 126.92	1 126.89
IT8	1 126.92	1 126.89
IT9	1 090.97	1 090.71
IT10	1 090.97	1 090.71
F1	1 094.43	1 094.42
F2	1 094.28	1 094.31
F3	1 092.12	1 092.05
F4	1 086.83	1 086.39
F5	1 064.99	1 064.91

注:《桥规(2018年)》计算值引自表 7-39。

由表 7-54 可知,按《桥规(2018年)》和《桥规(2004年)》计算的使用阶段预应力钢束的最大拉应力差别不大,且均满足相应规范验算要求。

4. 短暂状况混凝土应力

短暂状况主梁截面边缘的混凝土最大/最小法向应力按《桥规(2018年)》和《桥规(2004年)》的计算结果如图 7-30 所示。

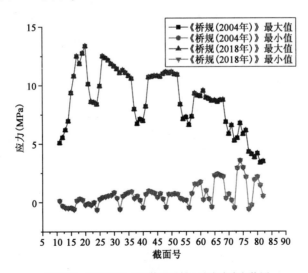

图 7-30　施工阶段主梁截面混凝土法向应力包络图

由图 7-30 可以看出,本例短暂状况截面边缘的混凝土最大/最小正应力按《桥规(2018年)》的计算值和按《桥规(2004年)》的计算结果一致,即施工阶段截面边缘的混凝土法向应力相同,且均满足相应规范的要求。

第十二节　设计图绘制

一、概述

桥梁设计的最后一步就是给出设计图,一般包括桥型总体布置图、主梁一般构造图、预应力钢束构造图、普通钢筋构造图、其他细部构造图以及施工程序图,本节只给出与结构设计计算密切相关的部分图纸。

二、总体布置

总体布置图包括桥梁立面、平面和横截面图。立面图应给出各孔跨径、桥梁全长及桥面、墩顶、承台顶、桩顶和桩底的高程,并根据所选桥台形式设置锥坡。平面图中包括桥宽、车道宽及分隔带、护栏等要素。横截面图一般作图比例较大,需详细给出跨中、支点截面的截面尺寸以及下部构造的主要尺寸。作为顶推连续梁,在绘制总体布置图时并没有什么特殊要求,具体见图 7-31。

三、主梁一般构造

主梁一般构造图应给出立面及横截面,详细地反映本例主梁的顶板、底板、腹板、翼缘板、横隔板、梁高以及承托等细部构造尺寸。顶推连续梁中往往要设置齿板,绘图时应当予以注意。本例主梁一般构造详见图 7-32 ~ 图 7-35。

需特别提醒初次从事桥梁设计的读者,这里给出的仅是有限元建模的一般构造,与施工图设计的一般构造有所差异。以箱梁横截面梁高绘制为例,有限元建模的一般构造不考虑桥面横坡影响,横截面只标注一个设计梁高即可;施工图设计的一般构造必须考虑桥面横坡影响,一般通过调整腹板高度设置桥面横坡,这样箱梁横截面中心的高度才是设计梁高(图中并不标注),实际梁高则以翼缘板的两个端部上沿标至箱梁底板下沿。

四、预应力钢束构造

预应力钢束构造图包括箱梁腹板、顶板、底板及主要横截面的钢束设置。由于顶板、底板的配束横桥向往往是对称的,所以可只绘出半顶板、半底板的布束情况。按顶推施工设计的连续梁桥由于沿纵桥向钢束布置不对称,故应给出全桥长度范围的钢束立面及平面构造图,同时还要给出各计算截面以及钢束锚固截面的钢束横截面布置图,这里只给出几个典型横截面的钢束截面布置。本例预应力钢束构造详见图 7-36 ~ 图 7-46。

五、施工示意

施工示意图应能详细反映施工步骤,将整个施工过程分成多个施工阶段,并对各施工阶段的内容配以必要的文字说明。施工示意图是顶推施工连续梁桥结构设计的基本资料,同时也是施工单位编制施工技术方案的基础。本例采用单向顶推,施工示意详见图 7-47。

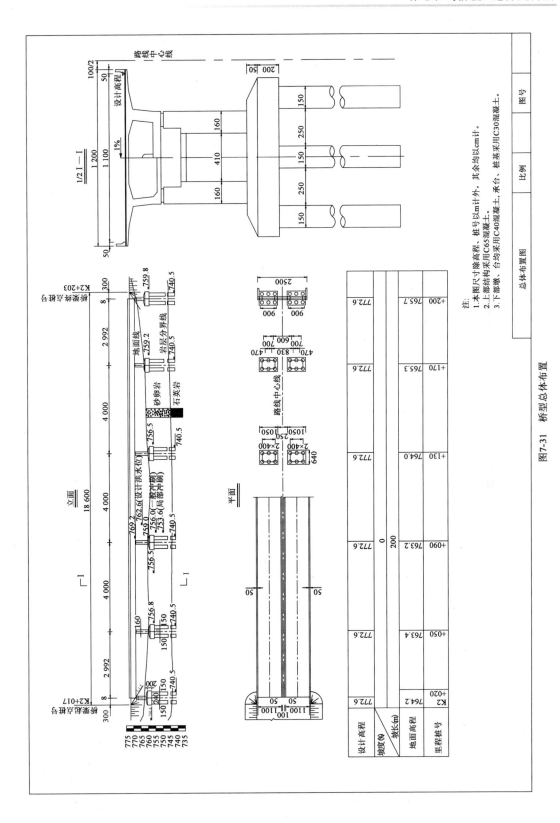

图7-31 桥型总体布置

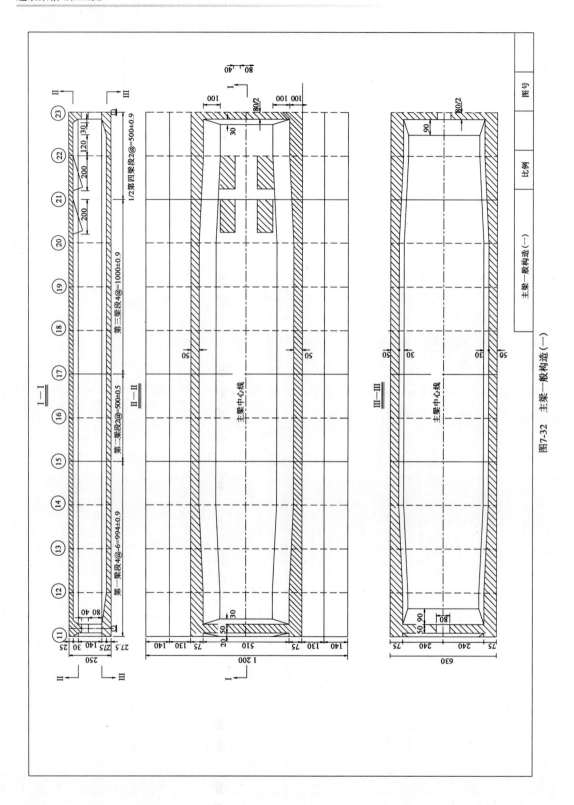

图7-32 主梁一般构造(一)

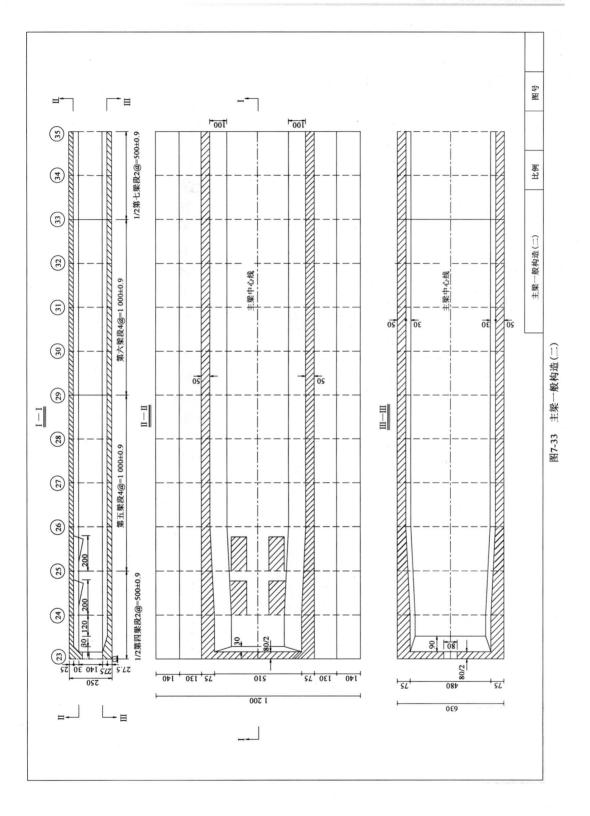

图7-33 主梁一般构造(二)

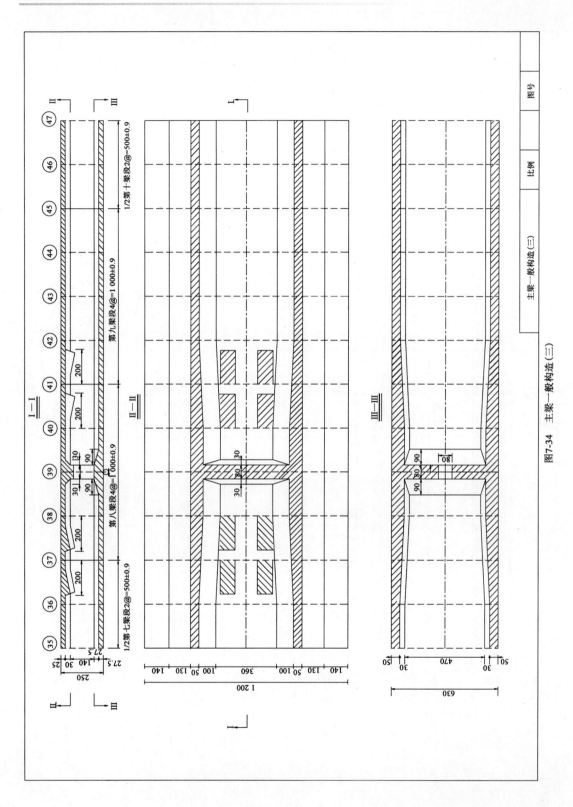

图7-34 主梁一般构造(三)

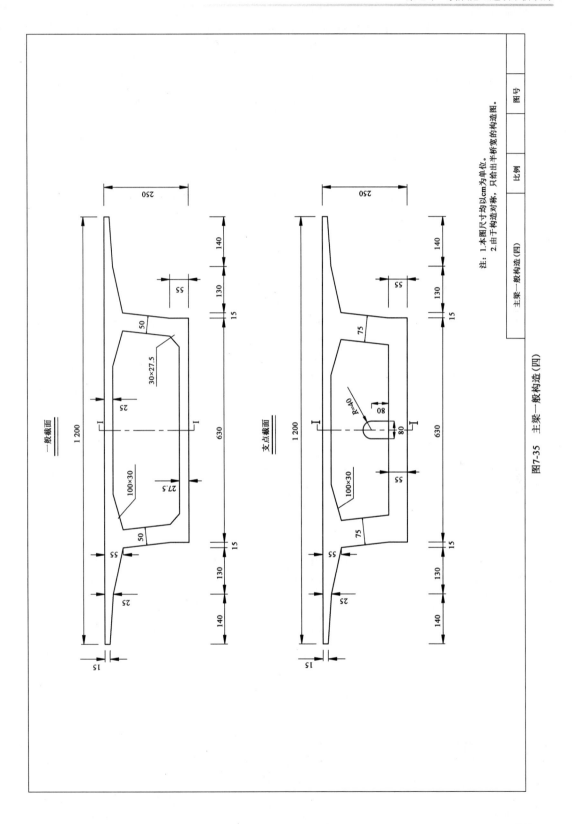

图7-35 主梁一般构造(四)

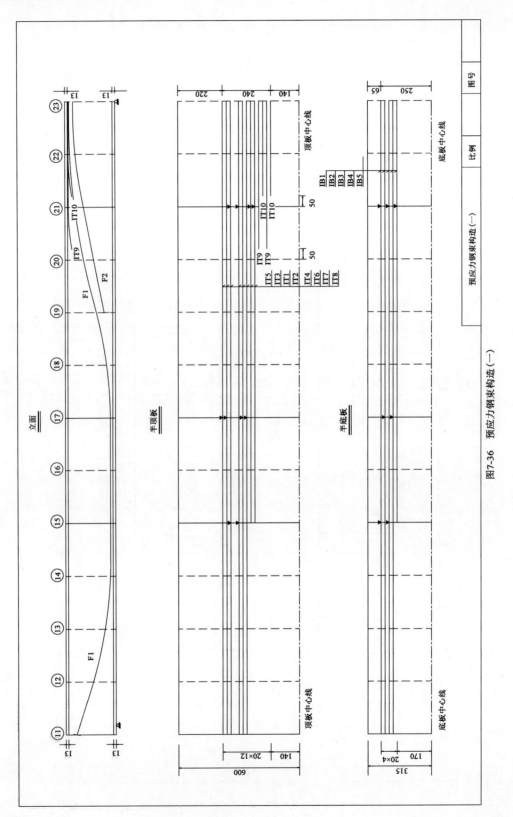

图7-36 预应力钢束构造(一)

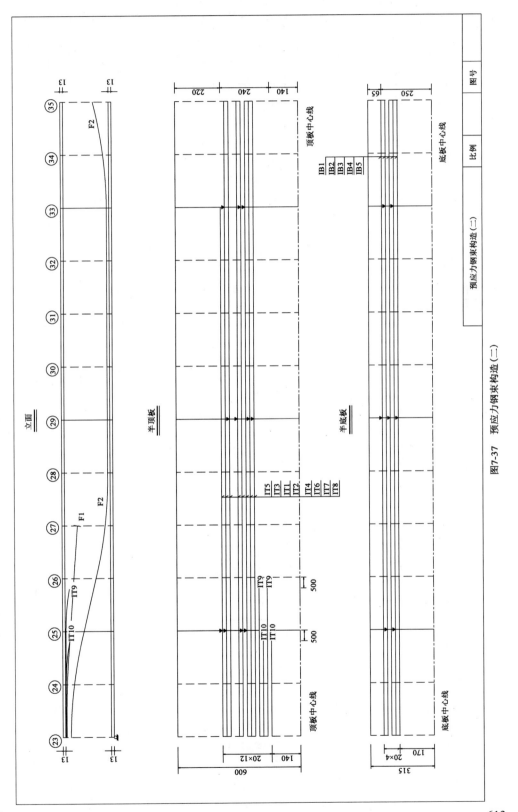

图7-37 预应力钢束构造(二)

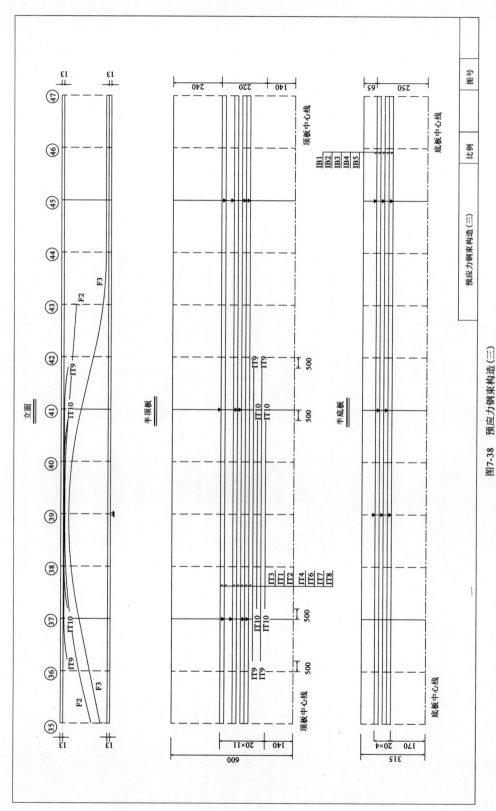

图7-38 预应力钢束构造(三)

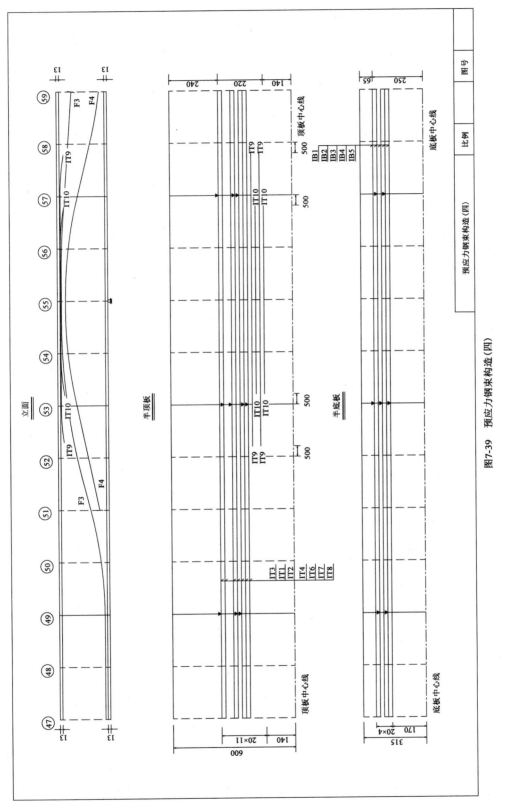

图7-39 预应力钢束构造(四)

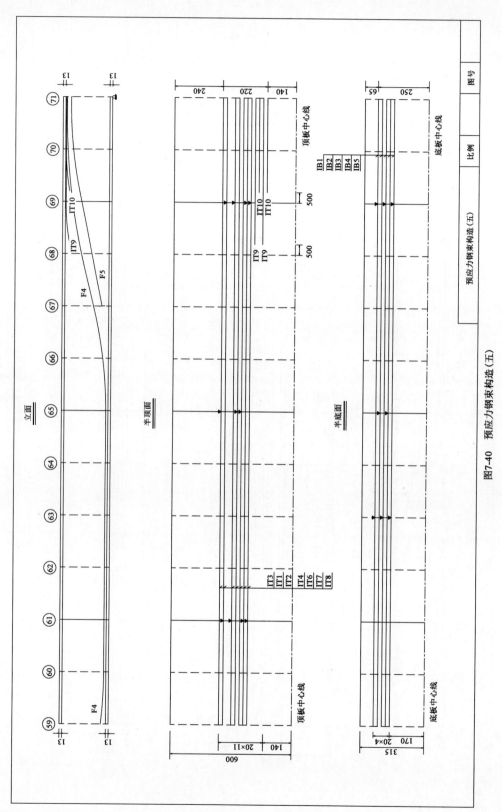

图7-40 预应力钢束构造（五）

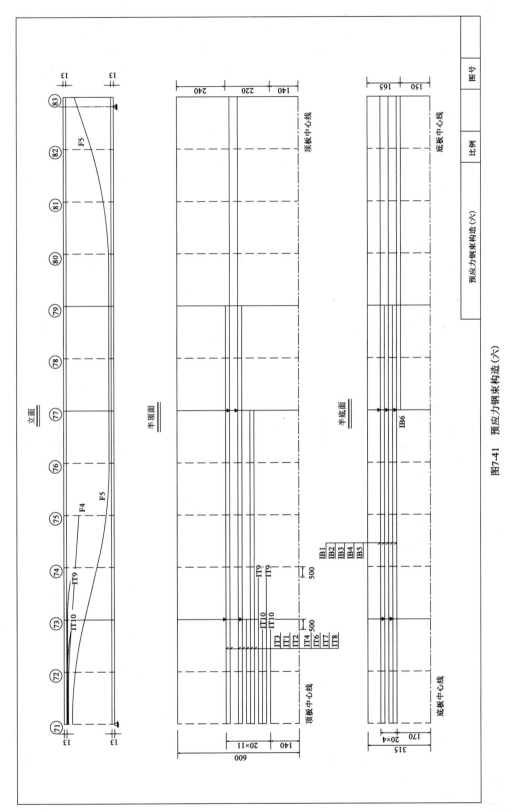

图7-41 预应力钢束构造(六)

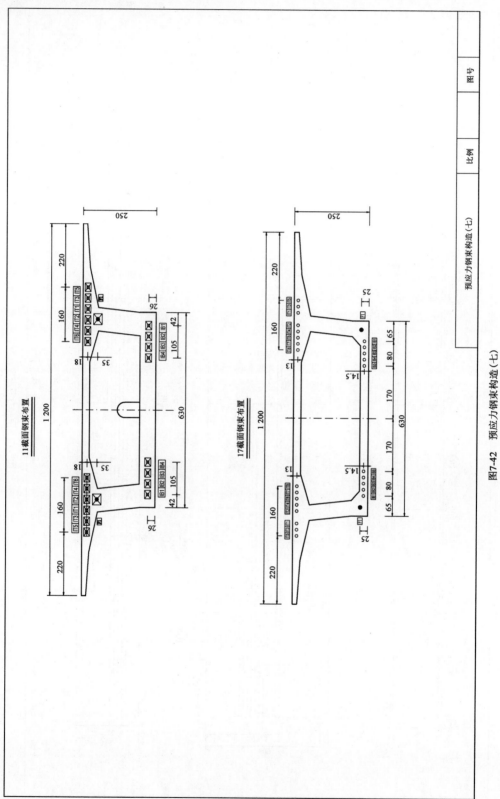

图7-42 预应力钢束构造(七)

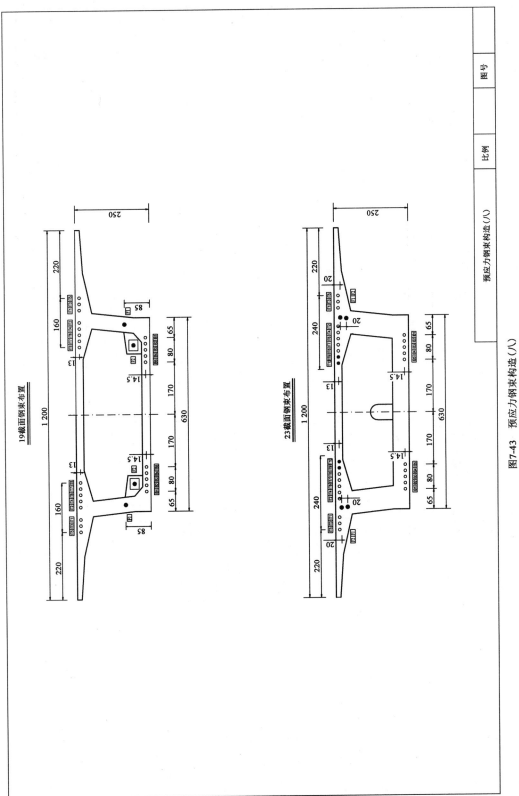

图7-43 预应力钢束构造(八)

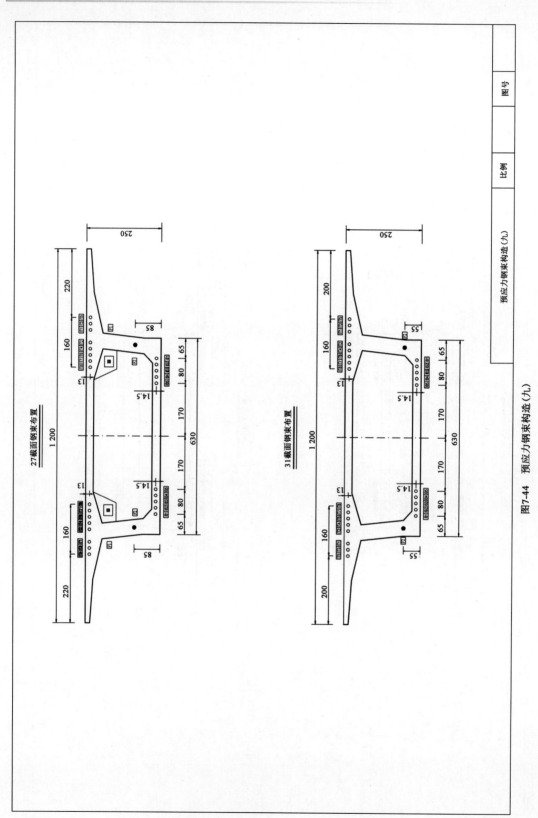

图7-44 预应力钢束构造(九)

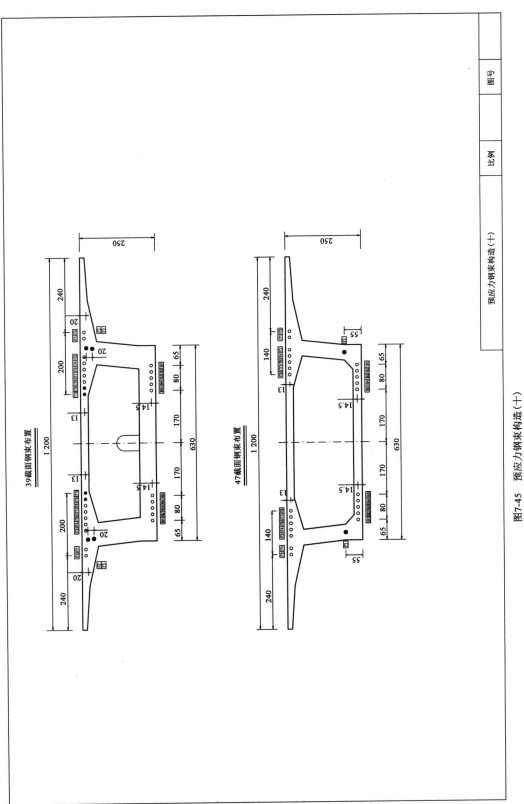

图7-45 预应力钢束构造(十)

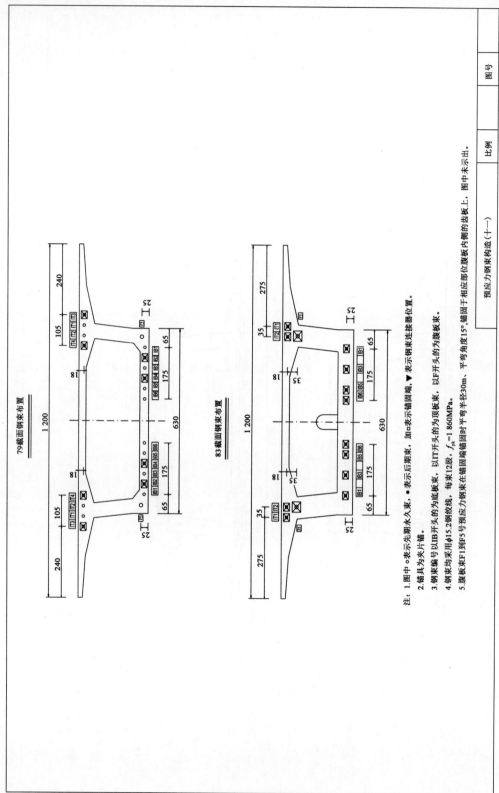

图7-46 预应力钢束构造(十一)

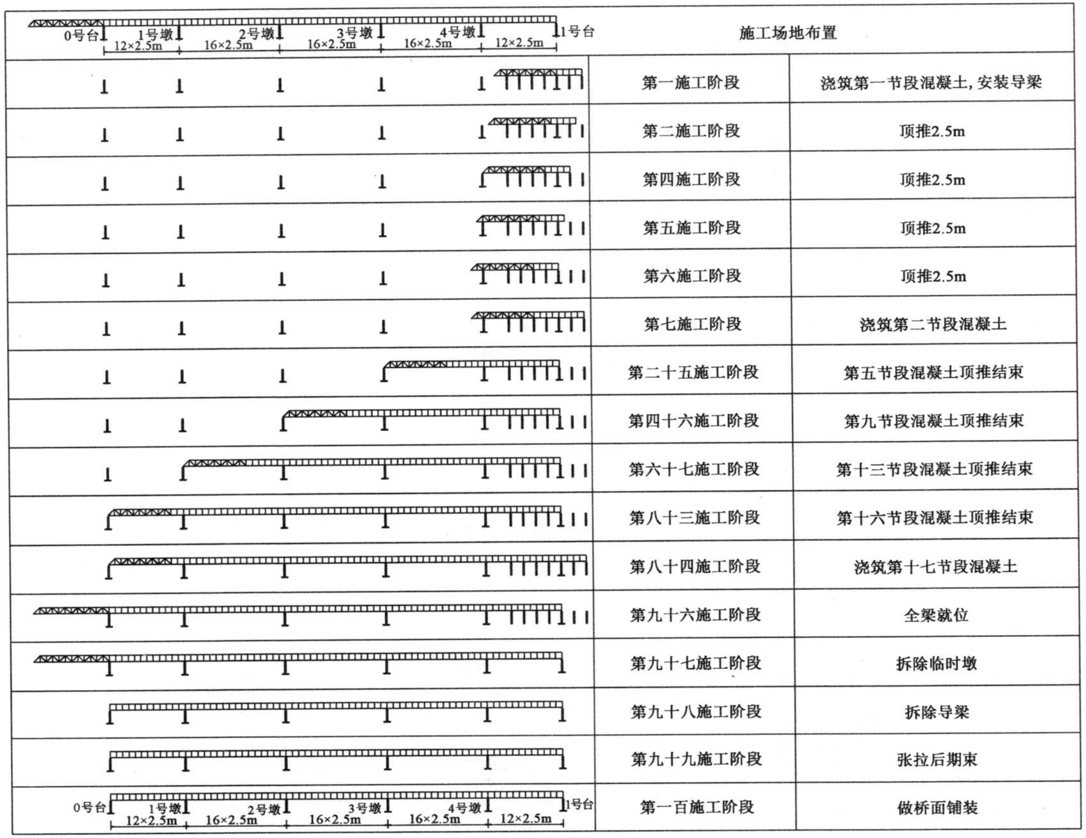
0号台
1号墩
2号墩
3号墩
4号墩
1号台
12×2.5m
16×2.5m
16×2.5m
16×2.5m
12×2.5m
施工场地布置
第一施工阶段
浇筑第一节段混凝土，安装导梁
第二施工阶段
顶推2.5m
第四施工阶段
顶推2.5m
第五施工阶段
顶推2.5m
第六施工阶段
顶推2.5m
第七施工阶段
浇筑第二节段混凝土
第二十五施工阶段
第五节段混凝土顶推结束
第四十六施工阶段
第九节段混凝土顶推结束
第六十七施工阶段
第十三节段混凝土顶推结束
第八十三施工阶段
第十六节段混凝土顶推结束
第八十四施工阶段
浇筑第十七节段混凝土
第九十六施工阶段
全梁就位
第九十七施工阶段
拆除临时墩
第九十八施工阶段
拆除导梁
第九十九施工阶段
张拉后期束
第一百施工阶段
做桥面铺装

注：1.全桥分左右两幅桥，图中只示意出一幅桥的部分施工阶段，另一幅桥与此相同。
2.图中"Ⅰ"表示永久桥墩，"Ⅰ"表示临时支撑。
3.梁段除第二梁段和第十八梁段长5m、第一梁段和第十九梁段长9.84m外，其余均长10m。

施工程序图	比例		图号	

图7-47 桥梁施工示意

六、小结

总体来讲，设计图应在前面设计计算草图的基础上绘制，采用统一的制图标准，从而使设计图明确、易懂。对于每一类设计图中必须具备的内容不可疏忽，尽量使设计图完整，表达清楚。

本章参考文献

［1］中华人民共和国交通运输部.公路桥涵设计通用规范：JTG D60—2015［S］.北京：人民交通出版社股份有限公司，2015.

［2］中华人民共和国交通运输部.公路钢筋混凝土及预应力混凝土桥涵设计规范：JTG 3362—2018［S］.北京：人民交通出版社股份有限公司，2018.

［3］中华人民共和国交通部.公路钢筋混凝土及预应力混凝土桥涵设计规范：JTG D62—2004［S］.北京：人民交通出版社，2004.

［4］中华人民共和国交通部.公路桥涵设计通用规范：JTG D60—2004［S］.北京：人民交通出版社，2004.

［5］刘龄嘉.桥梁工程［M］.北京：人民交通出版社股份有限公司，2017.

［6］徐岳，王亚君，万振江.预应力混凝土连续梁桥设计［M］.北京：人民交通出版社，2000.

［7］徐岳，邹存俊，等.连续梁桥［M］.北京：人民交通出版社，2012.

［8］中交公路规划设计院有限公司.《公路钢筋混凝土及预应力混凝土桥涵设计规范》应用指南［M］.北京：人民交通出版社股份有限公司，2018

［9］刘效尧，徐岳.公路桥涵设计手册·梁桥［M］.2版.北京：人民交通出版社，2011.